MA VIE

« Cher Monsieur,
« J'ai vu vos films : *Rome, ville ouverte* et *Paisa*, et je les ai beaucoup aimés. Si vous avez besoin d'une actrice suédoise qui parle très bien l'anglais, qui n'a pas oublié son allemand, qui n'est pas très compréhensible en français et qui, en italien, ne sait dire que « ti amo », je suis prête à venir faire un film avec vous. »

« Ingrid Bergman »

Lorsque, au printemps 1948, elle envoya ce billet à Roberto Rossellini, Ingrid Bergman, alors au faîte de sa gloire, ne se doutait pas qu'il allait déclencher un des plus grands scandales qu'ait jamais connus le monde du cinéma : moins de deux ans plus tard, quand elle quitta son mari Petter Lindstrom, sa fille Pia et les studios d'Hollywood pour aller rejoindre Rossellini en Italie, la jeune Suédoise découverte par David Selznick, « l'ange d'innocence », héroïne de *Casablanca*, de *Pour qui sonne le glas* et tant d'autres productions célèbres, était devenue aux yeux de l'Amérique puritaine un monstre d'amoralité, une mère dénaturée, une femme perdue. Il allait se passer presque dix ans — années de bonheur et d'orages avec Rossellini, de démêlés avec la presse, de procès, d'inquiétudes maternelles — avant qu'Ingrid, cédant aux supplications de ses admirateurs américains, ne retourne aux Etats-Unis pour y commencer une nouvelle carrière, celle d'une actrice de grand talent qui devait aboutir, vingt ans plus tard, à *Sonate d'automne*.

A soixante-cinq ans, à la prière de ses enfants, Ingrid Bergman a décidé de dire la vérité. Si ses Mémoires retracent, avec autant de simplicité que d'humour, la turbulente carrière d'une star anticonformiste qui refuse le maquillage et la chirurgie esthétique, ils éclairent aussi et surtout la personnalité d'une femme qui est allée jusqu'au bout d'elle-même, qui n'a pas hésité à sacrifier sa carrière pour suivre l'homme qu'elle aimait, et qui n'a jamais cessé de se battre contre une morale étriquée, contre l'injustice et contre la maladie.

Ingrid Bergman est décédée en août 1982.

INGRID BERGMAN
ALAN BURGESS

Ingrid Bergman Ma Vie

TRADUIT DE L'ANGLAIS
PAR ERIC DIACON

FAYARD

Cet ouvrage est la traduction intégrale, publiée pour la première fois en France, du livre de langue anglaise :

**INGRID BERGMAN
MY STORY**

édité par Delacorte Press, New York

Je raccrochai le téléphone. Une fois de plus, comme je le faisais depuis vingt ans, je venais de répondre que je n'écrirais pas mes mémoires. Mon fils Roberto, qui était près de moi, me lança alors un regard soucieux. « Maman, me dit-il, est-ce que tu te rends compte que quand tu seras morte des tas de gens vont se jeter sur l'histoire de ta vie, exhumer les ragots des journalistes, les rumeurs, les interviews ? Nous, tes enfants, nous ne pourrons même pas te défendre parce que nous ne connaissons pas la vérité. Je voudrais bien que tu l'écrives toi-même. »

Cela m'a donné à réfléchir. Mes chers enfants, Pia, Roberto, Isabella et Ingrid, voici donc la vérité.

PROLOGUE

LORSQU'ELLE se retrouva sur le trottoir du boulevard La Cienega à Hollywood, elle était comme
hébétée. Elle regarda un instant les néons, les feux
des voitures, puis, prenant Petter par le bras, elle
l'entraîna vers l'affiche placardée devant le cinéma.
« Il faut absolument qu'on retienne le nom du
metteur en scène, dit-elle. Pour être capable de
montrer *ça* sur un écran, ça doit être un type tout à
fait fantastique ! »

Elle parcourut rapidement l'affiche, et, parvenue
à la fin, elle lut : « Musique de Rossellini. »

« Mais tu te rends compte ! s'exclama-t-elle, il a
même écrit la musique ! »

Lorsqu'on regarde derrière soi, il est bien rare
qu'on parvienne à déterminer de façon précise
l'origine d'un bouleversement. Et pourtant, à cause
d'un unique film, la vie d'Ingrid Bergman se trouva
profondément changée, ainsi que celles de Roberto
Rossellini et du Dr Petter Lindstrom. Comme elle
l'explique elle-même à propos de *Rome, ville ouverte* : « Le réalisme et la simplicité du film allaient
droit au cœur. Personne n'avait l'air d'un acteur.
Personne ne parlait comme un acteur. Il y avait de
l'obscurité, il y avait des ombres ; parfois on n'entendait pas, parfois on ne voyait même pas. Mais,
dans la vie, c'est ainsi que ça se passe... on ne voit
pas toujours, on n'entend pas toujours, et pourtant,

au-delà de notre compréhension, on sait qu'il se passe quelque chose. C'était comme si on avait enlevé les murs des maisons pour qu'on puisse voir à l'intérieur. C'était encore bien davantage. C'était comme si l'on était *là*, impliqué dans ce qui se passait. Et on pleurait, on saignait pour eux... »

En ce printemps 1948 où, en compagnie de Petter Lindstrom, son mari, elle découvrit l'art de Rossellini dans une petite salle d'Hollywood, Ingrid Bergman était non seulement l'actrice la plus populaire de son époque, mais aussi l'une des plus populaires de tous les temps. Et il fallut alors quatre-vingt-neuf minutes, durée exacte de la projection de *Rome, ville ouverte*, pour que s'amorce le processus qui allait transformer cette popularité et faire d'Ingrid, jusque-là adorée du public, le sujet d'un des plus grands scandales de notre siècle.

Dix minutes après le début du film, son radieux visage exprimait l'étonnement. Au bout d'une heure, une ride profonde s'était creusée entre ses sourcils. Enfin, après soixante-dix minutes, elle était émue aux larmes. Et lorsque la salle retomba dans l'obscurité, elle comprit qu'elle venait de vivre l'une des expériences les plus bouleversantes de toute sa carrière.

Cette carrière, commencée quatorze ans plus tôt dans sa Suède natale, avait maintenant atteint son apogée. Depuis trois ans Ingrid occupait la première place au box-office ; dans les journaux elle avait remporté plus de concours de popularité qu'elle ne pouvait s'en souvenir ; un sondage effectué par *Daily Variety* auprès de deux cents professionnels, qui tous comptaient vingt-cinq ans de carrière et plus, désignait Greta Garbo comme meilleure actrice du cinéma muet et Ingrid Bergman comme meilleure actrice du parlant. A Hollywood on plaisantait : « Imaginez-vous que hier soir j'ai vu un film *sans* Ingrid Bergman ! »

Pour les pontes du cinéma, dont dépendait la vie de plusieurs milliers de personnes, elle valait une fortune et représentait une sorte de « divinité ». Trois ans auparavant elle avait d'ailleurs failli accéder à l'état de grâce, lorsque, dans *Les Cloches de Sainte-Marie,* elle avait interprété aux côtés de Bing Crosby le rôle de sœur Benedict, une jeune nonne convaincue que la prière résout tous les problèmes. Mais cette qualité « divine » n'était pas du goût de tout le monde ; de nombreuses mères s'étaient plaintes de la déplorable influence qu'elle avait exercée sur leurs filles, brusquement décidées à entrer dans les ordres.

Mais Ingrid n'y pouvait rien ; ce n'était pas sa faute, et elle le savait. Il ne s'agissait pas du genre d'erreur qu'elle avait commise en prenant l'auteur de la musique de *Rome, ville ouverte* pour le même Rossellini que le metteur en scène.

* *

Ce n'est que plus tard que j'ai compris que le compositeur était *Renzo* Rossellini, le frère cadet de Roberto. De retour à la maison j'ai cassé les oreilles de tout le monde en disant quel merveilleux film je venais de voir et quel génie devait être son metteur en scène. J'aurais voulu en savoir davantage sur lui, mais personne ne le connaissait. En 1948, les films étrangers n'avaient guère de succès à Hollywood. Ils étaient tout juste bons pour les immigrants qui en comprenaient la langue et n'avaient pas besoin de lire les sous-titres. Programmés dans de petits cinémas, ils ne rapportaient pas d'argent. Et c'est ainsi que peu à peu je me suis mise à croire que Rossellini était l'homme d'un seul film — le genre d'auteurs qu'un chef-d'œuvre fait connaître, mais dont ensuite on n'entend plus parler. C'était triste, mais c'était comme ça.

Et puis, quelques mois plus tard, je me suis retrouvée à New York pour faire une radio. Lorsqu'un film était terminé, j'essayais toujours de quitter Hollywood, parce que, quand on est sans travail, la seule chose que les gens trouvent à vous demander, c'est : « Qu'est-ce que vous faites en ce moment ? » « A quoi travaillez-vous ? » « Comment marche votre dernier film ? » « Combien d'argent est-ce qu'il a rapporté ? » Bref, j'étais partie pour New York, espérant voir les pièces qui me plaisaient et trouver comme d'habitude à la radio un travail qui couvrirait mes frais de voyage. Et un jour, comme je me promenais dans Broadway, je revois brusquement le nom de Rossellini affiché devant un cinéma. Un tout petit cinéma de quartier. Le film s'appelait *Paisa*. Je suis entrée, je me suis installée, et je suis restée clouée à mon siège.

Il avait donc *fait* un autre grand film ! Et personne n'avait jamais entendu parler de lui ! J'ai regardé la salle : elle était presque vide. Comment était-ce possible ? Ce type avait fait deux chefs-d'œuvre, et ces chefs-d'œuvre passaient dans des petits cinémas déserts. Je crois que c'est à ce moment-là que l'idée m'est venue : peut-être que si ce type travaillait avec quelqu'un de *connu*, les gens se décideraient à aller voir ses films. Bien sûr, dans *Rome, ville ouverte*, il avait Anna Magnani ; c'était une grande actrice ; en Europe, elle était célèbre, mais aux États-Unis, ce n'était pas un grand nom. Et cette certitude m'a envahie : des films comme ça, des millions de gens devraient les voir, pas seulement les Italiens, des gens du monde entier. Alors, j'ai pensé : voilà, je vais lui écrire, je vais lui envoyer une lettre.

De retour à l'hôtel je n'étais plus aussi sûre de moi. Pouvais-je vraiment écrire à quelqu'un que je ne connaissais pas ? J'étais censée être une star. Mais cela était-il important ? Non, non, bien sûr, cela n'avait aucune importance !

J'étais très excitée. Le même soir je devais dîner avec Irene Selznick — Irene était la femme de

David Selznick, mon premier producteur hollywoo-dien, et l'une de mes meilleures amies. Elle me connaissait très bien. Tout de suite, je lui ai annoncé : « Je viens de voir le deuxième film d'un certain Rossellini, et c'était merveilleux. Je vais lui écrire. Voilà dix ans que je tourne le même genre de films romanesques. Maintenant je veux faire quelque chose de réaliste, quelque chose comme *Paisa*. »

Irene m'a regardée comme si j'étais devenue folle. « Mais ce n'est pas possible. Ce n'est tout simplement pas possible.

— Pourquoi ? »

Elle n'a pas répondu tout de suite. Elle réfléchis-sait toujours avant de parler. Enfin, elle s'est déci-dée : « Il ne comprendra pas. Il trouvera ça bizarre. Non, tu ne peux pas lui dire : "Voilà, j'ai envie de venir en Italie..." »

Elle s'est interrompue, elle m'a regardée encore un moment et elle a repris : « Enfin, avec *toi*, c'est peut-être différent. Tu es peut-être la seule à pou-voir écrire ce genre de lettre sans qu'elle soit mal interprétée. »

J'ai donc écrit ma lettre. Une lettre que j'espérais drôle et pas trop empressée. J'y expliquais que je parlais très bien le suédois et l'anglais, qu'en fran-çais je n'étais qu'une débutante, et que mon italien se résumait à « ti amo », expression que j'avais apprise dans *Arc de triomphe* d'Erich Maria Remar-que : j'y jouais le rôle d'une jeune Italienne qui n'avait parlé toute sa vie que l'anglais et qui, sur son lit de mort, murmurait ces deux mots à l'inten-tion de Charles Boyer. Je trouvais cette lettre amusante, et quand je la lui lus, Petter se montra du même avis.

Cher Monsieur,

J'ai vu vos films *Ville ouverte* et *Paisa*, et je les ai beaucoup aimés. Si vous avez besoin d'une actrice sué-doise qui parle très bien l'anglais, qui n'a pas oublié son allemand, qui n'est pas très compréhensible en français, et qui, en italien, ne sait dire que « ti amo », je suis prête à venir faire un film avec vous.

INGRID BERGMAN.

Ne connaissant pas l'adresse de Roberto Rossellini, j'ai ramené la lettre à Hollywood. Et puis, quelques semaines plus tard, un homme m'a arrêtée pour me demander un autographe. Pendant que j'écrivais, il m'a annoncé : « Je suis italien, vous savez.

— Vraiment ? Mais alors, vous devez connaître Roberto Rossellini ?

— Bien sûr. C'est notre grand metteur en scène !

— Vous ne savez pas où je peux le joindre en Italie ? Vous ne savez pas où il travaille ?

— Il travaille pour les Films Minerva à Rome. Eux sauront bien le trouver. »

Aussitôt à la maison j'ai pris la lettre, j'ai changé la date, j'ai préparé une enveloppe à l'adresse des Films Minerva à Rome et je l'ai postée.

Cette lettre a connu une histoire extraordinaire. Les Films Minerva étaient un studio où Roberto travaillait fréquemment, mais il s'était disputé avec eux et se trouvait alors en procès. Roberto adorait les procès. Le matin, à peine réveillé, il se demandait avec qui il pourrait bien se bagarrer et décrochait le téléphone. Avec les Films Minerva c'était donc la bagarre, et personne ne se parlait plus. En outre, la nuit même où ma lettre arrive, le studio brûle. Un énorme incendie qui ne laisse que des cendres.

Mais la poésie s'en mêle. En fouillant dans les décombres, on découvre ma lettre. Un peu roussie, mais intacte. Les gens l'ouvrent et la lisent. Ils trouvent ça marrant : Ingrid Bergman d'Hollywood qui écrit à Rossellini pour lui dire « ti amo » et « je viens faire un film avec vous ».

Aussitôt, ils téléphonent à Roberto. « Ici les Films Minerva. Monsieur Rossellini... »

Roberto : « Monsieur Rossellini n'a rien à vous dire ! » Et il raccroche.

On rappelle : « Écoutez, on a pour vous une lettre très amusante...

— Je n'en veux pas ! » Bing ! Roberto a de nouveau raccroché.

Troisième appel. « Une lettre d'Ingrid Bergman adressée à... »

Bing ! Roberto est plutôt bref au téléphone. Mais la secrétaire est opiniâtre. Elle appelle pour la quatrième fois et lui-même comprend que s'il ne prend pas la peine d'être plus explicite il n'en sortira pas.

« Monsieur Rossellini, cette lettre...

— Cette lettre, je n'en veux pas. Jetez-la et foutez-moi la paix ! » Bing !

A quoi tient la vie ! Si à ce moment-là ils avaient laissé tomber, je n'aurais sans doute jamais vu M. Rossellini. Mais voilà, ils se sont arrangés pour lui faire parvenir la lettre en main propre, et Roberto, qui ne comprenait pas un traître mot d'anglais, a été forcé d'y jeter un coup d'œil. Peut-être que les timbres américains ou l'estampille d'Hollywood l'ont impressionné, en tout cas, il a fait venir Liana Ferri et lui a demandé de la traduire. Lorsqu'elle eut terminé, il n'avait pas l'air plus avancé qu'avant.

« Alors ? » lui a demandé Liana dans l'espoir d'obtenir une réaction.

« Alors quoi ? Je ne sais même pas *qui* est cette Ingrid Bergman. »

Peut-être est-il bon de préciser ici qu'en tant que metteur en scène Roberto avait ses coquetteries : il détestait les acteurs, les films ne l'intéressaient pas, et il n'allait pratiquement jamais au cinéma.

Liana a donc essayé de lui expliquer qui j'étais. Non, il ne m'avait jamais vue. Non, il n'avait jamais entendu parler de moi.

Liana ne se décourageait pas : « *Intermezzo*, ça ne te dit rien ? C'est le film qui l'a rendue célèbre... avec Leslie Howard, l'acteur anglais... »

Là, Roberto a tout de même réagi. « Attends... Non, ce n'était pas avec Leslie Howard... J'ai vu ce film, oui, je me souviens maintenant... C'était juste avant la fin de la guerre, dans une petite ville du Nord... Il y avait un bombardement — on ne savait pas si c'étaient les Allemands ou les Américains, ou les deux qui nous canardaient — en tout cas, ce n'était pas marrant. Pour me mettre à l'abri, je me suis précipité dans le premier endroit venu. Un cinéma. Où est-ce que je pouvais espérer mourir plus confortablement que dans un fauteuil de cinéma ? Bref, on donnait *Intermezzo*. Je m'en souviens d'autant mieux que je l'ai vu trois fois. Pas parce que j'aimais le film ou la fille... mais simplement parce que le bombardement s'éternisait. Alors c'est elle ? C'est cette blonde ?

— Oui, c'est elle, répondit patiemment Liana, c'est cette blonde. Et tu ferais bien de lui envoyer un télégramme. »

*
* *

Ce télégramme est parvenu au domicile du docteur Petter Lindstrom et de Miss Ingrid Bergman, 1220 Benedict Canyon Drive, à Beverly Hills, le 8 mars 1948.

« C'EST AVEC UNE GRANDE ÉMOTION QUE J'AI REÇU VOTRE LETTRE, DONT LE HASARD A VOULU QU'ELLE ARRIVE LE JOUR DE MON ANNIVERSAIRE ET CONSTITUE MON PLUS BEAU CADEAU. CROYEZ-MOI, JE RÊVAIS DE TOURNER UN FILM AVEC VOUS, ET JE VAIS DÈS MAINTENANT FAIRE TOUT CE QUI M'EST POSSIBLE. JE VOUS ÉCRIRAI UNE LETTRE POUR VOUS SOUMETTRE MES IDÉES. AVEC MON ADMIRATION, RECEVEZ, JE VOUS PRIE, L'EXPRESSION DE MA GRATITUDE ET DE MES MEILLEURS SENTIMENTS. ROBERTO ROSSELLINI, HOTEL EXCELSIOR, ROME. »

14

Ingrid était enthousiasmée. Petter se montra plus réservé. Quant à Roberto, il avait déjà pris contact avec divers banquiers afin de trouver l'argent nécessaire au film qu'il allait tourner avec la vedette numéro un du cinéma international.

Sa lettre arriva peu après le télégramme :

Chère Madame,

J'ai attendu longtemps avant de vous écrire parce que je voulais être sûr de ce que j'allais vous proposer. Mais avant tout, je dois vous dire que ma façon de travailler est extrêmement personnelle. Je n'écris pas de scénario, car je trouve qu'un scénario limite terriblement les possibilités de travail. Bien sûr, je pars avec des idées très précises et un mélange de dialogues et d'intentions que je trie et que je développe par la suite. Cela dit, il faut que vous sachiez que la seule perspective de travailler avec vous me met dans un état d'exaltation extraordinaire.

Il y a quelque temps... je crois que c'était fin février dernier, j'ai traversé la Sabine (une région au nord de Rome) en voiture. Près de la source de la Farfa, une scène inhabituelle a attiré mon attention. Dans un champ entouré d'une haute barrière de barbelés plusieurs femmes tournaient en rond comme des agneaux dans une pâture. Je me suis approché et j'ai compris que c'étaient des étrangères : des Yougoslaves, des Polonaises, des Hongroises, des Roumaines, des Grecques, des Allemandes, des Lettones, des Lituaniennes. Chassées de leurs pays natals, elles avaient erré à travers l'Europe, connu les camps de concentration, le travail forcé et le pillage nocturne. Elles avaient été la proie facile de soldats de vingt différentes nations. Maintenant, regroupées par la police, elles attendaient dans ce camp le moment de rentrer chez elles.

Un garde m'a ordonné de m'éloigner : il était interdit de parler à ces indésirables. A l'autre bout du camp, derrière les barbelés, loin des autres, une femme me regardait, seule, belle, toute de noir vêtue. Sourd aux ordres des gardes, je me suis approché. Elle ne connaissait que quelques mots d'italien, et, comme elle les prononçait, l'effort qu'elle faisait lui rosissait les joues. Elle venait de Lettonie. Dans ses yeux clairs se lisait un désespoir intense. J'ai passé ma main à travers les barbelés et elle a pris mon bras comme un naufragé s'accroche à une bouée. Mais déjà le garde était là, menaçant, et j'ai regagné ma voiture.

Le souvenir de cette femme m'a hanté. J'ai réussi à obtenir l'autorisation de visiter le camp. Elle n'y était plus. Le commandant m'a raconté qu'elle s'était enfuie. Les autres femmes m'ont expliqué qu'elle était partie avec un soldat. Ils voulaient se marier de sorte qu'elle puisse rester en Italie. Il venait des îles Lipari.

Irons-nous tous les deux la chercher ? Irons-nous voir ensemble ce qu'est devenue sa vie dans le petit village proche du Stromboli où il l'a emmenée ? Selon toute probabilité vous ne connaissez pas les îles Lipari — en fait, bien peu d'Italiens les connaissent. Le fascisme leur a valu une triste réputation, car c'est là qu'on reléguait alors les ennemis du gouvernement. Groupées dans la mer Tyrrhénienne, au nord de la Sicile, elles se composent de sept volcans, dont l'un, le Stromboli, est en perpétuelle activité. A son pied se trouve un petit village : quelques maisons blanches toutes lézardées par les tremblements de terre. Les habitants vivent de la pêche et du peu qu'ils parviennent à tirer du sol. J'ai essayé d'imaginer la vie de cette Lettone, si grande, si belle, dans cette île de feu et de cendres, au milieu de petits pêcheurs basanés, parmi des femmes aux yeux de braise, pâles et déformées par les maternités, incapable de communiquer avec ces gens aux coutumes phéniciennes, au rude dialecte semé de mots grecs, incapable de communiquer aussi avec lui, avec l'homme qui l'a arrachée au camp de Farfa. S'étant regardés dans les yeux, ils avaient deviné leurs âmes. Dans ses beaux yeux intelligents, elle avait découvert un homme tourmenté, simple, tendre et fort.

Elle l'a suivi, sûre d'avoir trouvé un homme hors du commun, un sauveur, un refuge et une protection après toutes ces années d'angoisse et de misère. Elle se réjouissait de demeurer en Italie, ce pays doux et vert où l'homme et la nature sont à l'échelle humaine.

Mais voilà qu'elle échoue sur cette île sauvage, perpétuellement secouée par les tressaillements du volcan, où la terre est si noire, où la mer ressemble à de la boue saturée de sulfure. Et l'homme qui est à ses côtés et l'aime avec fureur est comme un animal ; il ne sait pas

16

lutter pour vivre ; placidement, il accepte une existence misérable.

Même le Dieu que les gens adorent lui paraît différent du sien. Entre les innombrables saints qu'ils vénèrent et l'austère Dieu luthérien qu'elle priait, enfant, dans les froides églises de son pays natal, il n'y a pas de comparaison possible. La femme tente de se révolter, d'échapper à ce cauchemar. Mais de toutes parts la mer lui barre l'horizon ; il n'y a pas d'issue. Folle de désespoir, incapable de supporter cela plus longtemps, elle cultive l'ultime espoir qu'un miracle la sauvera — sans se rendre compte qu'un profond changement est déjà en train de s'opérer en elle.

Soudain, elle comprend la valeur de l'éternelle vérité qui régit l'existence humaine ; elle comprend la puissance que possède celui qui ne possède rien, l'extraordinaire force que procure une complète liberté. En fait, elle devient un nouveau saint François. Un intense sentiment de bonheur la saisit, une immense joie de vivre.

J'ignore si, dans cette lettre, j'ai su exprimer ma pensée dans sa plénitude. Je sais qu'il est difficile de rendre concrètes des idées et des sensations auxquelles seule l'imagination est capable de donner vie.

Pour raconter, il me faut voir : le cinéma raconte avec la caméra. Mais je sais, je sens qu'avec vous à côté de moi je serai capable de donner vie à une créature humaine qui, à la suite d'amères et pénibles expériences, finit par trouver la paix et par se libérer de tout égoïsme. Cela étant le seul vrai bonheur jamais accordé à l'humanité, rendant la vie plus simple et plus proche de la création.

Vous serait-il possible de venir en Europe ? Puis-je vous inviter en Italie, où nous pourrions discuter de tout cela à loisir ? Ce projet de film vous intéresse-t-il ? Qu'en pensez-vous ? Dois-je continuer ? Excusez toutes ces questions, mais je ne me lasserais pas de vous interroger.

Veuillez croire à mon enthousiasme.

Votre
ROBERTO ROSSELLINI.

Un voyage en Italie ? Un film réalisé dans des conditions tout à fait différentes ? Pour Ingrid, la perspective était tentante. Dans les années vingt, trente et quarante, l'aviation commerciale était pratiquement inexistante, les circuits radio ne valaient pas grand-chose et les voyages par bateau étaient interminables. Mais le cinéma était partout, dans les jungles, les déserts et les îles, les forteresses des montagnes et les avant-postes glacés — partout où la race humaine était établie. Aux États-Unis, le mot cinéma était synonyme de stars. Et l'une des stars les plus brillantes du cinéma américain était Ingrid Bergman. Cependant, jamais elle n'avait envisagé ses responsabilités sous cet angle-là. Elle ne connaissait pas le prix de la célébrité, elle ignorait que sa vie privée ne lui appartenait plus. Mais sa vie était désormais l'affaire de ses admirateurs, et elle appartenait d'autant plus au public qu'elle s'était donnée davantage à lui, qu'elle avait mis dans chacun de ses rôles plus de sincérité et de conviction qu'aucun autre acteur.

« Quand le scandale s'est déchaîné, dit-elle, j'ai cru qu'il me faudrait renoncer à jouer — pour sauver le monde, j'entends — car il semblait que j'avais corrompu l'humanité entière... »

Dans sa naïveté, Ingrid s'était cru le droit de mener sa vie privée à son gré. Cependant, des années de souffrances lui montreraient bientôt à quel point elle s'était trompée.

CHAPITRE PREMIER

IL y avait quelque chose d'émouvant dans cette jeune fille en souliers plats, jupe de tweed et pull-over beige tricoté par elle-même qui se hâtait le long du quai de Strandvägen à Stockholm. A presque dix-huit ans, elle commençait tout de même à s'arrondir un peu. Un an auparavant, sa tante Hulda lui avait suggéré de porter trois paires de bas de laine afin de rembourrer ses mollets, et ce conseil n'avait en rien amélioré son assurance ; selon ses propres termes, elle avait été l'« enfant la plus maigre qui soit ».

Elle manquait d'assurance. Elle était terriblement timide. Elle avait peur des gens et du monde en général. En ce moment, elle était pleine d'appréhension. A n'en pas douter elle vivait la matinée la plus importante de sa vie. Si elle ratait cette chance, le monde s'écroulerait. Elle devrait alors oublier ses rêves, la foule venue l'applaudir, ses saluts devant un public en délire.

Elle avait promis à son oncle Otto que, si elle échouait, elle deviendrait vendeuse ou secrétaire et abandonnerait ses idées de théâtre. Pour son oncle Otto, une actrice ne valait guère mieux qu'une prostituée. « Ces scènes d'amour qu'on joue au théâtre ou au cinéma, je suis sûr qu'*après*, on les continue... et ne me dis pas le contraire, je ne te croirais pas ! » Elle avait renoncé à discuter. Elle savait qu'il s'efforçait de remplacer son père, de l'élever convenablement et de lui donner une bonne éducation. Son constant besoin de jouer, son irrépressible envie de monter sur une scène, l'inquiétaient terriblement. En tant que luthérien convaincu, sinon pointilleux, il se devait de lui épargner une vie de honte ; en tant que son tuteur, il le devait à la mémoire de son père. Mais il la savait opiniâtre autant que passionnée ; il savait que de lui ôter purement et simplement son rêve serait à la fois cruel et injuste. Aussi avait-il accepté de lui donner une chance.

« Parfait, avait-il dit. Tu auras l'argent qu'il faut pour prendre des leçons. Essaie l'École royale d'art dramatique ; inscris-toi aux examens ; passe les auditions. Mais si tu échoues, c'est fini. Plus question pour toi de devenir actrice, on n'en parle plus. Cela, je veux que tu me le promettes, car je sais que tu tiens tes promesses. D'accord ? »

Comment ne pas être d'accord quand elle n'en demandait pas davantage ? Elle pourrait prendre des leçons, c'est tout ce qui comptait. Ainsi, elle était sûre de réussir. Car sinon Dieu ne lui aurait certainement pas donné cette vocation qu'elle sentait en elle depuis tant d'années. Bien sûr, parmi les soixante-quinze candidats qui se présenteraient au concours, seuls quelques-uns seraient retenus. Mais même si le jury devait en choisir un seul, elle serait celui-là. Autrement, la vie serait insupportable.

Elle s'arrêta devant la façade grise du théâtre. Plus loin, au-delà du quai, surmontant la courbe symétrique d'une rangée d'immeubles, des coupoles de cuivre inscrivaient dans le ciel leurs dômes verdis par les vents salés de la mer. Stockholm, ville de canaux, de lacs et de bateaux — sa ville. C'est là qu'elle était née, sur le Strandvägen, à quelque cent mètres de ce même théâtre, dans une maison qui abritait aussi la boutique de son père.

Elle considéra le vaste perron de pierre, les

quatre lampes dont les bulbes ronds et opalescents surmontaient l'entrée tels d'énormes oignons, les statues dorées qui, de part et d'autre des portes, figuraient les muses, et notamment le drame et la poésie. Enfin, elle se dirigea vers l'entrée des artistes. A l'intérieur, le portier consulta la liste des candidats inscrits à l'audition de ce matin.

« Mademoiselle Bergman ? Vous avez le numéro trente-deux, ce qui signifie qu'il va vous falloir attendre un bon bout de temps avant de passer. »

Elle ressortit, traversa la route et entra dans le petit parc qui bordait le quai. Devant la statue de John Ericsson, inventeur du premier cuirassé, elle répéta mentalement son texte et esquissa quelques bonds pour mieux se préparer à son entrée. Puis, après avoir erré alentour en observant les mouettes d'un œil distrait, elle se décida à regagner le théâtre, où elle arriva un bon quart d'heure encore avant le moment crucial.

Quelques semaines plus tôt, elle avait remis au Théâtre royal la grande enveloppe brune contenant les textes qu'elle avait choisis pour son audition. Le jury en avait retenu deux, et elle pouvait échouer aussi bien dans l'un que dans l'autre. Si elle échouait, on lui rendrait sa grande enveloppe brune, et pour elle ce serait la fin. Si elle réussissait, on lui donnerait une enveloppe blanche où elle trouverait la date de sa prochaine audition et les scènes qu'elle devrait préparer.

Ingrid avait discuté le choix de ses textes avec Gabriel Alw, son professeur. « La première audition doit être la plus importante, avait-elle hasardé. Pratiquement tout le monde va choisir des personnages dramatiques, style Camille ou Lady Macbeth, qui ne cessent de gémir et de pleurer. J'imagine que les jurés en auront soupé de voir défiler toutes ces filles au cœur brisé. Est-ce que ce ne serait pas une bonne idée d'essayer de les faire rire ? »

Gabriel se montra d'accord avec son raisonnement. « Oui, c'est une bonne idée. Et je connais une pièce hongroise qui pourrait parfaitement convenir. Le rôle est celui d'une jeune paysanne. Elle est drôle et jolie, et se moque du garçon effronté qui tente de flirter avec elle. Mais effrontée, elle l'est encore plus que lui. Elle saute le petit ruisseau qui les sépare, se plante devant lui les mains sur les hanches, et elle se met à rire. Qu'en dis-tu, comme entrée ? Tu bondis des coulisses, tu t'arrêtes au milieu de la scène, les poings sur les hanches et les jambes écartées, et tu regardes le public comme pour dire : "Voilà, c'est moi. Regardez-moi un bon coup, je suis là pour ça !" »

*
* *

C'est la scène que j'avais préparée. J'attends dans les coulisses jusqu'au moment où l'on m'appelle. Pour ce genre d'auditions, on est seul sur scène : toutes les répliques se donnent en coulisse. J'avais donc demandé au garçon qui devait jouer pour moi le rôle du jeune paysan de me souffler au cas où je me trouverais en panne. On m'appelle et j'y vais : trois bonds, un saut, et me voilà plantée au milieu de la scène avec ce grand rire gai qui était censé figer les jurés dans leurs sièges. Je m'arrête, et je lance ma première phrase. Après quoi je hasarde un coup d'œil dans la salle. Je ne peux y croire ! Les jurés ne me prêtent pas la moindre attention. Groupés au second rang, ils sont tout bonnement en train de bavarder. Je suis pétrifiée d'horreur. Impossible de me rappeler mon texte. Mon camarade me souffle, et je sors péniblement ma seconde phrase. Mais maintenant les jurés gesticulent et parlent à haute voix. Je suis désespérée. Ils pourraient au moins m'écouter, me laisser finir ! Dans ces conditions, comment se concentrer ? Je ne me souviens de rien. Je me tourne vers mon camarade : « Qu'est-ce que je dois dire, maintenant ? » Mais avant même qu'il me réponde, j'entends la voix du président : « Arrêtez, arrêtez ! Ça suffit.

22

Merci, merci mademoiselle... au suivant, je vous prie. » Je sors de scène. Je ne vois personne, je n'entends plus rien. Je traverse le foyer, j'arrive dans la rue, et je pense : Voilà, il va falloir que j'aille trouver oncle Otto pour lui raconter. Il va falloir que je lui dise : « Je ne suis pas restée en scène plus de trente secondes. On ne m'a même pas écoutée. On a jugé que je ne valais même pas la peine d'être entendue. » Finie, ma carrière d'actrice ! A quoi bon vivre désormais ? Je me dirige droit vers le quai. Je sais qu'il ne me reste plus qu'une chose à faire : me jeter à l'eau et mourir.

*
* *

Elle est restée plantée à côté du petit kiosque où se vendent les billets pour Djurgarden et Skansen. Hormis quelques mouettes, il n'y avait personne. En face d'elle, la gracieuse tour dorée du Nordiska Museum se découpait dans le lointain. L'eau était sombre. Elle s'approcha d'un pas pour la regarder. Elle était sombre... et *sale*. Elle ne flotterait pas comme Ophélie sur une eau de cristal toute parfumée par les lis : quand on la repêcherait, elle serait couverte de boue. Et, en plus, il lui faudrait avaler ça. Pouah, quelle horreur ! Ainsi l'idée de suicide fut temporairement écartée. Restait le désespoir. D'un pas accablé, elle prit néanmoins le chemin du retour. Dans l'appartement, ses deux cousines l'attendaient. C'étaient les dernières personnes qu'elle souhaitait voir. Elle ne désirait rien d'autre que de se retrouver seule dans sa chambre pour pleurer tout son soûl... Si seulement son père ou sa mère avaient été vivants ! Eux auraient su la consoler. Pourquoi avait-il fallu qu'ils s'en aillent si vite ? Et voilà qu'elle se retrouvait en face de Britt et de Margit, qui refusaient résolument de la laisser seule. « Pourquoi as-tu mis si longtemps ? » « Où est-ce que tu étais ? » Quelles questions idiotes ! Comment expliquer à ces deux horribles gamines que, si l'eau n'avait pas été aussi sale, son jeune corps appartiendrait maintenant à la mer ?

« Lars Seligman vient de téléphoner... » Lars ? Que pouvait-il vouloir ? C'était un bon ami qui, lui aussi, devait passer l'audition. « Il a dit qu'il était descendu au bureau chercher son enveloppe blanche, et il en a profité pour demander de quelle couleur était la tienne. A ce qu'il paraît, elle est *blanche* aussi... »

Blanche ? Son enveloppe était blanche ? Était-ce vraiment possible ? Il n'y avait pas de temps à perdre ; il fallait qu'elle en ait le cœur net. Sans ajouter un mot, elle tourna les talons et s'en fut. Elle dévala l'escalier et courut tout le long du chemin. Ses pieds ne touchaient plus terre — pour sûr, elle volait. Lorsque enfin elle arriva au théâtre, elle s'engouffra dans le bureau comme une trombe. « Quelle sorte d'enveloppe est-ce que j'ai ? Vite, dites-moi, quelle sorte d'enveloppe ? » Le portier lui sourit. « Une enveloppe blanche, mademoiselle Bergman... on se demandait où vous étiez passée. Tenez, la voilà. Et bonne chance ! »

Elle ouvrit le pli : « Votre prochaine audition aura lieu le... » Le jury souhaitait l'entendre dans une scène de *L'Aiglon*. *L'Aiglon*, Stockholm, la vie, tout était merveilleux ! Et ses cousines, oncle Otto et tante Hulda qui l'attendaient — quel bonheur, quelle chance ! Comment, tout à l'heure, avait-elle pu trouver l'eau si sombre ? Au contraire, elle était étincelante, et son miroir, jeté vers un horizon enchanteur, formait le plus glorieux des paysages.

*
* *

J'étais tellement contente d'avoir été reçue que je ne me suis même pas demandé pourquoi le jury s'était comporté de façon aussi curieuse. Et ce n'est que des années plus tard que j'ai eu la réponse à cette question. Un jour — j'étais alors en Italie — j'ai rencontré Alf Sjöberg, qui, je le savais, avait été l'un des jurés. Du coup, tout m'est revenu en mémoire, et je lui ai demandé : « Dites-moi, lors de cette première audition, pourquoi est-ce que vous m'avez traitée si mal ? Je vous ai trouvés si méchants que je me serais bien suicidée. J'étais vraiment mauvaise à ce point ? » « Mauvaise ? » Il n'avait pas l'air de comprendre. « Mais c'est tout le contraire : votre entrée en scène était si réussie qu'on s'est tout de suite mis d'accord ! On s'est dit : celle-là, on la prend, inutile de l'écouter. Regardez-moi cet aplomb ! Regardez-moi cette présence, cette impertinence ! Vous aviez jailli des coulisses comme une tigresse ; vous n'aviez pas peur de nous. A quoi bon perdre notre temps ? N'oubliez pas que nous avions encore des dizaines de candidats à entendre. Voilà ce qu'on se disait. De toute votre carrière, vous ne ferez peut-être jamais une aussi bonne entrée. »

***

De *L'Aiglon*, Ingrid interpréta le rôle d'un jeune fou. Comme troisième pièce elle avait choisi *Le Songe* de Strindberg. Elle avait décidé de prouver au jury qu'elle était aussi à l'aise dans le drame que dans la comédie, et apparemment elle y réussit. En effet, en automne 1933, elle fut acceptée comme élève à l'École royale d'art dramatique de Stockholm.

Bon joueur, l'oncle Otto la félicita de son succès et jamais plus il ne critiqua son métier. Il apprécia même beaucoup les films qu'elle tourna en Suède. Après avoir tenté de la détourner d'une carrière dont il était persuadé qu'elle ferait son malheur, il se montra suffisamment intelligent pour admettre qu'il s'était trompé.

Ingrid avait trois ans lorsqu'elle perdit sa mère, et treize lorsqu'elle perdit son père. Sans doute la mort de ses parents l'affecta-t-elle beaucoup, et en particulier celle de son père, Justus Bergman, qui après la disparition de sa mère fut, des années durant, son seul soutien et son unique amour.

*
* *

J'étais très fière de lui, même si parfois lui n'était pas du tout fier de moi. Petite fille, j'étais tout le temps quelque chose d'autre : un policier ou un facteur, un réverbère ou un pot de fleur — n'importe quoi. Je me rappelle qu'un jour j'avais décidé d'être un petit chien. Quand papa a catégoriquement refusé de me passer une laisse autour du cou pour aller me promener, j'ai été on ne peut plus déconcertée. Mais je ne me suis pas découragée pour autant : je me suis mise à trotter dans ses jambes, à aboyer sur les talons des passants et à lever la patte contre les arbres. Là, il n'était pas très fier de moi, et je le comprends. Parmi mes occupations de petite fille solitaire, d'autres lui plaisaient davantage, et à moi aussi. Par-dessus tout, j'aimais me déguiser. Dans ces cas-là, il était tout prêt à m'aider : il me fournissait des chapeaux, une pipe, des lunettes, tout ce qui lui passait par la tête. Passionné de photo, il adorait me prendre dans ces accoutrements. Une fois vêtue à ma convenance, je me plantais devant la glace et je faisais mon numéro : je jouais à être un ours, une vieille dame ou une jeune princesse. Je jouais tous les rôles ; je savais tout faire ; j'avais commencé avant de savoir lire. Et puis un jour mon père a décrété que tout cela serait beaucoup mieux si je savais chanter — je pourrais devenir chanteuse d'opéra. C'est ainsi qu'à huit ans, j'ai pris mes premières leçons de chant. Et j'ai chanté, chanté tout ce que je pouvais. Cependant, papa n'était pas encore satisfait. Il a fallu que j'apprenne le piano. Mais là, il a vraiment dû me forcer, car le piano, je n'aimais pas beaucoup ça.

D'ailleurs, je n'arrêtais pas de lui dire qu'il ne m'élevait pas comme il faut. J'aurais voulu qu'il m'élève comme on élevait mes petits camarades. J'aurais voulu par exemple recevoir tout comme eux une couronne d'argent de poche. Mais quand je lui demandais : « Papa, est-ce que je peux avoir de l'argent de poche ? », il sortait son porte-monnaie, il le vidait sur la table, et me disait : « Vas-y, prends ce que tu veux, prends tout ! » Bien sûr, je protestais : « Mais non, c'est trop, c'est beaucoup trop. Si tu me donnes tout ça, tu vas me gâter ! Il ne faut pas gâter les enfants. Tout ce que tu dois me donner, c'est une couronne par semaine.

— Allons, ne fais pas de manière ! L'argent, c'est fait pour être dépensé. Prends-le !

— Non, papa, je ne veux pas. Pour te faire plaisir, je veux bien deux couronnes ; mais reprends le reste ! Il faut être prudent avec l'argent. » C'est comme ça que je lui apprenais à m'élever !

Et pour l'école, c'était pareil. Passé un certain niveau, papa estimait que l'éducation était une perte de temps, qu'il fallait faire ce qu'on aimait. Lorsque j'ai eu neuf, dix ans, il a commencé à me dire : « Pourquoi est-ce que tu veux aller à l'école ? Maintenant que tu sais lire et calculer, tu perds ton temps. Il vaudrait mieux que tu entres tout de suite à l'opéra. Prends des leçons de musique, prends des leçons de chant ! Ça, c'est la vie. Apprendre à être un artiste, apprendre à être un créateur, voilà ce qui est important. Autrement plus important que de rester le derrière sur une chaise à écouter une leçon d'histoire ou de géographie ! »

Il aimait tellement l'art, la peinture, la musique, le chant, qu'il était sûr que sa fille l'aimait aussi et qu'elle allait devenir une grande cantatrice. Si j'avais suivi ses idées, si j'avais fait ce qu'il voulait, je l'aurais sans doute déçu, car pour le chant, je n'ai jamais valu grand-chose. Mais de toute façon, à l'époque, j'étais bien trop petite pour trouver séduisante la vie de bohème qu'il me proposait. C'est ainsi que je lui répondis : « Voyons, papa, ne dis pas des choses pareilles. Il faut que j'apprenne mes leçons. Je ne suis pas encore assez grande pour quitter l'école. » Eh ! oui, j'ai eu bien des problèmes avec mon père !

En Suède, on apprenait alors à toutes les petites filles que si elles voulaient faire un mariage convenable — et aucune de mes camarades ne rêvait d'autre chose — il fallait entrer à l'école à sept ans, étudier durant onze ans et obtenir un diplôme. Ensuite, on décidait si oui ou non on tentait l'Université. Ce n'était pas ce que je désirais. Non. J'espérais déjà entrer à l'école d'art dramatique quand j'aurais fini ma scolarité. Mais j'avais beau répéter tout cela à papa, il ne voulait pas comprendre ; l'air narquois, il s'acharnait à me demander : « Tu es bien sûre ? Tu es sûre que tu ne veux pas entrer à l'opéra ? Tu t'amuserais tellement mieux ! »

Avec le recul, je me rends mieux compte encore à quel point il était fantastique. Il était impossible, c'est vrai, mais c'était le charme incarné. Je l'aimais, je l'aimais comme une folle. Et maman aussi l'a follement aimé. Lorsque Petter et moi nous nous sommes fiancés, j'ai décidé que le moment était venu de débarrasser le fouillis d'objets que j'avais laissés dans le sous-sol de la maison où j'avais partagé l'appartement de ma tante Ellen, la sœur de papa. Elle était morte dans mes bras quand j'avais treize ans et demi, et j'en avais été choquée au point d'être incapable de retourner chez elle. Son appartement avait été vidé, et tout ce qu'il contenait entreposé dans une pièce du sous-sol. Maintenant que Petter et moi allions nous marier, peut-être pourrions-nous y récupérer quelque chose qui convienne à notre intérieur ? Bref, nous nous rendons sur place. Le spectacle était hallucinant : tout avait été déposé là en vrac — meubles, ustensiles de cuisine, linge de maison —, empilé n'importe comment. Au milieu de tout ce bric-à-brac, j'ai

28

pourtant fait une découverte extraordinaire : soigneusement rangées dans une boîte, les lettres que ma mère avait envoyées à mon père d'Allemagne, où ils s'étaient fiancés. Fiancés secrètement, car les parents de ma mère ne voulaient pas entendre parler de ce mariage. Ils s'étaient connus en Suède, où ma mère, venant de Hambourg, avait passé l'été. Chaque jour elle faisait la même promenade à travers les bois, et chaque jour elle y voyait mon père occupé à peindre. C'est de ces rencontres quotidiennes qu'est né leur amour.

Ce soir-là j'ai pris la boîte de lettres dans mon lit et j'ai lu toute la nuit. Pour la première fois j'apprenais à connaître ma mère comme une femme amoureuse de mon père, et j'ai pleuré toutes les larmes de mon corps en apprenant toutes les difficultés qu'ils avaient eues. Sa famille estimait que mon père n'était pas assez bon pour leur fille. C'était un artiste. Il n'avait pas de travail fixe. Il était pauvre alors qu'eux étaient riches. Les deux sœurs de ma mère, tante Mutti et tante Lulu, s'étaient bien mariées. Il était impensable que Friedel — ma mère — épouse un artiste, un peintre qui, de surcroît, était suédois : elle aurait déchu. Ma mère, bien sûr, ne pouvait comprendre leur point de vue et avait de mon père une vision toute différente.

Tout cela, je l'ai appris dans ses lettres. Elle y parlait aussi de sa bague de fiançailles. La journée, elle la portait à un cordon accroché à son cou ; ce n'est que le soir, lorsqu'elle allait au lit, qu'elle osait la mettre à son doigt. Une nuit, alors qu'elle dort, sa mère vient dans sa chambre et voit la bague. Elle la réveille, lui demande une explication. Entre elles, il y a une scène terrible. Mais ma mère n'en démord pas : « Je veux épouser cet homme, dit-elle, même si je dois attendre toute ma vie. Jamais je n'épouserai quelqu'un d'autre, jamais ! »

Et la façon dont elle s'inquiétait de lui, dont elle lui faisait la leçon ! Si vraiment il était sérieux en parlant de mariage, il *fallait* qu'il ait un travail. La peinture n'était pas une solution, ce n'était pas un travail sérieux. Un tableau, ça se vend, c'est vrai, mais ça se vend si difficilement. Il fallait donc qu'il trouve un travail et qu'il s'y mette le plus vite possible. Parfois aussi elle était un peu jalouse — c'est bien naturel. Un jour, il lui avait écrit qu'il avait un modèle. Pour elle, un modèle devait forcément poser nu. Et comme elle aimait lui faire la morale, anticipant sur l'avenir, elle lui écrivait : « Que ce soit clair, Justus : ne me demande jamais de poser "comme ça" ! » Elle a posé pour lui, bien sûr, mais toujours habillée !

Je pouvais si bien me mettre à sa place, même si je ne connaissais pas des difficultés comparables aux siennes : j'avais le même âge qu'elle, et j'étais sur le point de me marier. Il lui avait fallu attendre sept ans avant de pouvoir enfin épouser mon père. A l'époque, il avait ouvert un magasin de photo sur le Strandvägen ; le quartier était bon, et ses affaires marchaient fort bien. Les parents de ma mère avaient donc fini par donner leur consentement.

Leurs mondes étaient si différents. Mon père était très libre, c'était un véritable artiste. Quant à ma mère, elle était bourgeoise de la tête aux pieds. Ils se sont pourtant très bien entendus. Ma mère a donné le jour à trois enfants. Le premier est mort à la naissance, le second une semaine après, et quant à moi, je suis venue sept ans plus tard. De ma mère je n'ai aucun souvenir. Mon père m'a filmée sur ses genoux quand j'avais un et deux ans ; à trois, il m'a photographiée alors que je mettais des fleurs sur sa tombe.

Papa adorait le cinéma. S'il avait vécu, peut-être en aurait-il fait à titre professionnel — qui sait ? Il avait une caméra et, bien sûr, il a filmé ma mère. Quand je me suis retrouvée à Hollywood, David Selznick a fait reproduire et développer pour moi l'un de ces vieux films, et c'est ainsi que, pour la première fois de ma vie, j'ai pu voir ma mère *bouger*.

C'est tante Ellen qui a remplacé ma mère. C'était la sœur de mon père, la seule fille (mon père avait six frères et sept sœurs) à n'être pas mariée. Mes grands-parents avaient gardé l'une de leurs filles à la maison pour avoir quelqu'un qui s'occupe d'eux quand ils seraient vieux. Après leur mort, toujours prête à se rendre utile, elle vécut tantôt chez l'un, tantôt chez l'autre de ses frères et sœurs. Et quand ma mère est morte, elle est venue chez nous. J'avais trois ans, je l'aimais profondément, et je l'appelais maman. Cela la mettait dans tous ses états, surtout dans les magasins où tout le monde savait qu'elle était *mademoiselle* Bergman.

Tante Ellen était petite et boulotte, elle avait le cœur faible et ne sortait que rarement. Elle était on ne peut plus gentille, prévenante, scrupuleuse ; mais elle supportait assez mal les pitreries de mon père et mon goût du théâtre. Comme oncle Otto, elle était profondément luthérienne et considérait le théâtre comme un péché. Quand je faisais mes numéros, elle me disait : « Attention, le diable est assis sur ton dos ! » Et moi, je rétorquais : « Mais non, voyons, s'il y était je le verrais bien ! »

Chaque année, mon père m'emmenait en Allemagne rendre visite à mes grands-parents et mes deux tantes maternelles. En général, il passait quelques jours avec moi puis partait se balader quelque part en Europe. Et c'était terrible, terrible. Quand il me quittait, j'allais aussitôt m'enfermer dans les cabinets pour pleurer. Et au bout d'un moment ma grand-mère s'inquiétait : « Qu'est-ce qu'il se passe ? Qu'est-ce que tu fais ? » Tant bien que mal, j'essayais de calmer mes sanglots. Je ne voulais pas qu'elle m'entende, car je savais qu'elle était furieuse que je puisse pleurer à l'idée de rester chez eux. Mais le fait est que chez eux je n'étais jamais très heureuse. Mon grand-père était une espèce de colosse. Ils me faisaient peur. Ils étaient affreusement sévères. Le problème, c'était surtout que j'aimais trop mon père. J'étais habituée à lui, et je ne pouvais pas supporter l'idée d'en être séparée. Pour moi, il était tout à fait comme un grand frère.

L'éducation que me donnaient mes grands-parents était sans doute celle que recevaient tous les petits Allemands de l'époque. Et c'est chez eux que j'ai appris à être si terriblement ordonnée. Une nuit, ma grand-mère m'a réveillée parce que j'avais posé ma robe sur une chaise sans me donner la peine de la plier. J'avais alors une dizaine d'années. Elle m'a fait sortir du lit et elle a attendu là jusqu'à ce que tous mes vêtements et sous-vêtements soient soigneusement pliés et rangés sur la chaise. Après quoi, elle a pointé un doigt en direction de mes chaussures, et j'ai protesté :

« Mais grand-maman, elles sont propres et bien rangées.

— Elles sont propres, oui ; mais elles ne sont *pas* bien rangées. Les chaussures se mettent l'une à côté de l'autre, bien à la même hauteur et tournées dans la même direction. »

C'est le genre de choses qu'on n'oublie pas et qui vous marque toute votre vie. Je suis donc devenue une maniaque de l'ordre. Vivre dans une maison désordonnée m'est impossible, ça me rend positivement malade. En Italie, je profitais du temps que Robin passait à l'école pour aller nettoyer et ranger sa chambre. Il supportait ça très mal. Il me disait : « Enfin, maman, dans mon *désordre* je retrouve tout parfaitement ; dans ton *ordre* je ne retrouve rien ! » On s'est battus longtemps, et finalement c'est lui qui a gagné : pour m'empêcher d'entrer dans sa chambre, il a pris l'habitude d'enlever la poignée de la porte et de l'emmener avec lui.

Cela dit, quand j'étais en Allemagne, j'adorais séjourner chez ma tante Mutti. Elle avait épousé un très riche Français qui possédait des plantations de café en Haïti. Ils avaient une grande maison, un jardin, des domestiques et un bateau sur le lac Alster — ils étaient vraiment riches. Mon oncle passait la plupart du temps aux Antilles, où elle avait bientôt renoncé à l'accompagner sous prétexte que la chaleur des îles ne lui convenait pas et qu'avec leurs danses et leur musique les Noirs lui faisaient peur. Ainsi, ils avaient pris l'habitude de vivre toujours plus souvent séparés. Mon oncle avait même emmené ses fils en Haïti, où l'aîné est mort d'une maladie tropicale. A partir de ce moment-là, ma tante a considéré que son mariage n'existait plus, bien qu'elle n'ait jamais divorcé.

Quand j'étais petite, je l'adorais. Elle regrettait de ne pas avoir de fille, et c'est pourquoi je l'appelais tante Mutti — en allemand, Mutti veut dire maman — plutôt que tante Elsa. J'étais la fille unique de sa sœur, et elle me traitait comme une reine. Pourtant, il y avait chez elle certaines choses que je n'aimais pas. Je trouvais qu'elle était trop sévère avec les domestiques. Je me disais, je m'en souviens : « Si un jour je gagne assez d'argent pour avoir des domestiques, jamais je ne les traiterai comme tante Mutti. » Je me souviens aussi que je n'aimais pas beaucoup l'accompagner dans les magasins. Si quelque chose l'intéressait, elle disait : « Montrez-moi ça, oui, sur le rayon du haut. » Et quand la pauvre fille avait démoli la moitié de la boutique pour lui faire voir ce qu'elle demandait, ma tante prenait l'air déçu : « Non, non, je regrette, ce n'est pas tout à fait ça. Je vous remercie, mademoiselle, je reviendrai une autre fois. » Et je sentais que la vendeuse devait penser : « Je vous en prie, ne revenez plus, plus jamais ! »

C'est le genre de choses qui vous restent. Aujourd'hui, j'entre rarement dans un magasin sans rien acheter — et tant pis si je n'ai pas vraiment besoin de ce que j'emporte ! Les vendeurs se donnent tant de peine pour vous servir, tant de mal pour être gentils, je ne veux pas qu'ils me prennent pour une ingrate... Il n'en reste pas moins que j'aimais beaucoup mes séjours chez ma tante Mutti.

Chez ma grand-mère, c'était tout différent. Je me souviens d'un été. J'étais seule au jardin. Je jouais à être une dame. J'étais assise bien comme il faut, et je m'efforçais de n'avoir que de belles pensées. Tout à coup, j'entends siffler le petit air que papa avait l'habitude de siffler pour me retrouver dans la foule, pour me faire comprendre où il était. Je ne pouvais y croire. Je ne me suis même pas retournée tant j'étais sûre d'avoir rêvé. Et puis le petit air a recommencé, et alors, j'ai su qu'il était vraiment là. Papa était de retour. J'étais folle de joie. Tout reprenait sa place, à nouveau la vie était belle.

Car, voyez-vous, c'est l'amour de mon père, le soin qu'il a pris de moi, l'enthousiasme qu'il manifestait à chaque fois que je jouais à être ceci ou cela, qui ont fait de moi une actrice. Je devais avoir environ onze ans quand il m'a emmenée au théâtre pour la première fois. A plusieurs reprises déjà, je l'avais accompagné à l'Opéra, mais ça ne m'avait pas beaucoup impressionnée. Tandis que cette première pièce ! Les yeux me sortaient de la tête. Voilà que, sur cette scène, il y avait des adultes qui faisaient ce que je faisais moi-même à la maison juste pour le plaisir ! Et pour ça, on les payait ! C'est ainsi qu'ils gagnaient leur vie ! A la première pause, je me suis tournée vers mon père — et la salle entière a dû m'entendre tant j'étais excitée — pour lui dire : « Papa, c'est ça que je veux faire ! »

Et jusqu'ici mes sentiments n'ont pas changé. Je me lève à six heures, je vais au studio pour y faire le travail que j'aime, et je suis heureuse. Je vais au théâtre, je m'installe dans ma loge, je me maquille, je m'habille, et je ne cesse de me répéter : « Et pour ça, on me paie ! »

Évidemment, la mort de mon père a été pour moi un choc terrible, même si alors je ne comprenais pas vraiment ce qui se passait. Car, à douze ans, on ne se rend pas bien compte de ce que cela signifie « avoir un cancer ». Il a essayé de me l'expliquer. Il m'a montré une radiographie de son estomac et il m'a dit : « Tu vois, là, il y a un cancer qui se développe. Il pousse, et bientôt ce que je mange ne pourra plus descendre jusque dans mon estomac. Ce sera plutôt ennuyeux. »

J'ai pensé qu'il fallait que je lui remonte le moral ; j'ai regardé la radio et je lui ai dit : « Mais regarde, ici, il y a plein de place. En passant par là, la nourriture peut très bien descendre, tu verras. »

Il a beaucoup maigri, et il est allé trouver son meilleur ami — que j'appelais oncle Gunnar — qui tenait un magasin de fleurs. J'ai appris plus tard ce qu'il lui avait dit : « Je ne veux pas qu'à son âge Ingrid voie son père mourir à petit feu... et Dieu sait combien de temps ça prendra. Alors je vais aller en Allemagne. J'ai appris qu'en Bavière il y avait un toubib qui faisait des miracles. J'irai le voir. Peut-être qu'il pourra me guérir. Sinon, je reviendrai dans une boîte. »

Il est donc parti en Bavière, et il a emmené avec lui une fille dont il était très amoureux : Greta. Elle avait à peine plus de vingt ans et lui cinquante passés. Elle était d'abord venue chez nous pour être ma gouvernante, et puis papa était tombé amoureux d'elle. Mais tante Ellen et tante Hulda, toutes deux très strictes sur le chapitre de la morale et de la religion, voyaient ça d'un très mauvais œil. Comment pouvait-il être amoureux après avoir été marié avec une femme aussi merveilleuse que ma mère ? Et en plus, elle était tellement jeune, cette Greta ! Elles semblaient ne pas comprendre que maman était morte depuis dix ans et que papa avait besoin d'amour, un amour que je ne pouvais pas lui donner, mais Greta oui. L'été avant qu'il ne tombe malade, nous allions avec elle dans la petite maison que possédait tante

Ellen au bord du lac. Et on allait se baigner. On s'amusait tellement avec elle!

Je l'aimais beaucoup. Elle était très belle. Mon père l'a peinte plusieurs fois. Mais je crois qu'il se sentait coupable à cause de leur différence d'âge. Finalement, tante Ellen et le reste de la famille ont plus ou moins réussi à la chasser. Lorsque mes tantes et oncles disaient du mal d'elle en ma présence, j'essayais de la défendre. Ils me demandaient : « Tu sais où est ton père, maintenant ? Il n'est pas à la maison, non ? » Et moi je répondais : « Il n'est pas à la maison, non, mais qu'est-ce que ça fait ? De toute façon, avec le ménage, je suis très occupée. Et puis je sais qu'il reviendra, alors... » Parfois, ils insistaient : « Tu *sais* où il est. Tu sais qu'il est avec *elle* ! » Je les aurais tués d'oser critiquer mon père, et je rétorquais : « Je m'en fiche ! Je suis très contente qu'il soit avec Greta ! Très contente ! »

Ainsi, lorsqu'il est parti pour la Bavière et qu'il a emmené Greta avec lui, tout le monde a été très choqué, sauf moi. C'était fantastique qu'elle l'accompagne, qu'elle veuille bien l'aider à mourir ! Rien que ça aurait suffi à me la faire aimer.

Hélas ! le docteur miracle n'a rien pu pour lui. Papa continuait à peindre un peu ; des années plus tard, Greta m'a montré son dernier tableau — c'était le paysage qu'il voyait de sa fenêtre. Et puis il est rentré, affreusement maigre. Mais un enfant ne peut jamais croire vraiment que son père va mourir. Peu de temps avant la fin, tante Mutti est venue de Hambourg. Elle a expliqué à ma famille : « Greta a bien le droit d'être là pour ses derniers instants. Je vous en prie, laissez-la venir. »

Greta est donc venue, et nous nous sommes assises chacune d'un côté du lit. Nous étions seules toutes les deux. Je me souviens que papa a tourné la tête vers elle, puis vers moi ; je me souviens que je lui ai souri. Et voilà, il est mort.

Par la suite, Greta est sortie presque entièrement

de ma vie. Pourtant, lorsque j'avais quinze ans, elle a fait pour moi quelque chose de très important : elle m'a trouvé mon premier emploi dans un film. Je ne l'ai revue que bien des années plus tard. Elle était mariée et elle élevait ses propres enfants.

Six mois après la mort de mon père, qui avait bien sûr été pour moi une expérience terrible, j'ai perdu ma tante Ellen. Une nuit, je l'ai entendue appeler. Je suis tout de suite allée dans sa chambre. Elle respirait très difficilement. Elle a hoqueté : « Je me sens mal, vraiment mal. Veux-tu bien appeler l'oncle Otto ? »

Son visage était presque noir, et c'était une agonie de l'entendre respirer. Je me suis précipitée au téléphone, et je suis tombée sur mon cousin Bill. Il m'a dit qu'il arrivait. Il habitait juste au coin, à trois ou quatre pâtés de maisons.

Je suis retournée vers ma tante et je lui ai annoncé que Bill serait là d'un instant à l'autre. « Lis-moi la Bible, m'a-t-elle demandé. Lis-moi la Bible ! » Je suis allée la chercher, je l'ai ouverte n'importe où et je me suis mise à lire. Et j'ai lu, j'ai lu sans rien comprendre à ce que je disais et tout en voyant l'état de ma tante s'aggraver. Enfin, elle a murmuré : « Je vais mourir, je sens que je vais mourir. Pourquoi donc est-ce qu'ils ne viennent pas ? » Elle s'est tue un moment, puis, dans un dernier effort, elle a dit : « La clef... la clef. »

J'ai tout de suite compris. Notre appartement se trouvait à un étage élevé, et, plutôt que de descendre ouvrir la porte aux éventuels visiteurs, nous avions l'habitude de leur lancer la clef. Dans ma panique, j'avais complètement oublié. Complètement. Bien sûr, Bill devait attendre dehors. Je me suis précipitée à la fenêtre, et en effet, il était là ; il appelait, mais je ne l'avais pas entendu. Par une étrange coïncidence, devant l'immeuble, il avait rencontré deux infirmières, et il leur avait demandé de rester : « Je vous en prie, quelqu'un est malade dans cet appartement. Je vais rentrer chez moi pour téléphoner et demander qu'on vous lance la clef. »

C'est à ce moment-là que j'ai ouvert la fenêtre. Aussitôt après, je suis retournée vers ma tante. C'est à peine si elle pouvait respirer maintenant, et son visage était devenu complètement noir. Je l'ai prise dans mes bras pour la soutenir, et les infirmières sont arrivées ; elles m'ont écartée, mais c'était déjà trop tard. De toute façon, elles n'auraient rien pu faire. Bill m'a mis un manteau sur les épaules et m'a dit : « Viens, rentre à la maison avec moi. »

Venant si vite après la mort de mon père, c'était vraiment terrible — un choc dont il m'a fallu très longtemps, je crois, pour me remettre tout à fait.

Oncle Otto et tante Hulda ont fait pour moi tout ce qu'ils ont pu. C'étaient de bons bourgeois, de grands travailleurs. Dans leur famille, entourée de mes cinq cousins et cousines, une vie nouvelle a commencé pour moi.

Pas loin de l'appartement qu'ils occupaient, il y avait un vaste terrain où Britt et moi avions l'habitude de jouer. Britt était ma cadette, et nous étions une paire d'amies inséparables. Les autres étaient trop grands pour nous : il y avait cinq ans de différence entre Britt et le prochain de mes cousins. Je me souviens que, chaque soir, nous partions toutes les deux nous promener ; en hiver il faisait déjà nuit à quatre heures, mais à l'époque personne ne s'inquiétait de voir deux gamines errer seules dans la rue. L'été, nous allions dans la petite maison de campagne, que tante Ellen m'avait laissée par testament, à une heure de bateau de Stockholm. Durant les vacances scolaires, Britt et moi y passions souvent toute la semaine à nager et à prendre des bains de soleil. Le reste de la famille nous rejoignait pour le week-end.

En grandissant je me suis rendu compte que,

dans cette famille, l'élément fort, c'était tante Hulda. En fait, elle se sacrifiait pour ses cinq enfants et pour moi. Je me souviens que j'avais une très jolie chambre où l'on avait mis le piano de ma mère, le bureau de mon père et quelques-uns de ses tableaux. Les garçons avaient leur chambre et Britt partageait celle de sa sœur. Mais tante Hulda, elle, dormait dans le corridor, sur un lit pliable qu'elle rangeait chaque matin. Le corridor n'avait pas de fenêtre et était particulièrement inconfortable. Tante Hulda était toujours la première levée. Elle allait faire les courses, préparait le petit déjeuner et nous envoyait à l'école. Pour l'argent, je n'ai jamais su comment ils se débrouillaient. Ils avaient un atelier d'encadrements et continuaient à tenir la boutique de mon père. Et je crois que c'est ma tante qui s'occupait de tout ça. Je n'ai jamais vu une femme compter aussi vite — un véritable ordinateur. A part ça elle se chargeait de nous élever, et c'est une tâche qu'elle prenait très à cœur. « Quitte à ce que mes enfants me détestent, ils auront tous une bonne éducation », disait-elle.

Et c'est ainsi qu'avec Britt elle m'a envoyée dans l'école la plus chère de Stockholm. Quant à ses trois fils, l'un est devenu colonel, l'autre professeur et le dernier dentiste. S'ils avaient des dons artistiques, ils ont dû travailler trop dur pour avoir le temps de les cultiver. Mais moi, enfermée dans ma chambre, je continuais à me jouer la comédie.

Depuis que papa était tombé malade, Gunnar Spangberg, son meilleur ami, s'efforçait d'encourager mes goûts. Il tenait une boutique de fleurs que fréquentaient régulièrement des acteurs et des actrices. Presque chaque dimanche il invitait ses amis à souper, et il avait la gentillesse de m'inviter aussi. Il me demandait alors de faire un petit numéro, de dire un poème, par exemple. Mais moi, bien sûr, je ne m'arrêtais pas là. La poésie, j'aimais bien, mais ce qui m'intéressait, c'était le théâtre. Alors, quand j'avais un public, vous pensez si j'en profitais ! Je changeais de voix, je jouais n'importe quel rôle, je gesticulais, je m'agitais... et ça donnait une sorte de one-woman show ! Les amis d'oncle Gunnar avaient tous entre cinquante et soixante ans, ce qui me paraissait terriblement vieux, mais j'étais leur divertissement du dimanche soir. Parfois, je réussissais à les faire rire ou pleurer, et ils me semblaient aimer ça. Ils en redemandaient : « Recommence, refais-nous ça ! Tu seras là, au moins, la semaine prochaine ? » J'avais à ma disposition tout un répertoire d'histoires et de scènes que j'avais préparées, et ils étaient si bon public qu'ils applaudissaient à tous mes numéros.

C'est oncle Gunnar qui m'a donné le *Livre* — un épais cahier relié en cuir, avec un fermoir de métal, une clef, et mon nom gravé sur la couverture. Pour une fille de quatorze ans, c'était un cadeau exaltant. J'ai décidé que je confierais à ses pages mes réflexions les plus intimes concernant le théâtre, et les premières phrases que j'y ai écrites montrent bien à quel point mes intentions étaient sérieuses :

Cher Livre. Depuis que je suis enfant, j'aime le théâtre, mais je n'ai jamais pensé que peut-être je pourrais devenir une actrice. C'est durant l'automne 1929 que j'ai compris que je voulais absolument me consacrer au théâtre. Oncle Gunnar a dit qu'il fallait que je sois actrice, aucun doute là-dessus. Il m'a conseillé d'apprendre davantage de poèmes, et c'est alors que j'ai décidé vers quelle muse je devais me tourner : vers Thalie, une des déesses du théâtre.

J'ai rêvé qu'un jour je serais au théâtre Oscar, devant le public venu voir cette nouvelle Sarah Bernhardt. Je n'ai jamais parlé beaucoup de mes projets à personne. Je les garde pour moi. J'ai rêvé que je pourrais peut-être jouer un jour avec Gösta Ekman, qui était mon idéal.

Papa voulait que je fasse de l'opéra, parce qu'il adorait la musique. Mais je ne pense pas qu'il y ait tellement de différence entre l'opéra et le théâtre. Je ne crois pas qu'il m'aurait interdit d'emprunter la route épineuse qui mène au ciel des étoiles.

Entre mes exhibitions et mon comportement normal, il y avait un contraste incroyable. J'étais l'être le plus timide qu'on puisse imaginer. Je ne pouvais entrer dans une pièce sans buter sur un meuble — ce qui me faisait rougir. Il suffisait qu'on me demande mon nom pour que je devienne violette. A l'école, je ne répondais jamais de moi-même à une question, car je savais qu'aussitôt que j'ouvrirais la bouche je commencerais à rougir et à balbutier. Dans ces conditions, on comprendra sans mal qu'oncle Otto et mes cousins aient trouvé tout à fait ridicule mon désir de devenir actrice.

Ils me disaient : « Réfléchis donc un peu ! Tu n'es pas capable d'arriver quelque part sans te marcher sur les pieds. Tu es complètement folle ! »

Depuis lors, j'ai découvert que beaucoup d'acteurs sont d'une extrême timidité. Mais quand ils jouent, ils ne sont plus eux-mêmes, ils sont quelqu'un d'autre, et c'est ce quelqu'un d'autre qui est responsable des paroles qu'ils prononcent.

J'imagine que c'est ce qui s'est passé lorsque j'ai donné ma première représentation publique. C'était à l'école. A l'époque de Noël. Notre maîtresse avait oublié qu'on avait dressé une scène dans la salle de gymnastique, où les grandes devaient jouer une pièce. Elle ne pouvait donc pas donner sa leçon et elle nous a dit : « Bon, vous avez une heure de libre. Tout ce que je vous demande, c'est de vous tenir tranquilles. Je reviendrai vous chercher pour la leçon suivante. » Et elle est partie.

Je regardai la scène. *Ma* première vraie scène. Je n'ai pas hésité. Jamais je n'avais été si heureuse. Debout sur la scène, j'ai dit à mes camarades : « Je suis allée au théâtre la semaine dernière et j'ai vu une pièce qui s'appelait l'*Ascenseur vert*. Vous voulez que je vous la joue ? » Elles ont répondu toutes en chœur : « Oui, oui. » Alors, j'ai demandé à quelques-unes de me donner la réplique. Elles ont dû penser que j'étais devenue folle. C'était une pièce de boulevard avec sept personnages. Je me rappelais exactement ce qu'ils faisaient et même une partie du dialogue. Je me suis donc mise à diriger mes acteurs, moi, l'élève la plus timide de la classe. Toutes mes camarades hurlaient de rire. Elles faisaient même tant de bruit que la maîtresse est accourue : « Qu'est-ce qui se passe ? Ça ne va pas ? On vous entend dans toute l'école ! » Et quand on lui a répondu : « C'est Ingrid Bergman qui nous joue une pièce », elle a failli s'évanouir. Là-dessus, comme il restait une demi-heure, elle nous a envoyées dans le parc jusqu'à la leçon suivante. Mais toutes les filles voulaient savoir comment la pièce finissait. Alors je me suis mise sur un banc et j'ai continué la représentation. A la fin, avec les promeneurs, le nombre de spectateurs avait doublé. Pour la première fois que je jouais sur une *scène*, vous pensez si j'étais fière de moi !

C'est peu de temps après que j'ai revu Greta. Elle étudiait le chant et la musique, et comme elle était très belle elle gagnait un peu d'argent en faisant de la figuration : on la voyait arpenter un quai de gare, participer à un dîner, traverser un hall d'hôtel. Je trouvais ça passionnant. Et je l'ai suppliée : « Je t'en prie, un jour emmène-moi avec toi que je voie comment on fait un film ! »

Elle a fait beaucoup mieux que ça. Elle m'a obtenu un jour de travail. Quand je suis arrivée au studio, j'y ai trouvé une douzaine d'autres filles, pour la plupart nettement plus âgées que moi. On nous maquille, et à dix heures on nous fait mettre en rang dans le studio. Le metteur en scène nous explique que nous devons avoir l'air affamées, grelottantes, misérables. Prêt ? Prêt. La caméra passe deux fois à côté de nous, et l'on nous annonce :

« C'est terminé, les filles. Merci beaucoup. Vous pouvez partir. »

Partir ! A dix heures et quart du matin ? Alors que je venais seulement d'arriver ? Pas question ! On ne se débarrassait pas si facilement de moi ! J'étais trop excitée. Et puis j'avais ce merveilleux maquillage jaune qui me plâtrait le visage. Je savais bien que si on me voyait on penserait que j'attendais de tourner une autre scène. Je suis donc restée et j'ai regardé les gens travailler. Et quand j'en ai eu assez de regarder, je me suis promenée. J'étais en plein rêve. Et puis, tout à coup, six heures : chacun rentrait chez soi. Naturellement, je suis partie la dernière, et naturellement, je suis partie avec mon beau maquillage. Mais comme j'allais sortir, un homme m'a arrêtée, stupéfait : « Alors, où est-ce que vous étiez ? J'ai attendu toute la journée pour vous remettre votre chèque. On vous a cherchée partout ! »

J'ai essayé d'expliquer : « Je me plaisais tellement, ici. Il y a tant de choses à voir. »

Il a dû comprendre ce qui s'était passé. En tout cas, il s'est tout de suite radouci : « Tenez, voilà votre argent ! » Quand je me suis retrouvée seule, j'ai regardé : dix couronnes ! On m'avait donné dix couronnes pour passer l'une des plus belles journées de ma vie ! J'avais quinze ans, et c'était le premier argent que je gagnais.

*
* *

A l'école, la timidité d'Ingrid était telle qu'elle revêtait parfois une forme allergique : ses lèvres et ses paupières enflaient ; ses doigts gonflaient au point qu'elle ne pouvait plus les plier. A ces phénomènes, son médecin était incapable de trouver une explication — et encore moins un remède. On l'envoya dans un hôpital, où on lui fit subir un traitement de rayons. Les enflures disparurent. Mais c'est l'école d'art dramatique qui la guérit de tous ses maux et de la plupart de ses inhibitions.

CHAPITRE II

L'ÉCOLE d'art dramatique, c'était merveilleux. J'étais si contente ! D'un jour à l'autre, je me suis épanouie. Je faisais exactement ce que je voulais, alors je me suis détendue, je me suis ouverte, je suis devenue la personne la plus heureuse du monde. Et tout me paraissait facile. Je n'avais aucune difficulté à comprendre quand on nous expliquait comment utiliser notre voix, comment traverser une scène. Nous avions des leçons de danse, d'escrime, de pose de voix et d'expression corporelle. Nous étudiions l'histoire du théâtre et nous montions des scènes. L'école elle-même n'avait rien d'extraordinaire ; elle se résumait à deux vastes salles logées dans les étages et à une grande table où tout le monde gravait son nom — beaucoup de noms célèbres ou qui allaient le devenir : Greta Garbo, Signe Hasso, Mai Zetterling, Viveca Lindfors. Je sentais qu'enfin j'appartenais à *quelque chose* ; j'étais acceptée. Je me souviens de l'entrée des artistes sur le côté du Théâtre royal : je me plantais devant la porte et j'étais heureuse ; je me disais : c'est chez moi, c'est ma maison, quand j'entrerai on me dira : « Bonjour, Ingrid. » J'en étais fière. Et puis, nous autres élèves, nous avions le droit d'assister à toutes les représentations pour *rien*. Pas dans les loges, bien sûr. Au poulailler.

Tous les soirs nous pouvions aller au théâtre et voir jouer ces merveilleux acteurs. Nous n'étions pas admis aux répétitions, mais nous y allions quand même : on se débrouillait pour ouvrir la porte de la dernière galerie avec une épingle à cheveux. Les comédiens et le metteur en scène savaient que nous étions là. Ils avaient fait comme nous du temps où ils étaient élèves. De temps en temps, quand nous riions trop fort à une réplique, une voix lançait : « Il y a quelqu'un, là-haut ? », et nous nous faisions tout petits.

Oh ! c'était si passionnant d'être assis là-haut dans le noir, sous les lustres et sous les dorures, et de voir naître un spectacle sur cette scène brillamment éclairée !

Et puis il y avait encore d'autres raisons de trouver la vie excitante. Peu de temps après avoir fêté mes dix-huit ans, je suis allée à mon premier vrai rendez-vous. En Suède, au début des années trente, la plupart des jeunes — de quatorze, quinze et seize ans — allaient au bal. On se promenait la main dans la main et l'on tombait éperdument amoureux pour vingt-quatre heures au moins. A quinze ans, j'ai connu quelques-unes de ces passions. Après quoi j'ai fait une découverte horrible : je ne plaisais pas du tout aux garçons. J'étais trop grande pour eux, ou j'étais trop godiche ; j'étais trop sérieuse, je rougissais, et j'étais incapable de soutenir une conversation. Une vraie catastrophe. Il n'y avait qu'une chose à faire : prétendre que je les détestais. Et je disais : « Je hais les hommes ! » Ça sonnait bien, ça me donnait un certain poids, mais ça n'arrangeait pas mes rapports avec eux. Et quant aux filles, ça ne les impressionnait pas du tout. Je n'avais pas davantage de succès auprès d'elles qu'auprès des garçons. Je n'étais donc pas très populaire. Mais cela tenait peut-être au fait que j'étais trop occupée par le théâtre, que pour moi, le théâtre était une véritable obsession.

Puis, un jour, une de mes cousines me demanda

de participer à une sortie à quatre avec un beau jeune dentiste nommé Petter Lindstrom. En fait, il était très vieux : plus de vingt-cinq ans, mais aussi très beau, charmant, et de plus il avait une voiture !

Mais j'ai répondu :

« Pourquoi tu me demandes ça ? Je ne peux pas sortir, je n'ai rien à me mettre... Et au *Grand Hôtel* ! Je n'y suis jamais allée... Je n'ai jamais fait de sortie à quatre... Un grand restaurant où l'on soupe et où l'on danse ? Oh ! je ne crois pas... non, non ! »

En fait, j'en brûlais d'envie, et il n'a pas fallu grand-chose pour me convaincre d'accepter. Nous sommes donc allés au *Grand Hôtel*, où Petter devait nous rejoindre, et nous nous sommes installés tous les trois en face de l'entrée. Dix minutes, vingt minutes passent, pas de Petter. Mes cousins essaient de l'excuser : « Il est très occupé, tu sais, c'est un dentiste. Mais ne t'inquiète pas, il ne va pas tarder. Il a dû être retenu par un client... tu penses bien qu'il ne peut pas les laisser tomber comme ça ! » Et puis, au bout d'environ une demi-heure, j'ai vu entrer un jeune homme et j'ai tout de suite su que c'était Petter Lindstrom. J'ai dit : « Le voilà. C'est lui, non ?

— Oui, oui. C'est bien lui. Salut, Petter !

— Je suis désolé d'être en retard.

— Ça ne fait rien. Voilà Ingrid. Ingrid... Petter Lindstrom. »

Il s'est assis à côté de moi, et la première chose qu'il m'a dite, c'est : « J'aime vos cheveux. » Je les portais le front dégagé et noués en chignon — le style institutrice. Ensuite, il m'a dit : « Quelle belle voix vous avez ! J'aime les voix basses. » J'ai pensé : ça commence bien, il aime ma voix, il aime mes cheveux. Et du coup, je me suis sentie beaucoup mieux.

On a dansé, on a passé une excellente soirée, et ils m'ont raccompagnée chez moi. Quelques jours plus tard ils m'ont appelée pour me dire que Petter souhaitait qu'on se revoie tous les quatre. J'étais très impressionnée. Il faut dire qu'à dix-huit ans, quelqu'un qui en a plus de vingt-cinq est forcément impressionnant. Et puis, c'était *un homme du monde*, il avait sa *propre voiture*, il y avait vraiment de quoi vous faire tourner la tête. On s'est donc mis à sortir régulièrement ensemble. Il m'appelait et m'invitait à déjeuner. Aujourd'hui, je dirais que nous avons d'abord été amis — une amitié qui, peu à peu, est devenue de l'amour.

Oncle Otto et tante Hulda ont tout fait pour m'encourager. Ils adoraient Petter : c'était un homme établi, il avait un bon métier, il était sportif, très intelligent. En fait, tout le monde l'aimait. Je me suis mise à compter sur lui. J'ai commencé à lui poser des questions, à lui demander son avis, à tenir compte de ses jugements. Il était très occupé, mais nous déjeunions ensemble presque tous les samedis, et le dimanche nous allions à la campagne. Nous avons fait des tas de balades, à pied ou à ski, tout au long de cet hiver-là.

Je crois qu'il a fallu longtemps à Petter pour se rendre compte qu'il était amoureux de moi : tomber amoureux d'une actrice ne devait pas du tout cadrer avec ses projets. Le théâtre l'intéressait, il avait beaucoup d'amis artistes et nous allions au théâtre et au cinéma ensemble, mais pour ce qui est d'épouser une actrice, je ne crois vraiment pas que cela s'accordait avec la vision qu'il avait de son avenir. On s'aimait bien, on aimait bien sortir ensemble... Il est tombé amoureux de moi presque sans s'en rendre compte.

***

Qui était-il, ce Petter Lindstrom qui allait tenir une telle place dans la vie d'Ingrid Bergman ? Il était grand, avec des cheveux châtains. Et beau, très beau. C'était un bon boxeur, un excellent skieur et un merveilleux danseur. Il aimait rire, faisait parfois le clown, et avait le sens de l'humour. Et il aimait Ingrid. Ils s'accordaient parfaitement.

Dans l'ensemble, son enfance fut heureuse. Quoiqu'il désirât devenir médecin, il commença par faire des études de dentiste. Alors qu'il n'avait guère plus de vingt ans, il devint professeur assistant dans une école dentaire de Stockholm, et quand il fit la connaissance d'Ingrid, il avait déjà derrière lui deux années d'études médicales.

Après trois mois, l'autre amour d'Ingrid, celui que lui inspirait l'École royale d'art dramatique, se trouva soumis à des tensions considérables en raison d'un incident qui la laissa désorientée et malheureuse.

Un jour, sans le savoir, elle croisa dans le corridor Alf Sjöberg, qui avait assisté à sa première audition en qualité de juré et qui, des années plus tard en Italie, devait lui raconter comment celle-ci s'était passée. Il se rendait alors à la répétition d'une nouvelle pièce. Il se retourna pour mieux la regarder. Cinq minutes plus tard, il était dans le bureau d'Olof Molander, le directeur du Théâtre royal.

« Olof, cette blonde, la nouvelle, c'est exactement ce qu'il me faut pour la pièce.

— Tu plaisantes ? C'est une débutante : elle n'est ici que depuis septembre. Tu choisiras parmi les filles qui ont terminé leur seconde année et...

— Mais c'est *elle* que je veux. Elle est faite pour le rôle. Elle a le physique, l'innocence, tout. Un théâtre, ça ne peut pas se diriger comme une administration. S'il y a des règlements, il doit y avoir moyen quand même de faire des exceptions. Laisse-moi la responsabilité. Tu diras que c'est ma faute... »

Non sans hésiter, Molander acquiesça. « D'accord. Fais comme tu veux. Mais attends-toi à avoir des ennuis ! » Ingrid ne pouvait y croire : après trois mois, elle allait quitter les salles de cours pour commencer à répéter avec des vedettes comme Inga Tidblad et Lars Hanson. C'était le paradis !

*
* *

Bien sûr, j'avais déjà travaillé certaines scènes avec d'autres élèves, mais c'était tout différent. Quand je suis arrivée, les répétitions venaient de commencer, et tous les acteurs avaient encore leur manuscrit en main. Qu'importe ! J'entrais dans le *vrai*, j'allais faire du *vrai* travail, j'allais travailler avec *eux*. J'étais presque en état de transe. Maintenant, tout devenait important : la discipline, les silences, les moindres inflexions... Oh ! j'étais sûrement très mauvaise, mais ce que j'éprouvais, c'était prodigieux. Et ça a duré tout juste trois jours. J'étais dans une telle excitation que je pouvais à peine respirer. Alf Sjöberg se prétendait très satisfait de moi, et puis tout à coup, vlan, tout s'est écroulé ! Les autres élèves, les filles qui avaient terminé leurs deux premières années et commençaient seulement à tenir de petits rôles, n'avaient pas supporté. Elles étaient vertes, elles étaient folles de rage. Elles avaient conçu pour moi une telle haine qu'un jour ça a éclaté. Elles se sont jetées sur moi ; elles m'ont attaquée — coups de pied, coups sur la tête... et des injures, bien entendu. Sur la façon dont je m'y étais prise pour avoir le rôle, elles ont raconté de telles horreurs que si oncle Otto les avait entendues il serait mort sur le coup. La bagarre tournait à l'émeute, et Olof Molander a dû intervenir. Il est allé trouvé Sjöberg et lui a dit : « Je suis désolé, mais il va falloir que tu la retires de la distribution, sinon, ça va être la révolution. Les élèves ne peuvent tout simplement pas accepter qu'une fille qui n'est ici que depuis trois mois obtienne un rôle que certaines d'entre elles attendent depuis bientôt cinq ans. Je regrette, mais c'est comme ça. »

J'ai donc dû rentrer dans le rang. Mais mes camarades plus âgées n'ont pas cessé de me détester pour autant. J'étais horriblement déçue — heureusement, à cet âge-là, on s'en remet facilement. Cependant, j'avais compris quelque chose d'important. A l'École royale d'art dramatique, les études durent trois ans. Au bout de ces trois ans, si l'on vous juge valable, vous signez un contrat de deux ans pendant lesquels vous jouez les utilités — style « Madame est servie », « La voiture attend », etc. Tout cela faisait cinq ans, cinq ans de vie, cinq ans d'attente. Je comprenais les sentiments des autres à mon égard, peut-être qu'à leur place j'aurais réagi de la même façon. Mais je commençais à me demander si, moi, j'aurais la patience d'attendre...

L'été est arrivé, et avec l'été, les vacances. L'école fermait pour une période de trois mois. Presque tous mes camarades partaient ; ils allaient consacrer ces trois mois à l'étude du théâtre russe, et j'aurais dû les accompagner. Mais voilà, j'étais tombée amoureuse de Petter Lindstrom, et je ne voulais pas le quitter.

Je suis donc restée. Mais contrairement à Petter je ne travaillais pas. Qu'allais-je faire de mes journées ? Il fallait que je trouve quelque chose. Je suis allée voir oncle Gunnar. Grâce à son magasin de fleurs, il avait toute sorte de contacts avec le monde du cinéma. J'aurais bien voulu travailler comme figurante, comme je l'avais fait à quinze ans. Mais, si je me présentais de moi-même aux studios, je ne pouvais guère m'attendre à ce qu'on me dise : « Chic, vous voilà, on a justement besoin de vous. » Ce qu'il me fallait, c'était une introduction.

Je savais qu'une actrice, Karin Swanström, venait de temps en temps à la boutique. C'était une très bonne comédienne et elle était alors directrice artistique des Films suédois. Avec un peu de chance oncle Gunnar me donnerait pour elle un bouquet de roses et je pourrais ainsi aller lui demander conseil. Je lui ai soumis mon idée.

Quand je l'ai revu, oncle Gunnar m'a accueillie avec le sourire et m'a annoncé : « Les choses s'arrangent. J'ai parlé de toi à Karin : je lui ai dit que je t'aimais beaucoup, que je te connaissais depuis ta naissance, que ton père était mon meilleur ami et que tu étais orpheline. Ça l'a tellement émue qu'elle t'attend demain dans son bureau. »

Quand Karin Swanström m'a demandé : « Alors, ma petite, qu'est-ce que vous savez faire ? », j'ai pris une profonde aspiration et j'ai répondu : « Je sais dire des poèmes. Vous voulez voir mon numéro ?
— Allez-y, je n'attends que ça. » Et je me suis lancée. J'étais parfaitement à l'aise — des poèmes que je disais depuis l'âge de six ans, il n'y avait pas de quoi se démonter ! Tous les classiques y sont passés. Le grand jeu, quoi !

Karin m'a regardée m'agiter dans la pièce sans paraître trouver ça trop mauvais. « Bien, conclut-elle. Un de ces jours, je vais essayer de vous faire faire un bout d'essai. » Sur quoi elle s'est ravisée : « Attendez, je vais voir si je ne peux pas arranger ça tout de suite. » Et elle a décroché le téléphone : « Dis-moi, Gustaf, tu n'as pas un creux dans la journée de demain ? J'ai une petite, ici, à qui je voudrais que tu fasses faire un essai. Oui, une jeune fille, une élève de l'École d'art dramatique ; elle essaie de décrocher un petit boulot pour les vacances... peut-être que tu pourrais lui trouver quelque chose ? Tu es très pris, oui, je sais, mais je te demande ça comme une faveur... »

* * *

Dans le monde cinématographique suédois, Gustaf Molander, frère du directeur de l'École royale d'art dramatique, était un metteur en scène très célèbre. Il était loin d'être enthousiaste à l'idée de faire faire un essai à une inconnue. Mais Karin savait le manœuvrer, et elle finit par obtenir son accord. Rendez-vous fut donc pris pour le lendemain matin à dix heures.

Comme à l'accoutumée, Ingrid prit tout son temps pour se rendre aux studios, et ce matin-là, elle inaugura une habitude qu'elle allait conserver tout au long de sa carrière en Suède. Le tram passait devant le petit cimetière où son père et sa mère étaient enterrés. Elle en descendit et alla s'installer sur un banc à proximité de leurs tombes. Elle souhaitait que son père lui vienne en aide, mais ne sachant à quoi s'attendre elle ne savait pas très bien non plus ce qu'elle devait lui demander. Elle se contenta donc de baisser la tête pour lui adresser une petite prière.

Ingrid n'a jamais été très à l'aise avec l'idée de Dieu. Elle n'a jamais pu accepter tout à fait ce qu'elle considère comme Son échec : le fait que, protecteur du faible, de l'innocent et de l'opprimé, Il ne se serve pas de Sa toute-puissance pour mettre un terme aux injustices du monde. Mais si elle ne pouvait que difficilement prier Dieu, il n'en allait pas de même avec son père.

Dans ses visites au cimetière, elle se rendit compte que c'était toujours à son père qu'elle s'adressait. Sa mère était morte avant qu'elle soit assez grande pour se confier à elle. Mais à son père elle pouvait tout dire ; elle pouvait expliquer : « J'ai une scène difficile aujourd'hui. Aide-moi ! Donne-moi confiance ! »

Quand elle se présenta devant Gustav Molander pour tourner son premier essai, elle était excitée plutôt que nerveuse. Mais surtout, elle était décidée à apprendre tout ce qu'elle pourrait.

***

« Si j'ai peur ? Non. Je sais bien que c'est un essai, mais jusqu'ici vous n'avez pas encore réussi à me faire peur. Que voulez-vous que je fasse ? Tourner à

52

gauche, tourner à droite, rire... ce n'est pas bien difficile. Que je dise quelque chose ? Vous voulez que je recommence ? Est-ce que je pourrai voir ce que vous avez fait ? C'est possible ? Demain ? Je peux venir demain ? Oh ! c'est très gentil, je vous remercie. »

Si je n'ai pas eu peur quand j'ai tourné ce bout d'essai, le lendemain, quand j'ai vu le résultat, j'ai été prise de panique. J'ai vraiment eu un choc. On sait ce dont on a l'air dans un miroir. On sait à quoi on ressemble en photo. Mais quand on se voit pour la première fois sur un écran, l'image est entièrement différente. On se voit alors comme les autres nous voient, et ça ne correspond pas du tout à ce qu'on imagine. On voit ses dents sous un autre angle... C'est ça, mes dents ? On découvre son nez... Seigneur ! non, ce n'est pas mon nez, il n'est pas comme ça ! Tous ces traits, vous les avez vus dans votre miroir, vous vous y êtes habitué, vous leur avez trouvé des excuses, vous vous êtes fait à l'idée de vivre avec cette tête-là. Et soudain, tout est à recommencer : vous vous trouvez devant un personnage que vous ne connaissiez pas, vous découvrez un étranger. J'étais grosse, et je n'aimais pas mon nez. Qu'est-ce que j'avais à gigoter comme ça, à rire sans arrêt, à parler comme un moulin à prières ? Je ne m'aimais tout simplement pas. Une chose était claire : je n'étais pas faite pour le cinéma.

* * *

Chauve et rondouillard, Gustaf Molander s'empressa de la rassurer. Il n'avait plus cet air de dignité légèrement offensée, il avait perdu la froideur de la veille. Homme d'une rare sensibilité, il savait reconnaître un talent original. Ce jour-là, il aurait pu voir les rushes d'un millier de jeunes filles, des filles plus belles et mieux formées qu'Ingrid, mais sur ces mille, et même sur un million, aucune n'aurait accompli ce prodige. Ce prodige, le miracle grâce auquel un être qui s'agite devant une caméra devient sur un écran un personnage crédible, seuls peuvent l'accomplir ceux qui possèdent la « qualité de star ». Or, Mademoiselle Ingrid Bergman possédait cette qualité.

Impressionné comme il l'était, Gustaf Molander s'amusa beaucoup de voir Ingrid aussi déprimée.

« C'est plutôt raté, commenta-t-elle d'une voix sombre. Mais peut-être que, si je m'y mets, je ferai mieux la prochaine fois. »

Cette dernière phrase, elle devait la répéter si souvent que bientôt on en fit son surnom. Après pratiquement chaque scène elle déclarait du même ton convaincu : « Je crois que je ferai mieux plus tard. » Aussi, après quelque temps, lorsqu'une équipe de tournage la voyait arriver, il se trouvait toujours quelqu'un pour annoncer : « Voilà Mieux-plustard. »

Gustav s'empressa donc de la rassurer : « C'était excellent. Il ne faut pas oublier que c'est votre premier essai. Les lumières n'étaient pas au point.

— Oui, mais j'avais l'air de quoi ? demanda timidement Ingrid.

— Vous étiez *superbe*, trancha Gustaf. Vous avez de la personnalité. Vous passez très bien. Vous avez de grandes possibilités. »

Karin Swanström souleva alors une question pratique : « Reste à savoir ce qu'on va faire de vous.

— Eh bien, il y a *Le Pont au moine* ? suggéra Molander.

— C'est vrai. La distribution n'est pas terminée... et la femme de chambre a un joli petit rôle.

— Et puis, reprit Gustav, je vais bientôt commencer mon film. » Ce qu'il ne précisa pas, c'est qu'il avait d'ores et déjà décidé de donner à Mademoiselle Bergman le principal rôle féminin.

Karin sourit à Ingrid : « Eh bien, je vais tout de suite m'occuper de vous faire un contrat.

— Merci, dit Ingrid. Mais n'oubliez pas qu'en automne je dois reprendre l'école. » Elle avait dit cela par acquit de conscience. En fait, elle ne s'en souciait guère : quand on a dix-huit ans, de l'été à l'automne il semble qu'il y ait place pour une vie entière.

Une semaine plus tard, lorsque débuta le tournage du *Comte du Pont au moine*, d'Edvin Adolphson, Gustaf Molander exposa à Ingrid les projets qu'il avait pour elle. Une heure après le déjeuner, comme elle regagnait le studio, elle découvrit que des petits pots de fleurs avaient comme par miracle jailli sur son passage. Voyant un mot accroché à l'un d'eux, elle se pencha pour lire : « Där du går, där blommar jorden. Là où tu vas, là fleurit la terre. »

De tous les éloges les plus extravagants qui lui furent adressés au cours de sa carrière, aucun sans doute ne fut plus délicat ni poétique que celui-là. Venant de Gustav Molander, c'était bien plus qu'un simple geste : l'hommage sincère rendu par un artiste à une femme chez qui il avait deviné la grandeur.

Le Comte du Pont au moine était une comédie racontant une journée de la vie de jeunes bambocheurs occupés à contourner les lois antialcooliques en vigueur à Stockholm en 1933. Ingrid, qui incarne le personnage d'Elsa, femme de chambre dans un hôtel minable, est poursuivie par Edvin Adolphson, roi des noceurs et accessoirement metteur en scène du film. Pour sa première apparition, on la voit, bien en chair et le visage rond, revêtir à toute vitesse une robe rayée noir et rouge pour aller saluer Edvin planté sous sa fenêtre. Il y avait là de quoi débuter, mais certainement pas de quoi entrer dans l'histoire du cinéma.

Dans son *Livre*, elle écrivit à propos de son premier metteur en scène :

Edvin ne dit pas grand-chose sinon que je devrais aller très loin à cause de mon impudence et de mon audace. Il prétend que je suis impossible parce que je suis toujours en train de critiquer ce qu'il fait et de mettre les pieds dans le plat. J'imagine qu'il pense à la scène avec Tollie Zellman.

* * *

Tout ce que je devais faire, c'est entrer dans une poissonnerie et attendre mon tour. Le rôle de la poissonnière était tenu par l'une des plus grandes comédiennes suédoises, une excellente actrice, Tollie Zellman. Elle était occupée à emballer le poisson de la cliente qui se trouvait juste devant moi. Je la regarde faire, et, sans réfléchir, je passe de l'autre côté du comptoir. « Voyons, ce n'est pas comme ça qu'on emballe le poisson. Tenez, je vais vous montrer. J'ai vu comment on s'y prend au marché. Vous mettez votre poisson comme ça, vous pliez votre papier comme ça, puis comme ça, et vous roulez le tout. Vous avez compris ? » Je lui ai fait un grand sourire et je suis allée reprendre ma place. Il y a eu comme un silence ! Enfin, Tollie Zellman a demandé : « C'est qui, ça ? » J'ai compris que je n'avais pas fait exactement ce qu'on attendait de moi, et j'ai commencé à rougir. Edvin s'est mis à rire. Un peu gêné tout de même, il a expliqué : « C'est une jeune fille qui vient de commencer...

— Eh bien, s'est exclamée Tollie, elle commence bien ! »

A la fin du tournage, Edvin Adolphson et moi nous étions pourtant devenus bons amis.

* * *

Après ce premier film, tous les producteurs et administrateurs des Films suédois reconnurent qu'ils avaient affaire à une jeune femme aux possibilités immenses.

Gustaf, Karin Swanström, Edvin et Ivar Johansson la pressaient tous de reconsidérer son avenir. Pourquoi rester plus longtemps à l'École royale d'art dramatique alors que les Films suédois lui ouvraient aussi largement leurs portes ? C'était pour elle une possibilité d'accéder aux succès que le théâtre ne lui offrirait pas de sitôt. Déjà elle était prête à se laisser tenter. Après tout, son expérience lui avait prouvé qu'à l'école l'ancienneté comptait bien davantage que le talent.

Dans le *Livre*, elle écrivit :

On me propose un contrat qui m'assure soixante-quinze couronnes (sept dollars et demi) par jour et cinq mille couronnes (cinq cents dollars) de garantie la première année, six mille couronnes la deuxième et sept mille cinq cents la troisième. Deux mille couronnes par an pour prendre des leçons particulières. On me donnerait tous les costumes que je porte dans les films et l'on m'obtiendrait un engagement au théâtre si la chose est possible. Comment peut-on refuser un pareil contrat ? Mais je ne veux pas abandonner ma carrière théâtrale.

En août, Ingrid se décida donc à demander une entrevue au directeur du Théâtre royal. L'entrevue fut pénible.

« Quoi ? Vous voulez nous quitter pour faire du *cinéma* ? » Le ton d'Olof Molander était glacé.

Ingrid s'attendait à cette attitude méprisante. « Vous avez sans doute raison, monsieur Molander. Je sais bien que le cinéma n'est pas important. Mais pour moi c'est comme un raccourci, un moyen de gagner du temps. Avec un ou deux films je pourrais me faire une petite réputation, ensuite, je reviendrais ici poursuivre ma formation, j'obtiendrais peut-être des petits rôles comme celui que m'a offert M. Sjöberg... »

Olof Molander ne se laissa pas ébranler par ce raisonnement. « Écoutez-moi bien, mademoiselle Bergman. » Sa voix était autoritaire, dépourvue de toute sympathie. « Vous avez du talent, je l'admets volontiers, mais si vous vous mettez à faire du cinéma maintenant, ce talent, vous le gâcherez. Si vous restez chez nous vous deviendrez une bonne actrice, peut-être même une grande actrice. Mais ne vous y trompez pas : au cinéma, vous n'aurez pas de succès, car votre formation est insuffisante, vous n'êtes pas une professionnelle. Vous ne saurez utiliser ni votre corps, ni votre voix, ni vos émotions. Vous ne connaissez rien de la vie ni de la littérature. C'est ce que vous apprendrez ici au cours de ces deux prochaines années. » Et il eut un geste dédaigneux, comme pour écarter toute tentative de compromis.

Ingrid était désemparée. Elle était venue avec les meilleures intentions du monde exposer son dilemme, et voilà qu'on la traitait comme une petite fille capricieuse ! « Je suis désolée, rétorqua-t-elle, mais ma décision est prise. »

Il y eut une légère pause, après quoi la tempête éclata. Olof Molander commit l'erreur élémentaire d'essayer de l'intimider. « Ah ! *votre* décision est prise, vous croyez ça ? Eh bien vous vous trompez, Mademoiselle ! Moi, je vous dis que vous ne quitterez pas cette école ! Vous n'êtes qu'une élève, je vous interdis de partir ! Vous entendez ? Je vous interdis de vous en aller ! »

Cette fois, le silence se prolongea. Cependant, Ingrid n'entendait pas se laisser faire. Rassemblant son courage, elle déclara : « Je ne vois pas en vertu de quoi vous pourriez m'en empêcher. Nous n'avons pas signé de contrat. Vous m'avez acceptée, c'est tout. Les leçons sont libres, je ne paie rien et vous ne me payez pas. Si je ne reviens pas à l'école en septembre, vous ne pourrez pas me faire mettre en prison pour ça. Si j'hésitais encore, maintenant je suis vraiment décidée : je pars ! »

Lorsque Ingrid raconta la scène à Gustaf Molander, celui-ci, beaucoup plus pondéré que son frère, haussa les sourcils mais s'abstint de tout commentaire.

Toutefois, Olof avait semé le doute dans l'esprit d'Ingrid. Touchant son manque de métier, elle sentait qu'il avait raison. Elle avait bel et bien *besoin* des leçons qu'elle allait manquer. Aussi, à la signature du contrat que lui proposaient les Films suédois, elle mit cette condition : qu'on lui paie tous les cours nécessaires pour achever sa formation. La clause fut acceptée sans autre discussion.

* *
*

J'ai donc pris un tas de leçons particulières — des leçons de danse, de maintien, de diction. Parmi mes professeurs, il y avait une magnifique actrice de plus de soixante-dix ans. Elle m'a donné beaucoup de conseils, et il en est un dont je me suis toujours souvenue : « Ingrid, répétait-elle, si tu bouges en scène, ne fais rien de *petit*, pas de petites pirouettes, de petits haussements d'épaules, de mouvements étriqués. Si tu fais un geste, que ton geste soit ample. N'aie pas peur de bouger les bras, mais attention, que le mouvement parte de l'épaule ! Fais de grands gestes. Toujours de grands gestes... Bien sûr, devant une caméra, le problème est différent. »

Oui, au cinéma, le problème est différent. Sur un écran, on a la chance de pouvoir s'observer, c'est-à-dire se corriger. J'étais grande, et comme la plupart des filles grandes j'avais honte de ma taille. Quand je me suis vue, j'ai remarqué que j'avais l'air de me faufiler parmi les gens comme une bossue. Aussitôt j'ai fait des exercices pour me redresser, pour me tenir droite. J'ai appris à moduler ma voix, à respirer, à glisser sur tel mot — ce mot n'est pas important, laissons-le tomber. Je n'ai jamais cessé d'apprendre. Et aujourd'hui, je continue. J'adore ça.

C'est d'après la vie qu'on apprend à jouer, et la vie, c'est ce qui se passe autour de vous à chaque instant.

Cher Livre : Maintenant, me voilà dans mon second film, Lames de l'océan. *Je suis allée dans le Nord, à Söderhamn, et dans la minuscule île de Prästgrund, où il y a toujours une odeur de poisson pourri, mais j'ai adoré ça. Maintenant je suis de retour, en pleine forme, brune, forte, et avec cinq kilos de plus qu'au départ.*

C'était merveilleux. Dans l'île, je me sentais comme une prima donna. Pour la première fois, des gens m'ont demandé un autographe. Ivar Johansson est le metteur en scène le plus drôle et le meilleur du monde. Parfois j'étais affreuse, une vraie sorcière, mais selon Ivar, pour jouer une pêcheuse, c'était parfait. Avec tous les compliments qu'on m'a faits il faut que je fasse attention à garder la tête froide. J'espère seulement avoir été bonne dans toutes les scènes. Pendant qu'on répète, je trouve ça bon, mais ensuite, pendant la prise de vues, c'est un peu différent. Une chose qui me fait très plaisir, c'est que Sten Lindgren, l'acteur qui joue mon prêtre amant, estime que nos scènes d'amour sont si passionnées que peut-être elles ne passeront pas la censure.

* *
*

Lames de l'océan était un mélodrame illustrant l'horreur du péché et la nécessité du châtiment. Pour le tournage, toute l'équipe se rendit dans un petit village isolé du nord de la Suède, tout imprégné de la puanteur omniprésente du poisson pourri. L'histoire est celle d'un pasteur qui, pris de passion, séduit une jeune pêcheuse incarnée par Ingrid. Accablé par sa terrible faute, il s'enfuit dans la tempête où il est terrassé par un éclair providentiel. A demi mort, privé de tout souvenir, il est emmené dans un lointain hôpital. Pauvre, enceinte et incomprise, Ingrid porte seule le poids de sa honte et refuse obstinément de révéler le nom de l'homme qui l'a déshonorée. Enfin guéri, le pasteur revient au village. Le choc qu'il éprouve en comprenant ce qu'Ingrid a dû endurer lui rend la mémoire et empoisonne sa conscience. Il se repent. Du haut de la chaire, il confesse son péché devant l'assemblée des fidèles et proclame la volonté qu'il a de se racheter : il renoncera à son ministère pour devenir paysan ; il épousera Ingrid pour en faire une femme honnête. La rédemption était peu coûteuse étant donné les attraits de la jolie pêcheuse qu'il aurait désormais dans son lit, mais la morale était sauve, et le public rentrait chez lui satisfait.

Cher Livre : Nous sommes en novembre 1934. Nous passons d'un film à l'autre. Je n'arrête jamais. Rôle après rôle. J'en suis tellement contente. Un moment, j'ai cru que ça allait suffire. Mais non, on veut que je sois Astrid dans La Famille Swedenhielm. *J'ai dit : « Il ne faut pas exagérer ! Vous m'utilisez trop. Pas trois films à la suite ! » Ce qui m'a fait changer d'avis, c'est quand on m'a dit que Gösta Ekman serait mon partenaire. Être dans le même film que Gösta, c'est merveilleux !*

Plusieurs jours à l'avance, j'étais déjà dans un état de nerfs épouvantable à l'idée que j'allais enfin rencontrer l'homme que je considérais comme un dieu sur cette terre. Nous nous sommes vus et je l'ai tout de suite aimé. C'est l'un des grands artistes devant l'Éternel et je suis délirante d'avoir été choisie pour ramasser l'une des miettes tombées de sa table.

La première chose qu'il a dite, c'est que j'étais exquise, mais je suis sûre qu'il le dit à tout le monde. C'était comme si je l'avais connu toute ma vie, comme s'il était mon père ; il m'inspirait d'une façon très mystique. Il m'a donné des petites tapes et j'étais aux anges. Je ne saurais décrire mon bonheur quand plus tard il m'a dit : « Vous avez vraiment beaucoup de talent. Je vous aime beaucoup. Vous m'aidez à jouer parce que votre visage et vos expressions reflètent chaque mot que je prononce. De nos jours, c'est très rare. »

Lorsqu'ils voulaient faire un gros plan de lui sans moi, il refusait, disant : « Il faut que je la regarde parce qu'elle m'inspire. » Il m'a dit aussi que si je voulais jouer dans une pièce, il fallait que je le lui fasse savoir parce que je pourrais devenir une grande actrice. Cela aussi il le dit probablement à tout le monde mais, cher Livre, je suis si heureuse. Je reste là à le regarder quand il joue, pleine d'admiration. Je me demande s'il sent que mes yeux le suivent comme un chien. Je l'adore plus que jamais.

19 janvier 1935 : Ma première « première » — Le Comte du Pont au moine. J'ai des difficultés à penser clairement, je reste là à regarder dans le vide. Mon unique pensée, c'est que j'espère que Dieu ne m'a pas oubliée. Je me sens à la fois sûre et peu sûre. J'ai peur quand je pense à toute la publicité qu'il y a eu. J'espère que le public pensera que je suis à la hauteur. Que diraient maman et papa s'ils pouvaient me voir ici dans ma solitude ? J'aimerais pouvoir me glisser dans les bras de quelqu'un pour trouver protection, réconfort et amour. Demain, j'écrirai comment ça s'est passé.

Qu'attendais-je des critiques ? Des éloges ? Qu'ils me portent aux nues ? Qu'ils déclarent n'avoir jamais vu d'aussi grande actrice ? Ils disent : « D'Ingrid Bergman, aucune forte impression. » Et : « En plus ronde, la copie de la jeune et talentueuse Birgit Tengroth. » Et : « Un peu lourde, mais très sûre d'elle. » L'un d'eux a même écrit : « Une fille d'une beauté sculpturale. » Mais pour moi, c'est un échec.

* * *

Si elle avait su que la robe à rayures noires et rouges qu'elle portait dans sa première scène serait un jour conservée au département des costumes de l'Industrie du film suédoise au même titre que la robe de soie grise où l'on avait vu Greta Garbo pour la première fois, elle aurait sans doute été un peu moins déprimée. Mais elle s'inquiéta beaucoup, et notamment des comparaisons avec Birgit Tengroth et des critiques qui laissaient entendre qu'une Birgit suffisait. En larmes elle demanda conseil à son cher Gösta Ekman, qui, fort de son expérience, lui expliqua avec beaucoup de gentillesse : « Tant qu'on parle de toi, tant qu'on écrit sur toi, peu importe ce qu'on dit. C'est quand on ne mentionne plus son nom qu'un acteur peut commencer à s'inquiéter. »

Cependant, il fallut attendre la sortie des *Swedenhielm*, avec Gösta Ekman, le premier film qu'Ingrid tourna sous la direction de Gustaf Molander, pour que la critique s'enthousiasme vraiment. Le *Svenska Dagbladet* écrivit alors : « Pour la première fois depuis des années la production cinématographique suédoise atteint non seulement un niveau international, mais un niveau international élevé. »

*
* *

Je trouvais merveilleux de travailler avec Gustaf. Dans la comédie, il avait une facilité extraordinaire, mais sa légèreté se fondait toujours sur une base solide, sur quelque chose qui lui conférait une réalité essentielle, de la même façon que chez Chaplin la comédie possède la réalité essentielle d'un fait documentaire. Gustav m'a surtout enseigné à jouer « en dessous », à être absolument sincère et naturelle. « Ne sois jamais coquette, disait-il. Sois toujours toi-même, et apprends ton texte ! » Sur le plateau, il me donnait un grand sentiment de sécurité. Il ne s'occupait pas de mille choses à la fois comme tant de metteurs en scène que je connais : il concentrait toujours son attention sur *vous*.

Ensuite, elle tourna la *Nuit de Walpurgis* sous la direction de Gustav Edgren. Elle y jouait le rôle d'une secrétaire amoureuse de son patron qui passe par toute une série de paroxysmes émotionnels. La presse suédoise approuva cette réalisation qu'elle qualifia de « film adulte ». Puis vint *Du côté du soleil*, où Ingrid retrouva Gustaf Molander.

En 1936, alors qu'elle n'était dans la profession que depuis dix-huit mois, la critique entière saluait son talent : « Ingrid Bergman, une grande révélation... » « La beauté d'Ingrid Bergman est éblouissante, et son jeu puissamment inspiré... » « Elle tourne chaque réplique à la perfection... » « Ingrid Bergman a mûri, et comme actrice et comme femme. Devant son talent et sa beauté, on ne peut que s'incliner... »

Même aux États-Unis, on commençait à parler d'elle. Après avoir vu son dernier film dans une version sous-titrée, un critique de *Variety* notait : « Ce film devrait être un succès en Suède et en Scandinavie. Parmi ses interprètes, Ingrid Bergman est remarquable. Elle est jolie et parfaitement capable de se tailler une place à Hollywood. »

L'un des films les plus importants qu'elle ait tournés avec Molander est certainement *Un visage de femme*. Elle y jouait le rôle tragique d'une jeune fille hideusement défigurée.

Cette fille avait été brûlée, et l'un des côtés de son visage était complètement ravagé. J'adorais l'histoire, et je me suis battue pour obtenir le rôle. On me disait : « Non, ce n'est pas possible. Toi, défigurée ? Le public ne l'admettrait pas. Non, ce n'est vraiment pas possible. D'ailleurs, il y a un très bon rôle qui t'attend dans *Une Seule Nuit* ».

Je trouvais *Une Seule Nuit* parfaitement débile. Alors, je leur ai proposé un marché : « Je veux bien tourner dans votre film, mais à condition que vous me laissiez faire l'autre. » Nous nous sommes mis d'accord. J'ai fait leur navet, après quoi on a commencé *Un visage de femme*. Petter m'a aidée. Il a fabriqué pour moi un appareil extraordinaire, qui, placé dans ma bouche, déformait complètement ma joue. Ensuite, avec de la colle — avec du maquillage ordinaire on ne pouvait pas obtenir l'effet souhaité —, on me tirait l'œil vers le bas. J'étais vraiment hideuse. Bien sûr, on ne me voyait avec cette tête de Frankenstein qu'au commencement du film. Après, grâce à la chirurgie esthétique, je devenais aussi belle qu'on peut l'être...

*
* *

« Le maquillage du visage était excellent, raconte Gustaf Molander, mais je n'arrivais pas à terminer l'histoire de façon satisfaisante. Aigrie par sa laideur, Anna Holm est aux mains d'un maître chanteur. Après son opération elle se retrouve belle, mais le maître chanteur a toujours prise sur elle et il veut la forcer à participer au meurtre d'un jeune garçon afin de lui voler sa fortune. Pour sauver celui-ci, Anna tue le maître chanteur. A une époque où les happy ends étaient de rigueur, comment se débrouiller pour que l'avenir d'Anna ne semble pas définitivement compromis ? J'ai suspendu le tournage pendant deux jours dans l'espoir de trouver une solution au problème. En vain. Alors, j'ai demandé à Ingrid ce qu'elle en pensait. Elle a réfléchi deux minutes, puis, sans hésiter, elle m'a donné sa réponse. Et sa réponse était la bonne. C'était la réponse d'Anna Holm, car elle était *devenue* Anna Holm. Elle m'a dit : « Je suis accusée de meurtre, le procès s'ouvre, et c'est la fin du film. Ce qui arrive ensuite, si je suis ou non acquittée, ce sera au spectateur d'en décider. »

(En 1941, la Metro-Goldwyn-Mayer fit un remake de ce film* avec Joan Crawford dans le rôle que tenait Ingrid. La fin fut alors modifiée en fonction de l'éthique hollywoodienne, et le sourire heureux qu'en dépit d'un amer repentir Joan arborait sur la dernière image montrait clairement qu'elle serait acquittée.)

---

* *A Woman's Face (Il était une fois)*, de George Cukor.

CHAPITRE III

LORSQUE Petter Lindstrom et Ingrid Bergman se marièrent en l'église luthérienne de Stöde, le 10 juillet 1937, ce fut l'heureuse union d'une ravissante jeune femme de vingt et un ans et d'un bel homme de trente.

* * *

Quand j'y pense, je me rends compte que, de toute ma vie, je n'ai eu qu'une année de liberté, une année à moi. J'avais vingt et un ans, je gagnais joliment ma vie aux Films suédois et j'avais un petit appartement au centre de Stockholm. L'immeuble était moderne et élégant, avec des stores rouges aux fenêtres, et j'étais très fière de mon intérieur. J'étais aussi très amoureuse de Petter. Je me souviens comme si c'était hier du cadeau qu'il m'a offert pour mes vingt et un ans. J'ai ouvert le carton et à l'intérieur, emballé dans du papier de soie, j'ai trouvé un superbe renard argenté, un vrai renard dont la gueule se fermait sur la queue quand on le passait autour du cou. Dans les années trente il n'y avait rien de plus chic, et moi, je n'avais jamais rien vu de plus beau. Je me suis précipitée au téléphone pour le remercier et, dans ma hâte, j'ai glissé sur un tapis, je me suis étalée et tordu la cheville. Tant bien que mal j'ai rampé jusqu'au téléphone et j'ai composé le numéro de Petter. J'ai essayé de lui dire combien je trouvais son cadeau merveilleux, mais en même temps j'avais toutes les peines du monde à ne pas crier de douleur. Petter est venu voir ce qui se passait : je m'étais cassé la cheville, il fallait me conduire à l'hôpital. J'ai insisté pour emmener ma fourrure — je ne possédais rien de plus précieux. On a réduit ma fracture et on m'a installée dans un lit, la boîte renfermant mon trésor à portée de la main. Quand le médecin est venu me voir, il a dû être un peu surpris de me trouver en chemise de nuit avec mon renard argenté autour du cou.

*\
**

Onze jours avant son mariage, Ingrid écrivait :

Mon ange d'or, mon tout, mon merveilleux et seul amour. Si seulement tu étais là, dans la loge, et que je puisse m'asseoir sur tes genoux, ce serait merveilleux, car sans toi tout me paraît terne ! Cinq heures encore avant que je ne te voie, onze jours avant notre mariage. C'est terriblement long. Je ne sais comment je peux le supporter. Si seulement je pouvais t'embrasser, t'embrasser vraiment, t'embrasser encore ! Tu ne me quitteras jamais, dis ? Moi, jamais je ne te quitterai !
Je veux être toujours avec toi, toujours, toujours. Oh ! bientôt il n'y aura plus que onze jours avant notre mariage ! Maintenant il faut que j'aille voir les photographes, mais je pense à toi tout le temps. Tu es si bien, tu es si gentil comparé aux autres ! Et je suis folle de toi. Je crois que je vais éclater. Dans cinq heures et onze jours... cinq heures et onze jours...

Ils s'étaient fiancés un an auparavant.

*\
**

Nous avions décidé de nous fiancer en juillet — le septième jour du septième mois. C'était le chiffre porte-bonheur de ma mère, il me porterait bonheur à moi aussi. Et nous sommes descendus à Hambourg pour fêter l'événement avec ma tante Mutti. Je me souviens que les bagues de fiançailles me plaisaient énormément. Du vrai platine — très romantiques. A l'extérieur, deux lignes gravées ondulaient côte à côte pour symboliser les hauts et les bas qu'il faut attendre du mariage...

Nous nous sommes rendus tout spécialement à la petite église de Hambourg où mes parents s'étaient mariés, et c'est là que nous avons échangé nos anneaux.

A l'époque, en Suède, la coutume voulait qu'on reste fiancés un an pour voir si vraiment on correspondait l'un à l'autre. Et je voulais me marier le septième jour du septième mois d'une année dont le millésime se terminait également par sept ! Mais *Dollar*, le film que j'étais en train de tourner sous la direction de Gustaf, avait un peu de retard. Il a donc fallu remettre le mariage au 10.

Il n'y a eu qu'un petit incident. Petter était très hostile à toute forme de publicité. Il voulait une cérémonie bien tranquille, tout à fait privée. Quand il a découvert qu'une journaliste s'était cachée dans les buissons du jardin de papa Lindstrom, il s'est mis en colère, et il était en train de lui passer un savon bien senti lorsque son père est intervenu : « Petter, ce n'est pas bien de parler ainsi le jour de ton mariage à cette jeune personne. C'est mal élevé. Excusez-le, chère madame, et faites-nous le plaisir d'entrer pour prendre une tasse de café avec nous. »

Bang — c'est ainsi qu'elle signait ses articles, mais de son vrai nom elle s'appelait Barbro Alving — Bang est donc entrée et j'ai découvert que c'était le premier reportage qu'on lui confiait. C'était mon premier mariage, nous avions donc quelque chose en commun. Nous nous sommes mises à bavarder, nous sommes devenues très bonnes amies et nous n'avons jamais cessé de l'être.

A Stockholm, Petter et moi nous avons d'abord vécu dans un petit appartement, qui s'est bientôt trouvé dans un état épouvantable par la faute du chat dont notre amie Mollie Faustman avait eu la bonne idée de nous faire cadeau. Nous étions très heureux. Nous avions une bonne et je faisais très peu de cuisine, à la fois par manque de goût et par manque de talent. Ce n'est que des années plus tard, à Hollywood, que j'ai commencé à m'y intéresser... par obligation. Un jour ma fille est rentrée de l'école en m'annonçant : « Pour demain, je dois apprendre à faire cuire un œuf. Ça se fait comment, un œuf dur ? » Je n'étais pas très au courant et j'ai compris que le moment était venu de me procurer un livre de cuisine. A part ça, pour l'entretien du ménage, j'étais parfaite. Nettoyer un appartement ou une maison de fond en comble a toujours satisfait mon âme scandinave. L'un de mes amis ne cesse de me répéter : « Je ne comprends pas pourquoi tu as perdu toutes ces années à jouer alors que tu aurais pu faire une si bonne femme de ménage. »

Petter et moi nous nous sommes remis au travail comme si nous devions vivre un bonheur éternel. Son cabinet marchait très bien, il continuait sa médecine — au moment où la guerre a éclaté, il avait fini sa troisième année — et moi, j'étais une jeune actrice pleine d'avenir. Nous avions un tas d'amis communs : Bang et Mollie Faustman dans le monde littéraire, Einar Nerman, que ses dessins avaient déjà rendu célèbre, des gens de théâtre ou de cinéma. Nous travaillions tous les deux très dur, nous étions très amoureux, et dans le cours naturel des choses je me suis trouvée enceinte. Mais je n'envisageais pas que rien d'aussi normal que « le cours naturel des choses » puisse m'empêcher de faire des films.

Bien sûr, je savais que le cinéma suédois n'était

pas la fin de tout. En fait, il aurait fallu un miracle pour que je reste en Suède. Le monde était grand, séduisant. Il y avait un endroit appelé Hollywood où des metteurs en scène pleins de talent tournaient de grands films, des films à gros budgets. Mais je savais que pour l'instant mon expérience et mon anglais n'étaient pas suffisants. Dans les années trente, il y avait aussi en France des films et des comédiens merveilleux, mais là encore mon français était insuffisant. Enfin, il y avait l'Allemagne. L'allemand était ma seconde langue, et après mon mariage j'avais reçu une proposition de la U.F.A. de Berlin.

C'est à ce moment-là que j'ai eu l'occasion de me rendre compte à quel point Petter prenait à cœur tout ce qui me concernait. Je me trouvais à Berlin pour des essais. A l'hôtel, je me sentais très seule, un peu perdue. Je descends à la réception, et dans le hall, à moitié caché derrière un journal, j'aperçois Petter ! J'en ai presque défailli de bonheur. Il était venu s'occuper de moi. Il m'a dit : « Tout à coup, j'ai compris combien tu devais être seule là-bas, sans personne. Alors, à tout hasard, j'ai fait ma valise. Mais ne dis pas que je suis là : je connais les gens du cinéma, ils n'aiment pas beaucoup les maris. Simplement, si tu as besoin de moi, je suis là. Conduis-toi comme une jeune actrice qui sait se débrouiller seule, c'est ce qu'on attend de toi. »

Il s'est installé en face, dans un hôtel de troisième classe, alors que je séjournais dans un hôtel de luxe aux frais de la princesse. A ce moment-là déjà il avait compris que, dans la carrière d'une actrice de cinéma, un mari peut être un obstacle.

Bien sûr, on peut voir la situation sous un angle différent et dire qu'il aurait *dû* me laisser, qu'il aurait dû m'apprendre à me débrouiller seule. Car, en m'aidant ainsi, il m'a rendue très dépendante, il a fait de moi une femme incapable de décider quoi que ce soit sans un homme pour la conseiller. Sauf lorsqu'il s'agit de mon travail. Sur une scène ou devant une caméra, personne ne peut rien me dire en dehors du metteur en scène. Je sais d'instinct ce qu'il faut faire et, je crois, comment je dois le faire. Mais dans ma vie privée, si quelqu'un me demande : « Voulez-vous cette chambre ou celle-là ? », je suis incapable de répondre. « Mangerez-vous de la viande ou du poisson ? », je ne sais que dire. Ça m'est égal. Choisissez pour moi.

En décidant, en leur disant que faire, les hommes rendent les femmes incapables. Dans la vie, les hommes m'ont appris à être dépendante. D'abord mon père, et puis oncle Otto, qui ne voulait pas que je devienne actrice, et puis Petter, avant même que nous soyons fiancés. Ce n'était pas sa faute : j'ai été la première à lui demander conseil, à lui demander de m'aider...

Le contrat que j'ai signé avec U.F.A. portait sur deux films. Le premier, *Die vier Gesellen (Les Quatre Camarades)*, racontait l'histoire de quatre filles qui avaient monté une agence de publicité et avaient toutes sortes d'ennuis avec les hommes. Ce n'était pas un film à gros budget, mais pour moi c'était une nouvelle gageure. Est-ce que je saurais jouer en allemand ? Est-ce que, dans cette langue, je saurais me montrer convaincante, exprimer la passion, la colère, le désespoir ? C'était bien joli de pouvoir soutenir une conversation, mais jouer, émouvoir le public ? Il fallait que j'essaie pour voir si j'en étais capable.

Évidemment, dès que j'ai commencé à travailler en Allemagne, en 1938, je me suis rendu compte de ce qui s'y passait. Le film était dirigé par Carl Fröhlich, et c'était un homme très inquiet. Je me suis aperçue très rapidement que pour lui un acteur digne de ce nom devait être membre du parti nazi. J'ai senti l'atmosphère dès que je suis entrée dans le studio. Tous les studios ont une « atmosphère » : aux États-Unis, en Angleterre, en France, en Italie et en Suède aussi bien qu'en Allemagne. En général, cette atmosphère est bonne.

Bien sûr, entre un studio américain et un studio italien il y a autant de différence qu'entre un hamburger et un plat de spaghetti, mais les gens sont là pour faire un film, ils aiment leur travail, et l'atmosphère est bonne...

En cette année 1938, à Berlin, dans les studios comme ailleurs, l'« atmosphère » était irrespirable.

Sans doute dans l'espoir de m'impressionner, Carl Fröhlich m'avait emmenée à l'un de ces grands rassemblements que les nazis tenaient à Berlin. Un stade énorme, des projecteurs, une armée de casques, Hitler, des douzaines de petites filles portant des gerbes de fleurs... Tout le monde a eu l'occasion de voir ça à la télévision. Hitler y va de son plus beau sourire, il embrasse les petites filles, et la foule tend le bras pour le salut. Moi, je n'en revenais pas, je regardais autour de moi d'un air ahuri. Fröhlich était à deux doigts de l'attaque. Terrifié, il me soufflait : « Saluez, pour l'amour de Dieu, mais saluez donc ! » Et moi : « Pourquoi ? Ils se débrouillent assez bien sans moi.

— Vous êtes folle ! Il faut saluer ! On nous observe.

— On nous observe ? Mais tout le monde regarde Hitler.

— On me surveille. Chacun sait qui je suis. Nous sommes soumis à toutes sortes de pressions. Il faut faire très attention à ce qu'on dit. On *ne* plaisante *pas* ici. C'est très sérieux... »

Le salut nazi, je ne l'ai jamais fait, et plus tard, dans le bureau de Fröhlich, j'ai protesté : « Enfin quoi ? Je suis une actrice suédoise, je ne suis ici que pour quelques semaines.

— Vous pourrez toujours dire ça, si on vous arrête, ça ne vous avancera pas à grand-chose. Vous êtes à moitié Allemande. Ces gens sont sans pitié, et dangereux. Ils ont des espions et des mouchards partout. Autre chose : si le docteur Goebbels vous invite pour le thé, et il le fera certainement, dites « oui », c'est tout. Ne discutez pas ! Ne racontez pas que vous avez mal à la tête ou Dieu sait quoi ! Allez-y ! Il aime les jeunes actrices et il n'est pas question de refuser.

— Et moi, je ne vois pas pourquoi j'accepterais. Le Dr Goebbels et son thé ne m'intéressent pas le moins du monde. Je ne vois pas ce que je pourrais lui dire. Il est ministre de la Propagande, et moi, je ne suis qu'une actrice. »

Carl Fröhlich était dans tous ses états. Je n'aurais jamais cru qu'un homme de son importance puisse se comporter de cette façon-là. Il était vraiment paniqué. « Vous ne vous rendez pas compte des ennuis que je pourrais avoir si vous refusiez d'aller prendre le thé chez lui. C'est vrai, je vous assure ! Vous ne comprenez donc pas ?

— Certainement pas. Enfin, je verrai bien ce que je ferai quand l'occasion se présentera. »

J'ai demandé à mes camarades du studio ce que c'était que cette histoire de thé et de Dr Goebbels, et ils m'ont répondu : « C'est vrai, il adore les jeunes actrices et il n'a pas l'habitude qu'on refuse ses invitations. »

Finalement, la question ne s'est jamais posée. Je n'ai jamais reçu d'invitation. Apparemment, je n'étais pas son type. Le pauvre Fröhlich s'était fait beaucoup de souci pour rien.

Dans l'Allemagne de 1938 on était sans arrêt en butte à ce genre de pressions. Je me souviens de mon professeur de diction. Elle était très gentille. Et elle était aussi très anti-hitlérienne. Certains jours, à l'occasion d'une fête ou quand Hitler passait, tout le monde devait mettre un drapeau nazi à la fenêtre. Elle n'en possédait pas. Un jour, les nazis sont venus la trouver : « Pourquoi est-ce que vous n'avez pas mis de drapeau ? » « Je n'en ai pas. » « Eh bien ! il faudra en acheter un. » Elle a expliqué : « Je gagne très peu d'argent en donnant des leçons d'allemand, j'ai un fils à élever... » « Il n'y a pas d'excuses. La prochaine fois, il faudra que vous ayez un drapeau ! »

Elle ne s'est pas inquiétée, elle n'en a pas acheté. Vint la prochaine fête : pas de drapeau à sa fenêtre. Cette fois-là, on a cassé ses vitres à coups de pierres. Elle a ramassé les morceaux, mais elle ne s'est toujours pas procuré de drapeau. Quelques jours plus tard l'incident se répète. A nouveau, on casse ses carreaux, et bientôt elle découvre que son petit garçon est battu chaque fois qu'il se rend à l'école. Comment répondre à cela ? Elle a fait réparer ses fenêtres, elle a acheté son drapeau, et jamais plus elle n'a oublié de le mettre. Ils l'avaient matée.

Hans Sohnker, mon partenaire, a lui aussi pris soin de m'expliquer : « Écoutez-moi bien, Ingrid, écoutez-moi attentivement. Si vous croyez que nous apprécions cette situation, vous vous trompez. Mais qu'y pouvons-nous ? Que devons-nous faire ? Des gens disparaissent tous les jours. En protestant, nous mettons en danger non seulement nos vies, mais celles de nos parents, de nos amis. Nous savons quel est le sort des juifs, mais si quelqu'un ose s'insurger il est traité comme eux. Des tas de gens sont emmenés dans ces camps, après quoi on ne sait plus rien d'eux. "Des camps ? Quels camps ? De quoi parlez-vous ?" Personne ne sait rien. Tout le monde a peur. L'Allemagne entière meurt de peur... »

Dans ces conditions, je n'étais pas mécontente du tout de quitter l'Allemagne. Et Carl Fröhlich, me sachant enceinte jusqu'aux yeux, voyant les coutures de mes robes sur le point d'éclater, a fait tout ce qu'il a pu pour hâter mon départ. Les dernières scènes du film ont été tournées au triple galop.

* * *

Avec sa petite voiture, Petter vint reprendre Ingrid à Berlin et ils se mirent en route pour aller découvrir l'Europe, dont ce devait être le dernier été de paix. Pour eux, ce fut un été merveilleux. Après Paris, ils descendirent à Monte-Carlo. Ils étaient jeunes, gais, heureux. Au thé dansant du casino, tandis qu'entre deux fox-trot, ils grignotaient des gâteaux, ils firent la connaissance de deux Suédois. Ceux-ci ne tarissaient pas d'éloges : Quel beau couple ! Comment faisaient-ils pour danser si bien... pour rester si minces, si athlétiques ? Ingrid s'amusait. Aujourd'hui encore ce souvenir la fait rire. « Mince ! Vous imaginez un peu : j'étais enceinte de huit mois ! »

A Hyde Park les Londoniens commençaient à creuser des tranchées, et des Spitfires accomplissaient des vols d'essai. Mais Ingrid était prête à tourner son second film pour U.F.A. : jouer était pour elle aussi important que respirer, et, une fois signé, un contrat était sacro-saint. Il est vrai que ses couches l'occuperaient quelque temps, mais, avec sa santé, elle serait bientôt sur pied et elle commencerait à répéter son rôle tout en nourrissant son enfant.

De son côté, U.F.A., dirigée par les nazis, ne semblait nullement disposée à dénoncer le contrat. Si elle avait l'occasion de jouer un rôle aussi intéressant que celui de Charlotte Corday, Ingrid retournerait à Berlin aussitôt qu'elle le pourrait.

Or, il n'était pas nécessaire d'être un spécialiste en matière militaire pour comprendre que Herr Hitler se préparait à la guerre et que, les récoltes une fois engrangées, les plaines de l'Europe se transformeraient en champs de bataille. Où serait Ingrid à ce moment-là ? Isolée dans l'Allemagne nazie.

C'est son agent, Helmer Enwall, qui s'était occupé du contrat d'Ingrid avec U.F.A. Il était le directeur de la Konsertbolaget, qui, parmi une clientèle très choisie — et presque exclusivement musicale — comptait des gens comme Jussi Björling, Richard Tauber, Lawrence Tibbet, Rachmaninoff, Stravinsky, Fritz Kreisler, Leopold Stokowsky, Pablo Casals et bien d'autres. Il fallait tout faire pour que le fameux contrat reste au fond d'un tiroir, et, si possible, qu'il soit annulé. Helmer Enwall se mit à chercher du travail pour Ingrid en Angleterre ou aux États-Unis, n'importe où, en fait, hors de l'Europe centrale.

Ingrid voyait les choses différemment. Et elle fut déçue d'apprendre que les Allemands renonçaient à tourner la vie de Charlotte Corday. Si le film avait été réalisé, peut-être la façon dont l'héroïne avait débarrassé la France d'un tyran aurait-elle inspiré à une jeune Allemande l'idée et le courage d'imiter son geste.

*
* *

Ce que je voulais, c'était *jouer*, trouver du travail. J'avais déjà des offres d'Hollywood, de la Fox, de Paramount et de R.K.O. Mais ce n'étaient pas des propositions de *rôles*, c'étaient des offres de *contrats* telles qu'en recevait tout acteur européen tant soit peu connu et aux termes desquels on se trouvait lié pour sept ans et pratiquement contraint de jouer n'importe quoi. Je les ai donc tous refusés.

Par ailleurs, je me préparais à accoucher. Étant mariée, rien ne me paraissait plus naturel que d'avoir un enfant. L'idée que je puisse ne pas en avoir ne m'était jamais venue à l'esprit, de même qu'il ne m'était jamais venu à l'esprit qu'un enfant puisse nuire à ma carrière. Quand je suis arrivée aux États-Unis, la réaction des gens m'a stupéfaite. « Un enfant ? Mais c'est de la folie ! Vous n'avez donc pas pensé à votre silhouette ? *Surtout*, ne vous laissez pas photographier avec le bébé, évitez d'en parler, ne dites pas que vous êtes mère ! » A l'époque, si une star voulait un enfant, elle en adoptait un — il n'était pas question qu'elle le fasse elle-même.

Quand je suis partie aux États-Unis pour la première fois, je trouvais assez curieux que Petter souhaite tant que j'y aille. Dans toute l'affaire, il avait beaucoup insisté, il s'était montré très généreux. Mais s'il avait dit : « Je ne veux pas que tu partes », je ne serais certainement pas partie, car à l'époque j'étais bien incapable de prendre une décision sans lui. Je n'avais pas d'opinion, c'est simple. S'il m'avait dit : « Reste ici, si la guerre éclate on aura certainement besoin de toi comme infirmière ou je ne sais quoi », je serais restée. S'il avait dit : « Nous sommes mariés, nous ne devons pas nous séparer, et tu n'as pas tellement envie d'aller à Hollywood, non ? », je ne serais certainement pas partie. Mais il a dit tout le contraire. Il voulait que j'aille à Hollywood tourner *Intermezzo* — oui, il avait pensé à Pia, sa mère s'occuperait d'elle pendant les mois où je serais absente. Quand la guerre a finalement éclaté, j'ai su qu'il s'inquiétait terriblement de ce qui pouvait nous arriver à Pia et à moi. *Lui* ne pouvait envisager de quitter la Suède. Sa conscience d'homme et de médecin l'en empêchait, il n'essaierait ni de s'échapper ni d'échapper à ses responsabilités. Mais *nous*, il fallait que nous nous en allions.

* * *

La suite exacte des événements qui finirent par décider Ingrid à partir pour Hollywood est difficile à retracer, et sans doute bien des gens eurent-ils dans l'affaire une part de responsabilité. Quoi qu'il en soit, et quelque importance qu'ait eue par ailleurs le rôle qu'Helmer Enwall joua dans la coulisse, il est incontestable qu'*Intermezzo* fut le principal tremplin d'Ingrid vers le succès.

Intermezzo, son sixième film suédois, était basé sur une idée de Gustaf Molander, qui collabora au script et assura la mise en scène. Réalisé en 1936, il allait bientôt faire d'Ingrid une star internationale. Elle y tenait le rôle d'un professeur de piano tombant amoureuse d'un violoniste mondialement célèbre et heureusement marié, Gösta Ekman.

Cher Livre. Nous sommes le 19 juin 1936. Mon admiration pour Gösta est presque insupportable. Souvent, Gustaf Molander en a assez de lui et je le comprends, mais pour moi il reste Dieu tout-puissant en personne. Maintenant Intermezzo est terminé. Gösta dit que je suis une grande vedette et Gustaf est très très content de moi ; il m'a envoyé des fleurs et un mot disant : « Tu as élevé, purifié et embelli mon film. »

J'ai reçu un énorme bouquet. Quarante œillets — je les ai comptés — parce qu'on a trouvé que j'avais été si bien. Le dernier soir, quand les dernières scènes ont été tournées, Gösta a dit que j'allais lui manquer beaucoup. Il était très content que nous ne nous soyons pas fatigués l'un de l'autre — en tout cas lui ne s'était pas fatigué de moi. Nous nous sommes dit au revoir. Je l'ai embrassé et je l'ai serré dans mes bras. J'écris cela en détail parce que je suis si pleine de lui. Je veux me rappeler tout ce qu'il m'a dit. Je ne veux pas travailler avec d'autres gens, seulement avec lui. Je sais qu'il est marié et qu'il a vingt ans de plus que moi. Je sais qu'il a un fils de mon âge, également né en août. Un jour, j'ai même pensé que si je pouvais épouser son fils ce serait merveilleux.

Je lui ai envoyé un singe — pas un vrai — en cadeau. Si seulement il pouvait comprendre combien je l'aime ! J'espère que le singe le lui dira pour moi. Dieu, je te remercie pour Ta bonté, Toi qui m'as fait connaître cet homme merveilleux.

Le film racontait la passion malheureuse que connaissaient les deux protagonistes, passion qui ne trouve d'issue que lorsque Gösta se décide enfin à retourner vers sa femme et vers ses enfants. Sur un fond de musique déchirante, les amants, quelque peu ébranlés par leur douloureuse expérience, n'en affrontent pas moins courageusement l'avenir, le menton ferme et l'œil optimiste en dépit des larmes refoulées.

C'était l'éternelle histoire de l'impossible amour, mais elle sut toucher des millions de spectateurs qui avaient connu les mêmes tourments ou souhaitaient les vivre.

Interviewé des années plus tard, Gustaf Molander avoua qu'il pourrait effectivement se vanter d'avoir découvert Ingrid Bergman. Oui, il lui avait fait faire son premier essai. Oui, il l'avait encouragée à continuer dans le cinéma. Oui, il avait eu l'idée d'*Intermezzo*, c'est lui qui avait écrit le scénario et c'est lui qui l'avait mis en scène.

« Elle se mouvait avec une maîtrise de soi et une grâce infinies, dit-il. Sa beauté rayonnante, la façon incomparable dont elle disait un texte m'ont frappé dès la première fois que je l'ai vue. Les compliments, elle savait les apprécier, elle savait les accepter ; mais jamais ils n'ont altéré les trois caractéristiques fondamentalement originales de son art : la vérité, le naturel et l'imagination. J'ai créé *Intermezzo* pour elle, mais je ne suis pas responsable de son succès. C'est Ingrid qui, grâce à son talent, a fait de ce film une réussite.

« En fait, personne ne l'a découverte, personne ne l'a lancée. Elle s'est découverte elle-même. »

Cher Livre : le 12 janvier 1938. Gösta Ekman est mort. Comment est-ce possible que je ne le voie plus jamais, que je ne lui parle plus jamais ? Cet homme qui, dans mon travail, représentait tant pour moi — mon bien-aimé Gösta. Il était malade depuis Nouvel An. Chaque jour j'ai lu les journaux, et j'ai espéré, j'ai

prié pour qu'il se remette. Maintenant, il est parti.
Quel vide ! C'est comme si ma bien-aimée Thalie avait
disparu. Je ne trouve pas les mots pour dire mon
chagrin. Dieu bon, donne-lui la paix et aide-nous,
pauvres que nous sommes, à vivre sans lui !

CHAPITRE IV

LORSQUE la version suédoise d'*Intermezzo* fut proje-
tée aux États-Unis avec des sous-titres anglais, le
Daily News de Los Angeles annonça qu'il s'agissait
non seulement du meilleur film produit par la
Suède, mais d'un film aussi bon, sinon meilleur,
que tous ceux qu'on trouvait alors sur le marché
hollywoodien : « Non seulement Miss Bergman
possède la beauté, qualité assez courante à Hollywood, mais elle est douée d'une intensité émo-
tionnelle extrêmement rare. Cette combinaison fait
d'elle une femme qui pourrait sans peine devenir
une grande actrice et même une star. Les producteurs hollywoodiens devraient songer à prendre les
mesures nécessaires pour la convaincre de venir
dans notre pays, ne serait-ce que pour l'enlever au
cinéma suédois qui commence à devenir un dangereux rival. »

Il est difficile de savoir si David Selznick eut ou
non l'occasion de lire cet article, mais ce qui est
certain, c'est qu'à la même époque il envoya à
Katherine Brown, la directrice de son bureau de
New York, une note l'enjoignant d'intensifier ses
recherches touchant les films étrangers dont la
Selznick International serait susceptible de faire
des remakes pour le marché américain.

Katherine Brown travaillait au 230 de Park Avenue. Parmi les employés de l'immeuble se trouvait un garçon d'ascenseur, un jeune Suédois, dont les parents avaient vu *Intermezzo* et parlé d'Ingrid Bergman avec enthousiasme. Sachant qu'elle pouvait intéresser Miss Brown à titre professionnel, dès le lendemain, il lui rapporta leur conversation. Peut-être Kay Brown fut-elle influencée par ces propos. En tout cas, elle alla voir le film et écrivit à David Selznick. « Je lui ai parlé du film, dit-elle, mais il ne m'avait pas vraiment emballée. Ce qui m'avait emballée, c'était la fille. Je n'avais jamais rien vu d'aussi fantastique. J'ai donc envoyé David voir *Intermezzo*. Après le spectacle, il annonçait à qui voulait l'entendre : "Kay est complètement folle. Je la charge de me dénicher des remakes possibles de films étrangers et tout ce qu'elle réussit à faire, c'est à se laisser impressionner par l'une des actrices au point de ne plus voir le scénario, qui, bien sûr, est l'un des meilleurs du monde." Sur ce point, je n'ai jamais partagé son opinion, mais il m'a quand même envoyée à Londres pour en acheter les droits. D'Ingrid, il n'était pas question. J'ai obtenu les droits sans peine, et comme je me trouvais avec Jock Whitney — le président de la Selznick International, qui, ayant vu *Intermezzo*, était lui aussi tombé amoureux d'Ingrid — nous avons décidé d'essayer au moins de prendre contact avec elle. Nous téléphonons en Suède et nous finissons par atteindre Petter Lindstrom, qui nous annonce très poliment : "Miss Bergman est occupée, elle ne peut vous parler en ce moment" — elle était pratiquement en train d'accoucher, on ne pouvait pas lui en vouloir ! Jock et moi reprenons donc le chemin du retour. A l'époque, il fallait cinq jours pour se rendre à New York et en novembre la traversée de l'Atlantique était rarement une chose agréable. A peine suis-je arrivée dans mon appartement que je reçois un câble de David : "Retourne en Suède et ramène-nous Ingrid Bergman." Il venait de changer d'avis !

« A part ça, il m'écrivait : "Parmi les vedettes d'*Intermezzo*, on ne mentionne même pas son nom à côté de ceux de Gösta Stevens et de Gustaf Molander. Je me demande donc si nous ne nous trompons pas de fille, et s'il ne s'agirait pas plutôt de Gösta Stevens. Je t'en prie, vérifie..."

« J'ai vérifié, et c'est ainsi que j'ai appris qu'en fait de fille, Gösta Stevens était un homme, qu'il avait collaboré au scénario et que ni lui ni Gustav Molander ne jouaient dans le film. Me voilà donc repartie pour Londres, d'où je m'envole pour Stockholm dans une affreuse tempête de neige. A l'époque, les avions n'étaient pas pressurisés ; le voyage a été horrible. Les oreilles me faisaient un mal de chien et j'ai cru mourir de froid. Bref, j'arrive à l'hôtel malade comme tout, les joues violettes et le visage enflé. Je m'installe dans ma chambre, et on frappe à la porte. C'étaient Ingrid et Petter, un couple délicieux. Ingrid porte un manteau et un chapeau de castor. Elle a un teint, une peau extraordinaire. Elle est absolument divine. A la main, elle tient un petit bouquet de fleurs jaunes et bleues, les couleurs de son pays. Timide et douce, elle dit : "Bienvenue en Suède". Après quoi ils m'annoncent qu'ils ne pourront pas dîner avec moi : ils ont une réunion de famille. Deux jours plus tard ils m'avoueront pourtant qu'ils étaient tout simplement paniqués à l'idée de me rencontrer. Avec la tête que j'avais, c'était tout ce qu'il y a de plus compréhensible !

« Le lendemain, je me suis rendue chez elle, où m'attendaient un homme de loi et Helmer Enwall, son agent. Nous nous sommes tout de suite mis à parler du contrat. Ingrid ne disait rien. Assise dans un fauteuil, elle souriait tout en tricotant. Quant au juriste, il se contentait d'attendre pour prendre note de ce que nous aurions décidé. Le troisième jour, la discussion n'était pas encore terminée, mais nous connaissant mieux, nous commencions à devenir amis. Enfin, nous nous sommes mis d'accord : le contrat porterait sur un unique film, avec un droit d'option pour un second si tout se passait bien.

« Pour sa part, Selznick aurait voulu un contrat de sept ans, mais Selznick désirait toujours l'impossible. Et puis, il ne connaissait pas Petter Lindstrom. Petter ne voulait rien entendre : avant de s'engager plus avant il fallait voir d'abord comment tournaient les choses.

« Ce jour-là, avant de m'en aller, j'ai regardé autour de moi et j'ai pensé : "Mon Dieu, cette fille si douce, si naïve, je vais l'arracher à sa maison, à son mari, à son enfant..." Vous ne pouvez pas savoir comme elle avait l'air innocente ! Je me sentais coupable de faire à ce jeune couple ce que j'étais en train de faire. Et je crois qu'à ma place n'importe qui, avec un peu de cœur, un peu d'honnêteté, aurait ressenti la même chose... »

* * *

Kay m'avait dit que le producteur était David Selznick, qui avait fait *Le Prisonnier de Zenda, Une étoile est née, Le Marquis de Saint-Evremens,* et qui tournait alors *Rebecca* et *Autant en emporte le vent.* Il espérait obtenir le concours de Willie Wyler, l'un des plus grands metteurs en scène d'Hollywood, et de Leslie Howard, qui aurait la vedette avec moi. Et je me souviens aussi que, lorsqu'elle se trouva seule avec moi, elle me dit : « Votre intérieur est charmant. Votre bébé est adorable. Vous êtes heureuse ici. Peut-être feriez-vous bien de réfléchir encore à tout cela... » Elle n'aurait pas pu me donner de conseil plus gentil, et je lui ai répondu : « Si en Amérique tous les gens sont comme vous, je sais que je n'aurai rien à craindre. »

* * *

S'il avait su qu'elle distribuait de tels conseils, sans doute David Selznick aurait-il aussitôt mis fin à sa collaboration avec Kay Brown. Petite et mince, les traits fins, douée d'un sens aigu de l'humour et d'un cœur généreux, Kay n'en devint pas moins l'amie sûre et sincère d'Ingrid dès le moment où, le 6 mai 1939, elle alla dans le port de New York l'accueillir à sa descente du *Queen Mary*.

* *
*

Kay a pris soin de moi, elle m'a installée à l'hôtel, elle m'a montré la ville. Elle m'a conseillé d'y passer une quinzaine de jours afin de m'y familiariser avec l'anglais. Ou plutôt, avec l'américain. Car tout de suite je me suis rendu compte que j'avais commis une tragique erreur. A Stockholm j'avais pris des leçons avec un professeur qui venait d'*Angleterre*. Outre mon accent suédois j'avais donc un accent *anglais*. Et quand je suis arrivée à New York, je me suis aperçue que je ne comprenais pas un *seul mot* d'américain. J'ai dit à Kay : « Il faut absolument que je fasse quelque chose. A partir d'aujourd'hui, je vais aller tous les soirs au théâtre. Comme ça, en écoutant bien, je finirai par apprendre... »

Kay trouva l'idée excellente. Je me suis donc informée à la réception de l'hôtel pour savoir quelles pièces on donnait. On m'a conseillé d'aller voir *La Route du tabac*, un grand succès, qui se jouait depuis une éternité. Ce que, bien sûr, on n'a pas pensé à me dire, c'est que l'histoire se passe dans le Sud et que le langage utilisé est une sorte de dialecte. Je suis restée courageusement jusqu'au bout, mais pour le coup je n'ai pas saisi un traître mot.

Le lendemain je retourne à la réception, où j'explique que *La Route du tabac* n'était pas tout à fait ce qu'il me fallait. Ne pourrait-on pas me recommander une pièce plus *américaine* ? Mais comment donc, allez voir *Abraham Lincoln*, de Raymond Massey, on ne peut rien rêver de plus américain : Parfait. Me voilà partie pour une nouvelle expérience... et pour une nouvelle déception ! Cette fois-ci, la pièce se passe au milieu du siècle dernier et la langue est d'époque. Je ne comprends toujours rien. Si ça continue comme ça, en arrivant à Hollywood, il va falloir que je m'exprime par gestes.

Déprimée, je me suis précipitée chez Kay Brown pour lui raconter ce qui se passait. Elle a ri à s'en décrocher la mâchoire, après quoi elle s'est occupée de dresser pour moi une liste de pièces. Peu à peu, je me suis mise à comprendre, mais même Kay s'inquiétait beaucoup de mon accent et de la pauvreté générale de mon anglais.

* * *

Alors que depuis deux semaines Ingrid courait les théâtres et les cinémas de New York pour améliorer son américain, Kay Brown reçut de David Selznick une note la concernant :

« J'ai eu aujourd'hui une discussion avec Mr. Whitney touchant la nécessité de changer le nom de Miss Bergman, et je lui ai demandé d'en parler plus longuement avec toi. Depuis cette conversation, il m'est venu d'autres idées sur le sujet. Je crois que tu devrais faire une petite enquête sur la valeur de son nom actuel à l'étranger. Bien sûr, elle pourrait garder ce nom-là pour l'étranger et prendre un nouveau nom ici ; j'imagine que rien ne s'y oppose, mais tu ferais peut-être bien de vérifier cela aussi...

« Si nous changeons son nom pour une partie du monde seulement, je crois qu'il faut abandonner l'idée d'en modifier uniquement l'orthographe. De toute façon je ne pense pas qu'Ingrid Bergman soit très bon. Ingrid Berriman serait beaucoup mieux, mais ce n'est certainement pas un nom qu'on prononce comme ça en passant, histoire de mentionner une personnalité.

« Par ailleurs, je trouve qu'Ingrid Lindstrom est aussi difficile à retenir. Peut-être le mieux est-il d'attendre qu'elle soit ici, comme tu le suggères dans le premier paragraphe de ta lettre. Je ne crois pas qu'il nous faille lancer une grande campagne publicitaire pour annoncer son arrivée, et cela pour différentes raisons, y compris pour éviter à notre compagnie les reproches qu'on pourrait lui adresser pour avoir fait venir une nouvelle étrangère après toute l'agitation qu'a déjà suscitée Vivien Leigh, mais aussi parce qu'on a fait tant de publicité autour des acteurs étrangers qu'aujourd'hui le public américain les prend en grippe aussitôt qu'il les voit apparaître. Je pense qu'il vaudrait beaucoup mieux laisser aux spectateurs le soin de la découvrir un peu comme ils ont découvert Hedy Lamarr dans *Algiers**. La meilleure chose à faire serait donc de l'amener tranquillement ici, de commencer à travailler sans faire plus de tapage autour d'elle qu'autour de n'importe quelle actrice, et de mettre tout en œuvre pour que le public l'accueille favorablement une fois que le film sera terminé.

« Compte tenu de ce que je viens de dire, je crois qu'il vaut mieux éviter les interviews et la laisser arriver bien tranquillement à Los Angeles, ce qui nous donnera d'ailleurs l'occasion de parler de son changement de nom avec elle une fois qu'elle sera au studio... »

*
* *

Kay et moi nous avons pris le train pour Los Angeles. Sur le quai de la gare, pas de David Selznick. Dans ma naïveté, je m'étais imaginé qu'il serait là pour m'accueillir les bras ouverts : je venais de si loin, j'avais traversé l'Atlantique, j'avais

_____

* Film jamais sorti en France *(N.d.T.)*.

88

traversé les États-Unis... Enfin, pas de David Selznick, seulement un attaché de presse qui nous conduit dans sa maison de Hollywood. Apparemment, je devais y rester un jour ou deux. Je n'ai d'ailleurs jamais vraiment compris pourquoi, car il n'était pas du tout dans les habitudes des Selznick d'accueillir ainsi des acteurs et de les garder chez eux. Mais peut-être Irene avait-elle été émue de compassion en pensant à cette pauvre fille suédoise qui, avec ses trois mots d'anglais, serait incapable de se débrouiller seule et risquerait de se perdre dans les couloirs du *Beverly Hills Hotel*.

Une fois arrivées, Kay et moi traversons la pelouse, où Irene Selznick est installée. Elle écoute la radio. Dans mon meilleur anglais, je dis : « *How do you do.* » D'un geste impatient elle m'impose le silence : elle écoute le reportage d'une course de chevaux. Alors je m'assieds et je pense : « Voilà, ma fille, tu viens de traverser la moitié du globe et en guise d'accueil on te fait signe de te taire ! »

Nous attendons bien patiemment qu'Irene sache si son cheval a gagné ou non. Enfin elle se tourne vers moi : « Bonjour ! Comment ça va ? Vous avez faim ? Vous voulez manger quelque chose ? » Je suis tout étonnée de la trouver si gentille. Sur quoi Kay nous quitte et je demande d'un ton plaintif :

« Où donc est Mr. Selznick ?

— Au studio, voyons. Allez, venez, je vais vous montrer votre chambre. »

Comme je prends ma valise pour la suivre dans l'escalier, elle s'étonne : « Vos malles ne sont pas encore arrivées ?

— Mes malles ? Je ai pas de malles... je n'ai pas d'autres bagages.

— Je croyais que vous deviez rester trois mois ?

— En effet.

— Et vous pensez que vous avez pris suffisamment de vêtements ?

— Pourquoi est-ce qu'il m'en faudrait davantage ? Je vais travailler six jours sur sept, et je serai au studio du matin au soir. Pour le film on me fournira mes costumes, et pour le dimanche j'ai un pantalon et un costume de bain. J'ai bien assez d'habits.

— Ah, bon !... Demain soir, je donne une réception pour vous ; je vais vous présenter à tous nos amis de Hollywood. Vous avez une robe de soirée, au moins ?

— Bien sûr. Dans mon dernier film, j'en portais une très jolie ; comme je l'aimais beaucoup, à la fin du tournage, je l'ai rachetée à la production. Elle ira très bien pour votre réception. Je l'ai dans ma valise.

— Parfait. Et vous avez aussi votre trousse à maquillage ?

— Non, je ne me maquille pas.

— Vous voulez dire que vous n'avez rien sur le visage ?

— Non !

— Eh bien ! j'espère que Hollywood vous gardera le teint frais !

— Je vous remercie. Est-ce que Mr. Selznick va bientôt rentrer ?

— Mr. Selznick travaille souvent très tard. En ce moment, il travaille à *Autant en emporte le vent*. Il est surchargé. Mais il finira bien par venir. Cela dit, j'ai un dîner ce soir. Au Beachcomber. Avec Grace Moore, Miriam Hopkins et Richard Barthelmess. Vous feriez bien de m'accompagner. »

Voilà qui me plaisait mieux : j'allais enfin rencontrer de vraies stars ! Pourtant, je continuais à m'étonner que Mr. Selznick ne rentre pas chez lui pour dîner.

Nous nous sommes donc rendues au Beachcomber. Jamais auparavant je n'avais vu un endroit aussi sombre, et jamais je n'avais goûté de pareils cocktails — des cocktails au rhum que l'on buvait dans des *noix de coco* ! A force d'écarquiller les yeux, j'ai fini par reconnaître Grace Moore — elle était assise *avec nous* ! Et puis Richard Barthelmess est arrivé ; à tout le monde, Irene me présentait comme la nouvelle actrice suédoise. J'ai pris place à côté d'elle pour qu'elle puisse m'aider au cas où j'aurais des problèmes avec mon anglais. Et nous nous sommes mis à parler. Nous avons parlé jeu, acteurs, et puis la conversation est venue sur ma taille. J'ai dit : « Je suis très grande. » Richard Barthelmess n'était pas tellement d'accord : « Vous n'en avez pas tellement l'air. » « C'est parce que je suis assise, mais j'ai les jambes très longues. » Au moment de partir, comme je commençais à me lever, il a encore remarqué : « Mais non, vous n'êtes pas tellement grande, pas du tout. » « Attendez, attendez, laissez-moi me déplier tout à fait, vous n'avez encore rien vu. » Et je me suis redressée de toute ma hauteur : j'avais une tête de plus que lui, ils étaient tous petits. C'est alors que je me suis rendu compte que, pour tout le monde, ma taille allait être un choc.

Après le dîner, nous sommes allés chez Miriam Hopkins. Elle avait invité des amis à venir voir un film. Car elle possédait une salle de projection privée — je ne savais même pas que cela existait. Un écran descendait du plafond et la cabine de projection se trouvait cachée par une peinture. Nous nous sommes installés par terre, sur des coussins, et la séance a commencé. Je ne cessais de demander à Irene : « Mais où donc est Mr. Selznick ? Il ne va pas dîner du tout ? » Ce à quoi elle répliquait : « Ne vous en faites pas, il va venir, il va venir. » Enfin, je me suis tant et si bien intéressée au film que j'avais oublié jusqu'à l'existence de David Selznick quand une main s'est posée sur mon épaule et une voix d'homme m'a glissé à l'oreille : « Mr. Selznick est arrivé. Il est à la cuisine. Il voudrait bien vous voir. »

Cette fois, le moment était venu, j'allais rencontrer mon patron. Il devait être quelque chose comme une heure du matin. Je me suis levée, je suis allée à la cuisine... et je l'ai vu : un type affalé sur une table, en train de se goinfrer de nourriture. Je me suis arrêtée à la porte, il m'a jeté un coup d'œil, et il s'est exclamé : « Seigneur ! Enlevez donc vos chaussures. »

Si nous n'avions pas eu cette discussion sur ma taille, je n'aurais peut-être pas compris ; mais là, j'ai tout de suite dit : « C'est inutile, ça ne changerait rien. »

Il a poussé une espèce de grognement, et j'ai pensé : « Voilà, j'aurai fait tout ce chemin pour apprendre que je suis un monstre ! » D'un ton un peu plus sec, j'ai ajouté :

« En revanche, je pourrais peut-être m'asseoir ?

— Mais bien sûr, bien sûr. Vous avez fait bon voyage ? »

Nous nous sommes mis à bavarder. S'il n'avait pas l'air de penser grand bien de moi, dans l'ensemble, il paraissait plutôt gentil.

Et puis il m'a dit : « Vous vous rendez bien compte que votre nom n'est pas possible.

— Vraiment ? Comment ça ?

— Ingrid, d'abord, ça n'existe pas. Ici, tout le monde prononcerait Ein-grid. Et Bergman, c'est encore bien pire, c'est beaucoup trop allemand : étant donné ce qui se passe aujourd'hui, nous ne pouvons pas laisser croire au public que nous avons engagé une Allemande. Bien sûr, il y a le nom de votre mari : Lindstrom, ça ressemble un peu à Lindberg, et Lindberg — Charles, le pilote — tout le monde l'aime beaucoup. Les Américains l'aiment même tellement qu'ils l'appellent Lindy. Comme nom, vous pourriez peut-être prendre ça ? »

Là, j'ai été très froide : « Je ne veux pas du sobriquet de qui que ce soit. Je ne veux pas changer de nom du tout. Je m'appelle Ingrid Bergman, je me suis toujours appelée comme ça et j'ai l'intention de continuer. Après tout, les Américains ne sont pas à ce point idiots qu'ils ne puissent pas apprendre à prononcer mon nom. Et puis, vous voyez un peu la tête que j'aurais si, après avoir pris un pseudonyme, le public d'ici ne m'aime pas et que je doive rentrer en Suède avec un nouveau nom ? »

Apparemment, ça l'a fait réfléchir. Il en a profité pour avaler quelques morceaux, après quoi il a déclaré : « C'est bon, on verra ça demain. Maintenant, pour ce qui est de votre visage, vous avez les sourcils trop épais, les dents ne valent rien et il y a des tas d'autres choses... Je vais m'occuper tout de suite de prendre rendez-vous avec le maquilleur, on verra bien ce qu'il peut faire. »

Cette fois-ci, c'est moi qui me suis mise à réfléchir. Et puis j'ai dit : « J'ai bien l'impression que vous avez commis une erreur, Mr. Selznick. A moi, on m'a répété qu'il ne fallait pas acheter chat en poche. J'avais pourtant cru que vous aviez vu *Intermezzo* et que vous m'aviez trouvée bien puisque vous avez envoyé Kay Brown me chercher. Maintenant que vous m'avez devant vous, vous voulez tout changer. Non, non, j'aime mieux ne pas faire le film. N'en parlons plus. Ça ne fait rien. Je prendrai le prochain train pour retourner chez moi. »

J'ignore ce qui m'a donné le courage de me montrer aussi ferme... à vingt-trois ans, alors que j'avais toujours eu un homme pour me dire ce que je devais faire... Je n'ai jamais compris ce qui s'était passé, mais le fait est qu'à tout ce qu'il m'a dit j'ai eu le courage de répondre « non ». A la minute où il a commencé de me parler de publicité, j'ai dit : « Non, je ne le ferai pas. Je n'ai pas l'habitude de faire ça. » Finalement, on se regardait sans plus rien dire.

Il avait même arrêté de manger.

CHAPITRE V

UN mètre quatre-vingts, le poil noir et lustré, David Selznick avait les traits affaissés d'un lutteur toujours sur le point de perdre un combat, mais derrière ses lunettes, ses yeux bleus brillaient d'une perpétuelle curiosité et il possédait un charme peu commun, qu'illustre à merveille la demande en mariage qu'il adressa à sa chère Irene, la fille du grand Louis B. Mayer, lettre qui mériterait d'ailleurs de figurer dans toutes les anthologies amoureuses. Après avoir parlé de différentes questions cinématographiques, il ajoutait comme en passant :

J'ai pensé à toi, et j'ai décidé de t'épouser si tu veux bien de moi. Je suis pour le moins d'âge mûr, j'ai un orteil en marteau et je suis plutôt maladroit. Ayant jadis souhaité être un personnage important, j'ai été arrogant. Aujourd'hui, je ronfle avec bruit, je bois avec excès, je joue avec enthousiasme, je travaille avec rage, et mon avenir touche à sa fin. Mais je suis grand, je suis juif, et je t'aime. David-en-quête-de-sa-Compagne.

Après avoir travaillé à la Metro-Goldwyn-Mayer, à R.K.O. et à Paramount, en 1935 il crée sa propre compagnie, la Selznick International Pictures, et rejoint le groupe envié des producteurs à succès. Dès lors, connaissant son métier mieux que n'importe qui, il s'acharne à le faire savoir. Il réécrit les scripts, semonce les producteurs, dirige les metteurs en scène, talonne les acteurs, met son nez partout et se mêle de tout, au point que, parmi ses collaborateurs, plus d'un frôle bientôt la dépression nerveuse. Mais il est fidèle à lui-même et veut travailler en accord avec ses convictions. Or, il ne cesse de répéter que « les grands films se font jusque dans les moindres détails selon la vision d'un seul homme » et « rien ne compte hormis la version définitive du film ». Son zèle est infini, l'attention qu'il porte aux détails quasi phénoménale, et, comme tous les impresarios dignes de ce nom, il possède le rare talent de tirer le maximum des esprits créateurs placés dans son orbite. A sa façon, il a du génie. Au moment où il fait la connaissance d'Ingrid, il s'occupe de réaliser presque simultanément *Rebecca*, qui va connaître un immense succès, et *Autant en emporte le vent*, que presque tout le monde s'accorde à considérer comme le plus grand film jamais produit à Hollywood.

Il est au faîte de sa gloire. Dans la grande tradition hollywoodienne, non seulement il découvre des stars, mais il en « fabrique ». Car, aussi bon, aussi connu soit-il, un acteur de théâtre ne devient pas nécessairement une vedette de cinéma. Il faut savoir l'utiliser, l'exploiter. Parfois, il est nécessaire de modifier ses traits, de lui conférer certains attributs, de lui forger un personnage. Quelques années seulement avant qu'Ingrid n'arrive à Hollywood, grâce à l'électrolyse, on avait modifié l'implantation capillaire d'une jolie fille d'ascendance espagnole, qui, le front ainsi dégagé, avait acquis une beauté extraordinaire. Depuis, soutenue par des dons naturels mais habilement exploités, cette beauté était devenue Rita Hayworth.

C'est sans doute ce genre de pensées que ruminait David Selznick tout en considérant le visage heureux et rond d'Ingrid Bergman. Mais à moins de lui couper les jambes jusqu'au genou, que pourrait-il bien faire d'elle ? Cependant, il eut soudain une vision d'apocalypse — une idée toute simple, mais aussi vitale pour lui que la pomme inspiratrice qui tomba sur la tête de Newton.

*
* *

Tout à coup, il est devenu très sérieux. Il m'a regardée un bon moment, après quoi il a déclaré : « J'ai une idée, une idée tellement simple qu'à Hollywood elle n'est encore venue à l'esprit de personne. On va vous laisser telle quelle. On ne va pas vous changer d'un poil. Vous resterez telle que vous êtes. Vous serez la première actrice "naturelle". Demain matin, je vais vous accompagner moi-même chez le maquilleur et on arrangera ça. »

Le lendemain matin, me voilà donc installée dans un fauteuil, où le maquilleur — un type tout ce qu'il y a de plus qualifié — se met à étudier mon visage en poussant des « hum » et des « ah »... « Il va falloir épiler ces sourcils ; ces rides, là, il faudra y faire attention ; et je ne parle pas des dents... elles ont grand besoin qu'on s'en occupe ! » Un tas de gens de la publicité observaient la scène et faisaient toute sorte de plaisanteries. Et puis, quand le maquilleur a dit tout ce qu'il avait à dire, quand les autres ont fini leur petit numéro, David Selznick a piqué une belle colère. Il s'est mis à hurler : « Écoutez-moi bien, vous ne lui enlèverez pas un poil, pas un sourcil, pas un cheveu ! Vous ne toucherez à rien ! Vous ne ferez *rien du tout* ! Si je vois quoi que ce soit de changé, je vous tue ! Demain, on va faire des essais, on va les faire tel quel, exactement comme elle est. Justement parce qu'à Hollywood personne n'a jamais porté son vrai nom, elle gardera le *sien*. Et puis surtout, il n'y aura pas d'interviews — *pas d'interviews !* Et pas de photos ! Elle est sous scellés. C'est compris ! »

Ils ont compris ; et j'ai été très reconnaissante à

David de dire ce qu'il avait dit. La nuit précédente, assise à cette table de cuisine, j'avais passé un temps fou à essayer de lui expliquer : « Je ne veux pas être vendue comme tant d'actrices européennes... Voici la plus grande star que nous ait jamais donnée la Pologne ou la France ou la Bulgarie. Elle est merveilleuse, elle est fantastique. Et puis, six mois plus tard, fini, jamais plus on n'entend parler d'elle. Parce qu'elle n'a pas été à la hauteur de la publicité qu'on a faite autour d'elle, la voilà morte avant même d'avoir commencé. Faisons d'abord un film ! Quand il sortira, on verra bien si le public m'aime ou pas ; vous ferez de la publicité, je donnerai des interviews. Mais laissez-moi essayer de gagner l'affection des Américains, ne les forcez pas, ne m'imposez pas à coups de trompettes ! » À la longue, il s'est laissé convaincre. Il m'a dit : « D'accord, oui. L'idée me plaît... elle me plaît beaucoup. »

Le lendemain, on a fait des essais. Je les ai vus bien des années plus tard, après la mort de David Selznick, quand on lui a consacré un film auquel on m'a demandé de participer. Ça donnait à peu près ça : « Ingrid Bergman — Sans maquillage — Prise 1. » La claquette se retire et l'on me voit apparaître. Et je suis si rouge qu'on a peine à le croire. Parce que je rougissais à tout ce qu'on me disait, compliment ou pas. Avec la chaleur des projecteurs, l'excitation de travailler à Hollywood, le dialogue le plus simple me faisait rougir. A l'époque, les films étaient en noir et blanc, mais il a pourtant fallu qu'on se résigne à me mettre du fond de teint, sinon j'aurais été aussi foncée qu'un homard vivant !

Le même soir, les Selznick donnaient une réception dont j'étais l'invitée d'honneur. J'ai pris place toute seule sur un canapé, dans ma robe d'occasion que je trouvais si élégante avec son corsage rose, sa jupe bigarrée, sa ceinture et ses manches à gigot. J'étais assise et je regardais tous ces gens défiler :

Clark Gable, Joan Bennett, Cary Grant, Gary Cooper — je n'avais pas besoin qu'on me parle, j'étais ahurie de bonheur ; il me suffisait de regarder. De temps en temps, Irene Selznick passait à proximité et j'en profitais pour lui demander : « Celui-là, qui est-ce ? » Et elle me répondait : « C'est Un tel, un metteur en scène très coté. » Ensuite, un groupe s'est formé près de mon canapé et l'on m'a présentée à Ann Sheridan. « Oomph », c'était le mot qui revenait le plus souvent dans sa conversation, et je me demandais ce que ça pouvait bien vouloir dire. « Omph » ? « Oomph ? » Cela s'écrivait-il avec un ou avec deux « o » ? Il fallait que j'en aie le cœur net. A la première occasion, je me suis éclipsée et je suis montée dans ma chambre pour consulter le dictionnaire. Rien. J'ai eu beau chercher, envisager toutes les orthographes possibles, je n'ai rien trouvé. Et aujourd'hui encore j'ignore ce que signifie « omph ».

Je suis retournée m'asseoir bien sagement sur mon canapé, et au bout d'un moment, je me suis aperçue qu'un homme avait pris place à côté de moi. Il était d'une extrême gentillesse, plein de sympathie, presque compatissant, et je me demandais ce qui pouvait bien me valoir ça. Enfin, il m'a dit : « Ne soyez pas déprimée. Nous tous, nous avons débuté, et pour nous tous cela a été dur... »

Je l'ai interrompu : « Déprimée ? Mais je ne suis pas déprimée ! Je suis tellement heureuse que je n'arrive pas à y croire. Tant de gens célèbres... je suis là, et je les vois en chair et en os ! Regardez, Norma Shearer, Claudette Colbert... Et regardez qui arrive : Ronald Colman ! Vraiment, je n'arrive pas à y croire ! »

Il faut dire qu'il avait entendu la conversation qui se déroulait au bar — une conversation qu'on devait me rapporter des années plus tard. Il continua à m'encourager : « C'est vrai, ce soir ils ne vous parlent pas, mais vous verrez, bientôt ça changera. Nous sommes tous passés par là, croyez-moi. Et puis, dimanche prochain, venez chez moi, je donne une petite fête. Vous verrez que nous ne sommes pas si méchants. Et prenez un costume de bain, ça se passera autour de la piscine. »

S'il avait une piscine, ça valait la peine d'accepter. Alors j'ai dit : « Rien ne me ferait plus plaisir, mais il faudrait peut-être que je sache qui vous êtes ? » « Je suis Ernst Lubitsch. » Moi qui étais à deux doigts de lui en vouloir d'être si gentil !

Une chose me tarabustait, et j'ai demandé à Irène : « Leslie Howard, il n'est pas là ? » A cette question, elle a failli tomber raide. « Seigneur ! on a oublié de l'inviter. » « Mais c'est mon partenaire, c'est la personne que j'avais le plus envie de rencontrer... » Pour me consoler elle n'a rien trouvé de mieux à me dire que : « Ne vous en faites pas, vous le verrez sur le plateau, vous le verrez bien assez tôt. »

Je l'ai vu — et j'ai trouvé que c'était un être merveilleux. Mais je ne l'ai jamais bien connu. Il était très anglais, très réservé, pas du tout le genre à fréquenter les réceptions ou à vous proposer d'aller boire un verre. Il était très solitaire. Jamais je n'ai rencontré sa femme. Elle vivait pourtant à Hollywood où ils possédaient une maison. Mais il était toujours avec sa secrétaire, dont il semblait très amoureux. Elle a été tuée à Londres au cours d'un bombardement, et lui est mort peu après dans un accident d'avion...

Si j'avais su ce dont on parlait au bar, je crois que je serais morte, moi aussi. La discussion générale portait sur la bonne grosse vache suédoise dont David Selznick venait de faire l'acquisition. S'il croyait que cette fille avait la moindre chance de devenir une seconde Garbo, c'est qu'il avait complètement perdu la tête. Actrice, avec la taille qu'elle a ? Dans un rôle de blanchisseuse, de cuisinière ou de masseuse scandinave, peut-être. Mais je veux bien parier mille dollars qu'on ne la verra jamais, même dans un film de série « B » !

David Selznick devenait fou, il était sur le point d'exploser. Tous ces imbéciles qui doutaient de *son* jugement... Il était prêt à relever le défi, à accepter tous les paris qu'on voudrait bien lui proposer. Et même à deux contre un. Si d'ici une année Ingrid Bergman n'était pas devenue une star, il paierait toutes les mises.

Une année après, je n'étais pas une star, mais tous les paris étaient oubliés. En attendant, j'étais là, je souriais à tout le monde et je m'amusais énormément sans trop comprendre ce qui se passait. Une semaine plus tard, j'ai déménagé de chez les Selznick pour m'installer dans une maison que David avait louée pour moi. J'avais une jeune femme pour s'occuper de moi, conduire la voiture, préparer les repas, me conduire au studio et me ramener à la maison. Le dimanche suivant, je lui ai dit que j'étais invitée chez Ernst Lubitsch qui donnait une fête dans son jardin, où l'on pique-niquerait autour de la piscine. Pouvait-elle m'y conduire ? Elle a trouvé l'adresse, j'ai pris mon costume de bain, et nous nous sommes mises en route. Arrivées là-bas, il y avait des voitures partout. J'ai donc laissé à ma compagne le soin de trouver une place pour garer la nôtre et je me suis aventurée à l'intérieur. J'ai traversé un hall somptueux où une foule de gens s'amusaient, parlaient, buvaient. J'ai traversé le living où tout le monde s'amusait, parlait, riait, buvait. Et j'ai demandé à un domestique : « Où puis-je trouver Mr. Lubitsch ? » « Oh ! il est probablement dans le jardin, quelque part près de la piscine. »

J'ai donc traversé le fumoir, la bibliothèque, le salon, et toute une enfilade de pièces au bout de laquelle j'ai enfin découvert le jardin. Les gens s'amusaient comme des fous ; tout le monde nageait, plongeait, riait, buvait. Moi, j'errais là au milieu comme une âme en peine. Heureusement, j'ai trouvé un autre domestique. « Est-ce que Mr. Lubitsch est là ? » « En tout cas, il y était, mais il se peut qu'il soit retourné à l'intérieur. » J'ai fait le tour du jardin, je suis allée jusqu'au tennis et je me suis décidée à regagner la maison. J'ai retraversé toutes les pièces, je suis allée partout, y compris dans les chambres à coucher où un tas de filles étaient en train de se poudrer le nez, et je me suis retrouvée dans le hall.

Je suis ressortie. Dans l'allée, ma compagne venait enfin de garer la voiture. Je lui ai annoncé : « On rentre. »

Je n'avais pas trouvé Mr. Lubitsch.

Le premier lundi que j'ai passé au studio, on m'a présentée à Ruth Roberts. David Selznick m'a annoncé : « Voilà ton professeur de langue. C'est la femme avec qui tu vas vivre, manger et dormir. Tu seras avec elle nuit et jour. Il faut bien que tu apprennes à parler ! »

J'ai pensé, Seigneur ! quelle barbe ! Mais il m'a suffi de quelques heures pour comprendre que je m'étais trompée. Ruth était également suédoise, mais elle ne me l'a révélé que beaucoup plus tard. Assez curieusement, durant ces premières semaines passées à Hollywood, j'avais rencontré trois femmes qui par la suite compteraient parmi mes principaux appuis : Kay Brown, Irene Selznick et Ruth Roberts.

J'ai aimé Kay dès le moment où je l'ai vue en Suède, quand nous avons eu toutes ces discussions concernant le contrat et ce que je devais ou non accepter. Pour Irene, j'imagine qu'au premier coup d'œil, avec mon unique valise et ma robe d'occasion, elle a compris qu'elle avait affaire à l'une des âmes les plus innocentes que la terre ait jamais portées. Tout de suite elle a décidé de faire mon éducation, de me renseigner sur les pièges et la méchanceté d'Hollywood, de m'apprendre à commettre le moins d'erreurs et de gaffes possible.

Elle m'avait dit : « Je crois qu'il serait bon que vous passiez quelques jours avec nous. » Je l'ai écoutée, et le temps que je suis restée chez elle, chaque soir elle me faisait la leçon. Elle m'a expliqué ce que je devais attendre d'Hollywood — elle avait vu tant d'actrices ruiner leur carrière. « Vous allez rencontrer une foule de producteurs, m'avertissait-elle, des producteurs qui se disent célèbres quand ils n'ont jamais mis les pieds dans un studio ! Vous verrez, ils vous promettront pour demain le plus beau rôle du monde, et voudront tout de suite aller sur la plage prendre quelques photos pour la publicité ! »

A l'époque, non seulement le nudisme n'existait pas, mais on jugeait choquant un costume de bain un tant soit peu osé. Elle m'a appris tout cela, et comment on croit obtenir un rôle en échange d'un dîner et signer un contrat autour d'un dernier verre. Avec le recul je me rends compte à quel point j'ai eu de la chance. Les rôles, je les ai eus sans passer par là. Mais Irene m'a rendu grand service en me parlant ainsi. Par la suite, quand je me suis trouvée confrontée aux situations qu'elle m'avait décrites, je les ai tout de suite reconnues et tout de suite j'ai su dire « non ».

En plus, je n'étais pas très belle lorsque j'étais jeune. Je n'avais pas de « ça », je n'étais pas du genre « sexy ». Dans tous les articles, on parlait de moi comme de « Mademoiselle tout le monde ». Par là, on voulait sans doute dire que j'étais naturelle, que j'avais les pieds sur terre. Aujourd'hui, bien sûr, rien ne paraît plus normal, mais à Hollywood, à la fin des années trente, ce n'était pas du tout la mode.

J'aimais énormément Irene, et David aussi une fois que j'ai appris à le connaître. Quand il avait bu quelques verres, c'était un vrai bonheur d'être avec lui. S'il avait des amis autour de lui il n'arrêtait plus de parler — il disait des choses passionnantes, il était plein d'idées. Et il ne vous laissait plus partir. Si vous disiez : «Je suis fatigué, je crois qu'il est temps d'aller au lit », il se précipitait vers la porte, écartait les bras pour vous empêcher de sortir et déclarait : « Pas question ! Tu restes ici. Je viens justement d'avoir une idée merveilleuse, écoute ! » Et vous écoutiez. C'est vrai, l'idée était fantastique et vous étiez tout excité.

Le lendemain, vous lui disiez : « Elle est vraiment géniale, l'idée que tu as eue hier soir. Quand est-ce qu'on s'y met ? » Alors, il vous regardait avec des yeux ronds : « J'ai eu une idée ? Quelle idée ? Je ne m'en souviens pas. »

Le premier matin du tournage, j'arrive sur le plateau et je m'installe à côté de Ruth Roberts pour revoir avec elle le texte de ma première scène. A l'extérieur, des bruits de voix attirent notre attention. Je vais jusqu'à la porte pour voir ce qui se passe : David Selznick est en train de s'attraper avec Willie Wyler, qui est censé diriger le film. J'appelle Ruth pour qu'elle vienne regarder : « Je ne sais pas ce qui leur prend, si ça continue, ils vont en venir aux mains... » A ce moment-là, Willie Wyler passe devant moi comme une furie, s'engouffre dans une autre porte, la claque derrière lui et disparaît. Aussitôt, je demande à David : « Qu'est-ce qui est arrivé ?

— Bof, fait-il sans se démonter, vous venez de perdre votre metteur en scène. »

Mon premier jour sur le plateau, et j'avais perdu mon metteur en scène avant même d'avoir commencé à tourner !

Par la suite, quand j'ai mieux connu Selznick, j'ai compris que c'était typique de son comportement. A force de vouloir s'occuper de tout il se brouillait avec tout le monde !

*
* *

David Selznick était très intrigué par la manière d'être d'Ingrid. Surtout sur le plateau. Enfin, il avait rencontré quelqu'un qui correspondait à ce qu'il attendait d'un acteur. La note qu'il adressa à son directeur de publicité témoigne de son admiration :

Le 22 juin 1939

Cher Monsieur Herbert,

A propos d'Ingrid Bergman, il me semble qu'il y a un aspect publicitaire qu'on pourrait monter en épingle et utiliser pendant des années.

Miss Bergman est l'actrice la plus consciencieuse avec laquelle j'aie jamais travaillé. Lorsqu'elle travaille, elle ne pense absolument à rien d'autre. Avant et pendant le tournage d'un film, elle ne prend aucun engagement d'aucune sorte ni ne fait aucun plan qui puisse la distraire une minute de son travail. Elle ne quitte pratiquement jamais le studio, et elle a même suggéré que sa loge soit aménagée de façon qu'elle puisse y vivre durant le tournage. Pas une seconde elle ne parle de quitter le studio à six heures ou je ne sais quoi. Bien au contraire, elle est très malheureuse quand l'équipe ne reste pas jusqu'à minuit, affirmant que c'est le soir qu'elle travaille le mieux, après une longue journée de travail.

Mieux encore, elle a horreur de dépenser l'argent de la compagnie. Elle s'est mise dans tous ses états parce qu'il fallait jeter une robe dont les essais avaient montré qu'elle ne lui allait pas ; elle a suggéré qu'un nouveau col pourrait la rendre plus plaisante, ou qu'on pourrait la teindre, en tout cas tenter de faire quelque chose qui évite ce gaspillage d'argent.

Elle était stupéfaite d'avoir une doublure. Elle a dit qu'en Suède, en dépit du fait qu'elle avait tourné dix films, elle n'avait jamais eu de doublure et faisait elle-même les essais de lumières, etc.

Du fait que nous avons quatre vedettes dans *Autant en emporte le vent*, toutes les plus belles loges étaient occupées et nous avons dû la mettre dans une petite suite. Mais elle était ravie et elle a dit qu'elle n'avait jamais vu de loge aussi belle.

Quand j'ai cru bon d'effectuer un changement chez les cameramen, retirant Harry Stradling de l'équipe d'*Inter-*

mezzo pour le mettre dans celle de *Rebecca*, elle avait les larmes aux yeux ; elle s'inquiétait de sa situation, disant qu'après tout c'était un excellent cameraman et qu'elle préférait être un petit peu moins bien photographiée plutôt que de risquer de lui faire tort.

Tout cela est vraiment sincère et vraiment unique, et je crois que pour sa publicité ce serait une très bonne approche que de raconter ces histoires au fur et à mesure qu'elles se produisent, de sorte que sa gentillesse naturelle, son sérieux et sa conscience professionnelle deviennent quelque chose comme une légende. A n'en pas douter, rien ne saurait plaire davantage, et rien ne saurait mieux lui gagner l'affection du public, surtout si l'on songe aux extravagances toujours plus folles que nous imposent les stars, mais aussi compte tenu de l'opinion publique, qui, souvent avec raison, considère qu'avec leurs exigences et leur tempérament, les vedettes étrangères sont de véritables fléaux.

C'est le seul aspect de son personnage à propos duquel j'accepterais qu'on fasse de la publicité sans attendre la sortie du film. Il est en parfait accord avec la fraîcheur et la pureté qui sont les siennes, moralement et physiquement, et qui m'ont décidé à l'engager. Tout en étant strictement conforme à la réalité, cette publicité préviendrait en outre la comparaison avec Garbo, Dietrich et autres produits exotiques, avec lesquels, à mon avis, elle ne peut davantage rivaliser qu'elles ne peuvent rivaliser avec elle.

Gregory Ratoff, le nouveau metteur en scène d'Ingrid, était un Russe dont les incessants hurlements avaient, disait-on, conduit plusieurs acteurs à la dépression. Mais, pour ceux qui le connaissaient bien, il était surtout un grand travailleur qui s'efforçait de tirer de chacun le meilleur de lui-même. Pendant le tournage, il exigeait un calme absolu. Ainsi, avant le début de chaque prise de vues, hurlait-il : « Silence ! »

Un jour, il venait de pousser son cri lorsqu'il fut pris d'une quinte de toux. Il tente de s'excuser auprès du cameraman, mais la toux le reprend de plus belle. Finalement, il laisse tomber le scénario, renverse un tabouret et, aussitôt qu'il a retrouvé l'usage de la parole, il lance : « Enfin, quoi, je vous fais tenir tranquilles, vous pourriez me faire tenir tranquille, moi aussi ! »

Le premier matin où il se présenta sur le plateau, il s'approcha d'Ingrid, sourit, et, plongeant le nez dans le scénario, il lui demanda : « Répétez après moi, je vous prie... » Sur quoi, avec son terrible accent russe, il lui donna le texte de sa première réplique. Sagement, Ingrid répéta, reproduisant fidèlement l'accent. Ruth Roberts dut s'accrocher au technicien le plus proche. Aussitôt que Gregory eut tourné le dos elle bondit vers Ingrid et lui souffla : « Je t'en prie, je t'en prie... ne répète *jamais* ce qu'il dit ! C'est l'accent que nous avons travaillé ensemble que tu dois utiliser ! » Ingrid obéit. Cependant, son accent continuait à lui poser certains problèmes.

* *
*

Je travaillais avec Ruth depuis plusieurs semaines déjà lorsqu'un jour je tombe sur un mot que je n'arrivais tout simplement pas à dire juste. « Je ne comprends pas, je ne comprends pas pourquoi je ne réussis pas à le dire comme toi. » « Écoute-moi bien, dit Ruth, je vais le prononcer encore une fois. » Je me donne un mal de chien, mais je n'y arrive toujours pas. J'étais très malheureuse, et je dis à Ruth : « Si seulement tu pouvais me donner un mot suédois qui me fasse comprendre exactement comment je dois mettre ma bouche ; de cette façon, je suis sûre que je réussirais. » Ruth hésite un moment, puis elle me sort un mot suédois très difficile à prononcer, et elle le prononce sans le *moindre* accent. J'étais bouche bée. « Tu parles le suédois ?

— Eh oui... je suis suédoise.
— Mais alors pourquoi...
— Ma chérie ! Si je te l'avais dit plus tôt, on se

serait mises à parler suédois, et mon boulot, c'est de t'apprendre l'anglais... »

* * *

Interrogée plus tard sur ce qu'elle pensait de son metteur en scène, et sensible peut-être au fait que son accent ne valait guère mieux que le sien, elle répondit très gentiment : « Il aime crier, mais au fond, il est sincère, il est sérieux. Je lui dois beaucoup. »

Gregory supporta les perpétuelles interruptions, suggestions, reprises et interventions de David Selznick avec une patience d'ange, et la lettre qu'il écrivit à Ingrid quelque deux ans plus tard en dit long sur leur relation :

Mon gentil bébé suédois,
Il se peut que ton mari n'aime pas la façon dont je m'adresse à toi. Mais tu es mon doux ange, et quand je pense à toi et à la façon dont nous avons travaillé ensemble dans tes deux premiers films [il devait également la diriger dans *La Famille Stoddard*], je puis dire que ce sont les souvenirs les plus agréables de toute ma carrière de metteur en scène...

* * *

La première fois que j'ai vu à quoi ressemblait un studio de cinéma américain, j'ai failli m'évanouir. C'était énorme, il y avait tant de gens, de cameramen, d'électriciens, de charpentiers — je ne pouvais y croire. A quoi pouvaient-ils donc servir ? Alors qu'en Suède une équipe complète ne comptait jamais plus de quinze techniciens, ici, il y en avait entre soixante et cent. Bien sûr, j'ai appris que c'étaient tous des spécialistes, que chacun d'entre eux avait une tâche particulière, mais l'ensemble faisait beaucoup de bruit, et le système entraînait de nombreuses pertes de temps. Il fallait toujours attendre quelque chose : l'homme qui était censé déplacer cette table de deux centimètres n'était pas là, où donc était-il ? Comme personne n'était autorisé à faire ce travail à sa place, il fallait l'attendre jusqu'à ce qu'on l'ait trouvé et qu'il soit à pied d'œuvre. Peu à peu je m'y suis habituée, et j'ai trouvé ça fantastique, car vraiment on pouvait obtenir tout ce qu'on voulait. Il vous fallait un éléphant rose, le lendemain l'éléphant était là. Tiens, ce serait une bonne idée de faire voler quelques mouches autour de votre visage ; aussitôt on envoyait chercher le spécialiste et les mouches arrivaient. Pour un acteur, travailler dans ces conditions, c'était le rêve — un rêve qu'en Suède personne n'aurait imaginé. Ici, rien n'était impossible, tandis qu'en Suède on attendait l'hiver pour filmer les scènes hivernales et l'été pour les scènes qui se passaient en été.

Et puis, bien sûr, il y a eu ma première séquence dans *Intermezzo*, ma toute première apparition dans un film d'Hollywood. David Selznick m'avait avertie : « C'est au public américain que tu vas te présenter. Il faut qu'il ait le coup de foudre, il faut que tu fasses sensation ! » J'ai regardé le scénario : j'entrais, j'enlevais mon chapeau et mon manteau, je les accrochais dans le vestibule et je me dirigeais vers la porte. Arrivée à la porte, qu'est-ce que je voyais ? un homme en train de jouer du violon tandis que sa fille l'accompagnait au piano. L'homme avait beau être un violoniste mondialement connu et sa fille une fillette adorable, je ne voyais pas trop comment je pourrais faire de cette scène quelque chose de sensationnel.

« Tu as bien compris, m'a répété David pour la dixième fois, il ne faut pas que le public roupille. Dès qu'il te verra apparaître, il faut qu'il ait un choc !

— Moi je veux bien. Mais comment est-ce que je dois m'y prendre ? Regarder un père et sa fille faire de la musique, c'est plutôt banal...

— On verra bien. Essayons. » C'est ce qu'on a

fait. « On recommence. » On a recommencé. Au bout de dix fois, il a regardé les rushes. « Je crois que ça peut être mieux. Allez, on recommence. Reprends, il va peut-être se passer quelque chose. » Je savais bien que Selznick était un perfectionniste, qu'il retouchait et retouchait le scénario, qu'il reprenait et reprenait la même scène, mais celle-là, nous l'avons recommencée si souvent que si je dis trente fois je ne crois pas que j'exagère. Le film était *fini* qu'il n'en était toujours pas satisfait. Mon dernier jour était arrivé. J'allais partir. Un train devait m'emmener de Los Angeles à New York, où je devais prendre le bateau. Déjà une voiture m'attendait pour m'amener à la gare. « Non, attends, m'a dit David. On recommence encore une fois.

— Tu sais que je dois encore passer chez moi pour chercher mes bagages ?

— On va s'en occuper. Allez ! Faites chercher les bagages de Miss Bergman. Envoyez une voiture ! Tu auras ton train, ne t'inquiète pas. »

J'ai quitté le studio encore toute maquillée et avec les vêtements que je portais pour cette fameuse scène. J'ai à peine eu le temps de crier « Adieu » à l'équipe, je me suis engouffrée dans la voiture, et je suis arrivée à la gare au moment où le train démarrait... C'était David Selznick tout craché.

***

Finalement, David Selznick obtint l'effet qu'il souhaitait, mais cela, grâce à un défaut technique qui, pour une fois, lui avait échappé. En janvier 1940, Graham Greene, alors critique de cinéma au *Spectator*, écrivait :

« Le film vaut surtout la peine d'être vu pour sa nouvelle vedette, Miss Ingrid Bergman, qui est aussi naturelle que son nom. Quelle vedette avant elle a fait son entrée avec *une tache de lumière brillant au bout de son nez* ? Ce reflet est caractéristique d'une interprétation qui ne donne pas du tout une impression de jeu, mais au contraire une impression de vie — sans maquillage. Avec ses inflexions soigneusement étudiées, Howard ne peut s'empêcher de sonner un peu faux face à la gauche vérité de cette jeune actrice, et je crains que nous ne regrettions ce premier film le jour où le « métier » aura fait d'elle ce qu'il a fait d'Anna Sten. »

Mr. Greene avait parfaitement raison dans son appréciation de la nouvelle vedette, mais il se trompait tout à fait en imaginant que le métier risquait de la gâcher. Elle n'a jamais changé, elle a toujours été *elle-même*. Aujourd'hui encore, le mot « métier » la fait bondir. Pour elle, jouer vient du cœur et obéit à des réflexes instinctifs : jouer, c'est croire à un personnage et le comprendre suffisamment en profondeur pour pouvoir s'identifier à lui.

Elle avait l'air si jeune que dans la plupart des bars on refusait de la servir. A vingt-trois ans, elle en paraissait seize. Mais elle avait un grand plaisir. Elle avait découvert les salons de glaces américains.

*
* *

En Suède, ce genre d'établissements n'existait pas, et la moitié des glaces qu'on vous y proposait étaient parfaitement inconnues. Les *banana splits*, les glaces recouvertes de chocolat chaud, je n'avais jamais vu ça. Alors, quand je les ai découvertes, j'ai complètement perdu la tête. Je ne pouvais plus m'arrêter d'en manger ! Mais je ne pouvais pas non plus en commander plus de deux dans le même drugstore : ça me gênait d'en demander une troisième. Alors je changeais, j'allais dans un autre drugstore et j'y mangeais deux nouvelles glaces. Je savais bien que ça me ferait grossir, mais je me disais : « Mieux vaut continuer. Si je continue, ça va me rendre malade, c'est le meilleur moyen de m'en dégoûter. Le problème, c'est que j'avais une trop bonne santé et que je n'étais jamais malade : je prenais du poids, c'est tout. Le plus drôle, c'est que quand je suis arrivée en Italie, où on fabrique peut-être les meilleures glaces du monde, je n'en ai plus mangé. Il faut dire que j'avais découvert les pâtes. Après une grosse assiette de spaghetti, de la viande ou du poisson, de la salade et un fruit, je n'avais plus de place pour la glace. J'ai eu peur aussi que toutes ces pâtes ne me fassent engraisser. Mais non. Peut-être à cause des soucis et de l'anxiété permanente où je vivais alors, je n'ai pas pris un gramme en Italie. Tout au contraire, je n'ai pas cessé de maigrir...

*
* *

Le 5 août 1939, à bord du « Super Chief », Ingrid écrivait à Ruth :

Le train m'emmène à une vitesse folle loin, toujours plus loin d'Hollywood. Je l'ai pris au tout dernier moment ; je n'ai même pas eu le temps de chercher ma voiture et il a fallu que je monte en marche. A la dernière seconde un petit garçon s'est précipité pour me remettre un cadeau de la part de Selznick. Après ça, je me suis assise, presque paralysée, regardant par la fenêtre, pensant à tout ce qui m'était arrivé, songeant au fait que j'étais bel et bien en train de rentrer chez moi. Quel séjour merveilleux j'ai fait à Hollywood ! Tant de gens si gentils. J'emporte leurs voix dans ma valise sur l'enregistreur que tu m'as donné. Oh ! Ruth, quel cadeau ! Je ne peux te dire à quel point je suis contente ! La nuit dernière, malgré toute ma fatigue, je n'ai pas beaucoup dormi. J'avais trop de choses à penser. Si tu retournes au studio, je t'en prie, salue tout le monde. Et merci encore pour ton amitié, pour les belles soirées que nous avons passées ensemble. Est-ce que mon suédois te paraît difficile à comprendre ? Je suis simplement paresseuse. Si tu m'envoies le moindre mot de désapprobation, je prendrai ma plus belle plume pour t'écrire en anglais une lettre sans faute.

Elle ignorait si elle reverrait Ruth, l'Amérique ou Hollywood. Mais elle avait beaucoup apprécié son séjour, et elle espérait bien qu'on lui demanderait de revenir, que David Selznick se souviendrait qu'il avait une option pour un second film. Son télégramme l'atteignit sur le *Queen Mary*, alors qu'elle se trouvait au milieu de l'Atlantique : « Chère Ingrid. Tu es une personne merveilleuse et tu as réchauffé nos vies à tous. Amuse-toi bien, mais reviens vite ! Ton patron. »

En plein Atlantique, elle écrivit dans son *Livre* à propos de David Selznick :

Je l'ai aimé dès la première minute, et mon admiration, mon affection pour lui n'ont pas cessé de croître. Il connaît bien son métier ; c'est un artiste, un obstiné, à qui le travail ne fait pas peur. Il nous est arrivé de travailler jusqu'à cinq heures du matin. Pour tous mes problèmes, je m'adressais à lui. Il quittait une réunion importante pour discuter avec moi d'une paire de chaussures. Des centaines de fois il m'a épargné les tracasseries du département de la publicité. Quand nous voyions les rushes ensemble et qu'il me disait ce qu'il en pensait, j'avais entière confiance en lui. Son jugement était très dur, mais juste. Travailler avec lui est souvent exténuant et très éprouvant pour les nerfs. Mais on sent que l'on a quelqu'un à côté de soi qui vous aide de sa compréhension, de ses encouragements et de sa sagesse, ce qui est sans prix. Quand je suis partie, il m'a demandé de signer une énorme photographie, et j'ai écrit : Pour David, je n'ai pas de mots. Ingrid. Ce qui est vrai.

* * *

J'avais été absente plus de trois mois. Petter était très content de me revoir. Mais je ne peux pas en dire autant de Pia. Elle m'a regardée et s'est mise à hurler. Elle ne voulait plus de sa mère. Heureusement, elle a fini par se réhabituer à moi. Nous avons repris notre mariage où nous l'avions laissé. Petter travaillait toujours aussi dur, et comme dentiste et comme étudiant en médecine, et moi j'ai retrouvé les Films suédois.

Juste avant que je parte pour Hollywood, nous avions déménagé dans une ravissante maison jaune au bord de la mer, non loin de Stockholm, mais avant que nous ayons le temps de nous y installer vraiment la guerre est arrivée, qui devait changer nos vies à tous. Je me souviens que j'étais en train de coudre les nouveaux rideaux du living lorsque j'ai entendu à la radio que l'Allemagne avait envahi la Pologne et que l'Angleterre et la France avaient déclaré la guerre à l'Allemagne.

Pour moi, le choc a été d'autant plus grand que j'étais souvent allée en Allemagne rendre visite à mes tantes et à mes grands-parents. Je savais que les nazis étaient mauvais, mais je n'imaginais pas qu'ils allaient nous entraîner dans une nouvelle guerre européenne. J'étais si contente de me retrouver chez moi, j'avais tellement hâte de commencer mon nouveau film suédois, *Une Nuit de juin*, que je n'avais pas vu la guerre arriver. En automne 1939, j'ai écrit à Ruth :

J'ai retrouvé ma vieille loge suédoise, où j'attends ma prochaine scène. Ça me paraît tellement facile de jouer dans ma langue que je crois rêver. Et pas de problèmes avec mes costumes : j'ai tout acheté moi-même et l'on a tout approuvé sans me faire faire un tas d'essais. Pas de problèmes de silhouette : je peux manger tout ce que je veux. Mais quand même, j'ai été très heureuse avec Selznick, très très heureuse. Et peut-être que je reviendrai bientôt. Je suis contente que le film soit un succès, comme je l'ai entendu dire et comme je l'ai lu et je tiens une fois encore à te remercier de ton aide, sans laquelle ce succès n'aurait certainement pas été possible. Mais j'ai peur du voyage qui m'attend en pleine guerre. Cette guerre atroce ! Ici, en Suède, nous n'avons guère à en souffrir, mais beaucoup de gens pensent que cette fois nous n'y échapperons pas. Voici les photos que je t'ai promises dans ma dernière lettre. J'espère qu'elles te plairont. J'ai déménagé dans une vieille maison désuète, mais c'est très charmant.

Avec toute mon affection et toute mon amitié.

INGRID.

Peu après avoir envoyé cette lettre à Ruth, j'ai reçu un télégramme de David Selznick. Il voulait que je parte immédiatement, que je prenne mon enfant et mon mari et que je m'en aille avant que ce ne soit plus possible. Il ignorait ce que je ferais, mais il voulait que je sois aux États-Unis, il voulait me savoir en sécurité. Ainsi, quatre mois seulement après mon retour en Suède, Petter a décidé qu'il me fallait repartir avec Pia. Il avait peur qu'il puisse nous arriver du mal. Lui-même n'avait pas l'intention de quitter la Suède. Il était en âge de servir, il était médecin, et d'ailleurs il avait déjà passé quelque temps dans l'armée. Il ne ferait rien pour essayer d'échapper à ses responsabilités, mais il tenait à ce que nous partions.

Évidemment, ce n'était pas facile. Tous les ports français et anglais étaient fermés à la navigation civile et n'importe quel bateau pouvait être coulé par un sous-marin. Finalement, Petter a décidé de nous accompagner jusqu'à Gênes. Nous emmenions une jeune Suédoise qui m'aiderait à m'occuper de Pia. Partout, le black-out était de règle. A Berlin, dans cette obscurité forcée, les gens rôdaient comme des fantômes et tout le monde avait peur.

Nous avons traversé l'Allemagne, l'Autriche, l'Italie du Nord, et nous sommes arrivés à Gênes. Les lignes italiennes continuaient à assurer la liaison avec New York. Nous avons passé là la nuit du 31 décembre 1939. Je pense que ça a été le plus triste de mes réveillons. Nous étions dans un hôtel. Pia avait un an. Elle dormait à l'étage avec la jeune Suédoise. Petter et moi nous étions dans la salle à manger, où l'on fêtait la Saint-Sylvestre.

Tout le monde dansait, tout le monde s'amusait, chacun sachant que la guerre était à la porte et faisant de son mieux pour oublier le danger. Et nous dansions, nous aussi, et nous aussi nous étions tristes tout en faisant semblant de nous amuser. Dehors, il n'y avait ni bombes ni black-out... mais nous savions. Et je pensais que le lendemain je m'en allais avec Pia et que peut-être je ne reverrais jamais Petter. Je partais avec son enfant, mais lui, il serait peut-être pris par la guerre et ne survivrait pas... C'était d'une tristesse affreuse.

Je me vois encore debout sur le pont du *Rex*, cet énorme paquebot italien. Il y a un épouvantable vacarme, les sirènes, une fanfare, des gens qui crient, qui applaudissent... et dans tout cela, quelque chose de si désespéré, comme si brusquement nos vies se déchiraient. Petter court sur le quai en agitant les bras. Tout en tenant Pia contre moi, je lui fais signe de la main. Il nous semble que nous ne nous reverrons jamais et mes larmes ruissellent sur la joue de Pia.

Et puis, sur le bateau, je reçois un autre télégramme de David Selznick : à mon arrivée à New York, il faudra que je dise à la presse que je vais jouer *Jeanne d'Arc*, c'est pourquoi je reviens, mon prochain film sera *Jeanne d'Arc*. Et je suis contente, contente. J'ai toujours désiré jouer *Jeanne d'Arc* ; je ne sais d'où cela me vient, mais aussi loin que je m'en souvienne j'ai désiré jouer Jeanne. Il y a une chapelle sur le bateau, j'y descends, je m'agenouille et je dis : « Merci, mon Dieu. Jeanne et moi, on fera de notre mieux. Pour toi, Jeanne, j'espère seulement réussir à comprendre quelle a été ta vie. » Enfin, je débarque à New York. L'attaché de presse de Selznick se précipite à ma rencontre, il me glisse à l'oreille :

« Ne parlez pas trop de *Jeanne d'Arc*, compris ?
— Comment ? Pourquoi ça ?
— Eh bien, parce qu'on ne le fait pas, en tout cas pas pour l'instant. Mais je vous expliquerai plus tard. Maintenant souriez, dites qu'un film se prépare, que vous retournez en Californie. »

* * *

Et Ingrid dé sourire : elle était de retour aux États-Unis, de retour à New York, et New York était une ville qu'elle aimait.

CHAPITRE VI

COMPRENANT d'instinct que la jeune Ingrid Bergman était une actrice hors du commun, la presse new-yorkaise salua chaleureusement son retour.

Dans le *New York Times*, Bosley Crowther écrivit : « Imaginez la fiancée bien lavée d'un Viking en train de manger des pêches à la crème dans de la porcelaine de Dresde le premier beau jour du printemps au sommet d'une falaise, et vous aurez une assez juste idée d'Ingrid Bergman. Elle est tranquillement descendue du bateau avec Pia (c'est le bébé) sous le bras, puis, pendant le déjeuner, elle m'a expliqué le plus naturellement du monde que, le lendemain étant le jour de congé de la nurse, elle devrait rester à l'hôtel pour s'occuper de l'enfant. La langue anglaise est un petit problème que Miss Bergman n'a pas encore tout à fait surmonté. A un certain moment, elle ne savait plus s'il fallait dire « eldest » ou « oldest ». Comme je lui expliquais que l'un et l'autre étaient corrects, avec un petit sourire désespéré elle m'a fait : « Mais pourquoi donc faut-il que vous ayez les deux ? »

*
* *

En Californie, on ne voulait pas de moi. Là-bas, il n'y avait rien pour moi, et David Selznick s'occupait de la guerre. On m'a donc conseillé de rester à New York. A New York, pendant deux ou trois mois, il y avait de quoi s'occuper. Je suis allée au théâtre. J'ai emmené Pia au zoo. Après quoi, Kay, qui savait que l'absence de travail me rendait folle, a reçu un coup de téléphone de Vinton Freedley, un producteur. Il avait un rôle qui pourrait me plaire dans une pièce appelée *Liliom*, dont Burgess Meredith serait la vedette. Sans préciser quel rôle il me réservait, il a envoyé le manuscrit. A l'époque, je n'avais pas une grande expérience de la scène : j'avais joué quinze jours durant à la Comédie de Stockholm, ce qui m'avait valu d'assez bonnes critiques, et en 1937, avec un groupe de camarades suédois, nous avions loué le théâtre Oscars pour monter une comédie du dramaturge hongrois Bus-Fekete. Là, nous avons rempli la salle pendant deux mois. Mais je n'avais jamais joué sur scène en anglais et j'ai demandé à Kay : « Qu'est-ce que tu en penses ? » Elle m'a répondu : « On va te trouver un professeur. On a le temps. Ça ne va pas se faire d'un jour à l'autre. »

J'ai donc lu la pièce en me fixant sur le second rôle, celui de Marie, une bonne grosse fille toujours en train de rire — l'amie de Julie, la maîtresse de Liliom. Ça m'étonnait tout de même un peu, aussi j'ai retéléphoné à Vinton Freedley : « Je crois que vous vous trompez. Je ne suis pas assez drôle. Et puis je ne suis pas encore tout à fait assez grosse non plus... Je ne suis pas le type...

— Grosse ? Drôle ? Mais de quoi parlez-vous ? Julie n'est ni grosse ni drôle ! »

J'ai failli laisser tomber le récepteur : « Julie ! Vous voulez que je joue le premier rôle... avec tout ce texte ?

— Mais bien sûr...

— Alors il va falloir me renvoyer le texte. Je n'avais pas pensé à ce rôle-là en lisant la pièce. Mais vous savez, mon anglais est plutôt misérable...

118

— Vous n'avez qu'à l'améliorer. Trouvez-vous un professeur. »

J'ai accepté. Et j'ai pris un nouveau professeur, Miss Rooney, parce que Ruth Roberts ne pouvait pas s'occuper de moi, elle était retenue en Californie.

*
* *

A Ruth Roberts, elle écrivit :

Ici, il se passe de grandes choses. Ne trouves-tu pas que *Liliom* est trop beau pour être vrai ? Kay est merveilleuse. Hier, au téléphone, le pauvre David n'a rien pu faire ; nous étions trop fortes pour lui, il a dû dire oui. Tout est donc arrangé, je vais le faire ! Je suis si heureuse, Ruth. J'adore la pièce, et je suis ravie de retrouver la scène. Bien sûr, j'ai un peu peur, mais dans ma joie, j'ai tendance à l'oublier. Je n'oublie pas Jeanne pour autant, mais évidemment, pour l'instant, c'est Julie qui m'occupe. J'espère que David va s'y attaquer immédiatement et qu'il renoncera à faire un autre film avant.

La première aura lieu le 24 mars. A moins que le public ne boude, nous jouerons six à huit semaines, de sorte que je ne serai pas de retour à Hollywood avant la fin du mois de mai.

*
* *

Jock Whitney et Kay s'inquiétaient tous deux de ma voix. Un jour, ils sont donc venus au théâtre un peu à l'avance, ils se sont installés au dernier balcon et ils m'ont dit : « Vas-y, envoie ton texte ! » Ce que j'ai fait. Au bout d'un moment, ils m'ont interrompue : « Ça va, on te comprend parfaitement... c'est très bon. »

Là-dessus, Vinton Freedley est arrivé. Un peu surpris, il a demandé : « Mais qu'est-ce que vous êtes en train de faire ? »

J'ai expliqué : « C'est parce que j'ai tellement peu

d'expérience... deux mois de scène, ce n'est pas beaucoup...

— Qu'est-ce que vous me racontez là ? Vous avez fait *Marie, reine d'Écosse,* vous avez fait *Jeunes filles en uniforme,* vous avez fait...

— Mais ce n'est pas moi, c'est Signe Hasso ! »

Je comprenais très bien qu'il ait pu se tromper. Signe était arrivée aux États-Unis environ six mois avant moi, on avait fait autour d'elle un tas de publicité, elle avait joué plusieurs pièces en Suède. Mais le fait est qu'il s'était trompé. Après un interminable silence, il a soupiré : « Seigneur ! j'ai pris la mauvaise fille... » Sur quoi, furieux, il s'est tourné vers Kay comme si c'était elle la fautive. Kay s'est défendue : « Comment voulez-vous que nous sachions ? Vous avez bien demandé Ingrid, non ? Actuellement Signe travaille en Californie, et vous avez demandé Ingrid, alors...

— Mon Dieu ! répétait Vinton. Mon Dieu ! Et maintenant, c'est trop tard pour changer ! »

Ma grande première new-yorkaise approchait, et voilà que j'apprenais soudain qu'en plus de mes problèmes d'anglais j'étais « la mauvaise fille ». Comme début, j'avais rêvé mieux !

*
* *

Liliom était une fantaisie écrite en 1908 par le dramaturge hongrois Ferenc Molnár. On la montait alors pour la cinquième fois. Reprise plus tard dans *Carrousel*, une comédie musicale, l'histoire racontait les amours d'un séducteur de foire poursuivi par toutes les filles, et de Julie, une simple serveuse.

*
* *

A ce moment-là, comme si la situation n'était pas encore assez compliquée, Ferenc Molnár débarque. Il avait alors plus de soixante-dix ans. Il avait

120

assisté à presque toutes les reprises de sa pièce et je ne crois pas qu'il ait été particulièrement ravi de voir ni Ingrid Bergman ni Burgess Meredith dans les rôles de Liliom et de Julie. Il me regarde longuement, constate que je suis beaucoup plus grande que Burgess, puis il regarde longuement Burgess et demande : « C'est lui qui va jouer Liliom ? » C'est lui, en effet. Alors il se tourne vers moi et suggère : « Pourquoi est-ce que ce ne serait pas plutôt vous ? »

C'était gentil !

Pourtant, cette question de tailles avait été réglée assez facilement. À chaque fois que Burgess s'approchait de moi, je m'asseyais ou il se baissait... C'est le genre de chose que l'on fait dans les films lorsqu'il y a un problème de taille : on se couche, on s'assied, on se penche sur quelque chose.

Une heure environ avant le lever du rideau, j'entends de la musique dans la loge de Burgess Meredith. Je me précipite pour voir ce qui se passe et je le trouve assis dans un fauteuil, la tête entre les mains, entouré de violonistes tziganes qui s'acharnent à qui mieux mieux sur leurs instruments afin de lui donner l'inspiration.

L'heure est venue où il va me falloir affronter le public — mon premier public américain de théâtre. Vinton Freedley n'est plus très sûr de tenir un succès. Moi encore moins. Dès le départ, je savais que pour moi la langue serait un problème. Jouer dans sa langue est une chose — on se rend tout de suite compte des erreurs qu'on fait, on s'arrange pour les rattraper. Mais là, je pouvais faire une faute énorme sans même m'en apercevoir.

Et puis, bien sûr, il y avait le trac. Jouer devant les caméras, c'est différent, il n'y a pas de problème, mais tous ces spectateurs massés au parterre, dans les loges, aux balcons, ça me pétrifie. Est-ce que seulement ma bouche va s'ouvrir, serai-je seulement capable d'articuler un mot ?

Le rideau se lève. Je suis en scène. Ma bouche

s'ouvre et les premiers mots sortent. Tous les espoirs sont permis.

*
* *

Plus tard, elle a réfléchi au calme relatif qu'elle a toujours su conserver même dans les moments les plus difficiles. Le trac, elle connaissait, elle savait que ce n'était rien de plus que le trac et qu'une fois dans l'action toute sa confiance lui reviendrait. Elle pouvait rater une réplique, bouler son texte (en début de spectacle, ça lui est souvent arrivé), elle savait que le public comprendrait, l'excuserait, et que, quoi qu'il arrive, elle ne se laisserait pas désarçonner. Elle a toujours eu bien ancrée en elle la volonté d'être non pas seulement une bonne *actrice*, une actrice *à la hauteur*, mais une *grande* actrice. Elle atteindrait au pinacle ou mourrait dans son effort pour y parvenir. En tout cas, la médiocrité n'était pas pour elle.

Si le travail pouvait lui permettre d'atteindre ce but, elle était toute prête à travailler vingt-quatre heures par jour et trois cent soixante-cinq jours par an. Aussi peu sûre qu'elle fût dans la vie réelle, une fois sur scène ou devant une caméra, lorsqu'il s'agissait d'imiter la vie, elle était détendue, confiante et résolue.

Première bonne nouvelle, sitôt le rideau tombé ils apprirent que Ferenc Molnár était absolument ravi de l'interprétation de Miss Bergman. Par la suite, la plupart des critiques se montrèrent élogieux. Walter Winchell notait dans sa chronique : « Le *Liliom* de Burgess Meredith est splendide », et, à propos d'Ingrid : « Son aplomb, sa retenue et son magnétisme vont droit au cœur du spectateur. » Pour le *Daily News*, Ingrid était « la plus chaleureuse et la plus convaincue des Julie, le type même de la paysanne ». Enfin un autre critique écrivait :

« Mr. Meredith et Miss Bergman s'entendent à merveille à faire pleurer le spectateur. Dans le deuxième acte, ils nous procurent l'un des plus beaux moments que le théâtre de ce siècle ait donnés au théâtre. »

*
* *

Burgess Meredith était charmant, ouvert et chaleureux. A Hollywood, Irene m'avait avertie : « Si un homme est gentil avec toi, c'est parce qu'il attend quelque chose... Ne crois pas qu'il t'emmène dîner pour le seul plaisir de ta compagnie ! On n'obtient rien pour rien, même pas un dîner... » Mais Burgess ne me *poursuivait* pas, il *s'occupait* de moi, c'est tout. Bien sûr, il était un peu amoureux — j'espérais bien qu'il l'était — et il me chantait une chanson : « Si après tant de gin je n'ai pas tes faveurs, alors adieu, ma fille, tu n'auras pas mon cœur. » Mais ça s'arrêtait là.

Burgess était gentil avec tout le monde. Il n'avait que des copains. C'est lui qui m'a fait aimer et comprendre vraiment le caractère des Américains, c'est lui qui m'a montré leur extraordinaire gentillesse, et comme ils sont les premiers à savoir se moquer d'eux-mêmes. Les Suédois, les Français et les Italiens n'aiment pas du tout ça. Les Américains, eux, ne rient jamais d'aussi bon cœur que lorsqu'une plaisanterie est dirigée contre eux. Et puis le succès ne les rend pas méchants ; ils sont ravis que vous en ayez. Ils sont très différents des Suédois, qui vous en veulent de votre réussite, de l'argent que vous gagnez, du rôle que vous avez obtenu et qui est plus important que le leur. Aux États-Unis, le succès n'est pas une chose dont il faille avoir honte. On peut en être fier parce que les gens en sont fiers pour vous. Cette façon de rire, cette absence totale d'envie, je les rencontrais pour la première fois, et je serai toujours reconnaissante à Burgess Meredith de me les avoir fait découvrir.

* *
*

A la même époque, elle écrivit à Ruth :

Je suis ravie que tu puisses enfin te reposer. Ce serait le paradis si le mois prochain nous pouvions commencer un film ensemble. Mais non. Rien ne se passe, David et Kay sont toujours en train de chercher, et maintenant ça m'est égal parce que, d'aujourd'hui en huit, Petter quitte la Suède pour aller prendre le *Washington* en Italie, d'où il appareillera le 1er juin. J'ai de la peine à croire qu'il sera bientôt là, auprès de sa femme et de son enfant. Pourvu que l'Italie n'entre pas en guerre et qu'il n'arrive rien d'ici là ! Au téléphone, il s'est montré très optimiste. Notre pièce s'est terminée samedi dernier, et j'en étais bien triste. C'est toujours affreux, la fin de quelque chose. Tu te souviens d'*Intermezzo* ? J'ai pleuré. J'ai d'abord pensé venir tout de suite te rejoindre, laisser Pia et la nurse au Jardin d'Allah dans un très joli bungalow, puis rentrer à New York pour l'arrivée de Petter. Mais j'ai réfléchi que ce serait trop cher. Alors je vais partir avec elles à la campagne et j'attendrai Petter là-bas. Je vais dépenser l'argent que j'économise maintenant, en prenant une somptueuse chambre au 34e étage au-dessus de Central Park. Je veux voir la tête qu'il fera quand il contemplera de là-haut cette ville merveilleuse, cette ville de huit millions d'habitants, cette ville dont je ne me lasse pas...

* *
*

Mais ça n'a pas marché du tout comme je l'entendais. Je suis allée chercher Petter à l'aéroport, je l'ai ramené à l'hôtel et il n'a pas apprécié de se trouver si haut dans le ciel et d'avoir à se pencher pour regarder. Il m'a dit : « C'est fou ce que tout est sale à New York »... et c'est vrai, bien sûr, New York est plutôt sale. Il s'est déchaussé, il a fait quelques pas dans la chambre, et puis il s'est exclamé : « Non mais tu as vu mes chaussettes ? Même les tapis sont dégueulasses ! » Et moi, je n'arrêtais pas de lui répéter : « Regarde plutôt par la fenêtre ! Regarde cette ville, c'est la ville la plus passionnante du monde ! » Mais Petter ne l'a jamais aimée. Bientôt, il a dû retourner en Suède pour régler ses affaires de façon à pouvoir venir nous rejoindre aux États-Unis. Dans l'ensemble, c'était plutôt raté.

* *
*

Le 20 août 1940, de Windmill Cottage, à Amagansett, elle écrivit à Ruth :

Je me sens très seule depuis que Petter est parti, et Long Island m'ennuie infiniment. J'ai décidé de retourner à New York dès la semaine prochaine. Si d'ici le 15 septembre je n'ai toujours pas décroché le rôle, je n'hésite pas, je viens te retrouver. Actuellement, je suis encore en pourparlers. Dan O'Shea, le représentant de David Selznick à New York, prétend qu'il peut m'avoir bientôt un autre film, mais je n'y crois plus et je n'ai aucune envie d'avoir une nouvelle déception. Est-ce que par hasard tu as lu dans le journal que si je ne faisais rien c'est parce que je m'étais brouillée avec David Selznick et qu'il avait donné le rôle de Jeanne d'Arc à Joan Fontaine ? Nerveuse comme je le suis ces temps-ci, cette petite surprise n'a pas amélioré mon humeur. Pour autant que je le sache, ce n'est pas vrai, mais par les temps qui courent on n'est plus sûr de rien.

Le 2 septembre, de l'hôtel Volney, à New York, elle écrivait encore :

Après avoir vécu tout l'été au milieu des valises, nous sommes enfin de retour, Dieu merci. Je me sens si contente d'avoir toutes mes affaires déballées, bien rangées dans des placards propres. Maintenant, je vais essayer de trouver une école pour polir mon anglais et prendre un peu d'exercice pour perdre les deux ou trois kilos que j'ai en trop. C'est le désespoir qui me fait

125

grossir. (Je grossis parce que j'ai pitié de moi et que je me dis : la pauvre, on va lui donner une petite glace pour la consoler.) Et peut-être que bientôt je serai de nouveau convenable et que je pourrai recommencer à sortir.

Kay dit que David ne fera pas *Jeanne* avant longtemps. Il a repoussé toutes ses suggestions. Mon Dieu, si seulement je pouvais m'occuper de Jeanne plutôt que de tromper honteusement mon oisiveté en mangeant des glaces ! Ne crois pas que ce soit seulement la scène qui me manque. Je ferais tout aussi volontiers un film. Je suis une des rares actrices qui pensent vraiment que le cinéma est une chose fantastique (et je t'assure, je ne pense pas à l'argent). Un bon rôle à l'écran, à mon avis, c'est tout aussi valable. Mais jouer, de grâce, jouer !

*
* *

Je suis allée à Hollywood avec Pia tandis que la nurse suédoise faisait ses malles pour rentrer en Suède. Aussitôt que je suis arrivée là-bas, je me suis rendu compte que David et le studio avaient complètement changé d'avis à propos de *Jeanne d'Arc*. « Il n'y a pas la moindre histoire d'amour là-dedans et puis, maintenant que les Anglais se sont alliés aux Français pour lutter contre les nazis, ça leur ferait une mauvaise propagande. En plus, toute l'histoire est terriblement ennuyeuse... »

Mais maintenant que j'étais à Hollywood, il fallait que David fasse quelque chose pour moi. Au besoin, j'étais prête à camper devant sa porte. Il a fini par me prêter à Columbia, avec qui j'allais faire un nouveau film sous la direction de Gregory Ratoff. L'histoire est tirée d'un roman dont le titre est *Héritage* et le film s'appelle *La Famille Stoddard*. Mon rôle est celui d'une jeune gouvernante qui vient s'occuper des enfants de Warner Baxter. Sa femme meurt peu de temps après, le krach de 1907 le ruine et l'on me renvoie en France. Dix ans plus tard, alors que la première guerre s'achève, Adam a refait fortune et m'envoie chercher. Ses fils reviennent de la guerre, il finit par se rendre compte qu'il est amoureux de moi, et tout se termine pour le mieux.

Dans mon *Livre*, j'écrivais :

Octobre-décembre 1940. Même si la pomme n'était pas excellente, j'ai eu quelque chose à me mettre sous la dent. Nous avions un scénario sur lequel travailler, mais les dialogues étaient écrits au jour le jour et personne n'avait la moindre idée de la façon dont le film allait se terminer. Ruth Roberts m'a énormément aidée, de même que ma grande affection pour ce fou de Gregory Ratoff, et tout cela m'a laissé un très agréable souvenir.

A vrai dire, le film n'était pas très bon. Mais comme l'histoire avait un sens, comme le personnage était un être humain, j'étais prête à essayer. J'aurais refusé si le personnage avait été artificiel. Ces personnages-là, rien ne peut les rendre crédibles aux yeux des spectateurs.

* * *

Les critiques ont aimé ce qu'elle avait fait de son rôle. « Par je ne sais quel miracle, écrivit Mary Ellen Leary dans le *San Francisco News*, on croit à son personnage. »

Pour Kay Brown, « quiconque était capable de s'en tirer avec un navet comme *La Famille Stoddard* pouvait s'attendre à un brillant avenir. »

Un aspect du film au moins enchanta Ingrid. « C'est excellent, s'exclama-t-elle en voyant les premiers rushes. Quand je parle, je me comprends moi-même. »

Elle termina *La Famille Stoddard* à trois heures du matin, et, sept heures plus tard, elle commença le tournage de *La Proie du mort* avec Robert Montgomery et George Sanders. Manifestement, David avait compris : s'il voulait lui plaire, il fallait qu'il lui trouve du travail. C'est ainsi qu'il avait encore accepté de la prêter, cette fois à la Metro-Goldwyn-Mayer.

Cependant, ce n'était pas seulement du travail qu'il lui avait trouvé, c'étaient également des ennuis.

* * *

Robert Montgomery est venu me trouver dans ma loge le premier jour. Quelque temps auparavant, il avait eu beaucoup de succès dans *La Force des ténèbres*, où il jouait le rôle d'un psychopathe. Maintenant, la Metro exploitait ce succès en lui donnant un rôle du même genre. Mais Bob ne l'entendait pas de cette oreille-là. Il était très gentil, mais il était décidé à ne pas jouer. Moi, je ne comprenais pas très bien ce qu'il voulait dire. Comment ça, ne pas jouer ?

« Je suis désolé de vous faire ça à vous, mais ce film, je ne l'ai pas choisi, je suis forcé de le tourner. Alors, je me contenterai de dire le texte, sans jouer.

— Mais comment est-ce que ça va marcher ?

— Ça, je n'en sais rien, et ça m'est bien égal. Je ne ferai pas ce qu'on me demande ; j'écouterai, mais je n'en tiendrai pas compte. Je dirai le texte, bla-bla-bla-bla-bla, c'est tout. »

Ensuite, il m'a expliqué. Comme la plupart des acteurs de l'époque il avait signé un contrat de sept ans. Il était payé au mois, et l'on exigeait de lui qu'il tourne tant de films de tel et tel genres. C'était un splendide comédien et un acteur très en vogue ; à peine avait-il terminé un film qu'il devait en recommencer un autre. Ce système de tournages à la chaîne l'épuisait. Il avait essayé de protester : « Plus de films, plus de films... je suis mort. Je n'en peux tout simplement plus. Je veux être avec ma famille. Je veux prendre un mois de vacances, aller quelque part avec les enfants. » En vain. On lui avait dit : « Rien à faire. » Alors voilà, il lui fallait tourner *La Proie du mort*. « Si je refuse, je ne serai plus payé. Et j'ai une femme, des enfants, une grande maison, une piscine, j'ai besoin d'argent... ».

Tout cela, il l'a raconté aussi à George Sanders, qui a hoché la tête d'un air entendu, mais qui, je crois, n'a pas compris mieux que moi. Jusqu'au moment où le tournage a commencé. Là, nous avons compris. Le metteur en scène expliquait à Bob ce qu'il attendait de lui et Bob regardait en l'air comme s'il n'entendait pas un traître mot. Après quoi, le metteur en scène demandait : « Alors, Bob, tu as compris ce que j'ai dit ? » Et Bob répondait : « On la tourne cette scène, oui ou non ? Allez, qu'on en finisse ! » Et il enchaînait avec son bla-bla-bla-bla-bla, sans bouger, sans la moindre inflexion, toujours à la même vitesse, toujours à la même place.

Le premier metteur en scène a tenu quinze jours, après quoi il a fallu le remplacer. Mais Robert Montgomery a continué son même stratagème, et le deuxième aussi est parti. C'est alors que nous avons eu droit à Mr. W.S. Van Dyke II...

* *
*

W.S. Van Dyke II (Woody, pour les intimes) était un vieux de la vieille. Avec lui pas de caprices, pas d'histoires, pas question de discuter : il fallait que le film se fasse, et que ça saute ! Selon Ingrid, lorsqu'il est arrivé sur le plateau de la Metro en culotte de golf, l'œil dur, le cheveu gris coupé en brosse, il ne lui manquait qu'un fouet et un revolver.

* *
*

Il avait la réputation d'être très dur. Il était du genre militaire, à se promener partout d'un air important et prêt à crier à la moindre occasion. C'était très pénible, je le trouvais insupportable. Pour Bob, qui continuait à ne pas jouer, ça ne changeait pas grand-chose, mais moi, je m'efforçais vraiment de faire de mon mieux. Bob était censé être un maniaque dépressif échappé d'un asile d'aliénés ; aussi, pour lui, c'était sans doute plus facile. Quant à George Sanders, il en avait tellement marre qu'il passait son temps à dormir. Il sortait de sa loge en bâillant, faisait son petit numéro et retournait dormir. Il s'en fichait complètement. Pour lui, ce ne serait qu'un mauvais film de plus.

Dans ces circonstances, je ne pouvais trouver aucun plaisir à mon travail — je sentais trop bien que pour tous les autres il ne s'agissait que de mettre ce film en boîte aussi rapidement que possible. Je trouvais ça horrible. Je suis donc allée trouver David Selznick et je lui ai dit : « Tu m'as toujours promis de m'aider si j'avais des problèmes. Alors je t'en prie, demande-leur de changer de metteur en scène ou bien essaie de me faire remplacer. Je ne peux pas travailler avec ce type. Il ne devrait pas diriger des acteurs, il devrait commander des soldats. Ce n'est pas possible, il ne sait pas ce que c'est que des sentiments, il ne sait pas ce que c'est que des êtres humains...

— Ce n'est pas chez moi, a répondu David, je ne peux pas vraiment m'en mêler. Van Dyke a un grand nom, il a une grande expérience. Et puis ce n'est qu'un film, après tout ; dans deux semaines ce sera terminé, tu auras fini. Ça se passera mieux la prochaine fois, j'ai plein d'idées pour toi, tu verras. »

Je savais que David m'avait louée, je savais que ça lui avait rapporté passablement d'argent, et je ne voulais pas lui occasionner des ennuis — de ma vie, je n'ai jamais abandonné un film, et je ne pense pas que je le ferai jamais — mais il y a une chose que je pouvais faire, c'est dire au metteur en scène ce que je pensais de lui. Ainsi, dès qu'il est revenu dans ma loge, je lui ai dit : « Pourquoi est-ce que vous n'êtes pas dans l'armée ? A la façon dont vous vous comportez, on voit tout de suite que c'est l'endroit qui vous conviendrait. Les sentiments des gens, vous ne savez pas ce que c'est. Diriger une femme, vous en êtes manifestement incapable. Tout ce qui vous importe, c'est de terminer le film, mais pour ce qui est du résultat, je n'ai vraiment pas l'impression que ça vous intéresse. Vous ne nous donnez pas la possibilité de jouer, vous ne nous donnez aucun conseil. Achetez-vous des patins à roulettes et tout sera plus vite fini. »

Il n'en revenait pas, il en était comme deux ronds de flan. « Si vous croyez que vous allez continuer à parler sur ce ton à votre directeur, je vous avertis tout de suite, on va vous renvoyer !

— Ce serait formidable ! C'est justement ce que j'espérais quand je suis allée trouver Mr. Selznick, mais il n'a pas voulu me retirer du film. Alors, si vous étiez assez gentil pour me congédier, ça m'arrangerait. »

Il est sorti sans rien répondre, et un peu plus tard il est revenu dans ma loge. « Je suis vraiment si pénible, si brusque, si déplaisant ?

— Oui ! Je n'ai jamais travaillé avec personne d'aussi désagréable.

— Ah ! bon... Eh bien d'accord, je ne sais pas comment je vais m'y prendre, mais je vais essayer de changer. Vous savez que vous êtes très bonne dans ce rôle.

— Tout ce que je sais, c'est que je fais de mon mieux et que je suis très malheureuse. »

Fin de l'entretien, et bientôt fin du tournage. Le film est monté, distribué, et Bob Montgomery obtient les critiques les plus élogieuses pour l'extrême originalité de sa performance. C'était un comédien plutôt léger, la coqueluche de Hollywood, et tout le monde l'adorait. Avec cette interprétation absolument plate d'un psychopathe, il sortait de son personnage. Les gens ont trouvé ça génial, ils ne l'en auraient pas cru capable. Ainsi, tout se terminait bien. Du moins pour lui.

*
* *

Les critiques ne trouvèrent rien de bon à dire ni sur l'intrigue ni sur la mise en scène. Dans le *Herald Tribune*, Howard Barnes ouvrait sa rubrique en ces termes : « *La Proie du mort* présente tous les aspects désagréables d'une histoire de fou sans aucune émotion dramatique ; cependant, Ingrid Bergman réussit à elle seule à créer quelque chose qui ressemble à un climat de terreur. Il serait impardonnable que notre industrie cinématographique persiste à ignorer son grand talent. »

De son côté, la chroniqueuse hollywoodienne Louella Parsons écrivait : « Ingrid Bergman est une comédienne accomplie. Je me demande pourquoi la Metro-Goldwyn-Mayer se soucie encore des caprices de Garbo quand elle dispose d'une actrice suédoise de son talent et de son intelligence. » Ce que Louella Parsons n'avait pas compris, c'est qu'Ingrid jugeait Garbo incomparable et qu'elle n'avait ni l'intention ni l'ambition de la supplanter ou même de rivaliser avec elle.

*
* *

Sa beauté était incomparable, et je trouve que toutes ses interprétations ont été absolument prodigieuses. Mais Garbo ne souhaitait pas me rencontrer. Peut-être voyait-elle en moi une rivale. Quand je suis arrivée à Hollywood, Petter m'a conseillé de lui envoyer des fleurs, ce que j'ai fait.

Elle a répondu par un télégramme disant qu'elle serait ravie de me voir lorsque je serais libre, et demandant mon numéro de téléphone.

Mon séjour devait durer trois mois. J'avais envoyé les fleurs la semaine même de mon arrivée, mais le télégramme m'est parvenu quelques jours seulement avant mon départ.

Peu de temps après, j'en ai parlé à George Cukor, sachant que Greta et lui étaient de grands amis. Je lui ai dit combien j'étais triste que nous ne nous soyons jamais rencontrées, que son télégramme m'avait fait très plaisir mais que je l'avais reçu au moment de partir. George s'est mis à rire : « Évidemment, si elle n'avait pas été certaine que tu t'en allais, jamais elle ne t'aurait télégraphié. »

Ensuite, j'ai eu souvent l'occasion de la *voir* lorsque je suis arrivée à la Metro pour tourner *La Famille Stoddard*. J'avais alors droit au statut de vedette — les vedettes étaient les acteurs dont le nom apparaissait avant le titre du film ! — mais, toutes les loges des vedettes étant occupées, on avait installé la mienne dans le bâtiment d'à côté. Bien entendu, la loge de Greta se trouvait dans l'autre. Dehors, deux limousines noires attendaient : l'une pour emmener Greta sur son lieu de tournage (qui se trouvait parfois à plus d'un kilomètre) et l'autre pour moi. Tout de suite j'ai dit : « Moi, je n'ai pas besoin de voiture, j'adore marcher. » Et je pensais : quand il n'y a que quelques mètres à parcourir, c'est vraiment grotesque de les faire en voiture. Mais Ruth est intervenue : « Je t'en prie, si tu marches, le chauffeur va perdre son boulot ; comme il a une famille à nourrir, ce ne serait pas très gentil ! » J'ai donc laissé tomber.

Le premier matin, Garbo et moi étant toutes deux suédoises et parfaitement ponctuelles, nous sortons de nos loges à neuf heures pile pour aller rejoindre nos voitures qui se trouvaient pratiquement garées l'une à côté de l'autre. Mais elle ne me prête pas la moindre attention, aussi je me dis : « Mieux vaut ne pas la saluer, ça pourrait la gêner. » Et je rengaine mon sourire. Par la suite, pour éviter que l'incident ne se reproduise, j'ai pris l'habitude d'attendre à la fenêtre et de ne sortir qu'après avoir vu sa voiture démarrer.

Plus tard, nous avons *failli* nous rencontrer grâce à Einar Nerman, le dessinateur suédois que je connaissais depuis des années. Il connaissait Garbo depuis longtemps aussi, et, comme il se trouvait à Hollywood, il avait décidé d'organiser un déjeuner qui nous réunirait. Mais, peu de temps après m'en avoir parlé, il m'a annoncé tristement que Garbo n'était pas encore prête à me rencontrer. Ça m'a un peu surprise... elle n'était pas prête à me rencontrer, je ne comprenais pas très bien ce que cela voulait dire. Puis, un jour que j'étais chez Einar, il m'a dit : « Ne t'en va pas maintenant. Greta va arriver, il faut que tu la rencontres. Vous vous ressemblez tellement, je suis sûr que vous vous plairez beaucoup. » Mais j'ai répondu : « Non, Einar, ce n'est pas possible. Je sais qu'elle ne veut pas me voir. Elle n'apprécierait pas du tout. » Et je suis partie.

Et puis, bien des années plus tard, à La Barbade, lors d'un grand déjeuner auquel je participais avec Lars Schmidt, mon mari, je vois arriver un groupe de gens au milieu desquels se trouvait Greta Garbo. Cette fois-ci, comment les choses allaient-elles se passer ? Réussirions-nous à rompre la glace ? Je suis descendue au jardin, où je me suis perdue parmi les invités.

Lars et d'autres amis suédois bavardaient avec elle, et elle devait avoir demandé si j'étais là, moi aussi, car j'ai vu qu'elle regardait dans ma direction. Bientôt elle est sortie dans le jardin et elle est venue s'asseoir à côté de moi. J'étais si nerveuse que je ne savais que dire. Mais c'est elle qui a entamé la conversation. « Si j'ai bien compris, vous êtes tombée amoureuse de La Barbade et vous avez l'intention d'y acheter un bout de terrain ? » Et j'ai répondu : « C'est vrai, nous avons découvert une plage merveilleuse pas très loin d'ici et nous projetons d'y construire une petite maison.

— A votre place, je ne le ferais pas. Ici, on vole tout.

« — Mais ce sera une maison toute simple, sans aucun objet de valeur. On y passera deux mois par année et le reste du temps on pourra la louer.

— Mais on vous volera vos habits.

— Mes habits ? A La Barbade, tout ce que j'emporte, c'est un costume de bain, un short et un pantalon. Si quelqu'un en a envie, il peut bien les emporter. »

Elle n'a rien dit. Au bout d'un moment elle s'est levée, et ça a été la fin de la conversation — et de nos rencontres. Peut-être cela explique-t-il son attitude vis-à-vis de la vie. Elle a peur, peur qu'on la vole, peur qu'on lui prenne tout.

Avec le recul, notre première rencontre à la Metro m'apparaît comme quelque chose de très triste. J'étais alors au tout début de ma carrière, et elle, sans le savoir, elle terminait la sienne — cette coïncidence m'a toujours frappée. Elle tournait *La Femme aux deux visages (Two-Faced Woman)*. Le film n'a pas marché et elle en a été tellement affectée que jamais plus elle n'en a fait d'autre. Ça me paraît inconcevable. C'était la femme la plus belle, la plus douée qu'on puisse imaginer, elle avait trente-cinq ans, et du jour au lendemain elle a arrêté de travailler. Comment a-t-elle pu, durant toutes ces années, se lever chaque matin avec la perspective d'une journée sans but ? Quand on a des enfants, des petits-enfants, c'est différent, bien sûr. Mais quand on est seule...

* * *

Après avoir répété sur tout les tons que seul le meilleur était bon pour Ingrid Bergman, peut-être David Selznick comprit-il que le moment était venu de s'occuper d'elle. En tout cas, il fit des projets et finit par lui annoncer qu'elle allait tourner avec Spencer Tracy, l'un de ses acteurs préférés, un remake du célèbre roman de Robert Louis Stevenson, *Dr. Jekyll et Mr. Hyde*.

Mais ce n'était pas la seule bonne nouvelle. Aussitôt le film terminé, Selznick avait l'intention de monter *Anna Christie*, d'Eugene O'Neill, dans son nouveau théâtre d'été de Santa Barbara, et bien sûr il avait prévu de confier à Ingrid le rôle principal. Enfin, *Life Magazine* publia un article où, parmi les acteurs et actrices qu'Ernest Hemingway souhaitait personnellement voir jouer dans le film qu'on allait tirer de son best-seller sur la guerre d'Espagne, *Pour qui sonne le glas*, on annonçait que pour le rôle de Maria, la jeune fille violée par les fascistes qui trouve refuge dans les montagnes auprès d'une bande de guérilleros, il avait fixé son choix sur Ingrid Bergman. Il l'avait vue il y avait longtemps déjà dans *Intermezzo* et la jugeait parfaite pour le rôle.

Ingrid était confondue. Elle était ravie de tourner *Dr. Jekyll et Mr. Hyde*, l'idée de monter *Anna Christie* l'enchantait, mais cela ! Elle ne pouvait croire à sa chance. Elle n'avait jamais considéré que le rôle pouvait être pour elle. Maria était espagnole, elle lui voyait le type latin, elle l'imaginait brune. Mais si l'auteur lui-même la jugeait possible, elle n'avait rien à dire, elle était folle de joie, elle ne demandait qu'une chose : commencer le plus vite possible !

Le téléphone de David Selznick sonnait avec une insistance toute suédoise. « Mais oui, Ingrid, j'ai lu l'article. Tu es idéale pour le rôle, oui. Mais c'est Paramount qui va décider. Oui, bien sûr, j'ai une certaine influence auprès d'eux. Bien sûr, je vais les appeler... Mais il y a d'abord *Dr. Jekyll* et puis *Anna Christie*, n'oublie pas... D'accord, je te promets que je ferai l'impossible. Oui, le fait que Hemingway t'ait personnellement choisie est *très* important. Mais oui, tu auras le rôle. Si je peux faire quoi que ce soit, je te promets que tu l'auras. Maintenant, fiche-moi la paix et occupe-toi de *Dr. Jekyll*. C'est un très joli rôle... »

Pour le film, Selznick avait prévu Ingrid dans le rôle de la gentille fiancée et Lana Turner dans celui d'Ivy, l'impudente barmaid qui veut séduire le beau docteur. Ce qu'il ignorait, c'est qu'Ingrid avait une autre idée en tête et qu'elle en avait d'ores et déjà parlé avec Victor Fleming, qui devait assurer la mise en scène.

* * *

Naturellement, et comme toujours, on m'avait donné le rôle de la douce fiancée. Ce rôle-là, je l'avais déjà joué trois fois : dans *Intermezzo*, où j'étais la gentille maîtresse de piano, dans *La Famille Stoddard*, où j'étais la gentille gouvernante, et dans *La Proie du mort*, où j'étais la gentille réfugiée. Ça commençait à bien faire, j'en avais assez d'être si douce et si gentille. Je suis donc allée trouver Mr. Fleming et je lui ai dit : « Ce ne serait pas possible d'intervertir les rôles : Lana Turner ferait la fiancée, et moi la petite grue du bar, la méchante Ivy ? »

Il s'est mis à rire. « Ce n'est pas possible, voyons. Avec la tête que vous avez, personne n'y croirait.

— Qu'est-ce que vous en savez ? Vous me voyez maintenant, vous me voyez à travers les trois films où j'ai tenu le même rôle, mais après tout, je suis une actrice ! »

Il a fait la grimace et il s'est excusé. « Non, vraiment, je ne crois pas que vous puissiez jouer ça, je veux dire une barmaid, une grue, c'est un rôle pour Lana Turner...

— Faites-moi au moins faire un essai.

— Un essai ? Mais David Selznick ne sera jamais d'accord. Les essais, c'est bon pour les débutantes. Jamais il ne laissera une de ses vedettes être traitée comme une débutante.

— Dans ce cas, il n'y a pas besoin de le lui dire. »

Fleming a eu l'air très surpris. « Vous y tenez vraiment à ce point-là ?

— Bien sûr que j'y tiens. Je meurs d'envie de jouer ce rôle. Allons, faisons un essai ! »

Et c'est ainsi qu'un soir, dans le plus grand secret, Victor a réuni une petite équipe pour que je puisse tourner mon bout d'essai. Par la suite, un tas de gens m'ont demandé pourquoi. Parce que j'aimais la fille, d'abord. Cette barmaid, elle me plaisait. Je n'arrêtais pas de penser à elle, j'imaginais ce qui se passait dans sa tête, comment elle se comporterait... Et puis il fallait absolument que j'obtienne des rôles différents, sinon je serais définitivement classée parmi les « bonnes filles » et je finirais par devenir idiote.

L'essai a fait très bonne impression sur Victor Fleming, qui s'est décidé à appeler Selznick pour lui dire : « David, je change les rôles. C'est Ingrid qui va jouer Ivy. »

Une fois revenu de sa surprise, David s'est mis à crier : « C'est hors de question, elle ne peut pas jouer ce genre de rôles. » Comme tant de gens à Hollywood, il estimait parfaitement valable le principe selon lequel le garçon d'ascenseur jouait toute sa vie les garçons d'ascenseur, l'ivrogne les ivrognes et l'infirmière les infirmières. Du moment qu'on avait trouvé son rôle, il fallait s'y maintenir. Selon lui, c'était ce que voulait le public, voir toujours les mêmes têtes dans les mêmes emplois.

Mais Victor a protesté : « Elle en est capable, je t'assure. Nous avons fait un bout d'essai. Tu veux le voir ? Je vais te l'envoyer. » Et c'est ce qu'il a fait.

Finalement, David s'est laissé convaincre.

Désormais il était clair que la guerre allait durer longtemps et que l'Europe n'était pas l'endroit où une jeune actrice pouvait espérer faire carrière. Aussi Ingrid et Petter convinrent-ils que pour tous les deux l'avenir résidait aux États-Unis. Comme plus rien ne semblait vraiment menacer la Suède,

Petter se prépara à partir. Il essaya de prendre un avion de Lisbonne à New York, mais, en dernière minute, il fut décidé que le vol serait strictement réservé aux citoyens américains. Il trouva finalement une cabine sur un cargo portugais qui le débarqua à New York après une traversée de six semaines. Il arriva à Hollywood juste à temps pour fêter avec sa famille la Noël 1940.

* * *

Nous sommes maintenant en 1941. Petter m'a rejointe pour de bon et nous passons quelques jours de vacances à Sun Valley. Et puis, le téléphone sonne : c'est David ; il m'annonce que Hemingway se trouve à San Francisco avec sa femme et qu'il est sur le point de partir pour la Chine. Il s'est arrangé pour que je puisse le rencontrer, mais encore faudrait-il que je fasse le voyage. Est-ce possible ?

Possible ? Quelle question ! Autant dire que je suis déjà partie. Petter et moi nous nous mettons en route sans plus attendre et nous retrouvons Ernest Hemingway et sa femme, Martha Gellhorn, dans un restaurant de San Francisco. Je suis toute brune d'avoir passé une semaine dans la neige, j'ai même le nez qui pèle. Après m'avoir longuement regardée, Hemingway conclut dans un sourire : « C'est parfait... j'ai eu bien tort de m'inquiéter ! » Mais il s'inquiète encore : « Comment sont vos oreilles ? » Je lui réponds que j'entends bien, merci. Mais ce n'est pas ce qu'il veut savoir. Il m'explique que Maria a les cheveux très courts et que pour cette raison il préférerait que mes oreilles ne soient pas trop laides.

De mon côté je lui dis : « C'est drôle que vous ayez pensé à moi. Je suis nordique, je n'aurais jamais cru qu'on me choisirait pour jouer le rôle d'une Espagnole. » Sur quoi il me répond : « J'ai vu des Espagnoles comme vous. Des grandes blondes, il y en a beaucoup. Ne vous en faites pas, vous aurez le rôle et vous y serez très bien. »

Mais je n'étais pas très rassurée. Je savais qu'en dernier ressort c'était à Paramount de décider, et qu'à Paramount on envisageait d'autres filles. Et puis Hemingway est parti pour la Chine et nous en sommes demeurés là.

* *
*

Après les vacances, Petter s'est installé à Rochester, près de New York, où il devait suivre des cours durant deux ans avant d'obtenir le diplôme qui lui permettrait d'exercer la médecine aux États-Unis. Quant à Ingrid, que son travail retenait à Hollywood, elle a loué un petit appartement à Beverly Hills, où elle s'est installée avec une domestique noire prénommée Mabel et la petite Pia, qui, à deux ans et demi, apprenait l'anglais plus rapidement que sa mère.

Par principe, Ingrid avait renoncé aux limousines avec chauffeur de la Metro et elle se déplaçait dans ce qu'elle décrit elle-même comme « un vieux coupé gris sale à l'intérieur duquel personne n'aurait eu l'idée de regarder ». Un jour qu'elle avait trouvé une voiture si malencontreusement garée derrière la sienne que les deux pare-chocs s'étaient accrochés, elle s'était définitivement acquis l'admiration du gardien du parc en soulevant toute seule l'arrière du véhicule. « C'est la première fois que je vois une vedette qui n'a pas peur de se salir les mains ! » avait-il déclaré d'un ton pénétré.

Une journaliste venue l'interviewer l'avait trouvée en train de jouer avec sa fille. Elle lui montrait des petits animaux de bois. Lorsque vint le tour de la vache, elle expliqua : « Tu vois, ça, c'est le coq. » Mais après avoir regardé le jouet de plus près, la fillette avait corrigé : « Non, c'est une vache. » Se tournant vers le reporter, Ingrid avait alors soupiré : « Il faut vraiment que je fasse attention. Imaginez qu'elle grandisse en croyant que c'est le coq qui donne du lait et que le mâle de la poule est la vache ! »

Mais pour Ingrid, le plus beau moment de la journée, c'était le matin, lorsque à six heures elle quittait la maison : « Je descendais Beverly Hills et je voyais le soleil se lever sur les studios. Et tout le long du trajet je pensais : Quel bonheur, quelle chance, je suis là ! Tous mes rêves se sont réalisés. »

**

Dr. Jekyll fut le premier film américain où je changeai complètement de personnage. Spencer Tracy, lui, n'était pas très content. Pas à cause de moi, nous nous entendions bien, mais parce qu'il n'aimait pas jouer ce double personnage : le docteur bien équilibré, et Mr. Hyde, le monstre. Ce qu'il aimait, c'était jouer son propre personnage, un être positif, un être chaleureux. Il répugnait à sortir de lui-même pour se transformer en un odieux maniaque, pour incarner le mal qui prend possession du Dr. Jekyll. Moi, c'était tout ce que j'aimais... Je voulais être différente, m'essayer à tout, jouer tous les personnages du monde.

Spencer détestait certaines scènes, et tout particulièrement celle où il devait me porter dans l'escalier et me conduire dans la chambre à coucher. Fleming lui expliquait : « Tu es grand, tu es fort ; tu la soulèves comme une plume et tu montes l'escalier en courant. » « Et ma hernie, qu'est-ce que j'en fais ? » protestait Spencer. Finalement, on a installé un système de treuils et de courroies grâce auquel je montais toute seule tout en ayant l'air d'être dans les bras de Spencer. Mais ce n'était pas si simple. D'abord ça marchait trop vite, et Spencer n'arrivait pas à suivre. « Reprenez plus lentement, lançait Victor Fleming. Allez, on recommence. » Et on recommençait. C'était vraiment très difficile. Il fallait sans cesse monter, descendre, monter, descendre. On l'a fait dix fois, quinze fois. A la vingtième, la corde a lâché. Du coup, je me suis retrouvée pour de bon dans les bras de Spencer, mais lui n'a pas pu me retenir et nous avons dévalé tous les deux jusqu'au bas de l'escalier. Comment ni lui ni moi nous ne nous sommes fait aucun mal, je ne le saurai jamais, c'est un vrai miracle. Quand on s'est retrouvés en bas, on s'est mis à rire, à hurler de rire, on ne pouvait plus s'arrêter. Ça a fini par rassurer Victor, qui, fou d'inquiétude, s'était précipité à notre secours et s'attendait au pire.

Victor Fleming était merveilleux. En Suède, j'avais travaillé avec des metteurs en scène excellents, mais lui allait me faire découvrir une autre dimension, quelque chose qui m'était encore inconnu. Dès qu'il s'approchait je comprenais à ses yeux ce qu'il attendait de moi — c'est un phénomène que j'ai très rarement rencontré dans ma carrière. Je pouvais dire s'il était satisfait, sceptique ou enchanté. Souvent, il a obtenu de moi des performances dont je ne me serais pas crue capable. Dans une certaine scène, brusquement confrontée à Mr. Hyde, je devais exprimer une terreur panique et je n'y arrivais pas. Après plusieurs essais il a fini par m'attraper, et sans crier gare il m'a flanqué deux gifles. Aussitôt, de honte, de surprise ou peut-être de douleur — car il n'y était pas allé de mainmorte — mes larmes se sont mises à couler. Je n'avais pas encore repris mes esprits que déjà il était retourné à la caméra et criait : « Allez, on tourne. » J'ai repris la scène et je l'ai jouée jusqu'au bout sans cesser de pleurer. Dans l'équipe, tout le monde était aussi surpris que moi, mais Victor Fleming avait obtenu ce qu'il désirait. A la fin du tournage, j'étais très amoureuse de lui. L'ennui, c'est que ce n'était pas réciproque. Pour lui je n'étais rien d'autre qu'une des nombreuses actrices avec qui il avait travaillé.

Dans son *Livre,* elle écrivit :

Janvier-mars 1941. On ne reçoit pas tout sur un plateau d'argent, tout se paie. Avec La Proie du mort, *j'ai payé* Dr. Jekyll et Mr. Hyde. *Pour ce film j'aurais payé n'importe quel prix. Ai-je jamais été aussi heureuse dans mon travail ? Aurais-je jamais un plus beau rôle que celui de la petite Ivy Peterson, un meilleur metteur en scène que Victor Fleming, un meilleur partenaire que Spencer Tracy et un meilleur cameraman que Joe Rothenberg ? Je n'ai jamais été plus heureuse. Je ne me suis jamais donnée aussi complètement. Pour la première fois j'ai brisé la cage où j'étais enfermée, j'ai ouvert un volet sur le monde extérieur. J'ai touché certaines choses dont j'espérais qu'elles étaient là sans jamais oser les montrer. Je suis si contente de ce film. C'est comme si je volais. Je ne me sens plus attachée. Je puis voler toujours plus haut parce que les barreaux de ma cage sont brisés.*

CHAPITRE VII

LE matin du 1er août 1941, le journal de Santa Barbara rendait compte en termes délirants de la grande première qui avait eu lieu l'avant-veille. « C'est le public le plus extraordinaire dont puisse rêver un producteur de cinéma qui, mercredi soir, se trouvait réuni au théâtre Lobero pour assister à l'ouverture de la saison d'été par David O. Selznick avec Ingrid Bergman dans la pièce d'Eugene O'Neill, *Anna Christie*. La ravissante Lana Turner était au bras du chanteur Tony Martin. Le mystérieux George Raft était seul. Samuel Goldwyn, de la Metro-Goldwyn-Mayer, est arrivé en tête d'un véritable défilé de producteurs. Parmi les metteurs en scène, on remarquait la présence d'Alfred Hitchcock et de Rouben Mamoulian. Toujours souriant, Robert Benchley était là, lui aussi, de même que l'incomparable Kay Francis, la charmante Olivia De Havilland, le bel Alan Marshal, l'éblouissante Geraldine Fitzgerald et le séduisant Richard Barthelmess. »

Ingrid écrivit à Jock Whitney : « Même en mettant des sièges supplémentaires dans la fosse d'orchestre et le moindre recoin, on refusait du monde tous les soirs. Non seulement les chasseurs d'autographe entraient par les portes et par les fenêtres, mais il y en a même qui essayaient le toit. J'avais l'impression d'être une vraie star ! »

Cependant, sa première rencontre avec le public avait été quelque peu déroutante.

* * *

Avant qu'Anna Christie fasse son entrée en scène, son père déclare qu'elle est merveilleuse et qu'elle va venir le voir. Sur quoi elle fait son apparition, et le public s'aperçoit que c'est une putain.

J'entre donc, et je lance au barman : « File-moi un whisky, un double ! »

Et le public s'écroule de rire. Il devait s'attendre à ce que je demande : « Donnez-moi un verre de lait » ou quelque chose dans le genre.

Heureusement, j'ai tenu le coup. Et le spectacle aussi.

* * *

L'histoire d'amour d'Ingrid Bergman avec la presse américaine, qui allait en faire une idole pour mieux la traîner dans la boue, ne faisait que commencer. Le 31 août, le *P.M.* de New York déclarait : « Quoi de plus merveilleux pour un journaliste que de découvrir Miss Bergman ? Elle ne porte aucun maquillage et pourtant elle est éblouissante. Elle a conservé la faculté de rougir, elle n'a même pas un agent de presse personnel et quand elle va au cinéma elle fait sagement la queue comme tout le monde. En un mot, c'est un être humain. Et comme en plus elle a du talent, il se croit en plein rêve. Il n'y a donc rien d'étonnant, dans ces conditions, à ce qu'on ait éprouvé une certaine surprise en apprenant que, professionnellement du moins, Miss Bergman jouait désormais les femmes de mauvaise vie. En effet, après avoir interprété la barmaid dans *Dr. Jekyll et Mr. Hyde* de la M.G.M., elle apparaîtra cette semaine sur la scène du Maplewood Theatre dans l'*Anna Christie* d'Eugene O'Neill. Lorsqu'on l'interroge sur cette soudaine transformation, Miss Bergman explique calmement qu'elle répond à un désir personnel. « Pour mon mari, mieux vaut être bonne dans un mauvais film qu'être mauvaise dans un bon, poursuit-elle. Cela dit, je préfère que le film soit bon aussi ! »

Les États-Unis entiers semblaient apprécier l'originalité de cette nouvelle jeune Suédoise. Un journal de San Francisco affirmait : « Depuis la dernière aurore boréale sur l'Équateur, Hollywood n'a rien connu d'aussi sensationnel qu'Ingrid Bergman. Innocente et fraîche comme une boule de neige, elle a vingt-quatre ans, les joues rondes, et le talent unique d'avoir su devenir une star sans rien connaître de la fureur hollywoodienne... »

David Selznick l'appelait : la Garbo Palmolive. Pour Thornton Delaharty, déjeuner avec Ingrid, c'était « passer une heure à discuter avec une orchidée intelligente ». Par ailleurs, les critiques accueillirent avec enthousiasme *Dr. Jekyll et Mr. Hyde*. Dans le *New York Herald Tribune*, Howard Barnes écrivait : « Avec le grand Spencer Tracy dans le rôle principal, l'ineffable Ingrid Bergman en tête des personnages secondaires, et Victor Fleming pour diriger l'ensemble d'une main de maître, c'est un spectacle stupéfiant. »

1940 et 1941 resteront dans la carrière d'Ingrid des années particulièrement brillantes. Elle avait successivement triomphé dans deux pièces, *Liliom* et *Anna Christie*, et elle avait tourné trois films, dont l'un, *Dr. Jekyll et Mr. Hyde*, marqua pour elle une date importante dans la mesure où il lui permit d'échapper à l'élégant cocon que Hollywood et David Selznick avaient tissé pour elle. En outre, elle se préparait à jouer le rôle de Maria, l'héroïne de Hemingway, qu'elle espérait bien obtenir.

En automne 1941, la presse annonça que Ingrid Bergman partait pour Rochester rejoindre son mari et « prendre un peu de repos », ce qui n'était guère dans ses habitudes. Ils s'installèrent avec Pia dans une maison agréable et Ingrid écrivit aussitôt à Ruth Roberts :

Chère Ruthie... Ici, crois-le ou non, je suis une bonne mère et une bonne épouse. Je m'amuse à prendre ces rôles au sérieux, et je m'efforce d'y être aussi bonne que possible. Les premiers jours, j'ai passé mon temps à laver et à astiquer. J'ignore ce que Petter aurait fait sans une femme suédoise dans la maison... qui est vraiment charmante et qui, si l'ameublement ne datait pas de 1888, serait une maison de rêve. Le jardin n'est pas extraordinaire, mais suffisant pour que Pia puisse y jouer, Rochester est ravissant, et je me sens vraiment heureuse. Je sais que Petter préfère Rochester à tout autre endroit, mais il n'aime pas demeurer si loin d'Hollywood, et cela, je le comprends. Depuis que nous sommes mariés, entre 1938, 1939, 1940 et 1941, nous n'avons passé ensemble qu'une douzaine de mois... et avec la perspective pour moi de devoir régulièrement retourner à Hollywood tout continuera de la même façon...

Par ailleurs, elle s'inquiétait de son appétit. Après tout, avec un peu de chance, elle tournerait bientôt *Pour qui sonne le glas* :

Oh ! Ruth, je devrais pourtant avoir l'air affamé, je devrais être sans hanches dans le pantalon de Maria. Qu'est-ce que je vais faire ? Pendant ces vacances, je n'arrête pas de manger, et même Petter me dit de continuer sous prétexte qu'après *Anna Christie* je dois en avoir besoin. Et maintenant, je pèse presque autant qu'au printemps lorsque j'ai quitté Hollywood. Bien sûr, il y a deux jours, quand j'ai quitté New York, je me suis dit que je me mettrais au régime, mais là-dessus je suis arrivée à la maison et j'ai trouvé toute espèce de choses merveilleuses, des pommes, du knackbröd, du fromage de chèvre... Je suis comme folle, je mange, je mange comme si j'avais toute une barrique à remplir. Je crois que j'ai tout essayé pour arrêter. J'ai pensé au rôle de Veronica, des *Clefs du royaume*, que m'a promis David — une religieuse ne peut pas manger comme cela, elle serait damnée. Mais non, ça ne m'a pas aidée. Alors j'ai pensé à *Pour qui sonne le glas*, à Maria... rien à faire, ça ne m'aide pas non plus...

Chaque matin, Petter partait pour l'hôpital, Mabel, la bonne, sortait avec Pia ou aidait aux travaux du ménage, et Ingrid s'occupait de la maison, découvrant avec un plaisir réel son rôle relativement nouveau de femme d'intérieur. Malheureusement, désireux d'être comme tout le monde et d'entretenir de bons rapports avec le voisinage, ils avaient commis l'erreur de se faire inscrire dans l'annuaire du téléphone. De ce fait, aussitôt qu'avec un orgueil bien légitime les journaux locaux eurent annoncé qu'Ingrid Bergman avait choisi de s'établir à Rochester, l'appareil n'arrêta plus de sonner et les requêtes se succédèrent sans fin : « Ma fille est ravissante, je suis sûre qu'elle a tout pour devenir une grande star... pourriez-vous lui faire faire un essai ? » « Miss Bergman, je viens d'écrire un scénario... » « Miss Bergman, j'ai un ami qui s'intéresse beaucoup au cinéma... » « Miss Bergman nous organisons une petite réunion » « Miss Bergman, pourrais-je passer chez vous ? Je voudrais tant un autographe... ? » Des curieux sonnaient à la porte dans l'espoir qu'elle viendrait ouvrir elle-même. Mais cela arrêta même d'être flatteur lorsque, à deux reprises, des fans s'introduisirent dans la chambre à coucher pour récolter des souvenirs, parmi lesquels des gobelets et les sous-vêtements d'Ingrid.

Ni la police ni les pompiers n'y purent rien. Durant ces premiers jours, et en attendant que leur numéro de téléphone soit changé, Ingrid ne trouva d'autre solution que de s'échapper à New York, où, d'ailleurs, elle avait déjà signé un contrat pour faire une radio avec Spencer Tracy. A la longue, la population de Rochester dut admettre qu'elle était pratiquement invisible et les curieux renoncèrent d'eux-mêmes à hanter le voisinage de sa maison. Cependant, Ingrid avait alors compris que la vie qu'elle essayait de vivre ne pouvait pas la satisfaire. Du moment qu'elle ne jouait pas, elle avait l'impression de perdre son temps. Voir des films ou des pièces était un substitut, mais rien ne pouvait vraiment remplacer « l'opium de la création », son impérieux et constant désir de jouer !

Le 6 décembre, elle écrivait une nouvelle lettre à Ruth :

Ma radio a été un fiasco. Kay m'a même conseillé de ne plus en faire, de peur que cela puisse nuire au reste de mon travail... J'ai demandé à David de me dire franchement son avis et il m'a répondu : « Tu perds beaucoup à la radio. Tu n'étais pas mauvaise, mais je te préfère à l'écran. » Petter n'a pas trop critiqué, il a même dit que c'était « bon ».

Savais-tu que Signe jouait à New York ? Petter et moi nous sommes allés la voir lors de la première. Nous nous sommes retrouvés tous les trois après le spectacle, et nous avons parlé jusqu'à deux heures... Petter et moi estimions tous les deux qu'elle pouvait corriger certains petits détails. Nous en avions discuté avant de la rencontrer et Petter trouvait que je devais le lui dire ! Je lui ai expliqué : « Elle sera furieuse. De sa vie, elle ne m'adressera plus jamais la parole. Et c'est mon *amie*. » « Si tu refuses, a-t-il rétorqué, je le lui dirai moi-même. Sinon, personne ne le fera. » Il s'est donc mis à critiquer Signe comme il a l'habitude de le faire avec moi... il y a ci et ça et ceci et cela... J'étais sur des charbons ardents. J'aurais bien voulu disparaître sous la table, mais je restais sur ma chaise à me tortiller comme un ver. Je sais qu'il est honnête, que ce qu'il me dit, il le dit pour mon bien ; mais lorsqu'il m'assène ce genre de vérités, je le giflerais volontiers. Signe est incroyable. Elle était éperdue de reconnaissance, elle ne voulait pas que j'intervienne, elle m'a même priée de la *boucler*. Tu imagines ? Et lui continuait, continuait. Moi, je grognais dans mon coin en essayant de me représenter la façon dont j'aurais réagi si son mari à elle m'avait parlé comme Petter lui parlait.

De ces séances, Dieu sait que Petter m'en fait subir souvent ! « Tu traînes la jambe... Ta ride s'est approfondie entre les yeux... Fais donc attention ! Arrête de bouger les doigts quand tu parles, tiens-toi droite ! Pourquoi est-ce que tu penches toujours la tête à gauche ? Si tu essayais de la pencher à droite, pour changer... »

Il est merveilleux. Personne au monde ne me dirait des choses comme ça. D'ailleurs, je lui ai dit que même si je cessais de l'aimer, je ne pourrais pas vivre sans lui. En fait d'homme, j'ai eu mieux que je ne méritais, mais Dieu que je l'aime ! Et toi aussi je t'aime, ma Ruth qui comprend si bien mes excentricités !

Je vais chez Schrafft. Puisque c'est dimanche, je mangerai peut-être une glace — pas sûr. La dernière fois que j'en ai mangé une Petter s'est aperçu que j'avais pris une livre et il s'est demandé comment c'était possible avec tout l'exercice que je prenais... et me voilà toujours avec deux ou trois kilos de trop...

De retour de New York, elle retrouva Pia avec un violent sentiment de culpabilité :

Pia est adorable. Incroyable ce qu'elle est gentille. Le premier soir que j'étais à la maison, elle s'est assise dans son lit, elle m'a regardée, et elle m'a dit : « C'est vrai, maman, tu seras là demain aussi ? » Inutile de te dire les remords que j'ai eus !

Dans une lettre ultérieure, elle écrivait encore :

Je suis en train de tricoter des pulls et des jupes pour la poupée de Pia. C'est une enfant extraordinaire. Je lui ai dit que pour Noël nous allions débarrasser les jouets qu'elle n'aimait pas ou dont elle pensait qu'ils feraient plaisir à d'autres enfants, mais que c'était elle qui devait les choisir, parce qu'ils étaient à elle, et que moi je n'avais rien à dire. Je t'assure, Ruth, j'ai failli pleurer. Je l'ai regardée trier soigneusement ses jouets pendant une heure. Je craignais qu'elle ne soit trop mesquine ou trop généreuse, qu'elle ne sache pas s'y prendre. Mais elle s'est beaucoup mieux débrouillée que je ne l'aurais fait moi-même. Elle a mis de côté de très jolies choses en disant : « Je ne crois pas que je joue beaucoup avec ça. »

En revanche, elle a gardé pour elle une vieille poupée qui se trouvait dans un tel état que je me suis écriée malgré moi : « Tu veux vraiment la garder ? Elle est tellement sale ! » Elle a levé vers moi ses grands yeux et elle a rétorqué : « Elle est sale, c'est vrai, mais elle a toujours été une très bonne fille. » Tu penses si je me suis tue ! Et tout cela à trois ans et demi !

J'espère toujours obtenir quelque chose pour février. Mais rien n'est fait, rien n'est acheté. Kay remplacera Dan O'Shea durant ses vacances. Peut-être réussira-t-elle à faire un miracle. Pour l'instant, seuls me sauvent la lecture et le tricot...

Le 12 janvier :

Comme toujours, j'ai plein de choses à faire ; avec une maison, un mari, un enfant, il y a de quoi remplir la vie de n'importe quelle femme, je veux dire, c'est pour cela que nous sommes faites, non ? Et pourtant, chaque jour me semble un jour perdu. Comme si seule vivait la moitié de moi-même. L'autre moitié a été enfermée dans un sac et suffoque. Que vais-je faire ? Si seulement j'entrevoyais une lueur...

Le 27 janvier :

J'organise mes journées comme une écolière. Lecture du courrier et des journaux. Promenade dans le parc avec Pia. Déjeuner. Réponse aux lettres. Piano. Collage des coupures de presse. Café. Leçon d'anglais. Dîner. Lecture. Sommeil. C'est beaucoup ! Nous avons de la neige jusqu'à la ceinture. Pia n'est pas toujours gentille, mais elle est comme tous les enfants. Aujourd'hui, Petter a un examen. Il lit la moitié de la nuit et je reste assise à côté de lui à lire, moi aussi. J'adore ça. Ensuite, entre une et deux heures, nous nous offrons un petit pique-nique et je me sens vaseuse durant toute la journée du lendemain. »

Depuis le tournage de *L'Adieu aux armes*, Gary Cooper était devenu l'ami d'Ernest Hemingway. Pour ce dernier, Gary était le seul acteur à pouvoir jouer le rôle de Robert Jordan, le professeur américain qui tombe amoureux de Maria. Il fallut de longs pourparlers avant que Paramount n'obtienne de la M.G.M. qu'elle lui cède Cooper, mais finalement les choses s'arrangèrent. Cependant, lorsqu'il fut question du rôle de Maria, d'autres difficultés survinrent. Paramount avait sous contrat une merveilleuse actrice et célèbre danseuse, Vera Zorina. On savait, bien sûr, que Hemingway souhaitait avoir Ingrid Bergman, mais maintenant qu'on lui avait déjà fourni Gary Cooper on n'était guère disposé à dépenser encore cent cinquante mille dollars pour une autre vedette quand Vera était là et ne souhaitait rien d'autre que d'obtenir le rôle.

Sam Wood aurait voulu Ingrid, lui aussi, mais en tant que professionnel il comprenait parfaitement le point de vue de Paramount. En outre, Vera Zorina ne manquait pas de classe, elle était belle, elle avait du talent. Aux États-Unis, personne n'avait entendu parler de Vivien Leigh avant que David Selznick ne lui confie le rôle de Scarlett O'Hara. On pouvait donc penser que le miracle qui s'était produit avec elle pouvait tout aussi bien se produire avec Vera.

La lettre qu'elle adressa à Selznick en réponse à son télégramme exprimait la même tristesse :

Je suis reconnaissante de savoir exactement où en sont les choses. Je regrette d'avoir raté l'affaire, non seulement parce que le rôle était intéressant, mais parce que l'obtenir aurait été une victoire pour toi aussi, et je sais que tu la souhaitais. Bien sûr, je trouve les raisons de Wood un peu ridicules. Ma taille, par exemple... quand on sait comment je me suis débrouillée avec des partenaires comme Burgess, Spencer Tracy et Warner Baxter ! Avec l'habitude que j'ai prise de marcher les genoux pliés, je pourrais avoir l'air d'une naine à côté de Cooper ! Cela dit, j'apprécie beaucoup la prudence dont tu as fait preuve dans toute cette affaire. Avec ta prudence et mon intuition, nous devrions aller loin. La dernière phrase de ton câble m'a fait le plus grand bien. Oui, j'espère beaucoup jouer dans ton écurie plutôt que chez des inconnus en qui je n'ai pas confiance, et, pour peu que j'oublie le vieux proverbe suédois : « Tandis que l'herbe pousse la vache se meurt », je suis sûre que tout ira bien.

Le 21 février, à Ruth :

J'en ai tellement marre de Rochester et de sa grand-rue qu'il me prend des envies de pleurer. Il y a des moments où tout va bien, j'adore cette petite ville et ma vie de femme au foyer. Mais depuis quatre jours je reste assise dans mon coin et c'est tout juste si j'adresse la parole à Pia et à Petter. Il est si peu à la maison qu'il ne remarque même pas mes changements d'humeur. Je n'ai pas été au parc avec Pia, et Mabel était furieuse de devoir y aller deux fois par jour. Petter, lui, était furieux que je ne prenne pas cette demi-heure d'exercice quotidienne grâce à laquelle je suis censée retrouver ma ligne. Tout cela m'indiffère... Mon professeur d'anglais continue à venir tous les jours et je sais maintenant 466 mots de plus. Ainsi, grâce à tes listes, j'aurai ingurgité 1 000 mots en six mois...

Par ailleurs, elle ne pouvait s'empêcher d'écrire à Selznick :

En ce moment je suis déprimée, profondément déprimée. J'étais convaincue, en arrivant à New York, que cette fois tu te serais enfin décidé à commencer le film en février. Et voilà que tu hésites encore. C'est pour faire des films avec *toi* que je suis venue, mais depuis ton télégramme de janvier 1940 à propos de *Jeanne d'Arc* tu ne cesses d'ajourner et de changer tes plans. Depuis des mois, Dan, Kay et toi vous me répétez qu'une nouvelle production se prépare. Je n'en peux plus. Je ne supporte pas d'être inactive. Ces jours plus que jamais je ressens la nécessité de travailler, d'*accomplir* quelque chose. Je me sens très triste.

Le 27 février :

O ma Ruth chérie, je n'aime pas haïr les gens, je n'aime pas sentir la fureur bouillonner dans ma tête, mais c'est ce qui se passe et je ne peux l'empêcher. Je me mets à haïr David et compagnie. Que dois-je faire ? Je trouve qu'ils me traitent de plus en plus mal. Peut-être vaudrait-il mieux que je ne t'en parle pas, mais je suis une femme ! Tu te rappelles *Hantise*, la pièce qu'on avait tant aimée. David envisage de racheter les droits pour une somme énorme (dit-on). Mais il les achètera SI, SI, SI... Ils veulent changer tout mon contrat !!! Les conditions sont incroyables. Une véritable prison. Même pour aller faire un tour en Suède il faudrait que je me mette à genoux. Et je serais coincée pendant sept ans !!! Ils n'ont plus le moindre respect, ils savent qu'ils peuvent me traiter comme ils veulent, ils savent que je suis si déprimée que j'accepterais presque d'aller faire le ménage dans les bureaux de David.

Et tu les connais, tu sais comme ils sont pressés quand il s'agit d'eux. D'un jour à l'autre il faut que tout soit décidé. Tout, et tout de suite. Mais si soi-même on a quelque chose à demander, alors, on est bon pour attendre — si encore on se décide à vous répondre !!! Kay devait venir régler ça avant aujourd'hui, car c'est aujourd'hui que devaient s'acheter les droits de *Hantise*. Si je refusais de signer, ils laisseraient tomber toute l'affaire.

Pour mon plus grand bonheur nous avons dit NON, NON et NON. Inutile de discuter, jamais nous n'accepterions de pareilles conditions. J'aurais bien voulu leur dire ça un peu plus méchamment, mais Petter est toujours tellement poli ! Il a promis d'envisager certains changements, de voir ce qu'on pourrait faire étant donné la guerre, etc. Moi, j'avais envie de les envoyer au diable. Enfin, sans doute Petter a-t-il eu raison de parler comme il l'a fait.

Si je dois moisir ici encore un an ou deux, je suis prête : j'aurai des tas de pulls à tricoter et des tas de livres à lire. Mais jamais je ne me vendrai. Je ne me serais jamais crue capable de dire tout ça à propos de David que j'ai tellement, tellement aimé. Mais les temps changent.

Le 22 mars 1942, elle écrivit à Ruth :

Chérie, chérie, tout est réglé. Je suis tellement excitée que je mets de l'encre partout sur mes draps. Je suis bien au chaud dans mon lit et Petter vient de me quitter pour aller prendre le train de Rochester. Nous avons signé un contrat avec Charles Feldman, qui a promis de s'occuper de moi lui-même, en tout cas jusqu'au moment où il entrera dans l'armée. Petter et moi étions vraiment très soulagés de pouvoir laisser à quelqu'un d'autre le soin de s'occuper de tous ces contrats. New York me paraît des plus agréables. Après avoir fait un éclat lors de ma première rencontre avec Kay — je lui ai dit tout ce que je savais de gros mots et elle ne m'a rien épargné non plus de son répertoire — j'ai décidé avec elle que nous ne reparlerions plus de Selznick. Depuis, nous nous entendons à merveille. J'ai hurlé — tellement fort qu'au moins soixante étages ont dû m'entendre — que j'espérais de tout mon cœur que David ne compterait plus sur moi pour la saison prochaine.

Ce fut la période la plus frustrante de la vie d'Ingrid. Alors qu'à la fin du mois d'août de l'année précédente elle était triomphante et pleine de projets, au printemps de 1942 elle était déprimée, malheureuse, et certaine de finir ses jours dans la peau d'une simple ménagère. Après s'être rendue à Hollywood, Kay Brown lui annonça qu'on ne l'avait pas oubliée, mais qu'elle ne figurait plus parmi les cinq vedettes les plus recherchées. Mais Ingrid ne se souciait guère de faire partie du peloton de tête. Ce qu'elle voulait, c'est travailler. Et elle lisait des scénarios, des romans, des nouvelles et des manuscrits, en suédois, en anglais et en allemand.

Ingrid ignorait la patience. « La patience ? Mais, bon dieu, où voulez-vous que ça me mène ! » s'exclamait-elle lorsqu'on lui suggérait de cultiver cette qualité. Elle se voyait jouer les grand-mères avant d'avoir joué le quart des rôles qui convenaient à son âge. Et pourtant, à Hollywood, on faisait chaque année des centaines de films — des films pour soutenir l'effort de guerre, des films pour réconforter les gens, pour les tromper, pour les faire pleurer. N'y en avait-il pas assez pour qu'on lui trouve un rôle ? Dire qu'on parlait d'elle comme d'un « sublime objet » qu'un mauvais film pouvait briser.

Elle n'était pas un « objet ». Pour vivre, elle avait besoin de nourriture. Or, tout ce qu'on lui donnait à se mettre sous la dent, c'étaient des bruits, des rumeurs aussitôt contredites par des rumeurs contraires. « David te veut dans *Les Clefs du royaume*... pas pour un premier rôle, mais pour un très beau rôle... le tournage commencera en automne... non, pas en automne, mais certainement au printemps prochain... désolé, il y a des contretemps. » « Et que diriez-vous d'un film tiré de *Sarn*, le roman de Mary Webb ? » « *Sarn* ? Mais l'héroïne a un bec-de-lièvre — ne me dites pas que vous envisagez de faire jouer Ingrid avec un bec-de-lièvre ? » « Exactement. » « Et elle est d'accord ? » « Mais bien sûr. » « Non, non, c'est impossible. » « Mais on pourrait peut-être arranger ça, lui faire un bec-de-lièvre qui soit *joli* ? » « Ça ne va pas, non ? Le bec-de-lièvre est le pivot de l'histoire, il conditionne toute la vie de la fille ! Je regrette, mais David ne voudra pas en entendre parler. » « Mais quoi, alors, quoi ? De quoi veut-il bien qu'on lui parle ? De *Jeanne d'Arc*, peut-être... » « Je t'en prie, Ingrid, ce n'est pas le moment. Mais il y a autre chose, un projet de Wal Hallis, une histoire qui se passe en Afrique du Nord... Le scénario ? Je ne pense pas qu'il soit déjà prêt... La distribution ? Eh bien ! on n'en est pas encore là, rien n'est fait, mais on parle de Bogart. Bogie, oui. Un acteur merveilleux. »

Le 21 avril 1942, elle reçut enfin la nouvelle qu'elle attendait depuis bientôt un an :

Oh ! Ruth, je me suis souvent demandé comment je réagirais le jour où j'apprendrais de façon certaine que j'avais un nouveau film, car je savais bien que cela finirait par arriver ! Eh bien, maintenant c'est fait, je sais. J'ai eu chaud et froid tout en même temps. Je me suis mise à frissonner de telle façon que j'ai cru devoir me mettre au lit, et pour couronner le tout j'ai attrapé un affreux mal de tête. Je n'aurais pas cru que ça se passerait comme ça ! Pour fêter l'événement, à dîner, j'ai essayé de me soûler. Impossible. J'ai essayé de pleurer, j'ai essayé de rire, mais je ne pouvais rien faire. Trois fois je suis allée me coucher et je suis redescendue parce que Petter ne pouvait pas dormir tellement je m'agitais. Mais maintenant c'est le matin et j'ai retrouvé mon calme. Le film s'appelle *Casablanca* ; à part ça, j'ignore absolument de quoi il retourne...

En mai 1942, elle était de retour à Hollywood et conduisait à nouveau son coupé gris sale sur Sunset Boulevard.

*
* *

Avec *Casablanca*, j'ai eu l'impression de tout recommencer. David Selznick était ravi parce qu'enfin j'allais porter de belles robes et paraître jolie. Oh ! c'était si difficile à Hollywood d'échapper à ce que Hollywood voulait faire de vous. Tout le monde était classé. Tous les acteurs — Gary Cooper, James Stewart, Cary Grant, Humphrey Bogart — ne faisaient jamais que se jouer eux-mêmes. Mais je venais de Suède où jouer signifiait nécessairement changer. On jouait tout là-bas, les vieux, les jeunes, les méchants, les bons, mais rarement ce dont on avait l'air ou ce qu'on était réellement. Il s'agissait de se mettre dans la peau d'un autre.

Maintenant, c'était au tour de Michael Curtiz, le metteur en scène de *Casablanca* — un Hongrois plein d'expérience et de talent — de m'expliquer : « Ingrid, tu te trompes complètement, ce n'est pas comme ça que ça se passe aux États-Unis. Ici, ce qu'il faut, c'est être un personnage et s'y tenir. C'est ce que veut le public. S'il paie pour voir Gary Cooper, c'est Gary Cooper qu'il veut voir, pas le bossu de Notre-Dame. Tu vas ruiner ta carrière à essayer de jouer des personnages différents. A partir d'aujourd'hui, il faut que tu sois tout simplement Ingrid Bergman, que tu fasses la même chose, que tu joues tout le temps le même genre de rôles et que tu travailles à développer uniquement ce qui plaît le plus au public dans ton personnage. »

Et moi, je répondais : « Eh bien non, ce n'est pas ce que je vais faire. Je vais changer. Je vais changer autant et aussi souvent que je le peux. »

J'aimais bien Michael Curtiz. C'était un bon metteur en scène. Mais le tournage de *Casablanca* a commencé dans des conditions désastreuses, dont il n'était pas du tout responsable. Dès le départ, Hal Wallis, le producteur, s'en est pris au scénario des frères Epstein. Mike Curtiz avait beau essayer de le raisonner, il exigeait sans arrêt de nouveaux changements. Et nous, on en était pratiquement réduits à jouer au pied levé : on nous remettait les dialogues le jour même et il fallait se débrouiller pour essayer d'en tirer quelque chose. Tout le monde travaillait dans le vague, tout le monde ignorait comment le film allait se terminer. Pour un interprète, il n'y a rien de pire. Chaque matin on se demandait : « Qui sommes-nous ? Que sommes-nous censés faire ? » Et Mike Curtiz nous répondait : « A vrai dire je n'en sais trop rien, mais tournons toujours cette scène, peut-être que demain on y verra plus clair. »

C'était grotesque. Affreux. Ne connaissant pas l'histoire mieux que nous, Michael Curtiz ne savait pas non plus très bien ce qu'il faisait. Humphrey Bogart, que ces conditions de travail rendaient fou, se retirait dans sa loge chaque fois qu'il le pouvait. Et moi, je ne cessais de me demander de qui je devais être amoureuse : de Paul Henreid ou de Bogey ? Quand je posais la question, Curtiz me répondait : « On ne sait pas encore, essaie de nous jouer ça... entre deux ! » Aussi je n'osais pas regarder Humphrey Bogart d'un air amoureux parce qu'alors il aurait fallu que je regarde Paul Henreid autrement.

Et cela, jusqu'à la fin, dont il était prévu que nous tournions deux versions parce qu'on n'arrivait pas à décider si je devais m'envoler avec mon mari ou rester avec Humphrey Bogart. Dans la première version il fallait que je dise adieu à Bogey et que je reparte avec mon mari. Ensuite, Claude Rains et Bogart s'en allaient dans le brouillard, et le film se terminait sur cette phrase célèbre : « Louis, je crois que c'est le début d'une grande amitié. » Lorsqu'on eut tourné cette scène, tout le monde s'est écrié : « C'est bon. C'est parfait. On peut laisser tomber l'autre version. C'est une excellente fin. » Mais jusque-là personne ne savait comment le film allait se terminer. Et, bien sûr, personne ne se doutait qu'il remporterait un Oscar et finirait par devenir un classique.

Tous mes camarades étaient des acteurs merveilleux, mais les conditions de travail étaient si pénibles que nous étions tous un peu à cran et que c'est à peine si j'ai fait la connaissance d'Humphrey Bogart. Je l'ai embrassé, c'est vrai, mais je ne l'ai pas vraiment connu. Il était excessivement poli, mais je le sentais distant et il m'intimidait. A l'époque, *Le Faucon maltais* passait à Hollywood, et je suis allée le voir souvent pendant le tournage de *Casablanca*. A travers ce film, j'espérais apprendre à connaître Bogey un peu mieux...

*
* *

Si désormais *Casablanca* est un classique, une véritable légende, la raison essentielle tient peut-être au fait que le film nous concernait directement, traitait de *notre* guerre. Jamais peut-être des acteurs n'ont eu l'occasion, même sans le savoir, de jouer sur nos émotions de façon aussi directe et aussi dramatique à une époque où la défaite semblait possible et où la victoire demeurait lointaine.

Dans l'effort poursuivi par les Alliés, *Casablanca* a probablement joué un rôle aussi déterminant que tout un corps d'armée.

Alors que *Casablanca* n'était pas encore terminé, des bruits se mirent à circuler selon lesquels le tournage de *Pour qui sonne le glas* ne se passait pas pour le mieux. Paramount avait reçu les premiers rushes, et les journalistes avides de commenter les difficultés que connaissait le film recevaient de curieuses explications, dont la plus originale de l'histoire du cinéma est peut-être celle-ci : « Photographié sous certains angles, le visage de Vera semble perdre toute luminosité. » En fait, la vérité était beaucoup plus simple.

*
* *

Le problème, c'est que Vera était une ballerine. Or, dans ces montagnes, on lui demandait de courir comme une chèvre. Et elle avait peur d'abîmer ses jambes. Pour elle, ses jambes avaient la même importance que pour moi mon visage. Dans telle occasion où tout naturellement je me serais protégé le visage, son réflexe à elle était de se protéger les jambes. Quand on a vu les premières séquences du film tournées dans la montagne, ce défaut est apparu clairement, et l'on a décrété que Vera ne pouvait pas continuer. On l'a retirée de la distribution de *Pour qui sonne le glas* et on lui a donné un autre rôle.

Aussitôt *Casablanca* terminé, je devais retourner à Rochester auprès de Petter et de Pia. Et c'est alors que la nouvelle est parvenue du bureau de Selznick : Paramount voulait faire un essai avec moi. Pas un essai ordinaire — ils voulaient seulement savoir de quoi j'aurais l'air avec les cheveux courts. Est-ce que j'étais prête à me les faire couper ? Pour jouer Maria, j'étais prête à tout. Dès le lendemain du jour où j'ai fini *Casablanca*, on a donc essayé. Mais on ne m'a pas coupé les cheveux — on me les a simplement peignés en arrière et épinglés sur le sommet du crâne.

Sam Wood devait arriver le dimanche. Il visionnerait les essais et m'appellerait aussitôt pour me dire ce qu'il en pensait. Je n'oublierai jamais ce dimanche-là. Je l'ai passé à côté du téléphone à attendre qu'il veuille bien sonner. J'étais incapable de manger, incapable de boire. Je fixais l'appareil comme si ç'avait été un serpent sur le point d'attaquer. Enfin ça y est, la sonnerie retentit. J'attrape le combiné : c'est Petter. « Quoi de neuf ? » Je lui promets de le rappeler aussitôt que j'aurai des nouvelles. Et je raccroche. Et mon attente reprend. A minuit, j'étais toujours en train de regarder l'appareil. Pas le moindre coup de téléphone de Sam Wood. C'était clair : les essais ne lui avaient pas plu, ça l'ennuyait de m'appeler et de devoir inventer des excuses.

Le lendemain, comme j'étais aux studios de la Warner pour les photos publicitaires de *Casablanca*, quelqu'un m'appelle : « Ingrid, une communication pour toi. » Je vais à l'appareil et je colle mon oreille au récepteur. C'est David. De sa bonne grosse voix il m'annonce : « Ça y est, ma fille, tu peux te mettre dans la peau de Maria ! »

*
* *

Au sortir de ce coup de téléphone avec David Selznick, Ingrid était plus radieuse, plus éclatante que jamais. La Warner Bros. avait dit oui, elle allait partir sur-le-champ.

Mais sept cents kilomètres lui restaient à parcourir pour atteindre les lieux du tournage, ce Yosemite National Park où l'hiver précédent Sam Wood avait failli mourir de froid en tournant certaines scènes de bataille et où, le 7 décembre 1941, alors qu'il avait presque fini de filmer le pseudo-bombardement du camp des guérilleros, la radio lui avait appris qu'un bombardement véritable avait eu lieu à Pearl Harbour et que les États-Unis venaient d'entrer en guerre.

Après un pénible voyage, une fois traversée la petite ville de Sonora, une fois franchi le col du même nom, Ingrid atteignit enfin l'endroit où se dressaient les cabanes spécialement construites pour le tournage. Elle descendit de voiture et regarda autour d'elle, un peu désemparée.

***

Et puis j'ai vu cet homme superbe descendre à ma rencontre. On s'est regardés, et bien sûr, j'ai rougi. Sur quoi il a dit : « Bonjour Maria », et j'ai rougi de plus belle. Ensuite Gary Cooper a ajouté : « Allons trouver Sam Wood ! » Nous sommes allés trouver Sam Wood, et tous deux m'ont conduite jusqu'à la cabane que j'allais partager avec Ruth Roberts. En arrivant, Sam m'a montré le soldat planté devant la porte — un mannequin comme on en utilisait pour les scènes de bataille. Autour du cou il portait une pancarte sur laquelle était écrit : « Bienvenue à Maria ! »

Un peu plus tard, comme j'étais sortie pour étudier le scénario, Gary est venu me rejoindre. Il s'est penché vers moi pour me regarder (à Hollywood, j'avais plutôt l'habitude que les gens lèvent la tête) et il m'a proposé : « Si on travaillait un peu les dialogues tous les deux. »

Et il a commencé. Moi, je croyais qu'il continuait à me parler tant il avait la même voix. Quand il jouait, il ne devenait pas un acteur : il restait exactement le même. Alors moi, j'étais sans arrêt en train de m'excuser : « Pardon, qu'est-ce que vous disiez ? Je n'ai pas compris de quoi vous parliez. » Un peu réprobateur, il rétorquait : « Mais voyons, c'est le dialogue, je suis en train de dire le texte. » Je n'en finissais pas de rougir.

Quand on travaillait avec lui, on avait presque l'impression de ne rien faire. En tout cas lui ne faisait rien. On ne lui voyait jamais la moindre expression. Il sortait son texte le plus tranquillement du monde, et moi, je me disais : non, ce n'est pas possible, ça ne peut pas être bon, ça ne va pas marcher. Ensuite on tournait la scène et il était exactement pareil. Il fallait attendre d'avoir vu les rushes pour se rendre compte... il avait une personnalité si énorme, si envoûtante, qu'il n'avait pas besoin de jouer : il lui suffisait d'être. Mais il fallait attendre de le voir à l'écran pour être convaincu que pas un geste, pas une expression ne manquaient. Je le trouvais merveilleux. Jamais je n'avais travaillé avec un acteur aussi naturel.

Et j'aimais tellement Maria ! Dès le moment où j'ai cru que j'aurais le rôle je n'ai pas cessé d'y travailler. J'ai lu tout ce que Hemingway avait écrit sur elle. Je me suis enfermée des jours durant pour étudier le personnage. Je pensais : une femme qui aime s'oublie elle-même, oublie ses propres intérêts. Tout ce à quoi elle pense, c'est à l'homme qu'elle aime. A ce qu'elle signifie pour lui. A la façon dont elle peut le rendre heureux. Elle ne vit que pour être conforme à ce qu'il attend d'elle.

Je m'installais sur le plateau et je riais. Gary était là, c'était merveilleux. J'étais là, et je travaillais avec lui — ça me paraissait incroyable.

Je me souviens qu'un jour, un reporter m'a raconté ce que Gary avait dit de moi. « C'est l'une des actrices avec lesquelles il est le plus facile de tourner une scène. On n'a jamais l'impression qu'elle est en train de s'inquiéter de son maquillage, de se demander comment sont ses cheveux. Elle ne pense absolument pas à cela. La scène, elle la porte, elle la soulève. Parce qu'elle est parfaitement naturelle. »

Je ne saurais dire à quel point ça m'a fait plaisir. Il y avait dans sa nature quelque chose de très gentil, de très bon, sinon ces qualités ne seraient pas ressorties à l'écran avec autant de vérité, de sincérité. C'est Ruth qui me disait : « Je t'en prie,

Ingrid, ne le regarde pas comme ça ! Tu n'arrêtes pas de le regarder ! Je sais que dans le film tu es censée être amoureuse de lui, mais ça s'arrête là ! »

C'était un rôle merveilleux, un rôle magnifique. Après, les cheveux courts ont fait fureur aux États-Unis, toutes les femmes voulaient une coupe à la Maria. J'imagine que la guerre y était pour quelque chose : coiffées comme ça, elles devaient penser qu'elles auraient moins de problèmes. Ce en quoi elles se trompaient. Elles ne savaient pas que moi, j'avais un coiffeur qui me suivait partout et s'occupait de mes cheveux d'un bout à l'autre de la journée. J'avais des épingles partout — à l'époque, la laque n'existait pas — et l'on me peignait avant chaque scène. Mais les malheureuses, deux heures après avoir fait faire leur coupe à la Maria, leurs cheveux retombaient et elles n'avaient plus l'air de rien... elles se retrouvaient avec une tête de rat !

On s'est beaucoup amusés durant cet été 42, là-bas, dans les montagnes du Haut Nevada. Pourtant, parmi nous, il y avait trop de Russes, de Polonais, de Français, de Grecs et de Yougoslaves qui avaient souffert de la guerre pour que nous puissions oublier qu'elle continuait. Et puis, je m'inquiétais pour la Suède. Qu'arriverait-il si jamais elle était envahie par les nazis ?

Mais nous étions si loin du monde, dans ces montagnes ! C'était comme un abri. Ruth et moi partagions une cabane, et tous les autres vivaient dans des cabanes aussi. Un soir c'était Katina Paxinou — cette merveilleuse actrice grecque qui s'était enfuie de son pays au moment de l'invasion nazie — qui faisait la cuisine : le lendemain c'était Ruth, et ainsi de suite. C'était terriblement primitif et terriblement romantique de vivre là-haut près des cimes et près des étoiles, dans cette région que les neiges de l'hiver isoleraient bientôt de tout.

Le climat était incroyable. Le matin on frissonnait, l'après-midi on transpirait, et la nuit on gelait.

J'adorais ma garde-robe : un pantalon d'homme retenu à la taille par un bout de ficelle et une vieille chemise. Pour unique changement de costume je retroussais ou je baissais mes manches. Nous sommes restés là-haut la plus grande partie de l'été et jusqu'au début de l'automne ; en tout, entre neuf et dix semaines.

Et puis, bien sûr, il y avait notre pauvre cheval. A la fin du film, les guérilleros doivent franchir un ravin sous le feu de l'ennemi pour aller se réfugier de l'autre côté. Gary Cooper est le dernier à passer. Son cheval bronche, tombe, et Gary se casse la jambe. C'était vite dit, mais à Hollywood il n'y avait pas tellement de chevaux capables de faire ça sans vous briser réellement la jambe. On en avait donc dressé un tout spécialement pour ça. L'ennui, c'est qu'il était brun, alors que tout au long du film Gary montait un cheval gris pommelé. Notre chef maquilleur a donc entrepris d'y remédier. Mais l'animal ne voulait rien entendre. Sa nouvelle couleur lui déplaisait tellement qu'il refusait de bouger. Et il est resté obstinément planté là pendant vingt-quatre heures, la tête basse et l'air accablé. Enfin, il a bien voulu consentir à faire son numéro. La scène une fois tournée, tout le monde s'est précipité pour le débarrasser de sa peinture et il s'est senti tout de suite beaucoup mieux ! Pendant vingt-quatre heures, tout le monde avait souffert pour lui.

Pendant que nous étions là-haut, Sam Wood lisait *L'Intrigante de Saratoga* d'Edna Ferber. Aussitôt qu'il l'eut fini il me l'a donné à lire, et je l'ai ensuite passé à Gary. Nous avons tous aimé. Nous avions eu tant de plaisir à tourner *Pour qui sonne le glas*, nous nous étions si bien entendus, pourquoi ne ferions-nous pas un autre film ensemble ?

*
* *

Casablanca et *Pour qui sonne le glas* avaient été tournés presque en même temps. Pourtant, neuf mois devaient séparer leur sortie respective. *Casablanca* connut un succès immédiat. Parmi les innombrables critiques qui lui furent consacrées, pratiquement toutes étaient dithyrambiques. C'était le triomphe, un triomphe qui ne s'est jamais démenti.

Quand les premiers articles consacrés à *Pour qui sonne le glas* commencèrent à apparaître, David Selznick s'empressa de télégraphier à Ingrid :

Chère cliente : dans tout ce qu'on dit, je ne vois rien que je ne dise moi-même depuis des années, aussi j'ose espérer que tu comprends ma joie et mon orgueil. En fait, on reste encore au-dessous de mes prédictions. Dimanche soir j'ai annoncé à vingt-cinq personnes qu'avant la fin de l'année on t'aura enfin reconnue comme la plus grande actrice de tous les temps. Maintenant, si cela ne monte pas ta jolie tête suédoise, c'est que rien ne le fera jamais. Mais c'est vrai qu'il y a des années que j'essaie en vain d'y parvenir...

Pourtant, malgré le télégramme de Selznick, les critiques étaient partagées. Tandis que le *New York Herald Tribune* proclamait : « L'écran relève triomphalement le défi des belles-lettres », Kate Cameron écrivait dans *The News* : « Il y a tant de choses belles, émouvantes, profondément intéressantes... que cela me peine d'avoir à dire que l'histoire a été démesurément étirée, de sorte que le film est une expérience ennuyeuse bien plus qu'exaltante. »

Par ailleurs, alors que Bosley Crowther affirmait dans le *New York Times* : « Le magnifique roman d'Ernest Hemingway sur la guerre civile espagnole a été porté à l'écran sans que ni son ton ni son atmosphère ne perdent rien de leur richesse », dans *Screen*, Herb Sterne notait : « L'original a été proprement éviscéré et vidé de son sens, en sorte que le drame, tant politique que sexuel, ne présente plus qu'un lointain rapport avec les brutales réalités du monde dans lequel nous vivons. »

Quant à *Time Magazine*, il résumait son opinion en ces termes : « Si d'autres ont tripoté la corde ou assourdi le battant, l'actrice suédoise de vingt-sept ans sonne la cloche avec tant de vaillance et en tire un tel son que rien de tel ne s'est produit depuis que sa compatriote, la grande Greta Garbo, a émerveillé la moitié du monde. »

*
* *

Le livre d'Hemingway était beaucoup trop important pour qu'on puisse mettre dans le film tout ce qu'il contenait. Mais ce qui ne ressortait pas clairement, c'était surtout son côté politique, parce qu'à Hollywood on s'inquiétait toujours de plaire à tout le monde : on ne prenait pas parti, on n'essayait pas de suggérer qui avait raison et qui avait tort. Hemingway, lui, savait parfaitement de quel bord il était. Quand je l'ai revu à son retour de Chine, pleine d'espoir, je lui ai demandé :

« Alors, vous avez vu le film ?

— Oui, m'a-t-il répondu, cinq fois.

— Cinq fois ! » J'étais ravie. « Vous l'avez aimé tant que ça ?

— Pas du tout ! La première fois que je suis allé le voir, je suis sorti au bout de cinq minutes. On avait coupé toutes les meilleures scènes, ça n'avait plus de sens. Puis, j'y suis retourné. Je pensais que c'était mon devoir — il *fallait* que je voie le film en entier. Alors je me suis accroché, je suis resté un peu plus longtemps. En tout, il m'a fallu cinq séances. Voilà, comment je l'ai aimé ! »

*
* *

Dans son *Livre*, elle-même écrivit :

C'était mon premier film en couleur. Nous avons travaillé douze semaines dans les montagnes, puis douze semaines dans les studios — à Paramount, le film a coûté trois millions de dollars. C'était fantastique, j'ai eu tant de plaisir, surtout avec Gary Cooper. Mais le problème, c'est que mon bonheur se voyait à l'écran. J'étais beaucoup trop heureuse pour représenter honnêtement le personnage tragique de Maria.

Ingrid n'écrivit plus que quelques lignes dans son *Livre*. A partir de la fin de 1943, elle eut bien trop à faire. Les douze dernières pages sont blanches.

CHAPITRE VIII

TOUTE à l'espoir de retrouver bientôt Gary Cooper et Sam Wood dans *L'Intrigante de Saratoga*, elle écrivait à Ruth :

Voilà quelque chose qui va t'intéresser. Après avoir reçu mon télégramme, David m'a téléphoné. Il n'aime pas le scénario de Saratoga, mais le livre lui plaît ; il faudra donc améliorer le scénario. Mais il ne comprend tout simplement pas comment les gens de la Warner peuvent m'imaginer dans ce rôle à la Vivien Leigh — le rôle de Cleo Dulaine. Pour les sauver de la catastrophe, il va m'empêcher de le faire ! Je ne suis pas envoûtante ! Je ne peux pas avoir l'air méchant ! En un mot, je suis parfaitement incapable de dire un texte pareil !

J'ai râlé tant que j'ai pu. Pour finir, il m'a demandé de bien réfléchir : si je jouais Cleo après Maria, ma réputation en souffrirait. Il retéléphonerait le lendemain. Entretemps il irait trouver Wood (qui est engagé). Le lendemain donc, retéléphone. Il espérait que j'aurais retrouvé mes esprits. Que non. Je lui ai dit que c'était un lâche, que bien sûr je ne pourrais jamais jouer le rôle comme Vivien Leigh, et que je n'en avais pas la moindre intention. Ça l'intéresserait peut-être de voir comment j'allais m'y prendre ? S'il ne pouvait pas imaginer comment je me débrouillerais pour dire ce texte, moi j'avais mon idée. Ce n'est pas seulement lui que j'allais surprendre, mais le pays tout entier s'il ne me croyait pas bonne pour ce rôle-là.

Évidemment, Sam savait très bien que je n'étais pas Vivien, mais si ceux qui mettent leur argent dans l'affaire étaient prêts à risquer le coup, pourquoi pas David ? Maintenant, j'ignore s'il a toujours envie de me donner le rôle. Si j'étais là-bas et que je puisse parler, bouger et gesticuler pour me faire comprendre, je suis sûre que j'arriverais à le persuader. Au téléphone, je ne vaux rien. En tout cas il a parlé à Wood. Et Wood a dit que j'étais si bonne que je pouvais faire n'importe quoi ! Il avait très envie de m'avoir. David n'inventerait pas une histoire pareille, ça doit donc être vrai. Est-ce qu'il n'est pas gentil ce cher, cher petit Sammie ?

David n'en revenait pas. Il disait : « Ils doivent tous être fous. Tu es suédoise, ça leur est égal. Tu n'as pas l'air française, ça leur est égal. Tu ne peux pas jouer ça, peu importe ! » Il va prendre une décision d'ici quelques jours. Il ne me reste plus qu'à attendre. Hal Wallis a téléphoné de N.Y. aujourd'hui. Il s'inquiétait, il se demandait si j'étais toujours intéressée après ce que D. m'avait dit. Je lui ai tout raconté et il était très, très content. Il m'a dit qu'hier il avait parlé avec Gary et que l'affaire était pratiquement dans le sac (tu imagines !). Je parie que pour prendre une décision Gary attend de savoir ce qui se passe avec le scénario et avec moi. A ce propos, David n'a pas cru une seconde que Gary puisse accepter un aussi petit rôle. Selon lui on me mène en bateau, et à la fin ce sera Flynn le héros. Je suis sur des charbons ardents. Si tout cela tombe à l'eau j'essaierai de comprendre le point de vue de David. Et pour me consoler, je pourrai toujours me dire que c'est pire de devoir faire quelque chose qu'on déteste.

Amicalement, Ingrid.

Rochester, mardi matin quand tout le monde dort encore :

Chère Ruth.

Je ne peux pas dormir. Je suis allée me coucher plus tard que tout le monde et maintenant me voilà descendue pour t'écrire. Tout est calme et sombre tandis que mes pensées sont agitées et lumineuses. David m'a appelée hier soir. Il avait parlé avec Sam et il m'a dit : « Je me suis presque laissé convaincre. Sam a promis de tout faire pour que la fille te convienne. » Sur quoi il s'est mis à rire et il a ajouté : « Sam perd complètement la tête dès qu'il s'agit de toi. Il est en train de se battre à mort pour t'avoir. » Ruth, ça doit être le civet de lapin que nous avons mangé le tout dernier jour dans les montagnes. Mais si David s'est presque laissé convaincre, je crois que je saurai le décider tout à fait. Sam vient à New York dimanche matin et il désire me voir. David me conseille de ne pas dire oui avant d'avoir obtenu les changements que je veux. Si Sam accepte mes suggestions, David se rendra. Et, bien sûr, Sam sera d'accord...

Le 31 janvier 1943 :

... Cette fois, c'est décidé, je quitte Rochester dimanche soir pour faire dans le Minnesota ce documentaire pour le Service d'information du ministère de la Guerre, *Suédois en Amérique.*

Plus tard :

Oh ! Ruth. C'est merveilleux ! Dan vient de m'appeler pour me dire que Gary a signé. C'est gagné. Nous avons gagné. Je ne sais qu'écrire sinon A MOI A MOI A MOI, *L'Intrigante de Saratoga* est A MOI ! A part ça, je me sens vraiment bien. A part ça, je ne me sens pas si bien parce que Petter est devenu fou quand il a vu que je t'écrivais encore. Selon lui, j'ai encore tellement de choses à faire avant de partir. Je sais qu'il a raison, alors je te quitte pour aller faire mon devoir. Plein d'amitiés. Je suis si heureuse que nous ayons réussi ! Souviens-toi, nous avons lu l'histoire dans les montagnes il y a si longtemps...

Le 4 février... Jeudi matin 1943 :

Ma chérie, c'est le voyage le plus merveilleux qu'on puisse imaginer. J'adore les Suédois. Je suis descendue dans une ferme chez une famille d'origine suédoise, les Swenson. Lui a 73 ans et quatre fils gigantesques qui sont tous très gentils. Je ne croyais pas que ce genre de gens existaient aux États-Unis... mais j'adore les Américains aussi.

J'ai laissé Pia et Mabel à la ferme. Tu devrais voir ces

fils de paysans. Si ce n'était pour Petter et Gary Cooper, je crois que ça me plairait bien d'être femme de paysan. Peut-être Pia... Enfin, ne divaguons pas.

Je vis comme une reine dans le plus grand hôtel du Minnesota. Il faut dire pourtant qu'il a l'air plus chinois que nordique. Joe Steele, le nouvel attaché de presse de Selznick, est venu m'accueillir à la gare, un grand et bel homme... Ici, je me sens vraiment à la maison. Les gens semblent me considérer comme une des leurs. J'ai visité un home pour personnes âgées où j'ai parlé avec une vieille dame qui est arrivée aux États-Unis en 1865. Elle n'avait pas davantage oublié son suédois que moi. Elle m'a demandé mon nom et je lui ai dit que je m'appelais Ingrid. Elle m'a raconté toutes sortes d'histoires sur ce qu'était ce pays lorsqu'elle l'a vu pour la première fois. Je suis si contente à propos de l'autre film, Ruth ! J'ai dans le cœur un air qui n'arrête pas de chanter : SAARAAA-TOOOOGA ! Plein de skols. À très bientôt. Ingrid.

Joe Steele, le nouveau directeur publicitaire de David Selznick, était venu accueillir Ingrid à la gare au début du film que le Service d'information du ministère de la Guerre avait décidé de réaliser pour illustrer la façon dont les émigrants suédois étaient parvenus à s'assimiler aux Américains, et pour montrer que, face à l'ennemi, les États-Unis étaient d'abord et avant tout une nation unie. Joe était un Américain de la vieille école, tout plein de dignité, très loin de l'image qu'on se fait généralement de l'agent publicitaire hollywoodien. Chargé de veiller sur Ingrid, il ne savait pas trop bien ce qui l'attendait. Lorsqu'il la vit, la première chose qui le frappa fut sa taille : un mètre soixante-quinze de solide construction paysanne. Ensuite, il s'étonna de la voir accompagnée d'une fort plaisante domestique noire et d'une jolie petite fille blonde tout aussi bavarde et à l'aise que sa mère. Une longue pratique des stars ne l'avait pas préparé du tout à rencontrer un personnage aussi original qu'Ingrid. Sa faculté de s'accommoder de l'inconfort et du froid, la façon dont elle se précipitait sur le premier tas de neige venu pour s'y rouler avec Pia ne laissaient pas de le surprendre. De même, sa capacité de travail l'étonnait. Elle s'acquittait de toutes les tâches publicitaires qu'il lui demandait avec une grâce et un tact parfaits, et le jour où elle était allée visiter un asile de vieillards il avait vu de vraies larmes couler sur ses joues. Mais ce qui le confondait surtout, c'est qu'à aucun moment elle ne jouait les stars. Avec la perspective d'avoir à parcourir trois mille kilomètres dans un train glacé et dépourvu de tout agrément, aucune vedette de cinéma ne se serait comportée comme elle. A la première occasion, Ingrid sautait sur un quai de gare pour aller acheter des sandwiches et revenait en courant reprendre le train en marche.

Dans l'un de ses premiers articles pour une revue de cinéma, Joe écrivait : « Parfois, je pense que c'est la plus belle femme que j'aie jamais rencontrée. Et quand je parle de beauté, je sais ce dont je parle — ou alors c'est que mes quarante ans et plus ne signifient rien et que je n'ai rien appris. » Entre Ingrid et lui, une profonde amitié allait naître, et leur association devait se poursuivre durant de longues années.

*
* *

Pour moi, voyager à travers l'Amérique pour récolter de l'argent destiné à soutenir l'effort de guerre, partir en Alaska divertir les soldats, devait correspondre à quelque chose comme à un besoin d'évasion.

C'est Petter qui m'avait dit : « Tu devrais faire quelque chose — on a tellement de chance que la Suède ait été épargnée, d'avoir échappé à la guerre. » J'ai dit oui. Petter travaillait dans un hôpital, mais moi, je ne faisais que des films. Alors je suis partie pour ces tournées à travers les États-Unis, récitant des poèmes, racontant des histoires, prononçant des discours, mais Petter trouvait que ce n'était pas encore assez, et une fois de plus j'ai dit oui.

J'ai pensé que, d'une façon ou d'une autre, je pourrais divertir les soldats. Mais ce n'était pas facile, ce n'était pas mon métier, je n'étais pas une vedette de cabaret. Tant pis. Je me suis donc portée volontaire et l'on m'a demandé : « Accepteriez-vous d'aller en Alaska ? Personne ne veut y aller, tout le monde veut aller dans le Pacifique Sud. » Moi, j'ai pensé que le Pacifique Sud, ça devait être plein d'insectes et de serpents, alors, comme j'ai horreur de ça, je me suis empressée d'accepter. Mais, en Alaska, je ne savais toujours pas ce que j'allais faire. Ruth m'a dit : « Ne t'inquiète pas, on va arranger une histoire de O'Henry, je vais te fabriquer un costume suédois, tu pourras faire une danse folklorique. » Et puis Pia, qui allait avoir six ans, m'a beaucoup encouragée : « Maman, tu sais *si bien* raconter des histoires ; tu n'as qu'à raconter des histoires comme tu m'en racontes, et puis tu sais chanter, tu sais danser. » « Mais non, Pia chérie, je ne sais ni l'un ni l'autre. » « Si, puisque tu danses et que tu chantes pour moi — et tu peux le faire pour les autres aussi. Et puis tu sais ce que je vais faire ? Je vais te donner de mes jouets, et toi, tu les leur distribueras pour qu'ils puissent s'amuser avec... »

C'est comme ça que je commençais mon numéro : j'annonçais que ma petite fille m'avait envoyée pour leur distribuer des jouets... et ça les faisait rire.

Il y avait encore trois autres filles et un acteur, Neil Hamilton. Le programme n'était vraiment pas fameux, mais là-bas, en Alaska, ils avaient si peu de divertissements que ça leur plaisait bien quand même. Hamilton faisait quelques bons tours de magie, une des filles dansait, l'autre chantait et la troisième jouait de l'accordéon. Mais ce qui comptait surtout, c'est que c'étaient des filles.

* * *

Le 28 décembre 1943, Ingrid écrivit à Ruth une lettre qui portait pour en-tête : « Quelque part enfouie dans les neiges de l'Alaska. »

Ma chère !

C'est parce que je suis une lève-tôt que tu as la chance d'avoir de mes nouvelles — les autres ne sont pas encore prêts. Nous sommes maintenant tout à fait hors du monde, et ça ressemble exactement à ce que j'imaginais : un désert de neige. On fait parfois deux arrêts par jour. Vol le matin, atterrissage et spectacle au début de l'après-midi, discussions, autographes, poses pour les photos, puis redépart pour un autre endroit où, le soir, nous donnons deux spectacles. Je commence à être enrouée et je crois qu'il va me falloir préparer un petit numéro de danse au cas où...

Nous avons d'abord passé trois jours à Anchorage. C'est l'endroit le plus important. Nous étions tout le temps avec les gars, entre les spectacles et après. Tu ne me croiras pas quand je te dirai que j'ai dansé le jitterbug avec un gars du Palladium, à Hollywood, au milieu de cinq cents spectateurs ! Ensuite, j'ai fait une danse folklorique suédoise avec un garçon norvégien. Ils étaient enchantés ; à ce qu'ils ont dit, nous sommes les premiers à nous mêler à eux et non aux généraux. J'ai tout de suite averti les galonnés que j'étais là pour amuser la troupe, ils ont compris. Nous sommes également allés dans deux hôpitaux.

Nous sommes beaucoup trop occupés pour avoir la moindre vie privée. Je dédicace cinq mille photos pendant le petit déjeuner (les autres repas, nous les prenons toujours dans d'autres mess avec d'autres garçons). Un homme m'a dit : « Voir une femme comme vous, ça vous redonne envie de vivre. »

Les gars sont parfois aussi gelés au-dedans qu'au-dehors. J'ai pris l'habitude d'aller bavarder avec eux, quand nous arrivons avant l'heure du spectacle, car ils sont vraiment timides. Il faut parler beaucoup pour les faire sortir de leur coquille. Et ils sont si reconnaissants de tout ce qu'on fait pour eux. C'est pathétique. Ça paraît irréel d'être ici. Le matin quand on se lève, tout est noir ; ensuite, il faut patauger dans la neige pour rejoindre notre avion et survoler cet immense désert blanc.

Le 29 décembre. Juste en ce moment nous sommes en train de jouer dans un hangar pour je ne sais combien de soldats. Nous sommes installés dans une ambulance et la scène est un camion. Il fait froid, j'ai un rhume affreux, et je me sens plutôt déprimée. On se déplace si vite d'un endroit à l'autre. Je crois qu'il faudrait que nous nous arrêtions pour prendre un jour de repos. Bien sûr, c'est amusant, mais nous avons tous nos limites, et c'est tellement bruyant dans ce hangar. Les gens se tiennent debout autour de nous et l'acoustique est très mauvaise. Le premier spectacle que nous avons donné ici, j'étais prête à pleurer, il y avait tellement de bruit que j'en perdais mon texte. Nous vivons plutôt bien, mais à l'intérieur la chaleur est tellement étouffante qu'on se sent mal. Et dehors, avec le froid, on a le souffle coupé.

*
* *

Nous dansions avec les soldats, nous mangions avec eux, nous visitions les hôpitaux. Et puis j'ai attrapé un rhume parce qu'à l'intérieur il faisait si chaud que je croyais devenir folle ; alors, j'ouvrais la porte et je sortais dans la neige en disant : « Avec cette chaleur, je vais mourir. » Total, j'ai failli mourir d'une pneumonie. La veille du Nouvel An j'étais à l'hôpital avec les soldats, mais pas de la façon que j'avais prévue.

Nous nous déplacions dans cinq petits avions. Dans chacun d'eux, il y avait juste le pilote et un seul passager : cinq minuscules personnes, pas de routes, rien que de la neige, et tout à coup vous vous disiez « Tiens, qu'est-ce que c'est là-bas... » et c'était là... quelques baraques et deux cents garçons parqués là à ne rien faire. Ils n'avaient vu personne depuis des mois. Ils n'avaient même pas à se battre — en Alaska, on n'a pas tiré un seul coup de feu... Et lorsqu'ils voyaient arriver ces cinq petits avions, ils étaient si heureux...

*
* *

Ingrid, qui a toujours eu l'art de se faire des amis, ramena une nouvelle amitié de son voyage en Alaska : celle du lieutenant général Simon Bolivar Buckner, le commandant en chef de la région. Avec sa voix rauque, sa santé de fer, son rire tonitruant et ses incessantes excentricités, Buck prenait un relief tout particulier dans ce paysage désolé. Pour lui, le froid n'existait pas, et pour bien montrer le mépris où il le tenait, il ne prenait jamais la peine de mettre un pardessus quand il allait se promener dans la neige — il était profondément convaincu qu'un homme qui laisse sécher sur lui des vêtements mouillés est incapable de prendre froid.

Au mur de son bureau il avait accroché une superbe peau d'ours, sur laquelle on ne voyait aucune trace de balle. Pour expliquer le phénomène, ses collaborateurs racontaient volontiers qu'il avait suffi au général de crier « Taïaut ! » en voyant l'animal pour que celui-ci meure d'effroi.

Une fois Ingrid de retour à Hollywood, comme tant d'autres soldats et d'autres jolies filles, Buck et elles devinrent des amis de plume, et leur correspondance ne fit que renforcer leur amitié.

Le 1er février 1944, Buck écrivit :

Je viens de réunir tous les rapports des postes que vous avez visités et je crois pouvoir affirmer que vous seriez très satisfaite du caractère hautement élogieux de chacun d'entre eux. Aucun des spectacles que nous avons eus en Alaska n'a suscité un pareil enthousiasme, et les remarques touchant la grâce de votre propre comportement et la profonde estime où vous tiennent nos soldats ne manqueraient certainement pas de vous plaire. Vous pouvez vous considérer comme l'équivalent féminin de Joe E. Brown ; pourtant, il faut admettre qu'il a sur vous certains avantages, à commencer par la configuration caverneuse de sa bouche...

Ce à quoi Ingrid répondit :

Que diriez-vous d'un one-woman show ? Depuis mon retour, non seulement j'ai retrouvé ma voix et je la cultive grâce à des leçons de chant, mais je danse chaque jour — danses folkloriques, hula-hula et tout ce qui serait susceptible de vous plaire. Par ailleurs, au désespoir de mes voisins, j'exerce mon piano avec une ténacité admirable. Si vous me donnez l'occasion de jouer un peu et de signer quelques autographes, vous tenez un nouveau spectacle pour vos garçons...

Les lettres se succédèrent, et, le 3 juillet 1944, Buck écrivit à Ingrid pour lui raconter qu'il était allé chasser avec les Esquimaux au bord de la banquise — les consignes officielles l'empêchaient de lui révéler l'endroit où il se trouvait — et qu'il nageait et plongeait maintenant dans les eaux lumineuses d'un lagon. Pourquoi ne viendrait-elle pas se balader dans le Pacifique pour changer ? Lui-même entretenait sa forme en faisant de l'escalade et en chassant la chèvre des montagnes.

A cela Ingrid répondit qu'elle n'aimait ni les insectes ni les serpents, mais qu'elle réfléchirait quand même.

Le 2 mai 1945, Buck écrivait encore :

Chère Ingrid, ce soir, lorsque j'ai regagné ma tente, trempé et tout couvert de boue d'avoir assisté au combat qui se déroulait sur le front, j'ai eu le grand plaisir de trouver votre lettre et ses bonnes nouvelles... Il y a maintenant quatre mois que nous nous battons sur cette île, si pittoresque et belle avec son merveilleux climat, ses villages et ses coutumes étranges et passionnantes. De bien des façons les indigènes ressemblent aux Japonais, mais ils sont de culture et de traditions différentes dans la mesure où ils ont subi l'influence des Chinois. Jusqu'à ce jour nous avons tué 28 000 Japonais, mais nous nous trouvons maintenant face aux défenses les plus puissantes qu'on nous ait jamais opposées dans le Pacifique et il nous faut agir avec beaucoup de prudence et de méthode de façon à ne subir qu'un minimum de pertes. J'espère que la prochaine grande offensive me conduira à Tokyo... et j'espère que la guerre finira à temps pour que je puisse vous voir à Broadway dans le rôle de Jeanne d'Arc...

Jamais plus il n'écrivit. Jamais non plus il ne la vit dans *Jeanne d'Arc*. La dernière lettre qu'elle lui adressa resta dans sa tente sans être décachetée. Il n'avait pu lui révéler que l'île si pittoresque et belle dont il lui parlait était Okinawa, où pendant soixante-dix-neuf jours les forces japonaises et américaines se livrèrent quelques-unes des batailles les plus sanglantes de la campagne du Pacifique. Vers le milieu de juin, son corps d'armée, renforcé par certains éléments de la marine, déclencha une offensive sans précédent pour nettoyer l'île et préparer l'assaut qui devait être porté contre le Japon même. Le 18, alors qu'il dirigeait le combat depuis son poste d'observation, deux obus atteignirent leur objectif et l'ami d'Ingrid, le galant officier, mourut instantanément d'un éclat de shrapnel reçu en plein cœur.

Ingrid et lui avaient été des amis de plume, rien de plus. Outre quelques verres, ils avaient partagé beaucoup de rires et entre eux l'amitié implicitement contenue dans les lettres qu'ils échangeaient n'avait jamais cessé de croître. Maintenant qu'il avait disparu, Ingrid essayait tant bien que mal de se consoler en se répétant que c'était un soldat de métier et qu'il connaissait les risques de sa profession. S'il existe un endroit où la mort réunit, Buck aurait retrouvé d'anciens compagnons et continuerait de rire avec eux, ravi de leur avoir si bien prouvé qu'un général aussi peut mourir au combat.

La guerre continuait, et Hollywood aussi. Ingrid commença le tournage de *L'Intrigante de Saratoga* avec Gary Cooper. Les lèvres sanglantes, coiffée d'une perruque noire, le buste étroitement pris dans des corsages de satin, elle jouait avec Cleo

Dulaine un personnage sans aucun rapport avec la Maria de *Pour qui sonne le glas*. Un jour, elle eut même l'immense plaisir de voir Charles Feldman, son agent, passer à côté d'elle sans la reconnaître.

* * *

Je jouais le rôle d'une femme méchante, artificielle, égoïste et gâtée, toujours prête à crier, à pleurer, à faire des scènes. Avant que je commence le film, les gens disaient : « Ce n'est absolument pas pour toi. » À moi, ça m'était bien égal, car c'est tout ce que je désirais faire. J'étais une espèce de catin, et je n'en avais pas l'habitude.

* * *

Les critiques apprécièrent l'exploit.

Aussitôt terminée *L'Intrigante de Saratoga*, Ingrid se rendit à Rochester pour fermer la maison. Petter déménageait en Californie pour accomplir sa dernière année d'internat à l'hôpital de San Francisco.

En avril, elle écrivit à Ruth :

Je suis si contente de quitter Rochester. Nous avons soirée d'adieu sur soirée d'adieu, et c'est moi qui fais la cuisine. Hier, j'avais un dîner suédois pour six personnes... côtes découvertes, harengs de toutes sortes, tout le monde a adoré. Y compris moi. Mardi, nous recevons onze personnes de l'hôpital et je vais faire le même dîner.

David m'a envoyé le synopsis de *Valley of Decision**. Quel rôle ! C'est exactement ce qu'il aimerait pour moi. Exactement comme dans *La Famille Stoddard*. La femme

* Film réalisé plus tard par Tay Garnett. Titre français : *Vallée du jugement.*

180

est courageuse, forte, sincère, **ENNUYEUSE COMME LA PLUIE !** Elle est tout le temps tellement bonne que ça vous rend malade. Ces gouvernantes qui apportent la beauté et l'ordre pour chambouler les ménages, qui sont désespérément amoureuses, qui se sacrifient et renoncent à tout pour aider les autres... Un fusil, et tout de suite !

Grâce à Feldman, de nouvelles propositions arrivaient. Il était notamment question qu'Ingrid tourne avec Charles Boyer dans *Hantise*, une adaptation d'*Angel Street*, pièce qui l'avait beaucoup intéressée lorsqu'elle l'avait vue à New York. Mais certaines difficultés restaient à surmonter !

*
* *

David Selznick commence les pourparlers et, au bout d'un certain temps, il me téléphone pour me dire : « Désolé, mais tu ne feras pas le film.

— Ne pas faire le film ! Avec Charles Boyer comme partenaire ! Qu'est-ce qui s'est passé ?

— Charles Boyer veut son nom en premier.

— Et alors ? Qu'on le mette en premier !

— Il n'en est pas question. Tu es une grande vedette, maintenant. J'ai assez travaillé pour faire de toi une grande vedette. C'est ton nom que je veux en premier.

— Mais, si j'ai bien compris, la seule différence c'est que le nom de Boyer sera sur la gauche de l'écran et le mien sur la droite ?

— C'est ça. Et c'est ce que je ne veux pas.

— Mais nos deux noms seront de la même taille, nos deux noms seront placés avant le titre du film. Qu'est-ce que tu veux que ça me fasse que je sois d'un côté ou de l'autre ? C'est le cadet de mes soucis. Et ça m'est bien égal aussi d'être au-dessus ou au-dessous du titre. Ce que je veux, c'est travailler avec Charles Boyer.

— Rien à faire. C'est absolument exclu. C'est une question de prestige. Si tu n'es pas considérée comme la vedette, mieux vaut abandonner le film.

— Pour toi peut-être, mais pas pour moi. Moi, je meurs d'envie de le faire, ce film. »

Et le film a failli ne pas se faire — ou plutôt *j'ai* failli ne pas le faire — parce que, pour Boyer, qui était une grande vedette depuis beaucoup plus longtemps que moi, il ne pouvait être question d'accepter les conditions de Selznick. Mais j'ai tellement crié, pleuré et supplié que, très, très à contrecœur, David a quand même fini par céder.

Une autre difficulté a surgi quand nous avons tourné la première scène. J'ai toujours plaidé auprès de mes metteurs en scène : « Surtout, *surtout*, ne commencez pas le film avec une *scène d'amour*. » Pratiquement tous les films sont faits dans n'importe quel ordre, en fonction des lieux de tournage ou des décors utilisés — pour *Autant en emporte le vent*, l'incendie d'Atlanta avait déjà été filmé et il ne restait plus rien du décor alors que la distribution n'était pas encore terminée. Et pour moi, le hasard voulait presque toujours que le tournage commence par une étreinte passionnée alors que je ne connaissais pas encore mon partenaire. Je me souviens que beaucoup plus tard, dans *Aimez-vous Brahms ?* — qu'en anglais on avait traduit par *Goodbye Again* de peur que le public américain ne demande : « Brahms, c'est qui, ça ? » —, j'ai emmené Anthony Perkins, qui était censé être mon jeune amant, dans ma loge et je lui ai dit : « S'il vous plaît, vous seriez gentil de m'embrasser. » D'abord, il a failli tomber raide, mais ensuite il s'est mis à rire et il m'a demandé : « Vous embrasser, pourquoi ? » Et moi, je lui ai expliqué : « Parce qu'il va falloir qu'on le fasse dans le film. Je vous connais à peine, je suis timide, et je rougis ; alors j'ai pensé que si on s'exerçait d'abord dans ma loge, quand le moment serait venu de le faire devant une centaine de techniciens, je n'aurais plus peur. » Il a souri, il a compris, il m'a dit : « D'accord. » Puis il m'a embrassée et il m'a demandé : « Ça ne fait pas trop mal ? Non ? Tant mieux. » Il était très gentil, et c'est vrai, pour moi, ça a été plus facile après. Je le reconnaissais. Nous étions amis. La caméra ne me terrorise pas, pas du tout, mais je suis très mauvaise pour ces scènes d'intimité ; et quand je dois les tourner avec des étrangers ou presque, ça m'est encore beaucoup plus difficile.

Avec Charles Boyer, c'était absurde ! Comme d'habitude, le tournage se faisait dans le désordre, et notre première scène était celle où j'arrive dans une gare italienne. Je sautais du train et je devais me précipiter vers Charles, debout au milieu du quai, qui attendait que je me jette dans ses bras pour m'embrasser passionnément. Aucune femme saine d'esprit n'aurait refusé de se laisser embrasser par Charles Boyer, mais il fallait d'abord que je coure jusqu'à lui, qui était là, planté seul, au milieu du quai sur une ridicule petite caisse grâce à laquelle on ne devait pas s'apercevoir qu'il avait quelques centimètres de moins que moi. Il fallait que je coure, que je saute dans ses bras, et tout cela en faisant attention de ne pas buter dans la caisse ! Il nous aurait été plus facile de mourir de rire que de prendre l'air amoureux !

Mais Charles Boyer était merveilleux. C'est l'acteur le plus intelligent avec qui j'aie jamais travaillé et aussi l'un des plus gentils. Il était très cultivé, très bien élevé, et si *différent*. C'est lui qui a ouvert la bibliothèque française de La Cienaga Boulevard et qui a créé là-bas une société française. Il avait cet accent et cette voix magnifiques, et ces yeux — ces beaux yeux de velours... Dans *Hantise*, il jouait le rôle d'un homme qui m'épouse puis essaie de me rendre folle parce que ce qui l'intéresse, ce sont les bijoux de ma tante cachés quelque part dans notre vieille maison.

Nous avons passé ensemble une période merveilleuse. Charles était marié à Pat Patterson, une actrice anglaise qui avait abandonné sa carrière au moment de l'épouser. Depuis dix ans au moins, ils essayaient d'avoir un enfant. Quelques mois avant *Hantise*, Pat s'est enfin trouvée enceinte. Aussi, pendant le tournage, Charles était-il sans arrêt en train de courir au téléphone pour s'assurer que tout allait bien. Et je n'oublierai jamais : un jour, la sonnerie retentit, il se précipite à l'appareil, et il revient en larmes. On venait de lui annoncer qu'il avait un fils. Champagne — il a fallu que tout le monde boive le champagne. Et plus le champagne coulait, plus il pleurait. Ce jour-là, on n'a plus rien tourné. On aurait dit que personne au monde n'avait eu de fils avant lui.

Nous étions tous ravis pour lui. Pat et lui adoraient leur fils — le petit Michael. Quatre ans plus tard, alors que nous jouions ensemble *Arc de Triomphe*, Charles nous l'a amené sur le plateau. C'était un enfant magnifique ; il ressemblait beaucoup à son père ; il avait les mêmes yeux de velours. Et Charles était très fier de lui.

Je ne l'ai revu que dans les années soixante, alors que je vivais en France. Charles n'était plus que l'ombre de ce qu'il avait été. On m'avait partiellement raconté le drame. Michael était devenu un robuste jeune homme sensible et vulnérable comme son père. Pour ses vingt et un ans, Charles lui avait donné tout ce dont rêve un garçon de cet âge : les clefs d'un appartement bien à lui.

Là-dessus, Michael est tombé amoureux d'une fille. Ce qui s'est passé au juste, j'imagine que personne ne le saura jamais. La fille se trouvait dans l'appartement avec Michael et un autre garçon dont elle était censée être amoureuse. Il y a eu une querelle, ou du moins une discussion, et Michael a sorti un revolver. A-t-il voulu jouer à la roulette russe pour impressionner les autres ? Avait-il vraiment eu l'intention de se suicider ? On l'ignore. Mais le fait est qu'il a appuyé le revolver sur sa tempe, qu'il a pressé sur la détente, et qu'il s'est brûlé la cervelle.

Ni Charles ni Pat ne s'en sont jamais remis. Ils ont quitté Hollywood pour essayer de vivre à Genève, et puis Pat est tombée malade et ils sont retournés en Arizona pour sa santé. Elle est morte là-bas en 1978 d'une tumeur au cerveau. Charles avait perdu les deux êtres qui lui étaient le plus chers. J'imagine qu'il n'a pas pu le supporter. Il ne voulait voir personne. Trois jours après, il a pris une overdose.

C'était un acteur incomparable. Je me souviens d'une représentation des *Mains sales* de Jean-Paul Sartre, à New York. Derrière moi, il y avait deux femmes qui, au moment où il est entré en scène, se sont mises à chuchoter : « Mon Dieu ! C'est *ça*, Charles Boyer ! Il est tout petit ! Il a du ventre ! Il est presque chauve ! » Au bout d'un moment j'en ai eu assez ; je me suis retournée et j'ai dit : « Je vous en prie, attendez, attendez seulement qu'il commence à jouer ! » Elles se sont tues. Et il a commencé. Comme toujours, il a été magique, et il a tout de suite empoigné l'auditoire. Mes deux voisines n'ont plus dit un seul mot, elles se sont contentées d'applaudir. Et au moment de sortir elles ont fait bien attention à ne pas tourner les yeux dans ma direction.

***

La maison du 1220 Benedict Canyon Drive, ce sont essentiellement les gains d'Ingrid qui devaient la payer. Située parmi les élégantes propriétés de Beverly Hills, c'était une maison de style ranch, en pierre et en bois de pin, qui leur rappelait un peu un chalet. Son originalité, c'était un immense living, sur lequel donnaient toutes les chambres. Au cours des cinq années suivantes ils y ajoutèrent une piscine et un sauna.

C'était leur foyer, et ils tentèrent de s'y fixer. Mais Petter, interne en neuro-chirurgie dans un hôpital de Los Angeles, passait de longues heures et de nombreuses nuits à l'hôpital, Ingrid travaillait dans les studios et partait en tournée, de sorte que personne n'aurait pu affirmer qu'ils vivaient ensemble comme un couple normal.

*
* *

Avant que nous nous installions à Benedict Canyon, mes amis plaisantaient toujours : « Vraiment, ton mariage est si heureux ? Vous ne vivez jamais ensemble. Il est toujours dans un endroit, et toi dans un autre. Attends un peu que vous viviez dans la même maison. Là, tu pourras nous dire ce que vaut ton mariage ! »

Nous avons pendu la crémaillère, et j'ai eu ma première grande surprise. J'ai dressé une liste de tous les gens que je voulais inviter, après quoi je suis allée voir Irene Selznick pour lui demander conseil. Tous les gens que j'aimais étaient sur la liste : Ruth Roberts, Irene et David Selznick, le cameraman de tel film, le scénariste de tel autre, des acteurs... Irene y a jeté un coup d'œil, après quoi elle a décrété : « Impossible. C'est absolument impossible. Tu ne peux pas inviter des producteurs avec ce petit écrivain ; tu ne peux pas mélanger des vedettes avec des inconnus. » J'ai protesté : « Mais c'est une pendaison de crémaillère, une petite soirée, c'est tout. » « Ça ne change rien. Tu ne peux pas mélanger un figurant, un cameraman et Miss Roberts, un professeur de langue, avec le directeur des Studios Columbia, par exemple. Ça n'amuserait personne. C'est impossible, je te dis, impossible. »

Ce fut ma première leçon. J'avais appris qu'on ne pouvait avoir ensemble le gratin et les gens qui n'en faisaient pas partie. Si je voulais recevoir tout le monde, il faudrait que je fasse deux invitations différentes. Quel choc ! Et puis il y avait plusieurs groupes, et si vous apparteniez à tel groupe vous ne pouviez pas en sortir. Si, par exemple, vous faisiez partie de la crème — comme les Selznick, les

Mayer, les Goetz, les Cohn, les Warner — il n'était pas question de déchoir. Mais, Dieu merci, il y avait la bande à Hitchcock : lui et Alma mélangeaient tous les acteurs qu'ils aimaient sans s'inquiéter si c'étaient ou non des vedettes. Et puis il y avait Jean Renoir et Dido, deux de mes bons amis, qui fréquentaient des gens très différents. J'ai donc fini par faire partie de trois groupes.

Les membres du premier organisaient de gigantesques réceptions soit dans des restaurants loués, soit chez eux, avec des buffets gargantuesques autour de la piscine, des maîtres d'hôtel, des domestiques, le fin du fin. Les réveillons chez Sam Spiegel, par exemple. S'il vous invitait chez lui, vous saviez que vous étiez quelqu'un. Une année, j'ai réussi à y entraîner Petter. Je lui ai dit : « On en parle tellement. Nous devrions au moins aller voir à quoi ça ressemble. »

Il faut dire qu'en Suède les choses se passent de façon très différente. Entrer dans une nouvelle année est une affaire tellement importante qu'elle se déroule en famille. On reste chez soi. On attend minuit. On parle du passé, de l'avenir, et on en profite pour prendre de bonnes résolutions comme d'arrêter de fumer. Et lorsque arrive le moment fatidique toutes les cloches du pays se mettent à sonner, et à la radio quelqu'un récite le *Retentissez, cloches folles* de Tennyson. A l'époque, c'était Anders de Wahl, un acteur très célèbre, qui disait le poème. Des haut-parleurs le diffusaient dans tout Stockholm et on l'entendait dans chaque rue — il n'y avait même pas besoin d'allumer la radio.

Rien à voir avec ce qui se passe aux États-Unis où, avec les rires, les cris et l'alcool, on rate une fois sur deux les cloches de minuit parce qu'il y a trop de bruit et que de toute façon à cette heure-là la moitié des gens sont déjà sous la table. Afin d'éviter ça, Petter et moi nous étions donc restés à la maison jusqu'à minuit, après quoi seulement nous sommes partis chez Sam Spiegel. Je me réjouissais beaucoup de voir toutes les célébrités qu'il aurait réunies — à l'époque, j'adorais sortir, j'adorais rencontrer des gens. Nous approchons, et il y a tant de voitures que nous ne pouvons pas passer. Je dis à Petter : « Tant pis, garons-nous ici, ensuite nous irons à pied. » C'est ce qu'on a fait, ou du moins ce qu'on a essayé de faire. C'était noir de monde. Même à pied on ne pouvait pas approcher de la maison : du jardin à la porte, il y avait des gens partout. C'est tout ce que j'ai vu de ce somptueux réveillon. Nous avons fait demi-tour et nous sommes tranquillement rentrés chez nous.

Durant toutes ces années d'Hollywood, je n'ai jamais donné chez moi que des petites soirées suédoises, ou ce genre de chose, je n'ai jamais essayé de rivaliser avec les autres. Les réceptions que j'aimais le mieux, c'étaient celles que donnait Jean Renoir. Il recevait ses amis dans sa cuisine de style plus ou moins provençal autour d'une grande table de bois bien astiquée, il débouchait toutes sortes de vins de Californie pour les comparer avec des vins français et l'on s'embarquait dans d'interminables discussions. Chez Hitch, c'était pareil, mais lui n'invitait jamais plus de huit personnes à la fois. Il disait : « Plus de huit, c'est une insulte à mes amis. »

J'ai eu parfois du mal à me faire aux coutumes de Hollywood. Je ne voulais pas de manteau de vison. Quand je suis arrivée là-bas et que David Selznick a vu que je n'en avais pas, ça l'a estomaqué, il n'arrivait pas à le croire. Des manteaux de vison, tout le monde en avait. Il ne serait venu à l'idée de personne qu'avec le climat qui règne là-bas il était grotesque de porter une fourrure. Il fallait avoir un manteau à laisser au vestiaire lorsqu'on arrivait à une réception, et, dans la pièce réservée aux femmes, le lit croulait bientôt sous les visons.

Aussi, un jour que je me trouvais à New York, David a téléphoné à Dan O'Shea pour qu'il m'emmène acheter un manteau de vison. Mais ce n'était pas lui qui payait, c'était moi. Et quand je me suis retrouvée à Hollywood et que pour la première fois j'ai fait moi aussi le coup de jeter négligemment mon vison sur le lit, j'ai eu un choc : il n'était pas moitié aussi beau que les autres. J'avais lésiné, je n'avais pas choisi *le* plus cher. Alors j'ai été dégoûtée, j'ai revendu mon manteau et je n'ai plus voulu en entendre parler.

Mais David ne se consolait pas de voir que je n'étais pas à la hauteur, que je ne correspondais pas à ce que devait être une star. Alors, le Noël suivant, il m'a offert un astrakan pour qu'au moins je possède une fourrure décente et qu'il n'ait plus besoin d'avoir honte de moi.

Le plus drôle c'est que dix ans plus tard, en Italie, la même histoire a recommencé. Roberto Rossellini était outré : « Quoi ? Tu n'as pas de vison ? » « Non. » « Mais comment ça se fait ? Toutes les femmes ont un vison... en tout cas, en Amérique. » « Eh bien c'est justement pour ça que je n'en ai pas et que je n'en ai jamais voulu. » Là-dessus arrive Noël, et qu'est-ce qu'il m'offre ? un manteau de vison ! Celui-là, je l'ai porté. En Italie, ce n'était pas si courant, *tout le monde* n'en avait pas un. Et puis, c'est Roberto qui me l'avait donné. Je l'ai toujours, d'ailleurs — et pour la première fois il m'est vraiment utile... je l'ai cousu à l'intérieur d'un imperméable et quand il fait un temps affreux, c'est l'idéal. Peut-être qu'un jour une de mes filles l'appréciera et qu'il finira sur son dos !

Pour les bijoux je suis pareille, ça ne m'a jamais intéressée. Ça ne me fait pas frémir d'avoir un bracelet de diamants, ce n'est pas mon genre de porter des diamants au cou ou aux oreilles. Mon bijou préféré, c'est une longue chaîne en plaqué or avec un médaillon. J'ai déjà dû la faire redorer plusieurs fois et quand je l'apporte chez le bijoutier, on me dit invariablement : « Vous savez, c'est un peu ridicule de faire ça — ça n'en vaut pas la peine. » Et moi, j'explique : « C'est sentimental, vous comprenez ; alors pour moi, ça vaut la peine. »

Une autre chose que je détestais à Hollywood, c'était la puissance invraisemblable de Louella Parson et Hedda Hopper, les deux femmes qui tenaient la chronique des scandales. J'étais absolument indignée, je trouvais criminel que l'industrie du cinéma leur ait permis d'acquérir une puissance telle que, si elles le voulaient, elles pouvaient ruiner la carrière et la vie de quelqu'un.

Un jour, il y avait une fête organisée pour Louella Parson. Je crois que c'était à l'occasion de son anniversaire. On nous demandait de payer vingt-cinq dollars pour le dîner. Elle lance les invitations, et moi, je jette la mienne. J'en reçois une seconde, qui passe tout aussi vite à la poubelle. Sur quoi mon producteur, Walter Wanger — à l'époque je tournais *Jeanne d'Arc* — me dit : « Ingrid, j'ai cru comprendre que tu n'avais pas répondu à l'invitation de Louella ? » Et j'explique : « Non, je n'ai pas l'intention d'y aller. Si je ne réponds pas, elle comprendra bien. » « Mais enfin, reprend-il, tu ne peux pas faire ça. Le film sort bientôt. Si tu n'y vas pas, elle va faire tout ce qu'elle peut pour le couler. » Et moi : « Je ne vais pas payer vingt-cinq dollars pour aller m'enquiquiner avec un tas de gens à fêter Louella Parson. » « Ne t'inquiète pas, je paierai, je paierai. » Je commençais à m'énerver : « Enfin, ce n'est pas une question d'argent. Je peux dépenser vingt-cinq dollars. Mais je ne veux pas y aller, c'est tout. » « Dans ce cas, dis que tu es malade, envoie-lui des fleurs. » Moi : « Certainement pas. C'est une invitation, non ? Une invitation, ça s'accepte ou ça se refuse. Eh bien, celle-là, je ne l'accepte pas. Voilà. » Pour finir, il a envoyé des fleurs en mon nom, il a expliqué que j'étais malade ou donné je ne sais quelle excuse. Tout cela pour sauver son film. Tellement il avait peur.

Une fois, j'étais présente lorsque Hedda Hopper

s'est fâchée avec Gene Tierney. C'était chez Sonja Henie. Sonja tenait alors le haut du pavé et ses réceptions étaient parmi les plus recherchées d'Hollywood : tente dressée au bord de la piscine, orchestres, précieux cadeaux à tout le monde, des pierres à n'en plus finir, des toilettes, des mets spécialement venus de Norvège, tout le saint-frusquin. Et j'étais là avec Gene Tierney. Elle était enceinte, mais à la voir personne ne s'en serait douté. Arrive Hedda Hopper. Furieuse. « Qu'est-ce que j'apprends, vous attendez un enfant et vous ne m'en avez rien dit ? » Gene tombait des nues. « Mais, Hedda, je ne le sais moi-même que depuis très peu de temps, et il y a des choses que je ne crois pas nécessaires de crier sur les toits. » Ce n'était pas le genre de réponse fait pour plaire à Hedda. Elle s'est mise à glapir : « A partir de maintenant, ne comptez plus sur moi. Attendez la sortie de votre prochain film et vous verrez de quel bois je me chauffe ! »

Il n'était pas possible de passer plus de deux minutes en compagnie de Louella Parson ou de Hedda Hopper sans qu'elles se précipitent au téléphone pour communiquer l'une ou l'autre remarque que vous veniez de faire.

J'imagine que c'est à Benedict Canyon que notre vie conjugale a commencé à se désagréger, ou du moins à battre de l'aile. Et cela, peut-être en partie parce que désormais nous vivions *réellement* ensemble.

Comme je l'ai déjà dit, contrairement à ce qui se passait quand je jouais, en privé, j'étais toujours hésitante, un peu effrayée. Petter décidait de tout pour moi. Il me disait que faire et que dire, et je m'en remettais à lui pour tout. Lui ne songeait qu'à mon bien. Il prenait tout sur ses épaules pour que je puisse me concentrer sur mon travail, étudier mon texte ou me coucher tôt pour être en forme le lendemain. Mais en même temps cela signifiait que je vivais un peu à côté. Il y avait dans la vie des tas de choses que j'ignorais. Elles me faisaient peur et je craignais de les connaître.

Dans les interviews que je donnais, Petter me répétait souvent que je ne disais pas ce qu'il fallait. Selon lui, je parlais trop. J'aurais dû prendre exemple sur Garbo. Garbo ne disait jamais rien. J'essayais de lui expliquer que Garbo, oui, bien sûr, mais je n'avais pas ses qualités. J'aimais parler aux gens, j'aimais leur expliquer. En leur expliquant, je croyais me faire comprendre. Bien sûr, c'était idiot : l'expérience a fini par me l'apprendre.

Et quand nous rentrions d'une soirée il arrivait que Petter me dise : « Tu ne devrais pas parler autant. Tu as un visage très intelligent, laisse croire aux gens que tu l'es ; quand tu te mets à parler, tu ne dis que des insanités. » Alors, quand il était là, je faisais très attention à ne pas trop parler, sinon, je savais que je lui déplairais et qu'en rentrant il serait furieux contre moi.

Et puis Petter avait peur que je ne devienne « Hollywood », que je ne me prenne pour une star quand lui voulait que je me considère comme une actrice très ordinaire. Mais je ne me prenais pour rien d'autre que pour une actrice ordinaire. J'essayais simplement de m'améliorer. Il était très avare de compliments, disant qu'on m'en faisait déjà bien trop et que ça risquait de me monter à la tête. De sa part, je ne pouvais guère attendre mieux que « pas mal » ; pour qu'il m'accorde un « bien », il fallait vraiment qu'il soit ébloui.

Pour me protéger — et sur ce point il était tout aussi sincère que l'avait été Irene — il me répétait souvent : « Il faut te montrer très prudente avec tous ces hommes à femmes qui rôdent autour de toi. Ils te racontent tous qu'ils sont amoureux. Ils veulent tous t'arracher un rendez-vous. Mais tu ne dois pas oublier ce qu'ils ont en tête : la publicité, *leur* publicité. Ils espèrent que leur nom va paraître dans les journaux et que les gens parleront d'eux. Alors tu as intérêt à être très prudente. »

Et moi je lui disais : « Tu veux me faire croire que tu es le seul homme au monde qui soit jamais tombé amoureux de moi simplement pour moi et pas parce que je suis une actrice connue ? »

Le plus sérieusement du monde, il me répondait : « Mais oui, c'est ce que je pense ! » Ça me rendait très triste, mais je l'ai cru pendant des années.

Et il était convaincu que j'avais des aventures avec tous mes partenaires masculins. Il y en avait de très beaux. Certains m'attiraient beaucoup, et je crois que je les attirais, moi aussi. Mais cela n'avait rien à voir avec des aventures ou des histoires d'amour. Comme le disait Ruth : « Elle est juste assez amoureuse pour que les scènes d'amour paraissent réelles. » Et qui n'aurait pas été amoureuse de Cary Grant, de Gary Cooper ou de Spencer Tracy ? La moitié des femmes l'étaient en tout cas. Mais il était très rare que je les rencontre en dehors du studio. Je ne suis sortie qu'une fois avec Cary Grant — j'étais à New York et nous devions voir Howard Hughes. Gary Cooper et sa femme sont devenus des amis. Ils venaient chez nous et nous allions chez eux, mais c'était probablement parce que Pia et leur fille Maria, qui avaient le même âge et allaient à la même école, étaient toutes deux de bonnes amies.

Parfois, Petter m'agaçait. Quand j'étais en train de lui raconter quelque chose qui s'était passé au studio, quelque chose qui me paraissait très intéressant, il me disait : « Ne fronce pas ! » J'acquiesçais, et je continuais mon histoire. Après deux nouvelles phrases, il reprenait : « Tu fronces encore ! » ou « Tiens-toi droite ! » Je me redressais, j'essayais de garder le front lisse, mais j'avais le sentiment désagréable qu'il était trop intéressé par mes rides, par la façon dont je me tenais, par ce que je faisais de mes mains, de mes doigts, pour écouter vraiment ce que je lui racontais. Et je lui disais : « Le jour où je mourrai, tu seras encore à côté de moi à me dire de ne pas froncer. »

Évidemment, ce qu'il me disait m'a été d'un très grand secours au cours des années. En scène, je m'assieds le dos droit, je me tiens bien droite, je n'ai pas peur d'être grande. Petter m'a fait beaucoup de bien en me reprenant sans cesse, mais à l'époque, ça m'irritait au-delà de toute expression.

Parfois aussi on se querellait à propos de mon régime. Petter me voulait mince, filiforme. Il se plaignait toujours de ne pas comprendre pourquoi, avec tous les régimes que je suivais, je ne perdais pas de poids. Mais ce qu'il ne savait pas, c'est que si je mangeais juste ce qu'il fallait à table — des jus, quelques feuilles de salade — j'avais dans ma chambre une boîte de biscuits dont j'allais me gaver aussitôt le repas terminé. Et au milieu de la nuit je descendais dans la cuisine et je dévorais tout ce que je trouvais dans le frigidaire. Un jour où il ne comprenait vraiment pas que je n'aie pas maigri davantage, j'ai protesté : « Mais si, j'ai maigri... je maigris sans arrêt ! » Du coup il est allé chercher la balance, il l'a mise devant moi et il m'a fait monter dessus. Là, je ne pouvais plus mentir : la balance montrait clairement que j'avais grossi. J'étais vexée et humiliée qu'il m'ait démasquée, je ne savais plus quoi dire. Ainsi, tous ces petits détails se sont accumulés au cours des cinq années que nous avons passées à Hollywood jusqu'au jour où je n'ai plus pu le supporter.

Et puis, le fait d'être si souvent séparés créait aussi bien des problèmes. Pour la plupart, mes amis étaient des gens de cinéma, des acteurs ou des producteurs, et dans les quelques soirées où nous nous rendions c'étaient mes amis que nous retrouvions. Il arrivait souvent que des gens que je connaissais très bien me demandent : « C'est qui, avec toi ? » « Qui est-ce, ce garçon ? » Et je répondais : « C'est mon mari. Il est médecin. »

Cependant, s'il n'avait rien de commun avec mes amis du cinéma, il a été bientôt très recherché par les femmes de tels acteurs ou de tels producteurs qui profitaient de la soirée pour parler boutique, pour discuter de certains rôles. Elles étaient ravies de trouver en Petter quelqu'un qui les fasse danser, surtout qu'il était excellent danseur. Parfois, tout en dansant, il s'approchait de moi et me lançait en suédois pour que personne ne puisse comprendre : « Attention, c'est ton quatrième martini ! » Enfin, j'imagine qu'il arrive à tous les maris et à toutes les femmes de se faire de temps à autre ce genre de remarques.

Dans ces réceptions, j'étais souvent entourée de producteurs et de metteurs en scène qui désiraient que je travaille avec eux ou voulaient me parler de leurs films. Connaissant d'avance les reproches que m'adresserait Petter, je m'efforçais d'être aussi peu bavarde que possible.

Dans les articles qu'on écrivait sur lui, on disait toujours qu'il aimait courir. Et c'est vrai, Petter était un « jogger » avant la lettre. Mais il ne se contentait pas de courir : il remplissait un sac à dos de pierres ou de briques pour que l'exercice soit plus profitable. Et les journalistes se moquaient de lui. Aujourd'hui que le jogging est devenu une véritable folie, rien ne semblerait plus naturel ; mais à l'époque, ce n'était pas le cas, et à Hollywood tout ce qui n'était pas conforme paraissait suspect.

J'adorais notre maison. Nous l'avions choisie ensemble, nous y avions ajouté une piscine et un sauna. Nous avions notre fille, nous avions un chien, et j'avais ma petite voiture. Cependant, je n'étais jamais satisfaite. Il fallait toujours que je parte, que j'aille à New York, que j'aille en tournée, que je m'échappe... Ruth m'a montré une lettre que je lui ai écrite un jour juste après être rentrée à la maison. J'y écrivais : « Adieu, liberté ! »

Pour Petter, l'argent se gagnait à la sueur de son front, et une fois qu'on l'avait gagné, il n'était pas question de le jeter par les fenêtres. C'était une philosophie que je comprenais parfaitement. Je n'ai jamais été prodigue moi-même. Nous nous efforcions donc d'élever Pia dans l'idée que l'argent n'est pas si facile à gagner et que nous n'en avions pas à gaspiller. Pia désirait une bicyclette. Et Petter disait : « Bien sûr, sa bicyclette, elle l'aura, mais pas simplement parce qu'elle en a demandé une. Il faudra qu'elle attende, qu'elle en rêve, qu'elle en ait véritablement envie. C'est comme ça qu'elle l'appréciera le mieux. » Ainsi Pia et moi nous parlions de cette bicyclette, du modèle que nous choisirions, de la couleur qui lui ferait plaisir, de l'argent que nous mettions de côté pour pouvoir l'acheter. Ça a duré pas mal de temps, et ça a été la cause d'un incident assez comique.

Un matin que nous étions sorties en voiture pour aller faire des courses, arrivée à une intersection, je franchis une de ces lignes blanches où l'on est censé s'arrêter. Je traverse tout droit, et, bien entendu, une voiture de police m'attend de l'autre côté. Je m'arrête, le policier s'approche de moi et me reconnaît. « Ah ! Miss Bergman, vous me surprenez. Vous savez que vous auriez dû stopper au carrefour. » Et moi : « Je suis désolée, monsieur l'agent. » Sur quoi il sort son carnet et déclare : « Je suis désolé moi aussi, mais ça va vous coûter cinq dollars... » Et Pia, qui entend ça, écarquille les yeux et se met à sangloter. « Bou-hou, pauvre maman, qu'est-ce qu'on va faire ? C'est terrible, elle n'a pas d'argent, ma maman. Et papa, qu'est-ce qu'il va dire ! Bou-hou-hou... ma maman n'a pas cinq dollars... » J'ai compris alors qu'en matière d'argent nous avions vraiment réussi à endoctriner Pia ! Et le policier, qui commençait à être ébranlé, s'est penché vers la portière et m'a regardée droit dans les yeux. « Miss Bergman, vous voulez dire que vous n'avez pas cinq dollars... » Il était tout à coup devenu très gentil !

Mais, entre Petter et moi, l'argent est sans doute devenu aussi un problème. Beaucoup plus tard, un de mes amis m'a raconté que Petter était convaincu que je devenais trop grosse et que bientôt plus personne ne voudrait me faire jouer. Une fois ma carrière terminée, c'en serait fini de l'argent facilement gagné. Il s'occupait donc de mettre de l'argent de côté et de l'investir dans des assurances pour nos vieux jours. Je ne dépensais pratiquement rien, mais un jour, j'en ai eu assez, j'ai fait une folie.

Je me trouvais alors à New York avec Joe Steele. Joe se rendait compte que j'étais coincée, que je n'étais pas libre de faire quoi que ce soit. Il me demandait : « Qu'est-ce que tu crois, on la fait, cette interview ? » Et moi je répondais toujours : « Attends une minute, je vais téléphoner à Petter. » Ça le rendait fou. Pour des questions comme ça il aurait voulu que je puisse prendre une décision sans Petter. Et Petter n'aimait pas cela.

Ce jour-là, nous devions aller quelque part pour un truc officiel. Et je dis : « Je n'ai rien à me mettre. » Joe me demande pourquoi et je réponds : « Parce que je ne peux pas m'acheter d'habits, je n'ai pas d'argent. » « Quoi ? Avec tout ce que tu gagnes, tu n'as pas les moyens de t'acheter des habits ? Mais c'est incroyable, c'est insensé ! Et c'est vrai, chaque fois que tu es invitée à un cocktail, à un déjeuner ou à une première, tu te plains de ne rien avoir à te mettre. Mais ne t'en fais pas, on va arranger ça : cet après-midi, on va aller acheter tout ce qu'il te faut. » Ça me semblait presque immoral. Jamais il ne m'était venu à l'esprit que je pourrais m'acheter des vêtements dont je n'avais pas vraiment *besoin*. Joe m'emmène donc chez Bergdorf Goodman, chez Saks, dans toutes les plus belles boutiques de New York. J'étais d'une nervosité inimaginable. Mais j'ai acheté ce dont j'avais envie. Et, le soir même, j'ai pris mon courage à deux mains et j'ai téléphoné à Petter pour lui demander l'argent nécessaire pour payer ma nouvelle garde-robe. Il n'était pas content. Il m'a dit : « Qu'est-ce que tu vas faire de tous ces vêtements ? Tu n'en as pas besoin. »

La plupart du temps, je supportais en silence, je pensais que ça ne servirait à rien de discuter. Mais je me souviens encore de ce qui a fait déborder le vase. Un jour, Petter était très en colère parce qu'il trouvait que j'avais trahi sa confiance. Il m'avait demandé de ne jamais parler de lui dans une interview, de ne jamais donner d'interview à la maison, de ne jamais laisser photographier Pia ou notre intérieur. Et je respectais tous ces désirs. Beaucoup de gens ne savaient même pas que j'étais mariée et que j'avais un enfant. Mais une fois je me suis laissé photographier chez moi, dans un grand fauteuil. C'était un portrait, on ne devait voir que mon visage. Plutôt que d'aller dans un studio ou une chambre d'hôtel, j'avais cru pouvoir faire cette photo chez moi. Personne au monde ne saurait qu'il s'agissait de mon intérieur, puisque de toute façon il n'y aurait pas d'arrière-plan visible. Mais quand cette photo a été publiée, Petter a reconnu le fauteuil et il s'est mis très en colère. Moi, j'ai dit : « D'accord, une fois de plus j'ai commis une erreur. Mais des erreurs, tout le monde en commet, toi, moi, tout le monde... » Il n'en revenait pas : « Moi... *Moi*, je commets des erreurs ? » Je rétorque : « Enfin quoi, il t'arrive aussi de te tromper, non ? » Et lui : « Comment voudrais-tu que je me trompe ? Avant de faire quelque chose, j'ai l'habitude de réfléchir. Je pense. Je pèse le pour et le contre. Et quand je me décide, je sais exactement ce que je fais ! »

Cette fois-là, je me suis dit : « Il va y avoir un divorce. Je ne peux pas vivre avec quelqu'un qui croit ne jamais se tromper, qui se croit incapable de commettre une erreur. (Par la suite, Petter a nié avoir jamais dit cela.) Il faut que je fasse quelque chose, que je me débrouille pour avoir la paix, que j'aille vivre quelque part où je n'aie pas peur. »

Je commençais à trouver absurde d'être mariée à la seule personne dont j'aie peur. Lorsque j'étais au studio, les gens avec qui je travaillais ne me faisaient pas peur. Je n'avais peur de personne, ni des producteurs, ni des metteurs en scène ni de mes partenaires. Avec eux, je m'amusais, je me moquais d'eux et ça les faisait rire. Mais ensuite il fallait que je rentre chez moi et que j'affronte Petter.

Et un jour, j'ai demandé à Petter si cela ne lui ferait rien que nous divorcions. Ça l'a tellement surpris qu'il ne pouvait y croire. « Mais pourquoi veux-tu que nous divorcions ? On ne s'est jamais battus, on ne s'est jamais querellés ? » Et j'ai répondu : « C'est vrai, mais c'est parce que je sais que c'est inutile de me battre avec toi. A quoi bon discuter quand je sais que jamais tu n'essaies de comprendre mon point de vue. Je ne discuterai donc pas ; je m'en irai, c'est tout... »

Mais je ne suis pas partie. Je trouvais ridicule de faire mes malles, de commencer à me battre pour Pia et de m'installer seule dans une maison tandis que lui vivrait seul dans une autre. Je crois que j'attendais que quelqu'un arrive et m'arrache à ce mariage dont je n'avais pas la force de sortir toute seule. C'était plus de trois ans avant ma rencontre avec Roberto Rossellini.

* * *

Cependant, du point de vue professionnel, le succès d'Ingrid Bergman continuait à s'affirmer. L'insistance qu'en dépit des continuelles mises en garde de David Selznick et de Michael Curtiz elle mettait à vouloir interpréter des personnages aussi différents que possible s'avérait payante. *Les Clo-ches de Sainte-Marie* le prouvèrent une fois de plus.

* *
*

Leo McCarey était non seulement charmant et enjôleur comme les Irlandais, c'était aussi un bon metteur en scène et il avait déjà obtenu un grand succès avec *La Route semée d'étoiles (Going My Way)*, où Bing Crosby jouait le rôle d'un prêtre, le père O'Malley. A ce film, il avait l'intention d'ajouter une suite, mais plutôt que d'opposer Bing au vieil et revêche Barry Fitzgerald il voulait cette fois lui donner pour partenaire une jolie nonne : moi ! Le personnage lui avait d'ailleurs été inspiré par quel-qu'un qu'il avait connu, une fille rieuse et sportive qui aimait le tennis et la boxe, adorait les enfants dont elle s'occupait, et qui avait su se bâtir une vie pleine d'amour et de foi. Leo n'avait pas oublié le spectacle qu'elle offrait quand elle courait après une balle de tennis avec ses longues jupes de nonne, mais pour le film nous avons choisi de la montrer dans une scène de boxe !

Leo est donc allé trouver David Selznick pour lui dire qu'il souhaitait me voir jouer le rôle de sœur Benedict. Mais David a tout de suite refusé. « C'est hors de question. Tu as obtenu un succès, et tu veux l'exploiter en lui donnant une suite. Comme toujours, il y aura des comparaisons et ta suite sera un échec. Il n'est pas question qu'Ingrid prenne ce risque. »

Leo McCarey m'a téléphoné, plutôt déprimé, puis il est venu me voir avec son scénario sous le bras et il s'est mis à me raconter l'histoire. Elle m'a tout de suite emballée. Je lui ai dit : « Laissez-moi le scéna-rio, j'ai très envie de le lire. » Quand j'ai eu fini de le lire, je l'ai rappelé pour lui annoncer à quel point il m'avait plu et combien j'avais envie de jouer le rôle.

« C'est parfait, m'a-t-il dit. Mais maintenant, il va falloir que vous m'aidiez à convaincre Selznick parce qu'il est farouchement contre. »

Je suis donc allée trouver David, et l'éternelle vieille discussion a recommencé : Ce n'était pas assez bon. C'était une suite. Je gâchais mon talent. Etc., etc. Et moi je protestais : « Mais oui, c'est bon. C'est excellent. J'ai très envie de jouer ça. »

Alors David m'a regardée droit dans les yeux, l'air très sérieux, l'air très « grand producteur », et il m'a posé la question de choc : « Et qu'est-ce que tu vas faire pendant que Bing Crosby chantera ? »

J'ai répondu : « Eh bien, je vais le regarder. C'est tout. Qu'est-ce que tu veux que je fasse d'autre ?

— Le regarder ? Tu es une grande actrice, et tu vas rester là comme une cloche à le regarder ?

— Je ne serai pas nécessairement comme une cloche — je pourrai avoir l'air admirative, heureuse, perplexe... »

Mais David était le champion de la discussion — jamais à bout d'arguments. Et il a si bien su m'entortiller qu'à la fin j'étais désespérée. Quand il a vu qu'il avait gagné la partie, il s'est montré grand seigneur : il s'arrangerait pour que je n'aie pas besoin de dire non à Leo McCarey. « Tu es si gentille, je ne veux pas que tu aies ce souci-là. Mais ne t'en fais pas, je vais discuter le contrat avec lui et les choses se décideront d'elles-mêmes. »

En un mot, il entendait lui imposer des conditions inacceptables. Et pour commencer il a doublé mon prix.

« D'accord », a dit tranquillement Leo.

David, qui louait des studios à R.K.O. pour la Selznick International, a ajouté : « Et je veux une année de studio gratuite.

— Très bien, a acquiescé Leo.

— Et je veux les droits de *Héritage (A Bill of Divorcement)*. »

Les droits du film appartenaient à R.K.O., qui

avait choisi Katharine Hepburn pour vedette. Mais une fois de plus Leo a répondu : « Entendu, d'accord. »

Là, David a été pris par surprise et il a dû réfléchir très vite à ce qu'il pourrait encore demander. Il a encore obtenu les droits de deux autres films, que McCarey lui a cédés avec la même bonne grâce : « Mais oui, bien sûr, comme vous voudrez. »

Finalement, c'est David qui a perdu son calme : « Mais ce n'est pas possible ! Vous êtes vraiment prêts à payer tout ça pour acheter Ingrid Bergman ? »

Ce à quoi Leo a répondu : « Nous sommes si contents qu'Ingrid soit à vendre. »

Et il a tenu ses engagements. Moi, j'étais ravie. Et j'ai été ravie que le film soit une réussite. David Selznick s'était complètement trompé dans ses pronostics, il a aussi bien marché que *La Route semée d'étoiles*.

Naturellement, du moment qu'on m'a vue dans *Les Cloches de Sainte-Marie*, tout le monde a compris pour quel genre de rôle j'étais faite : j'étais née pour jouer les nonnes — les nonnes drôles, oui, mais les nonnes quand même. Le gros avantage que j'y voyais, c'est que je n'avais à montrer que mon visage. Tout le reste était caché par des voiles, des plis, des mètres de drap noir. Et je pouvais manger toutes les glaces que je voulais : personne ne s'inquiétait plus de mon poids.

J'ai eu beaucoup de plaisir à jouer ces premières scènes de comédie, parce que, jusque-là personne ne m'en aurait crue capable. Et puis c'était un vrai bonheur de travailler avec Leo. Mais là encore, je n'ai pas réussi à connaître mon partenaire. Bing Crosby était poli, gentil, on ne peut plus agréable, mais il avait toujours autour de lui trois ou quatre types qui ne cessaient de bavarder avec lui et empêchaient tout le monde de l'approcher. Un jour, j'ai demandé ce qu'ils faisaient là, et on m'a répondu le plus sérieusement du monde que c'étaient ses « gagmen ».

Et c'est peut-être ce qui m'a décidée à jouer un tour à Bing et à Leo : je voulais faire un gag, moi aussi. C'était la fin du tournage, la toute dernière scène que nous devions filmer. Sœur Benedict est très malheureuse. Elle doit partir, elle doit aller se faire soigner quelque part. Tout le monde sait qu'elle est tuberculeuse, mais elle croit qu'on la renvoie parce qu'on n'est pas satisfait du travail qu'elle accomplit avec les enfants. Alors, dans cette dernière scène, le père O'Malley décide de lui apprendre la vérité. Bing me parle et mon visage s'illumine de joie, parce que, pour sœur Benedict, il vaut mille fois mieux apprendre qu'on a la tuberculose que de s'entendre dire qu'on n'est pas capable de s'occuper d'enfants. Je dis : « Merci, mon père, merci de tout mon cœur. » Ce à quoi Bing répond : « Et si parfois vous avez des ennuis, ma sœur, souvenez-vous que je suis là. » Éperdue de reconnaissance, je murmure : « Merci, je ne l'oublierai pas », et je m'en vais. Et c'est la fin du film.

« Bravo, crie Leo. C'est parfait. C'est exactement ce que je voulais. Ça y est, les enfants, c'est terminé. »

Mais moi je me tourne vers lui et je demande : « Si ça ne vous fait rien, on ne pourrait pas reprendre la scène — je crois que je pourrais faire mieux. »

Leo, qui avait trouvé la scène si bonne, était un peu surpris, mais comme il était très gentil il a dit : « D'accord, d'accord... si tu y tiens. Allez, les gars, on remet ça ! »

On recommence, et cette fois je dis : « Merci, mon père... Oh ! merci de tout mon cœur. » Et je jette mes bras autour de Bing et je l'embrasse à pleine bouche. Sous le choc, Bing a failli tomber. Tout le monde s'est agité : « Coupez ! Arrêtez les caméras ! Coupez, pour l'amour du Ciel ! » Le prêtre qui faisait office de conseiller s'est précipité sur le plateau en criant : « Ah ! non, vous allez trop loin, Miss Bergman, nous ne pouvons tolérer ça ! Une sœur catholique embrassant un prêtre catholique... même au cinéma on ne peut pas montrer une chose pareille ! »

Mais déjà je riais, Bing commençait à se remettre de l'attentat, et quand je me suis tournée vers Leo j'ai tout de suite vu qu'il avait saisi, car il riait comme un perdu. Bientôt, toute l'équipe a compris qu'il ne s'agissait que d'une farce et le prêtre lui-même a fini par se rassurer et par mêler son rire aux nôtres.

* *
*

Ce fut un film heureux, durant le tournage duquel se déroula la traditionnelle remise des Oscars décernés par l'Académie des Arts. L'année précédente, c'est-à-dire en 1943, Ingrid avait été désignée pour son interprétation de Maria dans *Pour qui sonne le glas*, mais elle avait été évincée par Jennifer Jones et son rôle de *La Chanson de Bernadette (The Song of Bernadette)*. Maintenant, elle était « nommée » pour *Hantise*. Avant que la meilleure actrice n'ait été proclamée, Bing Crosby et Leo McCarey obtinrent respectivement l'Oscar du meilleur acteur et du meilleur metteur en scène pour *La Route semée d'étoiles*. Lorsque à son tour elle reçut son Oscar, Ingrid remercia l'assemblée en ces termes : « Je suis profondément reconnaissante de cette récompense. Et je suis particulièrement contente de la recevoir en ce moment, car je tourne actuellement un film intitulé *Les Cloches de Sainte-Marie* avec Mr. Crosby et Mr. McCarey et j'avais bien peur que, me voyant arriver demain sur le plateau les mains vides, ils ne m'adressent plus la parole ! »

CHAPITRE IX

QUAND, le 6 juin 1945, à la veille de partir divertir les troupes en Allemagne avec Jack Benny, Larry Adler et Martha Tilton, je suis arrivée à Paris, la guerre était finie depuis moins d'un mois. Et Paris était merveilleux. Malgré les rationnements et le marché noir, il y régnait une ambiance extraordinaire. Il y avait huit ans que je n'étais pas revenue en Europe. J'avais l'impression de recommencer à vivre.

Le Ritz était notre quartier général ainsi que celui de la presse et des correspondants de guerre américains, et l'après-midi même de mon arrivée, j'ai trouvé sous la porte de ma chambre un mot qui m'a fait beaucoup rire.

Sujet : Dîner. 6. 28. 45. Paris. France.
Concerne : Miss Ingrid Bergman.
1. Il s'agit d'un effort communautaire. La communauté comprend Bob Capa et Irwin Shaw.
2. Nous avions le projet de vous envoyer des fleurs en même temps que ce billet par lequel nous vous invitons à dîner ce soir même... mais, après consultation, nous nous sommes aperçus qu'il nous était possible de payer soit les fleurs soit le dîner, mais pas les deux. Nous avons mis la question aux voix et le dîner l'a emporté de peu.
3. Il a été suggéré que, si le dîner ne vous intéressait

pas, des fleurs pourraient vous être envoyées. Mais sur ce point aucune décision n'a encore été prise.

4. Outre des fleurs, nous avons un tas de qualités douteuses.

5. Si nous en écrivons davantage il ne nous restera rien pour la conversation, car en matière de charme nos ressources sont limitées.

6. Nous passerons vous prendre à 6 h 15.

7. Nous ne dormons pas.

Signé :

Inquiets.

Le choix n'était pas difficile à faire : je préférais manger plutôt que de rester dans ma chambre du Ritz à contempler des fleurs. Je ne connaissais ni Irwin Shaw ni Bob Capa, mais je suis descendue les rejoindre au bar aussitôt qu'ils se sont annoncés et j'ai appris que Bob était photographe de guerre et Irwin Shaw G.I.

Et je me suis entendue à merveille avec tous les deux. Ça a été une grande soirée. On est allés manger dans un petit restaurant. J'ai fait la connaissance de leurs amis. On a tous ri, on a tous dansé.

J'ai beaucoup aimé Bob Capa dès ce premier soir. Il était hongrois, drôle et plein de charme. C'était un prélude merveilleux à la tournée que j'allais commencer.

Et la tournée a commencé. Nous étions bien déterminés à être aussi drôles que possible pour faire rire tous ces garçons qui n'en avaient guère eu l'occasion au cours des années précédentes. Jack Benny avait tout un répertoire de plaisanteries, Larry Adler jouait de l'harmonica, Martha chantait, et je donnais différents extraits de *Jeanne la Lorraine* — que je devais monter à New York dans le courant de l'année — ainsi qu'une parodie de *Hantise* avec Jack Benny.

206

J'ai revu Capa à Berlin. La ville avait été réduite en miettes, les maisons n'avaient plus de toits, c'était incroyable. Dans la rue, Capa a trouvé une baignoire. Il a décidé que ce serait le scoop de l'année : Ingrid Bergman photographiée pour la première fois dans une baignoire. Je me suis prêtée au jeu. Je me suis mise dans la baignoire, en pleine rue... et tout habillée. Bob était tellement excité à l'idée de ce qu'il venait de faire qu'il s'est dépêché d'aller développer son film et que dans sa hâte il a réussi à bousiller le négatif. Pour son scoop, c'était raté — on ne verrait jamais Ingrid Bergman dans une baignoire en première page des journaux !

Souvent les routes étaient détruites et il fallait circuler à travers les champs. Nous logions chez des particuliers ou dans des baraquements. Nous étions les premiers à faire en Allemagne une tournée de ce genre. Du moins, nous le pensions, mais quand nous sommes arrivés au Ritz, à Paris, nous avons rencontré Marlene Dietrich qui s'en allait. Avec un grand sourire, elle nous a dit : « C'est maintenant que vous venez, maintenant que la guerre est finie ? » C'est vrai qu'elle avait été plus brave que tout le monde : en pleins combats elle était allée d'un front à l'autre pour divertir les troupes américaines et alliées. Elle m'a raconté qu'elle s'était lavé les cheveux avec du pétrole recueilli dans un casque parce qu'il n'y avait pas d'eau. Moi je n'ai pas eu ce genre de problèmes, mais la tournée a tout de même été une expérience extraordinaire.

Nous avons voyagé pendant des semaines à travers toute l'Allemagne et jusqu'en Tchécoslovaquie. Souvent, tout ce que nous apercevions, quand nous approchions d'un village, dans nos grosses voitures noires, c'était une église au milieu des ruines. Parfois l'église aussi avait été détruite, mais il restait toujours *quelque chose* attestant que des gens avaient vécu là. C'était un spectacle terrifiant.

Partout où nous allions, les G.I. dressaient une estrade et s'installaient par terre autour de nous. Nos unités avaient toujours quelque chose qui ressemblait à un orchestre ou à une fanfare. Nous répétions un peu avec les musiciens et le spectacle commençait. Après, nous rangions nos affaires, nous dansions avec les soldats, nous buvions quelques verres avec eux et nous parlions avec les officiers. Nous essayions d'être justes, de ne pas donner toute notre attention aux gradés. Quelqu'un s'était plaint qu'après le spectacle il n'y en avait plus que pour les officiers. L'année précédente, nous avions entendu la même remarque en Alaska. Nous discutions donc avec les soldats. Ils sortaient des photographies de leur femme, de leur petite amie ou de leur sœur, et ils me disaient : « Elle est tout à fait comme vous » — sûrement le plus grand compliment. Ce qui comptait vraiment, c'est que j'étais une femme.

A Heidelberg, j'ai assisté à l'un des plus beaux spectacles de ma vie. L'idée venait de Jack Benny. Nous jouions dans un amphithéâtre et, à un moment donné, Jack a dit : « Maintenant, écoutez-moi bien ! Je compte jusqu'à trois, et tout le monde va allumer une allumette ou un briquet. Un, deux, trois... » Ce fut un instant prodigieux, l'amphithéâtre tout entier éclairé soudain par mille petites flammes !

Nous avons eu beaucoup de chance avec notre petit groupe. Jack Benny était l'un des êtres les meilleurs que j'aie jamais rencontrés. La gentillesse de cet homme ! La générosité ! Nous le savions mort de fatigue, et pourtant il ne semblait jamais se lasser de parler avec les soldats, avec les officiers...

Nous nous déplacions rapidement. Un seul spectacle par endroit. On avait la possibilité de dormir un peu dans la voiture, mais c'est à peu près tout le repos que nous avions.

Et, bien sûr, il nous arrivait d'éprouver des émotions, des chocs affreux. A part moi, tout le monde est allé voir un camp de concentration. Nous jouions dans le voisinage et le général Eisenhower a convié toute la troupe à aller le visiter. On me disait : « C'est quelque chose qu'il faut absolument voir », mais j'ai préféré m'abstenir. Au retour, tout le monde était malade, personne ne parlait. Le spectacle qui les hantait, je peux l'imaginer d'après les photographies que j'ai vues. Moi, je n'en voulais pas. Je ne voulais pas avoir ça dans ma tête. Il est certaines choses qu'on souhaiterait ne jamais avoir apprises. Je sais qu'elles existent, mais je ne veux pas qu'on me force à les regarder. Elles vous empêchent de travailler, de fonctionner ; elles vous glacent, elles vous annihilent.

C'est à ce moment-là qu'on a « tué » Larry Adler. Les jeunes soldats avaient tous la gâchette rapide. Surtout les sentinelles. Ils avaient tellement l'habitude de tirer qu'ils criaient « Halte ! » une fois, et à la seconde, si vous n'aviez pas obéi, ils tiraient sur vous. Un jour, nous arrivons à un barrage routier. La sentinelle a dit quelque chose à notre chauffeur, mais notre chauffeur, qui était allemand, n'a pas compris un traître mot et a continué tout droit. Sur quoi, nous entendons un coup de feu. Je l'ai entendu très nettement, et Larry aussi. Mais Larry, lui, avait senti la balle le frapper dans le dos. Il a glissé sur les genoux au fond de la voiture et il s'est mis à crier : « On m'a tué ! On m'a tué ! Oh ! mon Dieu ! » Je l'ai pris dans mes bras et je l'ai tenu contre moi tandis qu'il gémissait : « Tu diras adieu à ma femme, à mes enfants... » Et moi : « Bien sûr, bien sûr, Larry, mais ne meurs pas, je t'en prie ! » Et puis j'ai regardé dans son dos et j'ai dit : « Larry, Larry, je ne vois pas le moindre trou ? » Pas de réaction. J'ai regardé encore et j'ai dit : « La balle aurait dû faire un trou, non ? Et tu ne saignes pas, je ne vois rien, rien du tout. » Il s'est un peu calmé, nous lui avons retiré sa veste, et décidément, il n'y avait pas la moindre trace de balle. A ce moment-là, le chauffeur avait arrêté la voiture, le garde s'était approché de nous, et tout le monde hurlait. Jack Benny, qui voyageait dans une autre voiture mais qui avait entendu la détonation lui aussi, s'était précipité vers nous pour voir ce qui se passait. Nous avons inspecté l'arrière du siège et nous avons trouvé la balle coincée dans le dossier. Elle avait cassé un ressort, qui, en se détendant, avait frappé Larry dans le dos. Cette balle-là, Larry l'a toujours conservée !

De retour à Paris avec Jack Benny, Larry Adler et les autres, j'ai retrouvé Capa. Et je crois que c'est alors que j'ai commencé à tomber amoureuse de lui.

Nous étions là le jour où le Japon s'est rendu. C'était une nouvelle occasion de faire la fête, la foule était descendue dans la rue. Aux actualités, j'avais vu comment toutes les filles s'étaient jetées au cou des soldats pour les embrasser le jour de la Victoire, et j'ai déclaré à Bob Capa : « Je vais faire la même chose, je vais me jeter au cou de quelqu'un et l'embrasser. »

Nous voilà donc dans une jeep sur les Champs-Élysées, et Capa me demande : « Tu te décides pour lequel ? » Et moi : « Celui-là... là-bas. » Je sors en courant de la voiture, je me précipite dans les bras du soldat et je l'embrasse sur la bouche. Il ne s'est pas posé de question. Il m'a aussitôt rendu mon baiser.

***

C'est à Paris, peu de temps avant le début de la guerre, que Robert Capa commença sa carrière de photographe célèbre. Né en Hongrie, il émigra en Allemagne en 1932. Il avait dix-huit ans, et le reportage photographique connaissait alors une brusque expansion. Il décida d'en faire son avenir.

Mais Hitler était en pleine ascension. Lorsque sa haine des juifs tourna à la folie, Capa, qui était juif, s'enfuit à skis à travers les Alpes et décida de s'installer à Paris.

Son goût de la photographie était alors déjà une véritable passion. En plus du hongrois, Capa parlait cinq langues, et comme un jour on lui demandait dans laquelle il pensait et rêvait il répondit immédiatement : « Dans la langue des images. » S'il avait réfléchi, il aurait pu préciser que ces images étaient de préférence dangereuses. Il allait fourrer son nez partout où il le pouvait, aux quatre coins du monde. De la guerre d'Espagne, il ramena l'une des photos les plus célèbres et les plus dramatiques : un soldat républicain tombant au moment de mourir.

Lorsque la France fut envahie par les nazis, il s'enfuit aux États-Unis. A New York, en tant que Hongrois apatride, il était sur le point d'être interné comme étranger ennemi quand *Colliers Magazine* lui confia un reportage en Angleterre. L'une de ses premières tâches consista à photographier un escadron de jeunes aviateurs américains lors de leur première mission en Europe. Très satisfait de la photo d'un lieutenant dont le nez semblait la réduction de celui de sa Forteresse volante, Capa photographia ensuite les vingt-quatre bombardiers composant l'escadron au moment de leur décollage. Six heures plus tard, seuls dix-sept appareils rentraient à la base. L'avion de tête, dont le train d'atterrissage avait été endommagé, fut le premier à recevoir l'autorisation de se poser. Tout naturellement, Capa en profita pour prendre une série de clichés des brancardiers transportant les morts et les blessés dans les ambulances. Le dernier homme à quitter l'appareil fut le pilote, blessé lui aussi. En passant, il jeta à Capa un regard de mépris et lui lança d'une voix sèche : « Vous êtes content ? C'est bien *ça* les photos que vous souhaitiez prendre ? »

Robert avait compris. Jamais il n'oublierait la leçon. Le gouffre qui séparait le spectateur civil du combattant n'était que trop évident. Dans le train qui le ramena à Londres, cette pensée l'obsédait. S'il voulait continuer dans la profession qu'il avait choisie et conserver le respect de lui-même, il n'attendrait plus le retour des avions sur le terrain d'atterrissage, il ne se contenterait plus de rester à l'arrière pour suivre les hostilités. Désormais, sa caméra ne travaillerait plus qu'au cœur même de l'action. A propos du genre de photos qu'il venait de prendre, il écrivit qu'elles étaient « bonnes seulement pour les entrepreneurs de pompes funèbres, et il ne me plaisait pas d'en être un. Si je voulais suivre les obsèques, il fallait aussi que je suive le convoi. »

Mais ayant absolument besoin d'argent, il vendit les photos des Forteresses volantes à l'*Illustrated Magazine*. Ravi, le rédacteur l'informa que son premier cliché — celui qui montrait le double nez du lieutenant et du bombardier — paraîtrait sur la couverture du journal. Cependant, trois jours avant la parution, il trouva chez lui un rédacteur dans ses petits souliers et un groupe d'officiers de la Sécurité visiblement hors d'eux. Ne s'était-il pas rendu compte qu'en photographiant le brave pilote américain aux commandes de son appareil il avait pris aussi l'un des secrets les plus importants et les plus jalousement gardés des Forteresses : le viseur Norden ? Du premier au dernier, les quatre cent mille exemplaires du journal furent retirés de la vente et mis au pilon, et Capa s'embarqua pour l'Afrique du Nord avec le sentiment d'avoir échappé de justesse au peloton d'exécution.

De là, fort de sa nouvelle détermination et encouragé par le commandant de la 82e division aéroportée, mais sans avoir subi le moindre entraînement préalable, Capa fut parachuté en Sicile. L'opération se passa en pleine nuit, et il attendit l'aube perché dans un arbre à quelque quinze mètres au-dessus du sol, très conscient qu'avec son accent hongrois — dont le charme romantique plaisait tant aux femmes — il avait tout autant de chances de se faire descendre par un ami que par un ennemi.

Attaché désormais à *Life Magazine*, il suivit l'armée dans sa marche à travers la Sicile puis l'Italie, toujours au plus fort du combat. Enfin, il rejoignit l'Angleterre juste à temps pour se voir accorder le douteux privilège de compter parmi les quatre journalistes qui débarqueraient sur les plages de la Normandie avec les premières troupes américaines. Maintenant, la philosophie de Capa était parfaitement claire : « Si un jour mon fils me demandait : "Quelle est la différence entre un correspondant de guerre et n'importe quel type en uniforme ?", je lui répondrais qu'un correspondant a davantage de verres, de filles, d'argent et de liberté qu'un soldat, mais que la liberté qu'il a de choisir son endroit, de se comporter comme un lâche sans risquer d'être exécuté pour autant constitue son propre supplice. Le correspondant de guerre a sa mise — sa vie — entre ses mains, il peut la jouer sur tel ou tel cheval, il peut la rempocher jusqu'à la dernière minute. Je suis un vrai joueur. J'ai décidé de partir, de débarquer avec la première vague. »

Le 6 juin 1944, dans la pâle lumière de l'aube, la flotte touchait terre à Omaha Beach, et Capa débarquait sous le feu croisé des mitrailleuses et des mortiers. La plage était jalonnée de pieux d'acier, coupée de barbelés, semée d'épaves de tanks amphibies. Capa se fraya un chemin parmi les morts et les blessés, essayant de prendre des photos tout en restant en vie. Bloqué sur la plage, il vécut les heures les plus terrifiantes de son existence. Le lendemain matin, lorsqu'il rejoignit Weymouth dans un bateau chargé de mutilés et de cadavres, il était dans un état de choc qui ne lui permettait presque plus de parler.

Les cent six prises de vue qu'il ramenait étaient certainement les meilleures du débarquement d'Omaha. Mais, trop pressé, trop excité, son préparateur voulut sécher les négatifs trop tôt. L'émulsion coula, et seuls huit clichés purent être sauvés. Mieux que tout autre, ils devaient illustrer le drame féroce qui se joua en ces terribles moments.

Le jour-J plus deux, Capa était de retour à Omaha Beach et partait pour Paris sur un char pour participer à la grande fête de la Libération. Une fois de plus, il fut parachuté, mais cette fois outre-Rhin, pour voir la guerre se terminer grâce aux efforts conjugués des Alliés et des Russes. Et c'est par le plus grand et le plus heureux des hasards qu'il se trouvait au Ritz quand Miss Bergman traversa le hall de l'hôtel pour monter dans sa chambre sans se douter que le soir même elle dînerait avec lui, ni surtout qu'il aurait dans sa vie une influence déterminante. Pour sa part, en s'amusant à rédiger avec Irwin Shaw l'étrange invitation qui devait la décider à se joindre à eux, Bob n'avait pas la moindre idée non plus de ce qu'il était en train de faire.

Lorsque Ingrid fit sa connaissance, Robert Capa avait trente et un ans, soit un an de moins qu'elle. Tout de suite elle le trouva original, attachant. Il était fort, il était audacieux, il connaissait tout et tout le monde, et pourtant, malgré un ton perpétuellement sardonique, il restait vulnérable. Ses yeux sombres et brillants, son accent chaleureux, son sens exacerbé de l'humour, l'art avec lequel il manipulait les gens pour les mettre au diapason de son humeur rendaient sa compagnie la plus agréable qui soit. Il avait le tempérament d'un joueur. Conscient de la brièveté de la vie, il avait horreur de soumettre la sienne à tout un fatras de règles qui ne l'amusaient pas. D'autre part, il admettait qu'il fallait bien gagner sa vie.

A Ingrid, il répétait : « Tu es folle. Tu es devenue une industrie, une institution. Il faut que tu reviennes au statut d'être humain. Tu fais ce que ton mari te dit, ce que tes producteurs te disent, ce que tout le monde te dit. Tu ne connais que le travail, le travail, et encore le travail. Tu ne tires pas de la vie ce qu'il y a de bon à en tirer parce que tu ne prends pas le temps de vivre. Tu es comme une voiture qui roule sur trois roues ; tu ne te rends pas compte que tu as perdu la quatrième, mais un de ces jours tu vas te retrouver dans le fossé. »

Ingrid se regimbait : « Non, tu n'as pas compris, je suis moi-même, je suis comme ça. Je veux faire d'autres films, je veux monter d'autres pièces — surtout *Jeanne*, il y a si longtemps que j'en ai envie. J'ai besoin de la discipline du théâtre... » Mais intérieurement, elle commençait à se poser des questions. Avait-il raison ? Se pouvait-il qu'il ait raison ?

Ingrid savait que Capa avait ses problèmes, lui aussi. Derrière le cynisme, le sourire audacieux, la fumée des cigarettes et les verres qui se succédaient dans sa main, il y avait la quête incessante et l'incessante incertitude d'un homme perpétuellement aux aguets. Comme tant de correspondants d'alors et, bien sûr, comme son vieil ami Hemingway, l'alcool était devenu pour lui à la fois un remède et une sorte de « défi machiste ». Et parfois, la vie ne lui apparaissait plus que comme une ennuyeuse comédie où le temps passé à boire constituait les seuls entractes.

En 1945 il lui fallut en outre décider comment il s'y prendrait pour changer de vitesse et en revenir au rythme prosaïque qu'imposait la paix. Évidemment, il pouvait partir en quête d'autres guerres, il en trouverait toujours. Mais est-ce qu'à la fin cette existence de matador ne l'ennuierait pas, elle aussi ?

Oui, il pouvait critiquer Ingrid de se laisser guider par sa carrière sans prendre le temps de respirer pour goûter à une vie plus large et plus pleine. Mais, comme tant de jeunes gens revenus de la guerre, il fallait qu'il prenne lui aussi un tournant. Et dans la nouvelle existence qui serait la sienne, quel rôle serait celui d'Ingrid, si du moins elle en jouait un ?

CHAPITRE X

DANS la liste des relations d'Ingrid, peu — à première vue — paraissent plus étranges que sa vieille
amitié avec Alfred Hitchcock. A y regarder de plus
près, on est tenté d'y trouver une explication dans
leur tendance commune à se précipiter sur un
martini après une dure journée de travail. En la
matière, l'attitude dogmatique et toute britannique
de Hitch ne laissa pourtant jamais de surprendre
Ingrid.

*
* *

Il fallait attendre six heures pour qu'il s'accorde le
droit de boire — j'en comprenais parfaitement les
raisons, qui étaient les meilleures et les plus sages
du monde. Mais il se jetait alors sur les martinis
avec une telle ardeur qu'à six heures dix, alors que
je dégustais mon premier verre, il avait déjà sur
moi une sérieuse longueur d'avance. Mais je l'éton-
nais, moi aussi. Un jour qu'il avait tourné de l'œil, il
se réveille brusquement et demande : « Ingrid,
qu'est devenue Ingrid ? » Et moi, je lui réponds
tranquillement : « Je suis là, je suis parfaitement
bien. » C'est alors qu'il m'a honorée du titre éminem-
ment enviable de « siphon humain » ! Il adorait
soûler les gens. Chez lui, il avait une armoire

frigorifique, un énorme truc comme on en voit chez les bouchers. Il entrait tout entier à l'intérieur pour choisir ce qu'il allait manger. Ce soir-là, nous étions seuls tous les deux, et il a décidé de préparer un cordon bleu je-ne-sais-quoi. On va dans la cuisine, il se met à ses fourneaux, on boit, on rit, on s'amuse comme des fous. Mais au bout d'un moment je lui dis : « Hitch, je sens que je m'endors.

— Ne t'inquiète pas, va t'installer sur un sofa ! m'ordonne-t-il. D'ici que j'aie terminé, tu auras le temps de te reposer. » D'accord. Je vais dans le salon et je m'étends. Après quoi, je me réveille au milieu de la nuit. Je regarde autour de moi et je vois Hitch pelotonné sur un autre divan, qui dort comme un bébé. Au même moment, il ouvre un œil. Et je lui demande : « Alors, ce merveilleux plat que tu nous as préparé ?

— Misère ! fait-il. Je crois bien que je me suis endormi ! »

Le dîner, si laborieusement préparé, avait eu plus que le temps de refroidir. Mais nous avions eu tant de plaisir à ne pas le manger !

***

Un jour, quelqu'un qui préparait un article sur Alfred Hitchcock demanda à Ingrid de bien vouloir rédiger quelques mots touchant ses qualités. Voici ce qu'elle écrivit :

C'est un metteur en scène magnifiquement préparé. Il n'y a rien qu'il ne sache à propos du film qu'il est en train de faire. Chaque angle, chaque prise de vues, il les a étudiés chez lui grâce à une maquette reproduisant le plateau du studio. Il ne regarde même pas dans la caméra, car il dit : « Je sais de quoi ça a l'air. » Je ne connais aucun autre metteur en scène qui travaille comme lui. Bien sûr, il tient essentiellement à ce que tout soit fait comme il l'entend, mais si un acteur lui suggère quelque chose, il veut bien le laisser essayer. Parfois je pensais que j'avais réussi, que Hitchcock s'était laissé convaincre. Mais en général il insistait, disant simplement : « Si tu n'y arrives pas à ma façon, fais semblant ! » Pour moi, cela a été une bonne leçon et par la suite, lorsque j'ai eu des discussions avec tel ou tel metteur en scène qui refusait d'adopter mon point de vue, je me suis souvent rappelé les paroles de Hitch et j'ai su « faire semblant ».

Son humour et son esprit sont un véritable régal. Je crois qu'il aime les gens qui sont vrais. Quand il avait affaire à un hâbleur, il le déroutait en tenant des propos ambigus qui au départ semblaient relever d'une conversation absolument normale, mais dont on s'apercevait bientôt qu'il n'avaient pas le moindre sens. C'était sa façon à lui de se débarrasser des raseurs.

C'est à David Selznick qu'Ingrid et Alfred Hitchcock devaient de se connaître. Vers le milieu des années quarante, son étonnante carrière connaissait pourtant un certain ralentissement. Entre 1924 et 1940, il avait pratiquement employé toutes les grandes vedettes de Hollywood et produit quelque soixante films, parmi lesquels d'immenses succès, et surtout *Autant en emporte le vent*. Avec ce chef-d'œuvre extraordinaire, dont il pouvait se vanter d'être le principal artisan, il avait à trente-sept ans atteint le sommet de sa carrière. Mais si ce film lui avait valu la gloire et la fortune, il l'avait aussi épuisé. Il savait désormais qu'il ne pourrait jamais faire mieux, et cette pensée le déprimait.

Pour soutenir l'effort de guerre, il avait offert ses talents d'expert cinématographique, mais les généraux qu'il avait approchés ne s'étaient pas montrés très enthousiastes. Il cultiva un moment l'idée de se lancer dans la politique, mais il ne connut jamais d'élections plus brillantes que celle qui le désigna à la présidence du Comité hollywoodien de secours à la Chine. Au fond, il était essentiellement un homme de cinéma, et hors cet art il ne connaissait ni n'aimait vraiment rien.

*
* *

Il avait une énergie et un enthousiasme prodigieux, il brûlait vraiment la chandelle par les deux bouts. A part ça, dès mon retour à Hollywood, il n'a cessé de me « louer » pour des sommes assez rondelettes, et nombre de mes amis me disaient : « Tu as vraiment un agent fantastique. Il a réussi à inverser les rôles. Il prend quatre-vingt-dix pour cent pour lui, et il te donne royalement dix pour cent. »

*
* *

Entre 1940 et fin 1945, Ingrid n'avait tourné que onze films, avec un salaire moyen de soixante mille dollars par an. Mais à partir de *La Famille Stoddard*, David prit l'habitude de la prêter à d'autres compagnies à des taux usuraires. De la Warner, il reçut pour *Casablanca* cent dix mille dollars ; de Paramount, cent cinquante mille dollars pour *Pour qui sonne le glas* ; *L'Intrigante de Saratoga* lui rapporta cent mille dollars et avec tout ce qu'il sut tirer des *Cloches de Sainte-Marie* la somme devint astronomique.

*
* *

Ça me faisait rire. Au fond, ça m'était égal. Et puis, j'avais signé un contrat. Je gagnais beaucoup plus d'argent que je n'en avais jamais vu en Suède. Pas plus que moi David ne pouvait savoir que j'aurais du succès. S'il réussissait à faire de l'argent grâce à moi, tant mieux pour lui. Nous avons travaillé ensemble à quelques grands films, et j'aimais travailler.

C'est lui qui allait produire *La Maison du Dr. Edwards* avec Hitchcock pour metteur en scène.

*
* *

Dans *La Maison du Dr. Edwards,* Ingrid jouait le rôle d'une jeune psychiatre qui, travaillant dans une clinique de luxe, découvre que le médecin récemment nommé à la tête de son service est émotionnellement aussi « perturbé » que ses malades. Pour sa part, Ingrid fut elle-même légèrement perturbée en constatant que pour la première fois de sa carrière elle avait pour principal partenaire masculin un acteur un peu plus jeune qu'elle. On l'avait déjà vu dans *Les Clefs du royaume* et la presse avait décrété qu'il s'agissait d'«un des jeunes espoirs les plus prometteurs de l'écran ». Gregory Peck prouverait abondamment qu'on ne s'était pas trompé.

Le monde du cinéma attendait du tandem Selznick-Hitchcock un film original. Le sachant, David Selznick fit appel à Salvador Dali pour imaginer une séquence onirique illustrant les cauchemars de Gregory Peck. Quatre cents yeux humains sur fond de velours noir commençaient par fixer ce dernier. Ensuite, des tenailles quinze fois plus grandes que lui le pourchassaient au flanc d'une pyramide. Il arrivait enfin devant une statue de plâtre qui, sous les traits d'Ingrid, représentait une déesse grecque dont le visage se fissurait lentement pour laisser passer des torrents de fourmis.

Ingrid fut bel et bien recouverte de plâtre, mais les fourmis furent supprimées. Et pratiquement toute la scène fut perdue à force de coupures. Inutile de préciser que les relations de Salvador Dali avec Mr. David O. Selznick ne tardèrent pas à se rafraîchir.

Selon *Time Magazine :* « Grâce à l'habileté et à l'imagination de Hitchcock, *La Maison du Dr. Edwards* s'élève nettement au-dessus du thriller hollywoodien moyen. »

Pour le *New York Herald Tribune :* « Avec les éblouissantes performances d'Ingrid Bergman et de Gregory Peck, cette œuvre est un prodigieux thriller psychiatrique. »

Le film rapporta énormément d'argent. Tellement d'argent que Selznick entreprit immédiatement de réunir les ingrédients nécessaires à la réalisation d'un second thriller, *Les Enchaînés*. Il vendit l'ensemble du projet à R.K.O., y compris la participation de Hitchcock comme metteur en scène, celle de Ben Hecht comme scénariste, et celles de Cary Grant et d'Ingrid Bergman comme vedettes. De l'opération il tira huit cent mille dollars et une participation de cinquante pour cent aux bénéfices. Et comme le film rapporta huit millions de dollars, tout le monde se montra parfaitement satisfait.

Cary Grant jouait le rôle d'un agent secret américain qui soupçonne Ingrid — fille d'un espion nazi d'ores et déjà condamné — de manquer de loyauté, mais tombe quand même amoureux d'elle. Pour prouver son patriotisme, Ingrid épouse le méchant Claude Rains et aide Cary à découvrir le secret que renferme sa cave : une bouteille pleine d'uranium, minerai assez surprenant dans la mesure où, à l'époque, on en parlait encore fort peu. Le zoom en plongée depuis le lustre qui éclaire une salle de bal encombrée de gens jusque sur la précieuse clef de la cave qu'Ingrid tient serrée dans sa main tout en dansant avec Cary est resté parmi les prises de vues les plus spectaculaires de Hitchcock — qui pourtant n'en est pas avare. Et l'emploi de l'uranium comme motif de complot à l'époque où éclatait la première bombe atomique allait attirer l'attention du F.B.I. Quoique Hitch roulât des yeux ronds et prétendît ne pas éprouver le moindre intérêt pour des produits chimiques aussi dégoûtants, les agents de sécurité qui le gardèrent sous surveillance pendant plusieurs semaines ne plaisantaient pas.

Pour Hitchcock, contrarier l'ordre établi était une technique parfaitement naturelle. Aussi prit-il un grand plaisir à déjouer la censure en filmant entre Ingrid et Cary un baiser qui durait cinq fois plus longtemps qu'elle ne l'autorisait.

Un baiser pouvait durer trois secondes. Avec Cary, nous nous embrassions, nous parlions, nous reculions, nous nous embrassions de nouveau, puis le téléphone nous séparait et nous devions le contourner. C'était donc un baiser sans cesse interrompu, que la censure ne pouvait couper parce qu'à aucun moment nous ne nous embrassions plus de trois secondes. En plus, on faisait d'autres choses : on se mordillait l'oreille, on s'embrassait la joue. Ça paraissait interminable. A Hollywood, ça a fait sensation.

Le tournage des *Enchaînés* fut le début d'une longue amitié entre Cary Grant et Ingrid. Et c'est peu de temps après que Cary allait prononcer cette phrase immortelle : « J'estime que l'Académie devrait prévoir chaque année une récompense spéciale pour Bergman, qu'elle fasse un film ou non ! »

Et tout de suite après *Les Enchaînés* s'ouvrirent des négociations en vue du rôle qu'Ingrid espérait jouer depuis si longtemps.

Jeanne d'Arc m'a toujours obsédée. Quant à savoir d'où me vient l'attrait qu'exerce sur moi ce personnage, je l'ignore — peut-être pour l'expliquer faudrait-il remonter aux rêves de mon enfance. Mais une chose est certaine : quand, au début de la guerre, j'ai reçu de David le télégramme où il me faisait part des ses premiers projets, j'étais folle de joie. Ensuite il y a eu cette longue attente — Selznick estimait que le moment était mal choisi. Pourtant, à chaque fois que j'allais à un cocktail, j'essayais d'accrocher un producteur ou un metteur en scène et je lui demandais : « Dites-moi, que pensez-vous de Jeanne d'Arc ? » Ça ne m'a pas avancée à grand-chose. Personne ne voulait de Jeanne. Peu à peu le projet a été enterré, mais moi, je n'ai jamais perdu espoir.

Et puis j'ai reçu un coup de téléphone de Maxwell Anderson. J'étais à Hollywood et il m'appelait de New York. Je ne savais pratiquement rien de lui sinon que c'était un auteur de théâtre. Je ne savais même pas comment il avait réussi à me joindre sans passer par un agent. Mais le fait est que je l'avais au bout du fil et qu'il me disait : « J'ai écrit une pièce et je me demandais... Oh ! je sais, vous faites beaucoup de films, seulement je me demandais si peut-être un jour cela ne vous plairait pas de venir à Broadway pour monter une pièce ? »

J'ai répondu : « Bien sûr, j'aimerais beaucoup ça. Mais dites-moi, votre pièce, qu'est-ce que c'est ?

— C'est l'histoire de Jeanne d'Arc. »

Du coup, j'ai failli laisser tomber le téléphone. « Jeanne d'Arc ! Dieu du ciel, envoyez-moi tout de suite le manuscrit. Il faut que je le lise d'abord, sinon tout le monde dira que je suis folle, mais je peux pratiquement vous promettre que je vais accepter. Je vous en prie, envoyez-moi la pièce, envoyez-la-moi vite, ça m'intéresse énormément ! »

Me voyant excitée, il s'est excité lui aussi et il m'a annoncé : « Miss Bergman, je vais vous apporter moi-même le manuscrit en Californie dès que j'aurai la possibilité de faire un saut là-bas. »

Il n'a pas tardé à venir. Et j'ai lu la pièce. Dans cette première version, le rideau se levait sur une scène new-yorkaise où une troupe commençait à répéter *Jeanne d'Arc*. Les acteurs s'agitaient à propos de la façon dont ils devaient interpréter leurs rôles et le metteur en scène s'en mêlait lui aussi. Il y avait plein de politique, de discussions sur la liberté du théâtre, tout cela au milieu de l'histoire de Jeanne d'Arc. Pour moi il y avait trop de politique et pas assez de Jeanne, mais je me suis dit que Maxwell accepterait sûrement de revoir la question — je m'occuperais de ça plus tard. L'essentiel, c'était qu'enfin j'avais Jeanne.

Je suis allée trouver Selznick : « David, je tiens une pièce, un rôle parfait pour moi. J'ai terminé *Les Enchaînés*. Pour l'instant tu n'as pas d'autres films en vue pour moi, alors j'aimerais bien qu'on règle ça tout de suite. D'accord ? »

David semblait n'avoir rien contre. De toute façon, mon contrat avec lui devait bientôt se terminer, et même s'il pensait que jamais je ne pourrais le quitter il préférait sans doute ne pas me contrarier. Nous avons discuté et nous avons compté qu'en tout la pièce me prendrait environ neuf mois, y compris les répétitions, le rodage à l'extérieur, et enfin New York pour une saison limitée.

Commence alors la négociation du contrat. Les discussions s'éternisent. Rien n'aboutit à rien. Un jour, Maxwell Anderson, qui n'avait toujours pas quitté Hollywood, vient me voir et m'annonce : « Je sais maintenant que vous ne jouerez jamais la pièce. J'ai compris que jamais plus il ne fallait que je m'adresse à des gens de cinéma : ils ont trop de problèmes, trop d'exigences, trop peu de temps. Je sais que ce n'est pas votre faute, mais à partir d'aujourd'hui, je vous assure, je m'en tiendrai aux gens de théâtre. Voilà. Alors demain je pars, je retourne à New York. J'ai été très heureux de vous connaître, et si vous voulez bien m'accorder encore une petite faveur, rien ne me ferait plus plaisir que de voir le Pacifique une dernière fois. »

Nous nous sommes embarqués dans ma petite voiture et nous sommes allés sur la plage de Santa Monica. Là, nous nous sommes promenés, nous nous sommes assis dans le sable, et j'ai dit : « Max, est-ce que vous avez avec vous le contrat de *Jeanne d'Arc* ? Un peu surpris, il m'a regardée : « Oui, je l'ai dans ma poche. » « Donnez-le-moi, je vais le signer. »

Installée sur le sable, j'ai signé son contrat. Il

souriait : « Vous savez ce que vous avez fait ? Vous êtes coincée, maintenant. »

Et j'ai répondu : « Ça m'est égal. C'est ce que je voulais, c'est fait, et tout est bien comme ça. Je suis décidée à jouer cette pièce. »

Le lendemain, les discussions ont repris, Maxwell et moi nous échangions des clins d'œil, puis il est reparti pour New York. Enfin Petter est arrivé à la maison en disant : « Ça y est, tu n'as plus qu'à signer. » Et moi, j'ai répondu : « C'est déjà fait, je n'ai pas attendu. » Pour une fois, j'avais pris une décision seule.

Jamais je n'ai travaillé pour l'argent uniquement. J'ai toujours travaillé pour le plaisir de faire ce que je croyais bon au bon moment. Si en plus c'était une bonne affaire, tant mieux. Mais ce qui comptait, c'était le rôle d'abord, pas l'argent.

Cependant, quand mon contrat avec David Selznick a expiré, j'ai senti que j'avais droit aussi à l'argent qu'il gagnait sur mon dos. Alors je lui ai dit : « Maintenant que le contrat est fini, j'aimerais bien gagner un peu de cet argent moi-même. » Et il s'est fâché contre moi parce qu'il estimait — et il me l'a écrit lui-même — que c'était grâce à lui que j'étais sortie de l'« obscurité pour devenir une grande star ». J'en ai été très malheureuse car je considérais David comme mon père, mon conseiller, mon guide. L'idée m'était insupportable qu'il puisse refuser de me parler et dire des choses très méchantes sur mon ingratitude.

*\
* *

En 1946 — les répétitions de *Jeanne la Lorraine* ne devaient pas commencer avant l'automne — Ingrid tourna son premier film en tant qu'artiste indépendante. Il s'agissait d'*Arc de triomphe*, que devait produire un groupe qui s'était récemment constitué sous le nom d'« Entreprise Films », et dont les membres, hautement idéalistes, ambitionnaient de réaliser des films de qualité dont les profits — si du moins il y en avait — seraient répartis entre la direction, les scénaristes, les metteurs en scène, les acteurs et les techniciens. *Arc de triomphe* était aussi leur première production, et ils étaient parvenus à réunir une très brillante équipe. Le scénario était basé sur le roman d'Erich Maria Remarque, auteur du très célèbre *A l'Ouest rien de nouveau*.

En 1946, Remarque vivait à Paris, mais il avait décidé de s'installer à New York et de prendre la nationalité américaine. C'était un écrivain de grand talent. L'affection qu'il éprouva pour Ingrid dès qu'il apprit à la connaître est évidente dans chacune des lettres qu'il lui écrivit, et il en écrivit beaucoup :

Ces journées de septembre. Comme des flèches, elles vous percent le cœur. Indécises, pleines d'adieux sans nom, nourries d'espoirs et de promesses, dorées, tranquilles et sans regrets. Afin que l'expérience épure l'intensité de la jeunesse vient le magique neuvième mois de l'année : le début de la seconde vie — consciente, mais sans résignation. Il est un vin qui lui ressemble. Un Oppenheimer 1937 dont une heure de chance m'a permis de mettre la main sur quelques bouteilles. Je les ai ici. De grâce, faites-moi signe lorsque vous y serez, et dites-moi que vous resterez — que nous partagions l'un de ces vins de septembre.

Mais ne tardez pas — la vie et les vins n'attendent pas et octobre est encore un autre mois merveilleux. Après cela, les dures réalités et les pluies sans fin de novembre.

Pour *Arc de triomphe*, les pluies vinrent rapidement. L'histoire était triste et se passait dans un Paris que les menaces de guerre rendaient absolument sinistre. Interprété par Charles Boyer, le personnage de Ravic, un médecin allemand fuyant les horreurs du nazisme, était divisé et confus. Il était difficile de concilier la tendre histoire d'amour qu'il vivait avec Joan Madou, la chanteuse amorale et provocante qu'incarnait Ingrid, et sa volonté d'assassiner le chef de la Gestapo qui avait torturé et tué sa femme.

* *

Arc de triomphe est l'un des rares films que je n'ai pas « sentis ». Je n'avais vraiment pas envie de le faire, et je l'ai dit, mais on a insisté ; et puis j'aurais pour partenaire Charles Boyer et Charles Laughton, alors j'ai pensé que ce serait ridicule de ne pas accepter. Mais jamais je ne me suis sentie sûre. J'avais l'impression que mon personnage n'était pas « crédible ». Et le film était trop long. On a décidé de faire des coupures et l'histoire a perdu tout son sens.

* *

Tout le monde était convaincu qu'avec les deux vedettes qui avaient triomphé dans *Hantise* le succès était assuré. Il n'en fut rien. Bosley Crowther écrivit dans le *New York Times :* « A travers la caméra vagabonde de Lewis Milestone, nous voyons l'amour tel que le font deux des artisans les plus capables du cinéma, de façon répétitive et étirée jusqu'à l'excès. Et à l'inévitable question « Est-ce mauvais ? » nous ne pouvons que répondre que trop c'est trop — même s'il s'agit de Bergman et de Boyer. »

* *

Si Bob Capa est venu à Hollywood, ce n'est pas seulement parce que j'y étais, mais aussi pour y retrouver plusieurs autres amis et parce qu'il pensait que ça valait la peine d'essayer. J'étais en train de tourner *Arc de triomphe* et Capa m'a dit : « Si je venais sur le plateau prendre quelques photos ? » J'en ai parlé à Lewis Milestone, qui, sachant le talent de Capa, s'est tout de suite montré enchanté.

Bob a pris de moi beaucoup de photos très intéressantes, mais à vrai dire Hollywood ne lui convenait pas...

* *
*

Le vrai problème, ce n'était pas Hollywood :
c'était qu'Ingrid et lui étaient amoureux.

* *
*

Ça n'a pas été facile... pas facile du tout. J'étais si
loyale, si morale, et tellement prude au bout du
compte. Ça a été très difficile. Pour lui aussi, je
crois, parce que pour lui aussi c'était important.
Mais j'étais très amoureuse de Capa et j'aurais tant
voulu être avec lui ! Il était un peu comme Roberto
Rossellini, le genre aventureux, amoureux de la liberté.
L'argent ne signifiait rien pour lui ; il était
extrêmement généreux. A Londres, un jour que
nous nous promenions à Hyde Park, nous sommes
passés à côté d'un clochard endormi dans l'herbe.
Et Capa m'a dit : « Tu vois la tête qu'il ferait, ce
vieux, s'il se réveillait avec le nez sur un billet de
cinq livres ? » Et il a posé l'argent à côté de lui.
Pour moi, qui sortais d'un milieu où chaque dollar
était compté, ça me paraissait d'une générosité
folle... je trouvais ça merveilleux. A l'époque où je
recueillais des vêtements pour un orphelinat et
d'autres Français pauvres qui avaient souffert de la
guerre, j'avais mis devant ma loge une grande
corbeille où les gens déposaient les habits qu'ils ne
portaient plus. Capa, lui, y a déposé un costume.
J'ai protesté : « Enfin, tu ne vas pas me donner un
costume, tu en as besoin. » Mais il a rétorqué :
« J'ai *trois* costumes, que veux-tu que j'en fasse ?
Deux, c'est plus qu'assez. Tiens, prends celui-là ! »
Pourtant, quand je me suis approché d'un célèbre
acteur — un ami — pour lui demander si, parmi les
deux cents costumes au moins qui composaient sa

garde-robe, il ne s'en trouvait pas un qu'il puisse me céder il m'a répondu : « Ma pauvre Ingrid, je peux avoir besoin de n'importe lequel, on ne sait jamais... en fait, ils me sont tous très utiles... » C'était toute la différence entre Capa et le reste du monde.

***

Si Capa avait dit à Ingrid : « Viens avec moi, tentons notre chance, défions le monde et buvons à pleins verres le bon vin de la vie », il se pourrait qu'elle l'ait suivi, mais c'est assez peu vraisemblable. En revanche, s'il lui avait dit : « Épouse-moi, sois mon amour et nous goûterons à tous les plaisirs », elle se serait probablement laissé convaincre. Mais il ne lui dit rien de tel.

***

Il m'a expliqué : « Je ne peux pas t'épouser. Je ne peux pas m'attacher. Si demain on me disait « Départ pour la Corée » et que je sois marié et que j'aie un enfant, je ne pourrais pas partir. Je ne veux pas de ça. Je ne suis pas du genre dont on fait les maris. »

Dans mon esprit, et selon les principes qu'on m'avait inculqués, l'homme qu'on aimait, il fallait l'épouser. C'était ça le problème. Capa est parti, il est revenu, il est parti et revenu encore, mais c'était toujours la même chose... Et j'ai compris que rien ne changerait jamais.

***

Ingrid comprenait d'ailleurs parfaitement le point de vue de Capa, de sorte que leur liaison ne laissa de blessures profondes ni chez l'un ni chez l'autre. Capa ne voulait pas vivre dans l'ombre d'une star et Ingrid se refusait à risquer plus d'une cheville dans les eaux bourbeuses de l'intrigue.

C'était clair, il était inutile d'y revenir. Il n'en reste pas moins que Capa exerça sur Ingrid une profonde influence.

Cependant, leurs rapports se poursuivaient. Ils laissaient les choses aller et flottaient avec elles. Et tandis que Capa prenait des photos, Ingrid termina *Arc de triomphe* et partit pour New York où devaient commencer les répétitions de *Jeanne la Lorraine*. De son côté, Capa regagna la France pour y rédiger ses souvenirs de guerre. Il écrivit à Ingrid :

Aujourd'hui, j'ai acheté une machine à écrire et une maison. La machine à écrire est petite, la maison légèrement plus grande. Elle est dans la forêt, à quinze kilomètres de Paris, et elle a une cuisine avec une grande table, une chambre avec un grand lit et un atelier avec une verrière et une grande cheminée. Le bar du Ritz, El Morocco et le coin de la place Vendôme demandent de tes nouvelles. Moi, je fais beaucoup plus. S'il te plaît, écris-moi un mot pour me dire que tu es assez bonne, assez archangélique pour mettre une bouteille de champagne à rafraîchir en prévision du 15 mars. Je m'embarque demain dans la petite B.M.W. avec plein de cigarettes, de bouquins et de cognac. Cette fois, je vais skier. Comme ça, je serai brun et mince à l'extérieur comme à l'intérieur.

J'espère que tu n'as pas signé des centaines de contrats pour ressembler de moins en moins à un être humain et de plus en plus à une institution. Tu dois te montrer très prudente, car le succès est beaucoup plus dangereux et corrupteur que le désastre, et j'aurais horreur...

Mais je m'arrête. Ça se présentait comme une phrase très compliquée et presque pompeuse. Je n'ai plus d'encre et je viens de te parler au téléphone, à toi, chère vierge suédoise mâtinée d'Hollywood. Si les dieux et tes gardiens le permettent, je verrai Jeanne à la mi-mars.

Je t'aime vraiment beaucoup.

Capa écrivit un excellent livre, qui parut en 1947 sous le titre : *Slightly out of Focus*.

* **

Juste avant de partir pour New York et de commencer les répétitions de *Jeanne la Lorraine*, j'ai rencontré David Selznick à l'occasion d'une réception, une grande réception où les gens dansaient. Il n'est pas venu vers moi. Alors j'ai profité d'un moment où les gens de sa table dansaient pour aller le trouver. Je me suis installée à côté de lui et j'ai dit : « Je ne peux pas quitter Hollywood en te sachant fâché contre moi. Je veux que tu me souhaites bonne chance avant que je m'attaque à Jeanne. » Alors, il m'a regardée, et il a fait : « Bonne chance ! » Une semaine plus tard il annonçait dans la presse qu'il allait tourner un film sur Jeanne d'Arc avec Jennifer Jones !

Mais nous sommes tout de même redevenus amis. Finalement, il s'est décidé à m'écrire :

Chère Ingrid,

J'ai été informé que, bien malgré lui, Dan O'Shea lui-même en était arrivé à la conclusion qu'aucune nouvelle affaire avec nous n'avait été sérieusement envisagée dans tes projets d'avenir. Malgré notre profonde confiance et l'espoir que j'avais exprimé dans notre conversation, cette conclusion ne m'a pas surpris ; mais en rien non plus elle n'a allégé le chagrin que j'éprouve à la pensée de notre « divorce » après de si longues et heureuses années de mariage. Tu m'as dit un jour que tu avais « deux maris ». Mais Petter était le premier, et bien sûr il a toujours su que sa volonté prévaudrait. Je regrette tous les gestes vains, toutes les « négociations » compliquées, mais c'est tout ce que je regrette dans une relation qui restera toujours pour moi une source d'orgueil. Je suis sûr que tu sais à quel point je suis persuadé que ta carrière continuera de monter vers de nouveaux sommets pour que se réalise pleinement la promesse de ton grand talent, et que, quoi que tu fasses, mes bons vœux seront toujours avec toi. A bientôt, Ingrid ! Puissent les années à venir t'apporter tout ce dont tu rêves.

CHAPITRE XI

MAXWELL ANDERSON avait près de soixante ans. Grand et fort, la moustache rousse, le front dégarni, le sourire lent, il était doux, aimable et plutôt timide. Tandis que se poursuivaient les représentations de *Jeanne la Lorraine*, il écrivit à propos d'Ingrid qu'elle possédait « le génie incandescent qui transcende la technique ».

Mais, avec l'aide de Ruth, Ingrid usa sur lui de sa technique pour transformer la pièce comme elle le voulait.

* * *

Nous nous sommes mises à le « travailler » avant même que commencent les répétitions. Ruth et moi déjeunions tous les jours avec lui. Ayant étudié son personnage toute ma vie, je pensais savoir sur Jeanne tout ce qu'on en peut savoir. J'arrivais donc avec mon petit carnet plein de notes et je disais : « Max, vous avez vu quelle belle parole a dite Jeanne à ce moment-là ? Ce n'est pas dans votre pièce, non ? Vous ne croyez pas que cette petite phrase ferait un excellent effet ? » Et Max répondait : « C'est vrai, je ne connaissais pas ça. C'est vous qui l'avez découverte ? Vraiment ? Eh bien, oui, j'imagine qu'il doit y avoir moyen de la glisser quelque part. Absolument, absolument, on va mettre ça là, ce sera parfait. »

Et le lendemain, tout en buvant innocemment notre café, Ruth et moi nous recommencions : « Et cette phrase-là, Max ? Vous savez que ce sont les mots mêmes que Jeanne a employés lors du procès ? Mais oui, ils sont dans les minutes. Si on pouvait lui faire répéter ça dans le premier acte, ce serait excellent, non ? »

Maxwell a été on ne peut plus coopératif. Sur certains points il était intraitable, mais la plupart du temps il était prêt à modifier son texte. Ainsi, peu à peu, Jeanne a pris plus d'importance qu'elle n'en avait dans la première version. Pour finir, son histoire occupait les soixante-dix pour cent de la pièce, et il n'y avait plus que trente pour cent pour les discussions, alors qu'au départ c'était exactement l'inverse. Peut-être ai-je eu tort, mais je ne crois pas. Une chose est certaine en tout cas, c'est que je ne pensais qu'à Jeanne.

Presque aussitôt que nous sommes arrivés à Washington j'ai appris que là-bas les Noirs n'étaient pas admis au théâtre. Nous étions dans la capitale des Etats-Unis, nous allions jouer une pièce où il était question de liberté et du droit de l'homme d'agir selon sa conscience, une guerre gigantesque, où l'on s'était battu pour la sauvegarde de la liberté, venait de s'achever, et les Noirs ne seraient pas autorisés à acheter une place pour assister à notre spectacle ! Je ne pouvais imaginer qu'un homme puisse se présenter à la caisse avec son argent à la main et qu'on lui dise « non, ce n'est pas pour vous ». Cette idée me rendait folle. J'ai dit à Maxwell Anderson : « Vous n'avez pas honte de venir à Washington avec cette pièce en sachant comment les choses se passent ici ? Si j'avais su que les Noirs n'étaient pas admis au théâtre, je vous promets que jamais je n'aurais mis les pieds dans cette ville. »

Max était très embêté. « Je sais, je sais, c'est

moche, c'est très moche, mais on ne peut pas changer les choses du jour au lendemain. Ça changera, vous verrez, ça changera... Mais ne parlez surtout pas de ça dans les interviews...

— Si l'occasion se présente, vous pouvez être sûr que je ne la raterai pas.

— Mais tout ce que vous réussirez à faire, c'est à vous attirer des ennuis et à couler la pièce. Laissez tomber. Pour l'instant, on ne peut rien changer. Nous ne sommes que pour deux semaines à Washington, ensuite ce sera New York. Laissez tomber, ça vaudra mieux ! »

Mais, laisser tomber, je savais que je ne le pourrais pas. Il fallait que je dise quelque chose. Arrive donc la conférence de presse. La première devait avoir lieu le lendemain. Maxwell Anderson était si nerveux qu'il n'arrêtait pas de se ronger les ongles. Moi j'attendais l'occasion d'aborder le sujet. Mais rien à faire. Aucun journaliste ne pose la bonne question. Ils n'avaient évidemment aucune raison d'aborder le sujet.

Et voilà que tout le monde se lève pour partir, on prend congé : « Merci, Miss Bergman, au revoir Miss Bergman... » C'est alors que je me suis décidée. J'ai dit : « Messieurs, je vous remercie, mais je ne reviendrai jamais à Washington. »

Il y a eu comme un flottement et tout le monde s'est rassis. Le pauvre Maxwell s'est pris la tête entre les mains. Et les journalistes ont demandé : « Vous ne reviendrez plus à Washington ? Et pourquoi donc, Miss Bergman ?

— Parce que je n'y serais jamais venue, je n'y aurais jamais joué si j'avais su que les Noirs n'avaient pas le droit d'entrer au théâtre. Je suis liée par un contrat, il faut bien que je continue. Mais je ne reviendrai pas ici tant que les Noirs n'auront pas accès au théâtre aussi bien que les Blancs. Nous jouons pour tout le monde. Pour tout le monde ! »

Mes propos ont paru dans la presse, et Maxwell

était au bord de l'hystérie. Mais la pièce a marché quand même, ça a été un énorme succès. Évidemment, beaucoup de gens m'ont critiquée. Quand je quittais la scène, on crachait sur moi et on me traitait de « négrophile ». Mais ça m'était égal. Sinon, comment aurais-je pu jouer Jeanne ? Comment aurais-je pu, chaque soir, répéter ces paroles que Maxwell Anderson avait mises dans sa bouche : « Tout homme donne sa vie pour ce qu'il croit. Toute femme donne sa vie pour ce qu'elle croit. Il y a des gens qui croient en peu de chose ou même en rien du tout, et pourtant c'est ce peu de chose ou ce rien du tout qui guide leurs vies. Une vie, c'est tout ce que nous avons, et nous la vivons comme nous la vivons, comme nous croyons devoir la vivre, et puis c'est fini. Mais renoncer à ce que l'on est et vivre sans foi, c'est plus terrible que mourir — plus terrible que mourir jeune. »

Jeanne avait dix-neuf ans et on l'a brûlée vive. Moi, tout ce que j'avais à supporter, c'est un peu de bave. J'ai reçu des lettres du monde entier — des lettres d'acteurs et de toutes sortes de gens — pour m'encourager. Mais il a fallu attendre sept ans encore avant que les Noirs soient enfin admis dans ce fameux théâtre.

La première de Washington a été quelque peu tendue, évidemment. Après ce que j'avais dit à la conférence de presse, tout le monde croyait que le spectacle était à l'eau. Mais malgré les gens qui étaient venus manifester aux portes, dans l'ensemble, tout s'est bien passé. Après les embrassades, les « Vous étiez merveilleuse », « Sublime, c'était sublime », je suis allée me coucher. Je ne me souviens pas d'une réception — il y a peut-être eu un verre ou quelque chose, mais tout ce dont je me souviens c'est du moment où je me suis retrouvée dans ma chambre. J'allais me mettre au lit quand on a frappé à la porte. J'ai demandé : « Qu'est-ce que c'est ? » et une voix m'a répondu : « C'est Maxwell. » C'étaient Max, sa femme et leur fils Allan, qui était aussi notre régisseur. Ils m'ont dit : « Désolés de vous déranger, mais on a pensé qu'il fallait que vous sachiez : on vient de renvoyer le metteur en scène.

— Le metteur en scène ? Margo Jones ? Mais pourquoi ? Elle fait de l'excellent boulot...

— Non, nous n'étions pas du tout contents d'elle. A New York, c'est elle qu'on félicitera pour la mise en scène, mais nous n'étions pas contents, pas du tout. »

J'ai pensé : comme vous êtes cruels ! Un soir de première, chasser quelqu'un comme ça ! Et je me suis rappelé l'avertissement d'Irene Selznick au tout début que j'étais à Hollywood : « Méfie-toi de tout le monde. Ça peut t'arriver... ça peut arriver à n'importe qui. Tout va bien, on est adorable avec vous, on vous couvre de compliments, mais par-derrière on parle, on complote, et tout à coup, sans savoir pourquoi, vous vous retrouvez à la porte. »

Margo est partie immédiatement, elle ne m'a pas dit au revoir, elle n'a dit au revoir à personne. Elle a quitté Washington par le premier train. Je n'avais aucune peine à imaginer ce qu'elle devait ressentir.

Sam Wanamaker a pris la relève. Il était très jeune et je ne cessais de lui répéter : « Écoute, Sam, tu n'as que vingt-sept ans, tu ne dois pas parler comme ça à des acteurs plus vieux. Ils ne peuvent pas l'accepter. » Et Sam disait : « Enfin, je suis sur scène à toutes les représentations depuis que nous avons commencé » — dans la pièce, il jouait deux rôles, y compris celui de l'inquisiteur — « je suis bien placé pour voir ce qui cloche... et il y a un tas de choses qui ne vont pas. » Sam était très autoritaire, arrogant même, et c'était son premier boulot de metteur en scène. Mais il faut bien admettre que la pièce était plutôt statique. Elle flottait, elle se désagrégeait, et Sam a réussi à la rendre plus nerveuse, il lui a donné la vie qui lui manquait.

Et là-dessus, nous avons débuté à New York.

Dans ma vie de théâtre au moins, ça a été l'une de mes plus grandes soirées.

* *
*

Pour bien des puristes, Ingrid n'était « qu'une vedette de cinéma ». En novembre 1946, c'est donc sa réputation qu'elle jouait devant le public new-yorkais, généralement sophistiqué, souvent blasé et forcément critique. Pour la soutenir, elle avait son propre credo : « Sur la scène, vous êtes une autre personne. Vous incarnez une autre personne et vous devenez cette personne... ce qui est aussi une façon d'échapper à ses propres problèmes. Mais il faut y aller, il faut faire son travail. Et ne pas le faire à moitié, se dire : "On m'a forcé à faire ça, alors tant pis, je m'en fiche." Seigneur non ! Si vous ouvrez la bouche, ouvrez-la bien, aussi bien que vous pouvez. Ne restez pas à mi-chemin, allez jusqu'à la limite de vous-même. Sinon, on ne croira jamais à ce que vous faites. »

Pour devenir Jeanne d'Arc, pour que l'on croie en elle, il fallait des dons et une nature tout à fait extraordinaires. Mais Ingrid avait toujours su amener le public à *croire* en ce qu'elle faisait, et les critiques new-yorkais se laissèrent convaincre eux aussi. Howard Barnes écrivit dans le *New York Herald Tribune* :

« A *Jeanne la Lorraine*, une pièce plutôt décousue, la rayonnante Ingrid Bergman apporte la sorcellerie du théâtre. Sa Pucelle d'Orléans est un personnage dont on se souviendra avec bonheur et reconnaissance. Actrice adulée de l'écran, elle mérite une place parmi les quelques rares pairs de tout le royaume à savoir inspirer la foi. »

Le *New Yorker* affirmait que l'on avait affaire à « une performance peut-être incomparable dans le théâtre d'aujourd'hui ». Quant à Robert Sherwood, l'un des meilleurs auteurs dramatiques des États-

Unis, il disait simplement : « Elle *est* sainte Jeanne. »

*
* *

Je n'oublierai jamais cette soirée. C'était la gloire, incroyable. Je me souviens que je me préparais pour la réception qui devait avoir lieu à l'hôtel Astor. J'ai mis ma robe du soir, j'ai quitté ma loge, et je me suis rendue à l'hôtel. Arrivée là-bas, je suis allée au vestiaire, je me suis assise sur une chaise et je me suis mise à pleurer, pleurer, pleurer. Je me disais : « C'est ça ? C'est ça, le succès ? Être dans un vestiaire à pleurer ? » Et les gens défilaient près de moi en disant : « Mais qu'est-ce que tu as ? Qu'est-ce qui se passe ? Tu as eu un gros succès, ce soir ! » Mais je ne pouvais m'arrêter de pleurer.

J'ai appris tant de choses concernant le public durant les représentations de *Jeanne la Lorraine.* J'ai compris que les spectateurs ne viennent pas pour critiquer, avec l'espoir que les choses iront mal. Ils viennent dans l'espoir que tout se passera bien, et si ce n'est pas le cas, ils sont malheureux avec vous. Je l'ai appris un soir, un soir où justement ça ne s'est pas bien passé. J'étais vêtue de mon armure d'argent, je parlais à mes voix et tout était très émouvant et très sérieux. A un moment donné je devais m'asseoir sur un petit banc de bois à quatre pieds. Je ne sais si j'ai mal calculé mon coup ou si le banc ne se trouvait pas à sa place, mais le fait est qu'au lieu de m'asseoir au milieu je me suis assise au bout. Le banc bascule et, pata-tras ! je me retrouve par terre dans un fracas d'armure. Je suis restée là, assise sur mon derrière, à attendre le rire qui devait éclater. Mais non. Tout ce que j'ai entendu, c'est un « Ooooh ! » d'incrédu-lité... un merveilleux soupir de sympathie. Et puis le plus complet silence. A cet instant-là, j'ai compris que le public ne veut pas qu'il vous arrive quoi que ce soit : il est trop concerné, il est de votre côté, il ne se moque pas, il serait plutôt prêt à pleurer pour vous. Oui, il rit quand c'est drôle, quand vous lui demandez de rire, mais quand c'est sérieux il retient son souffle et attend que vous ayez retrouvé le vôtre.

* *
*

Sentant peut-être que son travail et sa vie l'éloignaient de lui, Capa écrivit à Ingrid :

Ne t'en va pas. Il y a peu de choses précieuses dans la vie — qui ne l'est pas — en dehors de la joie. C'était, c'est, ta joie que j'aime, et il y a très peu d'esprits joyeux dans la vie d'un homme. Tendrement, tendrement, Capa.

Son intuition ne le trompait pas. Les télégrammes et les lettres de félicitations affluaient. De Petter, qui après être allé à New York pour assister à la première était maintenant de retour à Los Angeles, elle reçut ce câble : « Tu m'as fait pleurer. » Pia, elle, lui télégraphia : « Heureuse toi, heureuse Jeanne, heureuse moi. »

Aux yeux d'autrui, leur mariage était stable et heureux, même si l'amour qu'Ingrid éprouvait pour Capa lui avait démontré quel vide comportait sa vie. Comme elle, Petter s'efforçait d'oublier cette réalité en s'absorbant dans le travail.

A la fin de l'année, Ingrid écrivit à Ruth :

Cette semaine a été une semaine affreuse. La dernière semaine de 1946. Il semble presque normal que la dernière semaine soit mauvaise. Elle a très mal commencé. Lundi, j'ai perdu ma voix ; elle est revenue mercredi. Et puis j'ai attrapé une saleté dans l'œil un jour que je me promenais. Mon œil a gonflé, jeudi et vendredi il était horrible. Lorsque ça a enfin passé, samedi, je me suis retrouvée avec un rhume terrible. On ne m'entendait pratiquement pas au-delà du premier rang. Maintenant je suis au lit, en espérant que je serai mieux demain et pour le Nouvel An. Peut-être que pour nous deux ce sera une année merveilleuse. Si elle l'est pour toi, j'ai le sentiment qu'elle le sera pour moi aussi... Steinbeck et Hemingway ont vu le spectacle. Hemingway a dit que j'étais la plus grande actrice du monde. Beaucoup de gens sont venus dans les coulisses, mais je ne me rappelle pas qui.

Parmi ceux qui étaient venus la voir, il y avait Victor Fleming. Elle conservait pour lui toute l'affection qu'il lui avait inspirée durant le tournage de *Dr. Jekyll et Mr. Hyde*, mais depuis lors, il ne s'était pas manifesté. Il se précipita dans sa loge.

*
* *

Il était venu à New York avec un bouquin dont il pensait tirer un film où il voulait que je joue. Mais il est arrivé comme un ouragan, il a jeté le livre dans un coin de ma loge, il m'a attrapée, il m'a embrassée, et il m'a dit : « Ça y est. Tu devrais jouer Jeanne toujours et encore... Tu dois jouer Jeanne à l'écran. » Eh oui ! ça y était. Je venais d'entendre les mots que j'attendais depuis si longtemps, que j'attendais du moins depuis six longues années, depuis que David Selznick m'avait parlé de son projet de film. J'étais si contente -- j'aurais pu éclater. Et cette fois, c'était sérieux. Victor Fleming et Walter Wanger allaient créer une société de production, et je serais l'un des membres.

*
* *

Maxwell Anderson se mit donc en devoir d'adapter sa pièce pour l'écran, Victor Fleming commença à faire la navette entre Los Angeles et New York, et Ingrid, désormais membre d'une société de production cinématographique, acquit un sens des responsabilités qu'elle n'avait jamais connu jusque-là. Elle écrivit à Ruth :

Je suis aux cent coups avec notre scénario. Seigneur, à quoi Maxwell peut-il bien penser ? Les choses qu'il avait accepté de faire et qu'il disait aimer à Hampshire House, il les a oubliées. Pourquoi faut-il que nous ayons un scénariste qui ne sait rien faire que de l'Anderson ? Capa propose un titre : *La Sorcière*. Pour un film, c'est excellent, mais cette fois je ne suis pas d'accord. Il me semble que Jeanne dirait : « Mais Ingrid, tu sais bien que je ne suis pas une sorcière ! » J'ai vraiment hâte de pouvoir venir te retrouver en Californie.

* Rien ne semble arranger la pièce. Hier David Selznick était au premier rang, et pourtant je ne me suis pas « envolée ». J'ai été aussi bonne que possible, mais ce *sentiment-là*, je ne l'éprouve plus. Je suis très fatiguée. J'ai trop mangé, j'ai trop bu ces temps derniers. C'est peut-être ça qui tue les sentiments. Mais il ne me reste plus que trois semaines, et je vais faire de mon mieux pour passer le temps. Ensuite je retournerai dans la cage, je m'installerai au soleil, j'obéirai à Petter, je serai sobre et je paraîtrai dix-huit ans.

Capa a enfin trouvé quelque chose qui l'intéresse. Steinbeck et lui partent pour la Russie. Il va prendre avec lui une caméra de 16 mm et écrire des nouvelles tandis que Steinbeck cherchera de quoi faire un nouveau livre. Je suis contente, je suis sûre que pour tous les deux c'est une très bonne chose.

Capa avait essayé de se fixer, d'accepter la paix, de vivre avec elle. Il n'y avait pas que la guerre, il y avait les voyages, les gens, les lieux à découvrir. Cependant, le projet de la Russie fut remis. En lieu et place, il partit pour la Turquie tourner un film documentaire. Passant par Londres, il écrivit à Ingrid :

Londres est si calme, si vide, mais tout de même c'est l'Europe, et c'est tellement plus réel, plus stimulant que les États-Unis. Chaque fois que je vais dans un bar, voir une pièce, ou me promener dans les rues grises, je souhaite t'avoir là, à côté de moi.

D'Istanbul, il écrivait encore :

C'est dimanche après-midi et je suis assis à la terrasse de ma chambre contemplant le Bosphore et les minarets et ne voyant que ton visage. La dernière fois, je t'ai dit que je voulais savoir comment je me sentirais quand je serais seul et loin de tout. Maintenant je sais. Je me parle. Dans notre monde, les valeurs sont fausses et nous ne pouvons tolérer de subir une défaite. Maintenant, encore quelque chose que je ne peux expliquer avec la plume : il faut que tu attendes une bouteille, l'occasion, une cheminée, une cigarette. A nouveau, je suis un journaliste, et c'est très bien. Je dors dans des hôtels étranges, je lis durant la nuit, et j'essaie de saisir en peu de temps les problèmes d'un pays. C'est bon de travailler, de penser et d'être seul. Il fallait que je fasse le bilan de ma dernière année, et pour le faire il fallait que je parte. Maintenant je suis satisfait et heureux d'être allé à Berlin, à Hollywood, et d'en être reparti à temps — tu vois, c'est à moi-même que j'écris. Il n'y a pas de champagne du tout en Turquie. Tout ce qu'on peut boire, c'est de l'arak, une sorte d'absinthe ou de pernod. Je suis très sage. Comment vas-tu ? Est-ce que sous ton armure tu te comportes comme il faut ? J'espère que la préparation de *Jeanne* avance et que vous pourrez commencer le tournage du film l'été prochain en France. *S'il te plaît*, écoute mes voix.

A Ruth, Ingrid écrivit :

Je deviens folle quand je lis les lettres de Fleming. Il semble passer ses journées avec des hommes d'affaires, chacun s'efforçant de trouver où et comment tirer du film le maximum de dollars. Je sais que Victor passe plus de temps à discuter affaires qu'à parler de l'histoire, mais c'est important, j'imagine, de régler aussi toutes ces questions. La dernière fois que nous nous sommes parlé au téléphone, il m'a dit que maintenant il se concentrait exclusivement sur l'histoire. Si seulement je savais ce que je voulais, Ruth ! Je suis sûre que je m'en sortirais très bien. Mais tu vois, j'hésite. J'écoute Capa et les autres, mais je ne sais comment mettre les idées en dialogues et en scènes. En outre, j'ai l'impression que la censure et le cardinal Spellman ne voudront pas admettre leurs opinions. Si seulement je savais *moi-même* ce que je veux plutôt que de toujours écouter les autres. Quand je quitterai New York pour la Californie, c'est toi que j'écouterai, et comme j'ai confiance en toi je défendrai tes idées. Je serai l'intermédiaire entre Victor et tous ceux qui voudront lui soumettre des idées. Ne pense surtout pas que je me crois capable de faire passer Victor par où je l'entends, mais j'essaierai de parler comme un ange, d'être aussi forte qu'un dieu et aussi dangereuse qu'un diable. En avant, mes amis. Maintenant commence la bataille pour *Jeanne* !

Au même moment, une autre bataille se livrait, d'une nature toute différente. Elle savait qu'elle ne pouvait pas faire passer Fleming par où elle l'entendait, mais elle savait très bien aussi qu'elle avait sur lui une influence considérable, et cela pour une raison bien simple : Victor Fleming était amoureux d'elle.

C'était récent. Sa première déclaration était parvenue à Ingrid dans une enveloppe au dos de laquelle il avait griffonné :

C'était dans ma poche quand je suis arrivé. J'en ai déchiré plusieurs autres. Le *Seigneur* seul sait ce qui s'y trouve, et sans doute a-t-il l'esprit un peu brumeux, car, au moment où j'écrivais, Son emprise sur moi s'était très nettement relâchée — mettons que nous étions un peu « partis ». Plus qu'en le Seigneur, j'avais placé ma confiance en l'alcool. Et maintenant que j'envoie cela sans l'ouvrir, c'est en toi que je mets toute ma confiance, car il se pourrait bien que tu me juges complètement fou.

Et voilà ce que contenait l'enveloppe :

Santa Fe
Juste un mot pour te dire... pour te dire quoi ? Que c'est le soir ? Que tu me manques ? Que je bois à ta santé ? Non... pour te dire avec l'audace d'un amant que je t'aime, pour te crier à travers les kilomètres et les heures de ténèbres que je t'aime, que tu submerges mon esprit comme les vagues qui roulent sur le sable. Que cela t'intéresse ou non, ces choses, je te les dis avec amour. Je suis jusqu'à la dévotion — ton fou — MOI.

Bien sûr, cela l'intéressait. Cet homme grand,

beau et plein de vie la passionnait. Et peut-être le fait d'être à demi amoureux donna-t-il un élan, une importance et un sens nouveaux à l'énorme tâche à laquelle ils s'étaient attelés : canaliser le torrent de drame, de passion et de foi qui avait déferlé sur la scène du théâtre Alvin et le faire passer au cinéma, l'adapter à l'écran.

*
* *

Tant de livres ont été écrits sur Jeanne, analysant ce qui chez elle était normal ou non. Était-elle amoureuse du Dauphin ? A-t-elle jamais aimé un homme ? Prenait-elle plaisir, vraiement *plaisir*, à se trouver sur un champ de bataille ? George Bernard Shaw en a fait une petite fille intelligente, tenace et combative, une sorte d'agitateur politique du XVe siècle. Chez Maxwell Anderson, Jeanne était au contraire douce, timide, et très féminine ; mais au théâtre, il se servait d'elle pour illustrer ses propres opinions sur la foi et les problèmes d'aujourd'hui, ce qui, à mon avis, n'avait rien à faire dans notre histoire. Ce que nous voulions faire dans le film, c'était montrer la vraie Jeanne, celle que nous présentent les documents, la fille qui part en guerre et qui pleure devant la cruauté des combats médiévaux. J'ai toujours pensé que le vrai caractère de Jeanne se révélait dans ses propres paroles, dans les mots qu'elle a prononcés au cours de son procès.

Sur le plan religieux, nous avons essayé de contenter tout le monde, notamment en ce qui concerne ses « voix ». Ses voix sont un perpétuel sujet de discussion. Pour certains, ce n'est que dans son imagination qu'elle les entendait. Mais on ne pouvait pas se contenter de les faire entendre puisque Jeanne disait qu'elle avait non seulement entendu, mais qu'elle avait *vu* sainte Catherine, saint Michel et sainte Marguerite. En plus, il faut se souvenir qu'en cette période de superstition et de peur intenses elle l'a affirmé sous serment. Moi, ça m'était égal qu'elle les ait entendues ou non. Ce qui compte, c'est qu'elle *dit* les avoir entendues et que ce sont *elles* qui l'ont engagée à entreprendre ce qu'elle a entrepris. Pour moi, c'est ça l'important.

* * *

« Ange » écrivait Victor — qui l'appelait ainsi depuis qu'Ingrid lui avait fait voir une description où Jeanne était présentée comme « un ange ivre » :

A propos du scénario. Ce n'est pas bon. Max ne fait pas ce qu'il a dit, il ne s'en tient pas à l'histoire, il continue *Jeanne la Lorraine*. Qu'est-ce qui ne va pas ? Walter et moi nous avons parlé à plusieurs scénaristes — nous allons tout de suite en mettre un là-dessus. J'ai passé la journée d'hier à essayer de convaincre Walter de fixer des dates. Aujourd'hui, je me suis rendu au studio Roach. Dans l'équipe, tout le monde travaille comme une brute, et tout le monde paraît content. Lundi il faudra que nous voyions, ou plutôt que tu voies notre nouveau directeur commercial. Il vient des studios Columbia et a d'excellentes recommandations. Walter et moi nous espérons qu'il saura se montrer à la hauteur et que, grâce à lui, le film pourra commencer dans les délais.

Ange... Ange... pourquoi n'ai-je pas une ligne de quatre ou cinq mille kilomètres avec une canne et un bon moulinet ? Mais il vaut mieux que j'arrête avant de me mettre à dire que je t'aime, de te dire, Ange, je t'aime, oui, oui, oui... c'est MOI.

Pas un instant Ingrid ne protesta contre cette déclaration d'amour. Pour elle, tout cela faisait partie de l'élan créateur. Cependant, elle n'avait pas compris que Victor était plus qu'à demi amoureux, qu'il avait basculé de l'autre côté et que, dans le gouffre émotionnel qu'il avait lui-même creusé, sa chute ressemblait davantage à une agonie qu'à l'extase. Déjà il s'identifiait au « serpent » et des sentiments de culpabilité travaillaient sa conscience.

Mais c'était un homme bien trop honorable pour lui demander quoi que ce soit.

Ange cher et chéri. Quel bonheur d'entendre ta voix ! Quel taciturne, quel idiot me voilà devenu ! Que c'est triste pour toi ! Quand tu raccroches, le « clic » du téléphone m'atteint comme une balle. Silence de mort. Torpeur et puis pensées. Des pensées qui battent mon cerveau. Mon cœur, mon cerveau. Je les hais, je les méprise tous les deux. Comme ils me blessent et me tourmentent, torturent ma chair et mes os. Une fois qu'ils sont fatigués, ils se querellent et se battent l'un l'autre. Mon cerveau frappe mon cœur jusqu'à l'engourdissement, puis il le broie à mort. Et à tout cela, je ne peux rien.

Pour Victor, tout arrivait trop tard. Il avait près de soixante ans. Elle avait la moitié de son âge. C'était un fait irrévocable, une réalité qui lui brisait le cœur. Il était paralysé par son sens du devoir et des responsabilités, il entendait ces mots terribles : « assez vieux pour être son père ».

Il écrivait :

Il est dit dans les *Mille et Une nuits* : « Fais ce que te dicte ta conscience d'homme. N'attends l'approbation de personne que de toi. Celui qui vit le mieux et qui meurt le plus noblement, c'est celui qui n'a et n'observe d'autres lois que les siennes. »

Les lois qu'il s'était imposées, Victor ne les connaissait plus. Victor Fleming, l'homme fort, l'homme d'action, l'homme qui prenait ses propres décisions et ne blâmait personne que lui-même, avait abandonné son propre personnage et observait maintenant ses faiblesses, son incapacité à résoudre son problème, à dompter la peine ou à mater le désespoir. Dans le train qui l'emmenait loin de New York, avant qu'Ingrid ne termine *Jeanne* et ne retourne elle-même à Hollywood, il écrivit :

Le temps s'est arrêté au moment où je suis monté dans ce train. La nuit est tombée, et je me suis perdu dans les ténèbres. Pourquoi je n'ai pas songé à boire, je l'ignore. Je me suis couché pour quatorze heures et j'ai dormi quatorze minutes, j'ai oublié de commander mon petit déjeuner et je n'ai absorbé ni nourriture ni café avant une heure de l'après-midi. C'est tout ce dont je me souviens. Quelqu'un m'attendait à la gare. J'ai bien peur qu'elle ne m'ait trouvé en train de pleurer. Centenaire et pleurant pour une fille. J'ai dit : « Il n'y a pas pire fou qu'un vieux fou. »

De retour à Hollywood, Victor cessa de lui écrire. Il était marié, il avait des enfants. Ingrid avait retrouvé Petter et Pia à Benedict Canyon. Durant les semaines que dura le tournage de *Jeanne d'Arc* ils se rencontrèrent tous les jours sur le plateau, mais l'intensité de leur travail ne leur laissa de temps pour rien d'autre.

*
* *

Vic Fleming s'est usé pendant le tournage du film. Il était ici, il était là, il était partout à la fois. J'étais heureuse rien qu'à le regarder. Il avait de si beaux gestes, il se mouvait avec tant de grâce, et il était si chaleureux avec tout le monde, si gentil, si serviable ! Et quel travailleur ! Il avait débuté comme cameraman avec D. W. Griffith et Douglas Fairbanks, mais il était metteur en scène depuis 1919 déjà. Les exigences des syndicats lui portaient souvent sur les nerfs. Il ne pouvait jamais attendre l'arrivée du type qui devait faire tel ou tel travail : s'il y avait une prise à installer, il s'en chargeait lui même ; s'il fallait porter quelque chose, il le portait. Tout cela, c'était du boulot de syndiqués, mais il le faisait lui-même et tous l'aimaient beaucoup. Par ailleurs, on travaillait sur un très petit budget, et tout était d'autant plus difficile qu'à Hollywood, malgré les qualités de la pièce et le succès qu'elle avait remporté à New York, on ne croyait guère à la réussite du film. Pour la plupart des gens, l'histoire d'une fille qui sauve son pays ne pouvait pas marcher. Et Victor Fleming en a certainement souffert. Sachant combien j'aimais Jeanne et tout ce qui la touchait, il aurait voulu que le film soit un grand succès.

Avant la sortie de *Jeanne d'Arc*, notre service publicitaire pensait qu'il serait bon que je fasse un voyage qui me conduirait sur les traces de Jeanne. Nous avions deux prêtres pour le tournage du film, le merveilleux père Doncœur, venu tout spécialement de France, et le père Devlin, un Américain ; ils étaient toute la journée assis sur le plateau à s'entretenir en latin. Sous la conduite du père Doncœur, nous sommes donc partis pour la France, où nous avons commencé notre périple par Domremy, lieu de naissance de Jeanne. Aujourd'hui, c'est devenu un endroit important, un peu comme Lourdes. On avait fermé les écoles et les enfants s'étaient réunis dans les rues pour nous lancer des fleurs. J'ai vu la maison de Jeanne et j'ai vu l'église. Ensuite, nous avons pris la route qu'elle avait suivie pour aller jusqu'à Reims, où elle devait rencontrer le dauphin. Enfin, nous avons visité Orléans.

C'était incroyable. Partout, on m'a traitée comme si j'étais la réincarnation de Jeanne d'Arc, comme si on attendait son retour. J'ai été assiégée, mais pas parce que j'étais une star, parce que j'étais Jeanne d'Arc. C'était très émouvant. Notre voyage devait se terminer à Rouen, où l'on a pris une dernière photo de moi, à genoux, alors que je dépose des fleurs sur la dalle de pierre où Jeanne a été brûlée. Et des années plus tard, au moins quinze ans après, quand je suis retournée en France, les douaniers et les employés de l'émigration m'ont regardée et m'ont dit : « Ah ! Jeanne d'Arc... bienvenue chez vous. »

J'ai trouvé tout cela non seulement très gentil, mais tout à fait remarquable. J'étais protestante, j'étais suédoise, je tournais à Hollywood un film en technicolor réalisé par un Américain, ils auraient pu mal réagir. Mais non, ils étaient contents, presque flattés. Pourtant, j'ai eu droit à une lettre ouverte aux journaux de la part de Jean Delannoy, le metteur en scène français ; il y expliquait qu'Anouilh avait écrit un scénario pour une autre Jeanne d'Arc et que je ferais bien d'arrêter notre production et de laisser les Français s'occuper de leur sainte ainsi que le voulaient leur tradition et leur culture. Comme notre film était déjà commencé, il était un peu tard.

*
* *

La sortie de *Jeanne d'Arc* eut lieu à New York. A cette occasion, Ingrid était accompagnée par Victor Fleming. La projection terminée, tous deux avaient clairement conscience que, mesuré à la une de leur ambition, le film était un échec.

La plupart des critiques furent aimables et polies. *Le Times* de Londres se montra très flatteur à l'égard de l'interprétation d'Ingrid, soulignant la « radieuse tendresse des moments où lui parlent ses voix ». *Time Magazine*, lui, observait que « la fidélité passionnée de Bergman à son rôle sauve la mise ».

Quant à Erich Maria Remarque, il écrivit à Ingrid :

Étrange, depuis que j'ai vu Jeanne à l'écran, je sais que je ne pourrai me rappeler son visage selon mon imagination. A partir de maintenant elle aura vos traits pour toujours. Déjà, en voyant la photo crucifiée de votre lettre, j'ai cru qu'elle vous ressemblait. Ce n'est pas une accusation d'assassinat mental, c'est une histoire de mort et de résurrection.

Désormais, jamais personne ne pensera plus à elle qu'à travers les orages, les éclairs et les paysages de votre visage, et, que je le veuille ou non, je serai moi aussi victime de cette opération magique. Ainsi, je vous salue et je vous quitte. Dans vos bras, elle a connu une mort admirable.

* *
*

Peu après mon retour de France, j'ai reçu du père Doncœur un paquet contenant une petite Madone de bois. La statuette avait été abîmée durant le transport et la poste y avait joint cette note : « Vierge arrivée Hollywood. Légèrement endommagée. Perdu la tête. » Et j'ai pensé : « Eh ! oui, je suis bien de retour à Hollywood ! »

Je lui ai recollé la tête, et depuis lors elle ne me quitte jamais.

* *
*

Quelques semaines après la première de *Jeanne*, Victor Fleming était chez lui, dans un fauteuil, quand soudain il s'effondra. On l'emmena d'urgence à l'hôpital, mais il mourut avant d'avoir atteint la salle d'opération. Il avait succombé à une crise cardiaque.

Bouleversée, Ingrid assista à ses funérailles. Dans sa terminologie à elle, soit « on est amoureux », soit « on aime ». De Bob Capa, elle avait été « amoureuse », tandis que Victor Fleming, elle l'avait « aimé » comme elle a aimé tant d'autres de ses amis. Elle avait ignoré la tourmente qui s'était déchaînée dans le cœur de Victor. Pourtant, elle se sentait tant soit peu responsable. Les fatigues et les pressions qu'il avait connues durant le tournage du film avaient-elles contribué à hâter sa mort ? Nul ne le saura jamais.

Quoi qu'il en soit, c'était maintenant son tour de se reprendre en main, de s'occuper de ses problèmes. Depuis un certain temps déjà elle avait décidé d'agir. D'abord, il y avait ses relations avec Capa : le plus sage n'était-il pas d'y mettre un terme ?

De toute façon il fallait qu'elle soit sage, qu'elle reprenne sa place au foyer, son rôle de mère-d'une-adorable-fille et d'épouse-d'un-admirable-chirurgien.

Restait le travail. La réalité de son art continuait de la préoccuper, et elle était de plus en plus gênée par le côté artificiel de tout ce qui se fabriquait à Hollywood. Aussitôt qu'elle vit les films de Rossellini, elle sut qu'elle voulait travailler dans ce sens, faire quelque chose comme *Rome, ville ouverte* ou *Paisa*, tourner un film véritablement réaliste.

* * *

Récemment, en regardant *Jeanne* à la télévision (j'ai peine à imaginer qu'il a été fait il y a plus de trente ans), j'ai vu combien c'était doux, poli, « Hollywood ». Toutes les scènes de bataille ont été tournées en studio. Les tours de Chinon, les villages français, c'était du carton-pâte. Je ne me suis pas vue du tout comme une paysanne, mais comme une star jouant le rôle de Jeanne. Le visage lisse, la coiffure impeccable. Je ne peux pas en vouloir ni aux coiffeurs ni aux costumiers — ils faisaient leur travail — mais parfois ils me rendaient presque folle. A la dernière minute, c'était la ruée : coup de peigne, retouche du maquillage, mise en place du moindre pli pendant que moi je ruminais mon texte et je préparais mon entrée. En général, je réussissais à me concentrer et à les oublier — ça fait partie du métier, ça aussi. Mais j'avoue que devant ma télévision j'ai été choquée de me voir si jolie, si bien coiffée, si parfaitement maquillée dans un rôle où la beauté devait être autre part.

Avec le recul, j'imagine que c'est ce genre de choses qui m'a amenée à me rebeller, à être insatisfaite, à vouloir changer. Sur le plateau, *Arc de triomphe* paraissait magnifique, mais ce n'était pas réel. Avec *Jeanne*, j'aurais voulu aller en France et tourner là-bas. Quand j'ai visité Domremy, quand j'ai vu sa maison, j'ai compris que c'était là qu'il fallait commencer, là que se trouvait la vérité. Avant déjà, à propos des *Enchaînés*, j'avais demandé à Hitchcock : « Pourquoi est-ce qu'on ne va pas en Amérique du Sud puisque l'histoire se passe là-bas ? » Il m'a dit que non, ce n'était pas possible. Mais maintenant que la guerre était terminée, maintenant qu'après *Jeanne* j'allais tourner un nouveau film avec Hitchcock, *Les Amants du Capricorne*, j'ai recommencé : « Cette fois, Hitch, allons tourner sur place, partons pour l'Australie ! » Il ne s'est pas laissé convaincre, mais il a tout de même accepté l'Angleterre. Enfin, j'allais rencontrer de nouveaux visages, voir de nouveaux décors. Tout ce que je voulais, c'était sortir d'Hollywood.

CHAPITRE XII

Chère Ruth (Au studio, le 6 août 1948). C'est ma septième semaine d'attente ! Le film a démarré comme convenu le 19, mais avec Hitch et ses séquences de dix minutes, après un jour on avait une semaine de retard ! Les techniciens ont très peu ou pas d'expérience du tout. Et ils paraissent s'en ficher complètement. J'attends, j'attends, mais chaque jour c'est la même chose : « Pas de prise de vues aujourd'hui, mais demain matin, c'est sûr. » Enfin, au bout de quatre jours, Hitch m'a annoncé qu'il allait tourner mon entrée. J'étais ravie, j'ai répété, et le même jour à deux heures on a fait la première prise. Pendant la seconde, toutes les lumières s'éteignent, les électriciens descendent de leurs échelles et s'en vont : c'est la grève ! Tout l'après-midi nous avons attendu qu'ils aient fini leur réunion, mais ils ne sont jamais revenus. Ce matin, je me suis levée à six heures ; à neuf, j'ai appris qu'ils n'étaient toujours pas revenus : « Calme-toi, attends tranquillement dans ta loge ! »

Je suis hors de moi, mais les autres ne semblent pas s'inquiéter. Rien de neuf. Après la guerre il y a toujours des grèves par-ci par-là. La raison de celle-ci, c'est que deux types se sont fait licencier pour leur mauvais travail et leurs nombreuses arrivées tardives.

Hitch est en train d'essayer de former une équipe d'électriciens entièrement nouvelle. Jusque-là, on n'aura pas la paix. C'est déjà le deuxième arrêt de travail. L'équipe son et l'équipe caméra sont bien. Mais ce qui vous tue, c'est l'atmosphère d'hostilité qui règne sur le plateau. Lorsque j'ai fait le premier essai, tout le monde s'est mis à siffler et à plaisanter. Je n'en revenais pas — d'ordinaire les gens sont si gentils. Enfin, ils ne sont pas tous méchants, loin de là, mais il suffit de quelques-uns pour entraîner toute la bande. Le scénario est intéressant, on a trouvé une très bonne fin, mais je n'aime pas beaucoup la nouvelle technique de Hitch. Je ne l'ai pas encore essayée moi-même, car pour mon entrée la prise était normale. Mais je l'ai regardée avec les autres. C'est vraiment terrifiant, et pour les acteurs, et pour les techniciens. A la moindre bulle, tout est à recommencer, tu vois le genre... Je ne serais pas autrement surprise d'avoir quelques prises de bec avec Hitch. Il voulait tourner une bobine entière ; la caméra me suivait partout et l'on retirait au fur et à mesure les meubles et tous les éléments gênants. Cela signifiait qu'il fallait répéter une journée entière sans faire une seule prise et tourner les scènes le lendemain seulement. Ça rendait tout le monde nerveux, mais il a insisté. Nous avons déjà eu une petite engueulade à propos de mon entrée, et j'ai fait comme je l'entendais. Avec lui, je sais que je peux toujours, mais je n'aime pas me disputer... Pour couronner le tout, j'ai un coiffeur qui *lambine*. Il faut que je sois ici à sept heures et demie. Le maquillage est très rapide, presque rien, et très gris : pas de rouge à lèvres, pas de serviettes glacées, aucun tra-la-la. Tout le temps est consacré à ma coiffure. A neuf heures, j'ai mal au derrière et je suis déjà de mauvaise humeur.

J'ai vu Noel à Paris. [Noel Howard, qui était conseiller technique pour *Jeanne d'Arc*.] Il partait avec Capa pour Capri, et il s'inquiétait de la légèreté avec laquelle Capa traite l'argent. Noel est aussi fauché que peut l'être un peintre. C'est triste. Mais pour Capa je ne me fais pas de souci. Il travaille à un nouveau livre, et il a vendu le précédent au cinéma. Avec une télévision ici et là, avec sa chance habituelle, je lui fais confiance : il prendra en charge le pauvre Noel.

Tu vois quelle longue lettre tu dois à la grève. Il est maintenant onze heures et demie. Rien ne bouge nulle part. Je crains de devoir rester ici jusqu'à Noël. Pia et Petter arrivent de Liverpool ce soir à onze heures. Pauvre gosse. Quel voyage ! Train de Los Angeles à New York. Huit jours de bateau. Cinq heures de train jusqu'à Londres. Je ne voulais pas qu'elle prenne l'avion. Je voulais qu'elle sache combien le monde est grand. Maintenant, elle sait. Je vais avoir des ennuis. Je fume tout le temps. Je bois plus que jamais. J'ai pris au moins cinq kilos. C'est exactement ce qu'il faut pour Petter ! Mais mon crayon arrive au bout, ça ne vaut pas la peine que je commence une nouvelle page. Salue Hollywood... heureux endroit où l'on peut travailler malgré une grève. La prochaine fois, je te parlerai de ma rencontre avec George Bernard Shaw.

*
* *

Ladite rencontre avait commencé par un coup de téléphone de Gabriel Pascal. Le bouillant producteur hongrois avait immigré en Angleterre dans le courant des années trente et il avait rapidement accédé au succès. A ses débuts, alors qu'il n'avait pas un sou, il avait non sans peine réuni de quoi se payer le train jusqu'à Ayot St. Lawrence, et il s'était fait conduire en taxi jusque chez Bernard Shaw.

« Je viens tout spécialement de Londres pour voir Mr. Shaw. Il s'agit d'une affaire de première importance, expliqua-t-il à la gouvernante qui lui ouvrit la porte.

— Vous n'avez pas de chance, rétorqua celle-ci. Mr. Shaw dort. Vous ne pourrez pas le voir avant trois heures.

— Ah ! » Il y eut un bref silence, après quoi Gabriel reprit : « En ce cas, je vais avoir un petit problème... Pourriez-vous me prêter de quoi retourner au village en taxi et revenir ici pour trois heures ? »

Un peu surprise, la gouvernante lui avait tendu une livre. Informé de la transaction, Shaw s'amusa beaucoup qu'un inconnu ait le culot d'emprunter à sa gouvernante de quoi se payer le taxi. Aussitôt Gabriel de retour, il l'entraîna dans son bureau.

« Voyons ce qui vous amène, dit-il. Quelle est donc cette affaire importante ? »

Gabriel se pencha alors vers l'écrivain, posa sur son genou une main paternelle et annonça le plus sérieusement du monde : « Mr. Shaw, je suis là pour vous rendre célèbre ! »

A la fin de l'après-midi, Gabriel Pascal quittait le cottage d'Ayot St. Lawrence avec l'autorisation de s'occuper des droits cinématographiques de toutes les pièces de Bernard Shaw.

*
* *

Gabriel Pascal était venu me voir une ou deux fois à Hollywood. Il voulait que je fasse *Candida* au cinéma, ou, si l'idée ne me plaisait pas, que je monte la pièce. Mais ni l'un ni l'autre ne me tentaient, et j'avais refusé. J'ai donc été un peu surprise quand je l'ai entendu m'annoncer : « Mr. Bernard Shaw aimerait que vous veniez prendre le thé chez lui, dans son cottage d'Ayot St. Lawrence.

— C'est très gentil à lui, j'aimerais beaucoup le rencontrer. »

Sur quoi Gabriel m'a avertie : « S'il veut vous voir, c'est parce qu'il a appris que vous aviez monté à New York une *Jeanne d'Arc* qui n'était pas la *sienne*. C'est pourquoi aussi il va vous envoyer sa pièce. »

Arrive le jour où Gabriel vint me chercher pour me conduire dans le Herefordshire. Quatre-vingt-douze ans, souriant, grimaçant comme un vieux farfadet, Mr. Shaw nous attend à la grille du jardin. Je sors de la voiture, il m'ouvre le portail et me dit : « Pourquoi est-ce que vous n'avez pas joué ma pièce ?

— Bonjour quand même. Est-ce que je peux entrer d'abord ?

— Entrez, entrez ! On va prendre le thé. Pourquoi est-ce que vous n'avez pas joué ma pièce ? »

Cette fois, il fallait bien que je réponde, et j'ai dit : « Eh bien, je ne l'ai pas jouée parce que je ne l'aimais pas. »

Il s'est figé. J'ai cru qu'il allait refermer la grille

sur moi. J'ai eu l'impression que c'était la première fois qu'il entendait quelqu'un lui dire qu'il n'avait pas aimé *Sainte Jeanne*. A propos d'autres pièces peut-être, mais de *Sainte Jeanne*, jamais.

Il n'en croyait pas ses oreilles. « Mais qu'est-ce que vous dites ! Vous ne savez donc pas que c'est un chef-d'œuvre ?

— C'en est un, j'en suis sûre, mais votre Jeanne n'est pas la vraie Jeanne française. Vous l'avez faite bien trop subtile. Vous avez réécrit toutes ses paroles. Vous lui avez fait dire un tas de choses que jamais la vraie sainte Jeanne n'aurait songé à dire. »

On était toujours à faire les cent pas devant la maison et je me disais : il va tellement s'énerver que jamais je n'entrerai — ne parlons pas de prendre le thé !

Mais soudain il s'est mis à rire, il nous a fait entrer, et pendant toute la cérémonie du thé il n'a pas cessé de s'amuser. Il disait : « Ah ! ça, mais personne n'oserait me dire une chose pareille. Et il faut que ce soit vous, une petite fille d'Hollywood... quel est votre nom, déjà ? Ah ! oui. On me dit que vous êtes une grande actrice, et vous ne voulez pas jouer ma *Sainte Jeanne* ! Maintenant voyons, quelle autre de mes pièces avez-vous jouée ?

— Mais... je n'en ai joué aucune.

— Pauvre enfant ! Mais alors, vous n'avez même pas débuté... »

On a parlé théâtre, on a parlé des actrices qu'il avait connues. Et moi, qu'est-ce que j'avais fait ? quel était ce Maxwell Anderson ? Et bien sûr, on a beaucoup parlé de Jeanne.

Je lui ai expliqué : « J'ai fait de Jeanne une simple paysanne. Vous mettez dans sa bouche des propos magnifiques, mais c'est du Bernard Shaw. Je connais par cœur tout ce qu'a dit Jeanne d'Arc puisqu'on a conservé toutes les réponses qu'elle a faites au procès. Elle n'avait aucune instruction, seulement du bon sens et un courage fantastique.

Elle n'avait peur d'aucun de ces hommes qui l'ont interrogée puis qui l'ont traduite en justice. Oui, ils étaient instruits, eux, ils étaient savants, ils lisaient, ils écrivaient, alors qu'elle ne savait ni l'un ni l'autre ; mais elle les a affrontés, elle leur a répondu. Dans votre pièce, vous lui faites dire : "J'aime la compagnie des hommes. Je déteste porter des jupes et rester chez moi à filer." Mais c'est exactement ça, qu'elle voulait : rester chez elle, garder ses moutons, et filer, et tisser. Elle ne désirait pas aller se battre à la tête des soldats. »

Finalement, le moment est venu de prendre congé. J'ai vu que Mr. Shaw avait toutes les peines du monde à se lever de son fauteuil, mais je me disais : « Surtout, ne l'aide pas ! Fier comme il est, il aurait horreur de ça. »

Comme il se débattait pour se mettre debout, Gabriel est allé à son secours, et, bien sûr, ça l'a mis hors de lui, il était absolument furieux. Tout en nous raccompagnant à la voiture, il m'a dit : « Est-ce que vous reviendrez me voir ? »

J'ai répondu : « Bien sûr, avec le plus grand plaisir. Mon mari arrive la semaine prochaine, je serais ravie de vous le présenter, nous pourrions venir vous voir pendant le week-end ? »

Il m'a regardée avec des petits yeux méchants et il m'a dit : « Je n'ai aucune envie de rencontrer votre mari. C'est vous que je veux voir ! »

Et puis ses yeux se sont faits tendres et enjôleurs ; manifestement, il n'avait pas renoncé à séduire. Et il avait quatre-vingt-douze ans ! Je regrette infiniment de ne pas l'avoir revu.

*
* *

Durant son long séjour en Turquie, Bob Capa avait souvent écrit à Ingrid :

Je prends des photos, et quand j'aurai fini j'essaierai de vendre mon reportage à un journal de Londres pour me payer un aller-retour New York, puis à un journal de New York pour que je puisse passer deux semaines là-bas. Ce serait entre le 21 janvier et le 10 février. Quels sont tes projets ? Apprends-tu toujours le français ? Comment remplis-tu tes journées maintenant que la routine a repris ? Comment est-ce d'être une actrice de théâtre ? Qui t'emmène dans les bistrots ? Comment se porte la belle jeune fille de Lorraine ? Joyeux Noël à toi. L'année dernière, il n'y a pas eu de Nouvel An, cette année, il n'y aura pas de Noël. Il va falloir que je me contente du souvenir de Noël dernier. La seconde année est bien en route. Printemps à Paris, ça te dit quelque chose ? Ce soir, je vais au Champagne Room d'Ankara, où le pianiste Sacha a été autrefois le partenaire du pianiste d'El Morocco à Vienne. Serais-tu d'humeur à m'accompagner ? Il y a beaucoup, beaucoup d'endroits que je vois seul.

Joyeuse bouteille et un grand Nouvel An pour toi.

Seigneur, comme je voudrais voir ton visage !

En 1947, alors qu'Ingrid et Petter prenaient des vacances de ski, l'arrivée de Capa n'améliora en rien l'harmonie domestique. Il s'avéra tout de suite que Petter skiait beaucoup mieux que Capa. Mais en voyant ce dernier avec Ingrid, Petter comprit non moins rapidement qu'entre eux il y avait plus que de l'amitié. Questionnée sur le sujet, Ingrid ne chercha pas à nier l'évidence.

*
* *

Nous skiions à Sun Valley, et Capa était là aussi. Je voulais épater tout le monde en montrant comme j'étais bonne skieuse, mais, comme je n'étais pas une championne, je me suis presque tout de suite étalée en me tordant une cheville. Pour moi, le ski était terminé. Il a fallu me ramener à l'hôtel, où je n'ai plus eu qu'à attendre que ma jambe se remette. Un soir, Capa est passé me voir en descendant jouer — jouer, il adorait ça. Un peu plus tard, il remonte avec ses gains et m'annonce : « Tu as vu ce que j'ai gagné ? J'y retourne, je ne vais pas m'arrêter en si bon chemin. » Deux fois encore il est revenu avec de petits gains. Après quoi, c'est Petter qui est arrivé. « Je viens de passer par la salle de jeu, Capa est en train de perdre tout ce qu'il peut. »

J'ai expliqué : « C'est comme ça, le jeu. On ne peut pas gagner à tous les coups. »

Petter repart et revient peu après. « Je t'assure, Capa devient complètement fou. Tu ne peux pas savoir tout l'argent qu'il perd. Il faudrait vraiment que quelqu'un l'arrête. »

J'ai dit : « D'accord. Je vais voir ce que je peux faire. » Et je suis descendue en sautillant sur ma bonne jambe. Il était déjà tard, peut-être une ou deux heures du matin. J'ai parlé à Capa, mais ça n'a strictement servi à rien, il était décidé à tout gagner ou à tout perdre.

Je suis donc retournée me coucher. Le lendemain, Capa avait une mine affreuse. Il avait effectivement tout perdu — deux mille dollars, tout ce qu'il avait mis de côté. Mais il a dit : « Qu'est-ce que ça peut faire ? Pour moi, c'est excellent : je serai forcé de travailler davantage. »

*
* *

Maintenant, Capa reparlait de partir en Russie avec John Steinbeck. Et c'est le moment que choisit Ingrid pour mettre un terme à leur liaison. A Ruth, qui s'était toujours inquiétée de leurs rapports, elle écrivit :

Je connais l'influence hongroise ; j'en serai toujours reconnaissante. J'ignore comment, mais je sens qu'elle a changé beaucoup de choses en moi. J'envisage l'avenir avec confiance, mais bien sûr les pessimistes ne manquent pas. Capa sait qu'un chapitre se termine. C'est moche, car pour lui tout le reste va mal aussi. Mais on ne peut pas toujours choisir son moment. Nous buvons nos dernières bouteilles de champagne. Je supprime de ma vie un élément très cher, mais nous apprenons et nous effectuons l'opération proprement de sorte que les deux patients puissent l'un et l'autre continuer à vivre heureux... Quelles Pâques !... Une année seulement de bonheur... Toujours plus affectueusement à toi, ma chère, si chère amie.

Capa et Ingrid restèrent de grands amis. Capa continua à surgir occasionnellement dans sa vie, mais désormais leur relation était différente. Et elle demeura telle jusqu'à l'ultime tragédie.

Fin août 1948, Ingrid écrivit à Ruth :

Petter et moi sommes allés à Paris pour le week-end de mon anniversaire. Ça a été très réussi. Nous nous sommes couchés à cinq heures du matin deux jours de suite.

Les Amants du Capricorne sont à moitié finis. L'autre jour, j'ai éclaté. La caméra devait me suivre pendant onze minutes, ce qui signifie qu'on a dû répéter pendant une journée entière, avec des décors et des meubles qui se retiraient à mesure que la caméra avançait, ce qui évidemment ne pouvait jamais se faire assez vite. Alors j'ai tout dit à Hitch. Que je détestais sa nouvelle technique. Que chaque minute passée sur le plateau était pour moi un vrai supplice. Michael Wilding et Joe Cotten, mes deux partenaires masculins, sont restés là sans dire un mot, mais je les savais d'accord avec moi et j'en ai dit assez pour toute l'équipe. Le petit Hitch a tourné les talons. Il n'a rien dit. Il est rentré chez lui, c'est tout... oh la la...

Un mois plus tard, nouvelle lettre à Ruth. Cette fois, Ingrid est prête à reconnaître qu'en fin de compte il y a peut-être du bon dans la nouvelle méthode de Hitchcock.

Le film est presque fini. Certaines de ces maudites longues scènes sont très bien sorties. Dans une séquence de neuf minutes et demie, je parle sans arrêt, la caméra ne me quitte jamais, et c'est très bon. Je dois avouer que c'est beaucoup mieux que des plans courts mis bout à bout...

Mr. Rossellini m'a confirmé que son film aurait pour titre *Terra di Dio, Terre de Dieu.* [Avant le grand scandale, le titre de *Stromboli* n'avait jamais été envisagé.] J'ai répondu que je trouvais l'idée très intéressante, mais où en était le scénario ? combien de temps durerait le tournage ? quelle langue parlerais-je ? Il vaudrait certainement mieux que nous nous retrouvions pour en discuter. Roberto a déclaré qu'il allait tourner à Amalfi, mais qu'il serait ravi de venir à Paris, où nous pourrions peut-être nous rencontrer à l'hôtel George V à une date qui me conviendrait. Je lui ai envoyé un télégramme à son hôtel d'Amalfi pour lui proposer une date où il me serait possible de me rendre à Paris avec mon mari...

Enfin, le 23 septembre, elle annonçait à Ruth :

... C'est ce week-end que je dois rencontrer Roberto Rossellini. Je m'en réjouis terriblement.

*
* *

Évidemment, quand j'ai envoyé mon télégramme à Roberto Rossellini, je n'imaginais pas que j'allais déclencher une scène de ménage. Je ne savais pas qu'Anna Magnani était avec lui et qu'elle ignorait pratiquement tout de moi. Pour certaines raisons qui, désormais, me paraissent évidentes, il ne lui avait parlé de rien. Mais elle était femme et elle comprenait qu'il y avait quelque chose dans l'air.

Roberto avait donc quitté Rome avec la Magnani. En arrivant à Amalfi dans son hôtel favori, l'Albergo Luna Convento, il avait tranquillement avisé le portier que toute lettre, tout télégramme provenant d'Angleterre ne devaient être ni donnés ni montrés à personne, mais lui être remis en main propre et aussi discrètement que possible. Plutôt solennelle et démodée, la salle à manger de l'Albergo Luna Convento est une pièce toute en longueur avec des tables très rapprochées. Ce jour-là, elle était pleine de gens fuyant la chaleur de Rome. Avec des airs de conspirateur d'opéra, le portier se fraie un passage au milieu des dîneurs et, convaincu que les instructions de Roberto ne peuvent concerner quelqu'un d'aussi manifestement intime qu'Anna Magnani, il annonce dans un murmure que son élocution théâtrale rend certainement audible jusque dans les cuisines du sous-sol : « Signor Rossellini... si vous receviez un télégramme d'Angleterre, vous m'avez demandé de vous le remettre personnellement... Le voici.

— *Grazie* », fait Roberto. Et, l'air indifférent, il empoche le télégramme sans même y jeter un coup d'œil.

Imperturbable, Anna a continué à mélanger les spaghetti avec de l'huile, du sel, du poivre et de la tomate. Les commérages étant à Rome chose aussi naturelle que le soleil, les impalpables rapports qu'entretenait Roberto avec Ingrid Bergman, la nouvelle actrice suédoise, étaient comme il se doit parvenus jusqu'à ses délicates petites oreilles.

« Qu'est-ce que tu en penses, dit-elle en rajoutant encore un peu de tomate à la montagne de spaghetti, est-ce que ça ira comme ça ? Eh ! Roberto ? »

Roberto a pris l'air absent, un air qui ne trompa pas Anna une fraction de seconde.

« *Ah ! sì, sì, grazie.*

— Parfait. Alors, bon appétit ! »

Et sans désemparer elle empoigne le plat à deux mains et en jette le contenu au visage de Roberto.

J'imagine que c'est à ce moment-là que notre relation a vraiment commencé. Je ne savais pas grand-chose à propos d'Anna Magnani. Je savais seulement qu'elle était l'actrice principale de *Rome, ville ouverte* et qu'elle était superbe. J'imagine qu'après cet incident il a dû avoir avec elle une scène terrible, mais ils se battaient sans arrêt — ça faisait partie de leur vie ensemble. De toute façon, je ne savais pratiquement rien ni d'elle ni de lui. J'ignorais s'il était marié. Je pensais seulement que c'était un grand metteur en scène et j'avais envie de faire un film avec lui. Quand je l'ai rencontré pour la première fois, je n'avais pas la moindre arrière-pensée.

Petter et moi nous nous sommes donc rendus à Paris et tout le monde s'est retrouvé à l'hôtel George V. Roberto était accompagné de deux hommes, l'un chargé de traduire, et l'autre qui s'occupait de certaines questions financières. On nous a présentés et Petter m'a dit quelque chose que je n'ai pas compris : je regardais les yeux de Roberto.

J'ai pensé qu'il devait avoir une dizaine d'années de plus que moi. Il était très timide et ne ressemblait pas du tout à un homme de cinéma — du moins pas à ceux que j'avais l'habitude de fréquenter. Et les questions, les réponses, tout était très différent de ce que j'entendais généralement à Hollywood.

Par exemple, j'ai demandé : « Combien de temps va prendre le film ? Combien de semaines ? »

Roberto a eu l'air surpris. « Combien de semaines ? Je ne sais pas... quatre, cinq.

— Ce n'est pas possible ! A Hollywood, n'importe quel film prend trois mois. On ne signe jamais pour moins et il y a souvent des prolongations. »

Il a pris l'air malheureux. « Ah ! bon. Si vous y tenez, je peux essayer de prolonger le film, faire qu'il dure trois mois. Je ne vois pas très bien comment, mais je peux toujours essayer. »

J'ai trouvé cette réponse très drôle. Ensuite, j'ai demandé : « Quelle langue est-ce que nous allons employer ?

— Quelle langue ? Mais celle que vous voudrez. J'imagine que pour vous c'est le suédois qui sera le plus facile, non ? »

Là, je crois que je me suis un peu énervée. « Comment voulez-vous que je parle suédois ? —

vous ne comprendriez même pas ce que je dis ! Dans quelle langue écrivez-vous le scénario ?

— Je l'écrirai en italien, mais les dialogues n'ont aucune importance. Vous pourrez dire n'importe quoi, de toute façon vous serez doublée. »

J'y ai réfléchi, puis j'ai continué : « Et les costumes ? »

Il a haussé les épaules. « Les costumes ? On ne peut pas parler de costumes. On va acheter ce qu'on trouve de meilleur marché, le genre d'habits que cette pauvre femme aurait achetés... le genre d'habits qu'on peut porter dans un camp de personnes déplacées. »

Plus tard, j'ai appris qu'il avait commencé par discuter le projet avec la Magnani, après quoi je suis arrivée, et c'est à moi qu'il a donné le rôle. Rien d'étonnant à ce qu'elle lui ait jeté les spaghetti au visage ! Mais il m'a plu dès la première minute, sans doute parce qu'il était si différent de tout ce que je connaissais. On ne pouvait pas dire qu'il était d'une beauté extraordinaire. Mais il avait une belle tête, et un visage très intelligent, très mobile. Et surtout, j'aimais ce qu'il *disait* : les mots, les images qu'il employait ne ressemblaient en rien à ceux des autres.

Petter s'en est mêlé. Il n'a pas parlé du contrat — les agents s'en occuperaient plus tard — mais de mes indemnités quotidiennes. Il se montrait très dur, alors je l'ai interrompu et je lui ai dit en suédois : « J'aimerais que tu viennes à côté, il faut que je te parle. » Nous sommes sortis, et je lui ai expliqué : « Je te demande de ne pas lui rendre les choses trop difficiles : je veux travailler avec lui. J'aime tellement l'entendre, il est si différent des autres. Ne sois pas intraitable, après tout, qu'est-ce que ça peut faire ? Tout ce que je demande, c'est d'aller en Italie pour faire ce film. Ne me fais pas rater l'occasion. »

Petter s'est empressé de me rassurer : « Tu ne vas rien rater du tout. Simplement, je ne veux pas qu'on t'exploite. Ce serait idiot qu'ils t'aient pour une bouchée de pain alors qu'aux États-Unis on te fait des ponts d'or. Ce serait ridicule que tu ailles en Italie tourner un film pour rien.

— Je sais bien, Petter, mais toutes ces clauses, c'est ridicule aussi...

— C'est indispensable.

— Bon, d'accord. Mais souviens-toi que ce film, je tiens absolument à le faire. »

Là-dessus, tout le monde s'est quitté. Je suis repartie en Angleterre avec Petter, j'ai terminé *Les Amants du Capricorne* avec Hitch, et je suis retournée en Californie.

Il n'y avait toujours pas de contrat, mais en novembre j'ai reçu une lettre :

Chère Madame,

Je vous envoie comme promis un bref synopsis de l'histoire : je ne peux appeler ça une véritable histoire, car ce n'en est pas une. J'ai l'habitude de suivre quelques idées de base et de les développer petit à petit en cours de travail, les scènes m'étant très souvent inspirées directement par la réalité. Je ne sais pas si mes mots auront le même pouvoir que les images, en tout cas, je puis vous assurer qu'en effectuant ce travail j'ai éprouvé des émotions plus fortes et plus intenses que jamais. J'aimerais pouvoir vous parler d'Elle et de Lui, de l'Ile, des hommes et des femmes qui y vivent, de cette humanité à la fois si primitive et si ancienne, rendue sage par l'expérience des siècles. On pourrait croire que, s'ils vivent de façon si simple et si pauvre, c'est justement parce qu'ils ont compris la vanité de tout ce que nous considérons comme civilisé et nécessaire.

Je suis sûr que vous trouverez très durs maints épisodes de l'histoire et que votre sensibilité sera choquée et blessée par certaines réactions du personnage. Vous ne devez pas croire que j'approuve son comportement à LUI. Je déplore la jalousie sauvage et brutale de l'insulaire, je la considère comme la survivance d'une mentalité élémentaire et dépassée. Je la décris parce qu'elle fait partie de l'ambiance au même titre que les figuiers de Barbarie, les pins et les chèvres. Je ne peux toutefois nier qu'au fond de mon âme j'envie secrètement ceux qui sont capables d'aimer aussi passionnément, aussi sauvagement, jusqu'à oublier toute tendresse et toute pitié. Ils sont uniquement guidés par un profond désir de posséder le corps et l'âme de la femme qu'ils aiment. La civilisation a adouci cette violence de sentiments ; il est sans doute plus confortable de gravir une montagne en funiculaire, mais peut-être la joie était-elle plus grande lorsque l'homme atteignait le sommet après une dangereuse ascension.

Je vous prie d'excuser ces nombreuses digressions, mais je suis plein de si nombreuses pensées et je redoute tellement de ne pas réussir à me faire comprendre vraiment par une simple lettre. Je suis impatient de connaître votre impression quand vous aurez lu cette histoire. N'oubliez pas que la traduction a été faite en grande hâte et par des gens qui n'ont pas une maîtrise complète de la langue.

Je veux que vous sachiez que je désire vivement traduire ces idées en images, ne serait-ce que pour apaiser l'agitation qui règne dans ma tête.

Dans l'attente de connaître votre jugement, je suis votre très fidèle et très dévoué

R. ROSSELLINI.

*
* *

La critique cinématographique new-yorkaise décerna à *Rome, ville ouverte* le prix du meilleur film étranger pour l'année 1948, et Roberto fut invité à New York pour la remise de cette récompense. Aucun contrat n'ayant encore été signé, il estima qu'il serait bon de profiter de l'occasion pour aller voir les Lindstrom en Californie et reprendre avec eux la discussion où ils l'avaient laissée. Ingrid jugea elle aussi l'idée excellente. Au télégramme qu'il envoya de New York pour annoncer : « J'arrive en toute amitié », elle répondit aussitôt : « Nous vous attendons dans l'Ouest sauvage. »

*
* *

A l'époque, je ne savais toujours pas qui financerait le film, ni qui ferait quoi. Je pensais donc que le mieux serait que Roberto lui-même vienne à Hollywood pour que nous puissions parler de tout cela.

Sam Goldwyn voulait faire un film avec moi. Je l'avais connu par David. Il m'aimait bien, il m'aimait même beaucoup. Nous parlions d'un tas de choses. J'avais l'habitude d'aller de temps en temps le voir dans son bureau et je m'installais, je parlais, et je buvais un verre avec lui. Il me disait toujours : « Il faut que je fasse un film avec toi. Faisons-le maintenant, trouvons une histoire. » Sur quoi, il convoquait ses scénaristes et expliquait : « David Selznick a déniché cette fille, je peux la lui acheter, mais je n'ai pas d'histoire. » Mais ces scénaristes n'avaient pas d'histoire non plus et l'on en restait toujours au même point. J'ai donc appelé Sam Goldwyn pour lui annoncer : « Cette fois, j'ai ce qu'il nous faut. L'histoire me plaît. C'est de Roberto Rossellini, un Italien. Ça t'intéresse ? »

Il a regardé les quelques pages que m'avait envoyées Roberto et il a déclaré : « Ça me paraît très artistique. » J'ai compris que l'idée de faire un film de prestige ne lui déplaisait pas. « Amène-moi le type, que je puisse parler avec lui. »

Ils se sont rencontrés, et ils se sont parlé. D'abord Roberto s'exprimait en français — à l'époque, je commençais à le parler — mais très rapidement il s'est mis à l'anglais. Avec un accent terrible. Connaissant le latin, il prenait un mot latin, supprimait la terminaison, et voilà, c'était de l'anglais. Simplement, l'accent n'y était pas, pas du tout. Pourtant, il réussissait à se faire comprendre. Les voilà donc qui discutent, et Sam Goldwyn est aussitôt séduit. Tout est parfait, le film va se faire, et ce sera un très grand film. On reçoit la presse. J'ai une photo de nous avec Sam Goldwyn, souriant, signant les contrats. Tout le monde est content. Nous sommes là, assis comme des idiots sur une estrade, et en bas, les journalistes nous regardent. Je me sentais stupide, j'avais l'air d'une institutrice. Enfin, nous étions là, Goldwyn trônant au milieu, Roberto et moi de chaque côté. Et les journalistes se mettent à poser des questions.

« Mr. Goldwyn, quel est le sujet du film ? Combien va-t-il coûter ? Où sera-t-il tourné ? » Et à toutes les questions, Mr. Goldwyn répondait faux.

Finalement, j'en ai eu assez et j'ai dit : « Sam, tu te trompes d'histoire. Ce n'est pas du tout ça. Ce n'est pas le film que nous allons faire. Nous serons sur une île appelée Stromboli. Je t'en prie, laisse parler Roberto. Il sait très bien ce qu'il va faire. Laisse-lui dire quelque chose. »

C'était très mal parti.

Quand la conférence a pris fin et que nous avons quitté notre estrade, Sam a dit : « J'ai vu *Rome, ville ouverte*, mais je voudrais bien voir un autre film de Roberto. Est-ce qu'il y en a un ? »

Mais comment donc ! Roberto parle d'*Allemagne année zéro*, le troisième de la trilogie avec *Paisa* et *Rome, ville ouverte*.

Je me souviens qu'un jour je lui ai dit : « Je ne comprends pas, les autres sont si chauds, si humains, ils m'ont fait pleurer, mais pas *Allemagne année zéro*. » A quoi il m'a répondu : « Ça ne pouvait pas te faire pleurer. Après ce que l'Italie avait subi, je détestais les Allemands. Je suis allé là-bas alors que la guerre venait de se terminer et j'ai filmé ce que j'ai vu. Ce que j'ai vu ne m'a pas plu. »

Il a donc fait un film très froid et très brutal, mais extrêmement intéressant, et qui éclaire les deux autres.

Bien. Sam Goldwyn organise un dîner. Il a invité un tas de gens. Après le repas, il présentera *Allemagne année zéro*. Le film passe, le film se termine, et les lumières se rallument. *Et personne ne prononce un mot.* Pas un mot. Pas un applaudissement. Le silence le plus complet. Vingt personnes, et pas le moindre bruit. Tout le monde était de glace. Instinctivement, je me suis levée pour m'approcher de Roberto, je lui ai jeté les bras autour du cou et je l'ai embrassé sur la joue. Je voulais montrer quelque chose — je ne sais pas trop quoi — mais il fallait au moins que je le protège. Là-dessus, la discussion a commencé.

« Oui... ce n'est pas exactement ce qu'on attendait. » « Quand le film a-t-il été réalisé ? Combien de temps le tournage a-t-il duré ? » Je savais que Roberto était malheureux parce que personne n'avait rien compris.

Deux jours plus tard, Sam Goldwyn m'a téléphoné pour me dire : « Je suis désolé, je ne peux pas faire le film. Je ne comprends pas le bonhomme, je ne comprends ni ce qu'il fait ni ce dont il parle. Un budget, il ne sait pas ce que c'est, il ne sait pas ce que c'est non plus qu'un plan de tournage. Il n'est pas question que je mette mon argent dans une pareille entreprise. »

Et il a bien fallu que j'annonce à Roberto que toute l'affaire était à l'eau.

C'est très curieux comme, dans un couple, des incidents tout à fait ridicules peuvent être la source d'ennuis graves. En janvier 1949, quand Roberto est arrivé en Amérique, il n'avait pu emmener que très peu d'argent avec lui en raison des restrictions que l'Italie avait promulguées dans ce domaine. A Hollywood, il était descendu à l'hôtel Beverly Hills, ce qui était beaucoup trop cher pour lui. Nous l'avions donc invité à venir s'installer dans notre maison d'amis, 1220 Benedict Canyon Drive.

Juste avant Noël, j'étais allée avec Pia choisir certains cadeaux qu'il me fallait faire. Pia devait alors recevoir sa nouvelle bicyclette. Nous sommes entrées dans un magasin de jouets, et, dans un coin, il y avait une énorme vache complètement grotesque, qui s'appelait Elsie et qui portait un tablier.

Pia la voit et tombe tout de suite amoureuse d'elle : c'est ça qu'elle veut pour Noël — la bicyclette est oubliée.

Mais Elsie coûtait soixante-quinze dollars. Je suis allée trouver Petter et je lui ai demandé : « Est-ce que je peux acheter Elsie pour Pia, elle n'a plus envie de rien d'autre ? »

Petter m'a répondu : « Il n'en est pas question. C'est absolument ridicule ! Une vache de soixante-quinze dollars ? Juste pour la poser dans un coin ? Une vache avec un tablier ?

— Oui, bien sûr... bien sûr, tu as raison. » J'étais bien forcée d'avouer : « Une bicyclette, c'est plus utile. » Pour Noël, Pia a donc reçu un vélo, et personne n'a acheté Elsie.

Là-dessus, Roberto est venu s'installer chez nous. Comme il n'avait pas d'argent il a dû emprunter trois cents dollars à Petter. Il souhaitait rapporter en Italie un cadeau pour Renzo, le fils qu'il avait eu de sa première femme. « Je sais très bien ce que je veux, m'a-t-il dit : des bottes et un chapeau de cow-boy, et une de ces coiffures d'Indien avec des plumes. »

Je l'ai accompagné dans mon magasin de jouets. Elsie était toujours là. Roberto l'a aperçue et au premier coup d'œil il est tombé amoureux d'elle lui aussi.

Il a déclaré : « Cette vache, elle est pour Pia. »

Tout de suite je me suis dit : Mon Dieu ! Petter va penser que je l'ai amené là uniquement pour qu'il achète Elsie — et j'ai protesté autant que j'ai pu. Mais quand Roberto avait pris une décision, rien ne pouvait le faire changer d'avis. Le fait que les soixante-quinze dollars qu'il allait dépenser venaient de lui être prêtés par Petter n'était pas pour lui un argument plus valable que la parfaite inutilité de cette pauvre Elsie. L'argent n'influençait jamais ses décisions. Il voulait nous remercier d'avoir pris soin de lui et d'avoir mis à sa disposition notre maison d'amis, et il n'imaginait pas pouvoir trouver un meilleur moyen de prouver sa reconnaissance qu'en offrant à Pia un cadeau dont il savait qu'il lui ferait un immense plaisir.

* * *

La décision qu'avait prise Ingrid de se montrer bonne épouse et bonne mère commençait maintenant à s'ébranler. Dans son cœur, elle savait d'ailleurs depuis longtemps déjà que, si l'homme qu'il fallait prononçait les mots justes, elle serait prête à s'en aller. En l'espace d'un mois, Roberto Rossellini sut la convaincre qu'il était cet homme-là. Il ne lui dit pas : « Il faut que nous pensions à Petter et à Anna Magnani. » Il lui dit simplement : « Viens avec moi, je t'emmène. »

En se préparant à tourner ensemble un film sur l'île nue de Stromboli, ils se préparaient aussi à vivre une grande aventure.

Dans son journal, le mardi 25 janvier 1949, Ingrid note simplement : « Rossellini est là. » Elle rapporte ensuite qu'ils dînèrent ensemble le même soir et que le lendemain ils se rendirent chez Billy Wilder, le fameux producteur et scénariste. En date du 4 février, elle annonce par ailleurs que les travaux de la nursery ont enfin commencé. Deux mois plus tard, tandis qu'elle est en route pour Rome, elle confiera à Kay Brown : « Chaque fois qu'un ouvrier tapait sur le toit avec un marteau, j'avais l'impression que l'on m'enfonçait un clou dans la tête. »

* * *

Mais, entre-temps, un autre problème urgent s'était posé : maintenant que Sam Goldwyn y avait renoncé, qui allait financer le film ?

J'ai demandé que faire à Petter, et il m'a répondu : « Pourquoi est-ce que tu n'appellerais pas

Howard Hughes de R.K.O. ? Je suis sûr qu'il marcherait.

— Ah ! non, ça je ne veux pas. » J'ai frissonné. « Tu sais bien qu'il me fait peur ! »

Mais Petter a rétorqué très froidement et très brusquement : « Je ne me fais pas de souci pour toi, tu sauras très bien le manœuvrer. »

J'avais fait la connaissance de Howard Hughes grâce à Cary Grant et Irene Selznick. C'était à New York, environ un an plus tôt. Cary et Irene avaient suggéré que nous pourrions sortir tous les trois avec lui. Et c'est ce que nous avons fait. Nous avons fini la soirée à El Morocco. Il était très gentil. Nous avons dansé, nous avons bavardé, et je me souviens qu'il m'a dit : « Je suis seul, terriblement seul. Je n'ai pas d'amis, vous savez. »

J'ai pensé : curieux bonhomme. Il est très riche, il est célèbre, les journaux parlent sans arrêt de lui et de ses conquêtes... et il se plaint d'être seul ? J'ai ri et j'ai répondu : « Si c'est vrai, c'est sûrement votre faute : pour trouver des amis, il faut en chercher. En tout cas je m'amuse bien, et vous, vous n'êtes pas seul, ce soir. »

Il a dû décider que je deviendrais son amie. A partir de ce moment-là le téléphone n'a pas cessé de sonner. Le plus souvent, c'était Cary Grant qui me rebattait les oreilles : « Tu sais qu'il meurt d'envie de te revoir ? » A la fin, j'ai dit à Cary : « Il en a peut-être envie, mais moi, ça ne m'intéresse pas. Et puis je ne vois pas pourquoi tu t'inquiètes tellement pour lui : il peut téléphoner lui-même, non ? »

Sur quoi, je ne sais trop comment, Joe Steele s'est trouvé mêlé à l'affaire et l'on m'a annoncé que Hughes tenait à nous conduire lui-même en Californie, Cary, Joe et moi. J'ai appris ensuite qu'il avait acheté toutes les places disponibles sur les vols de ce jour-là pour que nous soyons forcés de partir avec lui.

Pendant presque tout le vol, Cary, Joe et moi

274

nous avons dormi. Mais à l'aube, Hughes m'a réveillée pour me faire admirer le Grand Canyon. C'était vraiment fantastique, et je l'ai remercié très sincèrement. Mais en ce qui me concerne, les choses devaient s'arrêter là. Ce n'était pas l'avis de Howard, qui tenait à donner une soirée pour moi — une soirée à laquelle je ne voulais pas aller. Joe Steele a essayé de me convaincre, disant : « Le Beachcomber est un endroit qui te plaît. Et puis il y aura des tas d'autres gens, tu ne seras pas seule avec lui. »

Mais pour moi les choses étaient claires et j'ai répondu : « Non Joe, je ne veux pas le revoir. Je ne veux pas, c'est tout. »

Avec lui, j'étais tout simplement mal à l'aise. Je savais très bien ce qu'il cherchait. Tout le monde essayait de me dorer la pilule, mais je n'avais aucune intention de me laisser faire.

*
* *

Dans la longue histoire des milliardaires américains, sans doute n'y en eut-il jamais de plus excentrique et de plus énigmatique que Howard Hughes.

Et Howard n'abandonnait pas facilement.

*
* *

Un jour, qui est-ce qui me téléphone ? Howard Hughes en personne. C'était très drôle. Je venais de me laver les cheveux et j'étais assise par terre en train de les sécher. Tout en maniant le séchoir d'une main, je décroche de l'autre. La voix déclare : « C'est Howard Hughes, je viens d'acheter un studio pour vous. »

J'ai arrêté le séchoir et j'ai demandé : « Qu'est-ce que vous avez fait ?

— J'ai acheté un studio de cinéma. R.K.O. C'est à vous. Vous êtes contente ? »

J'ai répondu : « Ah ! bon, vous m'avez acheté un studio. C'est très gentil. Merci. »

Je ne savais pas si c'était une plaisanterie ou non, mais, venant de Howard Hughes, c'était peu probable. S'il avait acheté un studio et pouvait trouver un bon scénario, si nous parvenions à décider l'un de mes metteurs en scène préférés, ce ne serait pas mal, pourquoi ne pas faire un film ? J'ai donc ajouté : « Mais ce n'est pas assez.

— Pas assez !

— Que voulez-vous que je fasse d'un studio ? Ce qu'il me faut, c'est un bon scénario et un bon metteur en scène...

— D'accord, d'accord. Envoyez-moi des noms et j'arrangerai cela. »

J'imagine que, si j'avais été sérieuse, si vraiment j'avais eu envie de R.K.O., j'en aurais discuté le soir même avec lui autour de quelques martinis. Mais je n'étais pas sérieuse. En tout cas pas avec Howard Hughes. De toute façon, j'avais pratiquement oublié l'épisode quand Roberto Rossellini est entré dans ma vie et que Petter m'a suggéré de faire appel à Hughes pour financer son film.

« C'est bon. Je vais l'appeler. »

A l'époque, il vivait dans un bungalow de l'hôtel Beverly Hills à côté d'Arthur Miller et de Marilyn Monroe, et à moins d'un quart d'heure de chez nous. C'est le temps qu'il lui a fallu pour arriver.

Il était en tenue de tennis et portait des chaussures blanches. De sa voix basse et un peu pincée de Texan il a annoncé : « C'est d'accord, je fais le film. »

Roberto était là aussi et je l'ai présenté, mais Howard Hughes n'a pas semblé le voir. Pour lui, il n'y avait pas de Rossellini qui tienne.

« Combien vous faudra-t-il d'argent ?

— Vous ne voulez pas connaître l'histoire d'abord ?

— Non, je ne veux pas la connaître. Ça ne m'intéresse pas. L'histoire, je m'en fous. Mais est-ce que vous serez belle, dans ce film ? Est-ce que vous porterez de belles toilettes ? »

Je me suis mise à rire. « Pas du tout. Je vais jouer le rôle d'une déportée dans un horrible camp. J'aurai sur le dos les trucs les pires et les moins chers que vous puissiez imaginer.

— C'est trop bête. Mais dans le prochain film que vous allez faire, vous serez sublime. Ce sera un film merveilleux, avec R.K.O., et vous pourrez le faire avec le metteur en scène qui vous plaira » — cela, avec un coup d'œil en direction de Roberto. « Mais payez-vous d'abord votre petite folie ; vous reviendrez me voir ensuite et nous nous arrangerons pour faire un grand film. »

Bien entendu, je ne suis jamais retournée le voir. Et j'imagine qu'il a détesté *Stromboli* puisqu'il l'a remanié à sa façon quand il s'est retrouvé avec cet immense scandale sur les bras.

Malgré tout, il m'a récrit, mais j'ai mis sa lettre de côté sans l'ouvrir et ce n'est que vingt-cinq ans plus tard que j'ai pris la peine de la lire. J'avais alors décidé de quitter définitivement la maison de Choisel, et j'ai été stupéfaite de la découvrir au milieu d'un paquet de vieilles lettres. Il me l'avait adressée en Italie, au milieu du scandale. Venant d'un homme que j'avais déçu et repoussé de toutes les manières possibles, c'était une très belle lettre et j'ai beaucoup regretté de ne pas y avoir accordé l'attention qu'elle méritait.

* * *

Datée du 10 février 1950, elle avait été envoyée de Californie huit jours après la naissance de Robertino. Howard expliquait à Ingrid qu'il avait longuement hésité avant de lui écrire car, disait-il, « je n'ai jamais eu la chance d'apprendre à vous connaître bien ni de pouvoir me considérer comme un de vos amis intimes ».

Il ne voulait pas prendre parti quant à sa décision mais seulement lui dire à quel point il avait été impressionné par « le courage, l'absolue simplicité, la totale absence d'artifices et de faux-fuyants » qu'elle avait montrés dans une situation dont elle assumait seule toute la responsabilité.

« La réalité est une question d'intention, écrivait-il ; elle vient de l'intérieur, non pas de la législation ou des documents juridiques. »

Il espérait et croyait qu'à l'époque où Robertino serait en âge de comprendre, l'attitude du monde serait « un peu plus vraie et plus intelligente ». Loin de souffrir, affirmait-il, mon fils pourrait s'enorgueillir d'être l'héritier d'une mère qui, « si elle n'est pas toujours terriblement adroite, sage ou clairvoyante, est l'une des femmes les plus brillantes et les plus courageuses de notre génération ».

*
* *

Maintenant, avec un recul de vingt-cinq ans, je ne savais trop que faire de cette lettre. J'avais entendu dire qu'il se trouvait à Londres. Alors j'ai décidé de lui envoyer un mot. Et je lui ai dit qu'après vingt-cinq ans, ce qu'il m'avait écrit m'avait émue aux larmes.

*
* *

Le lundi 29 février 1949, Petter et Ingrid se rendirent à Aspen pour y prendre des vacances de neige et Roberto Rossellini repartit pour Rome. Mais déjà le processus qui devait conduire au cataclysme était engagé.

*
* *

A Aspen, je n'arrêtais pas de supplier Petter pour qu'il me laisse partir pour Rome le plus tôt possible, et lui me disait : « Mais enfin, le film ne doit pas commencer avant plusieurs semaines. » Mais j'insistais : « Je sais, mais j'aimerais être à Rome, j'aimerais apprendre la langue, j'aimerais être avec ces gens... Je crois que ce serait mieux si j'y allais un peu plus tôt. » En fait, je ne pouvais plus attendre de revoir Roberto, d'entendre ce qu'il avait à dire et comme il le dirait.

*\
*

De l'aéroport de La Guardia, elle reçut un télégramme disant simplement : « Je pars. A bientôt. Roberto. » Cependant, elle était reconnaissante du moindre signe de vie, et elle écrivit elle-même d'Aspen le 4 mars :

Dieu merci, le câble annonçant ton arrivée m'est enfin parvenu. Je l'attendais hier soir déjà, et comme il n'était toujours pas là ce matin, je me suis mise à regarder les journaux pour voir s'il n'y avait pas eu d'accidents. Je skie et la montagne est si grande. J'essaie d'être prudente pour pouvoir te retrouver en bon état. J'aimerais venir maintenant. Tout va bien, il n'y a pas de problèmes, mais Petter trouve que le 19 est bien assez tôt. Je lui ai parlé de notre voyage — Capri, Amalfi, Messine — mais il s'est fâché et m'a dit que je ne partais pas pour faire un voyage d'agrément. Il était hors de question que je voyage avec toi. Nous avons intérêt à commencer le film dans les délais car RKO me paie à partir du 1er avril.

Cinq jours que tu es parti. Il nous en reste quinze. Écris-moi une lettre pour me raconter tes ennuis. Je pense que nous quitterons Aspen le 7. Je suis heureuse que tu sois chez toi.

Le 7 mars, elle écrivait encore :

Nous partons aujourd'hui. Je suis très ingrate, car la neige est excellente. J'ai beaucoup appris avec un bon professeur de ski. Mais j'ai la tête ailleurs. Je t'en prie, envoie-moi de tes nouvelles !

Quand je serai de retour à la maison, je t'enverrai un télégramme. Je mange tout le temps, je vais devenir aussi grosse que tu aimes. Si je ne travaille pas bientôt, je deviendrai folle. Si je ne pars pas bientôt... S'il te plaît, active les préparatifs...

J'ai fini! J'ai fait ma dernière descente et je suis toujours entière ! Je vais commander un double martini pour fêter ça, ensuite je me mettrai aux bagages. Aujourd'hui, nous sommes lundi ; lundi prochain, je serai à New York, et, si tout va bien, la même semaine je serai à Rome. Es-tu prêt ? Ton fils doit être très content de tous tes cadeaux. Je veux te parler.

Les Lindstrom quittèrent Aspen le 7 mars 1949 et le 9 ils étaient de retour à Beverly Hills. Deux jours plus tard, c'est-à-dire le vendredi soir, Ingrid prenait le train pour New York. Elle n'emmenait pas beaucoup de bagages avec elle, et seulement trois cents dollars en travellers checks. Si quelqu'un lui avait prédit qu'il se passerait sept longues et tumultueuses années avant qu'elle ne revienne aux États-Unis, elle aurait tout simplement refusé de le croire.

Son télégramme à Roberto était extatique :

NE PEUX VOIR, ENTENDRE NI PARLER. ARRIVE NEW YORK LE 12 HOTEL HAMPSHIRE HOUSE. QUITTE NEW YORK LE 19 PAR MEILLEUR AVION POUR ARRIVER ROME DIMANCHE 20 À 23 HEURES, VOL TWA 916.

Le 12 mars Roberto lui téléphona à son hôtel de New York. Aussitôt qu'elle eut raccroché, Ingrid entreprit de lui écrire une lettre :

Hampshire House, samedi 12 mars 1949.
Après notre téléphone.

Seigneur ! mais téléphone dix fois par jour si tu es assez fou ! Le soir, j'aime rester debout et parler — j'aime ça autant que toi. Mais où est cette liberté dont tu parlais si je dois être rentrée chaque nuit à deux heures ? De plus, c'est ridicule d'appeler un hôtel qui est en contact aussi étroit avec la presse. On écrit déjà tant de choses à notre sujet. Je m'en suis aperçue quand je suis rentrée de la montagne. Mon mariage est fini et à partir de maintenant, c'est toi qui vas faire *tous* mes films : voilà ce qu'on dit en ville. Je t'ai suivi à New York, un nouveau drame à trois frappe Hollywood, et ainsi de suite. Les colporteurs de ragots ne se privent pas. Cela me rend très malheureuse et je ne voudrais pas que s'y ajoutent des coups de téléphone quotidiens. Je t'en prie, comprends-moi et aide-moi !

Je n'ai pas eu le temps de dire au revoir aux gens et de devenir sentimentale — pas jusqu'au moment où j'ai vu Petter debout à l'aéroport, seul et silencieux. De nouveau, j'ai pris conscience de mon égoïsme, et maintenant que je suis ici je n'ai rien d'autre à faire que d'aller au théâtre et attendre, attendre encore.

Tout le monde me pose des questions à propos de ce qu'on raconte sur nous, alors je suis rentrée pour regarder ta photo. Je la regarde encore.

De son côté, Roberto télégraphia :

TOUT EST RÉGLÉ. JE SUIS TRÈS HEUREUX. ANXIEUX. CES TROIS JOURS SONT TROP LONGS. JE VAIS À NAPLES POUR PRÉPARER FILM. MON ADRESSE EST HÔTEL EXCELSIOR. JE RENTRE À ROME SAMEDI. DIO, DIO, ROBERTO.

Dans le journal d'Ingrid, en date du 20 mars 1949, un seul mot est écrit : « *Roma.* » Il est souligné deux fois.

CHAPITRE XIII

MON arrivée à Rome ressembla à un rêve. Jamais, où que ce soit, je n'ai reçu un accueil pareil. C'était la fête. Tout le monde riait, criait, gesticulait, tout le monde était fou. Il y avait tant de monde à l'aéroport qu'on aurait plutôt cru qu'on attendait une reine, pas moi. Roberto m'a mis dans les bras un grand bouquet de fleurs et nous nous sommes tant bien que mal frayé un chemin jusqu'aux voitures. Roberto m'a poussé dans sa Cisitalia rouge, et départ pour Rome, droit à l'hôtel Excelsior. Mais là aussi il y avait foule. C'était tout bonnement impossible d'atteindre l'entrée.

Aussitôt Roberto a commencé à se battre avec les photographes : c'était sa manière habituelle de se conduire avec eux. Il était là, le poing en avant, à essayer de nous ouvrir un passage jusqu'à la porte. Il a même arraché la manche d'un journaliste, mais le lendemain il s'en repentait déjà et il lui a fait envoyer une nouvelle veste. Quand enfin nous avons réussi à entrer, ce fut pour trouver l'appartement de Roberto plein de monde. Tous ses amis nous attendaient. Federico Fellini avait agrafé aux murs de merveilleuses petites caricatures : des dessins qui représentaient Roberto, moi, et l'île de Stromboli. Il y avait du champagne, et tout le monde riait, bavardait. Roberto avait mis des petits cadeaux un peu partout. J'étais confondue.

* * *

Mieux que toute autre peut-être, Liana Ferri, qui avait traduit la première lettre d'Ingrid à Roberto, comprit ce qui se passait :

« Pour comprendre le comportement des Romains, il fallait savoir d'abord par où ils étaient passés, explique-t-elle. Nous avions subi une guerre que personne n'avait souhaitée. Nous avions été jetés dans la guerre par cet imbécile de Mussolini. Nous avions connu l'occupation allemande, nous avions entendu nuit et jour les bottes allemandes résonner dans les rues, nous avions eu peur, très peur. Pendant neuf mois, les routes conduisant à Rome ont été constamment bombardées et nous étions coupés de tout. Il n'y avait plus d'approvisionnement possible. La nourriture nous venait du nord et du sud et elle n'arrivait plus. Nous crevions littéralement de faim. Pour la première fois de notre vie nous comprenions vraiment cette phrase de l'oraison dominicale : "Donnez-nous aujourd'hui notre pain quotidien." Et ce pain, on nous le refusait. Oh ! je sais bien que ça n'empêchera pas les historiens de dormir de savoir que Rome a connu neuf mois de disette et que j'ai perdu neuf kilos. Quant aux Alliés, ils devaient penser que ce serait bon pour moi ! »

Liana Ferri sourit. « Les Alliés ! Bien sûr, on croyait qu'ils seraient différents. Et sur certains points ils l'étaient. D'abord, contrairement aux Allemands, ils portaient des bottes à semelles de caoutchouc, de sorte que la nuit on pouvait dormir. Mais le charme n'a pas opéré bien longtemps et bientôt nous entonnions la même plainte que tous les Européens libérés : les Yankees avaient trop d'argent, trop de nourriture et trop de sexe. Et puis ils prenaient trop de place. Ils occupaient les hôtels —

des rues entières d'hôtels —, ils nous disaient que faire, ils nous disaient ce qu'ils aimaient, ils transformaient des quartiers entiers en bordels. Des tas de fascistes, l'air humble et repentant, reprenaient le chemin du pouvoir. Les Romaines couchaient avec tous les soldats américains ; à Rome, il semblait que chaque femme était amoureuse d'un soldat.

« C'est contre tout cela que Rossellini a fait ses deux grands films, *Rome, ville ouverte* et *Paisa*. Ensuite, il nous a ramené Ingrid. C'était une grande actrice, elle venait en Italie pour faire un film, elle était amoureuse de notre Roberto ! Bravo, Roberto, bravo ! Elle avait quitté son froid mari nordique. Maintenant, elle découvrirait le vrai sens de la vie et de l'amour. "Bravo, Roberto, bravo, Ingrid !"

« C'était une compensation pour tout ce qu'ils avaient vécu, la faim, les humiliations. Oh, oui ! ils criaient : "Hourra, Roberto !" Mais moi je n'ai pas dit : "Hourra Roberto" parce que je le connaissais bien. Après tout, j'avais traduit toutes ses lettres à Ingrid et j'étais là quand elle est arrivée à l'aéroport puis à la réception. J'ai été frappée par sa simplicité, son honnêteté. Elle était amoureuse et elle était sans malice.

« J'ai dit à Roberto : "Je te connais. Je connais ton histoire avec ta femme, avec la fille gréco-russe, avec la danseuse allemande, et avec Anna Magnani. Je connais tes trucs. Écoute-moi bien ! Je crois que je suis une bonne amie pour toi, mais si tu traites mal Ingrid, si tu profites de sa simplicité, de sa modestie, c'est fini, je ne serai plus ton amie et je ne te parlerai plus. Parce que ce n'est pas possible qu'un type comme toi, aussi rusé, aussi retors, profite d'une femme qui est absolument innocente, tout à fait sans défense. Je ne le supporterais pas, tu peux me croire !"

« Et Roberto m'a répondu : "Tu es toujours à critiquer les autres. Tu es sceptique, tu te méfies toujours. Mais je l'aime, tu comprends ? Je l'aime."

« Il avait toujours des problèmes : des problèmes d'argent, des problèmes de contrats, des problèmes de femmes. Il était toujours agité, il ne pouvait vivre sans agitation. Pour lui, vivre en paix c'était comme être mort. Il avait besoin d'orages. S'il n'y avait pas d'ouragan, s'il n'était pas en train de livrer bataille ou de dresser des barricades, il s'ennuyait — c'est tout. La vie était un combat, le cinéma en était un. Il ne sortait pas de son lit à moins d'avoir une bagarre en vue. S'il n'avait rien de tel en perspective, il restait au lit à se plaindre : "J'ai mal à la tête, j'ai mal à l'estomac, je me sens malade."

« Un jour, poursuit Liana, j'ai écrit un article sur lui pour un magazine italien, et je l'ai présenté comme un homme de la Renaissance. Il avait tous les défauts et toutes les qualités d'un personnage de la Renaissance. C'était un homme de feu, un homme de passions, un véritable dilettante ; il s'embarquait dans une aventure fantastique, il se consumait d'enthousiasme, et, d'un jour à l'autre, tout était oublié. Vous étiez son meilleur ami, il vous aimait à la folie, et le lendemain il vous poignardait dans le dos rien que pour le plaisir.

« C'était un être impossible à comprendre parce que, deux minutes après vous avoir donné le plus beau témoignage d'amitié, il était susceptible de ne plus vous reconnaître. Et Ingrid ne savait rien de Roberto. Elle a débarqué à Rome aussi innocente qu'un agneau. Il fallait que quelqu'un soit là pour la défendre et j'étais prête à jouer ce rôle. »

Tout comme Petter Lindstrom, Roberto Rossellini était un homme original et remarquable. Si l'ordre avait été lancé : « Que le vrai Petter Lindstrom s'avance ! » Petter aurait tout d'une pièce bondi en avant. Si le même commandement avait été adressé à Rossellini, c'est douze personnages au moins qui se seraient avancés. Pour ses enfants, Roberto était une forteresse de chaleur et d'amour.

Pour ses banquiers, un grand seigneur. Pour ses collègues, un homme qui pouvait tout aussi bien vous accabler d'injures que vous couvrir d'éloges, ou bien encore vous ignorer. Pour la Magnani, ç'avait été le bon génie, mais aussi le partenaire d'une joute passionnée. Pour Ingrid, c'était d'abord un grand metteur en scène susceptible de donner à sa carrière une direction et un élan nouveaux, et peut-être — peut-être — quelqu'un qui saurait répondre aux désirs informulés qu'elle pressentait en elle. Mais une chose est certaine. Si, à ce moment-là, on avait demandé à un juge impartial et sage de décider si Roberto Rossellini était amoureux d'Ingrid Bergman et Ingrid Bergman de Roberto Rossellini, il aurait dit « oui » sans l'ombre d'une hésitation.

Pour Roberto, Ingrid constituait une sorte de défi. Elle était belle. Elle appartenait à quelqu'un d'autre. Elle était amusante, pleine de vie, et pourtant il lui arrivait d'être si sérieuse qu'il la sentait lui échapper. Contrairement à lui, elle ne jonglait pas avec l'existence. Elle n'entreprenait rien dont elle ne fût pas sûre de pouvoir assumer les conséquences. Elle ne faisait jamais qu'une seule chose à la fois, faute de quoi elle était malheureuse. Quand elle souriait, tout son être semblait s'éclairer ; dans ses soudains éclats de rire, il n'y avait pas la moindre afféterie. Comme tous les Italiens de son sexe, Roberto était persuadé de ne rien avoir à apprendre concernant les femmes, et pourtant, Ingrid réussissait sans cesse à l'étonner.

Il n'était pas dans le caractère de Roberto de vouloir mesurer son amour. Il ne l'offrait pas à petites doses. Il ne se demandait pas de quoi il avait l'air ni ne redoutait de se rendre ridicule ; le doute et la prudence anglo-saxons lui étaient tout à fait étrangers. L'amour l'empoignait par le cœur, l'arrachait à lui-même et le jetait aux pieds de sa bien-aimée. C'était l'amant le plus audacieux du monde, prêt pour l'amour à tout jouer, à tout sacrifier, à tout perdre. Il était passionnément, désespérément amoureux d'Ingrid. Il la voulait. Il n'était pas disposé à la laisser lui échapper, ni même sortir de sa vue.

* * *

Je crois qu'au fond de moi je suis tombée amoureuse de Roberto dès l'instant où j'ai vu *Rome, ville ouverte,* car à partir de là il n'a jamais plus quitté mes pensées. Sans que j'en sois consciente il m'offrait sans doute une possibilité d'échapper au double problème que me posaient mon mariage et ma vie à Hollywood. Mais à l'époque je ne m'en rendais pas compte. Si quelqu'un avait pris l'air méfiant en m'entendant parler de l'Italie je me serais sans doute indignée et j'aurais protesté : « Je vais là-bas pour faire un film... absolument rien d'autre. »

* * *

Le lendemain de l'arrivée d'Ingrid, il semblait que toute la population de Rome était venue la saluer à l'hôtel Excelsior. La Via Veneto était littéralement noire de monde. Personne ne pouvait entrer ni sortir du hall de l'hôtel et Ingrid se trouvait bloquée dans sa chambre.

Mais Roberto et le directeur de l'hôtel étaient des experts en matière de dérobade. « Si Madame Bergman veut bien passer par ici, emprunter cet escalier de secours et cette porte de service... » Une ruelle, quelques tours et détours, après quoi Ingrid et Roberto se promenaient librement dans les rues inondées de soleil. Bien sûr, des photographes eurent tôt fait de retrouver leur trace, bien sûr, de nouveaux attroupements se formèrent. Mais cette fois c'était une foule possible, où chacun était de bonne humeur et ne désirait rien d'autre que manifester sa joie de voir Ingrid.

Rome la subjuguait, son bruit, sa circulation, ses habitants ; ses rues étroites et sinueuses cernées de hauts murs de terre cuite et débouchant soudain sur quelque gracieuse place aux proportions célestes ; l'eau jaillissant des multiples fontaines ; le parfum toujours présent de l'antiquité. Rien n'avait préparé son âme nordique à un pareil endroit. Elle s'abandonnait à la couleur, à la musique, à la gaieté, et à l'immense affection qui la submergeait où qu'elle aille.

* * *

Roberto voulait que je rencontre tous ses amis ; il voulait me montrer Naples, Capri, Amalfi, et une douzaine d'endroits dont je ne connaissais même pas le nom. Pour moi, tout était nouveau : le pays et les gens, leur façon de vivre, sa beauté. Et Roberto semblait connaître tout ce qu'il y avait à connaître.

* * *

A la fin de la semaine ils mirent le cap sur le sud, quittant Rome par la Via Appia, la Cisitalia rouge tressautant sur les antiques pavés entre les petits temples qui bordent la route, les anciens autels de la Rome païenne. Ingrid était consciente de la vitesse, du vent dans ses cheveux et du soleil sur son visage, consciente que le mot « extase » n'était pas encore assez fort pour traduire l'intensité de ses sentiments.

Passant Monte Cassino et l'abbaye bombardée qui signale la tombe de jeunes soldats d'une douzaine de nations, ils atteignirent les champs verdoyants qui mènent à Naples, croisant sur leur passage les lentes voitures des paysans. Enfin ils s'arrêtèrent sur le quai face à la baie qui s'ouvre sur Capri et s'embarquèrent sur un vieux ferry crachotant où l'odeur de l'ail se mêlait à la fumée des cigarettes et le cri des oiseaux au clapotis des vagues et au chant éraillé des ténors célébrant l'amour.

A Capri, admirant avec Roberto ces mêmes eaux bleues qui avaient enchanté Tibère, Ingrid comprit que la vie et le rêve pouvaient ne faire plus qu'un.

***

J'ai conservé une photographie où j'ai l'air si heureuse que c'en est incroyable. Nous sommes dans un petit endroit où les gens vont danser. Je pense que c'est la seule fois où j'ai dansé avec Roberto, qui ne dansait tout simplement pas. Mais ce soir-là, il a dansé. Je crois qu'il était prêt à tout pour me séduire.

Il était prodigieux quand il parlait de l'Italie. Il savait tout ce qui lui était arrivé au cours de son histoire. Et quand il ne savait pas, je pense qu'il inventait. Il connaissait tout de l'histoire, des monuments, des ruines. Il connaissait toutes les légendes et apparemment il connaissait tout le monde.

Quand nous nous promenions, les photographes nous suivaient partout, mais Roberto était si calme, si tranquille et heureux qu'il ne songeait même pas à se battre avec eux. Et puis il y a eu cette fameuse photo, publiée dans *Life Magazine,* où l'on nous voit sur la côte amalfitaine gravir les escaliers qui mènent à l'une des tours rondes. Nous nous y donnons la main, grâce à quoi le monde entier a eu la preuve que j'étais une femme perdue...

***

S'il fallait trouver une région côtière à la fois belle, sauvage et légendaire, aussi bien faite pour charmer l'œil que pour enchanter l'âme, la côte amalfitaine semblerait le choix idéal.

En 1949, la circulation était très rare entre les

villages logés au creux de ses baies minuscules. D'Amalfi en direction du sud la route s'élève rapidement. Au sommet de la pente, à quelque cents mètres seulement de la ville, se dresse l'Albergo Luna Convento, un très vieux monastère transformé en hôtel et qui avait toujours compté parmi les hôtels préférés de Roberto. Les spaghetti dont Anna Magnani l'avait publiquement baptisé n'avaient pas suffi à l'en dégoûter, il y avait emmené Ingrid. Avec elle, il ne risquait pas de pareilles scènes.

De sa fenêtre, Ingrid découvrait la vaste baie cernée de montagnes dont la pente abrupte s'abîme dans l'eau sombre. Par pleine lune la mer entière semblait s'argenter. Roberto lui raconta, bien sûr, comment, selon la légende, Ulysse avait été chassé vers cette côte par des vents contraires, et comment il avait échoué sur l'île de Circé, la belle magicienne. Ingrid souriait à ses propos, inconsciente du parallèle qu'on aurait pu dresser, elle qui était tout aussi belle, aussi célèbre que Circé. Oui, depuis dix mille ans, il semblait que ni l'amour ni la vie n'avaient tellement changé.

Entre les deux amants, il y avait parfois une fêlure, une divergence d'opinion ou de sentiment. A propos des chevaux, par exemple : des bêtes efflanquées, minables, qui tiraient de lourdes charges et souffraient patiemment les coups de leurs propriétaires aussi mal nourris qu'elles. La scène se répétait souvent le long des petites routes. A chaque fois qu'elle le pouvait Ingrid ordonnait à Roberto de s'arrêter et jaillissait de l'auto pour essayer de mettre fin au massacre.

« Comment osez-vous ! hurlait-elle en anglais à l'intention du voiturier. Cessez immédiatement ! Non, mais vous avez vu cette pauvre bête ? Vous avez vu ce que vous lui faites tirer ? Vous devriez avoir honte, honte... vous m'entendez ? »

Mais comment l'autre aurait-il pu comprendre que c'était une activité aussi normale que celle qui consistait à frapper son cheval qui avait suscité la fureur de la belle étrangère ? Il restait un instant bouche bée, puis tournait vers le *commendatore* assis au volant de l'automobile un regard interrogateur.

En vain. Roberto refusait toute explication. Impassible comme un bouddha, il attendait qu'Ingrid veuille bien reprendre sa place à côté de lui pour démarrer. Alors c'était à lui qu'elle s'en prenait :

« Tu aurais pu dire quelque chose, non ? Je n'ai jamais rien vu d'aussi cruel. Cette pauvre bête ! C'est tout juste si elle avait encore de la peau sur les os ! »

Mais Roberto ne se démontait pas. Philosophe, il essayait de lui expliquer : « Tu ne comprends pas. Ce paysan, il reçoit des coups, lui aussi. Sur qui d'autre pourrait-il se venger des coups que lui assène la vie ? Qui battre sinon son cheval ? Comment exprimer autrement la colère et la frustration qui empoisonnent son âme ? »

Pour Ingrid, ce n'était pas une réponse satisfaisante. « Il pourrait trouver autre chose », rétorquait-elle, prête à repartir en guerre dès que l'occasion s'en présenterait.

Par ailleurs, elle avait parfois du mal à suivre Roberto, à prendre ses façons au sérieux. Ainsi, passant par Salerne, lorsqu'elle eut pour la première fois l'occasion de voir comment il s'y prenait pour recruter ses comédiens. Ils s'étaient arrêtés à proximité d'une plage où des pêcheurs travaillaient à côté de leurs bateaux. « Attends-moi, lui dit Roberto, je vais te chercher un partenaire. » Elle prit cela pour une plaisanterie et ne s'étonna pas quand, vingt minutes plus tard, il revint en lui annonçant : « J'en ai trouvé deux : un grand et un petit. Tu pourras choisir celui qui te plaît quand nous irons à Stromboli. » Et de fait, ce n'est que lorsqu'ils furent dans l'île et qu'elle vit de ses propres yeux les deux pêcheurs qu'il avait recrutés ce jour-là qu'elle comprit son erreur : Roberto avait parlé sérieusement, il ne s'agissait pas d'une blague.

En 1949, la route côtière était plus étroite ; les villes et villages de cette magnifique région étaient isolés, primitifs. Ils se dirigèrent donc vers l'intérieur des terres pour rejoindre Catanzaro, où Roberto avait décidé qu'ils passeraient la nuit. Manifestement le maire avait été averti de leur venue par les lieutenants du Maestro, car toute la population de la petite cité s'était massée le long de la rue principale pour faire au couple un accueil triomphal.

*
* *

C'était fou. Toutes les écoles étaient fermées, on avait donné congé aux enfants. Et tout le monde était dans la rue, comme s'il s'agissait d'une visite royale. Nous nous sommes arrêtés devant le petit hôtel. Il y avait des fleurs partout. Le hall était plein de monde, et dans les escaliers c'est à peine s'il restait de la place pour passer. Et ma chambre à coucher ! Vous auriez dû voir cette chambre, un lit immense, somptueux, avec des draps de soie rehaussés de dentelle. Et le maire était là, m'expliquant que c'était dans ces mêmes draps que sa femme et lui avaient passé leur nuit de noces quelques années auparavant. Aurais-je la gentillesse d'y écrire mon nom pour qu'ils puissent les garder en souvenir ?

A l'époque, dans ces petits hôtels italiens, il n'y avait pas de chambres avec salle de bain. Or, quand le maire est parti, quand je me suis retrouvée seule dans la chambre, je me suis rendu compte qu'il fallait que j'aille aux toilettes. Il commençait à se faire tard et j'espérais que les curieux avaient quitté l'hôtel. Mais quand j'ai jeté un coup d'œil dans le couloir, j'ai vu qu'ils étaient toujours là. Et je les ai entendus, car dès qu'ils ont aperçu mon visage ils se sont mis à applaudir. J'ai souri, j'ai refermé la porte et j'ai pris mon mal en patience. Au bout de dix minutes, nouvel essai, nouveaux applaudissements et nouvelle retraite. J'attends dix minutes encore, mais la situation devient désespérée : cette fois je ne peux plus reculer le moment. Je mets ma honte dans ma poche et j'affronte les spectateurs. Ils ont été merveilleux : ils ont applaudi mon passage dans le couloir à l'aller comme au retour. Un vrai triomphe !

*
* *

Ce fut un voyage mémorable, un voyage important. Bien qu'il y eût de nombreux précédents pour la rassurer quant à l'indulgence dont les Italiens ont coutume de faire preuve à l'égard des amants, la conscience d'Ingrid, formée à l'école rigoureuse de la foi luthérienne, commençait déjà à l'importuner au moment d'atteindre Amalfi.

Des lettres de Petter lui étaient arrivées durant son séjour à Rome. Début mars il lui écrivit pour lui rappeler l'avertissement qu'il lui avait donné : à Rome elle ne pourrait pas espérer passer inaperçue, qu'elle fasse donc bien attention à elle. Le 31 du même mois il la remerciait de la lettre qu'il avait reçue, exprimait l'espoir que l'argent qu'il avait envoyé à Roberto lui était parvenu et disait combien tout le monde était anxieux d'avoir des nouvelles du film.

Une fois à Amalfi, Ingrid comprit que le moment était venu d'être tout à fait franche vis-à-vis de Petter. La tâche n'était pas facile. Après plusieurs brouillons de lettres elle lui écrivit enfin sur le papier à en-tête de l'Albergo Luna Convento :

Petter lilla :

Il te sera très pénible de lire cette lettre, comme il m'est pénible de l'écrire. Mais je crois que c'est la seule façon. Je voudrais tout expliquer depuis le commencement, mais tu en sais assez. Je voudrais demander pardon, mais cela semble ridicule. Ce n'est pas entièrement ma faute, et comment pourrais-tu pardonner que je veuille rester avec Roberto ?

Ce n'était pas mon intention de tomber amoureuse et de partir en Italie pour toujours. Après tous nos plans et nos rêves, tu sais que c'est vrai. Mais qu'y puis-je ? A Hollywood, tu as vu croître mon enthousiasme pour Roberto, tu as vu combien nous étions semblables, avec le même désir du même genre de travail, la même conception de la vie. J'ai pensé que peut-être je pourrais vaincre le sentiment que j'éprouvais pour lui quand je le verrais dans son propre milieu, si différent du mien. Mais c'est le contraire. Pas plus qu'à toi je n'avais le courage de lui parler de lui, et je ne connaissais pas la profondeur de ses sentiments.

Mon Petter, je sais que cette lettre va tomber comme une bombe sur notre maison, notre Pia, notre avenir, notre passé si plein de sacrifices et d'aide de ta part. Et maintenant te voilà seul parmi les ruines et je ne puis t'aider. Je te demande seulement un nouveau sacrifice et une nouvelle aide.

Je n'ai jamais pensé que ce moment arriverait, après tout ce que nous avons traversé ensemble, et maintenant je ne sais que faire. Pauvre petit papa, mais aussi pauvre petite maman.

Pour la loi italienne, si Petter Lindstrom était venu à Rome pour tuer sinon Ingrid du moins Roberto, il aurait sans doute été considéré comme coupable d'un meurtre, mais innocent de tout crime sinon de s'être laissé emporter par une émotion humaine bien compréhensible.

Mais ce n'était pas le genre de Petter. Petter était sain, équilibré, convenable. Il réfléchissait longuement avant de prendre une décision et de passer aux actes. Déjà les journaux étaient pleins de rumeurs concernant l'idylle d'Ingrid et de Roberto. Cependant, tandis qu'il se promenait sous l'éclatant soleil de la Californie, Petter ne pouvait croire ce qu'Ingrid lui avait écrit. Après dix ans de bonheur — avec des hauts et des bas, mais personne n'y échappait — avec une aussi belle maison, une fille aussi adorable, une nursery spécialement construite pour accueillir un frère ou une sœur pour Pia... Non, c'est que quelque chose n'allait pas. Il connaissait sa femme. Il fallait qu'il la voie. Si elle pensait réellement ce qu'elle disait, il fallait qu'elle vienne elle-même expliquer à Pia que tout était fini. Alors seulement il l'accepterait. Il envoya un télégramme et prit le premier avion pour New York.

CHAPITRE XIV

JE voulais que Petter sache que je le quittais, que j'étais infidèle. Je lui ai donc écrit cette lettre pour lui dire la vérité, et un peu plus tard je lui en ai écrit une seconde où j'écrivais : « J'ai trouvé l'endroit où je veux vivre, je m'y sens chez moi, je veux y rester et je suis désolée... » Je me sentais libre. C'était mon divorce. J'avais été honnête. Si aux yeux de l'Église j'étais toujours mariée, pour moi cela ne comptait pas, car trois ans auparavant j'avais déjà demandé le divorce, que Petter n'avait pas voulu m'accorder. Mais à l'époque je n'avais aucune raison de partir, car il n'y avait personne que je souhaitais épouser. Il n'y avait personne avec qui je souhaitais vivre, et rien ne s'était passé.

Il y avait des années que j'attendais quelqu'un qui me *déciderait* à partir. Roberto l'avait fait. Je ne pensais pas que le monde en serait bouleversé...

**
* **

Elle s'illusionnait à bon compte. Elle ignorait qu'au XXᵉ siècle la presse a le pouvoir de briser une idylle romantique et de transformer la vie en cauchemar. Elle ne pensait pas que Roberto et elle étaient assez importants pour mériter un tel traitement. Et puis, tant d'autres couples divorçaient, pourquoi pas elle ?

Ainsi, durant ces dix premiers jours de voyage, elle vécut un tel bonheur que rien d'autre ne semblait avoir d'importance. Il faut dire aussi que la Calabre était belle. La route serpentait le long de la côte, tantôt au bord de l'eau, tantôt dévalant la montagne ou franchissant un promontoire rocheux au-dessus d'une mer de cristal. Sur le rivage, les villages semblaient incrustés comme des coquillages sur la coque d'un bateau ; sur la hauteur, ils semblaient accrochés à la pente comme des nids d'hirondelles. C'était l'union parfaite de la nature et de l'œuvre de l'homme, du présent et de l'antiquité. Et Roberto parlait d'amour et de mythologie.

Au loin s'étendait la Sicile. Un vent chaud les accompagna durant la traversée, tandis que derrière eux l'Italie s'estompait dans la brume. Et Messine apparut, fouillis de maisons fauves et blanches étalées le long d'une baie sur un fond de montagnes.

Le lundi 4 avril, sur le *San Lorenzo*, un vieux bateau de pêche encombré de tout le matériel nécessaire au tournage, ils s'embarquèrent à destination des îles Lipari. En 1949, celles-ci n'étaient pas ouvertes au tourisme, et un unique bateau hebdomadaire en assurait la liaison avec le continent. Après deux heures de mer, le *San Lorenzo* passa devant la première petite île, Vulcano, où Anna Magnani allait bientôt tourner un film concurrent. Deux heures plus tard, ils arrivaient en vue du Stromboli.

A quelque sept cents mètres d'altitude, le volcan vomissait un flot de fumée blanche. Un demi-cercle de lave incandescente en ourlait le cratère comme une lèvre sanglante, et sur son flanc un éboulis de pierres noires s'enfonçait dans la mer. Spectacle désolant. Qui pouvait souhaiter vivre là ? Ou plutôt, qui *pouvait* vivre là ?

Contournant l'île, le bateau les amena face au

village de Stromboli. Ce versant-là était moins abrupt, et la végétation croissait jusqu'à mi-pente du volcan, où elle s'arrêtait brusquement. Parmi les jardins, les vignes et les vergers, les villageois avaient construit leurs maisons blanches de style mauresque, aux courtes cheminées et aux fenêtres à barreaux, groupées le long d'étroites ruelles grimpant jusqu'à l'église. L'église dominait le village, et le Stromboli dominait l'église comme il dominait toute l'île et tous les aspects de sa vie. A certaines heures du jour, il cachait le soleil. La nuit, il dessinait sur le ciel clair un pan d'obscurité. Jour et nuit, de sourds grondements montaient de ses entrailles. Pendant qu'ils étaient là, il donna d'ailleurs une démonstration de sa violence qui tint l'équipe debout jusqu'à l'aube pour filmer l'éruption.

Une fois à destination, le *San Lorenzo* jeta l'ancre à une centaine de mètres du rivage, où de petites barques vinrent chercher matériel et passagers pour les conduire jusqu'à la plage de sable noir. Décidément, l'endroit n'avait rien d'un paradis, mais pour un film on ne pouvait rêver décor plus spectaculaire.

**
**

Aussitôt que nous avons commencé à tourner, les gens se sont rendu compte que Roberto et moi nous passions plus de temps ensemble qu'il n'est véritablement nécessaire pour faire un film. Et puis les journalistes sont arrivés et se sont mis à poser des questions à droite et à gauche, et à compter les brosses à dents qu'il y avait dans ma salle de bain. Où donc dormait Roberto ? Et sa sœur ? Est-ce que j'étais seule dans ma chambre à coucher ? De l'Italie, les ragots ont bientôt fait le tour du monde.

**
**

Les espoirs d'Ingrid, qui ne pensait pas que « le monde en serait bouleversé », avaient fait long feu. Déjà la presse italienne, qui sentait l'*amore* comme les requins sentent le sang, envoyait dans l'île des reporters déguisés en pêcheurs, en touristes, ou même en moines. D'ailleurs, les spéculations avaient commencé dès l'arrivée d'Ingrid à Rome, et depuis le voyage à Capri, depuis la photo d'Amalfi publiée par *Life Magazine*, le scandale couvait. Cependant, Petter ne prêta attention à l'affaire que lorsqu'il reçut la lettre d'Ingrid.

Juste avant, il lui avait lui-même écrit une lettre amicale, où il la remerciait du télégramme qu'elle lui avait envoyé au moment de quitter Rome, lui demandait des nouvelles du film, et parlait longuement de Pia qui, bien qu'elle n'eût chaussé des skis qu'une fois auparavant, utilisait déjà le remonte-pente et « dévalait les pistes comme un vétéran ».

Cependant, le 9 et le 12 avril, deux câbles de Petter arrivèrent à Stromboli, demandant à Ingrid de téléphoner de toute urgence. Petter ignorait bien sûr qu'il n'y avait pas de téléphone dans l'île, et Ingrid reçut sa réponse à la lettre d'Amalfi avant d'avoir eu la possibilité de l'appeler. Comme toujours, il s'adressait à elle en utilisant le petit nom qu'il lui avait donné : Katt. Il lui disait que sa lettre l'avait rendu malade, mais formulait l'espoir que cette épreuve contribuerait à le rendre meilleur.

Il tenait à ce qu'une chose soit bien claire : « Une femme qui ne veut pas rester avec moi n'est pas bonne pour moi. » Cependant, il n'entendait pas rester les bras croisés et la laisser se conduire aussi scandaleusement. Elle devait comprendre que, si elle voulait divorcer, il fallait qu'elle rentre aux États-Unis pour en discuter avec lui. Jusque-là, qu'elle évite de faire parler d'elle.

Il était persuadé qu'en se lançant dans cette affaire, elle n'en avait pas mesuré les conséquences. Rossellini étant marié dans un pays où l'Église interdisait le divorce, elle ne serait jamais pour lui qu'une maîtresse, la remplaçante d'Anna Magnani. Elle disait vouloir rester en Italie, mais avait-elle pensé au coup que cela représenterait pour Hollywood et pour le pays qui l'avait accueillie ?

Alors que seuls Rossellini, elle et lui auraient dû être au courant de la lettre qu'elle lui avait écrite, comment se faisait-il qu'un journal de New York en connaisse le contenu ? Grâce aux histoires qu'on répandait en Italie, un énorme scandale se préparait. Déjà il lui avait fallu fermer boutique pour échapper aux « hyènes ». Il avait envoyé Pia dans le Minnesota avec Mrs. Vernon, épouse de l'homme d'affaires d'Ingrid.

Il se pouvait que Roberto Rossellini — dont Petter parlait volontiers comme de « ton Italien » — ait du charme et du talent, mais pouvait-on lui faire confiance ? N'avait-il pas vendu aux journaux des photocopies de sa première lettre, celle où elle lui annonçait son désir de travailler avec lui ?

Elle connaissait Petter depuis quatorze ans. Elle connaissait sa parfaite honnêteté. Il lui jurait sur la mémoire de sa mère que le jour où « l'Italien » avait quitté leur maison de Beverly Hills, il lui avait affirmé n'avoir d'autre projet en tête que celui de faire un grand film. Il n'y avait pas à s'inquiéter, il s'occuperait d'Ingrid, il la protégerait contre les commérages. Il aimait Petter « comme son propre frère ». Comme Petter le lui demandait, il présenterait Ingrid à Anna aussitôt que possible.

Au lieu de quoi Roberto s'était arrangé pour qu'Anna parte à Londres avant l'arrivée d'Ingrid. Il avait coupé Ingrid de tous ses amis, de tous ses contacts extérieurs. Il avait trahi Petter qui, chaque matin, lui avait apporté son petit déjeuner, et qui lui avait fourni l'argent dont il avait besoin pour payer ses dettes.

Petter était convaincu que cette liaison n'était pas pour une femme qui était « originellement bonne et honnête ». Le temps était venu pour elle de mûrir, d'apprendre à penser aux autres, pas

seulement à elle. Avait-elle seulement songé à lui ?
Depuis qu'ils étaient mariés, il avait passé son
temps à essayer de l'aider ; il avait pris sur lui
toutes ses responsabilités, tous ses soucis. Sans
doute aurait-il mieux fait de la laisser y faire face
elle-même. Il avait besoin d'elle aussi ; il avait
toujours eu besoin d'elle ; et pourtant, il lui avait
accordé plus de liberté « qu'aucun homme ne peut
en accorder à la femme qu'il aime ». En janvier, il
y avait seulement quelques semaines, elle avait
admis à quel point elle avait été heureuse ; ensemble, ils avaient discuté les plans de la nouvelle
cuisine et de la nouvelle nursery, prête à accueillir
un « nouveau venu ». Mais quinze jours d'Italie
avaient suffi à lui faire oublier tous ses projets,
toutes ses idées, toute sa vie. Désormais, Dieu seul
pouvait leur venir en aide à lui, à Pia et à elle.

Ingrid ne manqua pas de pleurer en lisant cette
lettre. Si seulement elle pouvait faire comprendre à
Petter que jamais, de toute sa vie, elle n'avait eu à
faire quelque chose d'aussi difficile ni d'aussi déchirant ! Elle ne lui voulait aucun mal, et l'idée qu'elle
puisse nuire à Pia l'accablait.

Pia elle-même dit n'avoir conservé que peu de
souvenirs de sa vie avec ses parents. Cependant,
elle se rappelle fort bien le jour où sa mère est
partie :

J'ai très peu de souvenirs d'enfance avec mes parents.
Peut-être parce que je les ai supprimés de ma mémoire,
mais peut-être aussi parce que, vraiment, ils ne s'occupaient pas beaucoup de moi.
Je ne me rappelle vraiment pas avoir vu beaucoup ma
mère. Je pense qu'elle partait travailler très tôt, vers six
heures du matin, et qu'en rentrant, le soir, elle passait me
dire bonne nuit. Je ne crois pas que nous passions
beaucoup de temps ensemble. En tout cas, c'est ce qu'il
me semble, car je n'en ai pas le moindre souvenir...
Et puis, je me souviens que nous avons déménagé à

Benedict Canyon, à Beverly Hills ; je me rappelle très bien cette maison, parce que c'est là que j'ai grandi et que j'ai vécu jusqu'à environ douze ans, je crois.

Au point où ma mère était alors dans sa carrière, je ne crois pas que ce soit uniquement le travail qui la retenait loin de la maison. Dans l'industrie du cinéma, il y a des tas de choses à faire une fois le travail terminé — tout ce qui concerne la promotion, et cætera.

Je crois qu'ils étaient tous les deux très actifs sur le plan professionnel. Je me souviens qu'il y avait des gens à la maison et une femme qui s'occupait de moi. Mais en gros, j'étais seule. Nous avions des chiens, mais je ne me rappelle pas qu'ils aient été beaucoup avec moi. Je n'avais pas de frère ni de sœur, et dans le quartier où je vivais il n'était pas question de jouer avec les enfants du coin. Mais je pense qu'on peut s'attacher très fort à une maison, à des objets, parce que, cette maison, vraiment, je me la rappelle en détail. Je l'adorais et j'adorais le jardin... je me souviens très bien du jardin, ce qui est bizarre car dans mon souvenir il n'y a jamais personne dedans. C'était un peu comme une maison vide : il y avait très peu de gens.

Évidemment, c'était une grande maison entourée d'une palissade. Si on voulait entrer, il fallait téléphoner à la grille et annoncer qui l'on était. C'était un peu comme une forteresse. J'en étais très consciente, car au début je pouvais passer la main à travers la grille pour l'ouvrir, mais au bout de quelques années ma main est devenue trop grande, et j'ai dû m'annoncer, moi aussi. Ce n'était pas rare parmi les gens du cinéma. C'était comme ça que vivaient Maria Cooper — la fille de Gary Cooper — et les autres enfants que je connaissais. Nous étions très protégés. C'était normal, parce que l'endroit était plein de curieux et que c'était le seul moyen d'éviter qu'ils viennent sonner à la porte et dire : Coucou, me voilà, j'aimerais bien visiter votre chambre à coucher.

Le matin, je me levais. Quelqu'un me conduisait à l'école, ou je prenais le bus scolaire, et je passais toute la journée à l'école. Qand je rentrais à la maison, il n'y avait personne ; je jouais dehors, et puis j'allais me coucher.

Tout cela pour dire que je n'avais idée de rien. Je n'ai jamais assisté à une discussion. J'étais complètement coupée de mes parents, je ne soupçonnais rien de ce qui se passait.

Mais je me rappelle très bien ma mère partant pour l'Italie. Je me rappelle clairement le jour de son départ. Ce fut un grand départ, avec de grands adieux. Je la vois encore descendre l'allée en voiture : c'était une longue allée, elle me faisait signe, et c'était très triste. Je croyais qu'elle allait revenir, mais je ne suis pas sûre qu'elle-même le pensait.

Et je me rappelle mon père, dans une espèce de discussion, m'annonçant qu'elle ne reviendrait pas. Ça a été un choc terrible. Après, je ne me souviens pas très bien de la suite des événements. Je me souviens que ma gouvernante est partie exactement au même moment. J'avais le sentiment que tout le monde s'en allait.

Roberto écrivit à Petter :

Cher Petter,

Tu te souviens que je t'ai promis d'être toujours franc avec toi. Je crois que le moment est venu que toi, Ingrid et moi nous nous regardions bien en face, et j'espère que nous saurons le faire avec estime et compréhension réciproques.

Les trois semaines que j'ai passées en Italie après mon départ d'Amérique, mon tourment, la responsabilité de retourner auprès d'Anna m'ont donné la mesure de mon sentiment pour Ingrid, sentiment dont je t'ai parlé. Et après l'arrivée d'Ingrid, notre émotion, ses larmes nous ont apporté une profonde certitude. Et maintenant, Petter, je veux te parler avec humanité.

Que faire ? Si je n'avais pas pour toi l'estime et le respect profonds qui sont les miens, tout serait plus facile. Mais Ingrid et moi cherchons avant tout à ne pas te trahir et à ne pas te blesser plus qu'il n'est nécessaire. Ne rien te dire, attendre ? Non, ce serait certainement te trahir et se montrer inhumain. Entre les lignes de ta lettre et de ton télégramme, ton doute et ton tourment apparaissent clairement. C'est pourquoi il est bon que tu saches tout de suite — bon pour toi comme pour nous. Je sais que je te fais beaucoup de chagrin, mais crois-moi, ton chagrin est pour moi aussi une grande peine.

Je me rappelle très clairement tout ce que tu m'as dit le soir où nous nous sommes parlé. Tu m'as dit qu'Ingrid s'enthousiasme facilement, qu'elle est sensible mais pas intelligente, et que son tempérament la rend inconséquente. Crois-moi, si tu le penses, tu te trompes lourdement. Nous avons médité très sérieusement et avec une clarté remarquable. Durant deux mois, Ingrid et moi nous avons caché notre amour, car dès que nous nous sommes vus à Beverly Hills nous avons compris qu'il se passait quelque chose de très grand et de très solennel, et nous avons senti que si nous en parlions nous serions liés pour toujours. Et pour éviter de te faire du mal, nous n'avons rien dit jusqu'à ce que la situation soit claire même sans parler. Et à présent, nous sommes là, impuissants, parce que nous sommes dominés par un amour extraordinaire et que nous souffrons de devoir te faire de la peine. Tu as tort de juger Ingrid comme tu le fais, et tu as tort d'être si dur et autoritaire avec elle, qui a peur de toi et que sa peur éloigne de toi... Je tiens à te dire tendrement que je défendrai Ingrid dans sa crainte de toi. Il est injuste que tu l'aies rendue aussi craintive... J'espère que tu comprendras qu'on ne peut condamner un grand amour et qu'il est impossible de rien faire contre lui.

J'ai entamé mon divorce, et maintenant Petter, je t'en prie, soyons humains, compréhensifs et pleins de respect mutuel.

ROBERTO.

Petter est certain de ne pas avoir reçu cette lettre. Selon les journaux, il déclara que, pour lui, Ingrid devait être sous l'influence de certaines drogues et ne pas savoir ce qu'elle faisait. Cette suggestion rendit Ingrid absolument furieuse : « Aucun homme sur terre ne détestait les drogues autant que Roberto ; il avait horreur des gens qui prenaient quoi que ce soit — lui-même n'aurait pas pris même un somnifère. Il ne buvait pas, même pas du vin. »

La presse italienne s'en donnait maintenant à cœur joie dans l'indignation hypocrite et l'insinuation. Le magazine *Travaso* consacra une pleine page en couleur à une caricature représentant Ingrid dans l'armure de Jeanne d'Arc montée sur un bûcher fait d'un monceau de pellicule auquel Roberto Rossellini essaie d'empêcher Anna Magnani de mettre le feu, protestant : « Tu te rends compte que tu veux brûler un million de dollars ? » — ce à quoi Anna répond : « Je m'en fiche. Au diable Stromboli ! »

France-Soir, lui, publia une photographie de la Magnani à son arrivée à Paris, la bouche largement ouverte pour montrer ses dents magnifiques, avec cette manchette : « Rossellini-Bergman — laissez-moi rire ! »

Selon l'article, aux questions qu'on lui posait, Anna aurait répondu : « Je n'ai jamais été vraiment la maîtresse du metteur en scène ; en tout cas, je ne me suis jamais mêlée de sa vie amoureuse. Mes rapports avec lui ont toujours été un véritable cauchemar. La seule chose que je regrette, c'est que Rossellini m'ait laissée tomber pour se précipiter en Amérique alors que je n'avais pas de metteur en scène pour mon prochain film.

— Quand vous étiez en Amérique, quels étaient vos rapports avec lui ?

— Il me parlait chaque jour au téléphone. Quand il vivait chez Ingrid Bergman, il m'envoyait des télégrammes en cachette.

— Et lorsque vous étiez à Londres ?

— Il m'a téléphoné tous les jours jusqu'au moment où Ingrid Bergman a annoncé son intention de divorcer.

— Mais c'est bien vous qui deviez aller à Stromboli ?

— Je ne m'y suis jamais attendue. Et tout ce que je veux maintenant, c'est vivre pour mon travail et mon enfant. Et je suis sûre qu'Ingrid et moi nous deviendrons les meilleures amies du monde. »

Ce ne fut pas le cas. En fait, elles ne se rencontrèrent jamais.

Selon Ercole Graziadei, un des plus célèbres avocats de Rome, qui connaissait tout ce qui comptait dans le monde du cinéma italien, ami de Roberto et d'Anna Magnani, puis ami d'Ingrid, Anna se serait toujours comportée de façon exemplaire. « Elle s'est tue, déclara-t-il. Jamais elle n'a formulé la moindre critique à l'égard de Roberto ou d'Ingrid. Cette femme, dont les origines étaient certainement liées à la misère de Rome durant une guerre cruelle, était non seulement une grande actrice, mais aussi une grande dame. »

Sur ce point, Ingrid est parfaitement d'accord.

* *
*

Il me paraît tout à fait évident que Roberto a été le grand amour d'Anna Magnani.

Pour autant que je le sache, ils sont restés des années sans se parler. Mais dans les années soixante-dix, lorsqu'elle est tombée malade et que Roberto a appris que c'était grave, il lui a envoyé un mot et des fleurs à l'hôpital. Elle lui a répondu, et elle lui a demandé s'il viendrait lui rendre visite. Il l'a fait, il est allé la voir à l'hôpital régulièrement jusqu'au jour de sa mort.

Lorsque je l'ai appris, je lui ai téléphoné de Londres pour lui dire combien j'en étais heureuse. Le cercle était bouclé : elle avait de nouveau auprès d'elle l'homme qu'elle avait le plus aimé.

Ses obsèques ont été quelque chose d'extraordinaire. Il y avait foule dans les rues et autour de l'église, et tout le monde pleurait — les Italiens l'adoraient. Les gens étaient bien trop nombreux pour entrer tous dans l'église. Quand le cercueil est apparu, ils se sont mis à applaudir. Je trouve cela très émouvant. Une chose pareille ne peut se passer qu'en Italie — jamais des Suédois ne songeraient à applaudir à un enterrement. Et puis, comme il n'y avait pas d'endroit où l'enterrer — elle n'avait pas acheté de concession dans un cimetière ni prévu quoi que ce soit —, Roberto l'a fait transporter dans son caveau de famille près de Rome. C'est là qu'elle repose maintenant, avec Roberto et tout le reste de la famille Rossellini...

A Stromboli, l'inconfort que représentait le tournage d'un film dans un endroit où il n'y avait pas d'hôtel, pas de téléphone — il n'y avait qu'une poste minuscule avec un télégraphe —, des sanitaires rudimentaires, pas d'eau courante, pas de moyens de transport, des mouches partout et une nourriture affligeante rendait la vie très difficilement supportable. La population, peu nombreuse, était essentiellement composée d'enfants et de vieillards. La plupart des hommes jeunes étaient partis gagner leur vie sur le continent, en Allemagne ou en France, d'où ils envoyaient une partie de leurs gains à leurs femmes et à leurs parents.

C'était une île étrange et sans gaieté. Les vieux, qui avaient passé leur vie à lutter pour arracher au sol et à la mer une maigre subsistance, ne connaissaient rien que le travail. Les femmes, avec leurs vêtements, leurs yeux et leurs cheveux noirs, paraissaient tout droit sorties du volcan.

L'équipe du film, qui s'était montrée si gaie et si vivante en Sicile et sur le continent, ne tarda pas à être influencée par cette sombre atmosphère. Elle commença à se diviser en petits groupes rivaux, indifférents ou querelleurs. Roberto et sa sœur Marcella, Ingrid et sa secrétaire, Ellen Neuwald (Ingrid ne sut jamais au juste pourquoi elle devait avoir une secrétaire, mais celle-ci était comprise dans son contrat avec RKO, et elle finit par prêter la main à une douzaine de travaux différents) partageaient les quatre pièces d'une modeste maison de stuc rose située au bord de la mer. Roberto, qui était revenu de Hollywood avec la conviction qu'aucune vedette de cinéma ne pouvait se passer de salle de bain, avait fait construire un bâtiment spécial contre la vieille maison et venir à Stromboli une baignoire, une toilette et un bidet. Les indigènes n'avaient jamais vu de tels appareils, et personne ne fut capable de les monter correctement.

Une sorte d'entonnoir avait été installé sur le toit de la salle d'eau, et lorsque Ingrid était prête à prendre sa douche, elle criait à l'homme qui s'y trouvait de verser les baquets d'eau de mer qu'il avait montés là à cet effet.

Les intérêts d'Hollywood étaient représentés par Art Cohn, un scénariste chargé par RKO de veiller à ce que les dialogues du film soient à peu près compréhensibles. Marta, sa femme, était écrivain elle aussi, et tous deux tombèrent aussitôt sous le charme d'Ingrid et de Roberto, dont ils ne songèrent plus qu'à défendre les intérêts.

RKO avait en outre envoyé un agent de publicité britannique, qui, après avoir jeté un coup d'œil à la situation, alla s'installer à l'autre bout de l'île dans une maison surplombant la mer. Là-bas, il passait l'essentiel de son temps à boire des gin tonic, à nager et à profiter du soleil. Cependant, s'il fichait une paix royale à tout le monde, il rédigeait des notes abondantes pour son futur rapport.

*
* *

Il était censé nous aider, mais il ne faisait rien d'autre que d'espionner. Du monde entier, des journalistes arrivaient à Stromboli pour voir ce qui se passait. Le film ? C'était le cadet de leurs soucis. La seule chose qui les intéressait, c'était de savoir où en était la fameuse histoire d'amour. Et quand finalement notre agent est parti, il a écrit une série d'articles pour un journal du dimanche anglais. Quand je les ai lus, je ne pouvais y croire, c'était tellement faux — de faux dialogues entre Roberto et moi. Et c'est lui justement qui était allé dans ma salle de bain compter les brosses à dents. Pratiquement tout était inventé. Je me suis précipitée chez un avocat, et j'ai déclaré : « Je veux le poursuivre, je veux le poursuivre. » Mais il m'a dit : « D'accord, d'accord. Seulement, comprenez bien que c'est tout ce que le journal souhaite : un beau procès. Il vous faudra aller à Londres pour témoigner et l'on vous posera un tas de questions très embarrassantes. Êtes-vous bien sûre que c'est ce que vous voulez ? » J'ai réfléchi deux secondes, et finalement j'ai renoncé. C'est ainsi que l'autre a vendu ses histoires et que sans doute tout le monde les a crues.

* * *

Pour Roberto, RKO était devenu l'ennemi numéro un. Le scandale qu'Ingrid avait déclenché, la crainte que le film puisse être interdit, décida la compagnie à envoyer sur place des scénaristes, des agents de publicité et autres directeurs de production afin d'essayer de sauver ses investissements.

Jusque-là, Roberto avait toujours été son seul maître. Et il entendait que les choses continuent de la sorte. Un scénariste pouvait lui fournir une idée de base, de quoi faire jaillir l'étincelle créatrice, c'est tout. Le film, il l'*écrivait* lui-même, avec sa caméra. Par le choix de l'angle et de la lumière, par réflexe émotionnel, il révélait et illuminait le conflit, la misère et la passion inhérents à la condition humaine. Dans tout cela, un écrivain, un dialoguiste n'avait que faire. Et malgré toute l'affection qu'il éprouvait pour Art Cohn, dont il en vint pratiquement à oublier le rôle, il ne le laissa pas avoir sur le film la moindre influence. Quant aux agents de publicité, force lui était de les considérer comme un mal nécessaire — on ne pouvait se passer d'eux. Mais les directeurs de production ! Pour Roberto, les détails de la production et le rythme du tournage étaient chasse gardée ; ils dépendaient entièrement de l'état de sa digestion, de son mal de tête, de son ennui, de son exaltation ou de son besoin de contemplation. A ses yeux, il devait toujours régner un juste équilibre entre la vie et le tournage ; il pouvait être tout aussi important d'aller pêcher l'espadon que de grimper au sommet du volcan pour une prise de vues — surtout quand l'eau était limpide et la journée particulièrement chaude.

Ed Killy, le premier directeur de production délégué par RKO, ne dura pas plus d'un mois. Il fut alors remplacé par Harold Lewis, connu à Hollywood pour sa remarquable efficacité. Grand et fort, rude et agressif, il était réputé savoir mener tambour battant le tournage de n'importe quel film sans s'embarrasser de considérations artistiques. Avec lui, on pouvait être assuré que les choses ne traînaient pas et que les bobines étaient livrées en temps et lieu.

Pour Roberto, un grand film était le produit de l'âme et de l'imagination. S'il était inspiré, il pouvait travailler comme un forcené, mais pour ce qui est du travail à la chaîne, il ne voulait pas en entendre parler. Et pour déjouer les plans de rendement établis par Harold, il déploya une délicatesse et une habileté dignes du meilleur torero. Mille raisons lui venaient à l'esprit dès qu'il s'agissait d'expliquer le moindre retard. Avec une exquise politesse, il sollicitait sans relâche l'aide du directeur. Harold pourrait-il s'arranger pour faire monter de l'eau au sommet du volcan où l'équipe était complètement épuisée ? Lui serait-il possible de faire venir de l'Atlantique les grands thons argentés dont on avait besoin pour les scènes de pêche ? S'il était en communication directe avec Dieu le Père, peut-être pourrait-il obtenir qu'une éruption se produise quand il fallait et que le soleil brille au bon moment ?

Roberto était un homme d'une diversité infinie, et qui passait presque sans transition de la distraction à la plaisanterie, de la passion à la modération, et de la colère à la plus grande douceur. Pour obtenir quoi que ce soit de lui, le seul moyen était de ne pas le bousculer. Jamais personne n'avait réussi à le manœuvrer, et Ingrid n'y parvint pas mieux que les autres. Durant ces premiers jours passés à Stromboli, elle ne se fit pourtant pas faute d'essayer.

Dans son journal, elle écrivit en date du 7 avril :

« Début du film. » Le lendemain, vendredi 8, rien. Le samedi : «Avons essayé de commencer le film.» Enfin, le dimanche, une nouvelle fois : «Début du film. »

Cette valse hésitation était avant tout le résultat du désir qu'avait eu Roberto d'engager pour acteurs les habitants de Stromboli. Lui-même les qualifiait d'« amateurs », mais Ingrid ne tarda pas à trouver cette définition beaucoup trop charitable.

<p align="center"> * * *

Pour moi, le fait que Roberto n'aimait pas les acteurs était désormais évident. Oh ! bien sûr, il comptait parmi eux de nombreux amis parce qu'il les trouvait amusants, mais il ne comprenait pas qu'un homme puisse être assez vaniteux pour avoir envie de se montrer sur une scène, faire la roue et se mettre du maquillage. Il disait : « Regarde un acteur passer devant un miroir — je ne parle pas des femmes, actrices ou pas, de toute façon elles se regardent — mais prends un acteur et tu verras qu'il est incapable de passer devant une glace sans s'arrêter pour rajuster sa cravate, remettre en place une mèche de cheveux ou Dieu sait quoi. »

Dès le départ, je n'ai pas eu le moindre problème pour travailler ou communiquer avec Roberto. Au début, il avait parfois un peu de mal à m'expliquer ce qu'il voulait ; mais très rapidement, nous n'avons plus eu besoin de parler : il me suffisait de lire dans ses yeux. Même quand il ne parvenait pas à l'exprimer par des mots, je sentais ce qu'il voulait... Mais à Stromboli, durant ces premiers jours,

Dieu du ciel ! Nous n'avions pas d'acteurs professionnels, seulement ces « amateurs ». Je n'oublierai jamais la première véritable eugueulade que j'ai eue avec lui. Jour après jour, j'ai supporté, et puis tout à coup j'ai éclaté. Je tremblais littéralement de rage. Je hurlais : « Va te faire pendre avec tes films réalistes ! Ces gens ne savent même pas ce que c'est qu'un dialogue ; ils ne savent pas où ils sont ; ils ne savent pas ce qu'ils font ; et ils s'en fichent complètement. Je ne supporterai pas de travailler un jour de plus avec toi ! »

Il y a eu un long silence — un silence où l'amour ne tenait pas beaucoup de place. Même les Italiens se sont tus pendant une minute. A part ça, bien sûr, je n'en voulais pas à ces malheureux paysans — j'adore les paysans — mais attendre d'eux qu'ils jouent comme des acteurs !

Il faut dire aussi qu'ils ne s'en faisaient pas, ils passaient leur temps à rigoler. Roberto leur disait : « Maintenant, vous allez marcher le long de cette ligne dans cette direction. C'est là que se trouve la caméra. Compris ? » Et ils répondaient : « Ah ! cette ligne, là ? Oui, oui, d'accord. » Et Roberto leur expliquait vaguement de quoi ils devaient parler, et ils se mettaient à bavarder entre eux. Et je restais plantée là comme une idiote. Je ne parlais pas l'italien et je ne comprenais rien à ce qu'ils disaient. Et je ne savais pas quand ils avaient fini. Eux non plus, d'ailleurs, de toute façon les Italiens n'arrêtent pas de parler. Alors, au bout d'un moment, je demandais : « Vous avez fini maintenant ? » ou encore : « Et qu'est-ce que je dois répondre, moi ? » C'était le chaos complet.

Pour arranger les choses, Roberto avait eu l'idée de leur attacher une ficelle au gros orteil. Il tenait ses ficelles à la main et tirait sur l'une d'entre elles quand c'était à tel « acteur » de parler, sur une autre quand c'était à tel autre. Mais moi, de ficelle, je n'en avais pas, et je ne savais jamais à quel moment je devais ouvrir la bouche. Et tout cela, c'était censé donner un film réaliste ! S'il y avait des dialogues, jamais ils n'étaient prêts. Je croyais devenir folle.

Et puis, bien sûr, il y avait le volcan... le volcan ! La première fois que j'ai dû essayer d'y grimper, nous avons mis quatre heures avant d'arriver au sommet. Au bout de deux heures, je me suis assise et j'ai déclaré en haletant : « Non, ce n'est pas possible. Je regrette, mais je n'y arriverai jamais. » Pourtant, après m'être un peu reposée, j'ai repris l'ascension et je suis parvenue jusqu'en haut. Mais là, je n'étais plus bonne à rien... je me serais bien couchée pour attendre la mort. A ce rythme, je me disais que le film ne pourrait jamais commencer... ne parlons pas de le terminer !

Bien sûr, Roberto acceptait mes éclats comme une chose tout à fait normale venant d'une vedette de cinéma. Si je suis tombée amoureuse de lui, c'est parce qu'il était si extraordinaire ; jamais auparavant je n'avais rencontré quelqu'un comme lui ; jamais auparavant je n'avais rencontré quelqu'un qui ait cette sorte de liberté. Avec lui, tout devenait plus grand que nature, la vie prenait une dimension nouvelle, devenait plus passionnante, il m'ouvrait de nouveaux horizons. Et puis, il savait me donner un courage que je n'avais jamais eu. J'avais toujours peur de tout, mais lui me disait : « De quoi as-tu peur ? Il n'y a rien à craindre. » Roberto ne craignait personne et n'avait peur de rien... sauf que parfois il se montrait superstitieux. Il jugeait certains jours néfastes et il n'aimait pas qu'un chat noir traverse la rue devant lui. S'il arrivait qu'un chat noir passe devant sa voiture, il s'arrêtait et attendait qu'une voiture le dépasse pour que l'autre chauffeur emmène la malchance avec lui.

*
* *

Ainsi, malgré les orages, Ingrid ne perdit rien ni de son amour ni de son admiration pour Roberto :

son charme, la sensibilité et l'attention dont il l'entourait une fois le travail terminé parvenaient toujours à lui faire oublier les difficultés de la journée. En outre, comme bien d'autres, elle voyait en lui l'un des plus importants pionniers du cinéma contemporain. Elle était convaincue de son génie, et elle savait qu'il avait utilisé la même technique pour tourner *Rome, ville ouverte*, dont l'histoire lui avait été amplement racontée.

Les membres de la petite équipe qui avait réalisé *Rome, ville ouverte* ne disposaient que de très peu d'argent. En revanche, ils fourmillaient d'idées basées sur la brûlante réalité de leurs propres existences, et ils étaient soutenus par la volonté passionnée de raconter à leur façon les moments historiques qu'ils avaient traversés. Ils avaient emprunté et quémandé tout l'argent qu'ils pouvaient, et lorsqu'il l'avait fallu, le metteur en scène n'avait pas hésité à engager ses meubles. Enfin, ils avaient réussi à réunir un cameraman et des techniciens qui savaient fort bien que leurs chances de gagner plus que de quoi assurer leur subsistance journalière étaient pratiquement nulles.

A la fin de la guerre, le matériel cinématographique était aussi rare que l'amour fraternel, et quoi qu'il pût « emprunter » aux techniciens de l'armée américaine, Roberto en était généralement réduit à acheter ses films de 35 mm au compte-gouttes auprès des photographes romains. Et la qualité en était souvent misérable, ce qui explique plus d'une scène brumeuse. Faute de projecteurs, de nombreuses prises de vues semblaient avoir été tournées en plein brouillard. Fréquemment, il n'y avait pas de son pour la simple et bonne raison que l'appareil enregistreur ne fonctionnait pas. Mais Roberto ne croyait pas à l'importance de dialogues ; il était convaincu que le public retient non pas ce qu'il entend, mais ce qu'il voit.

Son entreprise était le produit de l'indestructible faculté de régénération d'une ville cherchant fiévreusement à vaincre son désespoir pour renaître à la vie.

Ingrid ne cesse de s'étonner des hasards qu'il a fallu pour qu'elle et Roberto se trouvent réunis. Et de même que la première lettre qu'elle lui adressa, récupérée presque miraculeusement dans les cendres des Studios Minerva, *Rome, ville ouverte*, sembla bénéficier d'une chance incroyable, du moins pour ses débuts américains.

En Italie, le film fut un four. Les critiques ne l'aimèrent pas, et le public le bouda. Sa distribution aux États-Unis, inespérée mais d'une importance capitale, fut le résultat de l'invraisemblable coïncidence qui voulut qu'un G.I., Rod Geiger, traversant une rue de Rome en pleine nuit, se prît le pied dans un câble électrique et tombât de tout son long. L'unique raison pour laquelle cette nuit-là Rossellini bénéficiait de l'électricité était qu'un ingénieux technicien de l'équipe avait trouvé moyen de brancher un câble — tout à fait illégalement bien sûr — sur le puissant générateur alimentant les presses du journal des forces américaines, *Stars and Stripes*. Lorsqu'il se fut remis sur pied, Rod eut l'idée de suivre le câble en question et la surprise de se retrouver en plein tournage d'un film.

Rod réussit à convaincre Rossellini que le cinéma était sa passion et qu'il avait dans le milieu les meilleurs contacts du monde. Quand, quelques semaines plus tard, il fut libéré de ses obligations militaires, il partit pour New York, emportant dans son sac une des précieuses copies du film.

A new York, il s'arrangea pour que le distributeur Joe Burstyn voie le film, et Joe s'occupa de le distribuer; mais Roberto ne vit jamais un seul dollar du demi-million qu'il est censé avoir rapporté aux États-Unis. Cependant, c'est grâce à Joe que fut conclu l'arrangement financier qui devait permettre à Roberto de réaliser *Paisa*.

Dans *Rome, ville ouverte* Joe ne reconnut pas

immédiatement l'œuvre d'un génie original, mais son expérience lui dit que le film montrait « la réalité ». Et c'est en effet avec un réalisme impitoyable que Rossellini avait peint la Rome décadente, misérable, et épuisée qu'avait vue la fin d'une dictature grotesque et d'une guerre acharnée. Cri d'amour et de désespoir, *Rome, ville ouverte* allait droit au cœur. Un quart de siècle plus tard, les critiques le placeraient parmi les films clefs de l'histoire du cinéma.

Dernière coïncidence, lorsque, bien après qu'il l'eut réalisé, Ingrid revit le film avec Roberto, elle eut la surprise de constater qu'il y avait utilisé ses deux noms : la méchante Allemande portait celui d'Ingrid, et le capitaine S.S. celui de Bergman.

Ingrid savait que Roberto était obsédé par l'homme et l'aventure qu'est la vie. Elle connaissait son mépris des studios, des décors et du maquillage, ennemis du naturel. Elle comprenait très bien pourquoi, avec leurs trucs et leur image de marque, il estimait que des acteurs professionnels ne pouvaient que dénaturer les personnages originaux qu'il tentait de créer. Mais surtout, elle partageait sa méfiance à l'égard de la conception hollywoodienne selon laquelle il fallait cultiver un type et tourner sans fin le même rôle.

Pour Rossellini : « Le néo-réalisme ne s'arrête pas à la surface mais traque les aspects les plus subtils de l'âme. » Par ailleurs, il déclarait : « Je ne suis pas du tout pessimiste. Je suis seulement réaliste, et je suis tout prêt à peindre un monde plein de joie et de bonheur serein pourvu que nous puissions d'abord créer ce monde-là. C'est pourquoi je me suis tourné vers l'univers de saint François, qui, malgré la méchanceté du monde, a trouvé la joie là où de nos jours personne ne semble la chercher, dans l'humilité et le dévouement. »

Cependant, durant le tournage de *Stromboli*, Ingrid connut de nombreux moments où, chez elle, la fatigue l'emportait sur les plaisirs de la contemplation.

* * *

Roberto m'a donné un chien, un petit bouledogue noir. C'est tout ce dont j'avais besoin ! Je le mettais sur le sable noir, et il disparaissait ; sa couleur était si parfaitement la même qu'on ne le voyait plus. Cher petit Stromboli — le moyen de l'appeler autrement ? — il est resté avec moi des années durant sans jamais oublier d'aboyer contre les photographes.

Et comme j'étais très fatiguée, Roberto a fait venir deux ânes du continent. A Stromboli, beaucoup de gens n'avaient jamais vu d'ânes. Beaucoup de gens aussi n'avaient jamais vu de films, et il a profité de l'occasion pour en faire venir quelques-uns, qu'il a projetés sur un écran installé sur la place. Les vieux ne comprenaient tout simplement pas ce qui se passait. Oui, l'île était vraiment primitive.

Quoi qu'il en soit, Roberto et moi nous avions maintenant chacun notre âne. Mais tous les autres allaient à pied, et c'est à pied que les pauvres devaient amener les générateurs jusqu'en haut du volcan. Rien qu'à les voir, on souffrait. Ils pleuraient de fatigue — ils pleuraient ! Jamais je n'ai vu travailler si durement. Hors l'effort, les habitants de ces îles ne semblaient rien connaître. Ils travaillaient comme des esclaves. C'était déchirant.

Les deux hommes que Roberto avait trouvés sur la plage de Salerne travaillaient comme porteurs aussi durement que les autres. Ils ignoraient que l'un d'eux serait mon principal partenaire, et Roberto me disait : « Tu vois maintenant pourquoi j'emploie des amateurs... jamais des professionnels ne porteraient tout ça. »

Les deux garçons étaient pêcheurs et croyaient que dans le film ils seraient pêcheurs aussi. Tandis qu'ils transportaient les projecteurs, les caméras et tout le matériel, tandis qu'ils s'acquittaient des diverses tâches dont il les chargeait, Roberto ne cessait de les observer. D'abord, il pensait confier le rôle au plus grand, au plus beau des deux, mais finalement il m'a dit : « Désolé, mais le plus petit est aussi le plus intelligent. Ce sera lui, ton partenaire. » Et quand il lui a annoncé la nouvelle, je crois que Mario Vitale a failli tomber dans les pommes. Mais il s'est vite repris ; presque tout de suite il a demandé : « Et quand est-ce que je l'embrasse ?

— Tu ne l'embrasses pas, a répondu sèchement Roberto. Mais tu vas gagner soixante-quinze dollars par semaine. Ça devrait te suffire, non ? »

A son camarade, il a donné un autre rôle.

* * *

Le bateau hebdomadaire de Naples apportait des paquets de lettres d'amis, d'ennemis et de gens bien intentionnés. De New York arriva notamment un message de sympathie où Mr. J. Fred Coots affirmait : « Des millions d'entre nous ne partagent pas l'hostilité que suscite votre idylle romantique, et comme je suis compositeur, j'écris pour vous deux une nouvelle chanson. Dès qu'elle sera prête, je vous enverrai paroles et musique. J'ai choisi pour titre : "Sur un million de Siciliens il n'y en a qu'un comme le mien et c'est pourquoi je l'aime" ». Ingrid a conservé la lettre.

Et puis, le 22 avril 1949, elle reçut un message d'une tout autre espèce. Celui-ci lui était adressé par l'Association cinématographique des États-Unis, un organe créé par les fabricants de films eux-mêmes pour faire office de censure et veiller à la sauvegarde de la morale chrétienne dans le cinéma américain. La lettre était signée Joseph I. Breen, vice-président et directeur de l'administration du Code de production, et les menaces qu'elle contenait ne pouvaient laisser indifférente une femme aussi sensible qu'Ingrid :

Chère Miss Bergman,

Ces derniers jours, la presse américaine a assez largement répandu une histoire selon laquelle vous seriez sur
le point de divorcer, d'abandonner votre enfant, et
d'épouser Roberto Rossellini.

Il va sans dire que ces nouvelles sont la cause d'une
profonde consternation chez nombre de nos compatrio-
tes qui en sont venus à vous considérer, et comme
femme et comme actrice, comme la *première* dame de
l'écran. De toutes parts, je n'entends rien d'autre que les
échos du choc que ressentent les gens à l'idée que vous
ayez pu concevoir de pareils projets.

Si je me permets de vous écrire à ce propos, c'est dans
le but de vous rendre attentive à la situation. Je pense
que ces nouvelles sont inexactes et que peut-être elles
résultent de l'excès de zèle de quelque agent de presse
qui croit à tort vous rendre ainsi service du point de vue
publicitaire.

Quiconque pense de la sorte commet bien sûr une
tragique erreur. Non seulement de telles histoires ne
seront *pas* favorables à votre film, mais elles peuvent fort
bien *détruire votre carrière en tant qu'artiste de cinéma*.
Elles pourraient décevoir le public américain au point
qu'il décide d'ignorer vos films, et la valeur qui est la
vôtre au box-office ne manquerait pas de s'effondrer.

La situation est si grave que je me vois dans l'obligation de vous suggérer de trouver *le plus tôt possible* une
occasion de publier un démenti, d'affirmer très catégoriquement que ces rumeurs sont fausses, que vous n'avez
l'intention ni de délaisser votre enfant ni de quitter votre
mari, et que vous ne songez à épouser personne.

Je vous fais cette suggestion en toute sincérité et à
seule fin de voir cesser des bruits qui sont la cause d'un
scandale important et qui pourraient bien conduire à un
complet désastre personnel.

J'espère que vous ne m'en voudrez pas de vous écrire
aussi franchement. Mais tout cela est si important que je
ne puis m'empêcher de vous communiquer mon opinion
en la matière.

Croyez à mon estime.
Très cordialement,
Joseph I. Breen.

Les menaces que contenait cette lettre concernaient non seulement sa carrière d'actrice, mais ses moyens mêmes d'existence. Elle voyait compromis l'avenir de *Jeanne d'Arc*, dont la diffusion s'effectuait alors dans l'ensemble des États-Unis et de l'Europe, des *Amants du Capricorne*, dont la sortie était attendue pour l'automne, et bien sûr du film qu'elle était en train de tourner avec Roberto. Étant donné la puissance des magnats de Hollywood et des organisations qu'ils avaient créées, il était possible que ces trois films soit interdits ou retirés de la distribution.

Et le câble qu'elle reçut de Walter Wanger, le producteur de *Jeanne d'Arc*, ne fit rien pour la rassurer :

LES MÉCHANTES HISTOIRES QUI CIRCULENT SUR TON COMPTE MÉRITENT UN DÉMENTI IMMÉDIAT DE TA PART. SI TU NE T'INQUIÈTES NI POUR TOI NI POUR TA FAMILLE, TU DEVRAIS DU MOINS COMPRENDRE QUE, PARCE QUE J'AI CRU EN TOI ET EN TON HONNÊTETÉ, J'AI ENGAGÉ MON AVENIR ET CELUI DE MA FAMILLE EN FAISANT UN ÉNORME INVESTISSEMENT QUE TU RISQUES DE COMPROMETTRE SI TU NE TE COMPORTES PAS DE FAÇON QUE CESSENT LES ODIEUSES RUMEURS QUE DIFFUSENT LA RADIO ET LA PRESSE DU MONDE ENTIER. NOUS DEVONS TOUS DEUX UN CERTAIN RESPECT À LA MÉMOIRE DE VICTOR FLEMING COMME À TOUS LES GENS QUI CROIENT EN NOUS. J'IMAGINE QUE TU ES INCONSCIENTE OU MAL INFORMÉE DE LA GRAVITÉ DES HISTOIRES QUE RACONTENT LES JOURNALISTES ET DES CONSÉQUENCES QU'ELLES SONT SUSCEPTIBLES D'AVOIR, ET QUE TU TE FOURVOIES DANGEREUSEMENT. NE T'ILLUSIONNE PAS EN IMAGINANT QUE CE QUE TU ES EN TRAIN DE FAIRE EST À CE POINT COURAGEUX OU À CE POINT ARTISTIQUE QUE TU PUISSES OUBLIER CE QUE CROIENT LES GENS ORDINAIRES. TÉLÉGRAPHIE-MOI AU REÇU DE CE CÂBLE.

Il semblait à Ingrid que les gens refusaient tout bonnement de comprendre sa position. Oui, elle était seule responsable de ce qui lui arrivait, mais vraiment, n'avait-elle pas droit elle aussi à une vie privée ? Ne pouvait-on comprendre qu'elle avait aussi son mot à dire, qu'elle n'avait pas commis un crime impardonnable ? Cependant, les articles, les lettres et les caricatures, les critiques moqueuses, méprisantes ou indignées ne cessaient d'affluer, et son désarroi, son sentiment de culpabilité lui devinrent presque insupportables. Dans son désespoir, elle décida d'écrire au père Doncœur, le prêtre français qui avait servi de conseiller durant le tournage de *Jeanne d'Arc,* et pour qui elle avait un profond respect :

Stromboli, le 1er mai 1949.

Mon cher Père Doncœur.

Combien je vous blesse, et combien je vous ai déçu ! Combien tous les mots gentils que vous m'avez dits paraissent aujourd'hui ridicules ! Et combien il est difficile de déchoir aux yeux des gens qui ont bonne opinion de vous et qui vous ont accordé leur amour ! Dans tous les commérages et toutes les histoires qui circulent en ce moment, je crois qu'il y a beaucoup de mensonges, d'inventions de personnes mal intentionnées. Mais il y a aussi une part de vérité. Je suis bouleversée de voir ma vie privée étalée en public, que tout ce que je fais et tout ce que je dis, que même mes télégrammes et mes coups de téléphone, tout cela soit communiqué aux journaux. Je peux très bien imaginer à quel point mon mari en souffre, comme j'ai dû les blesser, les humilier, lui et Pia. C'est vrai que j'ai écrit à mon mari pour lui demander le divorce. Je croyais mieux et plus honnête de le faire tout de suite.

Je n'ai jamais imaginé qu'en lui disant ce que je pensais je pourrais déclencher un pareil scandale. Petter est actuellement en Italie, pourchassé par la presse. Je n'ai pas pu quitter l'île pour aller le rejoindre, car la mer était trop mauvaise. Je suis accablée en pensant à la tragédie qui, par ma faute, s'est abattue sur ma famille et les gens mêlés à mes films. Je me rends compte du tort que j'ai fait à notre *Jeanne.* Il m'est impossible de nier ces rumeurs, impossible de garder le respect des gens. Le problème est trop difficile pour que je puisse le résoudre ; il m'est trop difficile de vivre sous le regard des gens. Ainsi, je veux espérer que, si j'abandonne ma carrière et que je disparais, je pourrai du moins éviter que *Jeanne* ait à souffrir de ma disgrâce. J'ai écrit à Mr. Breen, à Hollywood, pour lui annoncer ma résolution, dans l'espoir que les films que j'ai déjà faits ne seront pas interdits et que les gens concernés n'auront à subir aucun tort par ma faute. Avec toute mon amitié.

INGRID.

CHAPITRE XV

POUR des raisons qu'elle n'a jamais élucidées, Ingrid ne posta ni sa lettre à Joseph Breen, ni celle au père Doncœur. (Elle les retrouva toutes deux agrafées ensemble le 2 mai 1951 et les rangea dans ses dossiers en y ajoutant cette note : « Deux ans après. Comme j'étais malheureuse ! Quelle chance que ces lettres ne soient pas parties, je me sens aujourd'hui si complètement différente à l'égard de ces événements.)

De bien des amis, des lettres d'encouragement commencèrent à arriver. De New York, Irene Selznick lui écrivit :

Je sais qu'on ne commande pas la modération à ses sentiments, mais il est d'une importance vitale pour ta dignité, pour la sauvegarde de Pia et ton propre bonheur que tu adoptes un comportement extérieur empreint de réserve et de discrétion. Et cela, indépendamment du chemin où te conduira la vie. Si ce n'est pas définitif et permanent, alors sans doute le prix est-il inutilement excessif. Si ce doit être ta voie et ta vie, alors qu'elle ne débute pas sous les auspices du scandale ! Si c'est *si* important pour toi, je te prie de te montrer digne et retenue.

Excuse-moi si j'ai l'air de te faire la leçon, mais, ma chérie, je t'aime tant — et plus encore si ce qu'on dit est vrai — que je ne te souhaite rien que ce qui fera ton bonheur, et un bonheur qui soit digne de toi.

Tu es pure dans ton cœur et émotionnellement si saine que seul doit compter ce qui est juste pour toi. Je sais qu'il est inutile de te dire que tout ce que je puis pour toi t'appartient pour peu que tu me le demandes — aujourd'hui, hier et toujours...

De la Villa Aprile, à Cortina d'Ampezzo, Ernest Hemingway lui adressa cette lettre écrite au crayon :

Chère Ingrid : Ton correspondant est en ligne, ma fille. Comment va Stromboli ? Et la Calabre ? J'ai une vague idée de ce à quoi ça ressemble. (Beau et très sale.) Mais comment vas-tu, toi ? C'est ce qui importe. (Peut-être es-tu très belle et très sale toi aussi ?)

Ta lettre avec le gentil P.S. de Petter m'est parvenue ici, à l'hôpital de Padoue, où je me trouve avec une infection à l'œil. Je l'ai reçue le jour où tu es arrivée en Italie — c'est presque de la télépathie, non ?

J'en suis à mon cinquième million d'unités de pénicilline (on me perfore le derrière toutes les trois heures comme un horodateur) mais la température est maintenant normale, et l'infection, qui a tourné à l'érysipèle (malgré le nom, ce n'est pas une maladie honteuse) a fini par céder...

(Continuée le 5 juin à la Finca Vigia, San Francisco de Paula, Cuba :)
Ce qui s'est passé, c'est qu'après t'avoir écrit cette première partie, je me suis retrouvé plus mal, il a fallu me redonner un tas de pénicilline, et mon œil était dans un tel état que je ne pouvais écrire.

Ensuite j'ai lu tous ces trucs à propos de toi, de Rossellini et de Petter, et je n'ai plus su quoi écrire. Maintenant, j'ai eu le temps de réfléchir (toujours sans savoir ce qui se passe), et je sais que je t'aime vraiment beaucoup et que je suis ton même et solide vieil ami quoi que tu fasses ou décides de faire, et où que tu puisses aller. Une seule chose est certaine, c'est que tu me manques.

Écoute, fillette, il faut maintenant que je te fasse un discours. Comme je te l'ai un jour expliqué, c'est notre seule et unique vie. Personne n'est glorieux ni infâme. Tu es une grande actrice. Je le sais depuis New York. Aux grandes actrices, tôt ou tard, il arrive toujours de grands ennuis. Sinon, c'est qu'elles ne valent pas un pet. (Le mot n'est pas beau, tu peux le biffer.) Tout ce que fait une grande actrice se pardonne.

Suite du discours : Tout le monde prend de mauvaises décisions. Mais souvent les mauvaises décisions sont de bonnes décisions mal prises. Fin du discours.

Nouveau discours : *Ne t'en fais pas.* Ça n'a jamais, *jamais* servi à rien.

Maintenant, finis les discours. Ma fille, je t'en prie, ne t'inquiète pas. Sois une bonne et brave fille, et sache que tu as, pas si loin de toi, deux êtres, Mary et moi, qui t'aiment et te sont fidèles.

Et réjouissons-nous comme au temps où nous buvions ensemble... Souviens-toi que c'est l'année sainte et que tout le monde est pardonné pour tout. Peut-être que tu auras des quintuplés au Vatican et que je viendrai pour être parrain pour la première fois...

Si tu aimes vraiment Roberto, transmets-lui notre amitié et dis-lui qu'il a intérêt à se conduire tout ce qu'il y a de mieux avec toi sous peine de se faire tuer par Mister Papa quand il aura un matin libre.

P.S. Cette lettre est affreuse, mais nous vivons les temps les plus affreux que je crois jamais avoir connus. Mais c'est notre seule et unique vie, aussi vaut-il mieux ne pas se plaindre du terrain de jeu sur lequel il nous faut jouer.

Notre séjour en Italie a été magnifique. J'ai adoré Venise hors de la saison touristique, j'ai adoré tout le pays alentour, et les Dolomites sont les plus belles montagnes que je connaisse. Je regrette que ton travail t'ait empêchée de venir nous voir à Cortina d'Ampezzo. J'ai essayé de t'appeler de l'hôpital, mais on m'a dit que tu étais dans un endroit où il n'y avait pas de téléphone.

Peut-être cette lettre ne t'arrivera-t-elle jamais. C'est en tout cas ce qui se passera si je ne l'envoie pas. Bonne chance, ma chérie. Mary t'envoie ses amitiés.

ERNEST (Mister Papa).

Les lettres de ses amis l'aidaient, mais elles ne pouvaient contrebalancer la réaction que, chez elle, suscitaient les critiques. Sincère et désolée, la lettre de Petter la peina et la bouleversa. En outre, elle commençait à souffrir du chagrin que tout cela causerait à Pia. Elle ne s'était lancée joyeusement dans une relation qui lui semblait résoudre tous ses problèmes que pour se trouver prise dans un dilemme déchirant.

* *
*

C'était l'enfer. J'ai tellement pleuré que je croyais avoir versé toutes mes larmes. Je donnais raison aux journaux. C'est vrai, j'avais abandonné mon mari et ma fille. J'étais une femme abominable... Mais je n'avais pas voulu ça. Si j'avais écrit cette lettre à Petter, c'était pour lui dire : « Je ne me moque pas de toi. Je ne rentrerai pas, mais de toute façon tu ne veux plus de moi. Alors, divorçons. » Il y a eu des télégrammes, des coups de téléphone, et Petter est venu en Italie pour me voir. Finalement, nous nous sommes fixé rendez-vous à Messine.

Puis j'ai eu des problèmes avec Roberto. Je ne me doutais de rien, mais quand l'orage a éclaté, Roberto était fermement décidé à ne jamais me laisser revoir Petter, même pour une heure, s'il pouvait l'empêcher. Je trouvais ça idiot, bien sûr. Si je m'étais entendue avec Petter, si nous avions parlé en personnes raisonnables, tant de drames et tant de malheurs nous auraient été épargnés. Mais avec son imagination, Roberto voyait déjà Petter m'enlever, disparaître avec moi au milieu de la nuit. Il ne pouvait croire qu'il vienne simplement discuter avec moi et me dise : « Maintenant, réglons les problèmes. »

Jusqu'à un certain point, peut-être Roberto avait-il raison. Il savait en tout cas que j'avais peur de Petter.

Et puis il avait vu toutes les larmes que j'avais versées à Stromboli... Les gens croyaient que, grâce à mon amour, je vivais en plein bonheur, et moi, je passais mon temps à pleurer tant j'étais accablée par le sentiment de ma faute. Tout ce que m'écrivaient les gens — que j'avais ruiné leur film, que j'avais brisé ma vie, que ma carrière était à jamais terminée — me plongeait dans un état affreux... Chacun me faisait la leçon, et moi j'étais là, pétrifiée, incapable de décider quoi que ce soit...

Pour Petter, il fallait que je termine le film selon les engagements que j'avais pris, puis que je rentre aux États-Unis pour que nous puissions discuter à loisir. C'était raisonnable, je devais bien l'admettre.

Mais ce n'est pas la raison qui a présidé à notre rencontre, cet après-midi-là, dans un hôtel de Messine. Les difficultés ont tout de suite commencé. Quand je parlais à Roberto, il me servait tel argument ; quand je parlais à Petter, il me servait tel autre. Je pensais : non, avec les deux, je ne m'en sortirai jamais. Et je disais : « Est-ce qu'on ne peut pas s'y prendre autrement, parler gentiment, écouter ce que chacun de nous a à dire ? »

C'était tellement épouvantable que je suis incapable de me souvenir de tout — je l'ai chassé de ma mémoire, j'ai tiré un rideau. Et puis la nuit est arrivée ; Petter avait pris une chambre à deux lits, et comme il avait fait tout le voyage depuis les États-Unis, il avait bien le droit de me parler. Alors je suis entrée, Petter a tiré le verrou, et Roberto a perdu la tête.

* *
*

Kay Brown était là également. A l'époque, elle travaillait à New York pour MCA, et Ingrid, qui en était la cliente, était placée directement sous sa responsabilité.

Voici ce qu'elle raconte : « Je me trouvais là au milieu, et pour moi, c'était du plus pur mélodrame italien. Je me rappelle le coup de téléphone que j'ai soudain reçu à New York ; c'était Lew Wasserman, le directeur de la MCA à Hollywood. Il m'a dit : "Prépare tes valises.

— Pourquoi ? Pour aller où ? Je ne veux pas partir.

— Tu vas à Stromboli. Ta pouliche est en train de s'emballer. Elle parle trop. Il faut absolument l'empêcher de parler, sinon elle est fichue."

« Alors je me suis envolée pour l'Italie, et la nuit, j'ai pris un petit bateau de pêche pour gagner Stromboli. J'y suis arrivée à six heures du matin, en hauts talons et manteau de vison — j'avais l'impression d'être au bout du monde. Le bateau tanguait. A côté, il y en avait un autre, qui tanguait également. Des deux, on était censé passer dans une barque à rames pour gagner la rive. Apparemment, il n'y avait pas de passerelle, d'échelle, ni rien qui permette de faire cette gymnastique sans danger. Alors, avec mon vison et tout, on m'a mise dans un filet de pêche pour me descendre dans la barque. Arrivés au bord, on m'a débarquée comme un sac à charbon dans trente centimètres d'eau et à trois mètres du rivage. Sur la plage, Roberto m'attendait. "Bonjour, Miss Brown." Il m'a tendu la main, et je me suis retrouvée sur l'île comme une missionnaire venue endoctriner les indigènes.

« C'était fou. Et c'était déprimant. Quand j'ai vu Ingrid, je ne l'ai pas reconnue. Elle était très distante ; manifestement, elle n'avait aucun plaisir à me voir... A ce moment-là, j'ignorais que Roberto et elle parlaient de RKO et de MCA comme des "ennemis". J'étais déchirée. Je savais qu'Ingrid avait absolument le droit de faire ce qu'elle voulait. Si elle avait décidé de vivre aux îles Salomon avec un chef cannibale, j'aurais continué de l'aimer, de la soutenir, de travailler pour elle ; mais cela ne signifiait pas forcément que je lui donnais raison. Nos discussions ne rimaient à rien. Je lui disais : "Ingrid, c'est ridicule, tu vas perdre ton mari, ta fille, ta carrière, tout", et elle se contentait de me répondre : "Oui, je sais." Elle me paraissait absente, triste, complètement désorientée.

« Je n'ai rien pu faire de bon. Au bout de quelques jours je suis retournée à Rome, puis je suis descendue à Messine où Petter et Ingrid devaient se retrouver. Tout était tellement théâtral. C'était le 1er mai. L'endroit était plein de communistes. Je venais des États-Unis, où McCarthy les peignait comme les représentants du diable, et je m'attendais un peu à leur voir des cornes. A l'hôtel, le contingent italien — Roberto et sa bande — dirigeait les opérations. Depuis l'arrivée d'Ingrid en Italie ils étaient harcelés par la presse, et par crainte de devenir fous ils avaient pris un maximum de précautions pour que tout se passe en secret. On m'a conduite par des ruelles, on m'a fait traverser une cour et longer différents corridors, et enfin, mon guide s'est arrêté devant une porte où il a frappé. Moi, je me disais, mon Dieu, qu'est-ce que je suis en train de faire ? J'ai deux enfants, je vis à New York, qu'est-ce que je fais ici ? Et la porte s'est ouverte, Ingrid est apparue, c'était à moi de jouer. Mon rôle consistait à amener secrètement Petter dans la chambre d'Ingrid. Je l'ai fait, et je suis allée me coucher. J'ignorais bien sûr quelle bagarre j'avais déclenchée, mais toute la nuit j'ai entendu cette maudite voiture... »

*
* *

Roberto m'avait dit une douzaine de fois que si je le quittais, il se tuerait. Souvent, il brandissait un revolver. Par ailleurs, il était obsédé par l'idée de mourir en voiture et parlait volontiers de l'arbre contre lequel il finirait par s'écraser. Le drame, c'est que ce n'étaient peut-être pas des paroles en l'air. Avec Roberto, tout était possible. Lorsqu'il avait pris une décision, il pouvait faire preuve d'un acharnement incroyable. S'il voulait vraiment quelque chose, rien ne l'arrêtait ; pas un instant il ne songeait : « J'en ai marre » ou : « Est-ce que ça vaut vraiment la peine ? » Il allait jusqu'au bout. Et c'était pareil pour les films ; quand il disait : « Voilà la scène que je veux », on pouvait être sûr qu'il finirait par y arriver.

D'autre part, il lui arrivait d'entrer dans des rages telles que j'avais peur. Mais ses colères se calmaient aussi vite qu'elles étaient venues. Quand il était de bonne humeur, il était doux comme un agneau ; quand tout allait comme il le voulait, quand il avait ce qu'il cherchait, c'était un être très gentil. Je me souviens de lui avoir dit un jour : « Comment veux-tu que je comprenne le tempérament italien ? Dans les rues, les gens jaillissent de leur voiture et se mettent à hurler comme s'ils allaient se tuer, après quoi ils se réinstallent tranquillement au volant comme si de rien n'était. Ce genre de choses, ça me fait peur... je crois toujours que c'est sérieux. »

Plus tard, à Rome, j'entends un jour un tel vacarme à la cuisine que je me précipite pour voir ce qui se passe. Le cuisinier et la bonne étaient en train de se battre et tenaient chacun un couteau à la main. J'étais paniquée. Je ne comprenais pas que c'était un jeu, du théâtre, qu'ils criaient, s'injuriaient et se menaçaient rien que pour le plaisir d'éprouver des émotions fortes ! J'avais bien tort de m'inquiéter ; j'aurais dû savoir qu'en Italie ce genre de scènes fait partie de l'art de vivre...

Une fois, comme il était de bonne humeur, j'ai dit à Roberto : « Tu sais que tu me fais peur quand tu te mets en colère ? » Et il m'a répondu « Eh bien ! il faut que tu m'aides ! Crois-moi, ce n'est pas pour le plaisir que je me mets dans des états pareils. » Et j'ai demandé : « Alors, qu'est-ce que je dois faire ? » « Simplement me prendre dans tes bras et me serrer très fort contre toi, que je te sente, que je sente ta chaleur, ton amour. » J'ai répondu : « D'accord, d'accord, j'essaierai. »

A la crise suivante, quand les objets se sont mis à

voler à travers la pièce, je me suis donc précipitée vers Roberto, je l'ai pris dans mes bras, j'ai essayé de lui parler, et vlan ! il m'a repoussée contre la paroi avec une telle force que j'ai failli me retrouver en miettes. Non, on ne pouvait rien faire. C'était risquer sa vie que de s'approcher de lui.

Pour en revenir à cette fameuse nuit, à Messine, Roberto avait tout préparé. Il était persuadé que Petter allait réussir à me convaincre de partir avec lui, ou qu'il allait m'enlever. Il savait que l'hôtel n'avait que trois entrées. Devant chacune d'elles, il a placé un de ses amis ; quant à lui, il a pris sa voiture et il s'est mis à tourner autour du pâté de maisons, prêt à nous prendre en chasse aussitôt qu'il nous verrait sortir. Petter et moi nous étions dans la chambre, et toutes les trente secondes j'entendais passer Roberto — vroum, vroum, vroum — et je me disais : « Ça y est, il revient. Voilà, c'est lui. » De toute la nuit, il n'a pas arrêté. Je suis restée jusqu'à l'aube assise à la fenêtre à regarder dehors tout en écoutant Petter me parler. C'était un cauchemar.

J'ai expliqué : « Ce n'est pas possible, je ne peux pas partir, il faut que je termine le film, RKO y a mis trop d'argent. »

Petter était d'accord. Il comprenait. Mais il m'a dit : « Dès que tu auras fini, tu dois me promettre de rentrer aux États-Unis, que nous puissions reparler de tout cela. » L'idée m'a paru bonne, et j'ai cru pouvoir accepter.

*
* *

Kay Brown raconte la suite : « J'étais censée jouer les médiateurs, calmer les esprits. Mais en Italie, les esprits ne se calment pas aussi facilement. Dans l'espoir d'arranger les choses, j'ai entrepris de rédiger un communiqué pour la presse — une simple déclaration où Ingrid annonçait avoir clarifié la situation et convenu avec son mari qu'elle le rejoindrait soit en Suède soit aux États-

Unis aussitôt après avoir fini son film à Stromboli. Tout ce que j'écrivais, Art Cohn le remaniait, et le résultat final était peu convaincant. Par ailleurs, nous avions décidé qu'après toute cette publicité désastreuse, il vaudrait mieux qu'Ingrid ne partage plus la maison de Roberto et de sa famille, qu'elle se comporte avec lui comme si leur relation était la relation normale d'une actrice avec son metteur en scène. Mais je me faisais des illusions ; j'aurais dû comprendre qu'il y avait à peu près autant de chances que Roberto se conforme à cette comédie que de ce qu'Ingrid entreprenne la traversée de l'Atlantique à la nage. Cependant, l'accord fut conclu. Le côté farce de tout cet épisode était criant, incroyable. Il y avait toujours mille précautions à prendre pour tromper la presse, qui d'ailleurs ignorait tout de ce qui était en train de se passer. Rasant les murs, des amis de Roberto sont venus m'exposer avec des mines de conspirateurs les plans qui avaient été prévus pour que personne ne s'aperçoive de notre départ. Sur le coup de deux heures, nous devions tous nous retrouver dans le couloir de l'étage, puis, en suivant un itinéraire bien précis, nous devions, par un escalier de service et tout un dédale de ruelles, rejoindre l'endroit discret où nous attendaient les voitures.

« A deux heures, tout le monde était au rendez-vous. Mais Petter Lindstrom, qui n'avait pas été mis au courant du complot, ne voulait pas en entendre parler. "C'est grotesque. Ma femme et moi, nous allons prendre le grand escalier et sortir par la porte principale." Il a donc fallu que Roberto aille à toute vitesse déplacer les voitures. Et quand nous sommes sortis, le seul représentant de la presse que nous avons trouvé devant l'hôtel était un garçon de seize ans armé d'un appareil de photo. Ingrid et Roberto se sont aussitôt précipités dans leur voiture de course, et ils ont démarré comme s'ils avaient le diable à leurs trousses. Moi, je suis montée à l'arrière d'une petite Fiat avec l'avocat

italien, et nous sommes partis tout tranquillement.

« Après avoir roulé deux ou trois kilomètres,
nous trouvons Ingrid et Roberto au bord de la
route. Peut-être qu'en tournant toute la nuit autour
de l'hôtel, Roberto avait brûlé tout son carburant,
en tout cas, sa voiture était en panne. Comme fuite,
c'était plutôt raté. Ils sont donc montés avec nous ;
je me suis mise sur les genoux de Roberto, et
Ingrid sur ceux de l'avocat. Comment j'ai fait pour
garder mon sérieux, je ne le saurai jamais. Ingrid,
elle, était alors beaucoup trop malheureuse pour
voir l'aspect comique de quoi que ce soit. »

*
* *

D'un bout à l'autre, cette rencontre à Messine
avait été une catastrophe, et j'en voulais beaucoup
à Roberto, dont je trouvais qu'il s'était conduit de
façon ridicule. Je regardais ces deux hommes qui se
battaient pour moi, et je trouvais qu'ils ne valaient
pas mieux l'un que l'autre. Quand je me suis
embarquée sur le bateau qui devait nous ramener à
Stromboli, j'étais comme une pierre. Durant tout le
trajet, je n'ai pas dit un mot à Roberto. Je pensais :
« C'est fini, je ne parlerai plus à personne. Je ne
parlerai plus jamais... »

*
* *

Ingrid était déboussolée, affreusement malheureuse de tout ce qui se passait. Petter croyait être
parti avec certaines assurances. Si Ingrid rentrait
en Amérique pour s'expliquer avec Pia, il accepterait le divorce. Les lettres qu'ils échangeaient maintenant étaient des lettres raisonnables, écrites par
deux adultes qui se sont compris, qui se sont aimés,
et qui s'efforcent de poursuivre leur relation sur
une base nouvelle. Mais le courrier était lent, et la

presse d'autant plus rapide qu'elle ne se souciait pas de vérifier l'authenticité des faits qu'elle publiait et qui, bien souvent, étaient totalement faux.

Petter, qui séjournait en Europe, n'arrêtait pas d'écrire et avait parfois bien du mal à éviter les reproches. Mais il avouait ne plus avoir de conseils à lui donner : désormais, c'était à elle de se débrouiller, et il était content de ne plus avoir à s'occuper de ses contrats. Une fois leurs affaires réglées, il retournerait à la médecine et à la chirurgie. Pour elle, c'était l'occasion ou jamais de grandir. Il s'inquiétait et se penchait volontiers sur le passé. De chez Sydney Bernstein, dans le Kent, il écrivit pour lui rappeler que le lendemain était l'anniversaire de leurs fiançailles. Il était désolé qu'elle fût si déprimée. Ce dont elle avait besoin, c'était d'aide et d'affection. Quoi qu'il advienne, il fallait qu'ils préservent leur amitié. Cependant, il continuait à se sentir « vide et perdu ». Il s'efforçait de concilier le passé, le présent et l'avenir, mais tout cela lui paraissait un peu confus ; comme elle, il espérait que le temps arrangerait les choses. « Si seulement je savais ce que deviennent ces lettres », soupirait-il.

De son côté, Ingrid lui écrivit :

Nous voilà coincés sous la pluie. Personne ne saura jamais quel effort physique aura représenté cette production. Cela dit, j'ai quitté Messine après notre rencontre en te faisant trois promesses :

1. Que Roberto quitterait la maison.
2. Que je terminerais le film.
3. Que je parlerais avec des gens de Rome pour obtenir sur R... des informations de première main. En plus, j'ai promis de ne plus discuter de rien et de ne faire à la presse aucune nouvelle déclaration.

Mais depuis lors tu as répété plusieurs fois : « Pas de divorce maintenant ni à l'avenir. »

Cela me fait mal que tu aies mal, mais un fait demeure : tu me demandes de grandir. Tu espères que cette terrible situation dans laquelle je me suis mise me mûrira, me donnera l'occasion de grandir. J'aimerais bien grandir, mais tu ne veux pas me laisser. Je sais, nous avons décidé de ne pas rompre notre relation avant que j'aie bien réfléchi, avant la fin du film, mais cela me semble vain et inutilement cruel pour tout le monde.

Je n'aime pas être dure, car je sais que tu souffres, mais il faut bien que je me batte avec tes armes. J'envoie un avocat à Londres pour demander une séparation. J'ai réfléchi, Petter, j'y ai pensé, et je ne vois pas d'autre moyen d'en sortir. Tes deux dernières lettres étaient si tristes, si gentilles ; après les autres, elles m'ont beaucoup émue. Nous avons beaucoup, beaucoup de bons souvenirs, et je te remercie de tout mon cœur et de toutes les larmes que je verse quand je pense à notre passé. Et nous avons Pia. Je ne sais pas pourquoi tu restes si longtemps à Londres. J'ai peur que tu ne prépares un autre Messine, ce que je ne pourrais supporter. Je crains de ne pas avoir la force pour de nouvelles discussions. Je crains de nouvelles larmes, et je crains de devenir folle.

Pia est seule si longtemps. Je voudrais qu'elle soit avec toi. Elle n'est encore jamais restée sans nous durant une aussi longue période. Prends soin d'elle, rentre pour elle, ou fais-la venir à Londres... Emmène-la avec toi si tu vas en Suède. Ou laisse-la-moi un peu. Je ne l'oublie pas, contrairement à ce que tu peux penser. Je lui écris une ou deux fois par semaine. Je suis heureuse que tu lui aies parlé au téléphone et expliqué les problèmes de la poste. Peut-être que les lettres ne lui parviennent pas, car moi, je n'en ai reçu qu'une sur les vingt qu'elle m'a envoyées à ce que tu me dis.

Cher Petter, ne laissons pas s'éterniser cette situation. Ma décision est prise. Ce qui s'est passé est passé. Il n'est pas possible de revenir en arrière et de reprendre la vie en commun. Que ce qui doit être fait soit vite fait de sorte que nous puissions penser à l'avenir. Ainsi peut-être pourrons-nous retrouver en partie la paix de l'esprit. Je t'en prie, comprends qu'un combat sans espoir et le refus opiniâtre de voir les choses en face nous blessent davantage à mesure que le temps passe.

C'est ma destinée et je suis fatiguée, moi aussi.

KATT.

A cette lettre, Petter répondit le 23 juin 1949 en disant qu'il lui fallait du temps pour réfléchir, qu'on ne pouvait brusquer les choses. Mais il affirmait que tout ce qu'il avait dit au journaliste, c'était : « Pas de commentaire. » Jamais il n'avait parlé de divorcer ou de ne jamais divorcer. Il lui rappelait qu'il n'y avait aucune raison pour qu'on le cite plus fidèlement qu'elle. Il défendrait toujours la « mère de Pia » quand la presse l'attaquerait.

Une nouvelle fois il l'assurait qu'il n'avait nullement l'intention de l'obliger à rester avec lui, qu'il s'efforcerait de voir les choses selon son point de vue. Cependant, avant de quitter l'Europe, il voulait la revoir « seule et tranquillement, puis te quitter en ami ». Elle n'entendrait « aucun mot dur ni aucun reproche, et quant à mes larmes, tu ne les verras pas ». Elle n'aurait qu'à lui dire comment elle désirait que les choses se passent et ce qu'il devrait raconter à Pia. Pour lui, Ingrid serait toujours « la petite fille au col gris ».

*
* *

J'ai essayé de dire à Roberto : « Écoute, je vais y aller pour parler à Petter du divorce ; je lui expliquerai et je le convaincrai d'accepter. Je déteste l'idée de fuir et de ne jamais revenir. »

Mais Roberto ne voulait rien entendre. « Non, Petter ne te laissera plus repartir ; il va t'enfermer, te mettre dans un asile de fous ou je ne sais quoi. Jamais tu ne reverras l'Italie. »

Et puis, bien sûr, si je revoyais Pia, j'avais peur de ne pas tenir le coup. Alors j'ai pensé que la meilleure chose à faire était de rester — tôt ou tard, je finirais bien par obtenir le divorce. Mais de son côté, Petter ne voulait plus rentrer en Amérique. Il restait en Angleterre, chez Sydney Bernstein, et continuait à m'envoyer des lettres demandant pourquoi nous ne pouvions pas nous rencontrer. Et je répondais, et c'était l'enfer... l'enfer...

Très cher Petter,

D'abord : je ne te hais pas. Comment peux-tu le croire ? Personne n'essaie de m'amener à te haïr, et même si l'on essayait, on n'y parviendrait pas. Cher Petter, ne t'inquiète pas comme ça. Dans ta solitude, tu te racontes un tas d'histoires. Par exemple : jamais je ne t'enlèverai Pia. Comment peux-tu imaginer que je sois à ce point inhumaine que je veuille t'enlever tes deux petites filles ? Si tu me la laissais pour qu'elle puisse passer des vacances auprès de moi, je t'en serais reconnaissante, et j'en suis sûre, ce serait bon pour elle aussi.

Tu ne devrais pas imaginer que Roberto est assez sanguinaire pour vouloir te tuer. Bien sûr, il est fou et malheureux de ce que les gens et les journaux racontent et de la façon dont on essaie de le ruiner. Il sait que toi, Kay Brown et RKO passez votre temps à répéter quel salaud il est. A cause de moi, il a perdu toute considération en tant qu'homme et artiste. Je reçois chaque jour d'Amérique des articles terriblement méchants et injustes, pleins de sarcasmes et de condescendance à son égard. Tu te souviens quelles merveilleuses critiques il a obtenues à Hollywood après *Paisa* ? On l'appelait « le petit géant ». Maintenant, on dit qu'il n'a même pas fait ce film, que ce sont des documents montés par Burstyn. Et *Ville ouverte* n'est pas non plus son œuvre ! Et il a été entretenu par Anna Magnani alors qu'en réalité elle touche un pour cent sur le film *Amore*. Je n'ai jamais entendu qu'une actrice ait reçu cadeau plus généreux.

Ici, en Italie, il a aussi perdu amis et possibilités de travail. Et après toutes ces années avec moi, tu devrais savoir combien nous souffrons, nous pauvres bêtes qui faisons les titres des journaux, quand ce qu'on écrit sur nous est faux et destiné seulement à nous tuer. C'est pourquoi je sens qu'il faut nous séparer et essayer d'arrêter ce torrent d'injures. Je suis vraiment navrée, mais le film est loin d'être fini. Souvent, j'ai peur qu'il ne le soit jamais. Nous avons tant de problèmes, à la fois personnels et professionnels...

Tu dis que tu me défends, mais ne crois-tu pas que je te défende aussi ? Tu dois penser que je suis devenue un monstre.

Je suis d'accord. Je souhaite que tu sois avec Pia quand la séparation sera prononcée. Mais comme tu vois, nous ne serons pas à Rome avant longtemps. D'ici là, il faut tous nous armer de patience. Si nous nous revoyons, ce ne sera que pour parler de choses qui nous déchireront et achèveront de nous désespérer.

Je t'écrirai, j'écrirai à Pia. Mais avant de devenir fous, essayons de rompre immédiatement et de voir ce qu'on pourra faire de l'avenir. Naturellement, je ne veux pas d'autre scandale. C'est pourquoi il vaut mieux que cela se règle à l'amiable et sans bruit.

Mon ami, ne t'inquiète pas pour moi. Je m'en sortirai, tu verras. Essaie de te rappeler Roberto tel que tu l'as connu à Hollywood. En lui, je vois tant de bonnes choses. Il commet des erreurs, comme tout le monde, et peut-être maintenant n'est-il pas toujours raisonnable du fait qu'il se sent comme un animal blessé.

Pense à ton propre avenir. A ton travail qui est si grand et si important. Garde la maison (jusqu'à ce qu'il n'y ait plus d'argent!) si tu en as envie ou déménage là où ce sera commode pour ton travail. Tout ce que nous avons en Californie est à toi et à Pia. Rentre aussi vite que possible, rentre à la maison t'occuper de l'enfant et du chien. Prends un long sauna, car c'est là que tu penses le mieux. Beaucoup de gens ont eu de grands soucis et continuent à vivre parfois meilleurs et plus riches qu'avant.

Le temps guérit toutes les blessures, et je reste ta

KATT.

Elle souffrait pour Petter, mais elle n'en était pas moins amoureuse. Elle tournait un film avec l'homme qu'elle aimait. Dans leur île, presque déserte, le soleil brillait chaque jour. La situation ne manquait pas de romantisme. Cependant, la liste des dons qu'Ingrid distribua autour d'elle durant les quelques mois qu'elle passa dans l'île éclaire cette période d'un jour quelque peu différent :

« A deux églises de Stromboli... 50 000 lires ; contribution à la réparation d'un filet de pêche : 20 000 ; vêtements pour deux enfants : 70 000 ; frais d'hospitalisation pour une jeune fille : 15 000 ; jambe de bois pour un homme : 30 000 ; femme alitée : 10 000 ; femme seule avec plusieurs enfants : 20 000 ; pour l'opération à l'œil d'un enfant :

30 000 ; bougies et cigarettes pour les internés et les enfants du camp de déportés de Farfa où certaines scènes ont été tournées 20 000 lires. Contribution aux obsèques d'un membre de l'équipe mort sur le volcan : 60 000 [asphyxié par des gaz, il avait succombé à une crise cardiaque] ; contribution au fonds de soutien à sa famille : 600 000 lires. »

De Londres, Petter lui écrivit qu'il était terriblement déçu de la voir refuser sa « main tendue ». Pour le bien de Pia aussi bien que pour lui, il ne voulait pas s'humilier plus longtemps. Il n'irait certainement pas à Stromboli.

Il lui rappelait que le divorce de Roberto n'était pas chose faite ; il faudrait peut-être attendre deux ans avant qu'il ne soit ratifié et qu'elle-même puisse l'épouser. Il fallait qu'elle pense à Pia.

Il lui répétait son amour, affirmant qu'à sa façon tranquille il l'avait aimée « autant qu'un homme peut aimer — du moins aussi profondément — mais je suis né à l'extrême nord de la Suède, et là-bas, la nature est rude... » Enfin, il se demandait pourquoi ils avaient quitté la Suède pour Hollywood, « un endroit si peu fait pour nous ». C'était une lettre poignante, qui s'achevait sur ces mots : « Pauvres petits humains que nous sommes. »

Ingrid répondit :

Cher Petter,

Encore et toujours je t'écris avec l'intention librement et bien arrêtée d'obtenir une séparation et de clarifier une situation que tout le monde observe d'un œil moqueur. Petter, que puis-je dire ou faire pour t'amener à comprendre qu'il faut en finir ? Tu sembles croire que tu es le seul à souffrir de cette situation. Une franche rupture est la seule chose qui puisse nous sauver. La presse cessera alors de te harceler à la maison et au travail. Pia pourra recommencer tranquillement l'école, et ici, nous ne serons plus traqués comme des bêtes...

Je t'en prie, Petter, comprends que, s'il est tragique de rompre un mariage, ça n'a jamais tué personne. Je trouve très amusant de voir que, depuis quatre mois que je suis partie, Paulette Goddard divorce, qu'en Angleterre Ann Todd quitte son mari après douze ans pour épouser le metteur en scène David Lean, et que Viveca Lindfors, Ginger Rogers, Joan Fontaine et Alida Valli demandent elles aussi le divorce. Ne pense pas que ce soit la fin du monde, de ta vie et de ta carrière.

Combien de temps crois-tu pouvoir « protéger » Pia ? Parle-lui ouvertement, donne-lui ma lettre, demande-lui de m'écrire et je lui répondrai immédiatement. Nous prendrons bien soin d'elle. En ce moment, ça te paraît peut-être impossible, mais tu verras, ça marchera. Nous parlerons, nous discuterons, nous nous aiderons les uns les autres. Mais c'est à toi de faire le premier pas, Petter, et bien sûr, c'est le plus difficile puisqu'il s'agit de comprendre et d'accepter que notre mariage est fini...

A Pia, elle écrivit :

Ma chérie, j'aimerais pouvoir prendre un grand oiseau et voler jusqu'à la maison pour te parler plutôt que t'écrire. Mais il faudra que je parle à ta photo, qui se trouve en face de moi.

Pia chérie, notre vie va changer. Et ça m'est difficile de te le dire parce que nous avons eu ensemble une vie si belle et si heureuse. La différence, c'est que tu seras davantage avec papa, et que maman sera loin comme elle l'a été si souvent, mais cette fois, encore plus longtemps. Tu te rappelles M. Rossellini et combien nous l'aimions quand il vivait avec nous. Pendant ce film, je me suis rendu compte que je l'aimais de plus en plus et que je souhaitais rester avec lui. Cela ne veut pas dire qu'on ne se verra plus, toi et moi. Tu viendras passer tes vacances près de moi. Nous nous amuserons et nous voyagerons ensemble. Tu ne dois jamais oublier que j'aime papa, que je t'aime, et que je serai toujours avec vous. Après tout, nous nous appartenons les uns les autres, et cela, rien ne peut le changer. Mais il arrive que les gens aient envie de vivre avec quelqu'un qui n'est pas de leur famille. Il y a alors une séparation ou un divorce. Je sais que nous avons parlé de beaucoup de tes amis dont les parents ont divorcé. Ce n'est rien d'anormal, mais c'est plutôt triste. Il faut qu'avec papa, tu sois à la fois une fille et une « femme », et tu passeras avec lui tout le temps que je passais. Occupe-toi bien de lui. Évidemment, tes amis vont te poser des questions parce que avec moi tu sais que tout se raconte dans les journaux. Mais il n'y a rien dont tu doives avoir honte. Dis simplement oui, mes parents sont séparés. Tu as toujours si bien su répondre aux gens qui allaient trop loin et posaient des questions idiotes. Écris-moi et je t'écrirai, et le temps passera vite — j'espère — jusqu'au jour où nous nous reverrons.

> Tendrement, maman.

Cependant, à Stromboli, les choses se compliquaient. Le 21 juin, Ingrid reçut de Beverly Hills une lettre où Mendel Silberman, son avocat, lui faisait part de son inquiétude :

Si vous vous souvenez, au départ, il semblait entendu que le film serait terminé en six semaines... Comme maintenant la limite de dix semaines a été dépassée, je pense que vous comprendrez qu'à RKO, on commence à s'agiter...

Ingrid comprenait. Le 5 juillet, elle répondit :

Nous sommes tous malheureux que le tournage dure si longtemps, mais il n'y a pas moyen d'accélérer les choses. Je ne vois pas pourquoi RKO s'inquiéterait tant puisqu'en fin de compte ils auront un film pour 600 000 dollars — de même que nous avons dépassé les délais, il se peut que nous dépassions le budget, mais ça ne saurait être de beaucoup — et vous savez combien ont coûté les trois derniers Bergman. En outre, ils auront un film qui est tout le contraire de *Jeanne d'Arc*. Et le scandale devrait aider, j'imagine ; même si le film est mauvais, il n'y aura pas d'homme, de femme ou d'enfant qui ne voudront voir ce qui s'est passé à Stromboli. Nous avons quelques scènes extraordinaires de l'éruption du volcan, de la pêche au thon, et de la fin très dramatique dans l'atmosphère tout à fait inhabituelle de cette île désolée. Ici, nous travaillons aussi dur qu'il est possible... Transmettez mes meilleures salutations à Lew Wasserman, mon agent, et dites-lui que je n'ai pas l'intention de retravailler avant très longtemps. Je crains qu'il ne lance vainement ses gens en quête de nouvelles histoires en Angleterre et aux États-Unis. Ce serait tout à fait inutile, car j'ai récemment découvert qu'être une actrice et avoir du succès peut presque vous tuer...

À la mi-juillet, la patience de Harold Lewis et du bureau européen de RKO était épuisée. À Roberto, Harold adressa cet ultimatum : « Finissez le film en une semaine, ou les fonds seront coupés et le film abandonné. » Ingrid, Roberto, les Cohn et Joe Steele, qui venait d'arriver, se réunirent pour composer ensemble un télégramme qu'Ingrid envoya en son nom à Mendel Silberman :

SUR CETTE ILE PRIMITIVE L'INCLÉMENCE DU CLIMAT, LA MALADIE ET LES ACCIDENTS MULTIPLIENT LES PROBLÈMES. IMPOSSIBLE DE CROIRE QUE RKO EST INFORMÉ DE CES DIFFICULTÉS SINON ON NE NOUS HARCÈLERAIT PAS ALORS QUE NOUS TRAVAILLONS JOUR ET NUIT POUR FINIR AUSSI VITE QU'IL EST HUMAINEMENT POSSIBLE. NOUS SOMMES VENUS ICI POUR FAIRE LE MEILLEUR FILM DONT NOUS SOMMES CAPABLES. MALGRÉ MAINTS CONTRETEMPS, NOUS AVONS A PEINE DÉPASSÉ LE BUDGET ITALIEN, BIEN QUE NOUS AYONS ÉTÉ CONTRAINTS DE FAIRE DEUX VERSIONS COMPLÈTES DU FILM, CE QUI A REPRÉSENTÉ UNE DÉPENSE SUPPLÉMENTAIRE DE TEMPS ET D'ARGENT. ON NE NOUS A JAMAIS SOUMIS LES COMPTES DU BUDGET AMÉRICAIN NI MÊME CONSULTÉS SUR PLUSIEURS DÉPENSES IMPORTANTES... TOUTE LA TROUPE A SUBI MAINTES PRIVATIONS. L'UN DE NOS HOMMES EST MORT SUR LE VOLCAN DES VAPEURS DE SOUFRE. A MA CONNAISSANCE JAMAIS AUCUNE ÉQUIPE N'A EU AUTANT D'ÉPREUVES A SURMONTER. PARMI NOUS, PERSONNE N'ATTEND D'ÉLOGES POUR AUTANT, MAIS NOUS NE SOMMES PAS PRÊTS NON PLUS A CE QU'ON NOUS TRAITE DE FAÇON INFAMANTE. VEUILLEZ SOUMETTRE CE CÂBLE A LEW WASSERMAN DE SORTE QU'IL ME DISE IMMÉDIATEMENT SI JE DOIS EN ENVOYER UNE COPIE A HOWARD HUGHES.

SALUTATIONS.

INGRID BERGMAN.

Le 26 juillet, Mendel Silberman répondait platement :

J'ai pris contact avec RKO, où l'on s'occupe d'informer Lewis que le tournage pourrait éventuellement se prolonger jusqu'à samedi prochain. On souligne que, alors qu'au début il était question d'un tournage de six semaines, le contrat en a prévu dix, et que seize semaines se sont écoulées sans que rien ne soit achevé. Je crois que tout le monde a intérêt à terminer le film sans histoires...

Ils savent quelles énormes difficultés a entraînées le tournage de ce film à Stromboli...

Le 2 août 1949, Ingrid nota brièvement dans son journal : « Départ de Stromboli. » Jamais elle n'avait quitté un endroit ni terminé un film avec un pareil sentiment de soulagement.

Quatre petits mois avaient suffi pour lui faire perdre sa position de « première dame de Hollywood » et lui donner un sentiment d'échec et d'abandon. Elle-même était convaincue d'avoir trahi ou abandonné ses amis et tous les gens qui s'étaient donné tant de mal pour financer et produire ses films. Elle avait quitté son mari et sa fille. Les parents de Petter, pour qui elle avait le plus grand respect, devaient la détester. Elle avait perdu toute confiance en elle. L'angoisse ne la quittait guère, et ses larmes arrêtaient rarement de couler. Sa vie semblait se réduire au travail de sa mauvaise conscience.

Elle avait en outre annoncé à la presse que sa carrière d'actrice était désormais terminée. Dans son métier, de telles déclarations n'étaient pas rares et n'avaient jamais empêché personne d'y revenir ensuite. Mais Ingrid, elle, avait l'impression qu'aucun retour en arrière ne serait jamais possible. Sa décision avait revêtu une réalité physique : elle était enceinte. Elle était enceinte d'un homme qui était toujours marié. Cela, comment pourrait-elle l'expliquer à une fillette de dix ans ? Un divorce pouvait durer des mois, peut-être même des années. Elle connaissait déjà trop bien les réactions de certaines institutions et d'une certaine presse pour savoir qu'on ne lui accorderait aucune indulgence, et que la seule chose à laquelle elle devait s'attendre, c'était à un nouveau scandale, à une publicité plus déplaisante encore que celle dont elle avait fait l'objet jusque-là.

Son analyse était parfaitement exacte. Le jour où la presse new-yorkaise claironna qu'Ingrid Bergman avait mis au monde un enfant hors mariage, Robert Anderson, l'écrivain dont la vie allait dramatiquement croiser celle d'Ingrid quelques années plus tard, entendit un client de son marchand de journaux commenter à haute voix : « Vous voyez, c'était bel et bien une putain ! »

CHAPITRE XVI

LE 5 août 1949, Joe Steele présidait à Rome une conférence de presse où Ingrid annonça : « Je ne désirais faire aucune déclaration avant la fin du film que je suis en train de tourner. Mais des commérages insistants, qui vont jusqu'à me présenter comme une prisonnière, m'obligent à rompre le silence pour donner la preuve que je suis toujours libre. Mon avocat a reçu des instructions pour entamer une procédure en divorce. Par ailleurs, quand le film sera terminé, j'ai l'intention de me retirer pour me consacrer à ma vie privée. »

Le lendemain, le quotidien romain *Giornale della Sera* annonçait qu'Ingrid Bergman était enceinte. Trois jours plus tard, Hedda Hopper débarquait à Rome, s'installait à l'hôtel Excelsior, prenait contact avec Joe Steele et exigeait de rencontrer Ingrid.

Roberto refusa énergiquement toute interview. Poliment, Joe lui fit remarquer que ce n'était pas lui qu'Hedda voulait voir, et que, si elle avait entrepris un aussi long voyage pour faire son métier, aussi déplaisant qu'on puisse le juger, il serait maladroit de la part d'Ingrid de refuser de la rencontrer. Pour sa part, Joe ignorait, ou ne croyait pas, qu'Ingrid était enceinte.

Ingrid accepta donc l'interview. Si on ne lui mit pas un bandeau sur les yeux, Hedda fut conduite par une voie détournée jusqu'à l'appartement de Rossellini. Tout sourire, respirant la bonne volonté, Ingrid répondit adroitement à toutes ses questions. Elle dit son espoir qu'un divorce à l'amiable serait bientôt conclu et ne rougit même pas quand, au moment de partir, Hedda lui lança : « Et alors, qu'est-ce que c'est que cette histoire de bébé ? » Avec un petit rire, Ingrid se leva pour faire valoir son impeccable silhouette et plaisanta : « Voyons, Hedda, est-ce que j'ai l'air d'être enceinte ? »

Hedda rentra à Hollywood rassurer ses lecteurs : la rumeur était sans fondement ; Roberto et Ingrid allaient attaquer le journal.

Ingrid avait une très bonne raison pour éviter de répondre à la question. Il ne fallait pas que Petter apprenne qu'elle était enceinte, surtout pas par le biais de la presse. Sinon, déçu, humilié et furieux, il risquait de soulever de nouvelles difficultés pour le divorce. Or, elle voulait que celui-ci soit prononcé avant la naissance de l'enfant.

Roberto ne croyait guère aux vertus de la persuasion. Habitué qu'il était aux procès, il conseilla à Ingrid de mettre l'affaire entre les mains d'un avocat. Elle se laissa convaincre.

Il y en avait un sur place, Munroe MacDonald, un Américain qui avait travaillé avec les forces d'occupation et qui s'était fixé à Rome avec son épouse italienne. Quarante ans, bien de sa personne, il paraissait l'homme idéal et se montra ravi qu'on lui confiât une affaire de cette importance. Il demanda tous les papiers dont il pourrait avoir besoin pour mener son travail à bien, et Ingrid lui remit un compte rendu détaillé de sa vie avec Petter et des circonstances qui l'avaient amenée à demander le divorce. Ainsi armé, MacDonald s'embarqua pour New York.

Dès son arrivée, il accorda une interview à Cholly Knickerbocker, et, vingt-quatre heures plus tard, les crieurs des journaux annonçaient dans toutes les rues du pays que le public allait enfin connaître la « véritable histoire d'amour d'Ingrid ». Présentés de façon accrocheuse et souvent inexacte, les détails révélés ne pouvaient provenir que des confidences qu'Ingrid avait faites à MacDonald. Au coup de téléphone qu'il reçut peu après, celui-ci expliqua platement à Roberto qu'il avait agi dans ce qu'il estimait être leur intérêt.

Du compte rendu d'Ingrid, un fait ressortait qu'elle avait gardé longtemps enfoui dans son subconscient : « Quelque part au fond de mon cœur, je demeurais la femme de Petter, et il le savait. Souvent il me disait qu'aucun homme n'accordait à sa femme davantage de liberté. C'est vrai, mais si j'étais libre, ce n'était jamais avec lui, c'était loin de lui. »

Munroe MacDonald poursuivit joyeusement sa route vers Hollywood, multipliant les déclarations avec la prodigalité d'un agent de presse. En substance, il annonçait que, sans savoir au juste ce qu'elle possédait, le Dr Lindstrom s'étant toujours occupé de ses affaires, Miss Bergman était prête à lui abandonner la moitié de ses biens en échange de sa liberté et de la garde partielle de leur fille... Il précisait en outre que Roberto Rossellini l'avait chargé de spécifier qu'il ne voulait rien de Miss Bergman : n'ayant jamais vécu aux dépens d'une femme, il n'entendait pas commencer maintenant.

Le 22 septembre 1949, Sydney Bernstein envoya à Ingrid des nouvelles concernant la sortie des *Amants du Capricorne* à New York : la presse était mitigée, mais déçue par le scénario plus que par les acteurs. La Warner Bros était très optimiste, estimant qu'il s'agissait de son meilleur film. Pourquoi n'irait-elle pas en Angleterre pour le gala de lancement ? D'un point de vue personnel, ce serait certainement une excellente manœuvre.

Ingrid donna deux raisons pour décliner cette proposition. D'abord, elle avait trop d'ennuis avec

RKO à propos de *Stromboli*. Ensuite : « De mon propre chef, jamais plus je n'accepterai de rencontrer la presse et de répondre à des questions. Si je rencontre un journaliste, ce sera uniquement par malchance. Comme on dit : chat échaudé craint l'eau froide. Je sais que la presse anglaise est la plus humaine et la plus décente... mais j'ai été échaudée. En ce moment précis, les États-Unis s'acharnent contre moi. Jamais je n'aurais pensé qu'un scandale puisse prendre de telles proportions, et je crois vraiment que tout est fini pour moi. Je suis prête à payer mes erreurs, mais je ne ferai rien qui puisse me rapprocher de l'Amérique, Sydney, car je n'ai pas l'intention d'y retourner... »

Le 4 décembre, Roberto et Ingrid reçurent une lettre du représentant de RKO à Bruxelles. La veille, il avait eu le privilège de voir *Stromboli*, et il délirait d'enthousiasme :

Stromboli est renversant. C'est un film qui satisfera les exigences des cinéphiles les plus délicats (y compris les critiques les plus difficiles) en même temps qu'il exercera sur le grand public un attrait irrésistible. *Stromboli* est le meilleur Rossellini. *Stromboli* est le meilleur Bergman. *Stromboli* sera le film de l'année. La performance d'Ingrid Bergman est sans conteste et de loin la plus brillante de sa brillante carrière...
Bref, premier de nos films à être distribué en Europe la saison prochaine, *Stromboli* en sera certainement le clou, et je vous conseille de vous mettre tout de suite en rapport avec les exploitants.

A lire cette lettre, on comprend aisément que son auteur ait fait un excellent représentant. Cela dit, il se trompait complètement dans ses pronostics.

Quoi qu'il fît par ailleurs, Munroe MacDonald réussit du moins sur un plan : grâce à la publicité tapageuse qu'il avait suscitée, il avait irrémédiablement sapé la confiance de Petter Lindstrom. Convaincu qu'Ingrid et Roberto avaient décidé de faire campagne contre lui en se servant de la presse, Petter les traita désormais avec une prudence extrême.

Dans ses interviews aux journaux, MacDonald racontait qu'Ingrid lui avait personnellement dit avoir avisé Pia qu'elle ne reviendrait pas. Petter était outré. Comment avait-elle pu choisir pour la représenter un homme dont le premier soin était de communiquer ses affaires privées à la presse ?

Mr. MacDonald avait eu l'indélicatesse de parler longuement de leur vie de couple en prenant bien soin de noircir le rôle de Petter. Si, comme elle le prétendait, elle prenait désormais ses décisions elle-même, quel jeu était-elle en train de jouer ?

Petter avait appris qu'à Stromboli Roberto Rossellini racontait qu'Ingrid était arrivée en Italie sans un sou, et que son mari ne lui avait jamais donné ni fourrures, ni robes, ni bijoux. Et dans ses interviews, Mr. MacDonald répétait ce genre d'ineptie. Qu'espérait-elle obtenir en répandant de pareils ragots ? Cherchait-elle seulement à le mettre en colère ?

A la lettre où il lui posait ces questions, Ingrid répondit :

Cher Petter : J'ai l'impression que, comme don Quichotte, je me bats contre des moulins à vent. Mon moulin à vent, c'est toi, et sans doute espères-tu qu'un jour je mourrai d'un coup d'aile.

C'est vrai, MacDonald parle beaucoup trop, il colporte des histoires insipides qu'il n'a pas le droit de raconter. Mais comme je te l'ai dit au téléphone, c'est mon représentant. Pourquoi refuses-tu de croire que c'est moi qui ai choisi un *Américain* ? C'était difficile à trouver en Italie. Pour ton bien, je n'ai pas voulu d'un Italien, même s'il parlait parfaitement l'anglais. Et voilà que tout recommence, scandale, ruine et désastre dans la presse, nuits sans sommeil et intolérables souffrances. A qui la faute ? Tu as le front de dire que c'est la mienne — même si MacDonald est mon homme, même si je dois lui servir de tremplin et payer ses erreurs. Est-ce UNIQUEMENT MA FAUTE, Petter ? Voilà six mois que j'essaie d'obtenir le divorce, et après tout ce que je t'ai écrit, tous les avertissements que je t'ai donnés, tu ne trouves rien de mieux que de rire au téléphone et d'ironiser : « Mais bien sûr, voyons, je verrai ton avocat. » Tu sais très bien que nous n'avons pas les moyens de payer des gens qui te courent après aux quatre coins du monde pour essayer de te parler.

Tu dis que mes avocats t'offrent une fortune contre ma liberté. Les journaux s'en étonnent. Et alors ? Probablement sont-ils aussi surpris que les avocats. Ce n'est pas courant, une femme qui ne demande rien. Probablement qu'ils pensent que je suis une idiote de te donner tout ce que j'ai. La moitié de ce que j'ai gagné est à moi. Mais je veux vous le laisser à toi et à Pia.

Je suis fatiguée d'écrire, mais en même temps je suis tellement énervée que je pourrais continuer sans fin...

Tu n'as confiance qu'en Petter. Contre Petter, tu ne crois rien ni personne. Comme tu avais l'habitude de dire : « Comment voudrais-tu que je commette une erreur ? »

Bonne santé et bonne nuit...

Ingrid fut horrifiée lorsque MacDonald choisit Gregson Bautzer pour être son représentant à Hollywood. Elle aurait souhaité un vieux juriste bien respectable, et tout ce qu'elle savait de Bautzer, c'est qu'on le voyait fréquemment dans les magazines en compagnie de Ginger Rogers, Lana Turner ou Joan Crawford, et qu'on parlait de lui comme du « célibataire le plus recherché de toute la communauté du cinéma ». Comme conseiller, c'était tout ce qu'elle redoutait.

Cependant, l'avenir allait démontrer que sa méfiance était déplacée. Tout au long de l'interminable procédure, Greg fit preuve d'une habileté remarquable. Et quand l'affaire fut enfin terminée,

Ingrid lui écrivit pour le féliciter et pour le remercier de la modicité de ses honoraires.

*
* *

J'avais un petit problème avec Joe Steele. Il était à Rome lorsque parurent les premiers articles annonçant ma grossesse ; il était furieux et voulait les poursuivre. Je pense qu'il était un peu choqué que Roberto prenne la chose aussi légèrement. Ensuite, de retour à Hollywood, il s'est mis à tempêter contre les journalistes qui racontaient de telles histoires, proclamant qu'il les attaquerait en justice et les ferait regretter leurs mensonges. En post-scriptum à l'une de mes lettres, j'ai donc ajouté : « ... pour toi seul. Je veux que ta famille, tes amis et tout le monde excepté ton Dieu demeurent à l'écart. Dis seulement : "Je ne sais pas. Tout est possible." Après tout tu ne savais *pas* au moment de quitter l'Italie. » Sur quoi je lui disais la vérité.

*
* *

Joe Steele réagit à peu près comme s'il allait lui-même avoir le bébé. « J'en avais les jambes coupées », dit-il. Pendant quelques jours, il resta sans rien faire, accablé par le poids du secret. Mais c'était trop pour lui, il fallait qu'il parle à quelqu'un. Guidé par les motifs les plus honorables, il décida de mettre Howard Hughes dans la confidence. Il appela Johnny Meyer, son lieutenant, et celui-ci lui communiqua le numéro personnel de Hughes. Quelques minutes plus tard, il expliquait à ce dernier que ce qu'il avait à lui dire devait rester strictement entre eux. Si jamais Ingrid venait à être informée de ce coup de téléphone, elle ne le lui pardonnerait pas... Mais l'affaire était si grave qu'il en avait des cauchemars. Voilà : Ingrid était enceinte !

Howard Hughes se montra concerné. Quand devait-elle accoucher ? En mars, croyait Joe, et c'est pourquoi il fallait agir sans tarder. A n'en pas douter, la nouvelle porterait au film un coup terrible. Il risquait fort d'être interdit. Ingrid et Roberto Rossellini étaient ruinés. Si Howard parvenait à hâter la sortie du film et à le distribuer dans quelque cinq cents cinémas, ils auraient l'occasion de se remplumer un peu. Ingrid le méritait bien.

Howard Hughes remercia Joe et l'assura qu'il suivrait son conseil. Cependant, Joe n'eut pas à attendre longtemps pour comprendre qu'il avait mal placé sa confiance et fait une fausse manœuvre. Dès le lendemain, le *Los Angeles Examiner* titrait en première page : « Le bébé d'Ingrid Bergman naîtra à Rome dans trois mois. » Pour sa part, le *Herald Express* annonçait : « La nouvelle du bébé d'Ingrid Bergman bouleverse le monde du cinéma. » Enfin, le lendemain, l'*Examiner* reprenait : « Pour Rossellini, cette histoire de bébé est une atteinte à la vie privée. »

Après réflexion, Mr. Hughes avait décidé que, plutôt que de la garder secrète, mieux valait tirer de l'affaire le maximum de publicité. Sous la plume de Louella Parsons, elle prenait d'ailleurs des allures romantiques : « Dans l'histoire, écrivait-elle, peu de femmes et peu d'hommes ont fait, pour l'amour, le sacrifice de la vedette suédoise. » Sur quoi elle établissait des comparaisons avec Marie, reine d'Écosse, et Bothwell, Lady Hamilton et Nelson, le prince de Galles et Mrs. Simpson.

De nos jours, à moins de porter un titre princier, d'avoir volé dix millions de dollars ou commis quelque meurtre atroce, personne sans doute n'a eu à subir de la part des journalistes et des photographes un siège aussi rude que celui que dut soutenir Ingrid durant cette période-là. Pendant une douzaine de jours, une grande partie de la presse américaine relégua en bas de page des nouvelles aussi importantes que l'annonce, faite par le président Truman, de l'invention de la bombe à hydrogène pour réserver la première place à l'histoire d'Ingrid et de son bébé.

*
* *

Juste avant la naissance de l'enfant, alors que le scandale était à son comble et que la vie n'avait jamais été plus noire, Hemingway téléphona.

« Qu'est-ce que c'est que cette histoire ? Ma parole, les Américains sont en train de devenir fous ! Un scandale pour un bébé ? C'est absolument ridicule ! J'espère que tu auras des jumeaux. Je serai le parrain, et je les porterai à Saint-Pierre, un sur chaque bras. À part ça, qu'est-ce que je peux faire pour toi ? »

J'ai répondu à Ernest : « Si tu veux m'aider, répète ce que tu viens de me dire, raconte-le aux journaux... pour l'instant, ils sont pleins de haine et d'horreurs. Dis-leur ce que tu penses puisque tu penses autrement que les autres. »

Il a tout de suite accepté, et il a tenu parole. La semaine suivante, on a vu en première page une photo de Papa disant : « Qu'est-ce que c'est que ces inepties ? Elle va avoir un bébé, et alors ? Les femmes sont faites pour ça. Je suis fier d'elle et heureux pour elle. Elle aime Roberto, il l'aime, et ils souhaitent cet enfant. Nous devrions nous réjouir avec elle au lieu de la condamner. »

Et puis j'ai reçu un autre coup de téléphone. C'était le 2 février 1950 aux environs de midi. Je me rappellerai toujours cette date. C'était Lydia Vernon, la femme de notre homme d'affaires. Elle a tout de suite attaqué : « Qu'est-ce qui vous prend ? Il faut vous ressaisir. Il faut immédiatement que vous veniez voir Pia. Elle est affreusement malheureuse ; elle pleure sans arrêt. Prenez le premier avion et venez la voir. Il le faut. »

J'étais tellement bouleversée que je bafouillais. Je pleurais, j'essayais de l'interrompre : « Mais en ce moment, ce n'est pas possible ! Vous ne comprenez donc pas ? Dès que je pourrai, je m'arrangerai pour venir. »

Mais elle continuait, elle insistait, elle s'emportait, et quand finalement j'ai réussi à raccrocher, j'ai senti les premières contractions. Et j'ai eu ce terrible pressentiment : j'allais entrer à l'hôpital pour accoucher et je n'en sortirais pas vivante. Ce serait comme dans les films, je paierais pour mes péchés. Quand on a commis un crime, soit on en meurt, soit on va en prison...

Il fallait que j'écrive à Pia, que je lui dise que je l'aimais ; il fallait qu'elle sache qu'en ce moment, qui était peut-être mon dernier, je pensais à elle ; il fallait qu'il y ait un document pour le prouver. Alors, je me suis installée à ma machine, j'ai pris du papier et du carbone — si jamais la lettre se perdait, il fallait au moins qu'il en subsiste un double — et je me suis mise à réfléchir. Comment allais-je m'y prendre ? Comment expliquer à ma fille de dix ans que j'allais avoir un autre enfant, et que cet enfant, je ne pouvais l'avoir à la maison avec elle et papa ? Comment lui dire que j'étais tombée amoureuse d'un autre homme, qu'il était le père du bébé, que je resterais en Italie, qu'elle viendrait me rendre visite et que j'irais la voir ?

Je venais de commencer lorsque Elena Di Montis, qui était à mon service depuis mon arrivée en Italie, est entrée dans la pièce et m'a trouvée pliée en deux devant ma machine à écrire. Elle s'est mise à crier : « Pour l'amour du Ciel, on ne peut pas avoir cet enfant *ici* ! Je ne saurais pas me débrouiller. Il faut appeler le médecin. Appelez le médecin, je vous en prie ! » Et moi, j'ai répondu : « Non, non, il faut d'abord que j'écrive cette lettre. »

Je savais, depuis la naissance de Pia, que les contractions se succèdent à intervalles réguliers, toutes les quatre minutes d'abord, puis toutes les trois minutes, et ainsi de suite. Entre deux, on est tout à fait bien. Alors, je regardais la pendule, et toutes les quatre minutes je me cramponnais à ma chaise et j'attendais que ça passe pour pouvoir reprendre ma lettre. Mais les douleurs se rapprochaient. Complètement affolée, Elena ne cessait de gémir :

« Signora, le docteur, le docteur ! Je vous en supplie, appelez le docteur ! Je ne peux pas vous aider... je n'ai aucune expérience.

— Je n'ai pas encore fini, je n'ai pas encore fini. Il faut d'abord que je finisse ma lettre.

— Mais vous allez accoucher, et je ne sais pas ce qu'il faut faire. Laissez-moi appeler le docteur ! Est-ce que je peux l'appeler ? »

Finalement, je lui ai dit : « Allez-y, maintenant, vous pouvez faire venir le médecin. » Ma lettre était terminée, mais je n'en pouvais plus.

Roberto se trouvait alors à l'extérieur de Rome, où il tournait *Onze Fioretti de François d'Assise*. On l'a averti, lui aussi, et j'espérais qu'avec sa Ferrari il arriverait peut-être à la clinique avant moi.

Une voiture est venue me prendre, et je me suis embarquée. Mais à mi-parcours, je me suis brusquement rendu compte que je n'avais pas la bague d'émeraude que Roberto m'avait donnée. Je ne m'en séparais jamais, mais je l'avais enlevée pour me laver les mains et je l'avais laissée dans la salle de bain. J'étais catastrophée. Arrivée à l'hôpital, je me suis précipitée au téléphone. Pauvre Elena, voilà que je la bousculais encore : « Je ne peux pas accoucher sans avoir cette bague au doigt. Elle est dans la salle de bain. Sautez dans un taxi et venez vite me l'apporter. Je n'accoucherai pas avant. Dépêchez-vous ! Dépêchez-vous ! »

La chère Elena est juste arrivée à temps pour glisser la bague à mon doigt. Ensuite, je me suis retrouvée dans la salle d'accouchement, et, à sept heures du soir, Robertino était né.

*
* *

Compte tenu des circonstances dans lesquelles elle fut écrite, la lettre à Pia était un vrai chef-d'œuvre :

Rome, le 2 février 1950

Ma petite chérie :

Il y a aujourd'hui dix jours que je t'ai parlé au téléphone et depuis je ne t'ai pas écrit. C'est terrible, c'est vrai. Ce qui s'est passé, c'est que pendant deux jours je ne me suis pas sentie très bien. Je crois que j'ai mangé trop de bonbons. Quelqu'un m'en a envoyé d'Amérique, et il y a si longtemps que je n'en avais pas vu que je les ai tous avalés. Je crois que papa n'aurait pas aimé ça, mais c'était tellement bon...

Chère Pia, je peux comprendre que les enfants de l'école te posent un tas de questions. Je t'ai déjà écrit pour te demander ce qu'ils racontaient, mais je pense que tu n'as pas eu le temps de me répondre. J'aimerais tant pouvoir t'aider. Je vais essayer d'écrire certaines choses qui peut-être te permettront de mieux comprendre. D'abord : tu sais que bien avant que je parte pour l'Italie il y a toujours eu des journalistes curieux pour écrire sur nous un tas de choses. A l'époque, nous avions l'habitude d'en rire parce que, vraies ou fausses, toutes leurs histoires étaient tellement idiotes. Mais ils n'ont jamais trouvé quelque chose de *vraiment* méchant à écrire sur papa et sur moi, parce que nous étions ensemble, nous étions heureux, et qu'il était difficile de trouver quoi que ce soit à raconter. Maintenant, c'est arrivé, et parce qu'ils attendaient le jour où ils pourraient dire quelque chose de sensationnel à propos de maman, ils sont tous fous de joie. Je ne sais pas pourquoi, mais les êtres humains semblent apprécier bien davantage la méchanceté que la gentillesse. Très peu de journalistes ont jamais raconté quoi que ce soit de tous les gens de Hollywood qui sont allés divertir les soldats et qui ont vécu dans des situations difficiles rien que pour rendre certains soldats heureux. Et nous sommes tous allés dans les hôpitaux réconforter les malades, et nous avons tous donné de l'argent aux pauvres. Mais cela n'intéresse pas les journaux. Après toutes les années que papa et moi nous avons passées ensemble, cette histoire que je veux partir pour épouser Mr. Rossellini, voilà qui intéressera tous les lecteurs, et c'est pourquoi tout le monde écrit un tas de choses à ce sujet sans même vérifier si c'est vrai ou pas.

Autour de la maison que j'habite ici, il y a une foule de gens. Comme je te l'ai déjà écrit dans une autre lettre, j'ai essayé de garder mon adresse secrète, mais ce n'est pas possible. Le laitier parle à l'épicier, l'épicier à sa femme, qui le raconte à son coiffeur, et le coiffeur à ses enfants, ses enfants à leurs camarades d'école, et ainsi de suite. Le portier est très bien. C'est un petit maigre et, parfois, je suis très malheureuse pour lui quand je le vois menacé par un gros journaliste américain disant qu'il veut me voir et que, si on ne le laisse pas entrer, il va appeler la police. Mais le petit portier fait tout ce qu'il peut.

Pendant cinq semaines, je n'ai pas quitté l'appartement parce que je voyais une voiture de photographes attendre toute la journée dans la rue. Je montais sur le toit me promener avec Stromboli, lire ou prendre des bains de soleil. Je n'avais pas besoin de sortir. Nous regardions en bas dans la rue, et nous crachions, juste un peu, sur ces photographes. C'est-à-dire que je crachais, moi, car Stromboli ne pouvait pas, mais je sais qu'il en avait envie. Et puis un jour, cinq semaines plus tard, je ne les ai plus vus. J'ai pensé qu'ils avaient renoncé et que je pouvais aller me promener jusqu'au coin de la rue pour prendre un peu l'air. Je suis sortie, et deux secondes plus tard j'avais une caméra sous le nez et un homme prenait ma photo. J'ai crié en anglais, mais il était italien et il a répondu par un sourire. Ensuite, j'ai dû sourire, moi aussi, car il était tellement content. Imagine-toi, il avait attendu tout ce temps, et enfin j'étais sortie, le soleil brillait, et la photo s'est révélée très bonne. Son patron a dû être content et peut-être qu'il a reçu un peu d'argent en plus pour ce travail. En y repensant, j'ai souri, mais dans la rue je me suis mise à pleurer comme un bébé.

Pia, je veux que tu saches que toutes les histoires sur ce que je dis, etc., sont inventées. J'aurais dit que j'abandonnerais mon enfant, c'est-à-dire toi, et que je ne te reverrais plus jamais. Je ne sais pas pourquoi on a écrit cela, pour montrer que j'étais une méchante mère ou quelque chose comme ça.

Je t'aime Pia, ma petite colombe, et s'il y a longtemps

que nous ne nous sommes pas vues et que pour l'instant, l'école te retient, cela ne signifie pas que nous ne nous verrons plus. Je vais avoir une petite maison, ici, avec une chambre qui sera la chambre de Pia, qui sera toujours prête pour toi, avec tes affaires, et tu verras qu'au bout d'un moment tu ne trouveras plus si bizarre d'avoir deux maisons, l'une avec papa et l'autre avec maman. Et nous ferons des voyages ensemble, car maintenant tu es assez grande pour pouvoir voyager avec moi comme une grande personne, et nous irons à la découverte du monde. Je viendrai aux États-Unis, moi aussi, pour que tu ne sois pas la seule à faire tous les voyages. Nous partagerons.

Je crois que tu trouveras très intéressant d'avoir deux maisons. Je ne dis pas que c'est mieux qu'une, ma chérie. Oh! non, je me rends compte que pour toi, le mieux serait une seule maison avec papa et maman. Mais quand les choses ne se passent pas pour le mieux, il faut essayer de les voir sous le meilleur jour possible et d'en tirer le meilleur parti. Crois-moi, ce n'est pas si terrible. Tu trouveras des amis, ici. Il y a une école anglaise avec uniquement des enfants anglais. Comme ça, tu ne te sentiras pas trop seule. Et si j'ai un autre enfant, tu pourras jouer avec lui et nous lui apprendrons à parler l'anglais. Mon italien est pire que mon français, et tu sais à quel point mon français est mauvais!

Je t'ai déjà dit que papa reste papa et que nous ne nous détestons pas. Pendant la période où l'on discute d'un divorce, il y a toujours des tas de choses à régler et à décider. Bien sûr, nous discutons, mais nous ne nous battons pas. Je voudrais savoir quel mal on dit à propos de papa, car alors je pourrais t'expliquer ce que cela signifie et pourquoi on raconte certaines choses.

S'il te plaît, écris-moi! N'aie pas peur de me parler aussi franchement que tu le fais avec Mrs. Vernon. Elle est d'une grande aide, mais il y a certaines choses que tu pourrais souhaiter apprendre directement de maman.

Je regrette tellement, tellement que tu doives passer par tout ça. Mais la vie est longue, et ce n'est qu'une sombre période. Bientôt, le soleil brillera de nouveau et nous serons tous heureux.

Je t'embrasse avec tout mon amour,

MAMAN

Sans le vouloir, Ingrid ruina la première de *Vulcano*, le film qu'avait tourné Anna Magnani en réponse à l'abandon de Roberto. Le cinéma Fiamma était plein de monde. Les journalistes étaient venus en nombre. Le générique venait de commencer lorsqu'il y eut une panne : une lampe du projecteur avait sauté. Comme il n'y en avait pas d'autre sous la main, il fallut envoyer un coursier en chercher une à l'autre bout de Rome. Enfin, la lampe est remplacée et la séance peut reprendre. Cependant, Anna s'aperçoit bientôt que la moitié du public — les journalistes — quitte la salle. « Qu'est-ce qui se passe ? s'inquiète-t-elle.

— Ingrid Bergman vient d'accoucher d'un fils, lui souffle un ami. Toute la presse se précipite à la clinique.

— C'est ce qu'on appelle du sabotage ! » gémit-elle. Mais en tant qu'actrice, elle avait bien trop d'expérience pour essayer de rivaliser avec la naissance d'un enfant. Elle sortit à son tour, aussi dignement que possible. Sa première était ratée, et le film lui-même fut un four.

Cependant, dans un autre quartier de Rome, la version originale de *Stromboli* était présentée à un public choisi de prêtres et d'évêques, à qui il s'agissait de prouver qu'avec sa fin inspirée et édifiante le film n'avait rien à voir avec la version rapidement montée par RKO qui paraissait alors aux États-Unis.

Et dans la paisible clinique où Ingrid venait d'accoucher, c'était maintenant la révolution. En l'espace de quelques secondes, la presse italienne avait été avertie que l'instant fatidique était arrivé, et le téléphone sonnait d'un bout à l'autre de l'établissement. Alerté par Roberto de ce à quoi il fallait s'attendre, l'hôpital avait fermé ses grilles, et le personnel avait reçu l'ordre de refouler les envahisseurs. La presse américaine voulait confirmation de l'événement. L'un de ses représentants réussit à attirer l'attention d'une bonne sœur, à qui il demanda de jurer sur la Bible qu'Ingrid Bergman n'était pas dans le bâtiment. Ignorant tout de la célèbre actrice, la diaconesse répondit en toute bonne foi : « Vous voulez dire la princesse Borghese ? Bien sûr qu'elle est là... elle vient même de donner naissance à des jumeaux, magnifiques. Mais ce n'est pas une raison pour enfoncer la porte ! »

A minuit, la situation était telle que le directeur de l'hôpital se décida à appeler la police, qui entra aussitôt en action. Lorsque les journalistes et les photographes entendirent les sirènes et virent poindre les casques, ils consentirent à se retirer dans le parc voisin, où ils entreprirent de ramasser du bois pour allumer des feux. La nuit étant glacée, les policiers ne tardèrent pas à aller les rejoindre pour se réchauffer avec eux.

Le directeur de l'hôpital, d'abord furieux de l'invasion, décida dès le lendemain qu'il serait idiot de laisser passer une telle occasion pour faire connaître son établissement. Il annonça donc aux journalistes que ce même jour à cinq heures il les recevrait, mais sans caméras, et seulement pour admirer ses installations. Autant inviter une bande de loups affamés à visiter une boucherie. Aussitôt à l'intérieur, les représentants de la presse sortirent les appareils de photographie qu'ils avaient dissimulés sous leurs manteaux et se mirent à courir dans toutes les directions, poursuivis par le personnel affolé. Seul le reporter de *Life* réussit à atteindre le deuxième étage et la porte soigneusement fermée de la suite 304. Cependant, comme tous ses confrères, il fut bientôt capturé et jeté hors de l'hôpital.

Contrariés, les photographes ne s'avouèrent pas battus pour autant ; loin de quitter la place, ils l'investirent. Et leur siège dura douze jours. La police essaya en vain de les chasser, il y en avait toujours quelques-uns cachés dans les arbres ou juchés sur le mur entourant la clinique. L'un d'eux se cassa même un bras en tombant, ce qui ne causa pas la moindre peine à Roberto et guère davantage à Ingrid. Ils avaient loué un appartement en face de l'hôpital et, leurs caméras toujours prêtes à fonctionner, ils vivaient postés aux fenêtres dans l'espoir qu'il allait se passer quelque chose. Ils soudoyaient le personnel de la clinique pour transmettre à Ingrid des lettres de supplication. Leurs arguments étaient assez simplistes : « Je risque de perdre mon travail », « Mes chances d'avancement sont compromises ». Parfois, ils trouvaient mieux : « Ma femme ne supporte pas que je passe la nuit dehors ; si ça continue, elle va prendre un amant. »

Un jour, un photographe se présenta même avec des fleurs envoyées par Maxwell Anderson — « regardez, voilà sa signature » — mais il *fallait* qu'il les remette personnellement. Cependant, la palme devait allait à un Américain : il avait entendu dire que le bébé était un monstre, et il voulait le photographier dans les bras de sa mère dans le seul but de prouver au monde qu'il s'agissait bien d'un mensonge !

* *
*

Ils tentaient d'acheter les religieuses, à qui ils ont proposé jusqu'à un million de lires pour qu'elles ouvrent de quelques centimètres la porte de ma chambre et les laissent me photographier dans mon lit. Un reporter italien dont la femme était enceinte a eu l'idée de la rembourrer un peu et de la conduire à l'hôpital. Quand il a réussi à la faire admettre, il lui a monté sa valise dans sa chambre et, en guise de layette, la religieuse qui l'a ouverte y a découvert tout un attirail de photographie. Le mari et la femme, qui était à des semaines de son accouchement, ont tous deux été jetés à la porte. Un autre journaliste est parvenu à grimper jusque sur mon balcon en suivant un tuyau d'écoulement. Heureusement, les volets de ma chambre étaient bien fermés, de sorte qu'il n'a pas pu entrer. Ils ont même réussi à convaincre le Dr Sannicandro, gynécologue de la clinique, d'accorder à la radio une interview où on lui a demandé si j'avais bien subi la même anesthésie que Rita Hayworth, *et cœtera*.

Et puis un hebdomadaire a publié une photo qui nous a fait bondir. On m'y voyait assise au lit avec le bébé dans les bras. Roberto se tenait fièrement à côté de moi, avec une infirmière et un homme censé figurer le médecin. De sa bouche sortait une bulle disant : « C'est un garçon. » A l'intérieur du journal, en caractères microscopiques, une légende annonçait : « L'illustration de la couverture est un photomontage. » Ils avaient pris une photo de moi à Stromboli et une photo de Roberto en train de signer le contrat, et ils avaient remplacé par les nôtres les têtes des vrais personnages — tout cela, sans risquer d'être poursuivis. Bien sûr, ils ont vendu leur numéro à plusieurs millions d'exemplaires. Mais ce n'était pas une plaisanterie inoffensive. Des tas de gens ont écrit, et un peu partout on a dit : « Voilà maintenant qu'ils laissent photographier cet enfant à l'hôpital. Quel culot ! Quelle honte ! Et ils ne sont même pas mariés ! »

Cependant, le geste d'une femme que je connaissais à peine m'a beaucoup touchée. Aux États-Unis, le groupe de presse Hearst publiait sur mon compte les pires histoires qu'on puisse imaginer. Pourtant, la première corbeille de fleurs qui me soit parvenue à l'hôpital était accompagnée d'un télégramme qui disait : « Je vous aime et je vous admire. » Les fleurs et le télégramme m'étaient adressés par Marion Davies, la maîtresse de William Randolph Hearst.

Roberto et moi, nous ne voulions pas que notre enfant ait à souffrir des journalistes. Lui aussi avait droit à la tranquillité. Sur ce point, Roberto était intraitable. Il avait donc soigneusement préparé notre départ de l'hôpital. Et une nuit, à quatre heures du matin, il m'a brusquement annoncé : « On y va. » Je me suis levée, j'ai pris le bébé, et j'ai dévalé l'escalier à la suite de Roberto. Même les infirmières n'étaient au courant de rien. Quand elles nous ont vus prendre la fuite, elles ont essayé de nous retenir et se sont mises à crier : « Vous ne pouvez pas partir comme ça, voyons ! » Et nous, nous répondions : « C'est ce qu'on va voir, justement ! » Nous avons sauté dans la voiture de Roberto, garée devant l'entrée, et nous sommes partis en trombe. Un ami nous suivait ; tout à coup, il s'est arrêté pour mettre sa voiture en travers de la route et barrer le passage aux reporters. C'est ainsi que j'ai pu rentrer à la maison sans qu'aucune photo soit prise.

CHAPITRE XVII

Le 14 mars 1950, l'Honorable Edwin C. Johnson du Colorado se leva pour prononcer devant le sénat des États-Unis le réquisitoire le plus virulent qu'ait jamais entendu cette auguste assemblée contre une actrice et un metteur en scène. « Monsieur le Président, commença-t-il, maintenant que, pour leur plus grand plaisir, RKO et ce dégénéré de Rossellini exploitent habilement le public américain avec leur histoire imbécile de volcan et de femme enceinte, faut-il que nous nous contentions de bâiller, trop contents que cette hideuse affaire se termine pour pouvoir l'oublier ? J'espère que non. Nous devons trouver un moyen pour qu'à l'avenir les gens soient protégés contre ce genre de fléau...

« Monsieur le Président, malgré les surprises auxquelles nous a habitués l'époque actuelle, il est inquiétant de voir une des plus populaires de nos reines du cinéma, enceinte par suite de sa mauvaise conduite, jouer le rôle d'une femme sans scrupule pour prêter à un film insipide l'intérêt qui lui manque. Pour assurer le succès de *Stromboli*, il fallait manifestement que la vie privée de sa vedette fasse l'objet d'un scandale... »

Aucun qualificatif ne lui semblait trop fort pour

dire son mépris : « La répugnante campagne publicitaire... l'écœurant opportunisme commercial dont témoigne cette société... l'ignoble et vil Rossellini qui se complaît à exploiter sans honte un public dont il ignore la morale... »

Aux termes de la loi dont il allait déposer le projet, « les acteurs, les producteurs et les films devront être soumis à l'approbation du département du Commerce ». Ingrid Bergman s'était rendue coupable d'« un outrage à l'institution du mariage ». Il la croyait « l'une des femmes les plus puissantes d'aujourd'hui, mais hélas ! douée d'une influence malfaisante »...

« Lorsque Rossellini, le pilleur d'amour, est rentré à Rome savourer son triomphe, ce n'est pas le scalp de Mrs. Lindstrom qu'il emportait à sa ceinture en gage de sa conquête ; c'était son âme même. Mrs. Petter Lindstrom a mis au monde deux enfants — l'un n'a pas de mère ; l'autre est illégitime. »

Inclus dans son discours pour être conservés dans les archives du Sénat se trouvaient douze extraits de presse, plus cinglants les uns que les autres, et dont l'un était dû à la plume de Jay Carmody, le critique du *Washington Star* : « C'est une œuvre tristement inepte, à l'intrigue dénuée de sens, à l'interprétation grotesque, à la mise en scène confuse, et profondément ennuyeuse... Comme chant du cygne de Miss Bergman, mieux vaut l'oublier aussi vite que possible. »

Mr. Johnson admettait volontiers que Miss Bergman avait été son actrice préférée... « C'était une personne douce et intelligente, dont l'émouvante personnalité séduisait chacun, aussi bien à la ville qu'à l'écran. Dieu s'est montré très bon envers Ingrid Bergman. » Mais souffrait-elle de « schizophrénie, cette redoutable maladie mentale » ? Était-elle la victime « de quelque influence hypnotique » ?... « Son attitude monstrueuse à l'égard de sa propre fillette trahit à coup sûr une anomalie mentale... Selon notre loi, aucun étranger coupable de turpitude n'est autorisé à mettre le pied sur le sol américain. De son propre chef, Mrs. Petter Lindstrom s'est exilée d'un pays qui lui a témoigné beaucoup de bonté. » Enfin, il concluait : « Si, par suite de la dégradation liée à *Stromboli*, la décence et le sens commun peuvent être rétablis à Hollywood, Ingrid Bergman n'aura pas détruit sa carrière en vain. De ses cendres pourrait renaître un meilleur Hollywood. »

*
* *

Voilà où j'en étais, durant cette année sainte, avec l'enfant que je venais de mettre au monde. De partout, mais surtout des États-Unis, des vagues de haine parvenaient jusqu'à nous. A Rome, pleine de touristes et de pèlerins, de tapis et de drapeaux accrochés aux fenêtres, j'étais la femme qu'on montre du doigt.

Désormais, tout se résumait à une simple question de survie physique et mentale. J'avais une nouvelle famille, une nouvelle existence. J'étais décidée à être une femme ordinaire qui prend soin de son ménage et de son enfant. J'avais aussi la famille de Roberto, sa sœur Marcella et la fille de celle-ci, Fiorella, un peu plus âgée que Pia et qui était pour moi comme une seconde fille.

Pour échapper à la chaleur de cet été brûlant, Fiorella est venue s'installer avec moi à Fiuggi, dans les montagnes proches de Rome. Elle faisait de son mieux pour éloigner les photographes en leur jetant des pierres. Bientôt, elle est devenue si adroite que je commençais à avoir peur. J'essayais de la calmer ; je lui disais : « Fiorella chérie, après tout, ils ne font que leur travail. » Mais, inlassablement, elle continuait à lapider l'ennemi.

Roberto avait acheté, à Santa Marinella, une grande maison située au bord de la mer à une soixantaine de kilomètres de Rome. Mais je n'étais pas autorisée à y aller, parce que des générations de « mamma » avaient décrété que l'air marin n'était pas bon pour les jeunes enfants — il était nocif pour les oreilles, le cerveau, ou quelque chose comme ça. Je trouvais ça complètement idiot, mais j'étais une nouvelle venue et je ne voulais pas me mettre à discuter. Roberto travaillait toujours comme un forcené à ses *Onze Fioretti de François d'Assise*, et on ne se voyait pas beaucoup. Quand il montait à Fiuggi, j'entendais de loin les vrombissements de sa Ferrari. Il m'embrassait, embrassait Robertino, et s'endormait presque aussitôt après. Tôt le lendemain matin, il fallait déjà qu'il reparte pour Rome.

Petter avait dû se faire naturaliser pour pouvoir ouvrir son propre cabinet, et il était citoyen américain depuis le 1er novembre 1949. Pour moi, je n'avais jamais vraiment désiré abandonner ma nationalité suédoise. Petter s'en étonnait : « Tu n'as pas l'intention de retourner vivre en Suède, tu aimes les États-Unis, alors pourquoi ? » Je répondais : « Je ne sais pas vraiment. Tout ce que je sais, c'est qu'aussi longtemps que la Suède existe, je n'aurai aucun plaisir à être américaine. » Il avait donc fait sa demande sans moi.

Avec ma nationalité suédoise, je désirais maintenant divorcer d'un Américain vivant en Californie pour épouser un Italien dont le mariage avait été annulé. J'imagine que c'est pour ce genre de complication que les avocats ont été inventés.

Première difficulté, le certificat de naissance. Le monde entier savait que j'avais donné le jour à un garçon de sept livres dont le père — comme il l'avait lui-même admis devant la presse — était Roberto Rossellini. La déclaration de naissance ne pouvait-elle être rédigée conformément à des faits aussi bien établis ? Pas du tout ! Aux yeux de l'administration, tant que j'étais mariée, seul Petter pouvait être le père de l'enfant. Si je voulais pour

Robertino un acte d'origine qui corresponde à la réalité, il fallait que je me débrouille pour être divorcée avant que ne s'achève le délai légalement prévu pour enregistrer une naissance. C'est donc à ce problème que nous avons commencé par nous atteler.

Petter ne se montrait pas pressé. Il voulait que le divorce soit réglé en Californie en accord avec le droit américain et selon ses désirs. En outre, il pouvait considérer comme illégal un divorce prononcé en Europe. Nous avons essayé partout, mais notre seul espoir semblait le Mexique. C'est donc là qu'appuyée par des avocats j'ai fini par introduire ma demande, sous prétexte de cruauté mentale, de non-assistance et d'incompatibilité d'humeur. Le 9 février, un télégramme m'annonçait que le divorce m'était accordé et que Roberto et moi nous pouvions épouser qui bon nous semblait.

Mais le 9 février, c'était déjà trop tard pour le certificat de naissance. Il avait fallu l'établir avant, et pour éviter que Petter ne soit considéré comme tel, Roberto s'était lui-même fait enregistrer comme père de l'enfant tandis que la rubrique concernant la mère stipulait que « son identité serait révélée ultérieurement ».

Prochaine étape, le mariage. Pas plus que les États-Unis la Suède ne reconnaissait un divorce par procuration prononcé au Mexique. Selon la loi suédoise, j'étais donc toujours mariée à Petter, et l'Italie n'autoriserait pas de mariage civil aussi longtemps que je ne pourrais produire un document de mon pays attestant que j'étais divorcée. Devant cette impasse, il a donc fallu recourir une fois de plus au Mexique et aux avocats. Marcello Girosi, un producteur romain qui comptait parmi nos grands amis, a accepté d'aller me représenter au Mexique, où devait avoir lieu un simulacre de mariage. La situation était absolument grotesque : deux hommes, jouant le rôle du fiancé et de la fiancée, prononceraient pour nous les paroles rituelles : « Toi, Ingrid Bergman, je te prends pour être mon épouse devant la loi », et « Toi, Roberto Rossellini, je te prends pour être mon époux devant la loi. »

Le jour où devait avoir lieu cette étrange cérémonie, Marcello m'a téléphoné pour me dire l'heure exacte, car je voulais qu'au moment précis où ils échangeraient les « Oui », Roberto et moi puissions avoir l'impression d'être en communion avec eux dans la petite église que j'avais choisie.

Pour le soir, j'avais convié quelques amis à la maison : Amidei, Fellini et Liana Ferri. Ils ne savaient pas pourquoi ils étaient invités ; ils croyaient venir à un dîner tout à fait ordinaire. Et puis le téléphone a sonné. C'était Roberto. Comme d'habitude, il m'annonçait qu'il était retenu au studio. J'étais folle. Je savais que l'église fermait ses portes pour la nuit, et j'avais peur que nous arrivions en retard. Ça n'a pas manqué. Mais nous en avons trouvé une autre — une église minuscule et ravissante tout près de la Via Appia. Je m'y suis agenouillée, Roberto a pris ma main, et nous sommes rentrés à la maison pour annoncer à nos amis que nous étions mariés et sabler le champagne.

Bien sûr, durant toute cette époque j'avais bien des difficultés avec la langue. Ensemble, Roberto et moi nous parlions le français. Je le parlais mal, mais c'était encore le meilleur moyen de nous comprendre. C'était également la langue que j'utilisais avec ses amis et sa sœur mais, naturellement, ils finissaient toujours par se lasser et par revenir à l'italien. Je protestais : « Allez, expliquez-moi pourquoi vous riez. » La conversation reprenait un moment en français, puis de nouveau c'était l'italien...

Et un jour, brusquement, je me suis rendu compte que je suivais la conversation. On était passé du français à l'italien sans même que je m'en aperçoive. A partir de ce moment-là, je me suis mise à étudier la grammaire avec Marcella, et je me suis lancée à l'eau. Je n'ai jamais pris de vraies leçons, j'apprenais d'oreille ; mais le fait de parler quatre langues — le suédois, l'anglais, l'allemand et le français — m'a certainement beaucoup aidée.

J'aimais beaucoup la mère de Roberto. Elle était petite, elle portait de grosses lunettes, et elle était légèrement dure d'oreille. Elle m'aimait bien, parce qu'avec ma grosse voix elle n'avait aucune peine à me comprendre : jamais elle n'avait aussi bien compris aucune de ses autres belles-filles. Nous sommes devenues très très bonnes amies. C'était une femme adorable, bien élevée, qui avait épousé le père de Roberto, un beau jeune architecte, peu de temps après l'avoir rencontré à Venise, alors qu'elle était encore toute jeune. Ils étaient très riches, et le père gâtait terriblement ses quatre enfants, dont Roberto était l'aîné. Roberto avait eu une suite de gouvernantes anglaises qui étaient censées lui apprendre leur langue ; mais étant ce qu'il était, il avait renversé les rôles : elles étaient toutes rentrées chez elles en parlant parfaitement l'italien tandis que lui ne savait toujours pas un seul mot d'anglais. Il y avait de l'argent pour les vacances, pour les gouvernantes, de l'argent pour tout. Un jour, Roberto est arrivé à la maison en demandant à son père : « Est-ce que tu peux me donner de quoi payer le taxi qui m'attend dehors ? » « Bien sûr, mais d'où est-ce que tu viens ? » « De Naples », a répondu Roberto. C'était à deux cent cinquante kilomètres, mais le père a trouvé ça très drôle et lui a tendu l'argent en riant.

Roberto a toujours vécu royalement, et quand son père est mort, laissant ses enfants sans rien leur avoir appris qui leur permette de *gagner* leur vie, il a continué à dépenser son argent comme avant, jusqu'à ce qu'il n'y ait pratiquement plus rien.

Autrefois, ils occupaient près de la Via Veneto une énorme maison pleine de voitures, de domestiques et d'invités. Bien souvent, Mamma Rossellini connaissait tout juste la moitié des gens qui se trouvaient à sa table. Roberto était exactement pareil et, à Santa Marinella, il arrivait fréquemment que je ne sache pas qui nous recevions. Alors, sa mère m'encourageait : « Vous êtes parfaite. Moi, je ne supportais pas toujours. Plus d'une fois je suis rentrée à Venise pour me réfugier chez ma mère. »

Oui, elle était charmante, la mère de Roberto. Et elle m'a beaucoup aidée. C'était une catholique fervente. Chaque dimanche elle allait à l'église, et elle récitait ses prières tous les matins et tous les soirs. Alors que Roberto était tout petit, il était tombé très malade et avait dû subir une dangereuse opération : il avait une pleurésie. Sa mère, qui à l'époque n'avait que vingt-huit ans, est allée à l'église pour y faire un vœu : si Roberto se rétablissait, elle s'habillerait en noir pour le restant de ses jours. Roberto s'est remis, et elle n'a plus jamais porté que du noir.

Elle croyait fermement en la puissance de Dieu et de l'Église. Quand Roberto a commencé à se battre avec RKO à propos de *Stromboli* et qu'il a attaqué la compagnie à la fois pour des questions d'argent et pour la façon dont elle avait massacré le film, sa mère a voulu l'aider de la seule manière qu'elle connaissait : elle s'est rendue à l'église pour faire un nouveau vœu. Cette fois, si son fils l'emportait, elle renoncerait aux fruits. Heureusement pour elle, c'est RKO qui a gagné, et elle a pu recommencer à manger des fruits sans aucun scrupule.

C'est elle qui m'a parlé, qui m'a dit : « J'espère que vous laisserez les enfants devenir catholiques puisqu'ils vivent et seront élevés en pays catholique. » Le conseil était sensé, et pour elle, j'étais toute prête à accepter. Roberto, lui, n'a jamais cherché à m'influencer. D'ailleurs, ses sentiments religieux n'étaient pas plus développés que les miens. Je me souviens qu'un jour de l'année sainte, comme il essayait de passer avec la Ferrari dans une rue encombrée de monde et que je lui demandais ce qui se passait, il m'a répondu : « Ils fabriquent sans doute encore un de leurs damnés saints. » Ça m'a fait rire. Vis-à-vis de la religion, il avait une attitude curieusement pratique. Parmi ses amis les plus proches, il y avait des prêtres et des moines ; il les admirait, leur compagnie lui plaisait, il aimait beaucoup parler avec eux ; jamais il ne songeait à critiquer leur foi. Il voyait très bien les limites de la raison. « La raison, disait-il, oui, j'y crois. Mais j'admire les gens qui ont la *volonté* de croire aux miracles. En soi, c'est déjà une religion. »

Pour finir, nous avons pris l'habitude de passer l'hiver à Rome, Viale Bruno Buozzi, et l'été à Santa Marinella. Malgré l'ampleur de la maison et les dix pièces de l'appartement, je n'avais pas grand-chose à faire. Il y avait une foule de domestiques, et les courses, la cuisine, les lits et le ménage étaient leurs domaines réservés. Cependant, grâce à mon œil de Suédoise, je trouvais toujours à ôter quelques grains de poussière qui avaient échappé à leur vigilance.

Roberto continuait à vivre comme un millionnaire. Il vendait ses droits ici et là, trouvait de l'argent d'un côté et le dépensait de l'autre. Fiorella m'a raconté un jour l'histoire d'un banquier qui, après lui avoir accordé un prêt de vingt millions de lires au terme d'un dîner où il s'était trouvé placé face à lui, avait juré de ne plus jamais approcher Roberto de sa vie tant il était persuadé d'avoir été hypnotisé.

A Santa Marinella, il y avait un immense jardin planté de palmiers et de pins, et pour échapper au soleil, de longues galeries. Les garages abritaient généralement quatre ou cinq voitures, et il y avait un peu partout des chiens et des poules, sans parler des domestiques. Et sans parler des invités. Une ligne de chemin de fer longeait la côte, et lorsqu'un train passait, les passagers nous faisaient signe. Nous faisions partie du paysage touristique, et nous leur rendions volontiers leurs saluts.

J'ignore comment Roberto réussissait à s'en sortir : il était si généreux avec tout le monde. Chaque lundi, je lui demandais de l'argent pour le ménage. Parfois, j'ajoutais : « Et puis il va falloir que j'achète une nouvelle paire de chaussures. » « Je t'en prie, rétorquait-il, tu ne vas pas t'en acheter qu'une paire : achètes-en *six*, ça te gagnera du temps. »

Il était très généreux quand il avait de l'argent, et tout autant quand il n'en avait pas. Il aurait donné sa chemise. Le problème, c'est qu'il aurait tout aussi bien donné la chemise d'un autre.

Il y avait chez lui une curieuse contradiction. Il adorait les classes laborieuses, le *peuple*, à qui il a consacré la plupart de ses films. Mais quand il s'agissait de régler de modestes factures ou de faire pour de petites gens ce dont ils avaient réellement besoin, il n'était jamais pressé, il avait tout son temps. Et ce qui m'étonnait le plus, c'est que ces mêmes gens acceptaient. Ils ne faisaient *rien* pour que les choses changent. Plus d'une fois j'ai dit à l'un d'eux : « Mais enfin, faites-vous payer, envoyez-lui votre facture, et s'il ne vous règle pas, mettez-le aux poursuites ! A votre place, je n'hésiterais pas. » Avec un regard étonné, ils me répondaient : « Voyons, je ne peux pas faire ça au Commendatore Rossellini. »

Quand on l'appelait « Commendatore », Roberto était furieux. « Je ne suis *pas* Commendatore », protestait-il. « Mais c'est tout comme, Commendatore, c'est tout comme. » Que répondre à cela ? On ne pouvait pas adresser une facture au « Commendatore », plutôt mourir de faim que d'en arriver là. Ça me rendait folle. Et j'avais toutes les peines du monde à obtenir de Roberto qu'il s'occupe de payer tous ces gens qui dépendaient de lui.

C'est vrai, il y avait chez Roberto quelque chose qui inspirait la gratitude. Il avait eu tel geste, il vous avait regardé de telle façon pour vous faire comprendre que lui aussi avait trouvé drôle ce que vous veniez de dire, qu'on avait l'impression d'avoir remporté un oscar et envie de l'en remercier. La plupart du temps, il émanait de lui une telle chaleur qu'on était complètement désarmé.

Mais il lui arrivait aussi de se conduire avec un sans-gêne incroyable. Avec les Rubinstein, par exemple. A Beverly Hills, ils habitaient juste à côté de chez nous. Pia et moi, nous étions très impressionnées, et quand il s'exerçait, nous nous installions tout près de la haie pour l'entendre. Ensuite, nous avons lié connaissance, et Petter et moi avons été invités à dîner. Alors que je vivais à Rome avec Roberto, Arthur Rubinstein est venu donner un concert. Je m'y suis rendue et, à la fin, je suis allée le saluer dans sa loge. Il était avec sa femme, et tous deux semblaient ravis de me revoir. C'est ce qui m'a donné le courage de leur proposer de venir un soir dîner à la maison. Tout de suite, ils ont accepté.

« Oh ! oui, nous sommes fatigués de tous ces banquets... Ce serait formidable.

— Merveilleux ! Renzo, le frère de Roberto, est un compositeur. Je l'inviterai avec sa femme.

— Formidable, formidable ! »

J'en ai parlé à Roberto, et il a trouvé que j'avais eu une excellente idée. Arrivent Renzo et sa femme. Arrivent Rubinstein et la sienne. Mais pas de Roberto. On sert un premier verre, puis un deuxième ; au troisième, je commence à m'inquiéter et je téléphone au studio. Roberto me répond : « Oui, qu'est-ce qui se passe ?

— Est-ce que tu as oublié que ce soir nous avions Arthur Rubinstein et sa femme ? Nous t'attendons pour passer à table, nous en sommes au troisième martini... tu ferais bien de te dépêcher.

— Il n'est pas question que je vienne maintenant. Je suis en plein montage. Je rentrerai aussitôt que je pourrai. »

Je suis allée retrouver mes invités et, de l'air de l'hôtesse qui a la situation parfaitement en main, j'ai annoncé : « Roberto aura un peu de retard. Mais qu'à cela ne tienne, nous allons nous mettre à table, il nous rattrapera en cours de route. »

Et nous sommes passés dans la salle à manger. Après le jambon et le melon, nous avons attaqué les spaghetti. Mon regard revenait sans arrêt au siège vide. N'y tenant plus, je suis retournée téléphoner : « Voyons, Roberto, nous sommes à table. Laisse tomber ton travail. Nous recevons *Arthur Ru-bin-stein*. Il nous consacre sa seule soirée de libre et il a très envie de te connaître.

— C'est bon, c'est bon, j'arrive dès que je peux. »

Retour à table. Après le plat principal, nous passons au dessert. La conversation commence à s'épuiser. Je ne sais plus que dire. Et mes hôtes s'inquiètent poliment : « Qu'est-ce qui peut bien retenir Roberto si longtemps ? » J'invente les plus plates excuses. L'atmosphère devient de plus en plus pesante. Enfin, nous retournons au salon pour prendre le café. Au même moment, nous voyons entrer Roberto : il traverse le hall et il va tout droit dans la chambre à coucher.

Ouf ! il est enfin là. « Allons nous installer... il nous rejoindra pour le café. » Et nous nous installons, nous buvons le café. Et Roberto n'arrive toujours pas. Je m'excuse encore : « Je vais voir ce qui se passe. »

Il s'est mis au lit. « Qu'on me fiche la paix, j'ai mal à la tête !

— Je n'en peux plus, Roberto. Je vais mourir. Jamais je ne pourrai leur expliquer que tu es allé te coucher.

— Tu n'as qu'à rien leur dire. Dis-leur que je ne suis pas rentré.

— Mais je leur ai déjà dit que tu étais là ; ils t'ont même vu rentrer !

— Alors dis-leur que je suis malade. Je suis malade, c'est vrai. »

J'y suis retournée. J'ai réuni tout ce qui me restait de force et tout mon talent de comédienne pour déclarer de façon aussi naturelle que possible : « Je suis terriblement confuse, mais il ne se sent pas bien. »

Ils ont poussé un « oh ! » de sympathie. « Quel dommage ! Nous sommes désolés. »

Et puis je me suis rassise, persuadée que ma déconfiture devait maintenant se lire clairement sur mon visage, quand tout à coup j'ai vu Roberto entrer dans le salon, la mine contrite et les bras grands ouverts :

« Maestro ! »

Il s'est précipité vers Rubinstein et il l'a embrassé. Ils sont littéralement tombés dans les bras l'un de l'autre et, jusqu'à quatre heures du matin, ils n'ont pas arrêté de parler — c'est tout juste s'ils prenaient le temps de respirer. Ils s'adoraient, je ne pouvais plus les séparer... j'ai cru que j'allais avoir une attaque... je crois même que j'y aurais pris un certain plaisir...

Et puis, bien sûr, il y a eu la fois-que-je-n'oublierai-jamais, la seconde visite de Hedda Hopper. Elle voulait venir nous voir à Santa Marinella. J'en ai discuté avec Roberto. Je lui ai dit : « Après ça, peut-être que les journaux cesseront de raconter que je suis malheureuse, que tu es épouvantable, que tu es un monstre, que tu as détruit ma carrière. Elle se rendra compte que ma vie est agréable. Elle verra que j'habite une belle maison, un endroit magnifique. Elle rencontrera les enfants. Et puis on lui fera un très bon déjeuner, des fruits de mer, du poisson...

— Si tu crois que ça peut arranger les choses, moi je veux bien.

— Mais il faudra que tu sois gentil, que tu lui parles. J'aimerais tant qu'elle soit séduite.

— Mais bien sûr que je lui parlerai. Ne t'inquiète pas. »

Il a envoyé sa Rolls la chercher, et elle est arrivée. Aussitôt que Roberto l'a vue, il l'a prise en grippe. Elle lui déplaisait souverainement. Il a donc décidé de ne pas ouvrir la bouche. Il était assis et fixait la mer comme s'il s'y passait quelque chose de fascinant. Après avoir bavardé un moment avec moi, elle s'est tournée vers lui pour lui parler. Mais à toutes ses questions, il répondait : « Hein ? Je n'ai pas compris » ou « Je ne sais pas », et à nouveau il regardait la mer. « Quoi ?... Je ne discute pas de ces choses-là. » « Comment ?... Non, aucune idée. » Elle a tout essayé, le mariage, comment ça se passait entre nous, si nous souffrions de la situation, si nous pensions retourner un jour en Amérique. Mais rien — il n'avait pas compris, il ne répondait pas à ce genre de questions, il ne savait pas de quoi elle voulait parler. Et finalement, il est parti !

Et je suis restée seule avec elle. Après ça, elle a écrit un papier très méchant, où elle répétait que j'étais malheureuse, que je pleurais, que je rêvais de rentrer aux États-Unis ; lorsqu'elle m'avait quittée, j'étais en larmes. Pourtant, Dieu sait que c'était faux. Dès qu'elle a tourné les talons, je me suis mise à crier après Roberto et je lui ai dit ma façon de penser. Mais lui s'est contenté de répondre : « Des femmes comme ça, je ne leur parle pas. Je ne savais pas que c'était une telle garce. »

Et moi : « Je t'avais pourtant averti. Je t'avais pourtant dit d'être gentil pour qu'elle écrive un bel article.

— Mais qu'est-ce que tu veux que ça me fasse ? Qui peut se soucier de ce qu'elle pense ou de ce qu'elle écrit ? »

Avec lui, la question était vite réglée — il n'y avait pas à s'inquiéter !

CHAPITRE XVIII

Au milieu de l'année 1950, j'ai fait une découverte importante. Il fallait que je recommence à tourner, car nous avions besoin d'argent. Il fallait que je me remette au travail et que Roberto travaille avec moi. Les gens le critiquaient de ne pas m'employer. « Tu n'es pas fou, non ? On dirait un type qui a un bifteck devant lui » — le bifteck, c'était moi — « et qui a perdu ses dents. Si Ingrid et toi vous travaillez ensemble, tu pourras trouver tout l'argent que tu veux. »

*
* *

A mesure que le temps passait, la position d'Ingrid au box-office continuait de s'effrondrer, et la liste des productions qu'elle avait contribué à ruiner s'allongeait. *Arc de Triomphe* avait été un four. Après *Jeanne d'Arc*, les studios « Enterprise » durent fermer boutique. Les films « Sierra », lancés par Walter Wanger et Victor Fleming et associés à EN, la compagnie d'Ingrid, suivirent le mouvement. Les films « Transatlantic », créés tout spécialement pour financer *Les Amants du Capricorne*, étaient eux aussi en train de sombrer. Et dans l'entourage de Rossellini, personne n'allait faire fortune avec *Stromboli* à moins d'un vrai miracle.

Au début de l'année, Ingrid avait écrit à MCA, ses agents, pour annoncer qu'elle ne renouvellerait pas son contrat : étant donné qu'elle n'avait aucune intention de retourner aux États-Unis, elle n'avait plus besoin d'un agent américain. « A RKO, ajoutait-elle, personne n'a eu la courtoisie de m'informer ou d'informer Mr. Rossellini de ce que la maison pensait de *Stromboli*, mais nous avons appris indirectement qu'on jugeait le film excellent tout en s'occupant de le couper et de le transformer pour en faire une de ces salades dont RKO a le secret... »

Lorsque finalement *Stromboli* sortit à New York dans une version entièrement désavouée par Rossellini, le *New York Times* qualifia le film d'« incroyablement faible, inarticulé, plat et banal à faire peur ». Selon le *Herald Tribune*, « il n'y a aucune profondeur dans l'interprétation d'Ingrid Bergman, aucun dynamisme dans la mise en scène de Roberto Rossellini. Il serait vain d'y chercher un sens quelconque ou une quelconque émotion. *Stromboli* n'a pour lui que la publicité dont il a fait l'objet. En tant que film, c'est un gaspillage de talent et de temps ».

Variety rapporta que les exploitants américains avaient déclaré qu'ils projetteraient *Stromboli*, mais que, si le film ne faisait pas recette, ils le boycotteraient « sous prétexte de moralité ».

Ingrid était écœurée. Cependant, à l'époque, son principal souci n'était pas le cinéma, mais son petit garçon et Pia. Elle savait qu'aux yeux du monde elle avait abandonné sa fille, mais c'était un jugement qu'elle se refusait à accepter, et elle cherchait désespérément à alléger les peines de Pia. Ce qui n'était pas facile. En effet, Petter avait entamé une procédure en divorce aux États-Unis, et tant que le tribunal ne se serait pas prononcé, les journaux continueraient leur polémique.

Les lettres que lui adressa Peter Wegner, un réfugié tchèque avec qui ils avaient vécu et que

Petter traitait comme son protégé, exacerbèrent encore les tourments d'Ingrid.

Il lui disait combien la maison était belle, que les fleurs étaient superbes, que l'aneth poussait. Il lui envoyait une photo de Pia pour lui montrer à quel point elle avait changé en l'espace de quelques mois. Il expliquait qu'elle avait l'air heureux et qu'elle ne parlait pas de ce qui se passait, mais qu'elle était « remplie d'émotions souterraines ». Un soir, après une journée très réussie où elle avait nagé et fait de la bicyclette avec les Vernon, elle s'était brusquement mise à pleurer, demandant pourquoi elle ne pouvait faire la même chose avec « papi et mamie ».

Quelques semaines après, Wegner annonçait à Ingrid qu'il ne pouvait tout simplement pas lui envoyer la lettre que venait d'écrire Pia, car celle-ci était à ce point aigrie par toutes les histoires que racontait la presse qu'elle ne trouvait rien à dire à sa mère que des méchancetés.

Ingrid entreprit de lui répondre aussi calmement que possible :

J'aimerais pouvoir vous expliquer mes sentiments à l'égard de Pia. Je N'AI PAS peur de son amertume ou des méchancetés qu'elle pourrait me dire. Je n'ai même pas peur de sa haine. C'est Pia, et c'est ma fille. Il n'y a rien la concernant et concernant ses réactions que je ne puisse supporter. Comprenez bien, vous n'avez pas à me protéger de ce qu'elle m'écrit. Si on me laissait savoir ce qui se passe dans sa tête, peut-être que je pourrais l'aider. Cette lettre « amère » que vous ne m'avez pas envoyée, c'était peut-être le premier contact que Pia et moi aurions eu. Peut-être aurions-nous pu commencer à parler en « adultes »...

Vous m'écrivez : « Vous qui étiez si sensible à l'opinion de chacun, vous êtes devenue tellement indifférente. » Oui, c'est vrai, et je remercie Dieu de m'avoir cuirassée, autrement je serais morte. J'ai suffisamment d'ennemis pour m'envoyer toutes les méchancetés que publient les journaux. Je viens justement de recevoir une nouvelle moisson d'articles... Je ne sais pas si j'ai la peau suffisamment épaisse, mais s'il le faut je suis sûre que Dieu me donnera un manteau de fourrure.

Dans toute affaire de divorce, il y a un problème : l'enfant. J'essaierai de me montrer aussi généreuse que peut l'être une mère. Mais il serait vain d'essayer de m'enlever Pia. Je n'ai jamais songé à l'enlever à son père. Il devrait réagir de la même façon. Sinon, tout finira par se retourner contre lui. Un enfant ne peut pas oublier sa mère. Quoi qu'elle fasse, elle reste sa MÈRE. Je suis convaincue que toutes ces souffrances finiront et finiront bien. Si je n'avais pas cet espoir, j'aurais bien du mal à vivre cette période. Quand ce sera fini, nous aurons traversé l'enfer, mais peut-être était-il nécessaire que nous passions par là.

Si vous pouvez amener Pia à m'écrire, je vous en serais reconnaissante, vous le savez. Mais ne la forcez pas. Laissons le temps passer ; peut-être que ces lettres sont pour elle un supplice. Laissons-la jouer, danser, et le jour viendra où elle VOUDRA m'écrire.

Croyez à mes meilleures pensées. J'espère que votre travail va bien, et j'espère que vous ne pensez pas, vous aussi, qu'il aurait mieux valu pour vous ne pas me connaître.

Elle avait déjà vainement demandé à Petter de laisser Pia venir passer quelque temps en Italie durant cet été-là. Maintenant, elle lui écrivait :

Naturellement, nous discuterons de la façon et de l'époque où Pia peut venir. Je détesterais qu'elle soit là pendant que je travaille. Cette fois, je serai AVEC elle. Lorsque les grandes chaleurs arrivent à Rome, il faut que j'emmène le bébé à la montagne. A cette époque-là, je peux l'avoir. Nous allons en parler, et tu dois comprendre que je ne ferai pour elle que ce qu'il y a de mieux. Qu'elle vienne maintenant ou dans dix ans, il y aura toujours des journalistes pour nous pourchasser, mais c'est l'endroit où il est le plus facile de leur échapper.

Si à Hollywood tu entends parler de quelqu'un qui vient en Italie, je te demanderai de lui donner certaines affaires pour moi. Les portraits de papa et de maman qui me manquent terriblement, et si possible celui de Pia. Un jour, je te demanderai aussi de m'envoyer tous ses prix. J'ai un tas de rayons vides. J'aimerais aussi avoir la madone que le père Doncœur m'a donnée. Mais, comme les vêtements et tous les effets personnels qui sont dans mes tiroirs, ça peut attendre. La seule chose qui pose un problème, c'est notre film 16 mm. J'espère que de temps en temps tu voudras bien me le prêter pour que je puisse voir à quoi je ressemblais dans ma jeunesse !

*
* *

Bien sûr, les journalistes et les photographes étaient tout le temps après nous. Quand nous étions au restaurant, il arrivait que quelqu'un passe derrière Roberto et lance une remarque que je ne pouvais entendre. En italien, c'est très facile de provoquer une querelle. Et Roberto se laissait très facilement provoquer. Tous les photographes le savaient. Et c'était beaucoup plus intéressant de prendre une photo de lui alors qu'il était en train de crier et de gesticuler, plutôt que tranquillement assis devant un plat de spaghetti.

A certaines lettres d'Amérique, il n'était pas possible de répondre. Comment pouvais-je leur faire ça, à *eux* ? *Eux* qui m'avaient mise sur un piédestal et donnée en exemple à *leurs* filles. Maintenant, que devaient-ils leur dire ? Comment leur expliquer que j'étais amoureuse d'un Italien ? Non, je n'arrivais tout de même pas à me sentir responsable de leurs filles. Et ces lettres, souvent hystériques, trahissaient chez leurs auteurs un tel déséquilibre que, manifestement, je ne pouvais rien pour eux.

Pour m'encourager, quelqu'un m'a expliqué que c'est parce que l'on m'avait trop aimée que cet amour s'était si rapidement transformé en haine. Peut-être était-ce Ruth ? En tout cas, elle m'a envoyé quelques lettres très sages.

Ingrid chérie... dans chacune de tes lettres tu te tourmentes à propos de toute cette publicité... Bien sûr, c'était horrible, mais ce n'est pas bon pour toi de ruminer ainsi... Ingrid chérie, l'amour quitte les gens de la même façon qu'il leur vient... La meilleure chose que tu puisses faire, c'est de te mettre honnêtement à la place des autres... et en tant qu'actrice, ça devrait t'être plus facile... Je ne veux pas dire par là que tu devrais changer quoi que ce soit... hors de ton attitude... mais je t'assure que si tu parvenais à voir les choses avec ton honnêteté, ta clarté et ta largesse d'esprit habituelles... tu serais moins malheureuse.

Tu me demandes comment réagit Petter... très bien, je peux te l'affirmer... il est plus calme... très pris par son travail... Je le vois de temps en temps... et alors il me parle essentiellement de Pia... et il ne dit *rien* de ce que je peux croire ou ne pas croire. Il connaît mes sentiments pour toi et il les respecte...

Ingrid chérie... je sais qu'en ce moment la vie est difficile, mais ça s'arrangera. Un jour mène à un autre, et si l'on sait s'en souvenir, on vient à bout de tout.

* *
*

Roberto et Ingrid se rendirent à Venise à l'occasion du festival. Tandis que la presse suédoise répétait sur tous les tons que le scandale était une atteinte à l'honneur national, *Stromboli* et *Onze Fioretti de François d'Assise* étaient vivement applaudis. Par ailleurs, ils apprirent que la demande en divorce introduite par Petter progressait sérieusement.

De Santa Marinella, le 6 octobre 1950, l'esprit toujours occupé par Pia, Ingrid écrivait à Petter :

Quoi que tu essaies de m'expliquer sur ce que sont ou ne sont pas mes droits sur Pia, je pense que tu sais aussi bien que moi que je ne peux pas la perdre. Elle est trop grande pour m'oublier. Plus tu voudras nous séparer, plus elle aura envie de me voir et d'être avec moi. J'ai des droits sur le papier tout comme toi. Et j'imagine qu'on peut les prendre à contresens ou les interpréter ainsi que tu le fais toi-même. Mais à quoi bon, Petter ? A la longue, tu sais que ce que tu réussiras, c'est à perdre l'enfant pour lequel tu te bats. Ça se passe toujours comme ça, les exemples le prouvent. Et j'ai tes lettres. Quand elle le voudra, elle pourra lire toute l'histoire. Tu dis qu'elle est indépendante, intelligente, et qu'elle « peut retrouver la vérité et les mobiles qui se cachent derrière les mots et les actions ». C'est parfait et j'en suis heureuse.

Le 1er novembre 1950, un tribunal de Los Angeles accorda à Petter Lindstrom le divorce qu'il avait demandé. Interrogé sur la rancœur qu'il pouvait éprouver à l'égard d'Ingrid, il répondit : « Je n'en ai aucune. Je regrette qu'elle se soit placée dans une situation maladroite et difficile. Outre qu'elle est très belle, je pense qu'elle a beaucoup de grandes qualités. »

Par ailleurs, Petter déclara : « J'étais très fier de ses succès, et je n'étais pas jaloux de ses compagnons. Elle a tourné environ neuf films en Suède et un en Allemagne sans que je songe à m'en mêler. Pendant toute sa carrière à Hollywood, je n'ai jamais mis les pieds sur un plateau sauf à deux reprises et très brièvement parce qu'il fallait que je lui laisse un message. Entre 1943 et 1950, je ne crois pas qu'elle ait passé plus de trois mois consécutifs dans notre maison de Californie. Elle était absolument libre de voir et de fréquenter qui bon lui semblait. Elle ne passait pas beaucoup de temps avec Pia, car je m'occupais d'elle et de son éducation, et je me rendais régulièrement à son école pour participer aux rencontres organisées entre maîtres et parents. »

Quant à laisser Pia voir sa mère : « Je serais ravi, dit-il, de l'emmener en Europe pour qu'elle puisse rencontrer sa mère. Mais je n'ai pas l'intention d'emmener ma fille en Italie. » D'ailleurs, il y avait des bateaux dans les deux sens, et Ingrid pouvait très bien venir elle-même en Amérique.

Touchant Pia, les conclusions du tribunal furent simples. Elle resterait en Californie sous la garde de son père et serait élevée là-bas. Elle passerait la moitié de ses vacances avec lui et l'autre avec sa mère, à condition toutefois que celle-ci vienne elle-même aux États-Unis. Ingrid était loin d'être satisfaite, mais pour l'instant, elle ne pouvait pas faire grand-chose.

Ingrid écrivit à Petter : « J'apprends que tu vends notre maison de Californie. Quel dommage ! Mais c'est vrai, même si tu l'aimes, même si tu apprécies le sauna, c'est peut-être pour toi la meilleure solution. Il doit être très difficile d'essayer de mener une nouvelle vie dans ce qui a été *notre* cadre... »

Ses avocats s'efforçaient de régler avec ceux de Petter les questions matérielles, mais cette tâche était d'autant plus difficile que John Vernon, qui s'était occupé des affaires financières d'Ingrid depuis son départ en Italie, avait brusquement disparu. On finit par le retrouver dans un hôpital de San Francisco souffrant de dépression nerveuse et d'amnésie. Peu après, Greg Bautzer découvrit que quatre-vingt mille dollars, qui semblaient s'être volatilisés, avaient été déposés au nom de John Vernon dans une obscure banque de Los Angeles. Enfin, des mois plus tard, on apprit qu'un homme, identifié comme étant John Vernon, s'était suicidé dans un hôtel de la ville, où il laissait une note importante.

Par lettre et par téléphone, Ingrid pressait Petter d'organiser une rencontre entre Pia et elle ; cependant, ce n'est pas avant juillet de l'année suivante qu'il crut pouvoir quitter son travail pour prendre des vacances en Suède. Après maints télégrammes et coups de téléphone, Ingrid se sentait incapable d'affronter la Suède, il accepta enfin de conduire Pia à Londres de sorte qu'elles se retrouvent là-bas.

Mais il restait encore des difficultés à résoudre. Pour que Pia puisse quitter les États-Unis, il fallait en faire la demande auprès du tribunal qui avait rendu le jugement du divorce. En outre, il fallait une autorisation spéciale pour prélever deux mille dollars sur le fonds qu'avaient institué Ingrid et Petter pour subvenir aux dépenses de leur fille. Les juges auxquels ces requêtes furent soumises redoutaient qu'en quittant la Californie l'enfant n'échappe à leur juridiction. Pour les rassurer, l'avocat de Petter répliqua que « toutes précautions seraient prises pour éviter qu'il se passe rien de fâcheux, et que Peter Lindstrom accompagnerait sa fille aussi bien en Angleterre qu'en Suède. »

La rencontre s'annonçait mal. Dès le départ, elle semblait placée sous de tristes auspices.

*
* *

Petter voulait que j'évite toute publicité ; il ne fallait pas que la presse soit au courant de cette rencontre. Ce serait très difficile, et plus difficile encore de quitter l'Italie, de traverser l'Europe et d'arriver à Londres sans être remarquée. Mais mes bons amis Sydney Bernstein, qui avait produit *Les Amants du Capricorne*, Ann Todd et David Lean, que nous avions rencontrés à Rome et qui maintenant étaient mariés, étaient prêts à nous aider de toutes les façons. J'ai pris le train de Rome à Calais, et sur le ferry je me suis enfermée dans ma cabine après avoir prié le capitaine de ne pas révéler ma présence à bord. Il n'en a rien dit. A Douvres, Sydney Bernstein m'attendait avec sa voiture, et nous sommes partis tout droit pour Londres, Ilchester Place, chez Ann et David. Bientôt, Petter est arrivé avec Pia.

Il y avait deux ans que nous ne nous étions pas vues, et nous étions toutes deux un peu intimidées, mais toutes deux très contentes. Cependant, notre bonheur n'a pas duré longtemps.

*
* *

David Lean lui-même a fait sous serment un compte rendu de cette rencontre destiné au tribunal qui siégerait l'année suivante en Californie pour statuer sur les droits de visite :

Mrs. Rossellini, le Dr. Lindstrom, Pia Lindstrom, Mrs. Lean et moi-même avons tous dîné chez nous ce soir-là, et nous avions préparé une chambre à coucher où Mrs. Rossellini et sa fille devaient passer la nuit. Le Dr. Lindstrom a demandé si nous avions également prévu une chambre pour lui, car il n'entendait pas laisser Pia dormir seule avec Mrs. Rossellini. J'ai informé le Dr. Lindstrom que nous n'avions pas de chambre pour lui, et je lui ai demandé s'il y avait quoi que ce soit que Mrs. Lean et moi-même puissions faire pour le rassurer de sorte qu'il laisse Pia chez nous avec Mrs. Rossellini en toute tranquillité. Le Dr. Lindstrom m'a déclaré que, s'il quittait la maison, il craignait qu'on ne le laisse plus rentrer. Il m'a expliqué que si un litige quelconque survenait en Angleterre il perdrait la garde de Pia aussi longtemps que ledit litige ne serait pas réglé. Pour alléger ses craintes, je lui ai demandé s'il accepterait de quitter la maison pour la nuit si je lui remettais une clef de la porte d'entrée. Le Dr. Lindstrom a accepté, et il a accepté de laisser Pia avec sa mère pour la nuit.

Quelque temps après que nous nous sommes couchés, mais j'ignore à quel moment au juste, le Dr. Lindstrom est rentré à la maison, et, à sept heures du matin, la cuisinière l'a trouvé dans le hall, d'où l'on peut à la fois surveiller l'escalier et la porte d'entrée.

A environ sept heures et demie, je suis descendu et j'ai trouvé le Dr. Lindstrom dans le hall. Je lui ai demandé s'il ne voulait pas venir dans la salle à manger, où il pourrait prendre un petit déjeuner. Le Dr. Lindstrom a rétorqué qu'il voulait rester dans le hall.

Petter n'était pas d'humeur à se montrer généreux envers Ingrid et ses amis. D'abord, il craignait que Pia ne se laisse entraîner en Italie. Par ailleurs, alors qu'il était sur le point d'obtenir une chaire en neuro-chirurgie, sa candidature avait été repoussée en raison du scandale associé à son nom.

Pour sa part, Ann Todd fit cette déclaration sous serment :

A la requête de Mrs. Roberto Rossellini, aux environs du 24 juillet 1951, j'ai intercédé auprès du Dr. Petter Lindstrom pour qu'il autorise Pia Lindstrom à retrouver sa mère ou qu'il autorise sa mère à emmener Pia au cinéma voir *Alice au pays des merveilles.*

Le Dr. Lindstrom a fini par accorder sa permission après que j'eus longuement protesté qu'il ne s'agissait pas d'un « piège » et que, s'il autorisait Pia à aller au cinéma avec sa mère, Pia lui serait rendue. Cette permission, il ne l'a accordée qu'à la condition que Pia et Mrs. Rossellini seraient accompagnées par ma fille, ma secrétaire et moi-même, ainsi que par une amie de Pia qui venait d'arriver à Londres.

Le lendemain, nous avons tous déjeuné, puis nous nous sommes rendus au cinéma, et après le film nous sommes tous revenus chez nous, 1, Ilchester Place, à Londres, où le Dr. Lindstrom est arrivé quelques minutes plus tard pour reprendre Pia, annonçant qu'un taxi les attendait dehors.

* *

C'est alors que je lui ai demandé si je pouvais être seule avec Pia. Petter m'a dit : « D'accord, on va aller à la campagne, chez Sydney Bernstein, et là tu pourras être seule avec elle. « Nous sommes donc descendus dans le Kent. Sydney était là avec sa femme et des amis. Visiblement, ils savaient que quelque chose se préparait, mais ils ont été très gentils et nous ont laissés seuls. Dans une pièce, il y avait un poste de télévision ; nous y avons mis Pia pour qu'elle puisse la regarder, et Petter a dit : « Tu peux aller dans la salle de télévision, tu seras seule avec Pia ; moi, je me tiendrai dans la pièce d'à côté.

— Mais Pia va trouver cela tellement curieux... »
Je voulais que tout se passe aussi naturellement que possible pour qu'elle ne soit pas effrayée. Mais on s'est retrouvées toutes les deux à regarder la télévision tandis que Petter attendait à côté. Finalement, je suis allée lui dire : « C'est ridicule que tu restes là. » Une ou deux minutes plus tard, il est entré dans la pièce où nous étions, il est venu

derrière moi, et il m'a tranquillement annoncé :
« J'emmène Pia. Dis-lui adieu. J'ai décidé de partir.

— Quoi ? Mais on m'a promis que je passerais une semaine avec elle. Après deux ans, une semaine ce n'était déjà pas beaucoup.

— Peut-être, mais j'ai changé d'avis.

— Voyons, Petter, tu ne peux pas faire ça. Viens, je t'en prie, allons discuter dehors, pas devant Pia. »

Elle était si absorbée par la télévision que je ne crois pas qu'elle nous ait entendus. Nous sommes donc sortis dans le couloir. J'ai dit à Petter : « Non, vraiment, je l'ai vue deux jours à Londres et un jour ici, tu ne peux pas déjà l'emmener...

— C'est décidé, je pars pour la Suède. Tu n'avais qu'à venir là-bas, c'est là que je voulais que nous nous retrouvions.

— Mais je ne pouvais pas. Comment voulais-tu que j'aille en Suède, à Stöde ? Pour ton père, ç'aurait été une catastrophe. Essaie de comprendre, Petter. Je t'en prie, ne me fais pas un coup pareil. » Et je me suis mise à pleurer, ce que je ne voulais pas car je savais que ça impressionnerait Pia. Et Petter a commencé à me dire que j'avais gâché sa vie, qu'il aurait dû être nommé professeur depuis longtemps mais que le scandale l'avait arrêté en pleine carrière. Voilà comment je l'avais remercié de tout ce qu'il avait fait pour moi. Et moi, je n'arrêtais pas de répéter : « Arrête, je t'en prie, pense à Pia. »

Nous sommes repartis pour Londres. A Londres, Pia et Petter étaient à Mayfair, et moi à Half Moon Street ; j'avais pris un hôtel près du leur pour pouvoir leur rendre visite. Les souvenirs qu'a conservés Petter de cette période ne correspondent pas du tout aux miens. C'était affreux. Je me rappelle la dernière fois que j'ai vu Pia. Elle essayait d'être gentille, d'être gaie, comme si de rien n'était ; elle s'efforçait de ne pas montrer ce qu'elle ressentait, et moi de l'imiter. Je l'ai embrassée, je lui ai dit : « Nous nous reverrons bientôt. » Et je le pensais. Mais il devait se passer six longues années avant que nous nous retrouvions.

Quel gâchis ! Aujourd'hui, je ne cesse de répéter à ceux qui veulent divorcer : « Restez amis, sinon ce sont vos enfants qui en feront les frais. Séparez-vous si vous voulez, mais que vos enfants ne continuent pas à souffrir de vos disputes et de vos malentendus. »

*
* *

Le 10 septembre 1951, Ingrid écrivit à Irene Selznick de Santa Marinella :

Pia a été merveilleuse. Si calme à propos de tout cela. Si sereine. Elle parle de Roberto et du bébé sans la moindre tension. Quand on l'écoute, tout paraît simple et naturel. Elle m'aime (Dieu merci), mais peut-être qu'elle aime davantage son père parce qu'elle doit s'occuper de lui. Et elle est belle. J'étais émue aux larmes de la voir aussi adorable. Elle n'a rien contre l'idée de venir ici, elle en serait même ravie, mais elle comprend que ça ferait de la peine à Petter et elle me demande d'avoir de la patience.

*
* *

Pendant toutes ces années, j'ai écrit à Pia lettre sur lettre sans savoir si elle les recevait ou non. J'en gardais toujours un double. Je voulais qu'un jour elle puisse les lire afin de mieux comprendre. C'étaient des lettres où je parlais de la vie de tous les jours, de Robertino, des jumelles.

D'elle, je recevais des nouvelles par-ci par-là. Elle m'a écrit en décembre ; elle me racontait comment s'était passée la fête de Noël dans son école ; elle me disait qu'elle avait acheté une nouvelle robe, qu'elle apprenait un chant de Noël pour son père, que Walter Wanger avait tué un homme parce qu'il pensait qu'il était l'amant de sa femme !

Parfois, ses lettres étaient des lettres de reproches, ce que je comprenais parfaitement.

En février 1952, elle me remercia d'un pull-over que je lui avais envoyé, après quoi elle me reprochait d'avoir communiqué à *Look* une lettre personnelle et des renseignements inexacts. D'après l'article, tout semblait la faute de son père, alors que c'était moi qui étais partie, ce n'était pas lui. Elle me disait : « Pense un peu à ce qu'on raconte à l'école ! » Mais à la fête des mères, elle paraissait avoir oublié ses griefs. J'ai reçu une carte où elle m'écrivait que son oiseau avait pondu quatre œufs et que ses chatons étaient presque adultes.

* * *

Durant l'automne 1951, Roberto tourna *Europe 51*, une production Ponti-De Laurentiis. Le film racontait l'histoire d'Irene (Ingrid) et de George (Alexander Know), deux Américains établis à Rome dont le jeune fils se suicide parce qu'il croit que sa mère ne l'aime pas et ne le comprend pas. Selon le *New York Herald Tribune*, c'était une tentative courageuse. Dans le *New York Times*, Bosley Crowther écrivit qu'Ingrid Bergman vieillissait avec beaucoup de grâce, et que « son visage éternellement attachant » y gagnait en beauté. Mais le film n'ajouta pas grand-chose à sa carrière d'actrice. Et de nouveau, Ingrid était enceinte.

* * *

Nous avons fini le tournage au quatrième galop ; il fallait que tout soit terminé avant que ça se voie. Je suis devenue énorme. Pia avait douze ans et Roberto deux. Ayant déjà eu deux enfants, je ne comprenais pas pourquoi, cette fois-ci, j'étais comme un éléphant. Les médecins, qui n'entendaient qu'un cœur, ont décidé de me radiographier ; ils craignaient que l'enfant ne soit mal placé.

Le médecin est arrivé avec un sourire fendu jusqu'aux oreilles. J'ai tout de suite compris qu'il n'y avait pas de complications, et je lui ai demandé : « Combien ? » Il m'a répondu : « Seulement deux. » Il avait vu quatre pieds et quatre mains, mais ils étaient placés l'un derrière l'autre, et c'est pourquoi on n'entendait qu'un cœur.

Je ne pouvais pas attendre d'être de retour à la maison. J'ai téléphoné à Roberto de l'hôpital pour lui annoncer la nouvelle. Il a aussitôt averti *tout Rome* tant il était fier de ce qu'il avait fait — deux à la fois ! Moi, j'étais surtout inquiète : comment au monde se débrouillait-on pour s'occuper de deux bébés en même temps ?

Je suis devenue si grosse que je ne pouvais plus dormir du tout et que je ne trouvais plus rien à me mettre. A la fin, je ne pouvais même plus manger et j'ai passé le dernier mois à l'hôpital, où on me nourrissait au goutte à goutte. J'allais me promener sur le toit dans une immense robe. Les journalistes surveillaient d'en bas, et je leur faisais signe. Ils ne pouvaient photographier que mon visage lorsque je me penchais en riant pour les regarder. Ils me criaient : « C'est pour quand ? » Et moi je répondais : « Pour bientôt, j'espère... je commence à en avoir assez. »

Mais ils ne venaient pas. Les médecins commençaient à s'inquiéter parce qu'en principe les jumeaux naissent avant terme et que j'avais déjà dépassé la limite normale. Ils voulaient provoquer l'accouchement. J'ai téléphoné à Roberto — il était en train de tourner des extérieurs — et je lui ai dit : « Ce n'est pas possible. Nous n'avons pas le droit de choisir la date de leur naissance. Les étoiles, les signes astrologiques, les constellations, tout sera faussé. Le jour où l'on naît, c'est censé influencer les choses, non ? Leur horoscope ne sera jamais juste si c'est moi qui décide du moment où ils viendront au monde. Non, je préfère attendre. »

Roberto était tout à fait d'accord avec moi, mais les médecins ont alors entrepris de le convaincre que ces histoires de constellations, c'était secondaire — la situation était trop dangereuse. A son tour, Roberto m'a parlé, et j'ai compris que je n'avais pas vraiment le choix. Le lendemain matin, le médecin est arrivé avec sa piqûre. J'ai appelé Roberto :

« Le 18 juin, tu crois que c'est un bon jour ?

— Le 18 juin ? Mais bien sûr, c'est un très bon jour. Allez, vas-y ! »

* * *

Tandis qu'Ingrid attendait ses jumeaux, un nouveau drame se jouait de l'autre côté de l'Atlantique touchant les droits de visite à Pia. Ingrid avait jugé l'expérience de Londres si négative qu'elle avait décidé de régler la situation légalement. Elle chargea donc Greg Bautzer d'obtenir du tribunal l'autorisation qui permettrait à Pia de venir passer ses vacances de 1952 en Italie, à Santa Marinella. Pour Ingrid, c'était la requête la plus normale que puisse présenter une mère. Pour Petter, c'était un premier pas qui risquait de lui faire perdre Pia. Il n'avait aucune confiance en Roberto. Une fois sa fille en Italie, il risquait de ne jamais la revoir. Il fit donc opposition à la demande. L'affaire fut plaidée en juillet 1952 devant un juge femme, Mildred T. Lillie.

Le verdict dépendait entièrement des réactions de Pia elle-même. Sur ces réactions, Gregson Bautzer lui posa différentes questions :

« L'été dernier, en Angleterre, quand vous avez dit à votre mère que vous l'aimiez et qu'elle vous manquait, est-ce que c'était seulement par politesse ?

— Je ne crois pas que je lui aie dit qu'elle me manquait. Enfin... oui, peut-être. On s'est vues plusieurs jours et maman m'a demandé si j'étais heureuse.

— Et vous ne lui avez pas dit qu'elle vous avait manqué, que vous auriez bien voulu la voir ?

— Je ne crois pas que j'aie vraiment dit ça. Elle ne m'a jamais vraiment demandé : "Est-ce que je te manque ?" Et je ne lui ai jamais dit : "Oui, tu me manques." Et si elle l'a fait, je ne pouvais pas très bien lui répondre : "Non, je ne t'aime pas."

— Est-ce que vous n'avez jamais écrit à votre mère des lettres dans lesquelles vous lui disiez que vous l'aimiez ?

— Je signe mes lettres *"Love*, Pia".

— Et cette expression ne traduit pas les sentiments que vous lui portez ?

— Non, c'est une formule, c'est tout.

— Miss Lindstrom, vous comprenez bien de quoi il s'agit, vous avez compris ce que votre mère attendait de vous ?

— Oui, elle voudrait que je vienne en Italie. Et moi, je ne veux pas.

— Mais vous comprenez, n'est-ce pas, qu'elle ne vous demande pas de venir vivre avec elle ?

— Je l'ai déjà vue l'été dernier.

— Mais vous comprenez, n'est-ce pas, que votre mère ne demande pas à ce tribunal, ni à vous, que vous viviez avec elle ?

— Oui.

— Maintenant, si j'ai bien compris, quand vous signez vos lettres *"Love*, Pia", cela ne signifie pas que vous l'aimez vraiment ?

— Je n'aime pas vraiment ma mère. Je l'aime bien, c'est tout.

— Et elle ne vous manque pas ?

— Non.

— Et vous n'avez pas envie de la voir ?

— Non. Je préfère vivre avec mon père.

— Vous aimez beaucoup votre père, n'est-ce pas, Miss Lindstrom ?

— Oui.

— Vous avez rencontré M. Rossellini quand il vivait chez vous ?

— Oui.

— Avez-vous eu certaines conversations avec M. Rossellini durant cette période ?

— Puisqu'il vivait dans notre maison, j'imagine que j'ai dû lui parler, mais de ce dont nous parlions, je ne me souviens pas.

— Trouviez-vous que c'était un homme aimable, bien élevé ?

— Je ne me souviens pas. Je ne le trouvais rien du tout.

— Lorsque vous étiez avec lui, est-ce que vous avez remarqué, chez lui, des choses qui vous ont déplu ?

— Vous savez, je ne mangeais pas avec lui. Je mangeais seule, j'allais me coucher avant lui, alors je n'avais pas tellement l'occasion de l'observer.

— Que disait votre père, et que disiez-vous, vous, à propos de M. Rossellini ?

— Je ne me souviens pas de ce que nous disions. Nous disions qu'il aimait se tenir près de la cheminée et raconter à quel point il était religieux. Il empruntait de l'argent à mon père, et après, il m'achetait des cadeaux. »

A son tour, le juge intervint pour demander :

« Avez-vous le sentiment qu'en ce moment votre mère ne se soucie pas de vous ?

— En tout cas, je n'ai pas l'impression qu'elle s'en soucie beaucoup.

— Pourquoi dites-vous cela ?

— Eh bien, parce qu'elle ne semblait pas s'intéresser beaucoup à moi quand elle est partie. Il a fallu qu'elle parte, qu'elle se marie, qu'elle ait des enfants, pour que tout à coup elle ait envie de me voir. »

Gregson Bautzer reprit son interrogatoire :

« Miss Lindstrom, que vous connaissiez ou non très bien votre mère ou qu'à l'avenir vous ayez l'occasion d'apprendre à la connaître mieux, est-ce que vous l'aimez ?

— Non, pas beaucoup. Je veux dire, je l'ai vue suffisamment, je sais que je l'ai retrouvée, mais je ne l'ai pas vue assez pour l'aimer réellement. C'est surtout mon père qui s'occupe de moi, c'est surtout avec lui que j'ai vécu. »

Le juge Lillie conclut en déplorant l'énorme publicité faite autour de l'affaire et en analysant les réactions d'Ingrid et de Petter. Elle estimait que tous deux avaient péché par orgueil et par égoïsme. Elle reprochait au Dr. Lindstrom que sa bonne volonté se résumât à se plier aux décisions du tribunal, et à Miss Bergman d'insister pour faire valoir des droits qu'elle avait « payés et négociés ». Elle croyait légitime de prendre en considération l'opinion peu favorable qu'avait Pia du mari de la défenderesse, Roberto Rossellini. Par ailleurs, elle précisait : « Ni la loi ni ce tribunal ne prévoient rien qui puisse empêcher Miss Bergman d'exercer son droit de visite ici si elle le souhaite. » Il y avait un risque indéniable à envoyer un enfant chez un parent habitant l'étranger, surtout si cet enfant était mineur, s'il partait contre son gré, et contre la volonté du parent qui en avait la garde. « Les enfants ne sont pas des objets que peuvent se passer et se repasser les parents pour satisfaire leur vanité ou leurs désirs aux dépens des enfants eux-mêmes. »

Enfin, en guise de verdict, le juge Lillie déclara : « Le tribunal estime qu'il devrait y avoir au plus tôt une réconciliation entre l'enfant et la défenderesse. Dans l'état actuel des choses, il n'est pas souhaitable que l'enfant, mineure, quitte son domicile américain par ordre du tribunal et parte pour l'Italie le 15 juillet 1952. En conséquence de quoi, la demande de la défenderesse visant à obtenir la visite de son enfant en Italie est repoussée. »

Ingrid ne pouvant se déplacer elle-même pour défendre ses droits, Roberto avait prévu de la représenter devant le tribunal. Cependant, il était furieux qu'un témoignage écrit ne suffise pas. De l'hôpital, Ingrid écrivit à Mollie Faustman, l'une de ses plus vieilles amies suédoises :

Roberto a fait une demande de visa pour les États-Unis. Nous n'avons pas trouvé d'autre solution. A Washington, on ne voit aucun obstacle, mais cela prendra quand même quelque temps. Selon Petter, il ne sera pas admis.

Bien sûr, Roberto ne pourra pas être là avant la fin de l'affaire. L'avocat de Petter refuse tout ajournement : l'affaire a déjà suffisamment traîné ! Selznick et un tas d'autres amis ont accepté de témoigner. Selznick a parlé de Roberto comme si c'était un dieu — ou du moins Superman. Tout le monde est extrêmement gentil. Malheureusement, le juge refuse que Roberto ou qui que ce soit envoient d'Italie des dépositions sous serment. Elle veut que lui ou tout autre témoin se présentent en personne. Mais bon dieu, il ne peut tout de même pas emmener la moitié de l'Italie à Hollywood pour témoigner qu'il ne prend pas de cocaïne. Autrement dit, ta gentille, ta merveilleuse lettre ne servira probablement à rien. Mais je la garderai, et je t'en remercie de tout mon cœur — peut-être un jour en aurons-nous besoin. J'aimerais tant que papa Lindstrom puisse la lire.

Roberto a dépensé deux millions de lires en dix jours en frais de téléphone et de télégrammes. Un unique télégramme au juge a coûté mille dollars !

Je suis désolée de te donner tant de tristes nouvelles, mais mon cœur déborde. Toute ma tendresse, ma chère amie. Ingrid.

* *
*

Je désirais beaucoup une fille parce que Roberto avait déjà eu deux fils de sa première femme et un de moi. Il fallait donc que ce soit une fille, et j'avais choisi pour elle le prénom d'Isabella. Quant au second bébé, qui pouvait fort bien être un garçon, on verrait plus tard comment on le baptiserait. On m'a emmenée dans la salle d'accouchement, où Isabella est bientôt arrivée. J'ai dit au médecin : « Allez tout de suite avertir Roberto qu'il a une fille. » Après quoi le médecin est revenu en annonçant : « Il est ravi. » Il s'est assis à côté de moi sur un petit tabouret, et il a ajouté : « Maintenant, il ne nous reste plus qu'à attendre le suivant. » Et j'ai pensé, c'est vrai, mon Dieu, il va falloir recommencer !

« Encore une fille », a annoncé quelqu'un. Deux filles ! C'était merveilleux. Pour la seconde, c'est Roberto qui a choisi le nom : Isotta-Ingrid ; mais tout de suite on l'a appelée Ingrid.

J'ai été très déçue d'apprendre que Pia ne viendrait pas cet été-là. Elle me manquait terriblement, c'était comme une douleur physique. Enfin, j'essayais de m'accrocher à ce que disaient les gens qui venaient me voir et qui me répétaient : « Attends. Attends seulement et tu verras : les enfants reviennent ; ils reviennent toujours. »

**

Elle écrivit immédiatement à Pia pour lui annoncer la nouvelle :

Ma grande chérie — Maintenant, c'est passé. Imagine, deux bébés d'un coup, c'est vraiment un peu difficile à croire ! Les bébés vont bien ; ils mangent, ils dorment et ils crient tout à fait normalement. Ça n'a pas été trop pénible. Lorsque le premier est né, c'était très drôle de voir les médecins et les infirmières installés autour de moi pour attendre le second. C'était comme au théâtre : l'entracte au milieu de la pièce. Ces deux filles ne se ressemblent pas du tout, et je pense qu'en grandissant elles en seront contentes : on ne sera pas toujours en train de les comparer et de les confondre.

As-tu reçu mon télégramme ? Tu étais, bien sûr, la

première que je voulais avertir ; mais je ne sais presque jamais si tu reçois ce que je t'envoie, alors il faut bien que de temps en temps je te pose la question.

J'ai vu un article sur toi à la cérémonie de remise des diplômes, et tu portais des *talons hauts* ! J'ai failli tomber du lit — moi qui n'en porte pas encore ! J'espère que tu m'enverras une photo. Sais-tu que tu ne m'en as pas envoyé depuis l'Angleterre ? Je sais que papa prend des photos de toi. S'il te plaît, envoie-m'en une ! Est-ce que tu aimes la robe que je t'ai envoyée ? Elle est plus grande que les mesures que nous avons prises en Angleterre, mais en réalité, tu as l'air encore plus grande. Ma chérie, me diras-tu un jour si tu as reçu les fleurs pour ton diplôme et aussi la lettre que je t'ai écrite pour ta confirmation ? Il y a des lettres que tu seras heureuse d'avoir quand tu seras grande. Je le sais, car moi qui n'avais pas de mère du tout, j'ai été si contente que des amis de ma mère me fassent lire certaines lettres qu'elle leur avait écrites. C'est de cette façon-là que j'ai appris à la connaître.

Comme j'aimerais que tu puisses voir ces petits bébés ! Je sais que tu aurais grand plaisir à les connaître maintenant qu'ils sont encore tout petits. Robin, lui, est déjà un grand garçon. C'est pourquoi je voulais que tu viennes cette année. Maintenant, il va sans doute falloir que je fasse encore un autre bébé une fois que tu seras là ! Je regrette énormément que tu ne viennes pas — je suis sûre que tu comprends tout cela, et j'aimerais que tu saches que, moi aussi, je comprends tout ce qui te concerne. Je ne crois pas que personne ait besoin de nous expliquer quoi que ce soit. Ce que tu as dit au juge ne pouvait pas me faire de mal tout au fond du cœur ; ça m'a fait mal en surface et pour un moment seulement. Car un enfant ne peut faire de mal à sa mère, cet amour est trop grand, trop protecteur. Mais il faut que je continue à me battre pour défendre le droit que j'ai, moi aussi, de t'avoir chez moi. Il n'y a rien que je déteste comme l'injustice, et je me battrai jusqu'au bout de mes forces. Je t'envoie toute ma tendresse, et j'espère avoir bientôt de tes nouvelles.

P.S. Et la croix pour ta confirmation, est-ce que tu l'as portée avec la médaille ?

*
* *

En juillet, Pia écrivit qu'elle avait porté la croix lors de sa confirmation, et parla de déménager à Pittsburgh. C'est là qu'elle désirait passer l'été pour apprendre à connaître l'endroit. Elle ne voulait pas aller en Italie. Toute cette histoire de tribunal avait été complètement inutile. Elle aurait très bien pu dire elle-même à Ingrid qu'elle ne voulait pas venir cet été-là. A part ça, elle tenait sa mère au courant de la vie de sa petite ménagerie et lui parlait de ses divers passe-temps.

* * *

Comme je l'ai déjà dit, avec le recul je me rends compte qu'il aurait mieux valu que je rentre aux États-Unis, d'abord pour parler du divorce avec Petter, et ensuite pour aller voir Pia. Mais comment faire comprendre la force et la violence qu'il y avait dans la volonté de Roberto ? Un jour, Marta Cohn m'a dit : « Bien sûr, tu aurais dû partir. Tu aurais pu emprunter de l'argent et acheter un billet d'avion. » C'est vrai, j'aurais pu. Mais j'étais incapable de partir contre la volonté de Roberto. Emprunter de l'argent ou même en voler, oui, mais que se serait-il passé quand je serais rentrée ? Car je serais rentrée, c'est évident. J'avais maintenant trois enfants qui m'attendaient en Italie. Mais Roberto ne voulait pas le croire. En partant, je l'aurais trahi, et je ne serais jamais revenue... ou alors pour trouver une situation que j'aurais irrémédiablement gâchée.

* * *

Ingrid passa l'été 1952 à Santa Marinella, et tourna alors l'une des séquences de *Nous... les femmes*, un film concernant les amours, la vie et les problèmes quotidiens de différentes actrices célèbres, parmi lesquelles Ingrid, Anna Magnani, Alida Valli et Isa Miranda. Le sketch d'Ingrid racontait la façon dont elle se vengeait d'un poulet un peu trop empressé auprès de ses roses.

En août, elle reçut de Pia pour son anniversaire un essuie-mains qu'elle avait confectionné elle-même, et une lettre où elle lui racontait sa vie à Pittsburgh, qui, malgré la fumée, lui plaisait énormément, et où les enfants étaient bien plus gentils qu'à Beverly Hills.

Ayant beaucoup de temps libre, Ingrid en profitait pour écrire à tous ses amis ; mais parmi ses correspondants, Pia gardait une place privilégiée. Le 25 août 1952, elle lui envoya deux longues pages pleines de questions concernant ses leçons de tennis et de danse espagnole, la politique, Pittsburgh et tous ses animaux. Elle terminait sa lettre ainsi :

Je t'aime énormément, et j'espère que cet hiver passera très vite pour que l'été revienne et toi avec lui ! Maintenant, je vais faire un plongeon dans la mer — plouf !

Le 13 septembre :

Ma chère fille chérie — la prochaine fois, j'écrirai simplement : ma C.F.C. Bon anniversaire. J'espère que cette journée sera merveilleuse entre toutes, et bien sûr, que tous tes vœux se réaliseront. Te voilà si grande, ma petite fille ! Je dois être joliment vieille pour avoir une si grande fille. Quand j'ai fêté mes dix-neuf ans, je me souviens que j'ai été brusquement prise de panique à l'idée que j'étais si vieille et que bientôt j'entamerais une nouvelle décennie. C'est alors que j'ai fait le vœu de ne jamais avoir plus de dix-neuf ans, et crois-moi, ce vœu s'est réalisé. Aujourd'hui encore, malgré les apprences, je ne me sens pas plus de dix-neuf ans. Et j'espère que, quand j'aurai les cheveux gris, ce sera toujours la même chose. Le 20, je penserai à toi toute la journée ; il y aura des fleurs autour de ta photo, et moi et tous mes amis, nous t'enverrons des baisers. Ainsi, il ne faudra pas t'étonner si, à un moment ou à un autre, tu te sens étouffer.

Tous tes beaux cadeaux d'anniversaire m'ont rendue

très heureuse. L'essuie-mains que tu as brodé est ravissant, bien trop joli pour son usage. Mais il trouvera au mur une place d'honneur... Encore une fois tout mon amour et beaucoup de bonheur.

Le 27 octobre :

Chère Pia silencieuse, j'attends, j'attends toujours. Je ne sais même pas où tu vis, je n'ai que l'adresse de l'hôpital. Ne pourrais-tu me dire bientôt où tu habites et me donner aussi ton numéro de téléphone que je puisse à nouveau te parler ? Je ne t'ai plus parlé depuis si longtemps que cette fois je ne saurai plus que te dire. Tu sais comment ça se passe quand on ne se parle jamais, on ne sait plus que dire parce qu'on a trop à dire. Est-ce que tu comprends ce curieux raisonnement ? Si je te parlais tous les jours, j'aurais des millions de choses à te raconter. Maintenant, je serai tellement émue par ta voix que je vais me mettre à pleurer. Mais envoie-moi le numéro quand même !...

Le 31 décembre 1952 :

Ma si chère Pia, ma petite. Il est onze heures. Dans une heure, nous passerons dans la nouvelle année. Toute la famille est là avec les enfants, et je me suis échappée pour me réfugier dans mon petit studio et t'écrire. Je pense à toi tout le temps ; le fait qu'il y ait beaucoup de gens autour de moi ne change rien. Dans une heure, je lèverai un verre de champagne à ta santé et à celle de mes autres enfants, à tous ceux que j'aime, au monde entier, et je ferai des vœux et je prierai pour que cette année soit bonne, bonne pour le monde entier, bonne pour toi... Est-ce que tu te souviens quand, à minuit, papa et moi nous te réveillions ? Tu avais grandi, et tu avais le droit de rester avec nous. Maintenant, tu es si grande que j'ai peine à le croire. A minuit, nous dirons tous : « A Pia. » Et moi, avec tout mon amour, je dirai : « A ma fille chérie qui est loin de moi. » Ta maman.

De Rome, le 22 janvier 1953 :

C'était merveilleux de te parler au téléphone. La communication était si bonne que j'aurais pu ne jamais arrêter. Mais j'étais triste de ce que tu m'as dit ; je t'attendrai, toujours, toujours, tu le sais. Il y a beaucoup de choses qu'on écrit pour lesquelles je ne peux rien, Pia. Je t'ai déjà dit qu'aussi longtemps que je serai Ingrid Bergman ce genre de choses se produira. Tu ne peux pas espérer qu'on n'écrive rien sur moi et qu'on ne me photographie pas. Et tu n'as pas idée combien d'interviews je refuse chaque jour. J'essaierai d'être très prudente et d'en accorder encore moins. Mais je suis malheureusement un sujet d'articles, et je continuerai de l'être jusqu'au moment où je serai devenue une si mauvaise actrice que plus personne ne voudra parler de moi.

... Il y a encore autre chose que je dois te dire. J'ai demandé à mes avocats de Californie de ne rien entreprendre. Tu sais que j'en avais trois. Mais ils ne bougeront pas. Ne t'inquiète pas, mon enfant chérie. Je ne veux pas te faire de mal. J'aimerais seulement t'avoir auprès de moi une fois de temps en temps. Mais comment faire ? Si tu me dis que c'est possible, c'est bien. Le dernier avocat que nous avons trouvé est un homme très gentil. Il correspond exactement à ce que j'aurais souhaité avoir dès le début. Il a quatre enfants, et c'est un homme très compréhensif. Je lui ai demandé de profiter de son voyage de retour pour s'arrêter à Pittsburgh. Mais il m'a télégraphié pour me dire que papa ne pourrait pas le voir à ce moment-là. J'espère qu'un jour la chose s'arrangera... Mais n'oublie pas, Pia, jamais je ne ferai rien que tu ne veuilles pas. Comment le pourrais-je alors que je t'aime, que je pense à toi, et que je souhaite ton bonheur ? Si je me bats tant, tu vois, c'est parce que je crois que tu serais plus heureuse si tu connaissais la vie qui est la mienne ici autrement que par ouï-dire, si tu pouvais t'en faire une idée par toi-même. Et j'aimerais que tu connaisses ton demi-frère et tes demi-sœurs uniquement parce que je crois que tu en serais très heureuse. Tu rentrerais à Pittsburgh auprès de ton papa plus heureuse parce que tu nous sentirais plus proches et que nous aurions tellement plus de choses à nous écrire en attendant de nous revoir...

Pia se rappelle très clairement cette époque :

« Je me souviens que, face à cette situation, mon père était complètement anéanti. Et c'était très triste de voir par où il lui fallait passer. Pour lui, c'était terrible de continuer à travailler, de poursuivre sa vie d'hôpital et de chirurgien tout en lisant dans les journaux les pires ragots, les insinuations les plus ordurières. C'était une sorte de mauvais feuilleton. Sa vie entière était devenue un sujet de plaisanterie, et c'était d'autant plus pénible que sa profession était plus sérieuse. Un hôpital fonctionne d'une certaine façon, on s'y comporte de manière bien précise, il faut se conformer aux règles. Quoi qu'il arrive, il faut être là à six heures du matin pour travailler avec les autres — j'imagine à peine ce que ça a dû être. Mais je voyais le résultat quand il rentrait à la maison. Il traversait une dépression terrible. Sa vie entière était ébranlée. Ça le touchait sur tant de plans. C'est un homme très fort, un être tout à fait exceptionnel. Il est très intelligent, très drôle, il peut être très expansif, et c'est un danseur merveilleux... le meilleur danseur que je connaisse. Par ses seuls moyens, il a atteint une position absolument remarquable. Quand on est né dans une ferme du Nord de la Suède, il y a du chemin à parcourir pour devenir un chirurgien de son envergure. Récemment, la psycho-chirurgie a été interdite dans l'État de Californie, mais la loi a prévu une exception pour lui, une clause qui précise qu'elle ne s'applique pas aux interventions du Dr. Lindstrom. Il soigne des malades du monde entier, de partout des malades viennent le trouver et, généralement, ceux qu'il opère ont vainement passé entre les mains de je ne sais combien d'autres médecins.

« Je ne peux pas m'empêcher de voir une grande partie de tout cela de son côté. La vie a voulu que je reste avec lui, et maman est partie. A partir de ce moment-là, elle a commencé une autre existence, une existence dramatique, glorieuse, passionnée, et une merveilleuse histoire d'amour. Tant mieux pour elle. Mais ce qu'elle laissait derrière elle n'était pas si grandiose. La vie glorieuse qui était la sienne, je n'en faisais pas partie ; moi, je restais avec ce qui restait, et c'est pourquoi je vois tout cela sous un angle entièrement différent. Je faisais partie de ce qui restait, il était donc normal que je prenne le parti de mon père, et que j'aie le sentiment qu'elle m'avait abandonnée, moi aussi. De son côté, papa n'a pas essayé de me faire changer d'avis, car c'est bel et bien ce qu'elle avait fait. »

La réponse de Pia à Ingrid s'accompagnait de trois gouttes de cire verte :

Pia remerciait sa mère des cadeaux qu'elle lui avait envoyés, mais elle lui rappelait qu'elle lui avait demandé de ne « plus faire de tapage dans les journaux » et de « renoncer aux procès et aux avocats ». On avait annoncé à la télévision qu'un nouvel avocat allait venir, de même qu'Ingrid. Pia lui reprochait ce qu'elle appelait le « perpétuel scandale contre mon père », et elle lui demandait pourquoi, s'il était si méchant, elle avait choisi de l'épouser. Elle ne voulait pas aller à Rome et ne voulait pas qu'on l'y force. Elle terminait sa lettre en rappelant à sa mère qu'elle avait trois autres enfants, et lui suggérait de s'occuper d'eux, et de les laisser tranquilles elle et son père.

Le 3 mars 1953 :

Ma Pia, ma bien-aimée : Il m'a fallu attendre quelque temps pour avoir le courage de répondre à ta dernière lettre. Cela fait presque aussi mal d'y répondre que j'ai eu du chagrin à la lire.

Si la lettre où je te parlais de la visite de mon avocat était arrivée un petit peu plus tôt, tu n'aurais pas eu un tel choc. Maintenant, tu sais qu'il s'agissait d'une visite AMICALE. J'ai appris que papa et lui avaient effectivement eu au téléphone une conversation tout à fait aimable. Il n'y a donc aucune raison pour que tu t'inquiètes à ce propos. Je n'ai pas d'autre avocat, et je n'ai pas l'intention d'en prendre.

Je t'ai souvent expliqué que je ne peux pas empêcher ce qu'on dit à la radio, à la télévision ou dans les journaux. Je peux refuser de donner des interviews touchant ma vie privée. C'est ce que je fais depuis que je t'ai parlé. Mais quand on fait un film, il s'accompagne toujours d'une certaine publicité. Un film ne se vend pas seulement en raison de ses qualités, mais aussi grâce à la publicité. C'est pourquoi je ne peux pas empêcher les journalistes de venir sur le plateau. Ça a été comme ça toute ma vie. Ce que tu entends à la radio ou à la télévision, ce sont des RACONTARS. Depuis que je suis partie, papa a décidé de ne pas le croire. Si, maintenant, tu refuses toi aussi de me croire, il n'y a rien que je puisse faire — sinon répéter ce que j'ai déjà dit.

Je ne t'ennuierai plus, Pia. Il semble que je sois incapable de te convaincre que je ne veux pas te forcer à faire quoi que ce soit. Si tu avais été plus jeune, peut-être que j'aurais essayé. Mais maintenant tu es assez grande pour décider toi-même. Tu me demandes de te laisser tranquille. D'accord, je le ferai. Il y a quatre ans que je me bats pour avoir seulement une toute petite partie de toi. Je n'en ai jamais demandé davantage afin de ne pas faire de peine à papa. Pourtant, j'ai échoué. Mais tu restes mon enfant et je t'aime autant que j'aime les autres. Contrairement à ce que tu penses, aucun enfant ne peut en remplacer un autre. Je t'aime, mon ouistiti, j'embrasse tes cheveux blonds, j'embrasse ton petit nez. De tout mon cœur, je t'aime, et je serai toujours auprès de toi même si tu ne me vois pas...

CHAPITRE XIX

PROFONDÉMENT peinée par la lettre de Pia, Ingrid écrivit à l'avocat qui avait tenté d'intercéder à Pittsburgh :

Elle doit savoir que je l'aime et que je me suis battue pour elle. Elle ne peut pas dire ce que je crains par-dessus tout : que je l'ai abandonnée. Elle-même ne veut pas de moi. D'accord. J'irai dans la forêt pour pleurer tout mon soûl. Elle me repousse. Je ne réagirai pas en tombant à genoux pour plaider à ses pieds. Elle veut que je la laisse tranquille. C'est ce que je ferai.

Durant la seconde moitié de 1953, l'argent com-mençait à se faire rare et Roberto annonça qu'il voulait tourner beaucoup de films et gagner une fortune. Ils décidèrent de réaliser une version ciné-matographique de *Duo*, le roman de Colette. Le projet était ambitieux, et l'histoire était celle d'un couple ; il s'agissait donc de trouver pour Ingrid un partenaire qui soit à sa hauteur.

Roberto avait toujours beaucoup aimé George Sanders, qui avait déjà tourné avec Ingrid dans *La Proie du mort*, son troisième film hollywoodien, et qui ensuite avait obtenu un Oscar pour son rôle dans *Eve*.

A l'époque, George Sanders était marié à Zsa Zsa Gabor, une superbe Hongroise qui pour l'instant n'avait encore jamais tourné à Hollywood. Elle en était d'ailleurs ulcérée et s'étonnait qu'on ne lui eût pas décerné un Oscar en même temps qu'à son mari.

Le personnage de Sanders tel qu'on le voyait à l'écran était une façade. Son aisance, sa douceur et sa légèreté cachaient une âme profondément inquiète. D'origine russe, il portait en lui le gène de la nostalgie et s'épuisait en vain à rechercher l'harmonie qui lui eût permis de trouver la vie supportable.

Lorsqu'il reçut le télégramme où Roberto lui proposait de tourner une nouvelle fois avec Ingrid, il fut néanmoins heureux d'accepter, et, laissant Zsa Zsa sous son sèche-cheveux, il s'embarqua pour l'Italie.

* *

On avait dit à George Sanders que Roberto aimait beaucoup son type et qu'il serait parfait dans le rôle du mari dépeint par Colette. Malheureusement, au moment de son arrivée, Roberto avait découvert que les droits du roman étaient déjà vendus. Il se trouvait donc avec un acteur sur les bras mais sans plus d'histoire à tourner. Qu'à cela ne tienne : il allait écrire lui-même un autre scénario.

Pas très rassuré, George m'a demandé : « Qu'est-ce qui se passe ? Je croyais qu'on tournait *Duo* et maintenant c'est autre chose. Il a changé d'avis ? »

Je lui ai dit oui. Je lui ai expliqué que Roberto tenait à le garder et qu'il s'occupait d'imaginer lui-même un scénario. Je n'étais pas très rassurée, moi non plus. Mais je me répétais que Roberto était Roberto, et qu'après avoir fait un film comme *Rome, ville ouverte* il était capable de tout. On partirait pour Naples, et là, il trouverait bien l'inspiration.

* *
*

Cependant, après deux semaines de tournage consistant à la filmer en train de visiter le musée de Naples sous la conduite d'un vieux guide vantant les splendeurs de la Grèce et de la Rome antiques, Ingrid elle-même commença à avoir des doutes.

* *
*

Roberto écrivait le scénario au jour le jour, et George allait de dépression en dépression. Chaque soir, il téléphonait à Hollywood pour s'entretenir avec son psychiatre.

Roberto n'en revenait pas : « Cinquante dollars de l'heure, rien que pour parler à un psychiatre ! En Italie, on va à confesse, et pour deux douzaines d'Ave, on a la bénédiction du prêtre et on rentre chez soi en paix. »

Pour remonter le moral de George, Roberto ne savait pas s'il devait faire venir son psychiatre ou Zsa Zsa Gabor. Finalement, il s'est décidé pour Zsa Zsa. Elle était très belle. Elle jouait du piano. On les avait installés à Ravello, où une équipe américaine tournait un film avec Jennifer Jones et Robert Morley mis en scène par John Huston. On pensait que là-bas, George Sanders se sentirait mieux. Mais non.

Bien sûr, il n'arrivait pas à s'habituer aux façons de Roberto. Comme moi, il sortait de Hollywood, où le tournage et les dialogues étaient soigneusement préparés, où tout devait se faire avec le maximum de vitesse et d'efficacité. Je me souviens que le première fois que j'ai travaillé avec Roberto dans un studio italien, je suis arrivée à l'heure convenue : pas de Roberto. « Tu ne peux pas commencer à tourner tant que je ne suis pas là », m'a-t-il expliqué. Tant pis, j'y allais quand même. Je préférais attendre sur le plateau plutôt qu'à la maison. Peu à peu, j'ai appris à accepter ce genre de chose. Mais George, lui, ne s'y est jamais fait.

*
* *

George Sanders apprit à connaître la passion de Roberto pour la pêche sous-marine. Un rien le décidait à quitter Naples pour les eaux plus claires et plus bleues de Capri. Quand le soleil devenait trop chaud, le travail trop pénible, ou que le cameraman avait une gueule de bois, un membre de l'équipe arrivait sur le plateau pour annoncer, avec le même émerveillement que s'il se fût agi du retour du Christ, qu'un banc de poissons convergeait vers la baie. En moins de temps qu'il n'en faut pour le dire, Roberto avait revêtu sa tenue de plongée, et, armé de ses palmes, de son masque et de son fusil, il fonçait vers la mer. L'équipe coupait les projecteurs et allait dans un coin vider quelques bouteilles de chianti. Prenant son mal en patience, Ingrid allumait une cigarette et s'efforçait de redonner courage à George.

*
* *

Ça le mettait complètement à plat. Je me souviens qu'à Amalfi, dans la chambre d'hôtel qui nous servait de loge, je l'ai vu pleurer comme un gosse. Je lui ai demandé : « Mais qu'est-ce qui se passe ? Qu'est-ce que tu as ?

— Je suis si malheureux dans ce film ! Il n'y a pas de dialogues. Je ne sais jamais ce qui va se passer le lendemain. Ce n'est pas possible, je ne le supporte pas.

— Écoute, nous allons nous-mêmes écrire nos dialogues pour la prochaine scène. On va s'y mettre immédiatement, et puis on répétera.

— A quoi bon ? Ce n'est pas parce que nous aurons répété que ça ira mieux demain. »

Cependant, lorsque *Voyage en Italie* fut enfin terminé et que vint pour lui le moment d'aller rejoindre Zsa Zsa à Paris, où elle l'avait précédé, George fut malgré lui amené à reconnaître que l'expérience lui avait beaucoup plu. Nulle part ailleurs il n'avait trouvé de metteur en scène pour lui poser sur l'épaule une main paternelle et lui dire tout de go : « Mon vieux, ce n'est pas le premier mauvais film que tu fais, et ce ne sera certainement pas le dernier. Alors, à quoi bon s'inquiéter ? » Il admirait Ingrid. Il en arrivait même à aimer ces étranges assistants qui s'agitaient dans toutes les directions. Oui, à la réflexion, il avait vécu de bons moments.

Dans l'ensemble, les critiques détestèrent le film.

Mais Ingrid était parfaitement heureuse. Le malentendu avec Pia était maintenant dissipé. Leur correspondance avait repris, et elle lui racontait tout ce qui concernait *Jeanne au bûcher.*

* *
* *

Je crois que tout a commencé quand nous étions à Naples et à Capri en train de tourner *Voyage en Italie.* L'oratorio de Paul Claudel et Arthur Honegger avait été monté pour la première fois vers le milieu des années trente. Pasquale Di Costanza, le directeur de l'opéra de San Carlo, a envoyé le texte à Roberto en lui demandant si cela ne l'intéressait pas de monter ce spectacle avec moi dans le rôle principal. Pour lui comme pour moi, c'était un nouveau défi.

Je connaissais bien l'oratorio. Joe Steele et Ruth Roberts m'en avaient donné l'enregistrement intégral alors que je tournais *Jeanne d'Arc.* Je trouvais que c'était une œuvre passionnante, et c'est tou-

412

jours mon avis. Je pourrais apprendre le texte en italien et apprendre d'oreille chaque phrase musicale.

Mais Roberto ? Il allait falloir qu'il dirige une centaine d'acteurs et de danseurs, plus un chœur de cinquante exécutants. Cette perspective ne semblait pas l'inquiéter le moins du monde. A mesure que les répétitions approchaient, je n'arrêtais pas de lui dire : « Est-ce que tu vas te mettre à réfléchir à la façon dont tu vas monter ça ?

— Bien sûr, dès que j'aurai le temps. »

Le temps passait, et je recommençais : « Tu sais, en général les metteurs en scène préparent un tas de choses avant le début des répétitions. Ils font leurs devoirs.

— Oui, oui, j'y pense. »

Je me suis efforcée de le laisser penser, et un jour il m'a dit : « Passe-moi une de ces vieilles enveloppes, s'il te plaît. »

Il y en avait des douzaines. Roberto n'ouvrait jamais son courrier, et les lettres s'accumulaient. Je lui en ai tendu une, au dos de laquelle il s'est mis à gribouiller. Au bout de quelques minutes, il me l'a rendue : « Voilà mon scénario.

— Quoi ? Sur cette enveloppe ?

— Oui, oui, c'est ce que je vais faire. »

J'ai regardé, et je n'ai rien compris. Mais lorsque les répétitions ont commencé, tout est devenu clair. En cours de travail, de nouvelles idées ne cessaient de lui venir : une idée de film, projeter des diapositives sur la toile de fond pour que le décor puisse changer instantanément. Roberto débordait d'enthousiasme. Et le mieux, c'est qu'à Naples nous avions beaucoup de temps pour répéter.

Heureusement pour moi, Roberto ne s'inquiétait guère des instructions que fournissait Claudel pour la mise en scène. Selon elles, Jeanne se tient debout sur le bûcher au milieu de la scène depuis le lever du rideau. Elle ne bouge jamais. Elle parle, elle se remémore son enfance, cependant que le procès et toute l'affaire sont évoqués par les chanteurs et par le chœur.

J'ai dit à Roberto : « Je ne peux pas rester pendant toute une heure attachée comme ça ! Il faut que je bouge ! » Et il lui est venu une idée que je trouvai excellente. Le rideau se lève, et dans le fond une petite fille est attachée sur le bûcher. Des flammes jaillissent, elle meurt. Après quoi je surgis des ténèbres sur un élévateur. Je suis habillée tout en noir, on ne voit que mon visage. Ce visage, c'est mon esprit, l'esprit qui peut se souvenir. Des rampes s'élèvent çà et là, et sur l'une d'elles je rencontre frère Dominique, qui me dit de quoi je suis accusée. Puis ces rampes s'abaissent au niveau du plateau, et je peux me déplacer librement.

Ça paraît compliqué, mais ça marchait très bien ; et avec la foule, le chœur et les chanteurs, ça a été un grand succès. En Italie, le public et les critiques ont tous été contents. Nous avons joué à l'opéra de Palerme et à La Scala de Milan, à l'opéra de Paris et à celui de Stockholm, à Barcelone et à Londres. Nous avons joué dans quatre langues et dans cinq pays différents.

Mais Roberto, qui n'aimait pas les acteurs, a décrété qu'il aimait encore moins les chanteurs d'opéra. « Tous ces boniments à propos de voix, de timbres et de notes, bon dieu que c'est rasoir ! disait-il. Et ils n'ont pas la moindre idée de ce qui se passe dans le monde. Ils ne savent pas s'il y a la guerre ou si les Martiens sont en train de débarquer. Ça ne les intéresse pas. Tout ce qui compte pour eux, c'est leur voix et le prochain air qu'ils ont à chanter. »

* *
*

Vers la même époque, Ingrid reçut de bien tristes nouvelles concernant Bob Capa. Il avait réussi à se tenir à l'écart de la guerre de Corée. Il prétendait être ravi d'être un photographe de guerre au chômage et ne souhaiter rien d'autre que de vivre tranquillement jusqu'à la fin de ses jours.

Cependant, en 1954, *Life* réussit à le convaincre de partir en reportage voir comment se déroulait la guerre française d'Indochine. L'un des premiers matins de juin, il se joignit avec deux autres correspondants à une colonne blindée qui devait pénétrer à l'intérieur du territoire vietnamien. En route, la colonne fut souvent arrêtée par des attaques ennemies. A un moment donné, caméra au poing, Capa quitta la jeep qui le transportait en disant : « Venez me chercher quand vous serez prêts à repartir. » C'est ce qu'on fit. On le retrouva étendu sur la route, mort. Il avait sauté sur une mine.

Une petite cérémonie s'ensuivit, au cours de laquelle le général René Cogny lui décerna la Croix de Guerre à titre posthume. « C'est le premier correspondant victime de ces combats, déclara-t-il. Il est mort en soldat, il en mérite les honneurs. »

Il y avait une dizaine d'années que Capa avait pris la grande décision d'exercer son métier en prenant les mêmes risques qu'un soldat. Il avait quarante ans.

Ingrid écrivit à Ruth :

Merci à Dieu pour Jeanne au bûcher. Nous avons maintenant signé pour l'Espagne. Hélas ! ça ne rapporte que très peu d'argent, et il va falloir que nous songions à faire un nouveau film. Les gens écrivent bien peu, ces temps-ci. Notre génération s'est épuisée à fabriquer des bombes atomiques.

Merci pour les articles sur Capa. Étrange et terrible qu'il ne soit plus là. Étrange aussi que dans la plupart des journaux on trouve des photos et la vie de Capa, et, quelques pages plus loin, l'histoire de *Jeanne au bûcher* et de ma vie.

* * *

Maintenant que nous étions dans le circuit opéra, des agents nous réclamaient dans différentes villes d'Europe. Et comme nous avions besoin d'argent, nous nous sommes décidés à partir en tournée.

Barcelone a été une expérience inoubliable, mais le mois que j'y ai passé ne m'a pas laissé un souvenir particulièrement agréable. En Espagne, tout commence et se termine tard. Au théâtre, tout était sale et poussiéreux. On ne comprenait pas ce qui se passait avec les lumières jusqu'au jour où Roberto a eu l'idée de les nettoyer avec son mouchoir. Ma loge était somptueuse, tendue de draperies et de rideaux, mais le tout était dans un état de saleté assez lamentable.

Je ne pouvais pas fermer la porte. Les toilettes sentaient si mauvais qu'il n'était même pas possible d'y entrer. Un homme venait chaque jour y déverser un seau plein de désinfectant, et j'avais envie de lui dire qu'il aurait mieux valu les nettoyer un bon coup avec de l'eau et du savon. Et puis j'ai attrapé une infection aux yeux ; le matin, je ne pouvais plus les ouvrir. J'allais tous les jours voir un grand spécialiste, mais le soir de la première je ne pouvais toujours pas me maquiller et je ressemblais à une chouette. Comme je jouais le rôle d'une sainte et qu'en outre j'étais censée être déjà morte, ça pouvait passer.

Et il a fallu engager les interprètes au fur et à mesure des répétitions. *Jamais* nous n'avons eu une répétition complète. Les électriciens étaient si mal payés qu'ils devaient travailler ailleurs pendant la journée. Il était impossible de réunir tous les solistes en même temps : il y en avait toujours un qui avait un concert à droite ou à gauche. Et si le pianiste était là pour répéter les ballets, il manquait l'une ou l'autre des étoiles. Ou les solistes arrivaient quand les membres du chœur étaient rentrés chez eux. Je n'ai jamais rien vu de pareil. Et j'espère qu'à l'avenir, ça me sera épargné.

Le chef d'orchestre, Señor Mendoza, n'arrivait pas davantage à réunir ses musiciens, qui, pour joindre les deux bouts, jouaient tous dans des cafés ou des boîtes de nuit. Il travaillait tour à tour avec le chœur, les solistes, le corps de ballet, et frère Dominique et moi, qui avions les deux principaux rôles parlés. Mais quant à rassembler tout le monde pour avoir une vraie répétition, pas question. Finalement, la seule fois où nous avons répété en costume, c'était le jour même de la première ; nous devions répéter puis enchaîner avec le spectacle proprement dit.

J'étais dans ma loge. De ma vie, jamais je ne m'étais sentie aussi pitoyable. Les toilettes sentaient mauvais, mes yeux brûlaient, et pas de répétitions. Je me disais : « Il faut que je sois comme un cheval avec des œillères, avancer du même pas sans m'inquiéter de rien. Ne pas m'inquiéter des lumières. Ne pas m'inquiéter des décors. S'ils s'écroulent, tant pis. Je ne m'occupe que de dire mon texte, de suivre le chef, et de terminer à l'unisson avec le chœur... Mais eux non plus n'ont pas pu répéter convenablement... Seigneur ! »

L'opéra de Barcelone est énorme, et il était bourré de fond en comble. Le spectacle commence, et sur la scène je m'aperçois bientôt qu'il y a un nouveau moine, un moine que je n'ai jamais vu. Il court, il s'agite, pousse un groupe par-ci et un autre par-là. En passant devant moi, il me regarde de dessous son capuchon, me fait la grimace et me lance : « Soit dit entre parenthèses, tu n'es pas meilleure que les autres ! » C'était Roberto. Il dirigeait tout sur le plateau même. « Plus fort... voilà, c'est mieux... et vous, les danseurs, de l'animation, de l'animation ! »

Les spectateurs semblaient adorer ça. La profonde générosité espagnole devait y être pour quelque chose, mais ils ont applaudi à tout rompre. Quant à moi, j'avais souffert chaque seconde de la représentation.

Nous voyagions avec les enfants. Et comme nous étions en Espagne, il fallait que Roberto emmène Robertino à une course de taureaux. J'ai horreur des corridas. Je ne voulais pas y aller, j'étais furieuse, je disais : « Il est trop petit pour voir un spectacle pareil. Ça me révolte qu'on tue ces bêtes superbes uniquement pour le plaisir des gens ! Que le taureau n'ait pas envie de mourir, tout le monde s'en fiche. Pour le torero, je veux bien, il risque sa vie, il est courageux, mais le taureau, on ne lui demande pas son avis. » On m'avait fait des descriptions sanglantes, on m'avait parlé de chevaux éventrés... Le peuple espagnol, avec son goût de la mort et du drame, ses emportements, ses danses aux piaffements coléreux, c'est tout le contraire de moi. Je ne supporte même pas de tuer une mouche ; quand ça m'arrive, je lui dis : « Excuse-moi. » J'ai donc essayé de préparer Robertino à ce qu'il allait voir. Je crois même que j'en ai trop fait. Je lui ai dépeint le taureau comme un dragon crachant du feu. Quand il est rentré, il était tout à fait normal. Il s'est mis à jouer avec sa petite voiture en imitant le bruit d'une Ferrari. Il ne me semblait pas ému le moins du monde, mais il ne me racontait rien. Alors je me suis dit que peut-être il avait enfoui tout cela dans son subconscient, et je lui ai demandé : « Qu'est-ce que tu as pensé de cette corrida ? » Il n'a rien répondu ; il a continué de jouer, avec des vrombissements de plus en plus puissants.

« Est-ce que ça t'a plu ? »

Après quelques secondes d'hésitation, il s'est enfin décidé à parler : « Maman, tu sais ce que c'est un taureau ? C'est le mari d'une vache. »

Voilà tout ce qu'il en avait retenu !

Des années plus tard, je suis retournée en Espagne avec Isabella et Ingrid. Cette fois-là, les reporters n'ont pas cessé de nous harceler. Ils ont commencé par nous gâcher la visite du Prado. Nous nous plantions devant un Velasquez pour l'admirer, et vlan ! nous étions éblouies par l'éclair des flashes. Les gardiens s'agitaient, criant qu'il était interdit de prendre des photos. En vain. A peine avions-nous pris quelques mètres d'avance pour voir tel ou tel tableau que de nouveau nous avions toute la horde sur le dos. Ce n'était vraiment pas drôle. Et puis, le même soir, nous avons demandé à l'hôtel où nous pouvions aller voir des danses espagnoles. Dès que nous sommes arrivées à l'endroit indiqué, c'est nous qui sommes devenues le spectacle. On a braqué les projecteurs sur nous et on m'a demandé de monter sur la scène. J'y suis allée, j'ai fait une révérence, un grand sourire, et j'ai pensé que ça suffisait. Mais non, on voulait voir aussi mes deux filles. J'ai protesté : « Je suis venue ici pour me divertir, et pas pour divertir les autres. » Finalement, nous avons été obligées de partir.

A Paris, l'opéra avait prévu une représentation de gala pour notre oratorio. Ce serait notre grande soirée. Mais nous risquions aussi d'avoir de graves ennuis, car Paul Claudel habitait à Paris et savait que nous n'avions pas respecté les indications de mise en scène qu'il donnait dans son texte.

Il nous a invités pour le thé. Il était très sérieux. Il s'est longuement entretenu avec Roberto du *dessein* de l'oratorio. Pour son succès, il a souligné qu'il était essentiel que Jeanne reste sur le bûcher pendant toute la représentation et agonise ainsi une heure entière sous les yeux des spectateurs. Quand j'ai avoué que je me déplaçais, il a été consterné. « Je n'arrive pas à comprendre que vous ayez pu commettre une telle erreur, a-t-il déclaré. *Et je ne le tolérerai pas.* Il n'est pas possible que vous représentiez mon oratorio à l'opéra de Paris avec toutes ces excentricités. »

Nous n'étions pas moins consternés que lui. Nous

avons proposé : « Venez nous voir. Nous ferons pour vous une répétition en costumes. Peut-être vous laisserez-vous convaincre. Sinon... »

Sinon, ce serait le désastre. Nous devions donner la première à quelques jours de là. La location était complète, toutes les places étaient prises pour toutes les représentations. A la seule idée que Claudel puisse nous refuser son accord, le directeur s'arrachait les cheveux : « Il va falloir que je rembourse. En si peu de temps, je ne peux pas trouver un autre spectacle. La salle restera vide. Ce sera une catastrophe. »

Parmi les membres de l'orchestre, des ballets et du chœur, tout le monde était au courant, et pour cette fameuse répétition chacun était dans ses petits souliers. Claudel est arrivé et s'est assis dans un fauteuil d'orchestre, le menton dans les mains. Dans l'obscurité, je pouvais voir ses yeux suivre chacun de mes gestes, noter chaque détail. J'arrive enfin à ma dernière réplique, lorsque, au milieu des flammes, je romps mes liens et je m'écrie : « Il y a la joie qui est la plus forte ! Il y a l'amour qui est le plus fort ! Il y a Dieu qui est le plus fort ! » Sur quoi, nous restons tous à attendre que tombe le verdict.

Quelques secondes se sont écoulées... autant dire des années. Puis Claudel s'est levé, il s'est approché, et il a lancé : « Et Ingrid est encore plus forte ! »

Quel soulagement ! Toute l'équipe a compris que la partie était gagnée. Claudel a été merveilleux. Il s'est déclaré tout à fait enchanté de voir sa pièce représentée autrement que ce qu'il avait toujours vu. Il m'a dit : « Mon Dieu, vous jouez comme une paysanne, vous jouez vraiment comme une simple paysanne. » Et moi : « Mais c'était une paysanne, c'était une fille toute simple. Elle ne savait pas qu'un jour elle deviendrait une sainte. Elle ne s'est jamais départie de son personnage. » Il s'est rassis et il a ajouté : « Oh ! que je suis soulagé ! Oh ! que c'était émouvant ! » Et il nous a couverts d'éloges Roberto et moi.

Par la suite, nous avons appris à nous connaître très bien, et un jour, je lui ai demandé : « Pourquoi, au début, jugiez-vous indispensable que Jeanne reste attachée sur le bûcher pendant toute la durée de l'oratorio ? » Avec un sourire, il m'a répondu : « Par pure méchanceté. »

Et il m'a raconté toute l'histoire de l'oratorio. En 1933, un groupe d'étudiants de la Sorbonne avait monté un choix de mystères médiévaux. Ida Rubinstein est allée les voir et s'est montrée enthousiasmée. C'était une célèbre actrice, mime et danseuse. D'Annunzio et Claude Debussy avaient écrit pour elle Le Martyre de saint Sébastien ; Ravel avait composé le Boléro ; Gide et Stravinsky avaient collaboré à Perséphone. Enfin, Ida s'est approchée de Honegger pour lui commander une partition sur un thème moyenâgeux. Leur choix s'est fixé sur Jeanne d'Arc. Au début, Paul Claudel ne voulait pas écrire le texte — il était alors ambassadeur à Bruxelles. Et puis il a changé d'avis. Mais si Ida était une merveilleuse danseuse, on allait voir ce qu'elle valait par ailleurs en l'obligeant à rester sans bouger pendant soixante-dix minutes ! « On saurait alors si elle avait la voix aussi agile que le pied. »

Je trouvais l'anecdote extraordinaire. Surtout cette histoire de commande. Et j'ai dit : « Pourquoi est-ce que personne n'a jamais rien commandé spécialement pour moi ? » Claudel m'a regardée d'un œil pétillant et il a répondu : « Ma chère, c'est sans doute que vous n'avez jamais eu d'amant assez riche. »

Arthur Honegger, lui, était malade et vivait en Suisse. Il ne pensait donc pas venir, mais il nous envoyait des télégrammes. En outre, il m'avait envoyé une photo de lui — un grand bel homme aux cheveux noirs avec un visage magnifique — avec cette dédicace : « A l'interprète de mon opéra. » Cette photographie ne quittait pas ma loge.

De mon côté, je lui ai envoyé des photos du spectacle tel que nous l'avions monté à Naples et à Milan. En réponse, il m'a écrit : « Vous savez que je suis malade et qu'il n'y a pour moi aucun espoir d'aller mieux. Mais vous m'avez conservé en vie grâce à toutes ces photographies qui ornent maintenant ma chambre à coucher. Je les ai regardées, et en les regardant j'ai entendu la musique de notre opéra résonner dans ma tête. Et je me suis décidé, j'ai dit à ma femme : "Nous partons pour Paris." »

Je n'oublierai jamais cette première rencontre. Il est arrivé durant une répétition, et l'orchestre s'est levé pour l'acclamer. Les musiciens n'en finissaient pas d'applaudir, c'était très émouvant. Mais j'avais sous les yeux un petit vieillard voûté qu'il fallait aider à s'asseoir. Où donc était passé le beau grand brun de la photographie ? Je suis descendue de scène, je lui ai pris les mains et je l'ai embrassé sur la joue. Et plus tard, lorsque nous nous sommes trouvés seuls, je lui ai demandé : « Et la photographie que vous m'avez envoyée... ? » Il a souri, et il s'est excusé : « Je ne pensais pas que nous allions nous rencontrer, alors, pour faire bonne impression, j'ai choisi une photo de moi quand j'avais trente-cinq ans. Je ne voulais pas que vous sachiez que j'étais un vieillard. »

Je suis allée plusieurs fois le voir dans leur maison de Montmartre. Il voulait me donner différentes intonations. Il était d'une extrême gentillesse, disant : « J'aime beaucoup le ton naturel que vous utilisez. Les autres actrices déclament de façon tellement dramatique. Vous, vous ne faites aucun effet, vous parlez comme une fille ordinaire. Et ce chant, cette petite danse que vous faites avec les enfants, c'est ça, la vraie Jeanne. »

La première a été fantastique, un grand succès. Après, nous sommes tous allés souper à la Tour d'Argent. Honegger riait, mangeait, buvait et s'amusait énormément. A la fin du repas, il a même fumé un cigare. Sa femme était horrifiée. « Sa santé, soupirait-elle. Vraiment, il ne devrait pas faire des imprudences pareilles. »

J'ai plaidé sa cause ; j'ai dit à sa femme : « Il est si content ! Je ne comprends pas pourquoi vous vous inquiétez. S'il passe un bon moment, s'il boit un verre et fume un cigare, ça ne lui fait certainement pas plus de mal que de rester enfermé chez lui à se répéter que tout lui est interdit et qu'il n'a plus rien d'autre à faire que d'attendre la mort. » Je ne suis pas très sûre qu'elle ait bien compris mon point de vue, et c'est vrai qu'il est mort peu après, mais du moins avait-il pleinement vécu cette soirée triomphale.

Ensuite, Jack Hylton est venu d'Angleterre. Je ne savais pas qui il était, mais j'ai appris qu'après avoir dirigé une troupe il était devenu impresario et qu'il espérait maintenant nous emmener à Londres. En acceptant, nous avons manqué de sagesse, mais nous avions tellement envie d'aller en Angleterre !

Là-bas, tout s'est avéré beaucoup plus difficile. La traduction elle-même était une gageure. L'oratorio était écrit en français, et si, pour passer du français à l'italien, il n'y avait pas de problèmes, il n'était pas possible de trouver en anglais des voyelles correspondantes. Et la langue ne collait plus à la musique, le texte perdait beaucoup. En outre, il a fallu que nous allions au Stoll Theatre, qui est grand, mais dont la scène n'était pas assez vaste pour nous. L'orchestre était si nombreux qu'il nous a fallu placer certains musiciens dans les loges, ce qui faussait toute l'acoustique. Les gens qui étaient placés d'un côté n'entendaient que les percussions, et ceux qui se trouvaient de l'autre n'entendaient que les violons. Il aurait fallu que nous soyons à Covent Garden ; là, nous aurions eu tout l'espace nécessaire pour l'orchestre et la troupe. Enfin, comme nous jouions dans un théâtre ordinaire, nous donnions six représentations par semaine, et cela pendant un mois, alors que partout ailleurs nous donnions notre spectacle parmi d'autres opéras prévus au programme.

L'entreprise n'a certainement pas rapporté d'argent à Jack Hylton. Mais il n'a rien perdu de sa gentillesse pour autant. D'ailleurs, je crois qu'il ne s'attendait pas à gagner quoi que ce soit. Quand je lui ai demandé : « Mais qu'est-ce qui vous a pris de nous faire venir ? » Il m'a répondu en riant : « De toute ma carrière théâtrale je n'ai jamais rien fait de meilleur ni de plus honorable. De temps en temps, il faut bien que je m'offre quelque chose dont je puisse être fier. »

*
* *

Le public anglais réserva à Ingrid un accueil plein de chaleur et d'affection, mais les comptes rendus de presse furent partagés. Cependant, Louis T. Stanley écrivit dans *The Sketch* : « Dans les ténèbres percées de flèches de lumière qui règnent sur la scène du Stoll, son calme sculptural suggère la sérénité d'un être qui s'est élevé bien au-dessus des grossièretés du monde. Elle évoque suprêmement bien la tristesse de toutes choses... La qualité qu'elle possède dépasse la beauté : c'est l'étrangeté dans la beauté. »

Ce devait être dans sa Suède natale, trois mois et demi plus tard, qu'elle allait recevoir le pire des accueils.

*
* *

Après toutes ces années, quand enfin je me suis retrouvée chez moi pour présenter sur une scène suédoise cet oratorio que j'aimais, j'éprouvai une joie immense. Après le long voyage qui nous avait conduits à travers l'Italie, la France, l'Angleterre et l'Espagne, après avoir joué dans trois langues étrangères, j'allais enfin pouvoir parler la mienne. Comme en Angleterre, des gens avaient fait la queue toute la nuit pour avoir des places, ils avaient attendu toute la nuit sous la neige que s'ouvrent les guichets de l'opéra. Depuis seize ans que je l'avais quittée, je n'avais pas cessé d'aimer la Suède, je n'avais pas cessé d'espérer y revenir un jour.

Et lors de la première, quand je suis apparue sur la scène, les applaudissements se sont déchaînés. Je sentais monter jusqu'à moi la chaleur du public, et mon bonheur était parfait — mon rêve s'était réalisé. Ensuite, j'ai dit à Roberto : « Maintenant, je peux mourir en paix. »

Peut-être aurais-je mieux fait. Les critiques ont déclaré que c'était la pire chose qu'ils aient jamais vue. Après la première, il ne s'est pas passé un jour sans qu'un quotidien ou un magazine ne tente de m'assassiner.

Mais malgré les critiques, nous avons reçu en Suède un accueil merveilleux. Roberto et moi nous avons été invités à un bal auquel assistait le roi de Suède. Mais Roberto n'avait pas d'habit. On lui a suggéré : « Vous ne pouvez pas en louer un, ou mettre un uniforme, quelque chose comme ça ? » Il a répondu que ce n'était pas possible, mais qu'il trouverait bien un pilier ou un palmier en pot derrière lequel se cacher pour assister à ma présentation. Avec deux autres dames, je me suis donc approchée du roi et je lui ai fait ma révérence. Le roi a souri, c'est tout. Mais ensuite, lorsque les présentations ont été terminées, quelqu'un est venu m'annoncer que le roi voulait me dire un mot, ce qui était très flatteur. Le roi s'est montré très charmant, mais en fait, Roberto l'intéressait davantage que moi. « Où est votre mari ? » m'a-t-il demandé. J'ai expliqué : « Eh bien, Majesté, comme il n'a pas d'habit, il se cache derrière un pilier... » « C'est ridicule, voyons ! Je me réjouissais d'avoir avec lui une discussion sur les Ferrari. Allez le chercher, que je puisse parler avec lui. » C'est ce que j'ai fait, et ils ont effectivement parlé de voitures.

Ensuite, j'ai été invitée à dîner par un groupe, « Les Suédois », avec qui mon père avait chanté et fait un voyage aux États-Unis. Ils ont parlé de lui, et ils ont chanté les chansons qu'il aimait. J'étais tellement émue que je pleurais, le nez dans ma serviette.

*
* *

La campagne de presse commença dès que les Rossellini arrivèrent à Stockholm avec leurs enfants. Des reporters les suivaient partout. Les journaux étaient pleins de descriptions de la famille, des vêtements et des bijoux d'Ingrid, de Roberto et de sa calvitie naissante, des enfants et de leurs réactions. Bientôt, on se mit à publier les commentaires les plus douteux : « Pour monter sur la scène de l'Opéra, Ingrid demande plus d'argent que Jussi Björling — les places se vendent à des prix records — alors qu'Ingrid Bergman ne sait même pas chanter ! » Des articles désobligeants parurent à propos de ses parents, ce qui l'irrita fort. Et puis un journaliste rapporta qu'il l'avait entendue formuler l'espoir qu'elle saurait parler suédois « sans accent après toutes ces années — *elle*, qui mentionne ses dispositions pour les langues étrangères à chaque fois qu'elle en a l'occasion ! »

Les articles consacrés à la première furent uniformément mauvais et souvent méchants. Ils lui reprochaient d'être trop robuste et trop gaie, d'être prosaïque, triviale et presque comique dans son interprétation de Jeanne d'Arc. « Pas un instant cette femme égocentrique ne donne l'impression de souffrir — mais sans doute est-ce difficile quand on gagne ce qu'elle gagne chaque soir. » Pour un autre, elle manquait « d'intensité et de magnétisme ». Par

426

contre, tout le monde portait aux nues Anders Näslund, son partenaire suédois. Rossellini avait, lui aussi, droit à sa part de critiques : sa mise en scène était superficielle et sans originalité. Et souvent l'on comparait défavorablement Ingrid et les autres actrices qui avaient incarné sainte Jeanne. « Pourquoi faire appel à Ingrid Bergman et la payer les yeux de la tête quand nous avons à disposition X ou Y, qui, à tout point de vue, sont beaucoup mieux qu'elle. »

Un critique se servit même de l'oratorio pour porter contre elle une attaque personnelle. Sous le titre « Se montrer pour de l'argent », Stig Ahlgren écrivit en effet dans le *Vecko-Journalen* :

Ingrid Bergman n'est pas ce qu'on peut appeler une actrice. Sa carrière s'est déroulée à un niveau tout différent. Il est donc à la fois méchant et déloyal de la comparer à des actrices professionnelles comme certains sont tentés de le faire.

Les choses se sont ainsi passées qu'après avoir essuyé un échec cinématographique après l'autre, il ne restait d'autre solution à Rossellini que de voyager de ville en ville et de pays en pays, et de montrer Ingrid Bergman pour de l'argent.

Faut-il les en blâmer ? Certainement pas, puisque tout le monde semble y trouver son compte. Ingrid Bergman est une marchandise, et, pour l'instant, une marchandise recherchée. Elle est sur le marché. Son prix répond aux lois de l'offre et de la demande, tout comme celui du fer ou du hareng...

En province, la presse annonça gaiement que la première d'Ingrid Bergman à Stockholm avait pratiquement été un fiasco. Par ailleurs, on racontait que, le lendemain matin, un journaliste s'étant introduit dans la suite qu'occupait la famille dans un hôtel de la capitale pour photographier les enfants, Rossellini s'était empressé d'alerter la police. Ce geste était interprété comme celui d'un homme dépité par les mauvaises critiques qu'il vient de recevoir. Car sinon, pourquoi se plaindre d'un journaliste quand on ne cherche rien d'autre que la publicité ?

Il est vrai que Roberto ne tarda pas à être dégoûté par tant de mauvaise foi. Aussitôt réglés les problèmes de la production, il rentra chez lui, laissant Ingrid seule en Suède.

* *
*

Toutes ces mauvaises critiques, je détestais ça, mais après tout, les gens avaient le droit de ne pas me trouver bonne, et les chroniqueurs, celui de conseiller à leurs lecteurs de ne pas aller me voir. Ce n'était pas ça qui me révoltait, mais les attaques contre ma vie privée.

De même qu'en Espagne, en France et en Angleterre, nous nous déplacions avec les enfants un peu comme des romanichels, à la mode italienne. Des monceaux de bagages, une bonne et une nurse. Apparemment, cela ne plaisait pas aux journalistes suédois. « Elle n'a que *deux* personnes pour s'occuper de ses enfants. Quand on a trois enfants, la moindre des choses serait qu'on ait *trois* nurses. » Ce genre de commentaires. Et puis il y avait la Ferrari de Roberto, il y avait la Rolls-Royce : « Deux voitures garées devant l'hôtel, n'est-ce pas le comble de l'ostentation ? »

On me reprochait de ne pas laisser photographier les enfants. Pourquoi pas ? Est-ce qu'ils étaient difformes ? J'ai essayé de me montrer compréhensive. « C'est bon, vous allez pouvoir prendre des photos. Mais si, d'ordinaire, nous refusons, ce n'est pas pour faire du genre ; c'est pour éviter qu'à force de se voir dans les journaux les enfants commencent à se prendre au sérieux. » Et c'est ainsi que des photographies où l'on nous voyait, les gosses, Roberto et moi, souriant et l'air heureux, ont été publiées un peu partout. Était-on enfin satisfait ? « Regardez-la qui joue les bonnes mères avec ses enfants ! Comme publicité, on ne fait pas mieux ! » C'est tout ce qu'on a trouvé à dire.

Vraiment, ce n'était pas possible. Avec ma vieille amie Mollie Faustman, nous sommes allées rendre visite à Anna Norrie à l'occasion de ses quatre-vingt-dix ans. Anna Norrie avait été mon professeur lorsque j'avais quitté l'École royale d'art dramatique, et elle m'avait beaucoup appris. J'apportais une bouteille de champagne. Les journalistes attendaient. Nous avons tout de suite dit : « Pas de photos, pas aujourd'hui s'il vous plaît. » Mais ils ont insisté : « Oh ! juste une, Ingrid, une seule. » Et lorsqu'elle a paru, on m'a encore reproché d'avoir profité de l'occasion pour me faire de la publicité.

Là-dessus, j'apprends que, peu après Honegger, Paul Claudel venait de mourir. Je les avais beaucoup aimés tous les deux. Aussi j'ai cru bon de suggérer au directeur du théâtre que nous fassions quelque chose comme de mettre des fleurs de chaque côté de la scène avec un ruban noir. Impossible. On n'avait jamais vu des fleurs avec un ruban noir, c'était parfaitement grotesque ! J'ai insisté : « En ce cas, est-ce que je pourrais dire quelque chose en signe de respect avant le lever du rideau ? » « Qu'est-ce que vous voulez dire ? » « Je ne sais pas, moi, juste quelques mots pour informer le public. Ce soir, nous ne pouvons pas jouer comme si de rien n'était... » Il a fini par accepter. L'heure du spectacle arrive, je me présente devant le public, et j'annonce : « Ce soir, notre opéra est en deuil. Aujourd'hui même, Paul Claudel est mort. Nous ressentons un grand vide et un profond chagrin, mais il continue à vivre en nous comme un grand écrivain, un homme d'esprit, un poète et une force spirituelle. Maintenant il nous a quittés, mais il laisse derrière lui les mots qui sont les siens. C'est à sa mémoire que nous dédions cette représentation. »

Le lendemain, les journaux criaient au scandale

parce que j'avais eu le culot de venir montrer aux spectateurs mon prétendu chagrin et mes larmes de crocodile dans l'espoir de me faire un peu de publicité supplémentaire. Jamais on n'avait rien vu d'aussi mauvais goût. Le public en avait été très gêné, etc.

Et le coup fatal m'a été porté une semaine plus tard. Un journal de Stockholm m'a téléphoné pour me demander si j'accepterais de participer à un spectacle donné en faveur des victimes de la poliomyélite. Le spectacle devait avoir lieu dans une très grande salle de concert, et beaucoup d'acteurs et d'actrices, qui danseraient, chanteraient ou diraient des histoires, avaient d'ores et déjà offert leur concours. Bien entendu, j'ai dit oui. On m'a alors demandé ce que je pensais faire, et j'ai répondu : « Quelque chose qui n'aura rien à voir avec l'oratorio. Dites simplement au présentateur qu'il me pose une question, et je n'arrêterai plus de parler. J'essaierai de faire quelque chose d'amusant. » « Très bonne idée, parfait. »

Ainsi, tout le monde était content. Au jour prévu, un dimanche, j'ouvre le journal, et qu'est-ce que je vois ? Un éditorial dirigé contre moi, un énorme article qui me démolissait systématiquement. Et il était publié par le journal même qui avait sollicité mon concours pour cette manifestation de charité ! J'étais folle, je n'arrivais pas à le croire. J'ai aussitôt téléphoné à Mollie Faustman pour l'avertir de mes intentions.

Elle m'a dit : « Ingrid, tu ne peux vraiment pas faire ça !

— Non seulement je peux, mais je vais le faire.

— Autant dire que tu plantes ta dernière pomme de terre en Suède ! »

C'est une expression de chez nous qui signifie qu'on en a fini, et bien fini, avec telle ou telle chose.

« Si tu veux.

— Après ça, pour toi, la Suède ce sera terminé.

— Mais pour moi c'est déjà terminé, la Suède. Il ne se passe pas un jour sans que l'on m'injurie. Je ne peux pas ouvrir un journal, je ne peux même pas allumer la radio sans avoir à entendre à quel point je suis abominable ! Tu connais la réplique de Strindberg : "Si je dis non, on me frappe. Si je dis oui, on me frappe encore." Pour moi, c'est devenu comme ça en Suède. Maintenant, je veux répondre.

— Il te faudra du courage. Moi, je n'ai même pas celui de venir t'écouter. Mais nous nous verrons après.

— Bien sûr. Attends-moi au café Konigs. Je te retrouverai là. »

Je suis arrivée dans la salle où le spectacle devait avoir lieu. C'est mon vieil ami Edvin Adolphson, sous la direction duquel j'avais tourné mon premier film vingt ans plus tôt, qui devait remplir le rôle de présentateur. Je lui ai expliqué : « Edvin, tout ce que je te demande, c'est de m'accompagner sur la scène et de dire : "Voilà Ingrid, de retour parmi nous. Ingrid, quelle impression cela fait-il de retrouver son pays ?" Rien d'autre. Ensuite, je me débrouillerai seule. »

Il m'a posé la question que je lui avais demandée, et je me suis lancée : « Ce n'est pas de vous qui êtes là ce soir que je veux parler. Vous êtes venus, et vous avez rempli cette salle. Vous avez rempli l'opéra — le froid ne vous a pas empêchés de faire la queue pour obtenir des places. Et jamais de ma vie je n'ai reçu autant de fleurs ni autant de lettres adorables. Non, c'est des journalistes que je veux parler, et de la presse en général. Qu'ai-je donc fait pour mériter qu'on me traite de cette façon-là ? Ce n'est pas ma faute si je suis invitée un peu partout. Ce n'est pas ma faute s'il faut sans cesse qu'on me photographie. C'est celle des journalistes. »

J'ai parlé des photographes, j'ai dit tout ce que j'avais sur le cœur. « Je ne me plains pas qu'on critique mon jeu, mais qu'on s'attaque constamment à ma vie personnelle. Mes camarades me répètent : "Ne t'inquiète pas de ce que disent les journaux ! Ce qu'ils racontent un jour est oublié dès le lendemain. Personne ne s'en souvient." Eh bien, si ! Moi, je m'en souviens. Et si personne n'ose s'élever contre eux, si personne n'ose protester, moi, je leur dis que ça suffit, que j'en ai assez, qu'on me laisse tranquille... »

J'avais les nerfs à vif, j'étais très émue en disant tout cela. Je voyais les gens assis au parterre, et parmi le public certaines personnes pleuraient. J'ai encore ajouté : « Je vous remercie de m'avoir écoutée, mais c'est vraiment ce que j'éprouve en me retrouvant en Suède, et il se pourrait bien que je n'y revienne jamais. »

Ensuite, j'ai quitté la scène, j'ai pris mon manteau et je suis partie sans dire au revoir à personne pour aller retrouver Mollie au café Königs. Elle m'attendait. Elle m'a tout de suite demandé : « Alors, tu l'as fait ? » « Oui. » J'en tremblais encore, je frissonnais. « Aïe ! je me demande ce qu'ils vont dire demain ? »

Le lendemain, les journaux étaient on ne peut plus aimables. Brusquement, tout le monde était prêt à m'aider. Et je me suis rappelé cette parole de Jeanne d'Arc : « Aide-toi, et le ciel t'aidera. »

*\
* *

Dans son papier du lendemain, Mollie Faustman montra clairement de quel côté elle était :

Entre autres assertions ridicules, Ingrid Bergman serait une habile femme d'affaires. Si quelqu'un ne comprend rien aux affaires, c'est bien elle ! Je ne pense pas qu'on puisse la blâmer d'accepter les cachets importants qui lui sont proposés — dans la même situation, ses détracteurs auraient-ils agi autrement ? — mais prétendre qu'elle est avare est une telle absurdité que je rougis rien qu'à la mentionner. Qu'on me permette de rapporter ici une brève anecdote : Jeune fille, Ingrid avait tourné son premier film lorsqu'un vieillard lui écrivit de Småland. C'était une petite lettre où, après lui avoir expliqué que sa vache était morte, il lui demandait s'il lui serait possible de lui envoyer l'argent nécessaire pour en acheter une autre. Après discussion, nous avons toutes deux conclu que, malheureusement, ce n'était pas dans nos moyens. A l'époque, Ingrid gagnait sa vie très modestement et des économies, elle n'en avait pas plus que moi. Pourtant, le lendemain, elle m'a apporté l'argent : « J'ai pensé toute la nuit à ce pauvre homme et à sa vache. Tiens, envoie-lui ça en ton nom ! » Je l'ai envoyé anonymement. Toute sa vie, Ingrid s'est comportée ainsi. Voilà pour la femme d'affaires ! Si tous les gens qu'elle a aidés s'avançaient d'un pas, la rangée serait longue.

Sa vieille amie Bang, qu'Ingrid avait connue le jour de son mariage dans les circonstances que l'on sait, écrivit elle aussi pour prendre sa défense. Elle excusait toutefois l'attitude de ses collègues, qui s'étaient jusque-là abstenus de lui venir en aide de peur de déclencher une controverse qui aurait pu lui nuire alors que se poursuivaient les représentations de *Jeanne au bûcher*. Elle concluait sur le mode ironique : « J'avoue qu'il est inadmissible que cette Ingrid Bergman ait célébré le cinquième anniversaire de son fils en souliers plats et tenue convenable. On était en droit d'espérer qu'une garce de son acabit serait en négligé et talons hauts ! Surtout qu'il devait avoir été prévu à des fins publicitaires que Robertino fêterait son anniversaire durant son séjour à Stockholm. »

Le 19 mars 1955, Ingrid écrivit à Ruth :

La plupart du temps, Roberto est absent de Stockholm. Je crois qu'il projette de tourner un film en Espagne, puis un autre en France. Je ne sais pas ce qu'il adviendra de moi.

J'adorerais travailler en France. J'espère que quelqu'un y pense. Assez curieusement, j'ai reçu ces derniers jours quatre propositions des États-Unis. Un film avec Gary Cooper et Billy Wilder... Oh ! ce serait fantastique... mais pas à Hollywood. Leo McCarey m'a appelée, toujours à propos de cette idée d'*Adam et Eve*, maintenant avec John Wayne. Je ne vois pas comment le film pourrait être bon. Je lirai attentivement le scénario quand j'en aurai le temps, mais ça m'étonnerait. Ensuite, Kay Brown veut que je fasse *Anastasia*, et Bob Hope a trouvé une histoire, *Not for Money*. Tous ces projets devraient se réaliser en Europe, mais je pense que tous vont tomber à l'eau.

Ici, on m'a fait plusieurs propositions de films et de pièces, mais la presse est si dégoûtante que je n'ai pas envie de rester. J'ai fait un tel vacarme que maintenant on ne me persécute plus, et les journalistes vantent le courage qu'il m'a fallu pour leur dire leurs quatre vérités. Mais il règne dans la presse d'ici une ambiance lamentable. En revanche, le public est merveilleux. Je reçois chaque jour des fleurs et des milliers de lettres adorables. Le théâtre est complet pour 22 représentations alors que 10 étaient prévues. (Je suis tellement riche que j'ai acheté des meubles à Svenskt Tenn — le plus beau magasin du monde — quatre fois plus cher que le prix normal.) Nous pourrions donner encore vingt représentations, mais il faut que j'aille à Palerme, où la première doit avoir lieu à Pâques. Ici, après chaque spectacle, le public manifeste aussi bruyamment qu'en Italie, mais les journaux persistent à dire « applaudissements polis ». C'est sans espoir ! J'ai fait pour la radio un discours qui doit être diffusé la semaine prochaine au moment de mon départ. On saura ma façon de penser. Ensuite, je ne reviendrai plus. Peut-être. Une fois qu'ils s'y sont faits, les enfants ont adoré la neige. C'est si beau, des monceaux et des monceaux de neige. J'ai revu *tout le monde*. Le professeur de piano de mes dix ans. Les amies de ma mère (quand j'en avais deux), mes camarades d'école et de cours, et tous ceux de mes premiers films. Ils ont été fantastiques avec moi. J'ai ici la fille de la sœur de Roberto, Fiorella, que j'aime énormément. Pour moi, elle est comme Pia. Et puis ma tante d'Allemagne est également là. Nous occupons de nouveau un *étage* de l'hôtel. Même Petter est venu. Ça a fait la une des journaux, mais il ne m'a pas appelée, ni aucun de ses amis. C'est trop bête que je ne puisse envoyer le bonjour à Pia. Elle serait heureuse de l'avoir par l'intermédiaire de son père. Quel soulagement ce serait pour elle de savoir que papa et maman sont amis ! Mais non ! Il faut que nous nous en tenions aux lettres.

Toute mon amitié. Ingrid.

La tournée européenne des Rossellini et de *Jeanne au bûcher* se prolongea jusqu'au printemps 1955 et fut interrompue par deux films. *Jeanne au bûcher* d'abord, qu'ils avaient filmé en hommage à Claudel et à Honegger. Roberto eut bien du mal à obtenir sa diffusion et ne rentra jamais dans ses frais. Ensuite *La Peur,* une production des Films Minerva financée par l'Allemagne et réalisée à Munich.

* * *

Je me souviens de cet *Angst (La Peur)* comme d'une expérience pénible. Les enfants étaient avec nous. Il fallait tourner deux versions à la fois : l'une en allemand, et l'autre en anglais. Et puis, j'éprouvais certaines émotions que j'avais du mal à cacher. J'en voulais toujours un peu à Roberto de ne pas me laisser travailler avec qui que ce soit d'autre. Il y avait tous ces prodigieux metteurs en scène italiens : Zeffirelli, Fellini, Visconti, De Sica. Tous voulaient travailler avec moi comme moi j'avais envie de travailler avec eux, et ils étaient furieux que Roberto ne me laisse pas, ils le lui disaient... Mais selon Roberto, je lui appartenais.

Roberto était incapable de travailler avec des actrices, sauf Anna Magnani. Peut-être parce qu'ils étaient de la même race, ils faisaient un bon tandem. Mais nous, nous ne faisions pas un bon tandem. Le public n'aimait pas du tout l'image que Rossellini présentait de moi, et rien ne marchait. Il s'était encombré de moi alors qu'il n'avait rien à faire d'une vedette internationale. Pour moi, il ne savait pas qu'écrire. Et, à cette époque, nous le savions très bien tous les deux. C'était quelque chose dont nous ne parlions pas. Mais entre nous les silences se prolongeaient — les silences où je n'osais rien dire par crainte de le blesser. De tout ce que j'aurais pu dire, Roberto, inquiet comme il l'était, se serait emparé pour faire une scène. Il adorait les scènes. En outre, les difficultés de notre vie artistique, nos dettes croissantes, tout cela me donnait beaucoup de souci.

Mathias Wiemann, l'acteur allemand qui tenait le rôle de mon mari dans *La Peur*, sentait bien que j'étais tourmentée, et un jour, il m'a dit tout tranquillement : « Tu te détruis. Tu vas devenir folle si tu continues comme ça. Pourquoi est-ce que tu ne quittes pas Roberto ? »

Je l'ai regardé, j'étais profondément choquée : « Quitter Roberto ? Comment est-ce que je pourrais faire une chose pareille ? Ce n'est pas possible, voyons ! » Et c'est vrai, c'était impossible.

*
* *

Et de *La Peur*, peut-être ne s'en souviendra-t-on qu'à cause de l'article fort peu élogieux qu'y consacra dans *Oggi* l'éminent critique Angelo Solmi : « Roberto et Ingrid devraient soit changer radicalement leur style de travail, soit se résoudre au silence. *La Peur* nous permet de mesurer l'abîme dans lequel Bergman et Rossellini sont tombés. Non pas que cette production soit plus mauvaise que les autres films qu'ils ont réalisés ensemble, mais parce qu'une demi-douzaine de tentatives infructueuses suffisent à prouver l'incapacité du couple à créer rien d'acceptable ni pour le public ni pour les critiques. Vedette incontestée, star numéro un du cinéma mondial, émule de Greta Garbo, Ingrid Bergman n'est plus dans ce film que l'ombre d'elle-même. »

CHAPITRE XX

Bien des gens ont accusé Rossellini d'avoir gravement compromis la carrière d'Ingrid Bergman. Pour Ingrid, c'est tout le contraire : durant toutes ces années, c'est elle qui a failli briser la sienne. Pour travailler avec elle, il est allé à l'encontre de ses principes, il a introduit dans ses documentaires une vedette hollywoodienne, et la combinaison n'a pas marché.

Au cours des années passées avec Roberto, Ingrid a mûri. Elle a connu des périodes de bonheur intense. Mais leur collaboration dans des productions visant le succès commercial — succès auquel Roberto n'aspirait d'ailleurs que modérément — s'est soldée par un échec retentissant. Aucun des films qu'ils ont tournés ensemble n'a été une réussite. L'huile dorée de l'Italie et les eaux fraîches et pures de la Suède refusaient tout bonnement de se mélanger.

* *

En fait, c'est Jean Renoir qui m'a sauvée. A Hollywood, où une grande amitié nous unissait, je lui disais souvent : « Il faut que nous travaillions ensemble. Quand est-ce qu'on s'y met ? » Et Jean me répondait : « Non, le moment n'est pas encore

437

venu. Pour moi, tu es une trop grande vedette. Mais j'attendrai le déclin. A Hollywood, il y en a dans toutes les carrières. Tout le monde a des hauts et des bas. Maintenant, tu es au sommet et tu vas t'y maintenir un certain temps. Mais j'attendrai le jour où tu tomberas, et alors, je tiendrai le filet pour te rattraper. Je serai là avec le filet. »

Jean Renoir est donc venu nous voir à Santa Marinella et il m'a annoncé : « Ingrid, le moment est venu, et j'ai le filet. Je veux que tu viennes à Paris faire un film avec moi. »

J'ai répondu : « Jean, ce n'est pas possible. Jamais Roberto ne me laissera travailler avec quelqu'un d'autre. »

Il m'a souri. « Ne t'en fais fais — je vais lui parler moi-même. » C'est ce qu'il a fait. Et à ma grande surprise, Roberto a tout de suite dit : « Excellente idée. Mais oui, il faut absolument que tu travailles avec Jean. » Et c'est ainsi que je suis partie pour Paris tourner *Elena et les hommes*. Roberto, lui, était en train de prendre certaines dispositions pour aller faire un film en Inde, ce qui expliquait peut-être en partie son changement d'attitude. En outre, Renoir était l'un des très rares metteurs en scène qu'il admirait.

Et je me suis retrouvée à Paris. C'était très stimulant de travailler sous la direction de Jean avec Mel Ferrer, Jean Marais, et Juliette Gréco. A ce qu'on racontait, c'était l'hiver le plus froid qu'ait connu l'Europe depuis une centaine d'années. Mais j'étais avec les enfants et je me sentais bien. En France, le film a eu un gros succès — les critiques l'ont beaucoup apprécié. Mais lorsqu'il est sorti aux États-Unis, les critiques ont déclaré que c'était un désastre.

Pour Roberto, les choses n'allaient pas très fort. A cause du peu de succès que nous avions eu ensemble, il avait maintenant toutes les peines du monde à trouver l'argent nécessaire pour faire un nouveau film.

Par ailleurs, Roberto et Ingrid avaient de graves problèmes conjugaux, ainsi qu'en témoigne cette lettre, adressée à Gigi Girosi, une amie de Rome, qu'Ingrid écrivit de « Paris, tard le soir, le 19 janvier 56 » :

Ma très chère Gigi. Cette lettre pour que tu sois témoin de ce qui se passe. Roberto vient de partir pour l'Italie et dit qu'il ne reviendra jamais. Il emporte avec lui une lettre de moi où je dis d'accepter la séparation et consentir à ce que les enfants ne soient autorisés à vivre qu'en Italie ou en France. Il a pris les passeports des enfants avec lui. Comme je te l'ai déjà dit, je ne sais pas si c'est sérieux ou non. Tout cela dure depuis si longtemps que je ne sais plus que croire. Mais pourtant, après toutes ces années, je commence à avoir peur, et je me dis que cette fois, c'est peut-être vrai. Aujourd'hui, il m'a dit que, si je n'écrivais pas la lettre qu'il voulait, il emmènerait les enfants, et que ce soir, quand je rentrerais du studio — *Elena et les hommes* — ils seraient tous partis. Je ne l'ai pas cru, bien sûr, mais quand il est comme ça, je crains que, n'ayant pas de billets de train, il les mette tous dans la voiture et s'en aille. Et j'ai promis de signer. S'il le faut, j'aimerais que tu expliques à Mama Rossellini que, comme je le lui ai dit, jamais je n'accepterai une chose pareille. Mais Roberto m'a vraiment menacée de faire un affreux scandale au cas où je refuserais. Je ne comprends pas très bien quel scandale il veut déclencher. Mais il fallait que je parte au studio et je n'ai pas eu le temps de creuser la question.

Après ton départ, nous avons eu quelques jours tranquilles. Ensuite, il a décidé que nous écririons cette lettre dimanche. Nous passerions toute la journée à reconsidérer l'avenir. Le dimanche entier, j'ai attendu. Pas un instant il n'a abordé le problème, et pour finir, je lui ai proposé d'aller au cinéma. O miracle ! il a accepté. Je ne sais pas depuis quand nous n'y étions plus allés ensemble. C'est ainsi que tout s'est terminé. Et la semaine a passé, puis une autre — il était nerveux mais rien de grave. Mais aujourd'hui, tout a mal tourné.

Ce soir, après avoir signé la lettre, j'ai essayé de discuter, de rire, de me mettre en colère. J'ai essayé tout ce que j'ai pu trouver dans ma pauvre tête. Je me souviens qu'un jour tu m'as dit que parfois je n'étais pas sensible aux situations. Oui, je m'en rends compte, je ne sais pas comment m'y prendre. Pendant qu'il faisait ses bagages, j'ai tenté de l'aider. Il n'a pas voulu. J'ai sorti les cartes, pensant que peut-être il aurait envie de jouer. Non. Il est allé se coucher sur le lit. Je me suis approchée, j'ai mis ma tête sur sa poitrine, et j'ai pleuré. J'ai pleuré. J'ai pleuré. Et puis le sens de l'humour a dû me revenir, et je me suis mise à rire. Dieu merci, même dans les moments les plus dramatiques, je ne perds jamais tout à fait le sens de l'humour. C'est sans doute ce qui m'a sauvée pendant toutes ces années. Je lui ai dit de prendre un peu de Bellargine avant de partir, et de ne pas dramatiser à ce point, mais il n'a rien voulu entendre.

Avant, je suis allée voir sa nouvelle Ferrari. C'est un monstre qui fait plus de trois cents kilomètres à l'heure. Je lui ai dit qu'elle avait l'air d'une soucoupe volante, et c'est vrai. Je m'y suis assise un moment, et j'ai mis sur le volant mes doigts en signe de croix comme on le fait sur le front des enfants quand ils vont se coucher. Je suis sûre que Roberto ne sait pas ce que je ressens quand je le vois s'embarquer dans l'un de ces monstres.

J'aimerais que tu conserves cette lettre, et j'aimerais que tu en conserves l'enveloppe pour qu'on voie bien que je l'ai écrite et postée aujourd'hui. Je ne sais pas de quoi j'ai peur. De ce que je ne comprends pas, je crois. J'ai peur de perdre encore mes enfants. Je n'ai pas peur d'être seule, mais d'avoir fait quatre enfants et qu'ils me soient tous enlevés.

*\
* *

Comme d'habitude, les choses se sont calmées.

On a proposé à Roberto de monter une pièce au Théâtre de Paris, et cette perspective le passionnait. La pièce traitait de Judas, et il s'est plongé dans l'étude de la période. Il n'avait jamais mis en scène une pièce de théâtre — *Jeanne au bûcher* n'entrait pas vraiment dans cette catégorie — mais il avait une foule d'idées. Ils se sont mis à répéter, mais comme l'acteur principal n'aimait pas les idées de Roberto, les difficultés ont commencé. Et un jour, Roberto est rentré livide. Il m'a dit : « On m'a prié de partir ; on change de metteur en scène. » J'étais sincèrement désolée. Pour lui, il me semblait que c'était une nouvelle possibilité de départ, la possibilité de faire à nouveau quelque chose de bien tangible. Et puis l'idée de vivre à Paris me plaisait tant ; c'est une ville que j'adorais. Il s'y passait tellement plus de choses qu'à Rome.

Roberto était anéanti. Je n'ai pu que le prendre dans mes bras et lui dire : « Tu verras, il va venir quelque chose, quelque chose d'autre se présentera, j'en suis sûre. »

Au Théâtre de Paris, c'était à contrecœur qu'on s'était séparé de Roberto et, en compensation, on lui a demandé s'il voulait bien monter *Thé et Sympathie*, sur lequel le théâtre avait une option. Ensuite, on a demandé : « Du moment que votre femme est là, pourquoi est-ce qu'elle ne jouerait pas dans la pièce ? » Je tombai des nues : « Avec mon français ? Ce n'est pas possible. » Mais Madame Popesco, la propriétaire du théâtre, est intervenue : « Voyons, moi qui suis roumaine, j'y suis arrivée. Pourquoi pas vous ? » Elle avait un très fort accent, qu'elle n'avait jamais essayé de perdre, et tout le monde l'adorait.

Je suis rentrée chez moi et j'ai lu la pièce en anglais. Elle m'a tout de suite plu. Cependant, j'hésitais encore. Je trouvais un peu terrifiante l'idée d'un metteur en scène italien montant, avec une actrice suédoise, une pièce américaine en français pour un public parisien ! Enfin, on verrait ça plus tard. Pour l'instant, il fallait que je songe à *Anastasia*.

C'est ma vieille amie Kay Brown qui s'était mis en tête de me ramener au cinéma américain. Elle avait acheté pour moi les droits de la pièce, que la Twentieth Century Fox avait payés une fortune. Et c'est Anatole Litvak qui devait diriger le film. A l'époque, je ne le savais pas, mais Anatole avait décidé de n'accepter qu'à condition que je fasse partie du projet. Nous nous étions rencontrés plusieurs fois à Hollywood, et il m'avait déjà proposé un film, *La Fosse aux serpents (The Snake Pit)*. Mais j'avais refusé. Finalement, c'est Olivia de Havilland qui avait eu le rôle ; elle était prodigieuse, et son interprétation lui avait valu un Oscar. Et Anatole me répétait : « Tu vois ce que tu as raté ? » A quoi je répondais : « Je sais ce que j'ai refusé, oui. Tout se passe dans un asile de fous, et je n'aurais pas supporté. C'était un très beau rôle, mais si je l'avais joué, je n'aurais pas décroché un Oscar. » J'ai également refusé le rôle d'une jeune Suédoise dans *Ma femme est un grand homme (The Farmer's Daughter)*, grâce auquel Loretta Young a eu un Oscar, elle aussi. Tant mieux pour elle. Moi, ça ne m'intéressait pas de jouer mon propre rôle. Ruth Roberts a appris à Loretta à dire son texte avec un accent suédois, et elle était très bonne, très drôle, très fraîche — exactement le personnage. Mais je n'ai jamais regretté d'avoir refusé ni l'un ni l'autre rôle.

Mais revenons-en à Paris. Un jour, je reçois un coup de téléphone d'une amie canadienne, Elaine Kennedy. Elle me téléphonait pour me demander si je pouvais rencontrer Anatole Litvak au bar du Plaza Athénée. C'était très très important.

Je suis allée rejoindre Anatole, et nous avons parlé d'*Anastasia*.

Il voulait savoir s'il pouvait compter sur moi au cas où il parviendrait à décider les autres. A la Twentieth Century Fox « les autres » me voyaient comme une actrice empoisonnée ; si l'on me distribuait dans un film, le film serait perdu pour les États-Unis. *Anastasia* serait tourné en Angleterre. Est-ce que le projet m'intéressait ? Bien sûr qu'il m'intéressait. Le rôle était fantastique. Fox a longuement discuté, et finalement j'ai reçu le télégramme annonçant que tout le monde était d'accord. Ouf ! Restait maintenant à avertir Roberto non seulement que j'allais jouer dans *Anastasia*, mais que le tournage s'effectuerait en Angleterre.

Il n'a pas apprécié. Et nous avons recommencé à nous battre. Comme d'habitude, il a menacé d'envoyer la Ferrari dans un arbre. Son chantage au suicide ne datait pas d'hier, et j'y avais souvent cédé. Mais cette fois, je voulais faire *Anastasia*. Et je ne croyais plus à ses menaces. Je lui ai dit : « Il faut que nous pensions aux enfants. Il faut gagner de l'argent. Il faut payer toutes ces factures. Que veux-tu que je fasse sinon le travail que je sais faire ? » Mais tout cela a été très pénible.

* *

Ingrid avait compris que l'occasion était trop belle pour qu'elle la laisse passer. Avec Anna Tchaïkowsky, elle tenait un rôle magnifique. Qui était cette jeune femme repêchée en 1920 dans un canal berlinois après une tentative de suicide ? N'était-ce qu'une paysanne polonaise, ou bien était-ce vraiment la grande-duchesse Anastasia, fille cadette du tsar Nicolas II ? Était-il possible qu'elle ait échappé au massacre de la famille impériale et que, secourue par deux frères, deux soldats de l'Armée Rouge, elle ait abouti en Allemagne ? La blessure de baïonnette qu'elle avait à la main était-elle la trace du carnage auquel elle avait survécu ?

Yul Brynner jouait le rôle du colonel Bounine, qui, après avoir persuadé Anna de se faire passer pour Anastasia, commence lui-même à se demander s'il n'a pas réellement affaire à celle-ci. Helen Hayes incarnait l'impératrice douairière, dont Anna devait enlever l'approbation pour être reconnue comme Anastasia.

* *

C'était un beau film, et je travaillais avec une grande actrice, Helen Hayes, et un grand metteur en scène, Anatole Litvak. Yul Brynner était au

443

début de sa carrière. Il venait de remporter un énorme succès avec *Le Roi et moi*, et il était plein de gentillesse, plein de compréhension, un merveilleux ami.

Roberto n'est venu me voir qu'une fois pendant le tournage du film. Je pense que beaucoup de gens se rendaient compte que notre mariage craquait.

Anatole et moi nous nous entendions très bien. Pourtant, il s'inquiétait un peu de la lenteur avec laquelle j'apprenais mon texte. Je me souviens qu'il me disait : « Ingrid, tu es superbe dans ce film ; si seulement tu savais tes répliques, ce serait sublime. » Et puis un jour, il passe dans ma petite roulotte et me trouve en train de lire. « Tu étudies ton texte, bravo ! C'est très bien. » Je n'ai pas eu le cœur de lui dire que j'apprenais *Thé et Sympathie*. En français.

Quand *Anastasia* a été fini, je suis retournée à Paris sachant qu'il fallait s'attendre à certains ennuis de la part de Roberto. *Thé et Sympathie* est l'histoire d'un jeune étudiant, un interne, qui craint d'être homosexuel. Comme je l'ai dit, Roberto supportait très mal l'homosexualité sous toutes ses formes. Quand j'ai voulu envoyer Robertino dans un pensionnat suisse ou anglais, il a bondi : « Quoi ! Enfin, tu sais bien que c'est là que tout commence, dans ces internats ! » Et il n'a plus été question que Robertino soit pensionnaire où que ce soit. Un été, j'ai pourtant réussi à l'envoyer dans un camp, près d'Oxford, pour apprendre l'anglais. Quand il est revenu, je lui ai demandé avec mon meilleur accent : « *How do you do ?*

— Quoi ?

— Mais tu as appris l'anglais, non ?

— Bof ! pas beaucoup. Dans ce camp, il y avait tellement d'Italiens... »

Je travaillais déjà régulièrement les dialogues de *Thé et Sympathie* avec mon professeur de français quand Roberto s'est décidé à lire la pièce. Il s'est installé dans un coin, et bientôt je l'ai entendu marmonner : « C'est curieux, cette réplique... Et ça, là... Tu comprends ce que ça veut dire ?

— Bien sûr que je comprends, allez, continue. »

Le sujet lui déplaisait profondément. Ce n'était ni le style, ni l'auteur, mais le sujet en général. Et puis il détestait l'idée que, dans la pièce, je devais prouver à ce garçon qu'il n'était pas homosexuel et l'initier à l'amour. Ce rôle dérangeait beaucoup Roberto. Quand il a fini de lire le manuscrit, il l'a jeté contre la paroi et les feuilles se sont éparpillées à travers la pièce.

« Je n'ai jamais rien lu de pire, et tu ne feras pas ça.

— Mais j'ai signé, tout comme toi.

— Et alors ?

— J'ai pris un engagement.

— De ma vie je n'ai lu pièce pareille. Cette homosexualité...

— Je regrette, Roberto, mais je n'ai pas l'intention de rompre mon contrat. J'aime mon rôle, il y a déjà longtemps que j'y travaille, et les répétitions commencent dans quelques jours. Tu aurais pu lire le texte avant de signer.

— Non, tu ne le feras pas. Et moi non plus, bien sûr. »

Peut-être qu'un ou deux ans plus tôt, en bonne petite femme italienne, je me serais soumise ; mais je ne crois pas : je n'ai jamais été soumise lorsqu'il s'agissait de mon travail.

J'ai dit : « Si tu veux te dédire, c'est ton problème. Mais moi je n'ai pas l'habitude de revenir sur ce que j'ai promis, sur les engagements que j'ai signés. Et puis c'est vrai, la pièce me *plaît*.

— Elle te plaît ! Mais tu ne te rends pas compte, les gens vont s'esclaffer, ça tiendra l'affiche une semaine...

— Eh bien je jouerai à Paris une semaine. Il y a tellement d'acteurs qui, de leur vie, ne montent pas sur une scène parisienne. Moi, je jouerai une semaine. »

Il n'a pas réussi à me faire changer d'avis. Il est allé trouver Elvire Popesco pour lui annoncer qu'il laissait tomber. Elvire n'a pas sourcillé. Elle a simplement dit : « Bien, nous trouverons un autre metteur en scène. » Jean Mercure a accepté, et les répétitions ont commencé. Roberto n'arrêtait pas de ricaner : « Cette pièce idiote ! Tu vas jouer dans cette pièce ridicule ! Tu verras que les gens n'attendront pas l'entracte pour s'en aller ! »

Et moi, je répondais : « Ils s'en iront, c'est possible, mais moi, je ferai de mon mieux, c'est sûr. » Et je continuais à piocher mon texte avec mon professeur de français.

Le soir de la première, Roberto était dans ma loge à bavarder en italien. Je lui ai dit : « Je t'en *prie*, parle en français ! C'est en français que je vais jouer. » Pas question. Il m'a répondu : « De toute façon, tu n'en as pas pour longtemps : à la première occasion, la moitié de la salle va partir. »

Je n'ai rien rétorqué. Selon notre habitude, je lui ai fait sur le front la petite croix signifiant *Dieu te bénisse*, et je suis allée en coulisses, pétrifiée par le trac. Mais ça s'est plutôt bien passé.

Quand je suis venue changer de robe, Roberto était toujours là : « Alors, il y en a combien qui sont partis ?

— Je ne sais pas. Je n'ai pas regardé. J'avais autre chose à faire.

— Attends seulement l'entracte... »

L'entracte est arrivé, et personne n'est parti.

A la fin du dernier acte, j'ai vu que Roberto était dans les coulisses. J'ai salué avec tout le monde, et l'ovation était énorme. Je me suis souvenue qu'après *Jeanne la Lorraine*, à New York, je m'étais dit que jamais plus je ne récolterais de tels applaudissements. Mais ici, c'était pareil. La salle était en délire. Debout, les spectateurs hurlaient et applaudissaient. Les « bravos » n'arrêtaient plus. Et puis je suis allée saluer seule au milieu de la scène, et en me relevant de ma révérence, j'ai tourné la tête et j'ai vu Roberto. Nos regards se sont rencontrés, nous nous sommes regardés bien en face. Et j'ai compris que, même si nous restions ensemble, mon mariage était terminé.

Après, il a fallu que j'aille à une soirée avec Roberto et tous ses amis italiens. On a beaucoup ri. Mais personne n'a parlé de la pièce. Personne n'a rien dit du succès qu'elle avait remporté. Le lendemain, Roberto a fait ses valises, et je l'ai accompagné à la gare. Je me souviens que ses valises étaient pleines de spathetti. On se tenait là, au milieu de la foule, au milieu du vacarme. Et j'avais l'étrange certitude qu'un épisode se terminait et que les choses ne seraient plus jamais comme avant.

*
* *

Chaque soir, *Thé et Sympathie* remplissait de spectateurs enthousiastes les mille deux cents places du Théâtre de Paris. Les critiques n'étaient pas moins conquis que le public : « Hier soir, la magie est revenue au théâtre », écrivit l'un d'eux. Et s'il arrivait à Ingrid de se tromper dans son texte, c'était pour la plus grande joie de tout le monde.

*
* *

Je suis la femme du directeur, et à un certain moment, le père d'un élève m'explique combien il s'inquiète pour son fils, qui est une femmelette et ne pratique aucun sport viril. Prenant la défense du garçon, je dis : « Mais qu'est-ce que vous me racontez là ! Il est champion de tennis ; en tennis, c'est le champion de l'école. » Je sors ma réplique, et la salle entière s'écroule. Un gigantesque éclat de rire. Je regarde mes deux partenaires, le père et le directeur, et je m'aperçois qu'ils ont tourné le dos au public pour cacher le rire qu'ils n'arrivent pas à contenir. Mine de rien, je m'approche du père et je demande : « Mais qu'est-ce que j'ai fait, qu'est-ce que j'ai dit ?

— "Champignon", glousse-t-il. Tu as dit "champignon". Du coup, je me suis mise à rire, moi aussi. Je me suis tournée vers le public, j'ai levé les bras au ciel en signe d'impuissance, et j'ai crié : « Pas le champignon, le *champion* de l'école. » Un homme a fait : « Bravo, bravo ! », et la salle entière s'est levée pour applaudir. Il a fallu attendre cinq minutes encore pour que les rires se calment et que nous puissions continuer.

* *

Anastasia, sorti pendant que se poursuivaient les représentations de *Thé et Sympathie,* connut tout de suite un immense succès international. Décisif à la fois dans sa carrière d'actrice et sa vie personnelle, le film la plaça devant deux des plus importantes décisions qu'elle ait jamais dû prendre : l'une concernait Roberto, et l'autre Pia. En l'occurrence, l'enthousiasme des critiques new-yorkais joua un rôle prépondérant.

Dans le *New York Times,* Bosley Crowther écrivit : « L'interprétation de Miss Bergman n'est rien moins que superbe. Son rôle est si parfaitement façonné qu'il devrait lui valoir un Oscar. » Alton Cook, du *New York World Telegram,* déclarait : « Miss Bergman est le même torrent d'ardeur et de passion que nous avons connu il y a sept ans, avant qu'elle n'abandonne le cinéma américain. » Et pour Kate Cameron, du *Daily News :* « Si Hollywood consacrait davantage de temps, d'argent et de talent à des films comme *Anastasia,* il y aurait moins de raisons de s'inquiéter pour l'avenir de l'industrie cinématographique. »

En automne 1956, les critiques new-yorkais décernèrent d'un commun accord à Ingrid le titre de meilleure actrice de l'année.

* *

La Twentieth Century Fox voulait que je vienne à New York pour recevoir le prix de la Critique. Elle avait investi beaucoup d'argent dans *Anastasia*, et elle comptait tourner d'autres films avec moi. Pour elle, ce voyage était une sorte d'épreuve grâce à laquelle on saurait si le public allait me lyncher ou m'aimer. Elle a acheté trois représentations de *Thé et Sympathie* — celle du samedi et les deux du dimanche — de sorte que je puisse me rendre à New York pour recevoir mon prix et être de retour à Paris le lundi pour jouer le même soir.

* *
*

Parallèlement, Ed Sullivan, dont l'émission du dimanche soir était suivie par des millions de téléspectateurs, menait sa propre enquête touchant les sentiments des Américains vis-à-vis d'Ingrid.

En juillet 1956, il avait informé son public qu'il rentrait de Londres, où il avait assisté au tournage d'*Anastasia* et interviewé Helen Hayes, Yul Brynner et Ingrid Bergman, « cette grande vedette suédoise ». Il avait alors appris qu'une fois le film terminé, Miss Bergman envisagerait un nouveau voyage aux États-Unis. C'était à son cher public, poursuivait-il, de décider si, à cette occasion, il aurait ou non plaisir à voir « ce personnage controversé dans le cadre de notre émission ».

Jouant son va-tout, il ajoutait : « Je pense que beaucoup d'entre vous estiment que cette femme a vécu sept ans et demi de pénitence. Sans doute d'autres voient-ils les choses autrement ; mais quoi que vous pensiez, je vous serais reconnaissant de me le faire savoir, car depuis ce matin on ne cesse de me harceler et de me demander où en est ce projet d'émission avec Ingrid Bergman ; et je réponds à tout le monde : cela dépend uniquement du public. »

Parmi les confrères d'Ed, dans la presse écrite aussi bien qu'à la télévision, on avait tendance à penser qu'il outrepassait ses fonctions en organisant cette sorte de tribunal où le public ferait office de jury. Un journal publia la lettre d'un prêtre, où celui-ci déplorait qu'il empiétât sur le domaine du Tout-Puissant : « Le public ne peut savoir où sa conscience conduit Miss Bergman. Est-ce à Sullivan de dire qu'elle a vécu sept ans de pénitence ? Comment son public pourrait-il juger des tourments purement personnels de Miss Bergman s'il n'est pas capable de lire dans son âme ? »

Selon le même journal, de source bien informée, Ed Sullivan aurait « reçu environ un million d'appels téléphoniques, la plupart nettement partisans de laisser Miss Bergman à la France... » Les lettres qui lui parvenaient se prononçaient également contre son apparition à la télévision.

Ed Sullivan s'empressa d'envoyer à Ingrid un câble où il reconnaissait avoir commis une erreur et le, déplorait. Un autre télégramme suivit, annonçant cette fois que, sur quatre mille lettres environs, deux mille cinq cents exprimaient le plus vif désir de la voir.

Mais Ingrid ne se sentait guère concernée par le dilemme d'Ed Sullivan. De toute façon, elle n'avait aucune intention de participer à son émission. Mais surtout, elle avait d'autres soucis en tête. A l'époque, la haine de Roberto pour les États-Unis avait atteint un stade presque pathologique.

Bien sûr, je me posais des questions. je ne savais pas si ce voyage aux États-Unis était une bonne idée, surtout que Roberto et son frère Renzo étaient contre. Comme alors Roberto se trouvait en Inde, Renzo a pris sur lui de m'écrire pour m'expliquer que, si je partais, ce serait un peu comme rompre une promesse. Mais je n'avais jamais promis de ne pas retourner en Amérique. Simplement, j'avais été tellement blessée que je considérais comme un fait acquis que je n'y remettrais jamais les pieds. Mais voilà, cette main s'est tendue. J'ai senti que beaucoup d'Américains avaient envie de me voir. Là-bas, j'avais toujours eu beaucoup d'admirateurs, et après toutes les lettres que j'avais reçues en Italie, je me rendais bien compte qu'un tas de gens désiraient réellement mon retour.

Je savais qu'à New York je devrais affronter la presse et répondre à toutes sortes de méchancetés. Quand il a su ce qui se préparait, Yul Brynner m'a téléphoné à Paris ; il m'a dit : « Surtout, prends des tranquillisants. » Et pour la première fois de ma vie, je l'ai fait — c'est-à-dire que j'en ai pris un. Mais ce qui m'a touché le plus, c'est Leonard Lyons, le chroniqueur américain. Sans me connaître vraiment bien, il s'était toujours montré un très bon ami. Il m'a téléphoné, lui aussi, et il m'a annoncé : « Ingrid, je suis au bar de ton hôtel, et j'ai avec moi l'un de tes admirateurs les plus dévoués : Papa Hemingway. Est-ce qu'on peut monter ? »

Ils sont montés, nous nous sommes embrassés, et, tout en me regardant par-dessus ses lunettes, Ernest m'a déclaré le plus sérieusement du monde : « Fillette, je t'accompagne à New York pour te protéger. Pas de problèmes : je m'envole demain matin avec toi, et je ne te quitte plus d'une semelle. Si jamais un de ces damnés reporters t'embête, il recevra mon poing dans la figure. Avec moi, tu ne risques rien. »

J'ai dit : « C'est très gentil, Ernest, mais il faut que je sois seule. Si j'ai avec moi une secrétaire, un agent, un ami, un mari ou si je t'ai, toi, on va tout de suite penser : "Tiens, elle a préparé sa défense, elle a peur". C'est vrai, j'ai peur ; mais il faut que je sois seule, il faut que personne ne soit là pour me protéger, qu'on puisse me dire tout ce qu'ils ont à me dire. C'est la seule façon dont je puisse envisager mon retour. Seule, sans personne à côté de moi. »

* *
*

Le dimanche 20 janvier 1957 à huit heures du matin, le grand Constellation creva les nuages pour descendre vers la piste d'Idlewild Airport. Inquiète, Ingrid s'efforçait de discerner la foule. Soudain, elle fronça les sourcils. Non, ce n'était pas possible ? Ce n'était pas possible après toutes ces années... Et pourtant oui, c'était bien eux plantés derrière la barrière avec d'énormes pancartes proclamant : « Ingrid, nous t'aimons. Bienvenue chez toi. L'équipe de l'Alvin. »

Après toutes ces années, l'équipe de l'Alvin ! Parmi elle, son chef, un jeune homme tout à fait exceptionnel qui lui avait voué toute sa vie. Warren Thomas. C'est lui-même qui raconte l'histoire de l'Équipe :

« J'avais douze ans quand, pour la première fois, j'ai entendu parler d'Ingrid Bergman. Pour Noël, en guise de cadeau, ma sœur m'avait proposé de m'emmener voir *Les Cloches de Sainte-Marie*. Nous avons traversé la moitié de New York en métro, et lorsque nous sommes arrivés devant le cinéma, nous avons tout de suite compris que nous ne pourrions pas entrer : la file d'attente était si longue qu'il était même inutile d'essayer d'obtenir des places. Je m'étais beaucoup réjoui, je m'en étais fait une véritable fête — inutile de dire que j'ai été horriblement déçu.

« Ma mère est morte à ma naissance. Pour mes amis, l'attachement que j'ai pour Ingrid correspond à une sorte de fixation à la mère. Peut-être ont-ils raison. Nous vivions à Brooklyn dans un quartier très mal fréquenté. Mon père et moi nous partagions une chambre dans un meublé plein de prostituées. Ma sœur aînée était en pension chez une tante où l'on m'envoyait très souvent. Ensuite, je revenais dans notre quartier, plein de toutes sortes de groupes ethniques, et dur, très dur. Il y avait des histoires de vol, de meurtre, de drogue, de prostitution, tous les délits imaginables. Dans ce voisinage, les gosses avaient une foule de problèmes, partout. Vivre sans problèmes était pratiquement impossible.

« Mais quand j'avais douze ou treize ans, ma grande copine, c'était Adaire, une Noire. Elle avait mon âge, et nous nous entendions comme larrons en foire. Peu après avoir raté *Les Cloches de Sainte-Marie*, j'ai appris qu'Ingrid Bergman allait jouer *Jeanne la Lorraine* au théâtre Alvin. Elle était déjà à New York, où elle habitait le Hampshire House. Adaire et moi, nous avons décidé qu'il nous fallait la voir. Nous avons donc pris le métro jusqu'à Manhattan, et nous nous sommes postés devant le Hampshire House jusqu'au moment où elle est sortie se promener. Nous l'avons suivie une douzaine de pâtés de maisons. Elle savait que nous étions derrière elle. Un garçon blanc qui se balade avec une gamine noire, ça se repère facilement, j'imagine. Alors, pour finir elle s'est arrêtée et elle nous a dit : "Pourquoi est-ce que vous me suivez ?" Et moi, j'ai répondu la première chose qui me passait par la tête : "Parce qu'on vous aime." Elle a fait : "Ah ! bon. Mais je n'aime pas qu'on me suive. Ça m'ennuie. Vous seriez bien gentils d'arrêter."

« C'était terrible : je rencontrais ma bien-aimée pour la première fois, et voilà que je l'ennuyais. Mais quand même, ça ne m'a pas découragé. J'ai décidé que je devais la voir chaque semaine. Le meilleur moment, c'était le mercredi après-midi, quand elle avait sa matinée. Je pouvais la voir à deux heures, au moment où elle arrivait, et à cinq, alors qu'elle s'en allait — je n'attendais rien de mieux de la vie. Mais bien sûr, à l'école, le directeur s'est aperçu de mon absence. Il m'a convoqué. "Qu'est-ce que tu fais, le mercredi après-midi ?" Je lui ai expliqué :" J'adore Ingrid Bergman, elle joue au théâtre Alvin, je vais la voir là-bas à l'heure de la matinée." Il s'est mis à rire. "Bon. Eh bien maintenant, je sais au moins où tu es." Ensuite, il a dit :

"Écoute, je te propose un marché. Ton anglais est bon. Ta lecture est bonne. Je te donne congé le mercredi après-midi, et le vendredi après-midi, tu t'occupes d'une classe de rattrapage : tu apprends à lire à tes petits camarades — d'accord ?" D'accord. Cet arrangement a duré aussi longtemps que *Jeanne la Lorraine*. Mais je n'allais pas au théâtre le mercredi seulement ; je me débrouillais pour y aller aussi le vendredi soir. Vendredi, c'était jour de paie. En rentrant, mon père me donnait un dollar, et ensuite, il disparaissait : je ne le revoyais pas avant minuit ou une heure du matin. Je me rendais donc au théâtre et j'attendais devant pour la voir arriver, et, à onze heures, pour la voir ressortir. Ensuite, je courais prendre mon métro pour être de retour à la maison avant mon père. Et avec ça, je n'avais plus d'ennuis dans le quartier. Si j'en avais eu, Miss Bergman aurait pu l'apprendre, et alors elle n'aurait plus voulu être mon amie !

« Et puis Adaire et moi, nous avons remarqué que tout un groupe d'habitués attendaient régulièrement devant l'entrée des artistes : une douzaine de gamins comme nous, quelques femmes de trente ou quarante ans, et quelques personnes plus âgées. Ça a été le noyau de l'équipe de l'Alvin. Le samedi après-midi, il y avait également une matinée. A partir de l'entracte, les portes restaient ouvertes, et nous autres gosses, on nous laissait entrer. C'est ainsi que j'ai vu la seconde partie de *Jeanne la Lorraine* entre trente et quarante fois. C'était la partie qui nous intéressait parce qu'elle était entièrement consacrée à Jeanne d'Arc ; il n'y avait pas de discussions politiques, c'était surtout Ingrid. Pour finir, on a quand même réussi à économiser quatre dollars pour voir toute la pièce, mais c'est la seconde partie qui nous enthousiasmait.

« Quand la pièce s'est terminée, la toute dernière représentation, Ingrid a envoyé Joe Steele pour nous annoncer qu'elle voulait nous dire au revoir. Mais la moitié des spectateurs qui étaient en train de sortir ont entendu aussi, et ils sont rentrés dans la salle avec nous. Je crois qu'Ingrid a été un peu étonnée de voir une telle foule. Elle est venue sur la scène, et elle a fait un petit discours disant combien elle nous était reconnaissante et combien c'était agréable d'avoir des fans comme nous. Elle nous a remerciés de notre fidélité, et elle s'est excusée des quelques fois où elle nous avait un peu bousculés. Nous étions fous de joie. Elle nous connaissait. Nous avions été reconnus.

« Nous sommes tous allés à l'aéroport pour assister à son départ, et nous y avons fait la connaissance du Dr Petter Lindstrom. Il nous avait déjà vus devant l'Hampshire House, et ça ne lui avait pas tellement plu. Il était encore moins content de nous voir à l'aéroport. "Pourquoi n'êtes-vous pas chez vous ? Qu'est-ce que vous faites ici ?" Je me souviens, j'étais blessé, son attitude me choquait. Est-ce qu'il ne pouvait pas comprendre qu'elle était notre vie ?

« Pendant les six mois qu'a duré la pièce, le dimanche soir, Ingrid faisait des spectacles radio pour la Theatre Guild. Les places étaient gratuites, et comme nous connaissions le présentateur, qui était un type très sympa, nous avions des billets pour l'après-midi *et* le soir. Ensuite, elle est souvent revenue de Californie pour d'autres radios. Le vendredi soir avant de partir pour l'Italie, elle a donné *Camille*. Nous y étions, et à la fin, elle a reçu un petit coffret avec trois camélias. Comme nous savions qu'elle devait rentrer au Hampshire House, Adaire et moi nous nous y sommes précipités pour l'attendre. Nous y sommes arrivés à onze heures, et à deux heures et demie, nous étions toujours là. Pour nous abriter du froid, nous nous étions collés dans l'entrée, par où on monte les bagages. A deux heures et demie du matin, un taxi est enfin arrivé, dont Ingrid est sortie, sa boîte de camélias à la main. Elle nous a vus. Elle était furieuse : « Qu'est-ce que vous faites là à une heure pareille ! Et par ce froid ! Vous devriez être à la maison ! Pourquoi n'êtes-vous pas chez vous ? » Et puis elle nous a regardés, et elle s'est mise à rire. Elle a dit : « Je ne suis pas fière de vous, pas du tout, mais je vais quand même vous donner quelque chose. » Et elle a ouvert sa boîte et nous a donné un camélia à chacun. J'ai conservé le mien religieusement. Je l'ai gardé des années durant, avec toutes les photos, les coupures de presses, jusqu'à ce qu'il tombe en poussière.

« Bien sûr, nous suivions Ingrid chaque fois qu'elle venait à New York. Et nous devenions de plus en plus rusés. Elle n'a certainement pas remarqué que nous l'avons suivie lorsqu'elle est allée voir *Paisa*. La salle était petite et plutôt vide ; nous nous sommes assis juste derrière elle, sans faire de bruit, comme des souris. Elle ne s'est absolument pas rendu compte que nous étions là.

« Mais elle a fini par partir pour Rome. C'est là que tout a commencé. Vous savez, on vit dans un monde de rêve, on sait bien que les choses vont mal, que les gens sont méchants, mais on n'y participe pas vraiment, on préfère l'ignorer. Et puis tout à coup, il y a eu cette énorme explosion. A ce moment-là, j'avais seize ans, et j'avais envie de hurler : « Mais laissez-la, laissez-la tranquille, fichez-lui la paix ! » J'étais bouleversé. C'est alors que je me suis rendu compte à quel point les gens étaient mauvais. Elle avait fait *Jeanne d'Arc*, elle avait *été* Jeanne d'Arc. Comment pouvait-on la traiter si mal ? Je souffrais pour elle. Pendant ces années-là, je suis resté en contact avec l'équipe de l'Alvin ; on se téléphonait, on compatissait. Si j'apprenais que tel reporter allait en Europe, j'essayais de le joindre. Earl Wilson, par exemple. Je lui ai dit : "Mr. Wilson, si vous passez par Rome, voulez-vous essayer de contacter Miss Bergman. Dites-lui de la part de l'équipe de l'Alvin qu'elle nous manque, que nous l'aimons ; simplement : de la part de l'équipe de l'Alvin, à New York." Je n'ai jamais su si elle recevait ou non ces messages. J'ai également écrit à l'hôtel Excelsior, à Rome, mais je ne pense pas que mes lettres lui aient été transmises. J'ai même écrit à Pia, en Californie : "Je sais qu'elle est votre mère, mais elle est aussi mon amie. Même si je ne l'ai jamais rencontrée, elle est mon amie." Je ne pouvais pas croire ce qui arrivait à Ingrid. Je me souviens qu'un jour, le *New York Post* a changé quatre fois de titres en un jour, et qu'à chaque fois il disait quelque chose de méchant sur son compte.

« J'ai dû vieillir de dix ans durant l'année de mes seize ans. Bien sûr, les membres de l'Équipe ont fini par se diviser : les uns pour, et les autres contre. Et puis, j'ai été appelé. Il y avait deux endroits où je pouvais être envoyé : l'Europe ou la Corée. Il fallait que j'aille en Europe. Je suis allé me présenter à l'Armée, et j'ai dit : « Je m'engage ; je m'engage pour quatre ans si vous m'envoyez en Europe. » Là-bas, je savais que je pourrais la voir. Que je la trouverais. Mais on n'a pas voulu de mon marché ; on m'a envoyé en Corée. J'ai passé là-bas treize mois, durant lequels les jumelles sont nées. Quand j'ai reçu la nouvelle, j'étais aux anges. Je me souviens être monté tout seul au sommet d'une colline, et là, face au ciel de la Corée, de m'être mis à crier de toutes mes forces : « Félicitations, Ingrid ! Bravo ! Embrasse les jumelles pour moi ! Et recommence, fais d'autres enfants !

« Enfin, le moment de rentrer aux États-Unis est arrivé, pour moi comme pour elle. Je suis tout de suite allé trouver l'Équipe. Adaire était toujours dans le coin, mais beaucoup avaient disparu. J'ai réuni ceux que j'ai pu, et je les ai convaincus de m'accompagner à l'aéroport. J'ai acheté ces grandes pancartes blanches, et j'ai passé une ou deux nuits à y peindre des slogans destinés à lui faire comprendre combien elle nous avait manqué. Et comme désormais elle était italienne, j'ai écrit aussi : *"Viva La Regina !"*

« L'avion devait arriver à sept heures du matin. Nous avons pris le métro la veille au soir, et nous sommes arrivés sur place à onze heures. Nous avons attendu toute la nuit. L'avion avait deux heures de retard. Nous commencions à paniquer. Elle ne va pas venir. Elle a peur. Elle reste en Europe. C'était la confusion la plus totale. Jamais nous n'avions vu autant de journalistes. Nous sommes entrés sur le terrain ; nous nous sommes placés derrière la barrière. Encore fallait-il qu'elle nous voie, ou du moins qu'elle nous entende. J'ai tellement crié que, pendant deux jours, je n'ai plus pu parler. Mais la presse a compris qui nous étions, il y a eu des photographies. Et Ingrid est sortie ; elle est venue vers nous. Ça a été une matinée fantastique. Mais je ne la connaissais toujours pas. Il m'a faalu attendre sept ans encore pour pouvoir lui parler, et enfin, devenir un ami. »

*\
* *

A cette conférence de presse de l'aéroport, on m'a posé toutes les questions au grand jour. « Est-ce que j'allais revenir vivre aux États-Unis ? » J'ai répondu : « Je suis européenne. Mon mari est européen. J'ai un passeport italien dans mon sac. Mes enfants sont européens. Pourquoi les déracinerais-je ? » On a parlé des rumeurs selon lesquelles il y avait certains problèmes entre Roberto et moi. « Est-ce que vous et Rossellini êtes heureux ? » J'ai dit : « A cette question, je réponds toujours que nous sommes séparés. Quand les gens sont revenus de leur surprise, j'ajoute : "Il fait un film en Inde, et moi, je suis à Paris". » Et puis, bien sûr, on en est venu à Pia : « Allais-je profiter de mon voyage pour la voir ? » A ce moment-là, je savais déjà qu'il y avait fort peu de chances. J'ai expliqué : « Je ne sais pas encore. Probablement pas pendant un séjour aussi court que celui-ci. Il faut que je sois de retour à Paris lundi soir pour le spectacle. Lorsque Pia et moi nous nous reverrons, je veux être tranquille. Après toutes ces années, la voir quelques minutes seulement serait la pire des choses. » C'était à peu près ce que je pensais, mais en répondant ainsi, j'ai commis, je crois, l'une des plus grosses erreurs de ma vie.

J'étais si émue par ce merveilleux accueil ! J'attendais des questions méchantes et peut-être une foule agressive, au lieu de quoi j'avais vu des amis, j'avais eu la surprise de retrouver l'équipe de l'Alvin.

De l'aéroport, je suis allée chez Irene Selznick, dans son appartement de New York. Là, pour la première fois depuis des années, j'ai lu un journal américain. Et c'est ainsi que j'ai appris que le fils de Signe Hasso était mort dans un accident de voiture. J'en étais bouleversée. Signe et moi nous avions été ensemble à l'école d'art dramatique. En Suède, elle avait essentiellement travaillé au théâtre. Ensuite, elle avait signé un contrat avec un des grands studios d'Hollywood, et elle était venue s'installer aux États-Unis. A Hollywood, nous nous voyions souvent. Elle donnait des petites soirées ; elle venait chez nous ; Petter et elle étaient devenus très bons amis. Et puis elle a déménagé à New York. Elle voulait apprendre à connaître les Noirs, et elle s'est installée à Harlem. C'était la personne la plus chaleureuse, la plus généreuse qu'on puisse imaginer.

Pendant tout ce temps, elle avait de très gros problèmes de santé avec son fils, qui était toujours chez les médecins ou à l'hôpital. Tout son argent et tout son amour, c'est pour lui qu'elle les dépensait. Maintenant, elle jouait à New York ; son fils — c'était un magnifique garçon de vingt et un ans — était guéri de toutes ses maladies, et il venait de signer son premier contrat pour un film. Et, avec son meilleur ami, il avait eu un accident sur l'autoroute et il avait été tué. La vie est parfois d'une cruauté atroce.

Je me suis précipitée vers Irene et j'ai dit :
« Il faut que je parle à Signe. Tu sais où elle
est ?

— Elle est ici ; elle joue à New York. Je n'ai pas
son numéro de téléphone, mais si tu appelles
Viveca Lindfors, elle pourra te dire où la joindre. »

Viveca est également une actrice suédoise, mais
je la connaissais à peine. Je lui ai téléphoné et elle
m'a dit : « Signe est ici, je vous la passe. »

Au téléphone, Signe s'est mise à bavarder :
Ingrid ! quelle joie ! Tu es à New York pour recevoir le prix de la Critique à ce qu'il paraît. Je suis si
contente pour toi ; et je suis si contente que tu sois
revenue aux États-Unis. Je sais qu'il y a une grande
réception au Sardi, ce soir. Je suis invitée, mais je
ne sais pas si je pourrai y aller. Mais tu ne peux pas
savoir quel plaisir ça me fait de t'entendre... » Et
ainsi de suite...

Je me suis dit : il y a quelque chose qui ne
tourne pas rond dans ma tête. Et j'ai demandé :
« Mais... j'ai lu dans le journal que ton fils... ?

— Oui. C'est horrible. Il est mort. Et c'est épouvantable pour le garçon qui conduisait. C'était son
meilleur ami. Je lui ai dit de venir ici, que je puisse
m'occuper de lui. Il doit être dans un état
affreux...

— Mais toi, tu ne vas pas en Californie ?

— A quoi bon ? Mon fils est mort. La seule chose
que je puisse encore faire, c'est aider son ami, le
sortir de là, le faire venir ici.

— Alors, tu restes à New York ?

— Oui. En ce moment, j'ai une pièce. Dans quelques heures, je serai au théâtre. »

Je n'en croyais pas mes oreilles. « Tu vas jouer ce
soir ? Tu crois vraiment que tu pourras ? »

Très calmement, elle a répondu : « Je n'ai pas le
choix, Ingrid. Il faut que je joue, sinon je vais
devenir folle. »

Et c'est moi qui me suis mise à pleurer. Cette

conversation avec Signe, jamais je ne devais l'oublier.

Mais maintenant, il fallait que j'appelle Pia. Elle savait que je venais. Je lui avais écrit pour lui dire combien je me réjouissais de la revoir. Pourtant, je savais maintenant que ce serait impossible. Après la conférence de presse de l'aéroport, l'équipe de l'Alvin, Signe Hasso, la remise du prix de la Critique et l'interview de Steve Allen à la télévision — en direct du restaurant Sardi, il n'était pas question que je passe à l'émission d'Ed Sullivan —, je ne pourrais pas supporter ces retrouvailles avec ma fille devant une assemblée de reporters venus pour voir mes larmes. Je lui ai téléphoné pour lui expliquer. J'ai essayé de lui faire comprendre que je ne voyais pas comment concilier avec tout ce qui m'attendait durant ce trop bref séjour ce que je considérais alors comme la chose la plus importante de ma vie : la revoir. J'ai essayé de lui expliquer que je ne pouvais pas, qu'émotionnellement, ces retrouvailles me mettraient dans un état tel que je ne pourrais plus rien faire d'autre. Et peut-être aurait-il mieux valu que je ne fasse rien d'autre et que je la voie. Mais j'avais utilisé tout mon courage rien que pour faire le voyage, et maintenant, il ne m'en restait plus pour affronter ma fille.

Tout cela, la pauvre Pia n'a pas pu le comprendre. Elle a pensé que je ne voulais pas la voir, que ce qui m'intéressait, c'était de voir mes amis et de passer à la télévision. Elle a défait sa valise et elle est retournée en classe. Des reporters lui ont téléphoné, et elle leur a expliqué qu'elle avait trop de travail pour se permettre de manquer l'école. Évidemment, les gens ont trouvé ça bizarre.

Pour Pia, ça a été une blessure qui a eu bien du mal à guérir. Ce n'est que plus tard, quand nous vivions toutes les deux à Choisel, qu'elle a reparlé de l'incident et qu'elle m'a dit y avoir vu la preuve que ma carrière était plus importante qu'elle. J'ai essayé alors de lui expliquer quel choc émotionnel représentait pour moi ce retour aux États-Unis. C'était trop. Si je l'avais vue à cette occasion, ce n'est pas une mère qu'elle aurait retrouvée, mais une femme en pleurs. Voilà pourquoi j'ai préféré attendre encore six mois, et la voir seule, tranquillement, loin des journalistes. Mais elle a eu beaucoup de peine à comprendre. Et aujourd'hui encore, si elle le comprend intellectuellement, je crains que, dans son cœur, elle n'admette pas vraiment la façon dont je me suis comportée.

* * *

C'est donc six mois plus tard, le 8 juillet 1957, qu'eurent lieu les retrouvailles. Petter Lindstrom était remarié, et, cet été-là, il partait pour la Suède avec sa femme, Agnès, et Peter, leur petit garçon. Pia était également du voyage. Cependant, elle avait alors dix-huit ans et allait à l'Université ; elle était libre de faire ce qu'elle voulait et d'aller où bon lui semblait. Elle a téléphoné à Ingrid, et elles ont décidé de se voir à Paris.

* * *

Je savais que cette rencontre serait très émouvante. Il y avait six ans que nous ne nous étions pas vues. Je savais que j'allais pleurer et que Pia risquait d'en faire autant. Et je ne voulais pas que tout cela se passe devant les douzaines de photographes qui ne manqueraient pas d'être là. Je me suis donc mise en rapport avec les Scandinavian Airlines, où l'on s'est montré très compréhensif. On m'a dit qu'on retiendrait Pia à bord, et que je pourrais la retrouver dans l'avion une fois que tous les passagers seraient sortis.

C'est ainsi que ça s'est passé. Je suis montée à bord, et nous sommes tombées dans les bras l'une de l'autre. Au même moment, il y a eu un flash.

Un journaliste de *Paris Match* avait fait le voyage de New York pour être sûr de ne pas rater l'instant des retrouvailles. Lorsqu'il avait compris qu'on retenait Pia dans l'avion, il s'était dissimulé derrière un siège pour rester lui aussi. Bien sûr, on l'a aussitôt mis dehors. Et puis Pia m'a regardée d'un air quelque peu étonné, et elle m'a dit : « Comme tu as l'air jeune ! »

* *
*

Elles sont restées à bord douze minutes avant d'aller affronter la presse.

« Nous sommes très heureuses d'être enfin réunies ; non, nous ne savons pas ce que nous ferons à Paris. » A cette brève déclaration, Ingrid refusa d'ajouter quoi que ce soit.

Pia se souvient très bien :

« Cette rencontre à Paris n'a pas été un choc. C'en aurait été un si j'avais eu dix ans. Avec le recul, je revois cet instant comme un instant très excitant ; c'était très excitant d'être le point de mire, de se trouver face à des centaines et des centaines de gens venus tout spécialement à l'aéroport pour assister à nos retrouvailles. A part ça, c'était un peu affolant ; je n'étais pas très à l'aise devant tous ces gens, tous ces photographes. Mais pour ce qui est d'avoir peur, non : je n'avais pas peur. Je n'étais plus une petite fille. »

Pour avoir une soirée tranquille et se balader dans Paris sans être ennuyées par les journalistes, elles durent quitter quitter l'hôtel par la porte de service. Ensuite, durant tout le séjour de Pia, elles furent assiégées par la presse. Pia était en Europe pour plus de deux mois, et Ingrid voulait lui montrer le plus de choses possible. Après un voyage en Sicile, Pia fit enfin la connaissance des enfants et prit possession de la chambre qui l'attendait depuis si longtemps à Santa Marinella.

Ingrid écrivit à Irene Selznick :

Ma chérie,

Les jeunes sont en train de danser sur la terrasse, et j'ai pris prétexte de mon grand âge pour me retirer ! Bien sûr, je ne me sentais pas fatiguée le moins du monde, mais il faut bien jouer le jeu. Et puis je me sens tellement heureuse que j'aime autant être seule. Tout se passe tellement mieux que nous ne l'espérions. Pia est heureuse, épanouie ; tout lui plaît ; elle est adorable avec les enfants. Le premier jour, elle m'a annoncé qu'elle ne pourrait pas venir en Europe l'été prochain ; mais le lendemain, elle s'est ravisée, elle m'a dit : « Je ne vois pas pourquoi je devrais rester aux États-Unis alors qu'ici c'est tellement fantastique. » Chacun essaie de faire de chaque jour une fête. Tous les jours nous faisons autre chose. Mais ce que je préfère, c'est les moments où nous rentrons à la maison, où nous sommes seuls à Santa Marinella ; et elle semble les apprécier, elle aussi. Elle est drôle, sensible et intelligente. Elle s'efforce d'apprendre quelques mots d'italien. Elle se prête à tout avec une bonne volonté que je n'osais pas espérer. Je ne saurais te dire à quel point je suis heureuse. Ça me paraît impossible, et je n'arrive pas encore tout à fait à y croire. Pour ne pas l'effrayer, je me comporte comme si tout cela était très naturel. Et je la laisse souvent seule avec les petits — je me retire et je vais lire dans un coin. J'attends avec impatience les moments où nous parlons ensemble, mais je ne veux pas m'imposer à elle.

*
* *

Après le départ de Pia, je suis retournée à Paris avec les enfants. La vie était maintenant toute différente car Roberto était en Inde et devait rester absent pour une période de neuf mois. Désormais, il fallait que je prenne mes décisions seules.

Je me souviens du premier chèque que j'ai reçu pour *Thé et Sympathie*. Depuis les dix couronnes que j'avais touchées à seize ans pour une journée de figuration, je crois que je n'avais jamais eu à m'occuper moi-même de mon argent ! Et je ne savais pas qu'en faire. Un camarade comédien m'a parlé d'un homme d'affaires, et il m'a conseillé d'ouvrir un compte où mon argent serait versé chaque semaine ou chaque mois. Ensuite, j'ai appris qu'il fallait que je paie des impôts. Les impôts, je n'y connaissais rien à rien. En Italie, Roberto se chargeait de tout, et il ne me payait pas grand-chose. Mais un jour, quelqu'un m'a expliqué que ma situation était tout à fait illégale. En tant qu'étrangère, je n'avais pas le droit d'avoir un compte en banque en France ; une partie de chacun des chèques qui m'étaient adressés aurait dû être directement prélevée par les impôts ; et bien sûr, j'aurais dû déclarer tout ce que je gagnais. Tout de suite, j'ai téléphoné à mon homme d'affaires : « Pourquoi est-ce que vous ne m'avez rien dit de tout cela ? Qu'est-ce que je dois faire, maintenant ?

— Voyons... Qu'est-ce que vous avez à payer avec votre argent ?

— L'hôtel, les dépenses des enfants, le salaire de la gouvernante... Qu'est-ce que je vais dire aux impôts quand on viendra me trouver ?

— Oh ! ce n'est pas compliqué : vous allez leur expliquer que vous avez un amant et que c'est lui qui vous prend tout votre argent.

— Quoi, vous voulez que je leur dise que j'ai un amant et que je l'*entretiens* ?

— Pourquoi pas ? C'est tout ce qu'il y a de plus normal. Ils comprendront très bien, et puis vous n'aurez plus d'ennuis.

— Je ne peux pas dire que l'idée me séduise...

— De toute façon, ne vous inquiétez pas. Attendez qu'on vous pose des questions ; à ce moment-là, on verra bien. »

Je n'ai donc rien fait. J'ai attendu que les inspecteurs des impôts se manifestent. Et comme ils ne se manifestaient toujours pas, j'ai rappelé mon homme d'affaires. Je lui ai dit : « Il ne se passe rien.

— Ne vous plaignez pas, c'est parfait. Si on ne vous demande rien pendant dix ans, ensuite, ce sera trop tard pour vous réclamer quoi que ce soit.

— Vous savez, je n'aime pas beaucoup...

— Ne vous inquiétez pas, je vous dis. Laissez-moi m'occuper de tout. »

Et j'ai laissé le temps passer. La neuvième année, les impôts ont réagi. A l'époque, j'étais remariée. Grâce au bon conseil de mon homme d'affaires, je me trouvais tout à coup avec une somme énorme à payer. Depuis lors, ce genre de conseil, j'ai essayé de m'en passer !

A l'époque où je jouais au Théâtre de Paris, j'étais encore très naïve. Et je continuais à rougir à tout bout de champ. Pendant l'entracte, le régisseur et toute l'équipe venaient dans ma loge, et c'était à qui raconterait l'histoire la plus salée. Tout cela, pour m'apprendre à *ne pas* rougir. A leur avis, cet exercice finirait bien par m'endurcir. Comme, la moitié du temps, je ne comprenais pas ces plaisanteries, je ne rougissais pas ; alors, on m'expliquait, et je ne comprenais toujours rien. Mais on riait, on riait comme des fous. Après quoi il fallait retourner en scène, redevenir la femme d'un directeur d'école. Je garde de tout cela un souvenir merveilleux. Le théâtre était toujours plein et le public toujours enthousiaste. Les journaux continuaient à parler du spectacle. Pour moi, c'était fantastique d'avoir un pareil succès à Paris.

Kay Brown m'avait téléphoné pour me parler de Robert Anderson, l'auteur de *Thé et Sympathie*. Sa femme venait de mourir. Elle avait eu une forme de cancer particulièrement terrible, et son agonie avait été interminable. Lui qui l'avait accompagnée durant toute cette épreuve ne se remettait pas de se retrouver seul. Kay m'a dit : « Il n'a plus goût à la vie. Essaie de l'aider. Je l'ai décidé à aller à Paris pour assister à la première. Peut-être que ça lui fera du bien. »

Après un vol horrible, son avion n'a pas pu atterrir. Finalement, il est arrivé juste à temps pour le lever du rideau.

Nous sommes devenus de grands amis. Manifestement, il était à bout de courage, à bout de forces. J'ai fait tout ce que j'ai pu pour l'aider à reprendre pied. Nous avons vécu très proches l'un de l'autre. Peut-être avais-je besoin d'aide, moi aussi. En tout cas, je savais que c'était important pour tous les deux.

C'est à cette époque-là aussi que j'ai fait la connaissance de Lars Schmidt, un compatriote qui avait produit un grand nombre de pièces, et dont un spectacle, *La Chatte sur un toit brûlant* de Tennessee Williams, se donnait alors à Paris.

* *
*

Lars garde un souvenir précis de cette première rencontre :

« En 1956, j'avais réussi à décider Peter Brook à quitter Londres pour venir à Paris mettre en scène *La Chatte sur un toit brûlant*. La distribution était très brillante, et la pièce avait beaucoup de succès. Peu avant Noël, j'ai appris qu'Ingrid Bergman, qui jouait alors *Thé et Sympathie*, était dans la salle avec Robert Anderson. Aussitôt, je suis allé les trouver pour leur demander si, pendant l'entracte, ils me feraient le plaisir de venir boire un verre de champagne. Avec un grand sourire, Ingrid a accepté.

« Le moment de l'entracte est arrivé. Avec moi, il y avait un grand beau Suédois, Gustav, qu'Ingrid connaissait déjà. Dès qu'ils se sont retrouvés, ils se sont mis à bavarder pendant que je m'occupais de verser le champagne et de veiller à ce que tout le monde soit servi. Cette fois, c'est tout ce que j'ai vu de Miss Bergman. Et j'en ai gardé le souvenir d'une femme très belle et très aimable.

« Et puis, quelques semaines plus tard, Kay Brown est venue à Paris. C'est l'agent d'Ingrid, et c'est également le mien. Elle s'est indignée : "Quoi ? Vous êtes tous les deux suédois, vous vivez tous les deux à Paris, et vous ne vous connaissez pas alors qu'en plus vous habitez le même hôtel ? Je vais arranger ça !"

« Elle nous a présentés, et j'ai emmené Ingrid dîner dans un petit restaurant, le Coq d'Or. Là, Ingrid a déclaré : "C'est vrai, c'est curieux qu'on ne se soit jamais rencontrés.

"— Mais nous nous sommes déjà rencontrés.

"— Ah ! bon ? Où donc ?

"— Quand vous êtes venue voir *La Chatte sur un toit brûlant* ; à l'entracte, c'est moi qui vous ai versé le champagne.

"— C'est vrai ? Alors j'ai dû vous prendre pour le garçon !"

« Ce soir-là, nous avons parlé de la Suède et d'un tas d'autres choses. Et puis les semaines ont passé. Comme d'habitude, je me baladais à travers le monde. Nous habitions toujours le même hôtel, mais elle était très occupée, et moi aussi. Nous ne nous sommes donc pas revus.

« Un matin, j'ai pourtant tenté ma chance. Je lui ai téléphoné pour lui demander si elle voulait bien déjeuner avec moi.

"— Je suis désolée, mais j'ai les enfants."

« Tant pis. Pour me consoler, j'ai demandé à un ami de m'accompagner, et nous sommes allés déjeuner à ce charmant petit restaurant du Bois de Boulogne. Mais là, installée à une table toute proche du lac, qui vois-je ? Miss Bergman en personne. A la fin du repas, je suis passé près d'elle, et, comme elle était avec Bob Anderson, je lui ai dit en suédois : "Quelle bonne surprise ! Moi qui croyais que vous étiez avec vos enfants..."

« Elle m'a regardé et elle a rougi — jamais je n'avais vu personne rougir comme elle. Et puis elle m'a souri, elle m'a fait le plus charmant des sourires. Le soir même, je l'ai rappelée. La glace était définitivement rompue. »

* *
*

C'est à cette époque que j'ai remporté mon deuxième Oscar — pour *Anastasia*.

Cary Grant, qui était un très bon ami, m'avait dit qu'il assisterait à la remise des Oscars, et que, si jamais on m'en décernait un, il le recevrait à ma place. Comme tous les soirs, j'étais rentrée me coucher à l'hôtel Raphaël après la représentation de *Thé et Sympathie*. Le lendemain à sept heures : téléphone de la Twentieth Century Fox : « Bravo ! Tu l'as eu ! Tu l'as eu ! »

Là-dessus, je vais prendre mon bain, et, pour fêter l'événement, je m'offre un verre de champagne. Et puis Robertino arrive avec son poste de radio : « Maman, maman, on parle de toi. » Il ne comprenait pas très bien l'anglais, mais il avait saisi mon nom. La radio française retransmettait la cérémonie de remise des Oscars, et il avait entendu le nom d'« Ingrid Bergman » et des applaudissements. Les applaudissements se poursuivaient quand il est entré dans la salle de bain avec son poste. Tout de suite après, j'ai entendu la voix de Cary Grant : « Chère Ingrid, où que tu sois... » « Je suis dans mon bain, mon vieux Cary. » « Où que tu sois, nous, tes amis, nous te félicitons. J'ai pour toi l'Oscar que t'a valu ta splendide interprétation, et j'espère que tu es aussi heureuse que nous le sommes pour toi. »

Le pauvre petit Robertino n'y comprenait rien. Pourquoi est-ce que maman pleurait dans son bain alors qu'elle était manifestement ravie de ce qu'on disait à la radio ?

A cette époque-là aussi, de nouveaux problèmes ont surgi avec Roberto. Après ce que j'avais dû supporter pour l'épouser, je crois que j'aurais supporté n'importe quoi sans songer à le quitter.

D'ailleurs, comment aurais-je pu abandonner un homme en ayant le sentiment d'avoir contribué à ruiner sa carrière ? En fin de compte, tout était ma faute. Ou du moins, tout avait commencé à cause de moi et de cette idée que j'avais eue de lui écrire pour lui dire que je voulais faire un film avec lui. Je pensais qu'à son retour de l'Inde, la vie reprendrait comme avant, et je m'attendais même à ce qu'elle soit plus difficile maintenant que j'avais renoué avec le cinéma américain.

Et puis, dans le courant du printemps 1956, en pleine nuit, le téléphone s'est mis à sonner dans ma chambre de l'hôtel Raphael. « Roberto ! D'où est-ce que tu appelles ?... De l'Inde ? » Ça devait lui coûter une fortune. « Comment ça se passe, là-bas ? » « Très bien, très bien, mais les journaux racontent des tas d'histoires à propos de cette femme. Si jamais on venait te poser des questions concernant je ne sais quelle aventure que je serais en train de vivre, tu nies. Il n'y a pas un mot de vrai ! Pas un mot !

— Si c'est toi qui le dis, d'accord, d'accord. »

On a encore bavardé un petit moment, puis on a raccroché.

Quelqu'un a écrit quelque part, à propos de ma vie avec Roberto, que, même si j'ai probablement toujours été troublée par ma conscience puritaine, avec lui j'ai sans doute trouvé un monde meilleur pour moi que celui que connaissent la plupart d'entre nous. Et c'est vrai. Avec lui, j'ai connu un bonheur extraordinaire aussi bien que de graves difficultés. Mais les difficultés font partie de la vie. Si l'on n'a jamais connu la peine, si l'on n'a jamais pleuré, si l'on ne s'est jamais senti suffisamment misérable pour se dire vraiment, cette fois je n'en peux plus, comment pourrait-on comprendre ceux qui souffrent ? Comment leur témoigner une quelconque sympathie ? Il faut d'abord *savoir* à quoi ressemble ce qu'ils éprouvent. C'est à quoi sert la vie, je crois — à découvrir, à connaître pour mieux comprendre. Dans la vie, les bas sont aussi nécessaires que les hauts. On ne peut pas être heureux tout le temps.

Je crois que quelqu'un qui serait toujours heureux serait aussi extrêmement ennuyeux. Avec Roberto, jamais la vie n'était ennuyeuse.

J'ai essayé différentes façons de vivre avec lui. Je me souviens qu'avec les difficultés matérielles que nous connaissions, je lui ai dit un jour : « Pourquoi est-ce qu'on ne ferait pas faillite ? Faisons faillite ! Qu'est-ce qui peut nous arriver ? On ne va pas en prison pour ça, non ? Vivons de ce que nous avons. Laissons-les prendre la maison. Donnons tout, tout, tout. Et nous repartirons de rien. Nous prendrons un petit appartement. Je ferai le ménage, je ferai la cuisine. Nous n'aurons pas de domestiques, rien. » Et Roberto me regardait comme si j'étais en train de devenir folle. Il m'a dit : « Cette vie-là, non, ce n'est pas une vie. » Pour moi, cette réponse a été une gifle ; je croyais lui donner tout, tout ce que je pouvais, et il ne voulait même pas en entendre parler. « Cette vie-là, ce n'est pas une vie ! » Pour lui, la vie devait être grandiose.

Après son coup de téléphone, quand j'ai raccroché, j'ai pensé à tout cela. Je me suis demandé ce que j'allais faire. Car je savais maintenant que plus rien ne serait jamais comme avant. Après ce qu'il m'avait dit, je savais qu'il y avait une autre femme dans sa vie. A nouveau, Roberto était amoureux. Et cette femme devait l'être également. Elle prendrait soin de lui, elle le rendrait heureux.

Il m'avait quittée, moi. Assise sur mon lit, je me sentais sourire. J'étais si contente. Pour lui. Et pour moi. Le problème était résolu.

Quelques jours plus tard, toujours au milieu de la nuit, nouveau coup de téléphone. C'était encore Roberto. Le mari de la femme avec qui il n'était pas censé avoir une aventure, un producteur très important, était entré dans une colère telle que non seulement il avait obtenu qu'on interdise à Roberto de continuer son travail, mais que son film soit saisi de sorte qu'il ne puisse l'emporter au moment de quitter l'Inde. Roberto était furieux. « Et tout cela pour rien, disait-il. C'est ridicule. Cette femme dont je suis prétendument amoureux... Je ne sais même pas de quoi on veut parler... Mais il n'y a qu'un homme qui puisse m'aider : Nehru, le Premier Ministre. Il est à Londres en ce moment. Tu connais des tas de gens à Londres. Tu ne pourrais pas te débrouiller pour le voir et lui demander que je puisse sortir mon film de l'Inde ?

— Oui, je vais essayer. Je vais voir ce que je peux faire. »

Comme c'est l'usage en France, on avait suspendu les représentations de *Thé et Sympathie* durant les vacances d'été. Le lendemain matin, j'ai donc téléphoné à ma très bonne amie Ann Todd, à Londres, et je lui ai dit : « Toi qui connais tout le monde, tu ne vois pas comment je pourrais rencontrer Nehru pour lui demander d'aider Roberto ? » Ann m'a répondu : « Je connais sa sœur. Elle est à Londres. Je vais lui parler. »

Ensuite, Ann m'a rappelée. « J'ai arrangé un déjeuner pour demain. Prends l'avion, et viens me retrouver chez moi. » C'est ainsi qu'Ann et moi, nous avons déjeuné avec la sœur de Nehru et Nehru lui-même. C'était un homme magnifique. Pendant tout le repas, je me disais : il doit se demander pourquoi je suis là. Mais après le déjeuner, alors que nous nous promenions dans le jardin, j'ai compris qu'il savait déjà.

Je lui ai dit : « Roberto Rossellini, mon mari, a certaines difficultés dans votre pays...

— Oui, c'est ce que j'ai appris. » Nous avons fait quelques pas, puis il a ajouté : « Mais tôt ou tard, je suis sûr qu'il recevra l'autorisation de partir.

— Mais il ne peut pas partir sans son film. C'est son travail. C'est sa raison d'être. »

Nouveau silence, Nouveau tour de promenade. Enfin, le Premier Ministre a repris : « J'ai cru comprendre que, dans cette affaire, il y avait toute sorte d'histoires, de scandales, de problèmes d'argent. Cela fait beaucoup de difficultés.

— Oui, c'est vrai. Mon mari a toujours des problèmes. Mais c'est un homme remarquable, un grand artiste. Ce serait si généreux de votre part de l'autoriser à quitter l'Inde avec son film.

— Oui, oui. Ça s'arrangera. »

Craignant de ne pas avoir assez insisté, j'ai repris : « En Suède, nous avons un proverbe qui dit : "Tandis que l'herbe pousse, la vache meurt." Je vous en prie, ne le retenez pas trop longtemps dans votre pays — il a tant de choses à faire ! Et laissez-le partir avec son film. »

La promenade a continué un moment encore. Cette fois, Nehru s'est contenté de sourire et de hocher la tête en signe d'acquiescement. Mais il n'a plus dit un mot sur le sujet.

Et le lendemain même, Roberto recevait l'autorisation d'emmener son film hors de l'Inde. Il est parti immédiatement.

Les gens avaient quelque peine à comprendre mon comportement, car maintenant les journaux étaient pleins des histoires de Roberto, de la femme dont il s'était épris et qu'il avait enlevée à ce producteur indien.

Mais les gens font des tas de choses étranges. Et leurs actes ne peuvent être jugés aussi facilement. Il faut d'abord essayer de comprendre. Et plutôt que de décider ce qui est bien et ce qui est mal, peut-être vaut-il mieux se demander ce qui est important. Peut-être que le film de Roberto n'était pas bon ; mais peut-être aussi avait-il quelque chose d'important à dire à propos de l'Inde. Et c'est cela qui comptait, pas le fait que Roberto soit ou non tombé amoureux.

Quand il est arrivé à Paris, je suis allée l'accueillir à l'aéroport. Les journalistes ne savaient plus que penser. « Nous avons cru comprendre que votre mari était parti avec une Indienne ? » « N'est-il pas tombé amoureux de la femme d'un producteur indien ? » A toutes leurs questions, j'ai répondu : « Je ne sais pas. Tout ce que je sais, c'est que je suis venue l'attendre. »

Lorsqu'il est arrivé dans l'aéroport, je me suis jetée dans ses bras. Il m'a serrée contre lui, et nous nous sommes embrassés. La photo de ces retrouvailles a paru dans tous les journaux avec des commentaires sur la bêtise des rumeurs qui avaient couru jusque-là. A les voir, on se rendait tout de suite compte qu'Ingrid Bergman et Roberto Rossellini s'entendaient mieux que jamais !

Mais si les journalistes nous avaient vus dans ma suite de l'hôtel Raphaël, ils n'auraient sans doute pas eu la même opinion. Roberto s'est installé dans un fauteuil, et il a commencé à se triturer une mèche de cheveux. Puis il m'a demandé : « Tu joues toujours dans cette pièce idiote ?

— Oui, bien sûr. Et ça marche très fort. Nous faisons salle comble à toutes les représentations. Mais si tu as envie de venir, je peux te trouver une place pour ce soir ?

— Non, non. non. Certainement pas. »

Je suis allée au théâtre, et après le spectacle je suis rentrée à l'hôtel. J'ignore ce que Roberto a fait entre-temps, s'il est sorti dîner ou quoi, mais le fait est que je l'ai retrouvé dans le même fauteuil, toujours en train de jouer avec ses cheveux. Et j'ai pensé : « Il se pourrait bien que le moment soit venu. »

Je ne lui ai pas dit tout de suite que j'avais déjà vu Sonali, la fameuse Indienne. Elle était arrivée à Paris quelques jours avant Roberto. Je ne pensais pas du tout la rencontrer, mais une amie commune m'avait téléphoné pour m'annoncer : « Elle est là, et elle a envie de te voir. » Et j'y étais allée.

Je l'avais trouvée très jolie, très gentille, et très

sérieuse. Elle avait un bébé dans les bras, et j'ai pensé : Seigneur ! Ce n'est pas possible ? Depuis quand est-ce que Roberto est parti ? Neuf mois. Non, ce n'est pas possible, ce bébé a déjà quelques mois.

Nous avons parlé. Son bébé était le fils cadet qu'elle avait eu de son mari indien. L'autre, l'aîné, était resté en Inde avec son père. « Les journaux ont été abominables. Ils n'aiment rien tant que le scandale. Ils ont publié des tas de mensonges. »

Je lui ai raconté que j'étais bien placée pour le savoir. Sur quoi elle m'a dit qu'elle ne voulait rien, elle avait simplement senti qu'elle devait me rencontrer. Et je pensais : « Pauvre femme ! C'est tout de même extraordinaire. Elle a laissé un enfant derrière elle, exactement comme moi. »

Maintenant que j'étais de retour à l'hôtel Raphaël, j'ai dit à Roberto : « Est-ce que tu voudrais divorcer ? » Je me souviens qu'il s'est renversé dans son fauteuil, la main toujours dans ses cheveux, et les yeux au plafond. Mais il n'a rien répondu. Peut-être n'avait-il pas compris. J'ai répété, très tranquillement : « Roberto, est-ce que tu penses que ce serait une bonne idée de divorcer ? »

Toujours pas de réponse. Je n'allais tout de même pas répéter ma question trois fois. Alors j'ai attendu. J'ai attendu une éternité. Il roulait interminablement une boucle autour de son doigt. Il avait l'air très triste. Enfin, très lentement, il a répondu : « Oui. J'en ai assez d'être M. Bergman. »

J'ai trouvé ça curieux. Il avait toujours eu un grand nom, un nom bien à lui. Il avait toujours été Roberto Rossellini, jamais, *jamais* M. Bergman.

« Oui, c'est ce que je ressens, et je commence à en avoir assez.

— Alors c'est parfait, divorçons. »

La boucle était bouclée. Toutes ces années difficiles étaient maintenant terminées. Nous étions heureux. Nous nous sommes embrassés. Je lui ai dit que j'avais rencontré Sonali et que j'espérais qu'il serait heureux. .

Et lui m'a dit : « Il faut que tu aies les enfants. Ils appartiennent à leur mère. Mais il y a deux choses que je dois te demander.

— Vas-y, demande.

— D'abord, les enfants n'iront jamais en Amérique. » Il avait une telle horreur des États-Unis et de Howard Hughes que, dans son entourage, personne n'était autorisé à prendre un avion de la TWA.

« Qu'ils n'aillent jamais en Amérique ? Comment veux-tu que je les en empêche quand ils seront grands ? Mettons qu'ils seront élevés en Europe — en Suisse, en France, en Italie, en Angleterre —, mais quand ils auront dix-huit ans, il faudra les laisser aller où ils en ont envie, même si c'est aux États-Unis.

— D'accord, d'accord. Mais quand ils auront dix-huit ans.

— Et la seconde chose que tu dois me demander, qu'est-ce que c'est ?

— De ne jamais te remarier.

— Quoi ? Ne jamais me marier ?

— Oui. De toute façon, à ton âge...

— Comment ça, à mon âge ? Enfin quoi ! Tu as presque dix ans de plus que moi, et tu es avec cette ravissante jeune Indienne. Tu viens de trouver une femme jeune, une femme belle, et moi, je ne pourrais trouver personne, je ne pourrais plus me remarier ?

— Ce n'est pas ça. Mais si tu t'occupes des enfants, tu ne peux pas tout faire. Tu as trois enfants, quatre avec Pia. Qu'est-ce que tu veux de plus ?

— Sur ce point en tout cas je ne peux rien te promettre. »

Et je me suis mise à rire. C'était tellement drôle, je ne pouvais pas m'en empêcher. Ça ressemblait tellement à Roberto !

CHAPITRE XXI

Je me souviens qu'un dimanche, à Paris, Lars et moi nous sommes allés nous promener à Montmartre. Nous sommes entrés au Sacré-Cœur, et nous avons allumé un cierge. Lars était très solennel.

Je lui ai demandé : « Tu pries ?

— Oui. Je prie pour que tu m'appartiennes. »

En souriant, j'ai dit : « Tu crois que ça se fait ? Je suis tout de même une femme mariée... »

Il m'a rendu mon sourire : « Peut-être. Mais prier, ça ne peut jamais faire de mal. »

Au début, je me demandais si Lars et moi nous devions nous marier. Peut-être que Roberto avait raison. Deux mariages, quatre enfants, c'était peut-être assez.

Maintenant, les enfants étaient la plupart du temps à Paris avec moi. Roberto semblait très satisfait de cet arrangement. Mais il ignorait l'existence de Lars. Il ne lui venait pas à l'esprit qu'en dehors des enfants et de mon travail, il pouvait y avoir quoi que ce soit dans ma vie. Quand il est venu à Paris, j'ai demandé à mon avocat italien Ercole Graziadei : « Un divorce, ça prendra combien de temps ? » Il m'a dit : « Vous pouvez attendre trois mois ? » « Trois mois ? Bien sûr. »

Mais ça a duré beaucoup plus longtemps.

On a commencé par la séparation. Pas de problèmes. Une visite aux avocats a suffi. René Floriot, mon avocat français, m'a demandé : « Vous avez réfléchi ? Vous êtes tout à fait décidée ? » « Tout à fait. » « Et vous êtes tous les deux convaincus que vous choisissez la bonne solution ? » « Absolument. » « Bien. Dans ce cas, je ne vois que la question de la garde des enfants. Mais en France, les tribunaux l'accordent généralement à la mère, à qui ils demandent de laisser le père leur rendre régulièrement visite... »

En fait, tout ce que nous demandions, c'était l'annulation de notre mariage mexicain par procuration. Pour un tribunal italien, c'était parfaitement possible. La seule chose qu'il fallait, c'était un peu de temps.

Ce Noël-là, les enfants, Roberto et moi, nous nous sommes retrouvés chez Bruno Buozzi. Et nous nous sommes bien amusés. Dehors, les journalistes s'étonnaient : « Quoi ? Vous êtes séparés et vous passez Noël ensemble ? » Ce à quoi je répondais : « Pour les enfants, c'est bien la meilleure solution, non ? D'ailleurs, nous passons un Noël merveilleux. Et en janvier, je pars tourner un film en Angleterre. »

Je me souviens si bien. Roberto était étendu, la tête sur mes genoux. Et je riais : « Si la presse pouvait nous voir, ce serait la photo de la semaine ! »

Nous buvions tous les deux du glögg — une boisson suédoise, moitié vin rouge chaud et moitié schnaps, avec des noix, des raisins et de la cannelle. Très fort. J'en ai fait descendre une grande bouteille aux reporters. Je leur ai dit : « Je suis désolée pour vous. Vous restez là dehors à vous geler en attendant qu'il se passe quelque chose. Buvez au moins cela, ça vous réchauffera. Et puis rentrez chez vous, car nous, nous ne sortirons pas. » Une fois qu'ils sont partis, Roberto est rentré chez lui.

Jusqu'au moment où les ennuis ont commencé, les journalistes n'ont rien compris à la façon dont Roberto et moi nous nous comportions.

Je suis allée à Londres pour tourner *Indiscret* avec Cary Grant. A Heathrow, la presse attendait une déclaration. Après avoir ruiné ma carrière en épousant Rossellini, pourquoi est-ce que je la compromettais à nouveau en le quittant ? On m'a conduite dans le salon de transit pour y tenir une conférence. Cary Grant était là, assis sur une table. Dès qu'il m'a vue, il a crié par-dessus la tête des journalistes : « Ingrid, attends un peu de connaître mes problèmes ! »

A partir de là, tout s'est très bien passé. Tout le monde s'est mis à rire. Cary était parfait. Il plaisantait. Il disait aux reporters : « Ce ne sont pas des questions que l'on pose à une dame. Posez-les plutôt à moi, et je vous répondrai. Ah ! bon, ma vie ne vous intéresse pas ? Dieu sait pourtant qu'elle est plus passionnante que celle d'Ingrid ! »

Finalement, nous nous sommes échappés. Sydney Bernstein nous attendait avec une voiture, et nous sommes tous partis à l'hôtel Connaught. Je parlais de Roberto et de mes problèmes, Cary parlait des siens. Au bout d'un moment, Sydney s'est lamenté : « Avec mes problèmes à moi, je sens bien que je n'ai aucune chance. »

C'est vrai. Trop souvent les comédiens ne savent parler que d'eux-mêmes !

Indiscret était une comédie. J'y jouais le rôle d'une actrice célèbre, et Cary Grant, celui d'un diplomate américain. Pour protéger sa vie de célibataire, il prétendait être déjà marié. Lorsque j'apprenais la supercherie, je m'indignais qu'il ait eu le culot de me faire la cour alors qu'il n'était même pas marié ! Et tout cela se terminait de la façon qu'on imagine, c'est-à-dire bien. Comme moi je souhaitais que les choses se terminent. J'étais amoureuse de Lars, et nous voulions nous marier.

* * *

Lars Schmidt est né à Gothenburg, d'une riche famille de tradition militaire. Cependant, toute sa vie, Lars ne connut d'autre passion que le théâtre. Tout jeune encore, ses parents l'envoyèrent à Swansea, dans le Pays de Galles, pour y apprendre le métier d'armateur. Encouragé par les mineurs qu'il rencontrait dans les pubs de l'endroit et qui lui disaient : « Si tu veux apprendre à charger du charbon gallois sur des bateaux suédois, il faut venir dans la mine et voir où tout commence », il passa quelques mois dans les mines avant de se décider à partir pour Londres, où les lumières du théâtre l'attiraient irrésistiblement.

Après des débuts assez prometteurs, sa carrière londonienne fut interrompue par la guerre. Maintenant, son but était New York, où le théâtre connaissait une période particulièrement prospère. Cependant, à l'aube des années quarante, il n'y avait plus de vols commerciaux à travers l'Atlantique, et, du fait des sous-marins nazis, les voyages par bateau étaient toujours risqués. Lars s'embarqua pourtant sur un petit navire finlandais ; mais, à proximité des îles Faroe, des bombardiers allemands surgirent brusquement des nuages et passèrent à l'attaque. Tandis qu'il cherchait fébrilement son argent et son passeport, une bombe traversa la cabine située à côté de la sienne. Dans l'Atlantique Nord, à cette époque de l'année, c'est à peine si le jour se lève ; toutefois, alerté par les flammes et par la fumée, un bateau suédois se porta au secours du navire en feu. Il sauva la moitié de l'équipage et des passagers — après quoi on n'entendit plus jamais parler de lui. Un bateau britannique arrivé peu après prit à son bord Lars et ses compagnons d'infortune pour les déposer aux îles Faroe. Là, il fallut que Lars attende huit longues semaines avant de trouver un passage pour New York, où il arriva sans un sou ni rien d'autre que les vêtements qu'il avait sur le dos. Bien décidé à apprendre le métier, il accepta tous les petits travaux qu'on lui proposait dans la branche : accessoiriste, machiniste, assistant de l'assistant metteur en scène. Enfin, il acheta les droits étrangers de sa première pièce américaine, *Arsenic et vieilles dentelles*.

Continuant sur sa lancée, il allait ouvrir des bureaux de production à New York, à Londres, à Paris et dans toute l'Europe.

**

La carrière de Lars ressemblait beaucoup à la mienne en cela qu'il était né et qu'il avait grandi en Suède, puis qu'il avait vécu à l'étranger, où il avait appris à s'exprimer dans différentes langues. Cela faisait bien des points communs, et nous nous entendions parfaitement. Nous n'avions pas besoin de parler. Lorsque quelqu'un faisait ou disait quelque chose qui lui déplaisait, il me suffisait d'un coup d'œil pour comprendre. Et lui me connaissait très bien ; il connaissait toutes mes réactions, mes humeurs, tout ce dont j'avais envie et tout ce qui me déprimait. Et je le connaissais de même. Ce sont des détails idiots qui font que l'on tombe amoureux ; parfois même des détails qui vous agacent.

Il y avait une chose qui, pour Lars, était très importante : Danholmen, son île. Si je voulais passer mes étés à Saint-Tropez, à Capri ou à Monte-Carlo, il ne pouvait être question que nous nous mariions. Pour que nous nous mariions, il fallait d'abord que je sois sûre d'aimer son île. En plein milieu de l'hiver suédois, il m'a donc emmenée à sa découverte. Danholmen est située à quelques kilomètres de la côte ouest de la Suède, parmi d'autres îles rocheuses. Lars en était tombé amoureux plusieurs années auparavant, alors qu'il s'y trouvait avec un de ses amis, Göran von Essen. Il avait alors écrit dans un livre d'or : « La prochaine fois que je verrai cette île, j'espère qu'elle m'appartiendra. » Et il avait dit aux propriétaires stupéfaits : « Quand vous voudrez vendre, avertissez-moi. » Depuis, dix ans s'étaient écoulés, et je venais de le rencontrer quand il a acheté l'île.

Il nous a fallu prendre un grand bateau de pêche pour pouvoir arriver jusqu'à l'île en dépit des glaces. Mais j'ai adoré chaque minute du voyage, et j'ai adoré l'île. Si solitaire. Un ciel et une mer immenses. Et l'île pleine d'énormes pierres rondes et de petites criques. Et la mer partout. En été, tout y est lumineux, étincelant — la mer, les rochers et le ciel.

Et l'on s'y sent si loin de tout. Et si proche de la nature. A l'époque, il n'y avait ni eau ni électricité. Pour avoir de l'eau douce, il fallait pomper. Il fallait ramasser du bois pour le feu, attraper nous-mêmes le poisson que nous prenions au filet. C'était le bout du monde. Je comprenais très bien le sentiment de Lars.

Lors de cette première visite, nous nous sommes assis sur les gros blocs de rochers situés près de la maison, et j'ai déclaré : « J'aime ton île. » Lars a rétorqué : « C'est parfait. En ce cas, il ne nous reste plus qu'à nous marier. » A l'entendre, tout paraissait facile ; mais en réalité, ça n'a pas été aussi simple.

Et d'abord, il a fallu que j'apprenne à être missionnaire.

*
* *

La première contribution d'Alan Burgess à la biographie d'Ingrid Bergman remonte à 1958, où la Twentieth Century Fox acheta les droits de son livre, *The Small Woman*, pour en tirer un film intitulé *L'Auberge du Sixème Bonheur*.

Mark Robson, le metteur en scène d'origine canadienne qui devait réaliser le film, informa le producteur Buddy Adler qu'Ingrid Bergman était la seule actrice qu'il pouvait imaginer dans le rôle de Gladys Aylward — la femme de chambre londonienne qui, en 1930, partit comme missionnaire en Chine où, durant la guerre contre le Japon, elle devait sauver une centaine d'enfants en les conduisant à travers les montagnes pour leur faire passer la frontière.

Quand Buddy Adler déclara à Robsen qu'il n'obtiendrait certainement pas le concours d'Ingrid, Mark prit le premier avion pour Paris et fonça à l'hôtel Raphaël. La première chose qu'il vit en entrant dans l'appartement d'Ingrid, c'est l'exemplaire de *The Small Woman* que lui avait envoyé la Fox par son bureau de Londres. Oui, l'histoire lui plaisait. Elle serait ravie de faire le film.

Au début du tournage, Ingrid écrivit à Gladys Aylward. Celle-ci vivait maintenant à Formose, où, avec les droits qu'elle touchait sur la vente du livre, elle envisageait d'ouvrir un nouvel orphelinat pour les enfants chinois.

Chère Miss Aylward,

J'ai du mal à croire que vous existez réellement. Vous n'êtes pas un personnage de roman dont je puisse imaginer les paroles et les sentiments. Mais je ne vous ai jamais rencontrée, et c'est pourquoi c'est difficile. Comme je regrette que nous n'allions pas à Formose où j'aurais pu bénéficier de votre aide ! (Comme vous le savez, il était tout d'abord prévu que le film se ferait à Formose.) Mais même si les occasions ne manquent pas où vous vous demanderez pourquoi nous avons fait ceci ou cela, je tiens à ce que vous sachiez que nous nous efforçons d'être toujours honnêtes, et que ce film s'effectue avec beaucoup d'amour et de respect pour vous. Cependant, il ne s'agit que d'un film et, pour que celui-ci soit divertissant, il est indispensable de prendre certaines libertés. J'ai personnellement pour vous et pour votre travail une très grande admiration, et tout ce que j'espère, c'est que le film sera digne de vous. Avec ma plus chaleureuse affection.

Gladys Aylward reçut cette lettre, mais elle n'y répondit pas. Et pour une très bonne raison.

Au début du printemps 1958, Mark Robson et une équipe de techniciens de la Fox s'étaient rendus à Formose, où le tournage devait s'effectuer. Bien sûr, ils comptaient sur l'aide de Gladys Aylward, à qui un assistant de production avait eu l'idée de demander de réunir ses amis pour fabriquer avec eux les costumes du film ; en outre, il avait été prévu qu'on les utiliserait comme figurants.

Sur quoi le gouvernement de la Chine nationaliste en exil à Formose avait demandé à voir le scénario de *L'Auberge du Sixième Bonheur*. L'ayant lu, ses représentants en furent indignés : à les en croire, la Chine nationaliste n'avait jamais connu ni la pauvreté, ni la faim, ni l'inégalité. Avant l'arrivée des communistes, tout n'était que lumière, charme et bonté. A moins que le scénario ne soit modifié, le tournage risquait de graves difficultés.

Mark Robson se décida très rapidement : le tournage s'effectuerait ailleurs. Du jour au lendemain ou presque, l'équipe de la Fox quitta Formose, et personne ne songea à avertir Gladys ! Celle-ci se retrouva donc seule avec les costumes en chantier et quelques douzaines d'ouvriers lui réclamant leur dû — c'était elle qui faisait les frais du changement de programme. Dans ces conditions, on comprend fort bien que le film lui ait inspiré la plus grande méfiance et qu'elle n'ait jamais cherché à le voir.

Finalement, on choisit pour lieu de tournage la région de Snowdonia, dans le Pays de Galles, où fut reconstituée la ville fortifiée de Yang-chen, où Gladys Aylward avait vécu. Quant aux acteurs et aux figurants, on les recruta dans les blanchisseries et les restaurants chinois de Cardiff, de Londres et de Liverpool !

A la fin du mois de mars 1958, Ingrid écrivit à Ruth Roberts :

J'ai trouvé en Lars un être merveilleux, Ruthie. Je suis si contente, je crois que cette fois j'ai trouvé le *bon*. Toutes les bonnes choses vont par trois. Nous sommes en Suède. C'est curieux qu'il soit suédois, mais il est comme moi, il aime revenir dans ce pays, et c'est vrai qu'en Suède certaines choses sont terriblement agréables ; mais ensuite, retour en France ! Nous sommes si pareils en *toute chose*.

Alors, espérons ! Si je peux obtenir mon divorce en mai, je ne tarderai pas à être de nouveau une jeune mariée ! Je pense que mes petits enfants prendront ça très calmement, mais Pia sera plus surprise et plus désemparée...

En réponse à la nouvelle, Pia écrivit à Ingrid : « Tu ne vaux *rien* pour choisir tes maris. » En conséquence de quoi, elle l'avertissait qu'elle risquait fort de tomber de Charybde en Scylla. Elle lui conseillait de bien réfléchir avant de se décider, estimant que Lars et elle ne se connaissaient pas encore suffisamment bien. Elle lui demandait si Lars avait déjà été marié, et, si oui, ce qu'il était advenu de son mariage. Elle lui rappelait enfin les responsabilités qu'elle avait envers ses enfants. Cependant, elle terminait sa lettre en disant : « Quoi que tu fasses, je suis avec toi. »

*
* *

Peu après, Pia est venue nous voir à Paris. Lars et elle se sont entendus à merveille. Sous prétexte qu'il fallait que je m'occupe du dîner, ils m'ont renvoyée de la pièce pour mieux rire et bavarder entre eux. Tard le même soir, comme elle était seule avec moi, Pia m'a déclaré : « Maman, si tu ne l'épouses pas, c'est moi qui l'épouserai. Il faut absolument le garder dans la famille. »

J'avais donc la bénédiction de Pia. Maintenant, il me fallait sonder les jumelles.

J'étais dans le Pays de Galles, où je tournais *L'Auberge du Sixième Bonheur*, et les deux petites étaient avec moi. Un soir, nous nous étions toutes lavé les cheveux, et nous étions en peignoir, assises par terre, en train de les sécher. Ingrid et Isabella avaient alors six ans. Et je leur ai dit : « Qu'en pensez-vous ? Ça vous plairait que maman se remarie ? » Elles se sont mises à trépigner. « Oh ! oui, oui, ce serait formidable ! » Puis, après un moment de réflexion, elles ont demandé : « Tu as trouvé quelqu'un ? » Et j'ai expliqué : « Vous vous rappelez Lars, ce monsieur très charmant qui est venu nous voir ici, dans le Pays de Galles ? C'est lui. » « Oh ! oui, il était très chouette. Et quand est-ce que vous vous mariez ? »

A ce moment-là, Robertino se trouvait à Paris avec Renzo, le fils de treize ans que Roberto avait eu de sa première femme. A cause du film, je ne pouvais aller le voir.

J'ai dit aux filles : « Pas un mot à Robertino. Je veux lui annoncer la nouvelle moi-même. »

Mais maintenant, Roberto était au courant, et il en avait parlé à Renzo, qui s'était empressé d'en informer Robertino. Quand enfin je me suis retrouvée à Paris avec les filles, au moment où je suis entrée dans leur chambre, les deux garçons se sont mis à hurler et à sangloter. J'ai demandé : « Qu'est-ce qu'il y a ? Qu'est-ce qui se passe ? »

— Bou-hou-hou... tu vas te remarier. Tu vas te remarier... bou-hou-hou...

— Eh bien oui... Je voulais vous l'annoncer moi-même, mais apparemment, quelqu'un a pris les devants. »

Ingrid et Isabella commençaient à s'inquiéter.

Leur frère aîné avait peut-être raison. Il s'agissait peut-être d'une catastrophe.

Il fallait maintenant que j'aille dans le parc avec Robertino et les jumelles — un journal voulait des photos de nous — et ils avaient tous les trois des figures d'enterrement. Je n'étais pas ravie du tout à l'idée qu'on allait me voir entourée de trois petits malheureux !

Ensuite, j'ai dit à Robertino : « Mais tu connais Lars ; tu es allé au zoo avec lui...

— Oui. Lars, ça m'est égal ; je l'aime bien, Lars. Mais ce que je ne veux pas, c'est que tu l'*épouses*. Ça m'est égal qu'il vive avec nous ; mais pourquoi tu l'épouses ? »

Voilà que j'avais tout à coup contre moi les trois gosses et leur père. Heureusement, les filles avaient des idées romantiques. Elles chuchotaient entre elles ; elles n'étaient pas vraiment certaines que leur frère eût raison.

Lars nous a retrouvés à l'entrée du parc. Nous devions tous aller voir la maison de campagne que nous avions l'intention d'acheter dans le village de Choisel, à presque quarante kilomètres de Paris. Nous sommes montés dans la voiture. Robertino était devant avec Lars, et moi derrière avec les deux filles. Robertino faisait la tête ; il regardait droit devant lui et n'ouvrait pas la bouche.

La petite Ingrid a murmuré : « Maman ? Est-ce que Lars sait que tu veux l'épouser ?

— Eh bien, oui, je crois.

— Mais tu ne lui as pas demandé ?

— Non. Je ne lui ai rien demandé. »

Elle était très inquiète. « Mais il faut, il faut lui dire. » Et pour mettre les choses au point, elle s'est penchée vers l'avant et elle a demandé à Lars : « Est-ce que vous voulez bien épouser ma maman ? »

Surpris, Lars s'est retourné pour me jeter un coup d'œil, mais il était trop ému pour dire quoi que ce soit.

Ingrid a levé vers moi un regard anxieux : « Qu'est-ce qu'il a dit ? Je n'ai pas compris.

— Il n'a rien dit du tout.

— Oh ! » Elle était bouleversée ; brusquement, elle avait peur qu'il ne veuille pas de moi. Alors, elle s'est de nouveau penchée vers lui, et elle a protesté : « Vous savez, elle est encore jeune, ma maman. »

J'avais les larmes aux yeux. Je ne crois pas qu'une petite fille de six ans aurait rien pu dire de plus gentil en faveur de sa mère.

En souriant, Lars a déclaré : « Eh bien, si vous voulez que je l'épouse, je vais peut-être me décider ! »

Du coup, Isabella s'en est mêlée : « Oh ! oui, oui, on aimerait bien que vous l'épousiez. Et ne vous inquiétez pas pour Robertino ; on va lui parler ; il finira bien par comprendre ! »

* *
*

Ils arrivèrent devant une grande porte peinte en vert, ouvrant sur une vaste pelouse, au fond de laquelle se dressait un groupe de cèdres magnifiques, d'une espèce qu'Ingrid ne connaissait pas. Après avoir embrassé le jardin du regard, elle s'avança de quelques pas pour mieux voir la petite ferme et ses vieux murs de pierre grise.

Tout comme ç'avait été le cas pour l'île, elle comprit tout de suite que cette maison était exactement ce qui leur fallait.

Le 7 juillet 1958, elle écrivit à Liana Ferri, à Rome :

Pour mettre fin aux provocations, soupçons et rumeurs — particulièrement désagréables depuis que certains journalistes ont découvert que nous achetions une maison —, j'ai déclaré que, *bien sûr*, j'avais l'intention d'épouser Mr. L.S. dès que je serais libre. Eh bien, depuis, ça n'a fait qu'empirer. On nous poursuit comme des lapins. Où et quand allons-nous nous marier ? J'aurais certainement mieux fait de ne rien dire. Il nous est impossible de faire aucun projet car la date de l'annulation paraît reculer de jour en jour. Les jumelles savent que je vais me marier, et elles le prennent très bien. Malheureusement, Robertino en a été informé par Renzo, et ça lui a fait un choc ; mais je crois que maintenant il est lui aussi satisfait pour peu que la famille ne commence pas à se lamenter et à manifester sa désapprobation. J'ai expliqué à Roberto que tout ce qu'il avait à dire aux enfants c'est qu'il n'était *pas* malheureux, et qu'alors, tout irait bien. Mais le dira-t-il ? Il a promis de faire ce qu'il peut, mais je crois qu'il s'inquiète de la trop grande affection que les enfants pourraient porter à Lars.

Pour le repos de ton esprit, sache que je suis confiante et sereine. Je suis convaincue que c'est la meilleure chose qui me soit jamais arrivée. Cet homme est le seul qui m'ait jamais comprise à la fois avec mes bons et mes mauvais côtés. Jamais je n'ai ressenti une telle compréhension...

Le 15 juillet :

Roberto a toujours les enfants. Juste comme je commençais à m'énerver sérieusement avec lui, Isa a attrapé l'appendicite. Maintenant, elle est remise, mais il refuse de me laisser les enfants avant quinze jours. J'espère vraiment que Roberto va bientôt vendre ses documentaires TV, car cette situation ne peut pas durer indéfiniment. Il n'arrive pas à comprendre pourquoi il a une telle malchance. J'essaie de lui expliquer qu'il y est pour beaucoup, mais bien sûr, il refusera toujours de le croire...

Dix jours plus tard :

Je quitte Paris ce soir, et j'aurai les enfants avec moi. Au téléphone, les enfants m'ont dit : « Pauvre papa, il a pleuré toute la nuit. » Ça me rend folle qu'au lieu de leur faciliter les choses en les leur présentant comme naturelles, il lui faille faire du drame dans le plus pur style italien. J'ai promis qu'ils iraient à Santa Marinella pour être avec lui cet été.

Le 5 septembre 1958 :

Pia a adoré la maison de France, mais surtout, elle a adoré cette petite île. C'est normal, bien sûr, mais je suis si contente qu'elle ait eu tant de plaisir. Mon plus grand bonheur a été de voir que Lars lui plaisait et qu'elle était on ne peut plus heureuse pour moi. Ils se sont amusés comme des fous tous les deux ensemble. Voilà donc maintenant mes trois petites filles heureuses pour moi...

Je m'inquiète moins que toi à propos des enfants. Pourquoi essaierait-il de les garder en Italie ? D'abord, il n'y est pas lui-même. Et, pour l'instant du moins, il n'a pas suffisamment d'argent pour les garder et prendre une maison pour eux. Dieu merci, me voilà hors de tout cela — quand j'y pense, j'ai l'impression de sortir d'un cauchemar : changements, promesses, désordre, disputes, mensonges, telle était ma vie... au secours ! Ma chère, chère amie, je remercie Dieu d'avoir d'aussi bons amis que toi. Puisses-tu avoir bientôt l'occasion de venir en France, que je puisse te présenter l'homme que j'aime ! Et notre magnifique maison.

Et de Choisel, le 5 octobre 1958 :

Ça m'affole, la façon dont tu sens les choses — soit tu *rêves*, soit tu *sens* ! Bien sûr, je n'ai pas cessé d'avoir des problèmes avec Roberto à propos des enfants. Tous les moyens et tous les prétextes lui sont bons pour en avoir la garde. Je refuse, mais je lui ai dit que, si nous pouvions nous les partager, j'accepterais. Il trouve toute sorte d'arguments pour me compliquer les choses ; par exemple, il se plaint que la maison de Choisel ne soit pas à mon nom mais à celui de Lars — ce qui a été fait uniquement pour que la presse ne découvre pas la maison tout de suite.

Je veux bien que Roberto voie les enfants quand il le désire durant la semaine, qu'il les ait complètement un week-end sur deux et deux mois en Italie. Mais ça ne lui suffit pas. Il veut en avoir légalement la garde, et il veut qu'ils habitent à Paris avec lui alors qu'il n'a rien d'autre qu'une chambre à l'hôtel Raphaël. Tout cela parce que j'ai l'intention de me marier, dit-il. Il sait pourtant très bien que jamais je ne songerais à le séparer des enfants ni à les éloigner de l'Italie. Je ne vois vraiment pas ce que je pourrais faire de plus pour lui. On dirait tout bonnement qu'il aime se disputer et qu'il tient à aller devant le tribunal...

Je suis restée trop d'années sans comprendre ce qui se passait autour de moi — maintenant, je vois de l'extérieur quel jeu il est en train de jouer. Au moindre mot, au moindre geste, il attaque... Si mes enfants n'en faisaient pas partie, je pourrais voir ce jeu comme un sujet d'étude passionnant en matière d'égocentricité. Mais pour l'instant, il m'inquiète terriblement.

Quelques semaines avant que ne s'achève le tournage de *L'Auberge du Sixième Bonheur*, Robert Donat, qui était sorti de sa retraite pour jouer le rôle du mandarin, tomba malade. Aussitôt, tout autre travail fut interrompu pour qu'il puisse terminer l'enregistrement des dialogues. Quelques jours plus tard, il était mort. Dans l'ensemble, le film fut bien accueilli, et les scènes qui réunissaient Ingrid et Robert Donat furent saluées par un concert d'éloges.

Dans le *Sunday Times*, Dilys Powell écrivit : « Avec son air candide et sa grâce naturelle, Miss Bergman a le don d'évoquer une irrésistible bonté... c'est la plus émouvante, la meilleure chose qu'elle ait faite. »

Le *Daily Sketch* de Londres parlait d'« un film d'une touchante grandeur... où Miss Bergman nous offre la meilleure performance de sa carrière — la plus belle, en fait, depuis l'apogée de Garbo ».

Après s'être lamenté qu'on eût dépensé cinq millions de dollars pour tourner « la pire chinoiserie jamais vue à l'écran », *Time Magazine* concluait : « Dommage, car l'histoire en elle-même est extrêmement émouvante... De cette femme à l'esprit de feu et à l'invincible courage, quelque chose a incontestablement été préservé. »

Dix ans plus tard, alors qu'elle était en tournée au Japon, Ingrid fit le voyage à Formose dans l'espoir d'y rencontrer Gladys Aylward. Elle arriva trop tard. Gladys était morte dix jours auparavant. Ingrid envoya alors ce petit mot à Alan Burgess :

Me voilà enfin ici après toutes ces années, et Gladys Aylward vient de s'en aller. Que c'est triste ! Cet après-midi, en compagnie de Kathleen Langton-Smith [la jeune Anglaise qui, après être venue seconder Gladys, devait la remplacer à la tête de l'orphelinat], je suis allée visiter la maison de Gladys ; sa chambre est restée dans l'état où elle l'a laissée. J'ai été extrêmement émue par la simplicité des lieux. J'ai fait la connaissance de plusieurs de ses enfants. C'est tellement étrange — ça me brise le cœur de l'avoir manquée de si peu. Elle a travaillé jusqu'à son dernier jour. Quelle femme incomparable !

Kathleen Langton-Smith montra à Ingrid le cahier qu'elle avait découvert au fond d'un placard. Dans celui-ci, Gladys avait collé toute espèce d'articles et de photos concernant Ingrid et le film. Malgré tout ce qui les séparait, la grande Suédoise et la petite Londonienne avaient sans doute eu plus d'un point commun, déterminées, sensibles et dévouées qu'elles étaient toutes deux. Depuis cette rencontre avec Kathleen Langton-Smith à Formose, Ingrid s'est toujours occupée de veiller à ce que l'orphelinat Gladys Aylward reçoive l'aide et les subventions nécessaires ; et si le Variety Club of America en est devenu l'un des bienfaiteurs les plus généreux, c'est grâce à son intervention.

CHAPITRE XXII

DURANT ces mois où Lars et moi faisions le projet de nous marier, il était pratiquement impossible d'éviter la presse. Lars voulait que je rencontre ses parents, qui vivaient tout à côté de Gothenburg. J'ai pris l'avion de Copenhague pour faire croire aux reporters que j'allais rendre visite à ma tante Mutti, qui s'était retirée là-bas. J'ai passé la nuit dans un hôtel de Copenhague et, le lendemain matin, je suis sortie par la porte de service pour monter dans une voiture conduite par Frede Skaarup, un ami de Lars, et je me suis installée sur la banquette arrière, cachée sous une couverture. Lars, lui, est monté très ouvertement dans une autre voiture, et tous les photographes sont partis derrière lui. Maintenant, je n'avais plus besoin de me cacher, je pouvais m'asseoir normalement. Cependant, quand nous sommes arrivés chez tante Mutti, les journalistes étaient partout. Ils m'ont tout de suite repérée. J'ai crié : « Allez continuez, continuez ! » Les journalistes ont sauté dans leurs voitures pour nous suivre. J'ai dit à Frede : « Tournez tout de suite à gauche et ralentissez. Je vais sortir et me cacher. Après ça, ils pourront vous suivre tant qu'ils voudront. » Il a pris la première petite route à gauche, j'ai ouvert la portière, j'ai sauté dans la neige et j'ai roulé jusque dans le fossé où j'ai attendu que les photographes passent.

Ensuite, je suis retournée à pied chez tante Mutti, je suis montée dans la voiture de Lars, et nous avons foncé vers la frontière suédoise. Mais là, il y avait de nouveaux photographes, et il a encore fallu que je me cache sous une couverture. Bien sûr, les photographes ont reconnu Lars, et ils savaient très bien où il allait. Et quand il s'est arrêté au bord de la route pour téléphoner à ses parents, ceux-ci lui ont dit : « Il y a des gens plein le jardin. Sur le toit de leurs voitures, ils ont des projecteurs qu'ils tournent dans tous les sens pour voir si vous arrivez et par quelle route vous venez. »

Lars a décidé d'aller chez ses parents quand même, mais par un chemin détourné. Il faisait nuit. Nous nous sommes arrêtés devant le cimetière, que nous avons traversé au milieu des tombes. Nous avons franchi un mur pour nous retrouver dans un champ plein de neige et de boue, puis nous avons escaladé une grille, à laquelle j'ai déchiré mes bas, et franchi un nouveau mur, où le maître d'hôtel de la famille avait mis une échelle à notre intention. Enfin, nous étions dans le jardin. Avec les projecteurs qui fouillaient la nuit, ça ressemblait un peu à une scène de camp de concentration. Chaque fois que la lumière arrivait sur nous, nous nous aplatissions dans la neige. Étape après étape, nous avons fini par atteindre la maison, où nous sommes entrés par la porte de derrière.

Au cinéma ou au théâtre, j'avais déjà fait bien des entrées, mais rarement comme celle-là. J'étais couverte de boue, il ne restait rien de mes bas, et j'allais rencontrer mes beaux-parents. La première chose que j'ai dite à la mère de Lars, c'est : « Auriez-vous la gentillesse de me prêter une paire de bas pour le dîner ? »

Et puis, bien sûr, le téléphone s'est mis à sonner sans arrêt. Lars a demandé à ses parents de répondre que nous n'étions pas là, mais son père était beaucoup trop bien élevé pour pouvoir dire ce genre de mensonge. Alors, au premier appel, il a répondu poliment : « Une minute, je vais leur demander s'ils sont là ou non. »

Les journalistes et les photographes ont fini par s'en aller, et le lendemain matin très tôt nous sommes partis chercher refuge chez nos amis Göran et Marianne.

Avec les complications juridiques du Mexique, de la Californie et de la Suède, je n'ai pas su pendant longtemps si j'étais ou non légalement divorcée, mais l'annulation a fini par arriver. Maintenant, il fallait que nous essayions de nous marier. En France, nous n'arrivions à rien.

Mais Lars a découvert en Angleterre un avocat charmant qui a étudié notre dossier, qui a examiné tous les documents, et qui a déclaré : « Vous pouvez très bien vous marier ici. » C'était juste avant Noël 1958. Nous avons pris les dispositions nécessaires pour que la cérémonie ait lieu à Caxton Hall. Lars voulait que tout se passe en secret ; il estimait que chacun avait droit à une vie privée et qu'il n'y avait pas de raison pour qu'elle soit étalée à la une des journaux. Une fois de plus, tout a donc été soigneusement préparé. Göran et Marianne von Essen, les vieux amis suédois de Lars, Sydney Bernstein et sa femme devaient être nos témoins. Je suis sortie aussi discrètement que possible par la porte de service de l'hôtel Connaught, et tout le monde s'est rendu sur place par des chemins différents. La cérémonie entière s'est déroulée à mi-voix. A la fin, l'officier d'état civil nous a demandé l'autorisation de prendre une photographie pour sa collection personnelle. Nous lui avons fait confiance, mais bien sûr, dès le lendemain, la photo était dans les journaux.

Nous sommes retournés à l'hôtel Connaught pour déjeuner, et, pour tromper les garçons, nous avons bu le champagne en nous souhaitant « Bon anniversaire ». Ensuite, Sydney a demandé : « Est-ce que j'aurai l'honneur d'être le premier à annoncer la nouvelle à la télévision ? » Car Sydney n'est

pas seulement producteur, il est également le propriétaire de la chaîne de télévision Granada. Il a
expliqué : « Je pourrais le faire ce soir à six heures
puisque vous serez déjà de retour en France. » Et
bien sûr, nous avons accepté, ce qui s'est révélé
être une légère erreur.

Nous venions d'arriver à Choisel avec Marianne
et Göran lorsque la presse française a pris connaissance du communiqué de la télévision londonienne. Aussitôt, les reporters se sont précipités
dans leurs voitures, et le calme idyllique de Choisel
a fait place à un bruit infernal. Les photographes
français ne sont pas très différents des Italiens. Ils
escaladaient les murs, traversaient les haies,
essayaient d'ouvrir les volets, et leurs flashes crépi-
taient comme des feux d'artifice. On essayait de
protester : « Non, non, pas de photos maintenant,
c'est la nuit. Revenez demain, ce sera plus agréable
pour tout le monde. » Mais rien à faire, l'invasion
continuait. Marianne se trouvait dans sa chambre
quand tout à coup les volets se sont ouverts et que
la lumière d'un flash a éclaté. En riant, elle nous a
raconté : « J'étais penchée sur ma valise, ils n'ont
pu photographier que mon gros derrière. »

Lars a appelé la police. Dès qu'elle est arrivée, les
photographes ont détalé. Mais les policiers nous
ont dit : « Ne faites pas d'histoires ; laissez-les prendre une photo que nous puissions tous aller dormir
tranquillement. »

Nous, nous ne voulions pas céder. « C'est à nous
de décider à quel moment les photos seront prises.
On ne va tout de même pas se laisser faire comme
ça ! »

Les policiers sont restés jusqu'à quatre heures du
matin à boire le champagne avec nous pour célé-
brer le mariage, et le lendemain, on a pris des
photos, et tout le monde était content.

Sauf Roberto.

C'est à ce moment-là que, avec Roberto, les
ennuis ont vraiment commencé.

Il a entamé un procès pour la garde des enfants, et il s'est servi de toutes les armes qu'il pouvait trouver. J'étais protestante ; je n'avais pas de famille — pas de grand-mère, pas de tantes, pas d'oncles —, rien de ce qu'il fallait pour élever des enfants. Il a tout essayé. Sur le certificat de naissance de Robertino, mon nom n'était même pas mentionné ; dans ces conditions, de quel droit est-ce que je réclamais la garde de *son* fils ? Étais-je légalement mariée ? Ne pouvait-on pas m'accuser de bigamie ? Chaque fois que je me rendais en Italie, je me demandais si Roberto n'avait pas trouvé un moyen quelconque de me faire mettre en prison.

Ensuite, il a convaincu sa mère et sa sœur Marcella, que j'aimais beaucoup toutes deux et qui me le rendaient bien, de signer une déclaration attestant qu'elles vivraient dans sa maison de Rome afin de s'occuper des enfants. Par la suite, sa mère m'a souvent répété en pleurant : « Ingrid, je ne voulais pas signer ce papier, et Marcella non plus. » Et je disais : « Je sais très bien comment est Roberto. Il force les gens à faire ce qu'il veut ; c'est l'être le plus obstiné que je connaisse ; mais une fois qu'il a obtenu ce qu'il désire, il est on ne peut plus charmant. »

* * *

Fin janvier 1959, devant une salle d'audience presque déserte, le juge René Drouillat accorda à Ingrid la garde temporaire des trois enfants. Il décréta en outre que les enfants iraient dans une école italienne de Paris, et que M. Rossellini aurait le droit de leur rendre visite les week-ends.

Roberto avait déjà tenté de bloquer l'action du tribunal français sous prétexte que ses décisions seraient incompétentes. « Je suis italien, avait-il déclaré, et mes enfants le sont aussi. J'estime que seul un tribunal italien est habilité à prendre quelque décision que ce soit touchant la garde des enfants. »

C'était la guerre ouverte, Ingrid le savait. Il allait maintenant lui falloir se battre devant les tribunaux italiens.

C'est à cette époque-là que Liana Ferri lui expliqua : « Tu es actrice. Tu devrais être capable de te présenter devant un juge italien et de pleurer juste ce qu'il faut pour le convaincre de te laisser les enfants. » Mais Ingrid lui répondit : « Je suis une actrice quand je suis sur une scène ; dans la vie, c'est différent, jamais je ne pourrais faire une chose pareille. » L'affaire était trop grave pour qu'elle songe à en faire une comédie.

Après le prodigieux succès d'*Anastasia*, d'*Indiscret* et de *L'Auberge du Sixième Bonheur*, Ingrid avait retrouvé sa place parmi les premières vedettes de l'écran, et les propositions de film arrivaient en masse. Comme toujours, elle accordait sa préférence aux gens qu'elle aimait, et elle aimait bien la Twentieth Century Fox à cause de son directeur, Spyros Skouras.

*
* *

J'ai fait la connaissance de Spyros avant que nous commencions *Anastasia*. Je l'ai trouvé très sympathique et très gentil. « Je suis votre oncle grec », me répétait-il avec son lourd accent.

Il y avait eu un grand déjeuner à Londres avec Spyros et des représentants de la Fox venus de tous les coins d'Europe. J'étais la seule femme. Ils savaient bien qu'avant de signer le leur, il avait fallu que je rompe un contrat pour la première fois de ma vie — un contrat qui devait me conduire en Amérique du Sud avec *Jeanne au bûcher*. A table, il n'était question que de la chance que j'avais eue de réussir à me dégager.

J'ai expliqué : « C'est vrai, j'ai eu de la chance, mais ça m'a coûté assez cher.

— Comment ça ? a demandé Spyros.

— Eh bien oui, il a fallu que je paie trente-sept mille dollars de dédit.

— Et c'est vous qui les avez payés, pas nous ?

— Non, c'est moi.

— Nous vous avons demandé de faire *Anastasia*, et ce n'est pas nous qui avons payé les frais entraînés par votre rupture de contrat ?

— Non. »

Spyros n'en revenait pas.

Le repas s'est terminé, et le garçon est venu apporter l'addition que, je ne sais pour quelle raison, il a posée à côté de moi.

Je l'ai prise pour regarder, et Spyros a fait : « Vous allez voir, c'est encore elle qui va payer ! »

Mais il a fini par m'envoyer un chèque de trente-sept mille dollars.

Et surtout, il a semblé prendre conscience du drame que je vivais alors avec Roberto. Il m'a dit : « Je vais faire quelque chose pour lui. C'est d'autant plus difficile de l'aider que vous, vous allez maintenant passer d'un succès à l'autre, et vous n'aurez pas besoin d'aide. Mais il y a un film qui va débuter à la Jamaïque avec Richard Burton et Joan Collins. On va engager Roberto comme metteur en scène. »

Il a tenu parole. Et Roberto a accepté. Mais il y a eu toutes sortes de problèmes. Roberto a compris que, s'il allait travailler à la Jamaïque, il lui faudrait prendre l'avion. Mais il était superstitieux et il s'y refusait. Des années avant, quand Robertino était né, il l'avait sorti de son berceau et conduit devant la fenêtre pour lui faire admirer les étoiles. C'est là qu'un terrible pressentiment lui était venu : si un jour il prenait l'avion, il arriverait malheur à Robertino. Il avait donc des migraines à n'en plus finir et remettait son départ de jour en jour. Quand enfin il est arrivé sur place, on avait engagé un autre metteur en scène — il n'y avait plus rien pour lui. Il m'a téléphoné, et je lui ai dit : « Rentre à Londres ! » Il est passé par Londres sur le chemin de Rome. Il était très déprimé. C'est là que son idée d'aller faire un documentaire en Inde a commencé à prendre forme. Si le projet de la Jamaïque s'était réalisé et que le film eût marché, entre Roberto et moi, les choses auraient certainement été très différentes.

*
* *

C'est en 1959, alors que triomphaient les films qu'elle venait de tourner, qu'elle reçut de son « oncle grec » cette lettre adressée à l'hôtel Connaught :

Chère Ingrid,

Nous avons été ravis du déjeuner que nous avons eu aujourd'hui même avec Lars et vous, et nous vous sommes reconnaissants d'avoir bien voulu rester pour discuter notre proposition de faire quatre films pour notre compagnie. Pour avancer un peu, j'ai pris la liberté de noter ici quelques-uns des points dont nous avons parlé et auxquels vous pourrez maintenant réfléchir. Si ce projet vous paraît acceptable, je serai très heureux de le recommander à l'approbation de notre conseil d'administration.

1. Nous souhaiterions faire quatre films avec vous à raison d'un par an. Toutefois, il est possible que ces quatre films soient réalisés en l'espace de cinq ans. Comme je l'ai mentionné, il est bien entendu que, si une proposition de film vous est faite au cours d'une année où vous n'avez encore rien tourné pour nous, nous jouirions du droit de préemption habituel jusqu'au moment où notre film aura été réalisé.

2. Pour chacun de ces quatre films, votre cachet sera de 250 000 dollars plus 25 % des bénéfices. Ainsi que je l'ai souligné, je crois sincèrement pouvoir vous conseiller d'étaler le paiement de ces quatre films, soit un total d'un million de dollars, sur une période de vingt ans. Comme j'ai eu l'occasion de vous le dire à déjeuner, c'est dans

votre intérêt que je vous donne ce conseil, c'est pour votre sauvegarde et votre protection — pas seulement pour vous, vos enfants et vos biens. Si toutefois vous souhaitiez que chaque film vous soit payé aussitôt fait, je serais heureux de souscrire à votre désir. Quant aux 25 % des bénéfices mentionnés plus haut, ils vous seront versés au fur et à mesure des bénéfices réalisés.

Une liste de metteurs en scène vous serait soumise, à laquelle des noms pourraient être ajoutés au gré de l'actualité. Nous sommes convenus que vous et nous devrions parvenir à un accord mutuel quant au choix des sujets traités, mais si un des metteurs en scène agréés par vous devait approuver notre choix, il va sans dire que vous y souscririez également. Parmi les metteurs en scène que nous envisageons, il convient de mentionner : David Lean, Alfred Hitchcock, Elia Kazan, Sir Carol Reed, William Wyler, Mark Robson, Anatole Litvak, George Stevens, Henry King, Fred Zinnemann, William Wilder, Joe Mankiewicz, Edward Dmytryk et Nunnally Johnson.

Bien affectueusement à vous.
Spyros P. Skouras.

Que pouvait-elle désirer de plus ? Un million de dollars ! Vingt-cinq pour cent des bénéfices ! Un choix de quatorze parmi les plus grands metteurs en scène de l'histoire du cinéma !

Ingrid soupira. Elle n'avait pas besoin du conseil d'un agent pour comprendre que la proposition cachait deux pièges. D'abord, elle serait coincée pour cinq ans. Ensuite, il lui faudrait bon gré mal gré tourner n'importe quelle histoire pour peu qu'elle ait l'approbation de l'un des « metteurs en scène agréés ».

Elle avait mis du temps à apprendre ce que signifiait un contrat. Qu'on lui propose des scénarios comme ceux d'*Anastasia*, d'*Indiscret* et de *L'Auberge du Sixième Bonheur*, et elle accepterait de tourner pour trois fois rien. Mais elle n'avait que faire des conseils bien intentionnés de l'« oncle grec » touchant ses intérêts et ceux de ses enfants. Elle était actrice, elle ne travaillait pas dans les assurances. Une fois qu'ils seraient grands, ses enfants sauraient bien se débrouiller sans elle. C'était un rôle qu'elle voulait, pas de l'argent, pas la fortune.

Il n'était pas question qu'elle signe ce genre de contrat. Elle accepterait les films que pourrait lui proposer la Fox un à un, et à condition que le scénario lui plaise.

Pendant les cinq années suivantes, la Fox ne trouva rien à sa convenance. En désespoir de cause, on la supplia de proposer elle-même une histoire qui lui plaise. Et un jour, en fouillant parmi les livres qui encombraient le bureau de Lars, elle tomba sur la pièce de Dürrenmatt, *La Visite de la vieille dame*. Sypros mourut peu après lui avoir donné son accord. Ingrid en fut très triste, car elle l'aimait vraiment beaucoup.

A la tête de la Fox, Darryl Zanuck le remplaça. Lui n'aimait pas *La Visite*, mais comme la compagnie en avait acheté les droits et que la pièce avait un énorme succès, il garda le projet. Et pendant trois ans des scénaristes essayèrent d'en tirer quelque chose qui convienne à Ingrid.

Pour l'instant, elle avait bien d'autres préoccupations : la situation de ses enfants n'était toujours pas réglée.

*
* *

Maintenant, les enfants vivaient à Choisel avec Lars et moi. Tous les jours, il fallait les conduire à Paris à l'école italienne. Roberto pouvait les voir quand bon lui semblait, j'en avais décidé ainsi. Mais il se plaignit au juge italien que ces interminables aller et retour entre Choisel et Paris finiraient par les tuer quand bien même ils avaient un chauffeur pour les transporter. Et puis c'était beaucoup trop dangereux de faire quotidiennement un trajet de cette importance. Nous avons longuement discuté et, pour finir, il a fallu que je cède.

Les enfants se sont installés à Paris dans un petit hôtel où ils occupaient un appartement et vivaient sous la surveillance permanente d'Elena Di Montis, notre gouvernante. J'y allais pratiquement chaque jour, et le soir, je rentrais retrouver Lars à Choisel.

Et puis Roberto a décidé qu'il viendrait à Paris toutes les semaines pour passer le week-end avec eux dans sa chambre de l'hôtel Raphaël. Le samedi et le dimanche, j'aurais bien voulu les avoir à Choisel pour qu'ils puissent profiter du bon air, jouer avec les chiens, courir dans la forêt. Mais quand Roberto s'était mis une idée en tête, il était bien difficile de lui faire entendre raison. Je me souviens qu'un jour, les enfants avaient été avec lui en Italie, et je devais les reprendre à la gare. J'y vais, et je tombe sur Roberto. Il était venu en voiture, mais plus vite que le train. Je lui demande : « Qu'est-ce que tu fais là ?

— J'emmène les enfants à l'hôtel.

— Mais enfin, je suis venue ici pour les reprendre. Je ne les ai pas vus depuis si longtemps. Je les conduis à la campagne.

— Non, c'est moi qui les prends. Je les emmène à l'hôtel, et ils resteront avec moi. »

Là-dessus, les enfants sont arrivés et se sont jetés dans mes bras. Bien sûr, ils voulaient tous monter dans ma voiture. Mais Roberto a décrété : « Je te laisse les filles, je prends Robertino, et vous me suivez. »

J'étais censée le suivre à l'hôtel Raphaël pour discuter de la situation. Au lieu de quoi je suis partie directement à Choisel avec les filles. Arrivée à la maison, je l'ai appelé pour lui dire : « Maintenant, je viens chercher Robertino. »

Mais le temps que je retourne à Paris, il avait disparu. Roberto l'avait caché, et pendant trois jours, je n'ai pas su où il était.

Quand enfin j'ai eu l'autorisation de le reprendre, le pauvre gosse — il avait alors huit ans — pleurait : « Papa dit que tu as volé Ingrid et Isabella, tu les a volées... »

J'ai rétorqué : « Qu'il appelle ça comme il voudra, c'était mon droit de les avoir. »

Sur quoi ses sanglots ont redoublé et il a hoqueté : « Oui, mais pourquoi est-ce que tu ne m'as pas volé, moi ? »

*
* *

Le 8 juin 1959.

Très chère Liana

Imagine-toi que Roberto a réussi à me gâcher mon été avec les enfants. Je lui demandais de les avoir en juillet, lui laissant août-septembre. Je lui ai expliqué qu'en Suède, hors du mois de juillet, il n'y a pas d'été. Septembre, c'est déjà l'hiver, et en plus je travaille (un spectacle pour la TV américaine). Eh bien, non, Roberto a exigé juillet-août.

La seule explication que m'ait donnée notre avocat, c'est que Roberto était allé trouver le juge et qu'il avait pleuré sur son épaule en lui disant combien il aimait ses enfants. Je suis vraiment furieuse, et même s'il ne reste que très peu de temps, je suis décidée à faire appel. L'avocat prétend que je n'ai aucune chance de changer le verdict, mais ça m'est égal. J'irai à Rome moi-même dire au juge ce que j'ai sur le cœur. Personne ne m'en empêchera. Je préférerais ne pas vivre à l'hôtel à cause des journalistes. Est-ce que tu peux m'héberger pour une nuit ? Je me contenterais d'un fauteuil. A moins que tu ne puisses me proposer une autre cachette. C'est un secret. Seuls l'avocat et Lars savent que j'ai l'intention d'aller à Rome. A Rome, tu es une de mes seules amies, et c'est pourquoi je me permets de t'embêter.

Toute mon amitié.
INGRID.

*
* *

L'été suivant, c'est-à-dire en juin 1960, j'ai emmené les enfants dans l'île de Lars. Si Roberto avait pu l'empêcher, il l'aurait certainement fait. Vivre dans une maison de bois ? C'est beaucoup

504

trop dangereux ! C'est juste bon pour mourir brûlé !
Sur quoi quelqu'un lui a dit qu'en Suède tout le
monde vivait dans des maisons de bois.

Elena est venue aussi. Il a plu tout le temps, mais
ça ne semblait pas déranger les enfants. Ils ont
exploré l'île, joué avec les bateaux, nagé dans les
criques. En Italie, quand il pleut, on reste chez soi.
Mais en Suède, ce n'est pas possible, sinon on
passerait l'année sans mettre les pieds dehors. On a
acheté aux enfants tous les chapeaux, vestes et
pantalons de caoutchouc nécessaires, et ils ne se
sont jamais si bien amusés. Mais Elena était de
mauvaise humeur parce qu'à son idée, l'été, il
devait faire assez chaud pour qu'on puisse lézarder
sur la plage.

« Pauvres enfants ! gémissait-elle. Avec cette eau
glacée ! »

Je les ai initiés au sauna : un moment au chaud,
et un bon plongeon dans l'eau froide. Ils criaient de
plaisir. Mais Elena trouvait ça meurtrier : comment
pouvait-on risquer la vie de ses enfants en les
soumettant à des traitements pareils ? Mais comme
ils sont à moitié suédois, je trouvais bon de les y
habituer.

Et bien sûr, pour se baigner, on ne se donnait
jamais la peine de mettre un costume de bain. Des
kilomètres et des kilomètres à la ronde, il n'y avait
pas âme qui vive. Elena était scandalisée. Elle
menaçait : « Attendez seulement que je dise à
M. Rossellini que M. Schmidt se baigne nu ! »

Elle nous adorait tous, même M. Schmidt, mais
le fait qu'on se baigne nus dans une mer glacée
choquait ses convictions les plus intimes. Elle ne se
rendait pas compte qu'en Suède, tout le monde en
faisait autant. Elle ne connaissait rien d'autre que
l'Italie, où à un an déjà il faut mettre les bébés dans
des costumes de bain.

Avec les enfants, les difficultés allaient croissantes. Quand ils nous revenaient de l'Italie, ils étaient
tout pleins de l'idée que nous étions protestants, et

eux, catholiques. On leur avait appris que c'était un péché mortel que de prier avec leur mère. J'avais l'habitude de dire avec eux une petite prière suédoise. Un jour, ils ont refusé.

J'ai demandé : « Pourquoi est-ce que vous ne voulez pas ?

— Parce que papa dit que tu es une païenne. »

J'ai expliqué : « Mais non, voyons, je ne suis pas une païenne. Les catholiques et les protestants ont le même Dieu. Ils prient un peu différemment, c'est tout. Mais si vous ne voulez pas prier avec moi, ça ne fait rien, je prierai seule. »

La religion a toujours été un problème pour moi. A la télévision, avant une interview en direct, il arrive qu'on vous demande : « Est-ce qu'il y a des questions que vous préférez ne pas aborder. » A cela, je réponds invariablement : « Ne me parlez pas de religion, c'est tout. »

Une fois, je me suis trouvée prise de court. David Frost me posait différentes questions à propos de Gladys Aylward. J'expliquais que j'étais allée à Formose pour la voir, mais que j'étais arrivée là-bas dix jours après sa mort. Ses amis m'ont proposé : « Elle n'est pas encore enterrée, est-ce que vous désirez la voir ? » Et j'avais répondu : « Oh ! non, pas dix jours après ! » « Mais elle est très bien, ne vous inquiétez pas. » L'ayant ratée de son vivant, je n'avais aucune envie de la voir morte. J'ai dit : « Je vous remercie, mais vraiment, je ne souhaite pas faire sa connaissance maintenant. » Sur quoi David Frost me demande d'un air très sérieux : « Vous êtes profondément religieuse, n'est-ce pas, Miss Bergman ? »

J'en suis restée tout ahurie. Je ne savais vraiment pas quoi répondre.

Lars et Pia se trouvaient alors dans la cabine du producteur à suivre l'interview sur un écran témoin. Pia s'est mise à rire : elle a déclaré : « Vous allez voir, maman va dire : "Oui et non". » J'ai réfléchi, j'ai beaucoup hésité, et finalement j'ai répondu : « Plus ou moins. » Pia n'en pouvait plus de rire.

Quand j'étais jeune, je priais. Chaque soir, je me mettais à genoux pour dire mes prières. Et comme je l'ai dit, j'allais très souvent dans le cimetière où mes parents étaient enterrés, je m'asseyais sous les magnifiques bouleaux plantés là, et je priais.

J'allais très souvent à l'église. La veille d'une première de théâtre, je vais dans une église catholique parce que les églises catholiques sont toujours ouvertes tandis que les temples luthériens se ferment. J'allume un cierge pour la pièce, je m'assieds, et je prie pour que tout se passe bien.

Comme, avec Roberto, les discussions devenaient toujours plus nombreuses, je me suis rendu compte du tort que nous étions en train de faire aux enfants. Dès que le téléphone sonnait, ils bondissaient : « L'avocat ! Est-ce que c'est l'avocat ? » J'ai compris que nous allions trop loin ; ce n'était pas normal que les enfants aient peur à cause de nos disputes.

J'ai essayé de trouver une solution. J'ai proposé : « Maintenant, vous allez me dire si vous voulez rester ici, à Choisel, ou si vous préférez retourner en Italie vivre avec votre père ? Regardez, j'ai préparé des billets où il est écrit "oui" et "non". Si vous voulez rester, vous mettez une croix en face du "oui" je ne regarde pas. Chacun remplit son billet et le met dans ce chapeau ; comme cela, je ne saurai jamais ce que vous avez voté. On regardera le résultat, et la décision sera prise selon le vœu de la majorité. »

Mais ils ont refusé.

Bien sûr, Lars souffrait de la situation. Il faisait de son mieux pour que la maison de Choisel soit la plus agréable possible, et j'entendais les enfants murmurer entre eux : « Tu ne vas pas l'embrasser, non ? » « Tu ne vas pas jouer avec lui ? »

Roberto et moi nous échangions des lettres, mais notre correspondance n'avait rien de très positif. Roberto écrivait :

Nous voulons tous deux le bonheur des enfants, et tu sais qu'ils ne sont pas heureux de vivre où ils vivent avec un étranger. Essaie de ne pas faire d'erreurs ; il faut te montrer très prudente. Des erreurs, tu n'arrêtes pas d'en faire. L'an dernier, les enfants devaient faire ces longs trajets pour aller à l'école à Paris ; il faisait froid, et ils étaient tout le temps malades. Ici, quand ils sont à Rome avec moi, ils ne voient pas cet étranger [Lars], ils sont plus heureux, ils se sentent toujours plus à l'aise avec moi. Au début de notre procès, j'aurais pu m'arranger pour que tu voies les enfants aussi souvent que tu en avais envie, mais maintenant tu rends les choses très difficiles...

Roberto voulait emmener les enfants avec lui en Sicile pendant le tournage d'un film, et je n'étais pas d'accord :

Emmener les enfants en Sicile pour voir des espadons n'est rien qu'un nouveau truc pour les avoir en Italie et m'empêcher de les prendre en Suède. En outre, comme je te l'ai déjà dit, les enfants en font trop, ils vivent trop comme des adultes. Ce n'est pas d'aller en Sicile, puis en Suède, puis de retourner à Rome durant leurs vacances qui va les fatiguer. Ce sont toutes ces impressions et tous ces gens nouveaux avec lesquels ils entrent constamment en contact. Que tu les laisses se coucher tard, qu'ils soient crevés, que tu les emmènes au restaurant, au cinéma (y compris pour voir des films interdits aux moins de seize ans). Nos enfants ont huit et dix ans, ils devraient vivre calmement, s'organiser et jouer ainsi qu'il convient à cet âge. Et ils ne devraient pas être bouleversés par les histoires que tu leur racontes, par les détails que tu leur donnes sur la mort de Chessman aux États-Unis ou la façon dont les Allemands jetaient des bébés en l'air pour leur tirer dessus. Ne comprends-tu pas que des choses comme ça les impressionnent et les travaillent ?

Leurs cerveaux ne peuvent pas supporter tout ce que tu y mets d'horreur et de haine.

Je te demande d'apporter les passeports des filles à Paris la prochaine fois. Après l'école, les enfants resteront un peu à la campagne — car c'est à peine si je les ai eus ici cet hiver — et ensuite nous irons en Suède, et tu pourras les avoir à Santa Marinella à partir du 20 juillet environ.

Et de nouveau il a fallu que j'aille au tribunal en Italie. Roberto avait pris les enfants en Sicile et il les avait eus durant trois mois. J'essayais d'obtenir qu'ils me soient rendus. Le juge a déclaré : « Mais bien sûr, vous pouvez les emmener en France. »

Au moment de quitter le tribunal, Roberto paraissait très sombre. Et je lui ai dit : « Tu ne peux pas toujours obtenir que les choses se passent comme tu l'entends. Pour l'instant, ce n'est pas toi qui as la garde des enfants, c'est toujours moi. D'ici que tu l'obtiennes, j'insiste pour qu'ils soient avec moi. D'ailleurs, tu les as déjà eus très longtemps. »

Il m'a répondu : « C'est bon, prends les enfants, prends-les, garde-les. »

J'ai donc fait les bagages et j'ai demandé : « Où sont les passeports ?

— Les passeports ? Mais le juge n'a jamais rien dit concernant les passeports !

— Ce qui signifie que tu ne veux pas me les donner ?

— Non. Dans le jugement, il n'y a pas un mot à propos des passeports. Tu peux le lire toi-même. »

Heureusement, l'ambassadeur de Suède était un ami. Quand je lui ai raconté ce qui se passait, il m'a dit : « Je peux délivrer des passeports suédois aux enfants ; du moment que leur mère est suédoise, ils ont droit à deux passeports, un suédois et un italien. »

Il était tard, mais il a ouvert son bureau, nous avons pris des photos, et le lendemain matin, les trois passeports étaient prêts. Départ pour l'aéroport. A l'aéroport, ce cher Roberto avait évidemment des amis et des espions un peu partout. L'un d'eux m'a repérée quand je passais la douane, et il a tout de suite averti Roberto : « Ingrid est à l'aéroport avec les enfants. Elle a des passeports.

— Ça non, a répondu Roberto. Elle ne peut pas avoir de passeports puisque je les ai sur moi.

— C'est sans doute qu'elle a obtenu des passeports suédois. En tout cas, ils partent. »

Roberto est devenu fou. Il a appelé la police. Et des voitures de police sont arrivées sur la piste dans un hurlement de sirènes. C'était une trop belle occasion de faire du drame pour que les Italiens la laissent échapper. J'ai descendu la passerelle de l'avion, et j'ai dit : « Rien ne vous autorise à me faire quitter cet avion avec ces enfants. Nos passeports sont en ordre. Les voici. Je suis leur mère. J'ai la garde légale de ces enfants. Ils ont passé trois mois en Italie avec leur père... Maintenant, nous partons. Au revoir. »

Un policier s'est excusé : « Nous sommes désolés. Nous ne faisons rien d'autre que notre devoir.

— Eh bien, maintenant, vous l'avez fait. Ciao ! »

Roberto a toujours prétendu que cette histoire lui avait valu sa première crise cardiaque.

Il faut dire que ce n'était pas un procès ordinaire. Il s'agissait de ses enfants, le sang de son sang, arrachés à son pays bien-aimé pour être placés sous la garde de Machin-Chouette, ce Suédois que j'avais épousé. A l'aéroport, Lars nous attendait. Il craignait que Roberto n'ait téléphoné à ses amis parisiens pour leur demander d'aller reprendre les enfants et les mettre dans le prochain avion pour Rome. Avec lui, on pouvait s'attendre à tout.

Et à Noël, j'ai décidé de lui jouer moi-même un tour à ma façon. Lars devait se rendre en Norvège pour la première de *My Fair Lady*, l'une de ses productions, et Roberto se trouvait à la campagne.

Eléna était à Paris avec les enfants, et je savais qu'elle aurait une attaque si jamais elle apprenait que Lars et moi nous avions l'intention de les emmener en Scandinavie sans demander l'autorisation de personne. Et je savais aussi qu'il était inutile de chercher à obtenir le consentement de Roberto. J'allais donc dans l'appartement de Paris, et quand Elena avait la dos tourné, je prenais un pull-over et je le fourrais dans mon sac ; la fois d'après, j'en prenais un autre ; puis une paire de chaussures ; et ainsi de suite jusqu'au moment où j'ai réussi à constituer une petite garde-robe pour les trois enfants. Enfin, j'ai donné une lettre à Elena en la priant de ne l'ouvrir qu'après que je serais partie conduire les enfants à l'école. Et voilà, je les ai enlevés. Dans ma lettre, j'expliquais mes intentions ; en outre, il y avait un billet pour Rome et trente mille francs qu'Elena pourrait dépenser durant ses vacances.

Les enfants étaient ravis que nous allions en Norvège. Quelle aventure ! L'entreprise était donc un succès, mais ce succès s'est brusquement gâté la veille du Nouvel An.

Tout a commencé quand j'ai appris ce qui était arrivé à Eduardo de Filippo, un acteur et auteur italien que nous connaissions. Il avait un enfant qu'il adorait, absolument normal, tout à fait bien. L'enfant se trouvait en vacances lorsque tout à coup il a attrapé une maladie dont il est mort en l'espace de vingt-quatre heures. Le pauvre Eduardo était absolument anéanti.

Je me suis mise à réfléchir : si jamais quelque chose de semblable arrivait à l'un de nos trois enfants ? Roberto avait déjà perdu son premier fils d'une péritonite alors que le gosse se trouvait en Espagne chez sa grand-mère.

C'était la veille du Nouvel An, un moment où je suis toujours très sentimentale et auquel j'accorde beaucoup d'importance. Une année s'est encore écoulée, comment l'ai-je vécue ? Ai qui ai-je apporté un peu de bonheur ? Quel mal ai-je fait ? Comment m'y prendre pour être plus gentille, pour être mieux l'année prochaine ? C'est à cela que je pensais tandis que les cloches lançaient à travers le pays leur message de paix et de bonne volonté, et que moi, j'étais là à me battre pour mes trois enfants tout comme je m'étais battue pour Pia !

J'avais déjà téléphoné à Roberto pour lui dire que tout le monde allait bien. Il était dans une colère folle. Nous étions comme les deux mères plaidant pour leur enfant devant Salomon.

J'ai commencé à me demander dans quelle mesure c'était ma faute. Bien sûr, je ne pourrais jamais abandonner mes enfants. Mais à nous battre ainsi pour eux, nous ne faisions rien d'autre que de les déchirer. Si nous voulions préserver leur bonheur, il fallait absolument que l'un de nous deux cède.

J'ai rappelé Roberto. « C'est d'accord, tu peux avoir les enfants. J'abandonne. Tu peux les prendre en Italie et les élever là-bas. Je te les amène tout de suite. » Et c'est ce que j'ai fait.

Je suis allée voir le juge, et je lui ai dit : « Je vous remercie, mais c'est fini, je n'attendrai pas le verdict. »

Mon avocat protestait : « Mais vous allez gagner. Avec les renseignements que nous avons maintenant, c'est sûr. Ça ne suffit pas que Roberto Rossellini soit le père, qu'il soit italien et qu'il dise avoir une grande famille pour prendre soin des enfants. Ce tribunal ne prononcera pas un jugement contraire à celui qui a été prononcé en France. Vous allez gagner et vous aurez la garde des enfants. »

J'ai rétorqué : « Non, je regrette infiniment, mais je ne continue pas. Dans une affaire comme celle-ci, il n'y a pas de gagnants, surtout pas les enfants. Je laisse tomber. Je ne veux plus aller devant les tribunaux. J'abandonne à Roberto la garde des enfants. »

Bien sûr, maintenant que Roberto avait obtenu

ce qu'il voulait, il était on ne peut plus gentil. Quand je lui ai amené les enfants, il s'est comporté de la façon la plus charmante qu'on puisse imaginer. L'appartement était prêt pour accueillir tout le monde ; il y avait des cadeaux pour chacun. Il m'a dit que je serais toujours la bienvenue. A partir de ce moment-là, il n'y a plus eu entre nous aucun problème grave, et nous sommes toujours restés en étroit contact.

Pendant les douze années suivantes, les allées et venues entre Paris et Rome sont devenues partie intégrante de ma vie. Je passais trois ou quatre semaines à Paris, puis je descendais à Rome pour une dizaine de jours. J'allais retrouver Lars à Paris, je restais deux semaines auprès de lui, puis de nouveau je partais pour Rome. J'ai fait tout ce qui était en mon pouvoir pour rester aussi proche des enfants que le permettaient les circonstances. Et les circonstances n'étaient pas faciles. Mais nous avons été grandement aidés par une femme, une Italienne : Argenide Pascolini, qui a remplacé Elena au moment où elle est partie. Elle est demeurée quatorze ans avec nous. Pour les enfants, elle est devenue une seconde mère. Quand quelque chose ne marchait pas avec une gouvernante — et il y en a eu plus d'une durant toutes ces années —, quand les enfants étaient inquiets ou malheureux, Argenide me téléphonait tout de suite : « Venez, il vaut mieux que vous soyez là. » Et je m'envolais pour Rome.

Elle était comme un roc dans la tempête, et sans elle, je ne sais pas ce que nous aurions fait. Les enfants continuent de l'adorer : elle a été témoin au mariage d'Isabella ; c'est à elle qu'Ingrid se confie ; et jamais Robin ne passe par Rome sans aller la voir.

CHAPITRE XXIII

Pour Ingrid, la fin des années cinquante et le début des années soixante ont été de bien des façons des années difficiles, raconte Lars. Honnête comme elle l'est, il fallait qu'elle parle de presque tout avec Roberto, et elle était fermement résolue à ce que ses enfants soient élevés aussi bien que possible. D'autre part, elle s'efforçait de ne pas compromettre le bonheur que nous avions trouvé ensemble.

« Évidemment, même s'ils habitaient l'Italie, les enfants étaient très souvent avec nous, et pendant leurs vacances d'été, ils venaient dans l'île. Nous étions parfaitement heureux. Notre entente était parfaite, et sur le plan physique, et sur le plan spirituel. S'il y avait un nuage, c'était à cause des enfants — pas des enfants eux-mêmes, ils étaient merveilleux, mais des difficultés que Roberto était toujours prêt à susciter. Mais nous avons passé ensemble des étés fantastiques. Nos étés dans l'île, c'était sacré. Tout le monde arrêtait de travailler, tout le monde partait pour l'île. Nous arrivions là-bas fin juin, et nous y passions tout le mois de juillet. »

* *

Comme je l'ai déjà dit, Lars et moi nous avons tout de suite eu beaucoup de choses en commun. Nos vies étaient tellement semblables. Nous avions tous deux quitté la Suède ; nous avions tous deux choisi une carrière que notre pays ne pouvait nous offrir. Et nous partagions le même sens de l'humour. Oui, nous nous entendions vraiment bien.

La première chose que nous avons faite ensemble, c'est une télévision. En 1959, j'ai tourné pour NBC, à New York, *Le Tour d'écrou* de Henry James. C'était une histoire de fantômes, l'histoire de deux jeunes enfants influencés par les esprits maléfiques de deux vieilles servantes disparues. J'y tenais le rôle de la gouvernante qui tente de les protéger contre les forces surnaturelles qui s'acharnent contre eux et finissent par avoir raison du petit garçon, qui meurt dans mes bras. C'était terrifiant. Et ça m'a valu un « Emmy », la première récompense que m'ait décernée la télévision.

*
* *

Depuis plusieurs mois, Anatole Litvak, avec qui elle avait si heureusement travaillé au succès d'*Anastasia*, lui parlait maintenant du rôle de Paula dans la version cinématographique qu'il envisageait de tirer du roman de Françoise Sagan, *Aimez-vous Brahms..*

Le 16 août 1960, Ingrid écrivit à Liana :

Enfin, j'ai un scénario. Ce n'est pas aussi bon que je l'avais espéré. J'ai écrit trois pages à la machine pour faire part de mes plaintes à Tola Litvak. Après tout, Sagan est une artiste. C'est vrai qu'il ne se passe pas grand-chose dans le livre et que, de ce fait, il est difficile de mettre de l'action dans le film. Mais j'aimerais au moins que Tola et son équipe restituent l'atmosphère qui me semble perdue. Yves Montand ne peut pas commencer avant le 15 septembre de sorte qu'il me faut prolonger mon contrat...

Merci pour les lettres et les articles. On a donc enfin

réussi à me prendre en costume de bain. J'ai refusé ce genre de photos toute ma vie, et me voilà maintenant à moitié nue sur la plage de Santa Marinella ! Je n'aurais jamais cru qu'on puisse prendre une photo pareille de la route. Mais c'est vrai qu'avec les téléobjectifs on réussira sans doute bientôt à nous photographier jusque dans nos maisons !

Nous avons eu un merveilleux séjour en Suède... Nous avons eu de longues discussions avec Ingmar Bergman, qui s'est mis en tête de faire un film avec moi. Récemment, j'ai vu sa *Source*. Le début est si beau, mais la fin est pénible et brutale. Mais comme toujours ses films vous restent en tête pendant des jours alors que tant d'autres sont oubliés aussitôt la projection finie...

C'est vraiment quelqu'un ; c'est un homme d'une sensibilité extraordinaire. Tu sais que son père est le pasteur qui m'a confirmée, et qui a baptisé Pia il y a vingt-deux ans...

Le 7 octobre 1960, toujours à Liana :

Aujourd'hui, sur le plateau d'*Aimez-vous Brahms ?*, c'est la pagaille la plus complète. Je suis assise dans un coin à regarder soixante journalistes boire des verres au bar. Les caméras de la télévision sont en pleine action, et Françoise Sagan est là. Nous tournons des scènes qui se passent dans une boîte de nuit, et pour lesquelles on a reconstitué la boîte de Paris qui marche le mieux actuellement — l'Épi Club. Il y a là des « gens célèbres » comme Marcel Achard. Yul Brynner fait de la figuration, et Françoise Sagan joue son propre rôle assise à une table. Comme ils ne sont pas payés, ils boivent à l'œil ! C'est une scène très amusante où Anthony Perkins, complètement soûl, s'approche de la table où je suis installée avec Yves Montand. Tous les deux sont parfaits dans leur rôle. Il y a longtemps que je n'avais pas travaillé avec *deux* acteurs qui me plaisent autant. Ils sont charmants, ils ont chacun beaucoup de personnalité et sont très différents ; on comprend parfaitement que, dans mon rôle de Paula, je puisse les aimer tous les deux...

* *

Son vieil ami Bosley Crowther jugea l'histoire non seulement très banale, mais plutôt indigeste. Quant au personnage de Paula : « ... Il n'est ni suffisamment intéressant ni suffisamment bien interprété pour qu'un vieux cinéphile y trouve son compte. A aucun moment Miss Bergman ne semble habitée par la passion ou la souffrance. Ce n'est qu'une femme charmante et malheureuse. »

« Compte rendu de Hollywood » mettait le doigt sur la faiblesse fondamentale du film : « Dans le rôle d'une femme mûrissante partagée entre un amant infidèle [Yves Montand] et un garçon instable et assoiffé d'amour [Tony Perkins], Bergman est aussi belle que jamais — et paradoxalement, c'est là le grand défaut du film. A quarante-six ans, elle est encore trop rayonnante, trop dynamique, trop équilibrée pour être convaincante dans le rôle d'une femme vieillissante. »

*
* *

Je me souviens, j'allais à San Francisco tout spécialement pour voir Pia — c'est là qu'elle était au collège. Je n'avais pas encore passé la douane quand les journalistes qui m'attendaient ont attaqué : « Pourquoi avez-vous fait cet horrible film ? »

Une fois dehors, j'ai demandé : « Quel horrible film ?

— *Aimez-vous Brahms..*, voyons ! »

J'ai expliqué : « C'est adapté d'un roman de Françoise Sagan, et à Paris, c'est un grand succès.

— Mais enfin, c'est un film terrible, *affreux.*

— Qu'est-ce qu'il a d'affreux ?

— Vous partagez la vie d'un homme avec qui vous n'êtes pas mariée, et vous prenez un amant assez jeune pour être votre fils. Quelle honte ! Et ensuite, vous retournez vers ce type avec qui vous vivez, qui vous a trompée pendant toutes ces

517

années, et qui est tout prêt à recommencer. Mais qu'est-ce que c'est que ce genre de film ? »

Voilà comment réagissaient les journalistes de San Francisco, réputés pour leur cynisme et leur dureté ! En fait, ils reflétaient l'opinion américaine, et aux États-Unis, le film n'a pas connu le moindre succès.

**

Lars commente ainsi leurs premières années de mariage : « Au début, je pense que j'avais un peu peur. Pour aimer une femme comme Ingrid, pour l'épouser, je savais qu'il me faudrait renoncer à ma vie privée — du moins en partie. Et j'ai toujours été très attaché à mon intimité. Peut-être à cause de mes origines suédoises. Soudain, j'allais devenir un personnage public... Je ne me souviens plus très bien comment ça s'est passé. Ça n'a pas été vraiment un problème, mais plutôt un élément nouveau auquel on ne pouvait échapper. J'imagine d'ailleurs que la vie d'Ingrid a donné lieu à beaucoup plus de publicité avant qu'elle ne m'épouse, car lorsque nous nous sommes mariés, nous étions tous deux décidés à éviter autant que possible que l'on parle de nous. Nous étions très heureux, et nous ne voulions pas donner à la presse la possibilité de gâcher notre bonheur.

« Et pendant ces années, nous avons tous deux beaucoup travaillé — à Paris, j'ai mijoté plus de soixante-dix pièces. Chacun travaillait de son côté, et il se passait parfois des semaines, voire des mois, sans que nous nous voyions.

« A l'époque, ce qui m'a donné le plus de travail, c'est certainement *My Fair Lady*. J'avais acheté les droits de cette comédie musicale pour l'Europe. Ingrid et moi nous avons tous les deux assisté à la première de Copenhague — Ingrid est pratiquement venue à toutes les premières. Mais ce soir de décembre 1960, à Copenhague, je crois que nous avons vieilli de cent ans. En tout cas moi. Le spectacle se donnait dans un immense théâtre, une salle de 2 200 places. Et ce n'était pas seulement la ville, mais le Danemark entier qui se réjouissait de le voir. Un mois avant la première, toutes les places étaient vendues — c'était incroyable. Nous avons répété jusqu'à Noël, la première devait avoir lieu le 26. A la dernière répétition, j'ai senti que quelque chose clochait avec l'actrice qui devait jouer le rôle d'Eliza Doolittle. Je n'aurais pas pu dire exactement quoi, mais elle me paraissait un peu vacillante.

« Ingrid et moi nous sommes partis à Gothenburg pour passer la veille et le jour de Noël avec mes parents. Le matin du 25, mon avocat me téléphone : "Il faut immédiatement que tu rentres à Copenhague. Non, je ne peux pas t'expliquer maintenant. Mais viens, viens tout de suite."

« J'ai appelé l'aéroport : c'était Noël, et il n'y avait pas d'avion. Nous sommes donc partis en voiture, et nous avons rejoint Copenhague aussi vite que possible. Dès que nous sommes arrivés, on nous a appris qu'Eliza Doolittle était gravement malade. Le médecin pourrait la sauver, mais il était exclu qu'elle joue.

« Pour sauver le spectacle, il ne restait que sa doublure. Mais elle était loin d'être au point. Il fallait qu'elle répète. On l'a donc emmenée au théâtre, et jusqu'à trois heures du matin, jusqu'à ce qu'elle n'en puisse plus, on l'a fait travailler. Bien sûr, si on avait été à Hollywood, le lendemain, elle aurait chanté comme un ange. Mais ça n'a pas été le cas. Le lendemain, à trois heures de l'après-midi, elle s'est effondrée. Fini, plus d'Eliza — et plus de première ce soir-là. Deux mille deux cents places vendues, et pas de spectacle. Nous l'avons annoncé à la radio, à la télévision et dans la presse. Avec mon associé, nous avons joué à pile ou face qui de nous deux irait ce soir-là se poster à l'entrée du théâtre pour annoncer à ceux qui viendraient quand même que le spectacle n'avait pas lieu.

« Et maintenant, il nous fallait trouver une autre

Eliza. Copenhague, ce n'est pas New York, ce n'est ni Paris ni Londres. Au Danemark, il y avait bien peu de chanteuses-actrices capables de tenir ce rôle. Finalement, nous en avons quand même découvert une — une très bonne chanteuse d'opéra. Elle avait six jours pleins avant la nouvelle première. Elle s'est mise au travail, et au bout de trois jours, elle est tombée et s'est déboîté le genou. Restait trois jours encore. Elle souffrait beaucoup ; elle aurait dû être chez elle, couchée dans son lit. Mais elle a tenu bon. Aux répétitions, il fallait la porter d'un endroit à l'autre. On lui disait : "Ici, tu chantes ceci-cela, là, tu fais ça." Elle était tellement fatiguée qu'elle s'endormait et que même le souffleur ne pouvait pas la réveiller. Et l'heure de la première est arrivée. Nous avons installé notre Eliza sur scène, et le rideau s'est levé ; puis à son tour elle s'est levée pour entonner son premier air, et là, toute la salle a éclaté en applaudissements. Les spectateurs avaient lu dans la presse quels ennuis nous avions et voulaient nous montrer leur sympathie. Jamais je n'avais entendu applaudir comme ça. Derrière les décors, je pleurais comme un gosse.

« Toute la représentation s'est déroulée de façon absolument sublime. Mais le lendemain, elle avait tant et si bien chanté qu'elle n'avait plus de voix. Elle pouvait à peine coasser. Elle pouvait à peine marcher, elle pouvait à peine chanter, mais elle a continué quand même. Dix jours plus tard, elle a fait une nouvelle chute, et cette fois, elle s'est cassé quatre côtes. Tant pis ! On l'a bandée aussi bien qu'on a pu, et elle a continué. Maintenant, elle coassait, elle boitait, et elle ne pouvait pratiquement plus faire aucun geste, mais elle continuait. Là-dessus, le professeur Higgins est tombé malade, et sa doublure a dû le remplacer trois semaines entières, avant de se casser une jambe à son tour. Heureusement, à ce moment-là, le Higgins du début était prêt à reprendre son rôle.

« Dans ces conditions, vous pensez bien qu'il ne se passait pas de représentation sans que nous nous demandions quelle nouvelle catastrophe allait nous arriver, qui tenterait de se suicider, qui ferait une crise cardiaque. Mais enfin, le soir de la dernière est arrivé. Et le lendemain, j'ai téléphoné à mon homme d'affaires pour lui dire quel soulagement j'éprouvais à l'idée que tout cela soit terminé. Il a soupiré : « Terminé ? Si seulement ! Ce matin, je me suis cassé une jambe en tombant ! »

Le 16 août 1961, Ingrid écrivit à Ruth Roberts :

En ce qui concerne le travail, tout ne va pas pour le mieux. Toutes les histoires qu'on me propose maintenant parlent d'une vieille femme et d'un jeune homme ! Je ne peux pas refaire ça.

La Visite de la vieille dame pose trop de problèmes de scénario. On en est toujours à essayer de trouver la bonne façon de présenter l'histoire. Je crois que ça ne donnera jamais rien. Je peux faire *La Dame de la mer*, d'Ibsen, dans mon théâtre français, mais j'hésite — ça me paraît tellement démodé. Le « libre arbitre » des femmes n'est pas un problème d'aujourd'hui. Entre-temps, Lars s'occupe de monter *My Fair Lady* dans différents pays. Mais tu me connais, je suis toujours un peu malheureuse quand je ne fais rien et que je n'ai rien en perspective. On m'a demandé de jouer *Le deuil sied à Électre* à Broadway. J'ai eu du mal à résister. J'aurais adoré ça.

Comme tu le dis, ne parlons pas de la disparition de Gary et de Hemingway. Ça fait trop mal. C'est tout de même étrange qu'ils soient partis ensemble. Ils devaient avoir arrangé ça. J'ai appris par un ami commun que, pendant leur maladie, ils se téléphonaient tout le temps et plaisantaient : « Je te battrai, tu verras, c'est moi qui y passerai le premier. »

En novembre 1961, de retour à New York, Ingrid tourna pour la chaîne de télévision CBS *Vingt-quatre heures de la vie d'une femme*, d'après Stefan Zweig.

L'histoire était celle d'une vieille dame qui, pour sauver sa petite-fille en train de ruiner sa vie pour un séducteur, entreprend de lui raconter l'aventure amoureuse qu'elle-même a vécue — son passé défile en flash-back — et de lui montrer l'amertume qui en a résulté. Lars lui-même produisait cette dramatique.

** *

Après *Vingt-quatre heures de la vie d'une femme*, avec son associé David Susskind, Lars a signé un contrat à long terme avec CBS pour monter, en coproduction avec la BBC, différentes dramatiques dont je serais la vedette. La première d'entre elles était une adaptation de la pièce de Henrik Ibsen, *Hedda Gabler*. La distribution était magnifique : Michael Redgrave, Ralph Richardson et Trevor Howard. Lars m'était d'une grande aide dans chacun des spectacles où je jouais. « Là, tu dois y aller plus franchement, parle beaucoup plus fort. Maintenant, tu t'agites trop, tu es trop théâtrale, ne bouge pas les mains comme si tu parlais l'italien, c'est une pièce anglaise. Ah ! voilà qui est bien, *très* bien ; quand tu tournes la tête et que tu t'arrêtes, la situation se transforme complètement... »

Le personnage de Hedda m'avait toujours intriguée. C'est une femme extraordinaire, et le rôle est passionnant. La pièce est un classique, et pour changer, j'avais très envie d'essayer un classique. Et puis, la télévision me plaisait, même si à l'époque je me limitais à ne faire qu'un spectacle TV par année.

** *

Dans l'ensemble, les critiques britanniques saluèrent l'expérience. Dans le *Daily Telegraph* Eric Shorter résuma ainsi ses impressions : « S'il faut que ce vieil Ibsen soit ainsi expédié en soixante-quinze minutes, il est certain que personne ne pouvait mieux le faire qu'Ingrid Bergman, Ralph Richardson, Michael Redgrave et Trevor Howard... »

Aux États-Unis, les réactions furent à peu près les mêmes. Jack Gould, du *New York Times*, apprécia dans cette production l'« occasion de voir une grande vedette aborder une figure classique de l'histoire du théâtre » ; cependant, il estimait que « Hedda était trop l'héroïne douloureuse du cinéma, et pas assez l'animal d'Ibsen, froid et rusé, savourant chacune de ses méchancetés. »

A l'autre bout du pays, dans le *Los Angeles Times*, Cecil Smith exprima une opinion nettement plus chaleureuse : « Ce fut le grand soir d'Ingrid. Froide, moqueuse, arrogante, lâche, vindicative, venimeuse, charmante et exaltée, son Hedda n'est pas un personnage qu'on est prêt d'oublier. »

* *

Une fois terminée l'adaptation pour la télévision, j'ai dit à Lars : « C'est ridicule, alors que je commence seulement à comprendre Hedda, voilà que c'est terminé. Trois jours de tournage, et on n'en parle plus ! C'est vraiment dommage, parce que c'est une grande pièce, je crois. Il me reste des tas de choses à apprendre sur le personnage ; je ne le saisis pas encore. Je voudrais bien le jouer au théâtre. »

Et Lars a répondu : « Pourquoi pas ? Apprends le rôle en français, et nous monterons la pièce à Paris. »

C'est ce que nous avons fait. Le spectacle était mis en scène par Raymond Rouleau, et les critiques se sont montrés très gentils avec nous.

Après le spectacle, je rentrais chaque soir à Choisel dans ma petite voiture. Quand je partais, il était plus de onze heures, et il y avait très peu de circulation. Avant, je ne buvais jamais rien, car de toute façon je n'aime pas conduire de nuit. Et ce soir-là, comme toujours, j'étais fatiguée mais parfaitement sobre. Peut-être que je roulais au milieu de la route, peut-être que j'ai pris un tournant un peu vite, mais il y avait très peu de circulation quand, tout à coup, un car de police m'a rattrapée, m'a fait signe de ralentir, et s'est arrêté devant moi. Il était plein de policiers. Ils se sont approchés, et l'un d'eux m'a dit que je roulais du mauvais côté de la route. Je me suis énervée : « C'est ridicule, peut-être que je roulais un peu au milieu, mais certainement pas du mauvais côté. Et depuis quand est-ce que vous me suivez ? » Ils n'ont pas beaucoup aimé ma réaction, et moins encore lorsque j'ai ajouté : « Je fais ce trajet tous les soirs ; je sors du théâtre et je suis fatiguée ; je vous en prie, arrêtez de m'embêter ! » Bien sûr, ce n'est pas le genre de choses qu'on dit à la police. Ils se sont vexés, et j'ai dû leur expliquer qui j'étais. Après quoi ils m'ont dit : « Vous savez, après ce que vous nous avez répondu, on pourrait très bien vous embarquer au poste et vous mettre en prison pour la nuit. »

Brusquement, ça m'a paru une idée fantastique. Une nuit en prison ! Davantage, ce serait certainement ennuyeux, mais une nuit, c'était fantastique. Roberto répétait qu'à moins d'aller en prison, il n'y avait aucune chance d'être célèbre — c'était l'occasion ou jamais. Alors j'ai dit : « Oh ! oui, s'il vous plaît, emmenez-moi en prison ! Allez devant, et je vous suis. Vous pouvez me faire confiance ; si vous voulez, l'un de vous peut monter avec moi, mais je ne m'échapperai pas. C'est bien trop fantastique. Dès que nous arriverons au poste, j'appellerai mon mari pour lui dire où je passe la nuit. Et demain, ce sera à la première page de tous les journaux. Pour la pièce, vous pensez si ça va nous faire de la publicité ! »

Ils appréciaient de moins en moins. Ils se sont mis à discuter entre eux. Maintenant, j'avais affaire à un groupe de policiers très ennuyés qui se demandaient pourquoi cette femme avait une telle envie d'aller en prison. Finalement, ils m'ont laissée partir. Ils m'ont dit : « Allez, rentrez chez vous, Madame. »

Je pense qu'ils voulaient s'amuser. Dans ce car, ils étaient toute une bande. J'étais seule, ils m'avaient repérée, ils m'avaient peut-être reconnue, et l'idée leur était venue qu'ils pourraient se divertir un peu, me faire peur. C'était plutôt raté. En définitive, c'est moi qui leur ai fait peur.

Lars et moi, nous nous retrouvions souvent pour rentrer ensemble. Je me souviens d'une nuit — c'était bien avant l'invention de l'alcootest ; nous étions allés à une soirée, et il était très tard. Au bout de quelques kilomètres, Lars a arrêté la voiture et m'a dit : « Prends le volant, c'est bien ton tour. » Nous avons changé de place, et nous sommes repartis. Je me disais : « Qu'est-ce que je suis en train de faire ! J'ai bu exactement autant que lui. » A ce moment-là, il s'était déjà mis à ronfler, et il n'y avait rien à attendre de lui. Heureusement, il était très tard, et il n'y avait pas la moindre voiture en vue. J'ai conduit très lentement, très prudemment... jusqu'au moment où la police m'a arrêtée.

Il y avait deux gendarmes, très polis. « Bonsoir, madame. Est-ce que nous pourrions voir votre permis de conduire ?

— Mon permis de conduire ? Mais vous n'y pensez pas ! Je ne l'emmène jamais avec moi, j'aurais bien trop peur de le perdre !

— Mais c'est la loi, madame. Quand on conduit, il faut toujours avoir son permis avec soi.

— Écoutez, nous sortons d'une soirée ; mon mari conduisait, mais il était si fatigué qu'il m'a passé le volant. Et je ne peux pas prendre mon permis avec moi, mon sac est trop petit. Vraiment, il n'y entre pas. »

A ce moment-là, Lars a décidé de se réveiller, et il a sorti quelque chose d'assez original, du genre :

« Wasmarra... » Je pensais : « Si nous étions en Suède, on nous aurait embarqués depuis longtemps. » Mais comme je l'ai dit, il n'y avait pas encore de lois sur l'alcool. Et puis les Français sont toujours très courtois, en particulier à l'égard des femmes.

Enfin, l'un des gendarmes a dit : « C'est bon, madame. Je vous en prie, continuez. Mais rappelez-vous, il faut vous procurer un plus grand sac ! Bonne nuit. Et bon retour chez vous. » Ils m'ont tous les deux saluée, et je suis repartie.

* *

En automne 1963, Ingrid arriva à Rome pour tourner *La Visite* (en français *La Rancune*) avec Anthony Quinn. Cinq ans auparavant, la pièce de Dürrenmatt avait triomphé à Broadway, interprétée par Alfred Lunt et Lynn Fontanne.

« Le monde a fait de moi une putain. Maintenant, je ferai du monde un bordel », proclamait Ingrid dans le rôle de la comtesse Karla Zachanassian, la femme la plus riche du monde, revenue dans la petite ville de Guellen pour se venger de Serge Miller (Anthony Quinn). Lorsqu'elle avait dix-sept ans, il l'avait séduite, il avait renié leur enfant, il avait soudoyé des gens pour témoigner de sa perversité, et finalement, il l'avait contrainte à se prostituer et à quitter la ville.

La ville de Guellen est pauvre. Karla offre à ses habitants la possibilité de s'enrichir, mais à condition qu'ils condamnent Serge Miller et l'exécutent légalement. D'abord révoltée, la population cède peu à peu. Les gens ont besoin d'argent. Enfin, ils en arrivent à se persuader qu'en condamnant Miller, ils agissent en redresseurs de torts et en bons citoyens.

Sur la scène new-yorkaise, la pièce de Dürrenmatt, visant à prouver que tout le monde a son prix, que la justice et l'homme peuvent tous deux être achetés, avait fait l'effet d'une bombe. Édulco-rée pour les besoins du film, elle n'en restait pas moins puissamment dramatique.

Dans l'original, Serge est exécuté. Pour le cinéma, on jugeait cette fin trop sombre. Aussi, dans le film, le personnage de Karla se laisse-t-il attendrir et Serge peut-il s'en aller.

*
* *

Le scénario de Johnson ressemblait à un western. J'arrivais dans la petite ville à cheval, et l'on finis-sait par me « descendre » à cause de ma méchan-ceté. Je ne voulais pas de ça. Je voulais rester fidèle à Dürrenmatt. Je suis toujours fidèle aux auteurs. Si j'avais choisi cette pièce, c'est parce que je l'aimais, pas pour qu'on en fasse autre chose. Mais quand même, on a supprimé un tas de choses, on l'a affadie.

Le film n'était plus cette comédie noire qui m'avait séduite. C'était une histoire bien morale, à la fin de laquelle on refusait de tuer Anthony Quinn. Quand Tony est arrivé, je lui ai dit : « Dans la pièce, on te tue. » Il m'a répondu : « Je crois qu'on espérait avoir Cary Grant dans le rôle, parce que, si on avait su que c'était *moi*, on n'aurait pas hésité à me tuer. »

Comme Dürrenmatt est suisse, la première a eu lieu à Genève ; mais il a refusé de venir ; dans une interview, il expliquait que nous avions démoli sa pièce.

Ce n'est pas moi qu'il aurait voulu dans le rôle ; c'est Bette Davis. Ce n'était pas fait pour arranger les choses. Et la façon dont les critiques ont accueilli le film ne devait rien arranger non plus.

Les Américains l'ont jugé lourd et ennuyeux, une banale histoire de vengeance. Kate Cameron a déclaré : « La nouvelle Ingrid Bergman est moins sûre d'elle que dans d'autres films. Elle semble avoir quelque peu perdu de son ancienne assurance. »

C'est un an plus tard, en 1964, que j'ai reçu à Choisel un coup de téléphone m'annonçant que la Suède avait pour moi un projet de film. Il y avait trente ans que je n'avais plus tourné là-bas !

Le film devait se composer de sept épisodes différents, tournés chacun par un metteur en scène célèbre, dont Ingmar Bergman. On avait également pressenti Gustaf Molander.

« Quoi ? Moi ? » Gustaf tombait des nues. « Mais j'ai soixante-dix-sept ans. Je n'ai plus fait de films depuis dix ans, et ce n'est certainement pas maintenant que je vais me remettre au travail. » Mais on l'a supplié ; on lui a dit que quand on avait son talent, on n'avait pas le droit de se retirer. Bref, il a commencé à s'attendrir. Et il a déclaré : « Je veux bien, mais à une condition : que vous décidiez Ingrid à retravailler avec moi. » Aussitôt qu'on m'a raconté ça, j'ai dit : « J'arrive, je suis déjà en route. » On m'a demandé : « Et l'histoire, vous ne voulez pas la connaître ? » « On verra ça plus tard. Pour l'instant, dites à Gustaf que j'arrive. »

C'était merveilleux de retravailler avec lui. L'histoire était celle de *La Parure*, de Maupassant, et j'avais pour partenaire mon vieil ami de l'École royale d'art dramatique, Gunnar Björnstrand. Gustaf était un peu dur d'oreille, et sans arrêt, il demandait à l'ingénieur du son : « Ils parlent assez fort ? Vous les entendez, vous ? »

A la fin, il y a eu une réception. Les journalistes nous ont demandé quels étaient nos projets. Gunnar et moi, nous avons parlé des films et des pièces que nous espérions faire. Ensuite, ils se sont tournés vers Gustaf : « Et vous, M. Molander, quels sont vos projets d'avenir ? » Avec un sourire, il a répondu : « Le cimetière. »

C'est en 1964 que Pia a décidé qu'elle viendrait à Rome vivre avec les enfants. Elle avait toujours vécu comme une fille unique. Entre Petter et moi, elle avait été une source de problèmes. Maintenant, elle avait vécu, elle avait mûri. Elle a décidé qu'un changement lui ferait du bien. Je l'ai encouragée. Robertino — ou Robin ainsi que nous l'appelions depuis qu'il était plus grand — avait quatorze ans, et les jumelles douze.

* * *

Voici comment Pia raconte cette période :

« Pendant trois ans, mon père et moi nous avons vécu à Pittsburgh, où j'allais dans une école de filles. Ensuite, nous avons déménagé à Salt Lake City, et là-bas, papa a épousé Agnès. J'ai vécu une année avec eux, après quoi je suis partie au collège : à l'université du Colorado. J'y ai passé environ un an et demi, puis je suis allée à Mills College, près de San Francisco, où j'ai passé mes examens. Et je me suis mariée — à la fois par amour, et pour échapper, pour être indépendante. Et puis j'étais impressionnée. Il avait à peu près huit ans de plus que moi ; il avait déjà été marié. J'imagine que j'ai eu un peu la même réaction que ma mère : huit ans, quand vous en avez vingt, ça paraît beaucoup. Il avait une voiture, il pouvait commander du vin... C'était tout autre chose que les garçons de vingt ans que je connaissais. Il me semblait très mûr. Il était sur le point de terminer ses études ; il était là ; il était beau ; il avait plein d'argent ; et puis il avait envie de m'épouser. Je croyais avoir rencontré l'homme de ma vie... Tout le monde peut se tromper ! Nous avons voyagé. Pendant les six premiers mois, nous n'avons fait que ça. Et à voyager ensemble, nous avons appris à nous détester. Nous ne sommes pas restés mariés bien longtemps. Un an.

« Ensuite, je suis partie à Paris, toute seule.

J'avais vingt et un ans. Et je me sentais seule. J'avais lu tous ces livres sur les exilés vivant à Paris, Hemingway et tout ça, les cafés, les folles nuits. Quand je suis arrivée sur place, ce n'était pas du tout ce que j'imaginais. Un temps, j'ai travaillé pour l'Unesco. Je suis allée à l'école et j'ai étudié le français. Je n'arrivais pas à trouver un travail qui me plaise vraiment.

« Je vivais avec ma mère et Lars ; je voulais rattraper le temps que j'avais passé loin d'eux. Je suis restée à Choisel pendant environ une demi-année, puis j'ai pris un appartement à Paris, où j'ai passé encore six ou huit mois. Bien sûr, telle que je la connaissais maintenant, maman était toute différente, et je l'adorais. Pour quelqu'un de mon âge, c'était extraordinaire d'avoir une mère comme elle. Elle était gaie, elle était drôle, elle avait toujours envie d'aller quelque part, de faire quelque chose — voir ceci ou cela, sortir, aller au cinéma, au théâtre, dîner en ville et se lever tôt pour faire des courses. Elle avait une telle énergie. C'était fantastique. Et je voulais être avec elle, je voulais être comme elle. Je trouvais tout simplement qu'elle était belle.

« Je suis allée à Londres, et je n'ai pas pu y trouver de travail. J'étais diplômée d'histoire et de politique, j'avais travaillé pour l'Unesco, et les gens n'arrêtaient pas de me demander : « Vous ne voulez pas devenir actrice ? » Je n'en avais jamais eu l'intention, mais je me suis dit qu'après tout, je pourrais essayer. J'ai essayé, j'ai trouvé quelque chose, et j'ai compris que ce n'était pas un métier pour moi. J'aurais sans doute dû chercher autre chose, mais je ne savais pas dans quel domaine. Je ne savais vraiment pas quoi faire.

« Et je ne pouvais pas continuer à vivre comme ça en dépensant de l'argent sans jamais en gagner. C'est ainsi que j'ai décidé d'aller en Italie. La grand-mère des enfants était morte. Maintenant, Ingrid, Isabella et Robin vivaient seuls avec une cuisinière et une gouvernante. Ils habitaient dans un appartement, et maman m'a proposé d'aller à Rome m'occuper d'eux.

« C'est ce que j'ai fait. Ça me semblait une bonne chose : j'avais l'impression que je serais utile. Et pendant trois ans, j'ai vécu avec eux. Maman m'envoyait de l'argent, et je m'occupais de payer les factures, de conduire les enfants chez le dentiste, ou faire du cheval, ou prendre telle ou telle leçon. Bref, j'étais devenue l'organisatrice de la famille.

« Roberto parlait beaucoup, il adorait ça. Alors, il a bien fallu que j'apprenne l'italien. Aujourd'hui, je le parle très bien.

« Quand je suis arrivée à Rome, personne ne parlait l'anglais. Ni la cuisinière ni la gouvernante ni aucun des enfants. Pendant six mois, soir après soir à l'heure du dîner, j'ai entendu caqueter et jacasser sans comprendre un seul mot. Je devenais folle. Je venais d'apprendre le français, et maintenant, il fallait que je me mette à l'italien. Je suis retournée à l'école, et tout à coup, je me suis mise à comprendre : enfin, je comprenais les conversations qui se déroulaient à table ! Comme je n'avais pas d'amis — en Italie, je ne connaissais personne — avec qui parler anglais, j'ai appris assez rapidement. Au bout de deux ans, je parlais parfaitement.

« Pour moi, ça a été une très bonne expérience, parce que en un sens, j'en avais besoin. Je n'avais nulle part où aller ; je n'étais pas mariée ; je n'avais pas d'attaches. J'étais incapable d'imaginer quelle profession je pourrais exercer. J'avais donc besoin de me trouver des racines, de trouver un endroit où vivre, un endroit où je me sente utile.

« Là, j'avais le sentiment de l'être. Parfois, je me disais : C'est ridicule ! Qu'est-ce que je fais ici ? Qu'en penserait papa ? Je suis sûre que papa n'a pas apprécié : pour lui, ça a dû être une chose terrible que j'aille en Italie vivre avec les enfants. C'est pourtant ce que j'ai fait, mais il m'arrivait aussi d'être frappée par le côté bizarre de la situation. Les enfants avaient douze et quatorze ans — Robin quatorze, et les jumelles douze — et quand je suis partie, Robertino en avait dix-sept, et les filles bientôt quinze.

« Roberto avait l'habitude de venir à l'heure du déjeuner. Il avait son couvert. Parfois, il ne venait pas, mais sa place était toujours réservée. Aussitôt arrivé, il allait au téléphone et se lançait dans une longue conversation. Puis il s'asseyait deux minutes, et le téléphone sonnait : nouvelles palabres. En général, c'étaient des discussions d'argent. A ce moment-là, nous en étions déjà au dessert. Il revenait à table pour quelques minutes, racontait une histoire drôle, embrassait tout le monde — des baisers, des baisers, des baisers — et retéléphone, il était parti. Ses visites aux enfants se résumaient à ça.

« C'est ainsi que nous vivions. Et j'adorais l'Italie. J'adorais être là. Je suis si contente d'avoir appris à les connaître, d'avoir connu Roberto autrement que par ce que les gens pouvaient me raconter de lui. De connaître Sonali et tout le monde, c'était aussi la seule façon pour moi de comprendre vraiment comment les choses se passaient et comment tout cela était arrivé.

« Roberto n'était pas beau, mais il avait énormément de charme. Et il parlait très bien : de l'histoire du monde, de la crise de l'alimentation, de tout. Il abordait tous ces sujets et semblait les connaître à fond. Il pouvait en parler des heures entières ; il était fascinant et l'on était hypnotisé. Je ne l'ai pas connu quand il conduisait des voitures de course, quand il vivait la nuit, quand il était avec Anna Magnani et tout ça. Je l'ai connu durant une période difficile. Il avait des problèmes d'argent ; ses films ne marchaient pas ; il tournait pour la télévision des trucs dont personne ne voulait et qu'il n'arrivait pas à vendre. Je le voyais donc à une époque creuse de sa vie, et il était très déprimé.

L'une de ses principales difficultés, c'était d'avoir tous ces enfants et toutes ces maisons à entretenir. Il y avait sa première femme et un premier fils, les trois nôtres, et maintenant Sonali et deux enfants. Évidemment, tout le monde avait besoin d'argent, et le seul moyen qu'il avait d'en gagner, c'était de faire des films.

« J'ai beaucoup aimé ma période italienne. J'étais fille unique, j'avais été élevée seule, et cette atmosphère grouillante me charmait. C'était fascinant de voir tous ces enfants vivre ensemble pendant que leurs parents étaient ailleurs à faire autre chose. Car il y avait là aussi les enfants de Sonali, Raffaella et Gil, des cousins et cousines, et il y avait aussi d'autres gens sur qui je pouvais compter, comme Marcella, la sœur de Roberto, et sa fille Fiorella. Tout cela me paraissait merveilleux. Avec eux, je me suis sentie très heureuse.

« Roberto était un être égocentrique ; ses enfants étaient le prolongement de son ego. Comme bien des créateurs, il estimait que sa personne et sa vie étaient ce qui comptait d'abord, et que ses propres besoins étaient les premiers qu'il fallait satisfaire. Je crois qu'il se sentait unique, et il l'était. Alors il fonçait, il continuait à faire ce qui lui plaisait sans trop s'inquiéter des conséquences que cela pouvait avoir pour autrui. Ce que pensaient les autres, le sens du devoir et des responsabilités, tout cela était pour lui des préoccupations bourgeoises dont un personnage de son importance n'avait pas à s'embarrasser.

« Je pensais rester en Italie ; mais j'ai rencontré un garçon de New York, propriétaire d'une boîte de relations publiques, qui m'a proposé de mener une campagne publicitaire de trois mois aux États-Unis pour le compte de Fiat. J'ai accepté parce que c'était un véritable travail et que je serais payée trois cents dollars par semaine, ce qui, à l'époque, me paraissait beaucoup d'argent.

« Il s'agissait de me balader pendant trois mois à

travers les États-Unis avec la voiture que je devrais promouvoir et dont je parlerais à la télévision et à la radio. C'est ce que j'ai fait. Quand je suis arrivée à San Francisco, où vivait mon père, j'ai pensé qu'il serait bien de passer quelque temps avec lui. Alors, je suis allée à la télévision et j'ai demandé : "Est-ce que vous n'auriez pas un job quelconque pour deux ou trois semaines ?" On m'a proposé de m'occuper d'une émission matinale pendant quinze jours, le temps de trouver pour son animatrice, qui était alors enceinte, une remplaçante. Au bout de quinze jours, comme personne ne disait rien, je suis revenue et j'ai continué. Il y a maintenant dix ans de cela, et depuis, je n'ai jamais arrêté de travailler à la télévision. »

*\
*

John O'Gorman était mon maquilleur depuis dix ans. Il m'accompagnait même aux États-Unis. Je l'aimais beaucoup parce qu'il avait de l'esprit et qu'il était toujours de bonne humeur. Le matin, quand il faut se lever tôt et se faire maquiller, c'est tellement agréable d'être avec quelqu'un de drôle, qui sache vous faire rire. La journée entière en devient plus facile.

J'étais au studio pour le tournage de *La Rolls-Royce jaune*, et John O'Gorman me maquillait, quand j'ai vu arriver un misérable petit homme vêtu d'une vieille chemise et d'une salopette fatiguée. Il portait un bouquet de fleurs, qu'il m'a tendu en me disant : « Soyez la bienvenue, je suis content de vous voir.

— Merci, merci, vous êtes très aimable. »

Et il est reparti. Je me suis alors tournée vers John et je lui ai expliqué : « Ça doit être un machiniste ou un électricien avec qui j'ai fait un film.

— Ingrid ! C'est votre metteur en scène. C'est Mr. Asquith. »

Nous avons commencé le film, et j'ai appris qu'Anthony Asquith avait reçu des salopettes de pratiquement tous les acteurs avec qui il avait travaillé. Mais il ne les mettait pas. Sa vieille salopette lui portait chance, et d'un bout à l'autre du film il n'a rien mis d'autre pour avoir la chance avec lui. C'était le metteur en scène le plus aimable et le plus poli que j'aie connu. Il était si poli que, quand il trébuchait sur un câble, il se retournait pour dire : « Oh ! je vous en prie, excusez-moi ! » Lorsqu'il avait besoin des figurants, il disait : « Mesdames et messieurs, je ne voudrais pas vous déranger — surtout finissez tranquillement votre thé — mais quand vous aurez une minute, soyez assez aimables pour aller vous placer dans le fond ; il me faudrait quelques personnes à l'arrière-plan. Mais ne vous pressez pas. »

Le film se composait de trois séquences, dont la Rolls-Royce jaune était la vedette. J'étais une riche veuve américaine en voyage à travers l'Europe, et je tombais sur Omar Sharif, qui jouait le rôle d'un partisan yougoslave. Dans la Rolls, nous portons secours aux blessés, nous nous trouvons pris dans la guerre, et nous vivons une brève histoire d'amour. Après quoi je reprends ma route solitaire, soutenue par l'idée que « Mieux vaut aimer et perdre que de ne pas aimer du tout » — thème cher à bien des films de l'époque, où les femmes abandonnées avaient un petit sourire en coin pour faire comprendre qu'elles ne regrettaient pas leurs larmes.

Ensuite, Michael Redgrave m'a téléphoné de Londres. Un nouveau théâtre s'ouvrait à Guilford, et il voulait que le premier spectacle soit la pièce de Tourgueniev, *Un mois à la campagne.* Lui-même jouerait le rôle de Mikhaïl Rakitine ; serais-je d'accord pour interpréter celui de Nathalia Petrovna ?

J'ai tout de suite refusé : « Je regrette, Michael, mais Lars et moi nous gardons toujours l'été libre pour aller dans notre île — c'est une promesse que nous nous sommes faite. Si quelque chose se présente, nous travaillons l'hiver, mais jamais en plein été... »

Là-dessus, Lars est arrivé. En entendant de quoi nous parlions, il m'a pris le téléphone des mains pour dire à Michael : « Envoie-lui la pièce, elle lui va comme un gant. Pour elle, c'est le rôle idéal. »

J'étais étonnée ; je lui ai dit : « Mais enfin, nous nous sommes promis de garder libres ces trois mois d'été, et maintenant, tu veux que j'aille travailler en Angleterre ?

— Oui. Je ne veux pas qu'on puisse me reprocher d'être un obstacle à ta carrière. C'est une pièce magnifique, et après Guildford, il se pourrait bien que tu ailles à Londres. Je ne veux pas que tu me dises un jour : "C'est à cause de toi qu'on ne m'a pas vue à West End !" »

Je n'avais pas lu la pièce, mais Lars la connaissait très bien. Elle raconte les tourments d'une femme d'âge mûr, belle et bien mariée, qui s'éprend d'un jeune homme de vingt et un ans et connaît l'amour pour la première fois de sa vie. Lars savait que la pièce me plairait. Il ne voulait pas être un obstacle, et c'était très généreux de sa part. Mais j'avais le sentiment que, peut-être, tout cela durerait trop longtemps. Un film ne prend que deux ou trois mois, mais pour une pièce qui marche, il faut compter sept mois : un au moins pour les répétitions, et six de contrat. Lars lui-même disait que jamais il n'engagerait un acteur qui refuserait de signer pour un minimum de six mois.

Pourtant, j'ai lu la pièce. Et je l'ai adorée. Je suis partie à Guildford, et là, grâce à Michael Redgrave, j'ai fait la connaissance de Dirk Bogarde. Il trouvait terrible que je doive vivre à l'hôtel, où je rencontrerais mon public à chacune de mes allées et venues. Il a donc insisté pour que je m'installe chez lui, à la campagne, dans la maison qu'il partageait avec son impresario et ami, Tony Forwood.

Et les six mois que j'ai passés à Guildford ont été parmi les plus heureux de ma vie.

*
* *

Les critiques y furent sans doute pour quelque chose.

« Hier soir, écrivit Felix Barker dans l'*Evening News*, juste avant que le rideau se lève au théâtre de Guildford, un cygne a pris son vol dans le crépuscule. C'était une vision magnifique, et qui devait se répéter sur scène vers la fin du premier acte. Aussi gracieuse et le cou presque aussi long qu'un cygne, toute de blanc vêtue, Ingrid Bergman rejetait la tête en arrière pour gémir avec Nathalia Petrovna, l'héroïne de Tourgueniev : "Qu'arrive-t-il ? Pauvre femme. Pour la première fois te voilà amoureuse." A partir de cet instant-là, sur ses ailes, la pièce aussi s'est envolée. »

Selon le *New Yorker* : « Visuellement, Ingrid Bergman était la perfection, belle et sans âge dans une série de robes superbes dessinées par Alix Stone — pâles soies sauvages taillées pour faire valoir ses splendides épaules et torturer le pauvre Rakitine. »

*
* *

Mais toutes n'étaient pas comme ça. Pia et Lars étaient tous deux descendus chez Dirk pour assister à la première. Le lendemain, ils sont arrivés vers moi avec le plateau du petit déjeuner et une pile de journaux. Il les ont posés sur le lit, et nous nous sommes tous mis à lire. Bientôt, j'ai vu un pied pousser un journal sous le lit. Et j'ai dit : « Je me demande ce qu'il est advenu du *Times* ? Il ne serait pas sous le lit par hasard ?

— Écoute, écoute ce qu'écrit Mr. R.B. Marriot : "Miss Bergman nous offre une interprétation d'une rare profondeur. Tandis que tour à tour elle exprime la crainte et la joie, le chagrin et l'humiliation, elle nous bouleverse et nous fascine." Qu'est-ce que tu dis de ça ?

— C'est beaucoup trop gentil. » Entre-temps, un nouveau journal avait disparu sous le lit, et j'ai protesté : « C'est inutile de continuer votre manège. Je sais parfaitement combien de journaux nous avons commandés, et je les lirai tous.

— S'il y avait de mauvaises critiques, il vaudrait beaucoup mieux que tu attendes la fin de la semaine. Mais de toute façon, il n'y en a aucune. Je n'en vois pas, elles sont toutes merveilleuses. »

J'ai dû me décider à regarder moi-même sous le lit. Le *Times* déclarait : « Physiquement, elle est l'image même du rôle, mais son jeu ne dépasse guère cet aspect extérieur. » Quant à la critique du *Guardian*, qu'on avait également voulu m'épargner, elle affirmait : « Il y a très peu de chose dans cette pièce maladroite, maladroitement présentée et interprétée, très peu de chose à part Ingrid Bergman, splendide, élégante et grave, mais qui pourtant ne parvient pas à la sauver. »

Ensuite, la question s'est posée : fallait-il ou non que nous allions à Londres ? Pour Lars, ça ne faisait aucun doute.

J'en ai parlé avec Dirk et Tony, qui m'ont déclaré : « Non, il vaut mieux pas. C'est très bon pour Guildford, mais pas assez pour Londres. » Et puis j'ai discuté avec Michael Redgrave. A son avis, ça valait la peine de tenter le coup. Finalement, mon désir de jouer à Londres l'a emporté : j'ai dit oui.

Je suis rentrée chez Dirk. Comme il dormait, je lui ai laissé un mot d'excuse : « Je suis une vilaine fille. Je m'en vais malgré ton conseil. Je pars à West End avec la pièce. »

Nous avons rempli le Cambridge huit mois durant, et, par la suite, Dirk et Tony me répétaient à tout bout de champ : « Surtout, ne nous demande plus de conseil. On t'a dit de ne pas aller à Londres, et tu aurais pu y jouer jusqu'à la fin des temps. »

538

Ce succès n'était certainement pas étranger au fait que les gens m'avaient vue dans bon nombre de films. Ils devaient se dire : « Oui, je me souviens de l'avoir vue dans *Intermezzo* et dans *Casablanca*. Elle joue encore ? Ce n'est pas possible, elle doit avoir cent sept ans maintenant. » Et ils venaient par curiosité. La première fois qu'un chasseur d'autographes m'a dit : « Vous êtes l'actrice préférée de ma mère », j'ai pris vingt ans d'un coup.

Pendant cette série de représentations, nous avons eu une excellente surprise. Un soir, deux fauteuils étaient restés libres à l'extrémité d'une rangée. Au moment où la salle s'est obscurcie, deux personnes sont venues s'y installer, et, aussitôt, le bruit s'est mis à courir : « C'est la reine. Ça doit être la reine. »

Nous étions plutôt surpris. Au théâtre, personne n'avait été averti ; il n'y avait ni policiers ni gardes d'aucune sorte. Était-il possible que la reine vienne sans s'annoncer et s'installe ainsi en bout de rang comme un quelconque spectateur.

A tout hasard, le directeur a téléphoné à Emile Littler, le propriétaire du théâtre, qui a téléphoné à Buckingham, où je ne sais qui l'a informé que la reine avait son soir de congé. Un soir par mois, elle était libre de faire ce que bon lui semblait, de voir des amis ou d'aller se coucher tôt.

A tout hasard aussi, Emile Littler a convoqué des photographes. A l'entracte, il s'est approché de la reine, et il l'a conduite avec sa dame d'honneur dans un petit salon particulier. Là, la reine a très gracieusement demandé : « Expliquez aux acteurs que je ne viendrai pas les voir parce que je ne travaille pas. C'est mon soir de congé. Mais dites-leur aussi que la pièce me plaît beaucoup. »

Elle est restée jusqu'au dernier baisser de rideau, et nous étions tous très flattés qu'elle nous ait consacré son soir de liberté.

C'est une époque pleine de souvenirs. Pia est venue passer quelques jours à Londres avec les enfants, et, un soir, je les ai tous emmenés voir la pièce. Nous étions dans l'appartement. Pia était allée s'étendre dans la pièce d'à côté, mais la porte était restée ouverte, et elle pouvait m'entendre parler avec les enfants. J'essayais de leur expliquer certains détails de la pièce qu'ils n'avaient pas compris. Arrive le mot « rapière ». Je l'utilisais dans la pièce, et ils voulaient savoir ce qu'il signifiait.

J'ai expliqué : « C'est un gros animal couvert d'écailles, avec une très longue langue. Il sort sa langue — ssst — comme ça, et il attrape une mouche ou une fourmi, mais tellement vite que c'est à peine si on le voit. »

Ils ouvraient de grands yeux. Manifestement, cet animal les impressionnait. Mais Pia a tout gâché : « Maman ! Qu'est-ce que tu racontes ! Je t'entends très bien, tu sais. C'est bien joli d'avoir de l'imagination, mais là, je trouve que tu y vas un peu fort. Une rapière, ce n'est pas un *animal*. C'est une *épée* !

— Grand Dieu ! Moi qui utilise ce mot tous les jours depuis des semaines, j'étais persuadée que... »

Oui, mon anglais comportait encore certaines lacunes !

Ce qui me gênait un peu dans le théâtre londonien de l'époque, c'est la violence qu'on retrouvait partout. Tous ces jeunes gens en colère, ça me faisait peur. J'imagine que le sadisme et la perversion font partie de la vie, mais ils sont relativement rares, et il me semblait qu'on leur donnait trop d'importance. La plupart des gens sont certainement très ordinaires, ce qui ne signifie pas qu'ils soient gentils ; mais cruels à ce point, je ne crois vraiment pas qu'ils le soient. C'est peut-être une des raisons pour lesquelles Tourgueniev me plaisait tant. Chez lui, s'il y a de la violence, elle ne s'exprime pas physiquement.

Mais tout de même l'Angleterre vivait un âge d'or pour les jeunes acteurs, écrivains et metteurs en scène.

Lorsque, *aujourd'hui*, je repense à cette période, j'en vois clairement les dangers. Jouant tous les soirs au théâtre, je suis restée des mois sans revenir à Choisel, des mois éloignée de Lars. Et cela, ce n'est bon pour aucun couple. Je le pressentais quand j'avais dit à Lars : « Nous nous sommes promis de passer tous les étés dans l'île, pourquoi revenir là-dessus ? » Mais en même temps, j'avais préféré ne pas penser trop loin, et je m'étais laissé séduire.

CHAPITRE XXIV

J'ÉTAIS à Rome auprès des enfants quand débuta une période d'inquiétude et de soucis comme je n'en avais peut-être jamais connue. On m'a demandé d'aller voir le médecin scolaire d'Isabella et d'Ingrid. Il les avait examinées pour voir si elles étaient aptes à la gymnastique.

Il a demandé à Isa de se pencher en avant, et j'ai bien dû reconnaître : « Oui, on voit que sa colonne vertébrale n'est pas droite. Elle fait une sorte de "S". Mais ce n'est pas grave, non ?

— C'est ce qu'on appelle une scoliose. Il faut que vous l'emmeniez chez un spécialiste. On ne peut pas la laisser comme ça, il faut la soigner ; mais ici, nous ne sommes pas en mesure de le faire. Il faut absolument éviter que la déviation ne s'accentue. »

J'ai regardé ma petite fille. Elle avait treize ans. Elle paraissait heureuse ; elle semblait en pleine santé. Non, ça ne pouvait pas être grave. Et pourtant, l'inquiétude s'était déjà insinuée en moi.

J'en ai parlé à Roberto. Nous avons commencé à nous informer auprès de nos amis pour savoir à quel médecin nous adresser. Le premier que nous avons consulté a conseillé de mettre quelque chose dans sa chaussure pour qu'elle ait une hanche plus haute que l'autre, et aussi de veiller à ce qu'elle mette un coussin sous une fesse chaque fois qu'elle s'asseyait. Nous avons essayé, mais je sentais bien que ce traitement ne pourrait pas grand-chose pour redresser sa colonne vertébrale. Nous sommes alors allés voir un autre médecin, qui a préconisé un corset de cuir. Nous avons fait faire le corset, mais c'était si pénible que nous avons renoncé. Nouveaux médecins, nouveaux conseils. J'ai emmené Isa en Suède voir le grand spécialiste de la scoliose. Il a suggéré des exercices de rééducation. Puis j'ai téléphoné à divers médecins des États-Unis. Est-ce que ça valait la peine de la leur amener ? Avaient-ils des traitements particuliers ? Pouvaient-ils me recommander un confrère ?

Mais oui, bien sûr. Cependant, j'hésitais à faire le voyage. J'attendais un miracle. Un traitement aux États-Unis signifiait qu'il nous faudrait rester là-bas.

J'ai parlé à Peter Viertel, dont la fille avait eu la même maladie. Il m'a dit : « Le mal s'est arrêté de lui-même. Ça peut très bien se passer ainsi. » Oui, mais ça peut aussi se passer autrement...

Quand nous sommes retournées voir le médecin italien, il s'est montré catégorique : « Votre fille a une scoliose galopante. Son état a beaucoup empiré depuis la dernière fois que je l'ai vue. »

Je commençais à paniquer. Quelle solution allions-nous trouver ? La réponse nous a été donnée par Isa elle-même : « Hier, j'étais à une soirée où il y avait une fille qui a eu la même chose. Elle s'est fait opérer. A l'hôpital Scaglietti, à Florence. »

Roberto et moi, nous y avons conduit Isabella. Nous étions tous les trois dans cette magnifique ville de Florence, mais nous ne voyions de beauté nulle part. La crainte était partout. Pendant qu'on radiographiait Isa, Roberto et moi nous attendions sans dire un mot. Enfin, le docteur Scaglietti nous a fait venir dans son bureau, où il nous a montré les radios qu'il venait de prendre.

« Vous voyez cette déviation là, là et là... » Je ne suivais pas, je n'arrivais pas à me concentrer ; mais soudain, j'ai très bien compris : « Ça pourrait être le début d'une bosse. »

Roberto et moi, nous nous sommes pris la main.

« Et qu'est-ce qu'on peut faire ?

— Je suis désolé, mais je crois qu'il va falloir opérer. »

Nous nous sommes levés. Je tenais Isa contre moi. Nous étions tous les trois comme frappés de stupeur.

« Rentrons, a dit Roberto. Nous allons réfléchir.

— Mais n'attendez pas trop longtemps. » Ce sont les derniers mots qu'a prononcés le médecin.

Je n'arrivais pas à m'y faire. « Il doit y avoir autre chose. Je n'ai pas suffisamment cherché. Demain, je vais retéléphoner à New York. »

J'ai en effet trouvé une autre solution : le corset Milwaukee ; mais elle devrait le porter durant des années.

Isabella a protesté : « Non, je ne veux pas de corset. Je n'ai déjà pas supporté le premier qu'on m'a acheté. »

Et pour finir, c'est elle qui a décidé : « Je veux l'opération. Appelez le médecin, et dites-lui qu'il m'opère. »

J'ai encore essayé de protester : « Mais il doit y avoir un autre moyen, un moyen plus simple...

— Non, maman, c'est tout décidé. »

Et le jour de l'entrée en clinique a été fixé. Nous ne savions pas du tout à quoi nous attendre. Cependant, à Rome, Pia avait rencontré une dame dont la fille avait subi la même opération, et elle lui a demandé de passer me voir pour me rassurer. Elle est venue. Elle s'est assise dans le living, et elle s'est mise à me raconter. Elle m'a dit : « Le résultat en vaut la peine. Mais c'est dur. Très dur. » Et ce sont ces derniers mots que je me répétais tandis que nous approchions de la belle clinique florentine.

On nous a expliqué que l'opération ne pourrait être pratiquée avant six mois parce qu'il fallait d'abord redresser au maximum la colonne vertébrale, ce qui se ferait étape par étape. La rapidité du processus dépendrait de la souplesse de l'épine dorsale.

Et l'on a mis mon enfant sur une espèce de chevalet moyenâgeux. Elle souriait tandis qu'on l'attachait.

« Dehors ! a dit une voix. Je ne veux pas de mère ici. »

Je suis sortie. A travers la porte, j'entendais mon enfant crier. Le docteur m'avait expliqué qu'on ne pouvait pas lui donner d'anesthésique parce qu'il fallait savoir à quel point elle souffrait pour savoir aussi à quel moment il faudrait arrêter. On était donc en train de torturer ma fille, et il semblait que ça ne finirait jamais. Pourtant, quelqu'un est enfin venu annoncer : « C'est fait. Elle va bien. Vous pouvez venir. » Je l'ai trouvée plâtrée des hanches jusqu'au cou. Elle semblait sur le point de s'évanouir. On l'a conduite dans sa chambre.

« Maman, maman, ça fait tellement mal ! »

Aussitôt, j'ai appelé l'infirmière : « Il faut faire quelque chose. Elle ne peut pas rester comme ça. Il faut lui enlever ce plâtre. »

Mais les infirmières doivent avoir l'habitude des mères hystériques.

« Du calme, du calme, Signora. Quand le plâtre sera sec, vous pourrez tirer gentiment sur sa tête. Ça les soulage un peu. »

Il s'est passé des heures avant que le plâtre ne soit sec, et je suis restée là, impuissante, à tenir la main de ma petite fille.

Enfin j'ai pu commencer à tirer sur sa tête pour étirer un peu la colonne vertébrale. Ce n'était pas facile. J'essayais d'être courageuse, mais j'avais bien du mal. Mon enfant souffrait et je souffrais. Je m'efforçais de retenir mes larmes, mais elles coulaient quand même. Finalement, Isa s'est endormie, et j'ai fait comme elle, assise à côté de son lit.

Elle s'est remise extrêmement vite. Bientôt, elle mangeait, riait, regardait la télévision. D'autres filles se trouvaient dans le même état qu'elle. On les véhiculait dans leurs lits, et elles se réunissaient pour bavarder ou jouer aux cartes. Et puis elle a pu recommencer de marcher, et elle est revenue à la maison.

Pour l'habiller, ce n'était pas facile. Comment s'y prendre pour couvrir tout ce plâtre ? J'ai acheté du tissu, et j'ai fait venir une couturière.

Un jour, une amie qu'Isa avait connue à l'hôpital lui a téléphoné. « Isabella, nous sommes invitées à danser. Viens, on va bien s'amuser. »

Isa était scandalisée. « Comment peut-on aller danser dans un état pareil ?

— Tu verras, ça se passera très bien. C'est pas tous les jours que les garçons ont l'occasion de danser avec des filles dans le plâtre. »

Elle était très hésitante, et je pouvais comprendre ses appréhensions. Avec son plâtre, elle avait l'air difforme. Et ça pesait une tonne. Mais j'ai cru bon de l'encourager. « Allez, accepte, on va te faire une robe fantastique. »

Finalement, elle a cédé. Elle y est allée, elle a dansé, et bien sûr il s'est trouvé un garçon pour tomber amoureux d'elle !

*
* *

Isabella se souvient. « Maman a arrêté de travailler. Et j'étais très touchée parce que je savais à quel point elle aime son travail. Durant un an et demi, elle a complètement arrêté de travailler, sauf durant une période de quinze jours, où elle s'était engagée à tourner pour la télévision *La Voix humaine* de Jean Cocteau. »

*
* *

546

Pour Lars, ça a été une période de solitude. Durant toute cette époque où j'étais entre Rome et Florence, je ne l'ai que très peu vu. C'est lui qui avait eu l'idée de *La Voix humaine*, et le contrat avait été signé bien avant qu'on puisse imaginer qu'Isa devrait subir cette opération.

Le monologue de Cocteau, où une femme seule dans son appartement parle au téléphone à l'amant qui est sur le point de la quitter pour une autre femme, est un merveilleux morceau dramatique. Et j'en avais déjà fait un enregistrement.

J'ai répété pendant douze jours, généralement seule avec Ted Kotcheff, le metteur en scène, et deux assistants, pour régler les moindres détails. Quand il s'agit de jouer cinquante minutes sans partenaires, il faut prévoir de nombreux mouvements, il faut modifier fréquemment l'angle de prise de vues. Pour le tournage, deux jours supplémentaires étaient prévus, mais sans espoir de prolongation car les studios de la télévision londonienne, réservés longtemps à l'avance, sont toujours surchargés.

Le premier jour a été désastreux. Les quatre caméras étaient très proches de moi, et je ne savais jamais très bien laquelle tournait à tel moment précis. Les quatre assistants de production marmonnaient dans leurs microphones, et cela aussi me perturbait. J'étais si peu d'aplomb que j'oubliais sans arrêt mon texte. En conséquence de tout cela, au terme de cette première journée, nous n'avions tourné que *trois* minutes sur les cinquante que devait durer le film. Il n'y avait pas besoin d'être très perspicace pour voir à quel point Lars et son associé, David Susskind, étaient inquiets — ça se lisait sur leurs visages. Et pour moi, cette journée avait été un vrai supplice.

Pourtant, le lendemain, après une bonne nuit de sommeil, j'étais prête à tout, et tout s'est bien passé. A l'heure dite, le tournage était terminé.

A propos de *La Voix humaine*, le *New York Times* écrivit : « Par son jeu si sensible, Miss Bergman réussit un véritable tour de force en donnant vie à cette femme écartelée par les fatalités du cœur. » Quant au *Times* de Londres, il notait : « Elle donne une rare puissance dramatique à ce harassant monologue téléphonique où se reflètent les abîmes du désespoir. »

* * *

Le moment était venu de retourner à la clinique de Florence pour la deuxième extension. Maintenant, nous savions exactement à quoi nous attendre, et c'était d'autant plus pénible. Roberto nous a conduites jusqu'à Florence. Pendant tout le voyage, Isa a dû se tenir agenouillée sur le siège du fait que son plâtre l'empêchait de s'asseoir normalement. Déjà, lors de la représentation d'une pièce de Lars, elle avait dû rester debout d'un bout à l'autre du spectacle.

On lui a retiré son premier plâtre. L'épine dorsale s'était légèrement redressée. Maintenant, il fallait recommencer. C'était si pénible que je préfère ne pas en parler. Cependant, elle s'est remise avec la même rapidité que la première fois. A cet âge-là, tout est possible. Moi, j'avais du mal à suivre.

Nous sommes rentrées à Rome. Et elle est retournée à l'école. Bien sûr, ses professeurs avaient pitié d'elle, et ils étaient on ne peut plus gentils. Quant à son travail scolaire, elle ne faisait certainement pas grand-chose. La petite Ingrid se chargeait de tout ce qui était important. Dans la mesure du possible, elle travaillait pour deux.

En tout, il a fallu trois extensions, après quoi on a pu fixer la date de l'opération. Il a fallu que nous trouvions du sang, car la clinique ne pouvait pas en fournir suffisamment pour toutes les transfusions. Toute la famille — parents, cousins, amis — et même les gosses de l'école étaient prêts à donner leur sang pour Isabella.

J'ai chargé dans la voiture la caisse pleine de bouteilles et de glace avec Fiorella, et je l'ai maintenue d'un bras pour qu'elle ne bascule pas. Et pendant tout le trajet, je pensais : « Il devait y avoir une autre façon. C'est un mauvais rêve. Pourquoi ne l'ai-je pas emmenée aux États-Unis ? »

Nous étions tous les trois dans la voiture sans échanger un mot. Mais nos pensées étaient les mêmes. Et c'est Isabella qui était la plus calme.

Nous sommes arrivés. On a emmené Isabella dans la salle d'opération. Et on nous a rassurés : en dehors de ses problèmes de colonne vertébrale, elle était en parfaite santé, tout se passerait très bien. J'ai accompagné Isa jusqu'à l'ascenseur. Je l'ai embrassée sur le front. Et j'ai regardé l'ascenseur démarrer.

Ce n'est qu'après l'opération que le Dr Scaglietti m'a présenté un film documentaire expliquant le processus. Il ne voulait pas me le montrer avant, sinon j'aurais eu trop peur.

On commence par ouvrir une jambe du pied au genou pour retirer un tiers du tibia ; l'os va repousser, mais Isa garderait six mois cette jambe dans le plâtre avant de pouvoir la réutiliser. Le tibia est débité en petits bâtonnets de la taille d'une allumette. Il est essentiel d'utiliser l'os même du malade pour prévenir les risques de rejet. Ensuite, le dos est ouvert sur toute la longueur de la colonne vertébrale, et les « allumettes » sont placées entre les disques pour éviter que la colonne ne s'incurve à nouveau et ne reprenne sa position originale. L'épine dorsale doit ensuite être maintenue parfaitement immobile, de sorte qu'Isabella se retrouverait encore plâtrée jusqu'au cou.

On nous avait avertis que l'opération durerait entre cinq et sept heures. Et nous attendions.

Roberto faisait des mots croisés, d'interminables mots croisés. Moi, je ne pouvais ni lire ni écrire, et je n'avais pas emporté mon tricot. Alors, je me contentais de marcher de long en large. Et puis soudain, j'ai disparu dans la salle de bain. Au bout d'un moment, Roberto a appelé : « Qu'est-ce que tu fais là si longtemps ?

— Je me lave les cheveux.

— Quoi ? Maintenant ! Tu te laves les cheveux pendant qu'on est en train d'opérer notre fille ? » Il avait l'air furieux.

« Il faut bien que je fasse quelque chose, sinon je vais devenir folle. »

C'est drôle. Depuis lors, chaque fois que je me sens désemparée ou déprimée, je me lave les cheveux. Et peu à peu, je pense à autre chose ; je me calme. Ça ne demande aucune concentration, aucun effort. C'est une activité toute mécanique. Mais au moins c'est quelque chose à *faire*.

Nous avons eu des nouvelles de la salle d'opération. Tout se passait bien. Le cœur tenait parfaitement le coup. Je me suis séché les cheveux au soleil de Florence, installée sur le balcon. Roberto ne levait pas les yeux ; il continuait ses mots croisés. Nous n'osions même pas nous toucher : l'un de nous aurait pu s'effondrer.

Je suis allée dans le corridor demander s'il y avait une chapelle. Il y en avait une ; on m'a indiqué le chemin. Je me suis assise dans la pénombre et je me suis mise à prier. J'ai honte de prier un Dieu dont je n'ai besoin qu'à des moments de crise. Quand tout va bien, pourquoi est-ce que je n'y songe pas ? J'étais assise, et je pensais à tout cela. Et je me disais : « Quand je suis heureuse, je suis reconnaissante ; c'est peut-être aussi un moyen de remercier Dieu de tout ce qu'il y a de bon dans ma vie. » Et je me suis souvenue qu'un jour, quand il était petit, Robertino m'avait demandé : « Qui c'est, Dieu ? » J'ai réfléchi. La question n'était pas facile. Enfin, j'ai répondu : « S'il arrive qu'un de ses enfants soit malade, on se met à genoux et on demande à Dieu de le guérir. » Ce à quoi Robertino avait rétorqué : « Moi, je crois que je demanderais plutôt au docteur. »

Je suis retournée vers Roberto, qui m'a annoncé que tout se déroulait comme prévu.

Les heures passaient. Les rapports étaient toujours les mêmes : Isa allait bien. Maintenant, il commençait à faire sombre.

Enfin, le docteur Ponti, responsable de l'opération, est arrivé : « C'est fini. Vous pouvez venir voir votre fille. »

Je me suis précipitée, laissant Roberto et le chirurgien loin derrière moi. Je savais exactement où se trouvaient les salles d'opération. Je n'avais pas le temps d'attendre l'ascenseur. J'ai dévalé les escaliers pour être plus vite auprès de mon enfant. Derrière moi, le docteur Ponti criait : « Il n'y a pas le feu. Tout va bien, vous verrez. »

Quand je suis arrivée dans le bloc opératoire, j'ai vu une porte ouverte, j'ai vu un enfant étendu sur un brancard, et j'ai couru vers lui. Et puis j'ai eu un mouvement de recul et je me suis mise à hurler : « Qu'avez-vous fait à mon enfant ? Que lui avez-vous fait pour qu'elle soit si petite ? Vous lui avez coupé les jambes ! C'est ça, hein, vous lui avez coupé les jambes ? »

Le docteur Ponti m'a posé sur l'épaule une main rassurante. « Signora, vous voyez bien que ce n'est pas votre enfant. Elle n'est pas dans cette salle. »

Gentiment, il m'a conduite jusque dans la salle d'à côté. Notre fille chérie était là, endormie, et si pâle. Avec des tuyaux partout. Roberto et moi nous nous sommes mis à sangloter.

Enfin, on a retiré les tuyaux et on l'a conduite dans sa chambre. Roberto et moi nous suivions, fascinés par ce visage si blanc qui émergeait du plâtre. Elle était encore inconsciente quand une infirmière est arrivée, qui, tout de suite, s'est mise à la gifler. « Allons, Isabella, réveille-toi, réveille-toi ! »

J'ai bondi sur elle : « Vous êtes folle ? Arrêtez de la bousculer comme ça ! Vous ne voyez pas qu'elle est mal, très mal ? »

Roberto est intervenu : « Ingrid, ne t'en prends pas à l'infirmière, elle connaît son métier. Il faut qu'Isa se réveille, voyons. Calme-toi, je t'en prie, calme-toi. »

Je l'ai regardé, et je lui suis tombée dans les bras, évanouie.

Quand je suis revenue à moi, tout était sombre, et je ne savais pas où j'étais. Ensuite, j'ai remarqué qu'il y avait quelqu'un près de la porte. C'était Roberto. On m'avait transportée dans la chambre d'à côté. « Est-ce que ça va ? » « Oui ». Je n'avais presque pas la force de répondre. « Ça va. Mais je ne suis bonne à rien. Je ne suis plus bonne à rien.

— Ne t'inquiète pas. Rendors-toi. Je resterai à côté d'elle toute la nuit. Si jamais il se passe quelque chose, je te réveillerai. »

Pauvre Roberto ! Cette nuit-là, il a eu bien à faire entre Isabelle et moi. Elle s'est réveillée et s'est mise à marmonner. Elle essayait de dire quelque chose. Elle essayait, elle essayait. Roberto a mis son oreille tout près de ses lèvres. Enfin, il a compris. Elle répétait : « Belphégor, Belphégor. » Qu'est-ce que cela signifiait ? Et puis il a fait le rapport : Belphégor — la télévision. C'était un feuilleton dont les enfants étaient emballés. Il passait le jeudi, jour de l'opération. Elle ne voulait pas en rater un seul épisode. Roberto lui a expliqué que c'était la nuit. Elle verrait la télévision le lendemain. Enfin rassurée, Isa s'est rendormie.

Pour Isa, les jours suivants ont été extrêmement douloureux, mais elle était pleine de courage. Nous faisions tout ce que nous pouvions pour la soulager en tirant sur sa tête, mais maintenant, la jambe aussi lui faisait mal. Les journées n'en finissaient pas. Je lui lisais des histoires. J'essayais de calmer ses démangeaisons en glissant sous son plâtre des bâtonnets enduits de crème. Je redressais ses oreillers ; je l'encourageais à manger. Et chaque jour, quand arrivait six heures, je bénissais la télévision italienne de commencer enfin son programme.

C'était très dur, et parfois, il fallait que j'aille dans le corridor pleurer un bon coup. Là, il y avait toujours quelqu'un pour m'offrir une cigarette, un peu de réconfort, une mère compréhensive — comprenant — pour me dire deux mots, pour me répéter : « Ça ira, vous verrez, tout ira bien. » Un jour, comme je revenais à son chevet, Isabella m'a dit : « Maman, il ne faut pas pleurer comme ça. Je ne regrette pas ce qui m'arrive. Maintenant, je saurai ce que c'est que d'avoir mal ; et ça pourra m'aider à aider ceux qui souffrent. » D'entendre parler ainsi ma petite fille de quatorze ans, il a tout de suite fallu que je retourne dans le corridor verser un nouveau torrent de larmes.

Le temps passait. Roberto était reparti à Rome. Fiorella est venue nous rendre visite. Des filles passaient dans notre chambre pour bavarder, comparer les opérations qu'elles avaient subies, échanger leurs impressions. Et jouer aux cartes. Un jour, en plein milieu d'une partie, une infirmière est arrivée pour annoncer à l'une de ces gosses que tout était prêt pour son extension. Je n'oublierai jamais son expression d'angoisse quand elle s'est écriée : « Non, cette fois je ne tiendrai pas. Cette fois je vais mourir ! »

Les filles se sont regardées en silence, puis elles sont retournées à leur jeu de cartes. Il n'y avait rien à faire, sinon continuer.

Un autre jour, un garçon est venu frapper à la porte d'Isa pour demander s'il pouvait la voir. Il m'a expliqué qu'il était venu de Rome avec un ami. C'était le garçon qu'Isa avait rencontré lors de cette fameuse soirée où elle avait dansé avec son plâtre.

Pouvais-je demander à Isa si elle voulait bien le voir ?

Je me suis tournée vers elle et je lui ai posé la question. Pouvait-on espérer meilleur remède que l'amour ? D'un seul coup, tout son visage s'est éclairé. Je n'ai pas eu besoin d'attendre la réponse. J'ai dit au garçon : « Entrez, elle est ravie de vous voir. » Elle était folle de joie. Et lui aussi. Je les ai laissés seuls.

Quand elle s'est trouvée assez bien, nous sommes rentrées à Rome, cette fois en ambulance, car avec le buste et la jambe droite dans le plâtre, il ne fallait pas songer à la voiture. Je lui ai préparé un lit avec de jolis draps pour qu'elle se sente ailleurs qu'à l'hôpital. A côté de son lit, il y avait une table basse, sur laquelle elle pouvait écrire en se roulant sur le ventre. C'est dans cette même position qu'on lui lavait les cheveux, en prenant bien soin de protéger son plâtre avec un linge de toilette.

En se roulant sur le ventre, Isa avait l'impression de pouvoir bouger. Bientôt, elle est devenue très habile. En s'agrippant aux montants du lit, elle parvenait à se retourner elle-même.

Chaque jour, des amis arrivaient avec des cadeaux. Celui qui était amoureux lui a apporté un disque des Beatles, après quoi bien sûr on n'entendait plus qu'eux. Chaque jour aussi, je l'entendais rire tandis qu'elle jouait avec Ferdinando, son petit basset, qui se cachait sous son lit ou même derrière son plâtre. Il ne la quittait pas.

L'été, nous l'avons emmenée dans la maison de Fiorella, à la montagne, près de Circeo. On s'est arrangés pour trouver un lit à roulettes qu'on puisse sortir dans le jardin. Et nous pique-niquions sous les arbres. Heureusement que Fiorella était là pour m'aider à pousser le lit à travers le sable, l'herbe et les cailloux !

Les six premiers mois se sont enfin terminés. Maintenant, il fallait retourner à Florence pour enlever le plâtre de la jambe. Désormais, elle pourrait se tenir debout et se déplacer; elle pourrait retourner à l'école et pourrait même danser. Mais le plâtre du buste serait seulement changé, et pour six mois encore, elle serait prisonnière d'un nouveau plâtre.

Quand, à la fin des fins, le jour de sa délivrance est arrivé, nous avions tous peur. Après dix-huit mois, il semblait incroyable qu'elle puisse à nouveau se déplacer et se mouvoir tout à fait normalement. Nous savions qu'elle aurait une longue cicatrice dans le dos, et une autre à la jambe; nous savions que ses vertèbres seraient bloquées et qu'elle ne pourrait plus se plier. Mais elle serait enfin débarrassée de cette affreuse armure de plâtre.

J'étais là lorsqu'un infirmier s'est mis à couper cette carapace avec une scie électrique. Ça faisait beaucoup de bruit, et je craignais qu'il n'entaille la chair. Mais il m'a dit en souriant : « Je fais ça depuis des années. »

Lentement, le corps s'est dégagé, nu, mince, et si fragile. Sur un brancard, on a emmené Isa prendre son premier bain depuis un an et demi. Elle répétait, étendue dans l'eau chaude : « Personne, personne ne peut savoir comme c'est bon. »

Puis, en chemise de nuit, on l'a remise au lit, et le docteur Ponti est arrivé. Il était rayonnant.

« Ça y est. Tu peux te lever, Isabella.

— Oh ! non, pas toute seule, je n'oserais pas.

— Mais si, tu peux. Sors de ton lit, tu verras bien. »

Là encore j'ai eu bien du mal à retenir mes larmes. Son visage exprimait tout à la fois la crainte, l'incrédulité et l'espoir. Je n'ai jamais rien vu d'aussi beau. Elle regardait le médecin dans les yeux, comme hypnotisée; et lentement, elle s'est mise debout.

« Alors, qu'est-ce que je t'avais dit ? » Le docteur

Ponti paraissait presque aussi heureux qu'elle. « Tu n'as pas envie d'aller nager dans la piscine, maintenant ? »

Quelle question ! Elle a enfilé un costume de bain et s'est précipitée dans l'eau. Quand elle était à Rome, Pia avait appris aux enfants à nager très très bien, et Isabella était devenue une véritable championne. Elle s'est mise à crawler sur toute la longueur de la piscine comme si elle voulait battre le record olympique. Et un infirmier courait à côté en criant : « Il ne faut pas nager comme ça. Arrêtez. Vous allez vous faire mal. »

Elle ne l'entendait pas. Arrivée à l'autre bout, elle a sorti la tête de l'eau et elle m'a regardée.

« J'ai fait quelque chose que je n'aurais pas dû ? » Elle était radieuse.

Quelle joie de la ramener à la maison — et de la ramener forte, en pleine santé ! Nous avons fait une grande fête, et les rires résonnaient dans tout l'appartement. Les cousins, les tantes, les amis, tout le monde voulait voir notre nouvelle Isa. Et puis il y a eu un coup de téléphone du garçon amoureux. Pouvait-il venir ? Évidemment. Isa s'agitait : qu'allait-il penser d'elle maintenant qu'elle était normale ?

Quand j'ai ouvert la porte, j'ai compris qu'il était tout aussi inquiet qu'elle. Ils étaient l'un en face de l'autre. Ils se regardaient sans trop savoir que dire. Vite, que je sois seule avant de me remettre à pleurer !

CHAPITRE XXV

C'ÉTAIT quelques semaines seulement après la gué-
rison d'Isabella. Je m'apprêtais à signer pour une
pièce adaptée d'*Anna Karenine*, de Tolstoï, quand
José Quintero est arrivé à Paris avec *More Stately
Mansions*, d'Eugene O'Neill. J'ai posé ma plume.
Anna aurait été un rôle magnifique, le genre de rôle
dont rêve n'importe quelle actrice. David Selznick
aurait toujours voulu me voir l'interpréter, et le
personnage m'attirait beaucoup. Mais voilà, Garbo
l'avait déjà joué.

L'offre de José Quintero m'a fait une curieuse
impression. J'avais un peu le sentiment que le
fantôme d'O'Neill était venu me dire : « Tu as
refusé de travailler pour moi il y a vingt-cinq ans.
Maintenant, le moment est venu de te rattraper.
Vas-y. »

J'avais rencontré O'Neill alors que je jouais *Anna
Christie,* au début des années quarante. Nous avions
ouvert la saison dans le théâtre d'été de Selznick, à
Santa Barbara, après quoi nous étions allés donner
une série de représentations à San Francisco. Un
soir, après le spectacle, on est venu m'annoncer
que Carlotta, la femme d'O'Neill, m'attendait pour
me parler.

C'était une magnifique brune. Elle m'a dit que
son mari était ravi que sa pièce soit représentée.

Etant malade, il n'avait pas pu venir lui-même au théâtre, mais il souhaitait me rencontrer. Accepterais-je de déjeuner avec eux le dimanche suivant ? Une voiture viendrait me chercher.

Ils habitaient sur la côte, près de San Francisco, une maison étrange. L'épisode entier avait d'ailleurs un parfum de mystère. Je suis arrivée, et j'ai attendu, attendu très longtemps. Enfin, Carlotta est apparue ; elle m'a expliqué : « Je vous ferai un signe quand il faudra partir ; il se fatigue très vite. Maintenant, je vais le chercher. »

J'étais dans le hall. La cage d'escalier était énorme. Soudain, je l'ai vu. Si beau que c'en était incroyable. Il avait des yeux brûlants, des yeux absolument noirs, dans un visage superbe ; il était très grand et très mince. Il est descendu. Il m'a dit qu'il avait appris combien j'étais bonne dans *Anna Christie*. Cela m'intéresserait-il de visiter son atelier ? Il travaillait actuellement sur neuf pièces, couvrant une période de cent cinquante ans, et racontant l'histoire d'une famille irlandaise émigrée aux États-Unis.

Son écriture était si minuscule que même avec de bons yeux on ne pouvait la déchiffrer. Carlotta, qui tapait elle-même tous ses manuscrits, travaillait avec une loupe. O'Neill m'a expliqué qu'il voulait créer une compagnie pour jouer le cycle intégral des neufs pièces ; chaque acteur et actrice incarnerait plusieurs des membres de cette grande famille à différentes générations. Le projet était très ambitieux, et il souhaitait que je fasse partie de la troupe. J'ai tout de suite demandé : « Combien de temps cela prendra-t-il ?

— Quatre ans.

— Quatre ans ! Non, ce n'est pas possible. J'ai un contrat avec David Selznick. »

Je suis partie, et je ne l'ai jamais revu. Mais longtemps après, Carlotta m'a raconté que la maladie de Parkinson dont il souffrait le faisait à ce point trembler qu'il n'arrivait pratiquement plus à écrire. Il essayait de dicter, mais ça ne marchait pas. Ils avaient alors déménagé sur la côte est et s'étaient établis près de Boston. Du moment qu'il avait perdu tout espoir de pouvoir les terminer, O'Neill avait décidé de brûler ses pièces inachevées. Il ne voulait pas que d'autres y touchent et se mêlent de les compléter. « C'est comme s'il brûlait ses enfants », gémissait Carlotta.

Cependant, O'Neill avait oublié qu'un manuscrit dactylographié de *More Stately Mansions* avait été déposé à la bibliothèque universitaire de Yale avec toutes ses corrections, notes et suggestions pour le travail qu'il comptait encore faire. En 1958, c'est-à-dire cinq ans après sa mort, ce manuscrit a été découvert par un producteur de théâtre suédois ; il portait la mention : « Ouvrage inachevé, à détruire en cas de mort. » Mais on a jugé que la pièce avait une trop grande valeur pour qu'on la détruise, et Carlotta a donné son autorisation pour qu'elle soit traduite en suédois puis jouée en Suède en 1962.

Et c'est là que José Quintero est entré dans ma vie.

*
* *

José Quintero était fasciné par l'œuvre d'O'Neill. Il avait obtenu de Carlotta l'autorisation de produire *Voilà le marchand de glace* à New York, puis, au vu du résultat, celle de monter différentes autres pièces, parmi lesquelles *Le long voyage dans la nuit.*

Quintero avait longuement travaillé à l'université de Yale sur les notes et les suggestions d'O'Neill pour faire de *More Stately Mansions* une pièce jouable et fidèle à l'esprit de l'auteur. Elle devait être créée pour l'inauguration du théâtre Ahmanson — une salle de deux mille places — à Los Angeles. C'était donc une grande occasion, et José Quintero tenait à obtenir la participation d'Ingrid Bergman pour le rôle de l'élégante Deborah Harford, et celle de Colleen Dewhurst pour celui de Sara, sa belle-fille irlandaise.

* * *

José m'a expliqué quel travail et quelles coupures il avait faits.

J'ai lu la pièce.

Puis Kay Brown m'a téléphoné de New York : « Je sais que c'est demain seulement que tu dois donner ta réponse, mais je ne peux plus attendre. Qu'est-ce que tu as décidé ?

— J'ai décidé que oui. J'accepte.

— Tu veux dire que tu es d'accord ? Que tu vas venir jouer ici ?

— C'est ce que je te dis, oui.

— C'est fantastique ! C'est fantastique parce que c'est courageux — c'est plein de dignité. »

« Plein de dignité », j'ai adoré ça !

A ce moment-là, nous étions à Choisel avec José, où nous continuions à travailler sur la pièce, essayant chacun de défendre ses idées et de convaincre l'autre.

Ce projet signifiait pour moi un séjour d'environ six mois aux États-Unis, où je devais jouer à Los Angeles et à New York. Et je voulais emmener la petite Ingrid avec moi. La maladie de sa sœur avait été pour elle une période difficile, car l'attention de tout le monde était concentrée sur Isabella. On demandait sans arrêt : « Comment va Isabella ? » mais personne ne demandait : « Comment va Ingrid ? » Pourtant, elle avait été merveilleuse envers Isabella, l'aidant dans son travail scolaire, qu'elle faisait bien souvent pour elle.

A l'école, elle travaillait beaucoup. Elle avait une telle peur des examens que, le soir, elle travaillait des heures. Un jour, elle était rentrée à la maison avec d'excellentes notes disant : « Bien sûr qu'Isabella passera ; elle n'a aucun problème avec l'école. »

Mais je voyais un pli d'amertume se creuser autour de sa bouche. Nous l'avions honteusement délaissée pour sa sœur jumelle. Parce qu'elle était en bonne santé, tout le monde estimait qu'il n'y avait pas à s'inquiéter d'elle. Pour compenser, je m'efforçais maintenant de me concentrer sur elle. Et il me semblait que rien ne pourrait lui faire plus de bien que de prendre des vacances aux États-Unis pendant que j'y jouerais *More Stately Mansions*.

Mais Roberto n'était pas d'accord. « Tu veux qu'elle aille aux États-Unis ! C'est hors de question. Je ne veux pas en entendre parler. »

Ingrid était terriblement déçue, mais je lui ai dit : « Ne t'en fais pas. Pour l'instant, je dois quitter Rome. Mais quand je reviendrai, on en reparlera. Rien n'est encore décidé. » Quelques semaines plus tard, j'étais de retour à Rome. Ingrid et Roberto étaient ensemble. J'ai attaqué : « Bon, je pars pour les États-Unis ; maintenant, qu'est-ce qui se passe avec Ingrid ?

— Comment, qu'est-ce qui se passe avec Ingrid ? » Roberto paraissait stupéfait. « Je croyais qu'il était entendu qu'elle partait avec toi ? »

Je suis restée sans voix.

« Oui, je vais en Amérique, moi aussi. J'emmènerai Ingrid et je te la laisserai à Los Angeles. Il faut que j'aille à Houston pour affaires. »

Cher Roberto. Il passait d'un extrême à l'autre. Les États-Unis avaient retrouvé grâce à ses yeux — j'espère qu'ils lui en ont été reconnaissants !

Durant les années qui ont suivi, Ingrid est restée essentiellement avec moi. Elle est restée aux États-Unis pendant toute la durée de *More Stately Mansions*. Chaque été elle est venue dans l'île de Lars. Et elle a passé des vacances avec moi en France, en

Angleterre, partout où j'allais. Aux États-Unis, elle avait un précepteur, grâce à qui elle a très bien réussi ses examens en Italie. Je me souviens, la pièce était bientôt finie, mais il fallait qu'elle retourne à Rome pour ses examens. Je devais aller au théâtre. Ruth Roberts était avec nous, et je lui ai lancé un coup d'œil implorant son aide. Enfin, j'ai embrassé Ingrid pour lui dire au revoir. Elle pleurait ; elle ne voulait plus me lâcher. Je me suis dégagée tant bien que mal et je suis partie en courant. Je n'en menais pas large, moi non plus.

Au théâtre, une fois maquillée, j'ai appelé Ruth pour lui demander si Ingrid s'était calmée. Ingrid est venue au téléphone. Elle sanglotait : « Maman, maman, maman. » Ça me fendait le cœur. A mon tour, je me suis mise à pleurer. J'étais en petits morceaux. Il a fallu retarder de dix minutes le lever du rideau pour me donner le temps de me remettre.

Le théâtre Ahmanson était si caverneux qu'on avait coutume de plaisanter : « On crie au premier acte, et l'écho nous revient au troisième. » J'étais très excitée de me retrouver là. Il y avait seize ans que je n'étais plus revenue à San Francisco !

José Quintero et moi nous nous étions entendus sur tous les changements et coupures. Nous nous comprenions, et je l'aimais beaucoup en dépit de toutes les discussions que nous avons pu avoir au cours des répétitions. A ma première entrée en scène, je retrouve mon fils dans la forêt. José me disait : « Tu arrives en courant, tu t'arrêtes brusquement, et tu restes là, pétrifiée. »

Je ne voyais pas les choses comme ça. « Ce n'est pas possible. Je n'ai pas revu mon fils depuis quatre longues années et je dois le retrouver dans cette petite maison perdue dans la forêt. Je suis inquiète, j'hésite, j'ai peur. J'ai peur de le revoir, j'ai peur qu'il me trouve vieillie...

« — Moi, je la vois arriver en courant.

— Bon, admettons. je ne veux pas bloquer la répétition, mais on en reparlera plus tard... Ensuite, qu'est-ce que je fais ?

— Ensuite, tu avances droit sur le public, tu descends et tu t'assieds sur les marches, là. »

J'ai regardé le devant de la scène d'un air horrifié. « Quoi ? Après être restée pétrifiée au milieu du plateau, je fonce sur le public et je vais m'asseoir sur ses genoux ? »

C'était un de ces théâtres modernes, sans rampe, avec deux marches conduisant au parterre.

« Exactement.

— Mais les gens m'entendront respirer, ils entendront mon cœur battre la chamade. Non, je ne peux pas faire ça. Je ne peux pas, c'est simple. Passe encore d'entrer en courant — on en reparlera — mais pour aller m'asseoir dans le public, non. J'ai peur, au début, j'ai le trac, je suis terrifiée par le public. Alors, être assez près des spectateurs pour les entendre dire : "Elle est encore pas mal, pour son âge. Quel âge tu crois qu'elle a ?" Non, c'est exclu. »

A partir de ce moment-là José Quintero est devenu très laconique. « Alors, qu'est-ce que tu suggères ?

— Laisse-moi m'asseoir près de la maison ; laisse-moi reprendre mon souffle ; laisse à mon cœur le temps de se calmer. Ensuite, j'attaquerai le monologue — et quand j'aurai trouvé ma voix, je descendrai vers le public pour m'asseoir avec lui. »

*

Elle écrivit à Lars :

Mon chéri,

Nous avons eu une grande révolution au théâtre, mais je n'ai pas voulu t'en parler avant car j'étais sûre que tout se terminerait bien.

J'ai rendu fou ce pauvre José. Je l'avoue. Il a éclaté et il m'a engueulée d'une façon... D'abord, j'ai cru qu'il s'adressait à quelqu'un d'autre. Tu sais à quel point je suis sûre de moi. Il a déclaré qu'il ne pouvait plus travailler avec moi. Ça s'est passé le matin, mais l'après-midi il est venu me demander pardon, et quand je l'ai remercié de m'avoir engueulée, il s'est effondré ; il a dit qu'il devait rentrer, qu'il n'en pouvait plus. Nous sommes donc tous rentrés. Dieu merci, maintenant l'air est pur et tout va bien. J'accepte la direction de José, et hier, la première fois que nous nous sommes revus après l'orage, il m'a dit : « Maintenant, j'obtiendrai tout de toi. »

Je dois courir aux répétitions. Oh ! c'est tellement passionnant — quelle pièce ! Merci de ta lettre qui est arrivée hier. Je peux imaginer que tu vis une période difficile avec tes monstres et ton théâtre, et je suis sûre qu'ils ne t'aiment pas parce que tu les engueules. Tu es mieux loti avec moi, je pense. Je t'embrasse, mon petit père, et je t'aime beaucoup. Tu peux en être sûr. Tout le monde croit que je suis si docile, et je m'en aperçois seulement. Je me bats pour tout comme une folle.

*
* *

Ensuite, José s'est beaucoup amusé de mon comportement. Il racontait : « Je n'osais plus ouvrir la bouche. Chaque fois que j'essayais, Ingrid déclarait : "Non, c'est faux." Alors je ne disais plus rien. Simplement : "Que penses-tu de cette scène ?" ou "Où est-ce que tu aimerais être maintenant ?" — des trucs comme ça, pour être sûr que tout se passait comme elle l'entendait. Et puis, après deux jours de répétitions, comme je faisais travailler Arthur Hill et Colleen Dewhurst, le fils et la belle-fille, j'entends Ingrid commenter : "Oh ! c'est bon, c'est très bon, ça." Et voyez-vous, plutôt que de lui donner une claque, j'ai eu envie de me mettre à ses pieds et de lui dire "Merci, Ingrid, merci !" Mais je m'en voulais. Après tout, c'était moi le metteur en scène, et je la laissais dire : "Non, ce n'est pas ça... Bof ! ça pourrait être mieux..." Et quand enfin elle se déclarait satisfaite, c'est moi qui la remerciais ! »

Nous sommes devenus très bons amis. José est un metteur en scène merveilleux. Nous avons très bien travaillé. Nous avons tous les deux mis de l'eau dans notre vin. J'ai accepté son entrée au pas de course, et lui a bien voulu me laisser le temps de reprendre mon souffle avant de m'approcher du public. Et bien sûr, le soir de la première, je me suis trouvée les yeux dans les yeux avec Sam Goldwyn, assis au premier rang. Vous pensez si ça m'a aidée ! Comme à toutes les premières, j'étais terrorisée. J'avais la tête vide ; j'étais pétrifiée par le trac. Et cette première-là était particulièrement difficile. La pièce elle-même n'était pas facile ; ce n'était pas la meilleure d'O'Neill, qui est toujours un auteur très dur. Et puis c'était une création. Et je savais que tout Hollywood serait là devant moi pour voir ce que j'étais devenue après seize ans d'absence. Tous ces gens qui n'avaient *pas* été très gentils avec moi seraient là.

J'ai eu bien du mal à me décider à entrer en scène. J'étais dans les coulisses, et José était avec moi. Il me tenait la main ; il me disait : « Fais-le pour *lui* ! » — il pensait bien sûr à Eugene O'Neill. Et puis il m'a donné une petite poussée, et je me suis élancée ; j'ai couru, comme il le voulait, jusqu'au milieu de la scène. A ce moment-là, j'ai compris à quel point il avait eu raison et combien je m'étais trompée. Entrer comme une bombe et m'arrêter net au milieu de cette immense scène, c'était du vrai théâtre. Et l'effet s'est produit comme il l'escomptait. La salle a éclaté en applaudissements. J'étais là, de profil, immobile, et j'écoutais le public applaudir, applaudir, applaudir. Il me semblait que ces applaudissements n'arrêteraient jamais. Et toutes ces années me revenaient... toutes les larmes de Stromboli, la souffrance, le désespoir, tout. Et je me répétais : « Ne pleure pas, ne pleure pas ; si tu pleures, ton maquillage est fichu ; il ne faut pas... » Et je sentais les larmes couler tandis que les applaudissements continuaient. Et quand enfin la salle s'est calmée... je ne me rappelais plus un seul mot — plus un seul.

Ruth était en coulisses et soufflait de sa gentille petite voix... rabadi... rabada... rabadibada... Impossible de comprendre quoi que ce soit. Je me suis approchée : toujours rien. Finalement, avec sa grosse voix, le régisseur m'a lancé mon texte. Je sais que les spectateurs ont entendu, mais ils ont compris que j'étais paralysée, que c'était le trou complet. J'ai donné le début de ma réplique, et le reste a suivi tout seul — merci, mon Dieu !

*
* *

La pièce est arrivée à New York, au théâtre Broadhurst, le 31 octobre 1967, et la critique a fait preuve d'une belle unanimité : « La demeure d'O'Neill reste un abattoir informe. » « La pièce est une ruine : un grand vide architectural. » « Grinçant mélodrame agrémenté de monologues intérieurs, de grincements de dents, d'inceste et de haine... gonflé de rhétorique et de bavardage. »

Time Magazine résumait en ces termes : « Un vestige de la mélancolique conviction d'O'Neill que l'enfer n'a pas de furie comparable à la famille humaine. »

Dans le *New York Times*, Clive Barnes écrivait toutefois : « Ingrid Bergman, de retour sur la scène de Broadway, est une femme si belle qu'en soi elle constitue une œuvre d'art. »

Cependant, Ingrid ne se sentait pas très concernée. L'expérience O'Neill tout entière était si personnelle et si unique que les commentaires des critiques ne semblaient guère avoir d'importance.

*
* *

Quand nous sommes arrivés avec le spectacle à New York, j'ai revu Carlotta. Je lui ai dit qu'elle devait venir voir la pièce. Elle m'a répondu : « Non, je ne sors plus jamais. Je n'ai rien à me mettre, et je ne vois plus. » C'était vrai. Elle s'était usé la vue à déchiffrer la minuscule écriture d'O'Neill, et elle portait maintenant des verres épais comme des loupes. J'ai essayé de l'encourager ; je lui ai envoyé des fleurs, je lui ai offert de petits cadeaux, je lui ai acheté deux robes, et je suis allée souvent prendre le thé avec elle. Elle me disait : « Vous savez, je n'aime pas les femmes. Je ne les aime pas, pas du tout. Et je ne sais vraiment pas pourquoi je fais une exception pour vous. » Elle m'a donné une photographie d'elle prise quand elle était jeune femme — elle était très, très séduisante. Et elle m'a montré un livre — il avait été publié — contenant toutes les cartes qu'O'Neill lui avait envoyées. Dans la plupart d'entre elles, il la priait de l'excuser : « Pardonne-moi, j'ai été odieux » et « Je ne comprends pas comment tu peux supporter de rester avec moi. » Il était manifestement très difficile à vivre.

Un jour, elle a fini par m'annoncer qu'elle essaierait de venir au théâtre. Elle assisterait à une matinée. J'ai trouvé une voiture, et Ruth est allée la chercher. On a alerté le directeur ; il fallait que les choses se passent au mieux, qu'on ne la reconnaisse pas ou du moins qu'on ne fasse pas de tapage — qu'on la laisse voir tranquillement la pièce. A la fin du spectacle, Ruth l'a conduite dans ma loge. Elle était en larmes. Elle m'a dit : « Je ne vous ai pas bien vue. Mais je vous ai entendue. Oh ! comme j'aurais voulu qu'il puisse vous entendre ! »

Elle a été d'une extrême gentillesse. Et c'est la dernière fois que je l'ai vue. Elle a regagné son appartement, et, peu après, elle a dû entrer dans un asile psychiatrique, où elle est morte.

CHAPITRE XXVI

LARS et moi — nous sommes tous les deux prêts à l'admettre — n'avons jamais mené la vie d'un couple normal. Lui courait le monde avec ses productions théâtrales, et moi, je jouais à Londres *Un mois à la campagne*, j'allais à Rome pour m'occuper d'Isabella, puis je partais pour les États-Unis monter *More Stately Mansions*. Bien sûr, grâce au téléphone, nous étions en étroit contact ; et puis, nous nous écrivions, Lars venait me voir à Londres, à New York ou à Hollywood ; mais notre existence n'était pas vraiment celle d'un couple marié. Je crois que nous l'acceptions tous les deux, mais je ne crois pas que nous en mesurions les dangers.

C'est Liana Ferri qui, la première, m'a mise en garde : « Ingrid, ton mariage risque d'en pâtir ; tu es sûre que tu fais bien de travailler autant ? »

J'ai répondu : « Mais voyons, il faut que je travaille. C'est ma vie. »

Pourtant, comme je l'ai déjà dit, quelque part dans mon subconscient, je pressentais le danger, et je l'avais pressenti dès l'instant où j'avais accepté *Un mois à la campagne*. Bien sûr, à l'époque je voyais encore beaucoup Lars : il est venu à Guildford pour la première ; il est venu me voir à Londres. Et quand la chose était possible, j'allais passer le week-end à Choisel ; je prenais l'avion le dimanche matin, et je rentrais le lundi après-midi. Mais c'était très éprouvant pour les nerfs ; on n'était jamais tout à fait certain qu'il n'y aurait pas du brouillard pour empêcher l'avion de décoller ou d'atterrir. Mon contrat, qui précisait de combien de kilomètres je pouvais m'éloigner de Londres, ne m'autorisait pas vraiment à faire ce genre d'escapades ; si je n'arrivais pas pour la représentation du lundi, je risquais d'être attaquée pour rupture de contrat. (Des années plus tard, en 1971, quand je jouais *La Conversion du capitaine Brassbound*, Binkie Beaumont, informé de mes départs en weekend, me téléphonait chaque lundi à quatre heures ; une fois que j'avais dit : « Allô ? » je l'entendais s'exclamer : « Dieu soit loué ! », sur quoi il raccrochait.)

J'ai bien réfléchi à tout cela. Je savais que je devais décider ce que je voulais faire dans la vie ; si je voulais rester à Choisel à attendre que Lars rentre de son travail, ou si je voulais jouer. Ma foi, je dois être quelque chose comme une bête de scène, car j'ai choisi la seconde solution.

Mais je l'ai fait en toute connaissance de cause. Je savais ; j'étais prévenue. Dans toutes ses lettres — qui me brisaient le cœur — Lars me répétait : « Je suis seul. » « Tu es toujours loin de moi, je ne peux pas rester seul à t'attendre. » « Je t'en prie, reste avec moi. » Mais il me comprenait suffisamment pour savoir que je voulais travailler. Et, bien sûr, lui-même voyageait beaucoup : il avait des troupes qui jouaient en Allemagne, en Suède et au Danemark. Je ne crois pas qu'il soit jamais resté plus d'une semaine à la maison avant de repartir. C'était alors à moi de l'attendre à la campagne, que j'aimais beaucoup, mais où je me sentais très seule.

J'étais à New York, et les représentations de *More Stately Mansions* étaient sur le point de se terminer, lorsque Kay Brown m'a fait lire *A Walk in the Spring Rain,* un roman de Rachel Maddux que j'ai beaucoup aimé. C'était merveilleux de découvrir enfin une histoire dans laquelle une femme de cinquante ans a un mari de cinquante-deux ans, et tombe amoureuse d'un homme peut-être encore plus âgé.

Kay m'a expliqué que Stirling Silliphant, qui avait remporté un Oscar avec le scénario de *Dans la chaleur de la nuit,* était très intéressé. Il est venu me voir pour en parler. Nous avons passé une très bonne soirée. Nous étions tous deux passionnés par l'histoire. Il me disait : « Je suis tellement emballé par le livre que j'ai envie de le produire moi-même. Jusqu'ici, je n'ai jamais rien produit, mais cette fois-ci, je veux que personne d'autre ne s'en mêle. »

J'avais alors fini *More Stately Mansions* et j'allais repartir en France puis en Suède avec Lars. C'est ainsi que j'ai invité Stirling et sa femme à venir dans l'île.

Stirling a pris beaucoup de plaisir à se balader en bateau, à pêcher ; mais les jours passaient, et il n'était jamais question de scénario. Finalement, c'est moi qui ai attaqué : « Il faut tout de même qu'on en parle. Est-ce que tu as emmené ce que tu as fait avec toi ?

— Oui. Mais ce n'est pas définitif ; on peut encore changer tout ce qu'on veut. »

Il n'avait pas encore écrit le scénario en entier, et je lui ai fait remarquer : « Tu as sauté tous les passages difficiles. » Mais à l'époque je l'aimais déjà beaucoup et j'avais en lui une confiance absolue — je savais que son scénario serait bon. La Columbia était prête à lui accorder son appui, et le lieu de tournage avait été trouvé.

C'était un premier film pour 1969.

A part ça, quand je suis rentrée à Choisel, j'ai reçu un coup de téléphone de Beverly Hills. C'était Mike Frankovich.

« Ingrid, je viens d'acheter les droits de *Fleur de cactus* et je voudrais le faire avec toi. »

Il y a eu un long silence.

« J'ai Walter Matthau pour le rôle du dentiste et Goldie Hawn pour celui de sa petite amie.

— Oui.

— Je te sens réticente. »

En tout cas, j'hésitais. J'avais lu la pièce, car Binkie Beaumont m'avait demandé de la jouer à Londres, mais j'avais refusé pour ne pas être une nouvelle fois longuement séparée de Lars.

« J'hésite.

— Pourquoi ?

— Parce que l'assistante du dentiste est censée avoir trente-cinq ans.

— Et alors ?

— J'en ai cinquante-quatre.

— Je ne vois toujours pas le problème. »

Je me suis mise à rire. « Écoute, il vaut mieux que tu viennes à Paris voir à quoi je ressemble. Ensuite, si tu es toujours décidé, on en reparlera. »

Mike est donc venu à Paris avec Gene Saks, son metteur en scène. Quand ils sont arrivés, j'étais placée sous une lumière très vive. Mike a tourné autour de moi ; il m'a examinée sous tous les angles un peu comme un marchand de bestiaux. Enfin, il a conclu avec un grand sourire :

« Ingrid, tu es parfaite ! En plus, je peux t'assurer que nous aurons un excellent cameraman ! »

Ce qui était vrai. Charles Lang était même si bon que j'ai insisté pour qu'on l'engage dans *A Walk in the Spring Rain*, que l'on devait tourner après *Fleur de cactus*, Anthony Quinn étant, pour l'instant, occupé par un autre film.

L'année 1969 s'annonçait chargée : je tournerais deux films à Hollywood, avec, entre deux, tout juste le temps de reprendre mon souffle.

* * *

En mars, de l'hôtel Beverly Hills, elle écrivit à Lars une lettre pleine d'ironie et de bonne humeur :

Je crois que Gene Saks, le metteur en scène, est très reconnaissant de tous les bons conseils que je lui donne, car — comme toujours — je me mêle de tout. Le seul qui ne veut rien entendre, c'est I. A. L. Diamond, le malheureux auteur. J'essaie de lui faire couper toutes ses plaisanteries, que je ne trouve pas si drôles. Mais je n'ai encore pas réussi, et je ne pense pas que je réussirai, car, à la lecture de la pièce, tout le monde croulait de rire. J'ai compris que j'avais perdu la partie...

Mike Frankovich raconte : « Walter Matthau est connu pour être quelqu'un que rien n'impressionne. Pourtant, avant qu'Ingrid n'arrive, il a commencé de s'inquiéter ; il n'arrêtait pas de me demander : "Comment crois-tu qu'on va s'entendre ? Est-ce qu'elle m'aimera ?" Ingrid l'a adoré. Ils se sont tous les trois — Ingrid, Goldie et Walter — entendus à merveille. A la fin du tournage, Goldie affirmait : "C'est la femme idéale. Elle est tout ce qu'une femme devrait être. Elle est le type de femme dont les hommes n'ont pas peur parce qu'elle est extraordinairement chaleureuse. J'ai cru qu'elle m'intimiderait affreusement, que j'en perdrais tous mes moyens. Mais pas du tout. Je n'ai jamais eu le sentiment de devoir rivaliser. Tout ce que j'ai senti, c'est que j'avais beaucoup de chance de travailler avec elle. Elle a quelque chose de royal. C'est bien dommage qu'elle ne soit pas reine d'un pays quelconque." »

Time Magazine écrit : « *Fleur de cactus* répond à la question la moins urgente mais aussi la plus agréable que puissent se poser les Américains d'aujourd'hui : Goldie Hawn est-elle une actrice digne de ce nom ? Et la réponse est oui ; elle sait jouer tout comme Walter Matthau et Ingrid Bergman le savent... *Fleur de cactus* doit sa réussite à deux artistes chevronnés — et à une remarquable débutante — qui ont compris que le succès était une affaire de talent. »

Le succès de *Fleur de cactus* fut universel et retentissant.

*
* *

Évidemment, j'ai eu quelques ennuis avec Lauren Bacall. Elle avait créé le rôle à Broadway, et elle avait remporté un succès fantastique. Quand Mike Frankovich a acheté les droits de la pièce, Lauren a déclaré à son agent : « Suivez l'affaire ; mais à moins qu'on tienne vraiment à prendre quelqu'un de plus jeune que moi, je ne crois pas qu'il y ait à s'inquiéter. »

Et lorsqu'elle a appris qu'on me donnait le rôle, elle a pris la mouche. Dans une interview, elle a dit que ça lui aurait été bien égal de perdre le rôle au profit d'une actrice plus *jeune*, mais qu'elle ne pouvait pas comprendre qu'on ait choisi Ingrid Bergman, qui avait *dix ans* de plus qu'elle.

Elle en était venue à considérer que le rôle lui appartenait, et je comprenais très bien sa déception. Mais je ne me sentais pas coupable pour autant. Le rôle me plaisait beaucoup, et comme on m'avait proposé de le jouer à Londres, j'avais l'impression qu'il était aussi un peu à moi.

Des années auparavant, on m'avait offert le rôle qu'avait si brillamment tenu Anne Bancroft dans *Miracle en Alabama* lors de sa création à New York. J'adorais la pièce. J'aurais voulu la jouer en France, et Lars en avait parlé un peu partout, mais personne ne la jugeait suffisamment intéressante ; personne ne croyait au succès d'une pièce racontant l'histoire d'une enfant sourde et muette et de son éducatrice. J'avais donc abandonné le projet. Et c'est alors qu'on m'a proposé de jouer le rôle à l'écran. Cette fois-là, j'ai refusé : « Non, c'est exclu, je ne le ferai pas. » « Pourquoi pas ? » « Parce que ce serait de la folie de ne pas le donner à Anne

Bancroft. » « Mais ce n'est pas une star. » « Justement, donnez-lui le rôle, et elle le deviendra. » C'est ce qu'on a fait, et son interprétation lui a valu un Oscar.

Quoi qu'il en soit, Lauren Bacall était tellement furieuse que, quand Pia, qui travaillait alors à New York pour la télévision, est allée l'interviewer, la première chose qu'elle a dit, c'est : « Surtout, ne me parlez pas de votre mère ! Ne prononcez pas son nom ! » Pia a rétorqué qu'elle n'était pas venue pour ça, et l'interview s'est déroulée tout à fait normalement.

Quelques mois plus tard, je suis revenue à New York, où Lauren remportait un nouveau succès à Broadway, dans *Applause*. J'ai annoncé à Pia que j'irais voir la pièce avec Kay Brown, et qu'ensuite, je pensais aller saluer Lauren dans sa loge. Pia me l'a vivement déconseillé : « Elle te déteste vraiment, tu sais.

— Mais non, elle ne peut pas me détester tant que ça avec le succès qu'elle a actuellement. Avec le succès, on oublie ce genre de chose. »

Kay et moi nous avons donc vu la pièce. Lauren y était prodigieuse. « C'est décidé, je vais la voir. »

Kay n'était pas rassurée du tout ; elle tremblait littéralement. « Tu crois que c'est sage ?

— Bien sûr que c'est sage.

— Bon ? alors je t'attends. »

Arrivée devant la loge de Lauren, j'ai frappé à la porte. L'habilleuse a demandé : « Qui dois-je annoncer ?

— Dites à Miss Bacall que la femme qu'elle déteste le plus au monde voudrait la voir. »

Par l'entrebâillement de la porte, je voyais le visage de Lauren se refléter dans la glace. Et brusquement, je l'ai vue faire un de ses immenses sourires. Elle s'est retournée, elle a couru vers moi, et nous nous sommes embrassées. Depuis lors, nous sommes d'excellentes amies.

Les Smoky Mountains du Tennessee constituent une région assez reculée, un pays de montagnes, de lacs et de bouleaux, qui se pare au printemps d'une éblouissante floraison de cornouillers et d'azalées. C'est dans ce cadre que Rachel Maddux a situé son roman, et c'est à Knoxville qu'Ingrid Bergman, Anthony Quinn et Fritz Weaver se sont installés pour tourner *A Walk in the Spring Rain*.

Le tournage s'effectuait dans les Smokies, et c'était merveilleux. L'histoire était extrêmement simple. Je suis l'épouse tout à fait ordinaire d'un professeur de lycée — Fritz Weaver — qui prend une année de congé, une année sabbatique, pour écrire le livre qu'il a toujours rêvé d'écrire. Nous partons alors pour le Tennessee, où nous nous installons dans un vieux cottage. Là, je fais la connaissance de l'homme à tout faire, un campagnard, un être fruste, mais très viril : Anthony Quinn. Nous tombons amoureux l'un de l'autre. Son fils l'apprend, et dans une bagarre avec son père, il se fait accidentellement tuer. Anthony Quinn et moi comprenons alors que tout est fini. Nous nous disons au revoir. De son côté, mon mari s'est rendu compte qu'il n'avait aucun talent de romancier. Nous rentrons à New York.

Mais l'intrigue ne donne aucune idée de l'atmosphère ni de la vraie beauté du livre de Rachel Maddux.

Depuis *La Rancune*, Tony Quinn et moi étions très bons amis. Ce qui ne signifie pas qu'il n'y avait jamais de discussions entre nous. Au contraire. Comme je ne savais pas tenir ma langue et que j'avais le plus grand mal à me montrer diplomate, les raisons de s'échauffer ne manquaient pas. Je me souviens en particulier d'une scène. Le soleil était au bon endroit. Tout était prêt pour le tournage. Nous répétons, et je dis à Tony : « Tu ne vas pas jouer ça comme ça, non ? » Il était furieux. « Qui est-ce qui dirige le film, c'est Guy ou c'est toi ? » Il s'est approché de Guy Green, et il lui a annoncé qu'il arrêtait le film. À ce moment-là, Burt Lancaster était libre, et Tony était persuadé qu'il serait ravi de tourner avec moi. Quant à lui, il en avait assez que je me mêle de tout.

J'étais avec Ruth. Je lui demandais : « Qu'est-ce que je dois faire ? Dis-moi ce que je dois faire. » Assis dans l'herbe, Tony discutait avec Guy Green en faisant des gestes dans ma direction. Mais rien ne se passait. J'espérais que Guy allait dire : « Allons, ne soyez pas idiots. C'est ridicule. On oublie tout et on recommence. »

Mais non. Rien. C'était moi qui étais dans mon tort. C'était à moi de faire le premier pas. J'ai dit à Ruth : « Je vais y aller. » Et Ruth : « Mais non, attends, on verra bien ce qui se passe.

— Non, ce n'est pas possible. Le soleil est en train de baisser. Bientôt, ce sera trop tard ; on aura perdu toute une journée de tournage ! »

Et je suis allée vers Tony. Je lui ai dit : « Je suis désolée. Je regrette, je regrette vraiment beaucoup. Mais continuons, je t'en prie. Je te promets que plus jamais je n'ouvrirai la bouche pour te dire ce que tu dois faire. »

***

Le 13 mai 1969, elle écrivit de Knoxville :

Cher Lars,

Nous travaillons à la scène de la foire : quatre cent cinquante personnes, toute la population de Gatlinburg, et il faut sans arrêt parler, être présenté, signer des autographes. C'est le deuxième jour, et j'espère bien que ce sera le dernier. Il faut que tu me racontes plus en détail ton dîner à Choisel avec André Malraux. Un ministre... tu ne te refuses rien comme invités quand je ne suis pas là ! Mais tu as raison, car moi, je serais devenue hystérique si le service n'avait pas été aussi parfait qu'à la cour !

Je commence à me calmer. Je comprends maintenant à quel point je peux être pénible. Quand c'est toi qui me le dis, j'imagine que c'est parce que tu es fatigué, nerveux, que je suis restée longtemps absente et que tu as pris l'habitude de tout décider seul. Mais maintenant Tony Quinn et Guy Green le disent tous les deux, et ils m'aident à comprendre ce qui ne marche pas. Je n'écoute jamais, et je parle de n'importe quoi au beau milieu de la conversation des autres — tu me connais ! Mais Tony Quinn me fait passer cette mauvaise habitude. Il me regarde sans dire un mot jusqu'à ce que je lui présente des excuses.

Mon petit père, je suis beaucoup plus agréable, maintenant. Attends, et tu verras !

*
* *

Il y a eu du film un tas d'avant-premières. On voulait savoir ce que le public en pensait. Je crois même qu'on a distribué des cartes aux spectateurs en leur demandant de noter leurs impressions, le genre : « Je n'ai pas aimé l'histoire... C'est idiot... Je n'ai pas compris... Tel acteur est très mauvais. » Après quoi, on a décidé que les gens ne riaient pas aux bons moments, qu'ils ne réagissaient pas comme ils l'auraient dû à tel ou tel endroit. Et on a rajouté certaines séquences, on a remanié le tout.

J'ai toujours trouvé ces méthodes ridicules. A mon sens, ce doit être la même personne qui raconte l'histoire, la défend, la présente comme elle l'entend, puis en assume le résultat, bon ou mauvais. Mais à Hollywood, il fallait toujours se plier au goût du public. Et c'est ainsi que notre film a été sérieusement dénaturé. Je m'en suis rendu compte dès la première de Knoxville.

*
* *

Dans la ville, la première fut un grand événement. Ingrid planta un cornouiller en fleur sur l'avenue principale, et on lui fit présent d'une bêche en métal argenté. En outre, elle laissa sa signature et l'empreinte de sa main dans un bloc de ciment frais, à l'entrée du cinéma.

Les critiques s'étaient déplacés d'assez loin, car une première mondiale à Knoxville était chose assez rare. Parmi eux se trouvait Dudley Sanders, qui écrivit dans le *Louisiana Times :* « Il y a du bon. De bons moments. L'idée est juste. Parfois, le sentiment aussi. Pourtant, le film ne marche pas. On le sait. Et l'on se dit qu'autour de soi les gens le savent aussi. »

*
* *

J'étais assise à côté de Rachel Maddux, et pendant toute la projection, elle s'exclamait : « Qu'est-ce qui se passe ? Qu'est-ce que c'est ? Qu'est-il advenu de la scène où... Et ça, ça ne devrait pas se placer là, ça arrive beaucoup plus tard... Vous y comprenez quelque chose ?... »

Bien sûr que je comprenais. Je ne comprenais que trop bien. On avait changé, modifié, coupé, rajouté. J'ai essayé de lui expliquer que, dans les films, ça se passait souvent comme ça.

Je comprenais ses sentiments, et je ne pouvais l'aider. Son livre était si bien écrit, il rendait si parfaitement l'atmosphère d'une région, les sentiments d'une femme placée dans une telle situation... et de tout cela, il ne restait rien. Rachel Maddux est allée se réfugier aux vestiaires pour pleurer à son aise. Je l'ai suivie ; j'ai essayé de la consoler ; mais tout ce que je trouvais à lui dire, c'est : « Je suis désolée, désolée... »

Le film avait pourtant bien commencé. Nous y avions mis beaucoup de nous-mêmes. J'espérais qu'on y retrouverait le même sentiment fugitif que dans *Brève rencontre*. Nous avions travaillé dur.

Nous avions fait de notre mieux. Et tout cela, pour faire pleurer Rachel Maddux.

*
* *

Les critiques extérieurs furent pratiquement unanimes. Le 15 avril 1970, *Variety* titrait : « Morne mélo pour femmes vieillissantes. » Dans le *New York Times*, Howard Thompson n'était pas plus charitable : « Drame sinistre, fastidieux et peu convaincant d'un amour entre deux âges. »

Peut-être qu'à l'écran l'amour entre deux âges est sinistre, fastidieux et peu convaincant, mais dans les intermèdes de ce qu'on nomme la *vie réelle*, il peut être surprenant, dramatique et déchirant.

C'est par une glorieuse journée d'été qu'Ingrid débarqua à Orly, où Lars l'attendait.

Entre Paris et Choisel, Ingrid fit l'essentiel de la conversation. Depuis six mois qu'elle était partie pour Hollywood, elle n'avait vu Lars qu'une fois, et elle avait une masse de choses à raconter.

Et ce n'est que tard ce soir-là que Lars lui apprit qu'il avait rencontré quelqu'un d'autre : Kristina. Lars et Ingrid étaient maintenant mariés depuis douze ans.

*
* *

Au début, je l'ai assez mal pris. Je comprenais pourtant que c'était mon œuvre. C'était ma faute — Liana m'avait avertie depuis longtemps déjà. Je ne pouvais pas blâmer Lars, et pourtant, je ne pouvais pas non plus accepter sans rien dire. J'étais furieuse. J'ai commencé par vouloir partir. M'en aller. Et puis j'ai pensé que peut-être cette autre liaison ne durerait pas. Il y avait tant de choses entre Lars et moi. Peut-être que tout s'arrangerait, que la vie reprendrait comme avant. Mais bien sûr, ce n'est jamais possible. La vie peut reprendre, mais jamais comme avant.

Et je me suis trouvée reprise dans l'ancien dilemme : était-il plus important de sauver mon mariage ou — je sais que cela paraît très égoïste — de continuer ma carrière ? Valait-il mieux faire des films, divertir les gens, ou rester chez moi, être une bonne épouse mais une femme qui s'ennuie ? Jusqu'ici, nous avions réussi à éviter le problème, mais maintenant, il se posait de façon aiguë.

Cependant, je n'ai rien fait. La jeune femme de Lars était quelque part, à l'arrière-plan. Tout le monde était malheureux, j'imagine, mais la vie se poursuivait plus ou moins comme avant. Et puis j'avais mon antidote habituel, le travail. C'est là que Binkie Beaumont est entré en scène. Je le connaissais déjà avant *Un mois à la campagne.* C'était le plus brillant producteur de Londres et un de nos vieux amis.

J'étais à Choisel. Je lisais. Je regardais la télévision. Je regardais l'heure en me demandant quand Lars allait rentrer. Et le téléphone a sonné. C'était Lars. Il m'appelait pour me dire de ne pas l'attendre : il avait une répétition, il rentrerait très tard.

Qu'allais-je faire de ma soirée. J'ai essayé de lire. Retéléphone. « Est-ce que tu t'ennuies ? » C'était Binkie.

« Pourquoi est-ce que tu me poses cette question ?

— Parce que j'ai une pièce pour toi.

— Quoi ?

— *La Conversion du capitaine Brassbound* de George Bernard Shaw.

— Ça ne me dit rien du tout.

— Eh bien, je te l'envoie, tu verras. Est-ce que tu as des projets en ce moment ?

— Non, rien.

— C'est parfait. Lis la pièce, on en reparlera. »

Je l'ai lue. Et je ne l'ai pas trouvée excellente. Mais le rôle était extraordinaire. C'était celui d'une femme originale, intelligente, pleine d'esprit drôle, acharnée après vingt-quatre hommes pas bien malins. Que pouvait-on rêver de mieux ?

J'ai rappelé Binkie. Je lui ai dit : « J'ai un rôle fantastique, mais la pièce est un peu ennuyeuse, c'est invraisemblable. Toi qui connais le théâtre, tu crois que ça peut marcher ? Tu crois que les gens viendront voir ça ?

— Avec toi dedans, ça ne fait aucun doute. »

Chaque fois qu'on me propose un beau rôle, je me dis que c'est le dernier, alors j'en profite, j'en tire tout ce qu'il y a à tirer. Et quoique le théâtre new-yorkais soit merveilleux — tout comme le théâtre français —, il y a dans le théâtre londonien quelque chose de très spécial.

J'étais tentée. J'en ai parlé avec Lars, qui a trouvé que c'était une bonne idée. J'ai appelé Binkie, et je lui ai annoncé que je venais.

Même de choisir les costumes fut un rare plaisir. Dans un livre, j'ai vu des photographies de Jenny Churchill, la mère de Winston Churchill, alors qu'elle était en Afrique pour un safari. J'ai dit : « C'est exactement la période où Lady Cecily Waynflete se trouve au Maroc. Voilà ce que je veux porter.

— Trop viril ! a décrété Binkie.

— Écoute, on va faire un marché : pendant toute la première partie je serai très féminine, et pendant la seconde je serai très virile. » Nous sommes tombés d'accord.

La première devait avoir lieu à Boston. Parmi mes vingt-quatre hommes, Joss Ackland jouait le capitaine Brassbound et Kenneth Williams, Drinkwater. Laurence Olivier était dans la salle — je trouvais ça très excitant. Nous avons décidé de dîner ensemble quelques jours plus tard. Mes vingt-quatre hommes m'ont avertie : « Fais bien attention. Sir Laurence va te donner tellement de conseils que tu ne sauras plus du tout où tu en es. » J'ai répondu : « Je n'en laisserai passer aucun ; je serai ravie de tout ce qu'il pourra me dire. »

Pendant ce fameux dîner, Sir Laurence s'en est essentiellement pris à Joss. Il lui a fait mille remarques, toutes très judicieuses. Et je me disais : mon tour va venir, mon tour va venir. Mais le temps passait.

Enfin, après le café, alors que nous nous préparions à partir, il m'a jeté un coup d'œil et il a déclaré : « Quand vous saurez vraiment votre texte, vous serez parfaite. »

A Londres, nous jouions au Cambridge Theatre. Les critiques étaient partagés. Non seulement je pataugeais — comme toujours avec mon texte — mais on me reprochait de ne pas être anglaise. Quelle idée d'aller chercher une étrangère pour jouer Lady Cecily !

*
* *

Le public ne tint pas compte de ces vétilles. Il remplit le théâtre chaque soir. Herman Kretzmer, le critique du *Daily Express*, raconta comment, alors qu'il était allé à la caisse rendre une des deux places qu'il avait louées, il fut assailli par une foule de gens venus faire la queue dans l'espoir qu'en dernière minute quelques places se libéreraient. Tous étaient venus pour INGRID BERGMAN.

Griffith James, le directeur de la compagnie, se rappelle fort bien sa première rencontre avec elle :

« C'était la première répétition. Tout le monde s'est réuni, et je suis allé à la porte attendre l'arrivée d'Ingrid Bergman, la grande star. Elle est arrivée à l'heure juste — elle était superbe —, elle a descendu l'escalier, et elle est entrée sur scène, où une chaise l'attendait. Tout cela avait été soigneusement calculé. Les chaises étaient disposées en demi-cercle, et à chaque acteur correspondait une place bien précise en fonction de son importance. Bien entendu, celle de la vedette se trouvait au centre. Elle est donc entrée, elle a salué, puis elle a dit : « Oh ! non, j'aimerais mieux une autre chaise, celle qui est là-bas. » Et elle est allée s'installer au bout de la rangée. Typiquement Bergman.

« Je me souviens aussi que, pendant les représentations, il faisait toujours trop chaud pour elle. La saison le voulait ainsi, et le théâtre n'était pas climatisé. On ouvrait toutes les fenêtres possibles, mais, sur scène, il régnait une chaleur insupportable. A chacune de ses sorties, elle se précipitait vers l'énorme porte donnant sur l'extérieur, et les passants avaient la surprise de la voir apparaître en robe victorienne, soutenue par deux camarades qui lui conseillaient de prendre dix profondes aspirations avant de retourner en scène ! Les taxis en maraude ne manquaient pas de ralentir, sinon de s'arrêter, pour jouir du spectacle. »

Dans ces conditions, rien d'étonnant à ce qu'Ingrid et Griff soient devenus très bons amis. Pendant plusieurs années, Griff avait exercé le métier de comédien. Après quoi il avait brusquement décidé qu'il en avait assez d'imiter les gens et qu'il voulait être lui-même. C'est ce qu'il faisait depuis.

Grand et mince, presque filiforme, Griff porte des lunettes d'écaille. Il a le regard vif, l'humeur contemplative et le sourire imprévu. Sa connaissance du théâtre est immense, son esprit critique avisé, et son humour parfaitement irrespectueux.

Ingrid et une nouvelle troupe américaine présentèrent *La Conversion du capitaine Brassbound* à Washington au Centre Kennedy. Après une première à Wilmington, ils devaient jouer à Toronto et enfin à Broadway. Le succès fut prodigieux. Partout Ingrid récolta des louanges. Comme leurs confrères britanniques, les critiques américains convinrent que la pièce de Shaw n'était pas un chef-d'œuvre, mais tous s'accordèrent à trouver Ingrid excellente et à se réjouir de son retour. La location fut complète pour toutes les représentations prévues. Après coup, on se rendit compte que, sur les cinquante-six spectacles nouveaux produits à Broadway cette année-là, *La Conversion du capitaine Brassbound* avait été le seul à ne pas être déficitaire.

A Washington, Ingrid fut ravie que l'Association nationale de la presse l'invite à tenir une conférence. C'était une occasion qu'elle attendait depuis vingt-deux ans. Car elle n'avait jamais pu oublier tout à fait le discours, conservé dans les archives du Congrès, qu'avait prononcé contre elle le sénateur Johnson en mars 1950, ni surtout la façon dont il se terminait : « Si, par la suite de la dégradation liée à *Stromboli*, la décence et le sens commun peuvent être rétablis à Hollywood, Ingrid Bergman n'aura pas détruit sa carrière en vain. De ses cendres pourrait renaître un meilleur Hollywood. »

Ces mots l'avaient blessée. Profondément. On lui avait enseigné la décence, l'honnêteté et la loyauté ; on lui avait appris à agir *mieux* que l'on agissait envers elle ; et toujours elle s'était efforcée de se conformer à ces principes. Elle ne pensait pas que d'être amoureuse de Rossellini et de lui avoir donné un enfant dût faire d'elle à jamais un objet de honte. Être attaquée par la presse était une chose — les journalistes devaient gagner leur vie, et il fallait bien que les journaux se vendent —, mais être vilipendée devant le Sénat des États-Unis d'Amérique, dans la capitale, où des portiques de marbre célébraient la justice, la liberté, les droits de l'homme et de la femme — toute chose en quoi elle avait foi — cela, ce n'était pas supportable. C'était trop injuste. Il n'y avait aucune commune mesure entre l'importance du péché et celle des moyens mis en œuvre pour le stigmatiser.

Par ailleurs, en avril 1972, si quelque chose était réduit en cendres, il était clair que ce n'était pas Ingrid Bergman mais le cinéma hollywoodien. Il avait été dépassé et supplanté par la télévision, tandis qu'après la chute, Ingrid avait repris son ascension pour s'élever à des sommets rarement atteints par une actrice. Cela, elle voulait qu'on le reconnût. Et, douée du sens de l'à-propos que possède tout grand comédien, elle comprenait que le moment était venu. Il suffisait qu'elle attendît la bonne question pour pouvoir rappeler la prophétie du sénateur Johnson, et la vérité s'imposerait d'elle-même.

L'Association nationale de la presse n'avait jamais réuni tant de critiques, de journalistes et d'écrivains, de reporters de la radio ou de la télévision. Les membres rassemblés étaient nettement plus nombreux que ceux qu'avaient attirés telles conférences de presse tenues par Khrouchtchev ou par les premiers hommes à avoir marché sur la Lune. Peut-être certains des représentants de la presse étaient-ils conscients que cette dame — qui avait consacré sa vie à agrémenter celle d'autrui — avait été harcelée par les médias non seulement plus qu'il ne fallait, mais plus qu'il ne convenait. En tout cas, l'accueil qu'elle reçut fut le même accueil chaleureux qu'elle trouvait généralement au théâtre. Et les questions qu'on lui posa furent loyales et équitables. C'étaient des questions que, pour beaucoup, on lui avait déjà posées des douzaines et des douzaines de fois : « Trouvez-vous la comédie plus difficile à jouer que le drame ? » « Que pensez-vous du Centre Kennedy par comparaison aux autres théâtres où vous avez joué ? » « Comment faites-vous pour rester si jeune ? » Ou encore : « Un acteur peut-il s'intéresser à autre chose qu'à son métier — à la politique, par exemple ? »

A cette dernière question, Ingrid répondit qu'elle n'avait jamais appris à être guidée ni motivée par la politique : « Mon rôle est de divertir. Rien ne m'y autorise que le talent que j'ai reçu, la chance dont je bénéficie, et le travail auquel je m'astreins. J'essaie de vivre de façon à aider les autres, mais ce n'est pas de la politique. Je m'intéresse à l'homme

— aux enfants, aux prisonniers, aux orphelins de guerre —, mais là s'arrête toute ma politique. »

On lui demanda comment elle travaillait, comment elle abordait un rôle :

« Je n'ai pas lu beaucoup de livres consacrés au travail de l'acteur. J'ai essayé Stanislavsky. Je crois que, d'instinct, à la première lecture de telle pièce ou de tel scénario, je comprends le personnage auquel j'ai affaire. Ce que je ne comprends pas, je le refuse immédiatement. Il faut que je comprenne le personnage en profondeur, et dès lors, je le sens. C'est une affaire de sensibilité bien plus que de technique. Peu à peu, je m'efforce de lui donner une réalité. Je regarde autour de moi. Dans la rue, dans le bus, il y a toujours des gens à observer. Je note comment s'assied telle femme, quels gestes sont les siens, comment elle s'habille. Je vois un chapeau et je me dis : "Tiens, c'est ce chapeau-là que je devrais porter pour le rôle." Ce n'est pas de ma tête, mais de la vie que sort le personnage. »

Après une nouvelle série de questions, on lui demanda : « On prétend que l'âge d'or de Hollywood est à jamais passé ; à votre avis, est-ce un bien ou un mal ? »

Elle commença par répondre : « En un sens en tout cas, je crois que c'est une perte. Le star-system, qu'on s'efforce aujourd'hui de démolir, avait certainement des aspects positifs. On savait alors comment fonctionnaient les studios, et ils fonctionnaient bien ; on connaissait les techniciens — on travaillait toujours avec les mêmes. Mais le monde évolue. Tout est appelé à changer, et là aussi, il fallait qu'il y ait du changement. Tout devenait artificiel, glacé, irréel. Et c'est l'une des raisons pour lesquelles je me suis décidée à partir... »

Brusquement, elle se rendit compte qu'elle tenait le fil conducteur.

« ... Je trouvais qu'Hollywood était merveilleux. Je ne pouvais me plaindre de rien. J'y avais vécu une période extraordinaire. Les gens paraissaient m'aimer. Je pouvais espérer que nous avions fait quelques bons films... Mais en même temps, je voulais faire quelque chose de plus réaliste. Et quand j'ai vu *Rome, ville ouverte,* j'ai compris que, quelque part dans le monde, on tournait le genre de films où j'avais envie de jouer. Je suis partie... »

Enfin le moment était arrivé de placer la réplique qu'elle méditait depuis vingt-deux ans. « Et quand je suis partie, quand je me suis installée en Italie, un sénateur de Washington a prononcé contre moi un discours, qu'il a terminé en déclarant que, des cendres d'Hollywood, naîtrait un meilleur Hollywood. »

Elle ne comprit pas que la langue lui avait fourché, qu'elle avait parlé des cendres d'*Hollywood* au lieu des cendres d'*Ingrid Bergman*. Elle avait manqué son coup ; elle avait raté son effet. Elle s'arrêta, perplexe. Comment se faisait-il qu'il n'y ait pas de réaction ? Personne n'avait-il compris l'allusion ? C'est à peine si quelques visages exprimaient un vague étonnement. Et déjà venait la question suivante...

Ce n'est qu'une fois de retour en France, lorsqu'elle entendit un enregistrement de la conférence de presse, qu'elle s'aperçut de son erreur. Elle a éclaté de rire : « Vingt-deux ans ! Vingt-deux ans que j'attendais l'occasion de placer cette réplique, et j'ai réussi à la rater ! » Elle en rit encore aujourd'hui.

Un psychiatre verrait certainement dans ce lapsus un cas typique d'acte manqué traduisant la disparition de son besoin de vengeance. Et sans doute aurait-il raison. Car sa rancœur s'était évanouie. Les bons souvenirs en avaient eu raison. Le souvenir de Warren Thomas venu l'accueillir à l'aéroport avec l'équipe de l'Alvin ; le souvenir de Burgess Meredith et de sa petite chanson : « Si après tant de gin je n'ai pas tes faveurs, alors adieu, ma fille, tu n'auras pas mon cœur. » Le souvenir des applaudissements dont le public hollywoodien avait salué son retour lors de la première de *More Stately Mansions*. Le souvenir enfin de la chaleur et de la générosité que les Américains lui avaient si souvent témoignées depuis ce jour de mars 1939 où, pour la première fois, elle avait débarqué à New York.

En outre, durant ce même mois d'avril 1972, justice lui fut rendue devant le sénat américain. Inspiré par la visite d'Ingrid à Washington, le sénateur Charles H. Percy prit en effet la parole devant l'assemblée pour déclarer : « Monsieur le Président, l'une des femmes les plus charmantes, les plus gracieuses et les plus talentueuses du monde a fait ici, il y a vingt-deux ans, l'objet d'une violente attaque. Aujourd'hui, c'est un hommage plus que mérité que je tiens à rendre à Ingrid Bergman, une vraie star dans tous les sens du terme. » Après avoir loué la qualité de son jeu dans *La Conversion du capitaine Brassbound*, il ajouta : « Sans elle, notre culture serait certainement plus pauvre. Dans nos cœurs, elle conservera à jamais la place qui convient à l'une des plus grandes artistes de notre temps. Je sais qu'à travers le pays des millions d'Américains se joignent à moi pour déplorer les persécutions personnelles et professionnelles qui ont contraint Ingrid Bergman à quitter les États-Unis au faîte de sa carrière. Et je pense que, de même, ils se joignent à moi pour lui dire toute l'admiration, l'affection et le respect qu'ils lui portent aujourd'hui. Non seulement Miss Bergman est la bienvenue en Amérique, mais nous considérons chacune de ses visites comme un très grand honneur. »

A la longue liste d'articles préjudiciables à Ingrid classés dans les archives du Congrès du fait du sénateur Johnson, s'ajouta une liste non moins longue d'articles louangeurs, dont le sénateur Percy envoya copie à Ingrid. Pour l'en remercier, celle-ci lui écrivit :

Cher sénateur Percy,

Ma guerre avec les États-Unis est terminée depuis longtemps. Cependant, certaines blessures demeuraient. Mais aujourd'hui, grâce à l'esprit chevaleresque que traduit le discours généreux et plein de compréhension que vous avez adressé au Sénat, elles se trouvent guéries à jamais.

*
* *

Lars et moi nous travaillions tous les deux très dur dans nos domaines respectifs. Lars avait sur les bras une organisation très importante. Il était en contact permanent avec des acteurs et des écrivains ; il produisait des pièces d'Arthur Miller, de Tennessee Williams, d'Arnold Wesker et d'Alan Ayckbourn. Mais après *La Voix humaine*, en 1967, nous n'avons plus jamais travaillé en association.

Pour plaisanter, il m'appelait la Poule aux œufs d'or, car tout ce que je faisais au théâtre était un succès. J'étais mariée à un producteur, quels problèmes aurais-je pu avoir ? Mais comme Lars ne semblait jamais se préoccuper de trouver une pièce pour moi, il m'arrivait de lui en vouloir un peu.

Et nous nous disputions. Enfin, j'ai fini par comprendre que, dans le domaine du travail, je ne devais rien attendre de lui, lorsqu'il m'a très gentiment expliqué : « Ma chérie, essaie de te mettre à ma place. Je ne veux pas t'exploiter. Je ne veux pas tirer avantage de toi. C'est tellement facile de monter quelque chose avec Ingrid Bergman ! »

Sortis de ce domaine-là, nous nous entendions pratiquement sur tout. Petit à petit, la vie redevenait normale. Un temps, nous avons même cru que nous pourrions retrouver la même relation qu'autrefois. Nous avons essayé, mais ça n'a pas marché.

Notre mariage était fini.

Et, comme d'habitude, je me suis réfugiée dans le travail — ce qu'on appelle, je crois, l'« opium de la création ». Binkie me téléphonait à Choisel : « Qu'est-ce que tu fais ? » » « Rien. Je suis là, je ne fais rien. » » « Tu es seule ? » « Oui, seule. » « Alors fais ta valise, prends le premier avion et viens ici. Laisse seulement un mot à Lars pour lui dire où tu es. »

Une voiture m'attendait à l'aéroport et me conduisait chez Binkie. Là, il y avait généralement d'autres acteurs, et tout le monde parlait théâtre. C'étaient des souvenirs et des rires sans fin. Un sentiment de chaleur, de famille, d'amitié.

Binkie était si drôle, il connaissait tant de choses à propos du théâtre ! C'était un créateur. Avec lui, je me sentais entre bonnes mains. S'il disait que tout était bien, c'est que tout était bien. Je n'étais pas forcément de son avis, mais je finissais toujours par m'y ranger. Il y a des gens comme ça — on se met d'accord avec eux parce qu'ils nous inspirent une confiance totale. Ils présentent les choses d'une façon telle qu'après les avoir entendues, on n'a plus qu'à dire : « Oui, oui. C'est vrai. C'est tout à fait ça. »

*
* *

En 1973, Ingrid tourna un film curieusement intitulé *From the Mixed-up files of Mrs. Basil E. Frankweiler (Des dossiers embrouillés de Mrs. Basil E. Frankweiler)*. Il s'agissait de l'adaptation d'un livre pour enfants racontant l'histoire d'un frère et d'une sœur qui s'enfuient de chez eux et vont se cacher au Metropolitan Museum de New York. C'était la première fois qu'un réalisateur obtenait l'autorisation de tourner à l'intérieur même du musée.

Au cours de ses explorations, la fillette, malheureuse de vivre dans le monde moderne et rêvant d'être une héroïne romantique, découvre la statue d'un ange, une œuvre attribuée à Michel-Ange, et se met en tête de déterminer s'il s'agit ou non d'une sculpture authentique. Ses recherches la conduisent auprès d'une riche et vieille excentrique, personnage interprété par Ingrid en perruque blanche et sourcils neigeux. L'âge lui a enseigné la sagesse, grâce à quoi elle comprend parfaitement les problèmes de la petite fille, qui suit ses conseils et trouve enfin la paix. Ce n'était certes pas un film important, mais la critique lui fit bon accueil et la participation d'Ingrid lui valut une certaine notoriété.

*
* *

Le tournage de *Mrs. Frankweiler* à New York m'a permis de retrouver Arthur Cantor, qui allait jouer un rôle important dans ma vie théâtrale. Si je dis « retrouver », c'est parce qu'Arthur m'a rappelé que nous nous connaissions depuis l'époque où je jouais *Jeanne la Lorraine* au théâtre Alvin, où il servait de garçon à tout faire. Si Miss Bergman réclamait un sandwich, c'est Arthur qui allait le chercher !

Depuis, il avait fait son chemin dans le monde du théâtre. Il avait collaboré avec Binkie Beaumont et réuni l'argent nécessaire à la réalisation de différents projets. Un jour, il me téléphone et m'annonce : « Je viens de lire une pièce très amusante : *L'Épouse fidèle*, de Somerset Maugham. Ça plaît beaucoup à Binkie. Je vous l'envoie pour que vous la lisiez. »

La pièce m'a plu aussi, mais je l'ai trouvée un peu démodée. Je savais qu'Ethel Barrymore l'avait jouée aux États-Unis, et que, le soir de la première, elle avait fait un terrible gâchis avec son texte — ce que je comprends fort bien. Après la représentation, Somerset Maugham était arrivé dans sa loge la mine catastrophée. Mais avant qu'il puisse ouvrir la bouche pour se plaindre du mauvais traitement qu'elle avait fait subir à sa prose, elle s'était exclamée : « Ne vous inquiétez pas, Mr. Maugham, nous tiendrons une année. » En quoi elle ne s'était pas trompée.

Mais cette première avait eu lieu en 1927, et nous étions maintenant en 1973. Depuis lors, je trouvais que la pièce avait vieilli, et je l'ai dit à John Gielgud, qui devait assurer la mise en scène. Il m'a tout de suite rassurée. Il m'a dit de sa voix douce et tranquille : « Crois-moi, Ingrid, la seule chose qu'il y ait de démodé dans cette pièce, c'est son *charme*. »

C'était exactement ce que j'avais besoin d'entendre. Dès lors, je me suis mise au travail.

Un jour, John et moi sommes allés trouver Binkie pour parler des costumes. Binkie ne se sentait pas très bien ; il était au lit. Mais il nous a dit qu'il se lèverait plus tard pour aller à une réception. Nous nous sommes tous mis à feuilleter des magazines des années vingt pour trouver des idées de costumes, puis nous avons discuté de l'endroit où aurait lieu la première. Binkie trouvait que, pour une fois, on pourrait choisir quelque chose d'un peu original, une ville du continent, Amsterdam, par exemple. L'idée m'a paru excellente.

Nous sommes partis, Binkie s'est levé, et il est allé à sa soirée. Ensuite, des amis m'ont raconté que, comme toujours, il en avait été le boute-en-train ; il avait fait rire tout le monde aux larmes en imitant Marlene Dietrich, et il paraissait en pleine forme. De retour chez lui, il avait appelé Arthur Cantor pour lui dire qu'il était ravi que j'approuve son idée de commencer par jouer la pièce sur le continent. » Il a raccroché, il s'est mis au lit, il s'est endormi, et jamais il ne s'est réveillé.

Après réflexion, John a décrété : « Il faut absolument continuer. Binkie ne nous pardonnerait jamais si nous abandonnions alors que tout marche si bien. »

592

Nous avons donc continué. Mais le projet de première sur le continent est tombé à l'eau. Après quinze jours à Brighton, nous nous sommes transportés à Londres, où nous avons commencé à jouer au théâtre Albery en septembre 1973.

CHAPITRE XXVII

Dans le *Sunday Times*, Harold Hobson s'irritait encore qu'Ingrid jouât le rôle d'une Anglaise alors qu'en fait elle parlait comme « une étrangère cultivée ». Mais toute la presse s'accordait à dire qu'on avait affaire à « la pièce la plus spirituelle de Londres », le *Daily Telegraph* la jugeait « exceptionnellement divertissante », et le théâtre ne désemplissait pas.

Cet avis parut même dans plusieurs journaux : « H.M. Tennant est fier d'annoncer que *L'Épouse fidèle*, spectacle de John Gielgud avec Ingrid Bergman, John McCallum, Barbara Ferris, Michael Allison et Dorothy Reynolds, a battu, entre le 29 septembre et le 6 octobre, tous les records de location au théâtre Albery. »

Dès qu'elle en eut pris connaissance, Ingrid bondit au téléphone.

**

Dans ma loge de l'Albery, quand j'étais en train de me maquiller, il m'arrivait régulièrement de voir des souris. Les deux premières semaines, je n'ai rien dit, mais quand j'ai vu l'annonce dans les journaux, j'ai tout de suite téléphoné : « Comment va la location ?

— C'est fantastique. C'est merveilleux. Tout est vendu, absolument tout.

— En ce cas, vous aurez peut-être la gentillesse de vous occuper de ma loge ? Elle n'a pas été nettoyée ni repeinte depuis que le théâtre est construit. Tout est sale. Je ne peux pas m'asseoir sur le sofa de peur de passer à travers les ressorts. Je n'ai voulu embêter personne avant d'être sûre que le spectacle marche ; mais maintenant, vous pourriez peut-être faire quelque chose... » La direction s'en est aussitôt occupée.

* * *

Interviewée dans sa loge, Ingrid déclara que, oui, elle avait cinquante-huit ans : « C'est triste, non ? Je fêterai mon anniversaire pendant encore deux ans. Ensuite, ce sera fini. C'est un excellent rôle ; les dialogues sont très drôles. La pièce est démodée, mais dans ce qui se fait actuellement, je ne trouve rien que je puisse comprendre. Avant, j'ai joué dans des spectacles plus sérieux, mais c'est si bon d'entendre les gens rire ! »

A la question de savoir ce qu'il fallait penser des rumeurs annonçant son divorce, elle répondit : « Pour l'instant, rien n'est fait. Et je préfère ne pas en parler. »

Rien n'était fait encore lorsqu'elle téléphona à Lars pour lui annoncer une sombre nouvelle.

* * *

Je venais de rentrer du théâtre. J'étais dans mon appartement de Mount Street, je m'étais mise au lit et je lisais le journal. Je suis tombée sur la lettre d'une femme racontant comment elle avait été sauvée grâce aux informations qu'elle avait trouvées dans un magazine sur le cancer du sein.

A l'époque, le cancer du sein était un sujet très à la mode. On racontait comment Betty Ford, la femme du Président, s'était fait opérer, puis Mrs. Rockefeller. On conseillait aux femmes de se surveiller, précisant qu'une grosseur, aussi minime soit-elle, devait être prise au sérieux. Je lisais donc cet article, et, presque inconsciemment, je m'examinais. Brusquement, ma main s'est arrêtée. Et j'ai pensé : « Mon Dieu ! mon Dieu ! Non, ça ne peut pas m'arriver à moi ! C'est drôle — c'est comme pour les jumeaux — ça n'arrive qu'aux autres. »

J'ai immédiatement appelé Lars à Paris. Il m'a dit : « Il faut que tu ailles chez le médecin. Vas-y demain. Vas-y au plus vite.

— Mais j'ai la pièce actuellement, et les représentations vont durer longtemps. Je ne peux rien faire pour l'instant. »

Les premiers jours, je n'ai rien fait. Et je n'ai rien dit. J'ai seulement demandé à Griff : « Est-ce que je suis assurée au cas où je ne pourrais pas continuer la pièce ? »

À travers ses lunettes à montures d'écaille, Griff m'a lancé un regard sévère : « Assurée ? Pourquoi ? Qu'est-ce qui se passe ? Tu es malade ? Tu ne m'as pas du tout l'air malade !

— Ce qui signifie que je ne suis pas assurée — merci, c'est tout ce que je voulais savoir.

— Évidemment que tu n'es pas assurée. Comment voudrais-tu l'être ? Pas d'Ingrid Bergman, pas de pièce. Si tu ne joues plus, le spectacle tombera. »

C'était clair : il fallait que je continue. Mais je suis tout de même allée trouver un spécialiste. Il s'est montré rassurant : « Il faudra que vous fassiez quelque chose, mais ce n'est pas du tout pressé. »

Là-dessus, alors que la pièce continuait toujours, Sidney Lumet m'a contactée pour jouer dans le film adapté du roman d'Agatha Christie, *Le Crime de l'Orient-Express*. Albert Finney devait incarner le fameux détective belge, Hercule Poirot, et une douzaine de grandes vedettes — Lauren Bacall, Vanessa Redgrave, Jacqueline Bisset, Sean Connery, Michael York, John Gielgud, Wendy Hiller et autres noms célèbres — devaient tenir les autres rôles.

Sidney m'a dit : « J'aimerais que vous jouiez cette sublime vieille princesse russe. »

Il m'a envoyé le scénario, je l'ai lu, et j'y ai trouvé une missionnaire suédoise qui m'a beaucoup plu. J'ai rappelé Sidney Lumet : « Pourquoi voulez-vous que je mette un masque pour jouer la princesse russe alors qu'il y a un excellent rôle fait pour moi ? Cette missionnaire suédoise, cette demeurée, c'est exactement ce qu'il me faut. Et je pourrai y mettre le bon accent. C'est ce rôle-là qui me plaît.

— Oh ! non, ce n'est pas possible. Votre rôle est celui de la princesse. Cette belle vieille dame a une allure absolument extraordinaire...

— Peut-être, mais je veux jouer la Suédoise — elle est extraordinaire, elle aussi. »

Sidney insistait sous prétexte que le rôle n'était pas assez bon, mais j'ai répliqué : « En dehors de celui d'Hercule Poirot, tous les rôles ont à peu près la même importance : ce sont de simples portraits. Cette missionnaire me plaît beaucoup, et je crois que je pourrais en faire quelque chose de très drôle. J'ai déjà des tas d'idées. Rassurez-vous, je serai redoutable ! » Il a fini par céder, et il a donné le rôle de la princesse russe à Wendy Hiller, qui l'a magnifiquement interprété.

Tout le monde s'est très bien entendu. Nous étions plusieurs à avoir une pièce en train, et chaque soir, c'était la galopade pour rejoindre le théâtre.

*
* *

« Chez Ingrid, une des premières choses qui m'ont frappé, raconte Griff, c'est qu'elle est toujours prête à essayer un nouveau truc. Il y a beaucoup d'acteurs qui, lorsqu'ils ont trouvé quelque chose, s'y tiennent une fois pour toutes. Mais pas Ingrid. Elle jouait *L'Épouse fidèle* depuis une éternité, des mois. Arrive le dernier vendredi. John Gielgud, qui assurait la mise en scène, vient me trouver et me dit "Demande-leur de rester sur scène après la représentation, je voudrais prendre congé d'eux".

« A la fin du spectacle, il est allé sur scène, et il a dit : "C'est très bien, très bien, mais il y a quelque chose que je voudrais changer." Cela, après huit mois, et alors qu'il ne restait plus que deux représentations !

« Des tas d'acteurs auraient dit à John : "Je t'en prie, il y a *huit* mois qu'on fait ça comme ça, et ça marche ; on ne va pas changer maintenant. A quoi ça rime ?" Ça n'a pas été du tout la réaction d'Ingrid. Elle a tout de suite été emballée, ravie d'essayer autre chose. Pour la dernière matinée, pour la dernière soirée, elle était toute prête à modifier son jeu. Pour elle, ce qui compte avant tout, c'est d'apprendre et de découvrir toujours autre chose. »

*
* *

Maintenant, *L'Épouse fidèle* était terminé. Je suis retournée chez le spécialiste et je lui ai annoncé : « La pièce est finie. Je voudrais maintenant aller aux États-Unis voir ma fille. »

Pia travaillait pour la télévision, à New York. Elle avait fait la connaissance d'un charmant garçon, Joe Daly, qui s'occupait d'immobilier. Ils s'étaient mariés et ils avaient eu un premier enfant. J'ai ajouté : « Si vous n'y voyez pas d'inconvénient, je profiterai du voyage pour consulter un médecin américain. »

Je me suis envolée pour New York, où j'allais revoir Justin, mon premier petit-fils. Assez curieusement, le jour où il est né, à part le père, les seuls parents présents étaient les deux beaux-pères, Lars et Roberto, dont le hasard avait voulu qu'ils se trouvent tous les deux à New York à ce moment-là. Ils ne se connaissaient pas ; ils ne s'étaient jamais rencontrés. A en croire Roberto, ils étaient pourtant des ennemis acharnés. Roberto était avec Isabella, et c'est elle qui m'a raconté comment les choses se sont passées.

Tout le monde s'est retrouvé derrière une paroi vitrée pour voir le bébé. Une équipe de la N.B.C. est arrivée pour filmer Pia — c'était une des personnalités les plus importantes de la compagnie — et son fils nouveau-né, et ils en ont profité pour prendre aussi les étrangers qui contemplaient l'enfant, sans même se rendre compte du scoop qu'ils manquaient.

« Ils étaient là tous les deux d'une politesse à ne pas croire. » Isabella en riait encore. « Ils se faisaient des grâces : "Après vous, monsieur Rossellini." "Mais non, mais non, après vous, monsieur Schmidt." Ils s'offraient des cigarettes. Et, au moment de partir : "Le premier taxi est pour vous, monsieur Schmidt." "Certainement pas, c'est vous qui le prendrez, monsieur Rossellini." "Si vraiment vous insistez..."

« Mais dès que le taxi a démarré, Roberto s'est tourné vers Isabella pour ricaner : "Qu'il attrape une pneumonie, ça lui apprendra !" »

Ça a dû être une des rencontres les plus drôles de tout New York.

Cela dit, ma rencontre avec le spécialiste américain n'a pas été amusante du tout. D'un ton sec, il m'a annoncé la nouvelle que je redoutais : « Il faut opérer tout de suite. » J'ai protesté : « Le 11 juin, c'est l'anniversaire de mon mari. Et je veux voir le chalet que nous avons acheté en Suisse. Et puis il va y avoir une fête pour notre grand ami Hans Ostelius, l'écrivain qui était avec nous en Extrême-Orient. Il est au Portugal ; le 15, il aura soixante-dix ans. Jusque-là, je ne peux pas me faire opérer. »

Ma réaction était sans doute idiote, mais il

m'avait fait peur. Maintenant, il était furieux :
« Comment pouvez-vous prendre les choses tellement à la légère ! Je ne plaisante pas. Vous allez
entrer à l'hôpital ce soir même !

— Non, non et non ! J'ai d'autres choses à faire.
Quand je les aurai faites, on en reparlera !

— J'appelle immédiatement votre médecin de
Londres. Si vous ne voulez pas être opérée ici
demain, il faut que vous retourniez tout de suite à
Londres. Je vais lui parler. »

Il a téléphoné au médecin devant moi, puis,
après lui avoir expliqué la situation, il m'a tendu
le récepteur. Le spécialiste anglais m'a déclaré :
« Après ce que je viens d'entendre, je suis bien
forcé de donner raison à mon confrère : vous
exagérez. Il faut que vous rentriez à Londres immédiatement.

— Je ne peux pas rentrer maintenant. Demain, je
vais faire de la bicyclette à Central Park avec ma
fille et mon petit-fils. A part ça, je ne veux pas être
hospitalisée ici. Si je dois me faire opérer, ce sera à
Londres, près de Lars et de mes autres enfants. Et
puis, je ne peux pas changer non plus les projets
que nous avons pour l'anniversaire de mon
mari. »

Sur quoi j'ai raccroché. Cette fois le médecin
américain était franchement en colère : « Qu'est-ce
qui est le plus important : votre vie ou l'anniversaire de votre mari ? »

Je ne voulais pas me laisser impressionner ; j'ai
répondu : « L'anniversaire de mon mari ! »

Après cela, il m'a pratiquement mise à la porte.
Je suis partie. Nous avons fêté l'anniversaire de
Lars, et nous sommes allés en Suisse. Mais pour un
jour seulement. Et j'ai renoncé à aller au Portugal
pour l'anniversaire de Hans Ostelius. A la place, je
suis entrée à l'hôpital, à Londres, et j'ai été opérée
le jour même de son anniversaire.

Roberto a envoyé les trois enfants en Angleterre.
Pia est venue des États-Unis. Je commençais à

revenir à moi ; je disais : « C'est tellement fatigant d'entendre crier cette femme. Elle crie sans arrêt, sans arrêt. Demandez-lui d'arrêter, je vous en prie, faites-la taire. » Et une voix m'a dit : « Chérie, mais c'est toi qui cries. » J'avais les mains sur la poitrine, les bras étroitement serrés contre ma poitrine, je ne pouvais pas les bouger. C'était une sorte de protection, un geste dicté par mon esprit, une façon de dire : « On ne me fera plus rien, on ne me touchera plus ! » Le médecin est arrivé. A son expression, j'ai tout de suite compris. Et j'ai eu pitié de lui — ça doit être un triste métier que d'annoncer à des femmes qu'on vient de les mutiler. Mais on se remet de ça aussi.

Je ne l'ai d'ailleurs pas pris aussi mal que je le pensais. Peut-être grâce à mes enfants, qui étaient tous autour de moi. C'est triste, bien sûr — je n'essaierai pas de dire le contraire. Et je ne voulais pas me regarder dans la glace, pour rien au monde. Mais j'imagine que si j'avais été plus jeune, j'aurais souffert bien davantage.

Je suis allée passer deux semaines à Choisel de façon à récupérer avant de commencer les rayons. Quand j'ai quitté l'hôpital, tous les enfants sont venus me chercher en taxi. Ma valise était prête. J'avais demandé une chaise roulante pour l'aéroport, où je craignais que les couloirs ne soient trop longs pour moi. Arrivés à l'aéroport, nous avons découvert que les billets d'Ingrid et d'Isabella correspondaient à un vol direct pour Rome. Et celui de Pia non plus n'était pas valable pour Paris. Il fallait donc qu'elle en achète un autre. Elle courait dans un sens, les autres dans l'autre, et moi je courais dans toutes les directions pour essayer d'obtenir qu'on retarde le vol. Mais rien ne semblait marcher. Les bagages étaient déjà enregistrés. Tout en m'agitant, je disais à Robin : « Ne nous inquiétons pas ! Après tout, ce n'est pas le seul avion pour Paris. » Enfin, Isabella et Ingrid sont arrivées au pas de course : « Nous avons nos billets, nous avons nos billets ! » Je me suis approchée de Pia et je lui ai crié : « Prends le prochain vol. Nous, nous prenons celui-là. Lars doit venir nous chercher à Orly, il se demanderait ce qui se passe. Mais nous t'attendrons, nous t'attendrons à l'aéroport. » Et je me suis mise à courir le long des couloirs pour sauter dans le bus au moment où il fermait ses portes. L'air malin, Robin a demandé : « Alors, maman, et la chaise roulante ?

— Quoi, la chaise roulante ? Tu vois bien que je n'ai pas eu le temps d'y penser. » Là-dessus, j'aperçois Pia qui court de toutes ses forces en direction du bus. Aussitôt, nous nous sommes tous mis à crier au chauffeur : « Arrêtez, arrêtez ! » Il a attendu, et c'est ainsi que finalement nous avons tous pu prendre le même avion.

Après quinze jours à Choisel, je suis rentrée à Londres pour les rayons. J'avais très peur que ça ne me rende malade. On m'avait avertie que le traitement avait parfois des effets secondaires : qu'on se sentait terriblement fatigué, qu'on avait mal à l'estomac, qu'on était à ce point déprimé qu'on perdait toute envie de vivre. Ingrid et Isabella m'ont accompagnée — elles seraient à mes côtés pour m'aider. Au début, après chaque séance, je m'appuyais sur l'une d'elles ; je rentrais à la maison, et je me mettais au lit pour me reposer.

Mais petit à petit, je me suis rendu compte que je n'étais vraiment ni malade ni fatiguée. J'avais seulement peur. Alors, j'ai dit à qui se trouvait là : « Allez, on sort, on va faire des courses. »

Et ça s'est très bien passé. Je me suis promenée autour de Regent's Street et de Picadilly. Ingrid et Isabella me demandaient anxieusement : « Tu n'es pas fatiguée ? Tu ne veux pas rentrer ? » Enfin, nous sommes rentrées. Mais arrivée à la maison, j'ai dit : « C'est ridicule, je me conduis comme une invalide. Allons au théâtre. » Et nous y sommes allées. A partir de là, la vie est redevenue normale. Le matin, je faisais mes rayons, et le reste de la journée je vivais tout à fait normalement.

Et puis je suis retournée à Choisel pour me reposer encore, pour reprendre des forces. Au début, je ne pouvais pas tenir une cuillère. Mon bras me paraissait inutilisable et j'arrivais à peine à le soulever. Mais grâce à des exercices appropriés, les muscles se sont lentement réadaptés. Sur la porte de mon placard à vêtements, je marquais au crayon l'endroit jusqu'où je pouvais lever le bras. Ainsi, je voyais les progrès que j'accomplissais tous les jours. Je nageais dans la piscine — je nageais beaucoup. Sur mon placard, les marques ne cessaient de monter. Au bout de deux mois, mon bras fonctionnait presque normalement. Et je commençais à me sentir vraiment bien.

Très peu de gens étaient au courant de mon opération.

CHAPITRE XXVIII

EN janvier 1975, Ingrid se sentait parfaitement en forme, et elle partit en tournée pour les États-Unis avec *L'Épouse fidèle*. Griff était directeur de la troupe. Il ignorait tout de sa maladie, qu'elle cachait sans difficulté.

La première devait avoir lieu à Los Angeles, mais la troupe nouvellement constituée répétait à New York.

Marti Stevens faisait partie de la distribution :

« La salle était sinistre. Nous étions tous là à répéter sous la direction de Sir John Gielgud quand Ingrid a fait son apparition. Pas de maquillage, et tout de suite son rire merveilleux. "Bonjour tout le monde. J'ai dix minutes de retard."

« Elle dégageait une telle chaleur — tout le monde s'en est senti ragaillardi. Arrive l'heure du déjeuner. A côté, il y avait un bistrot assez sympa. Nous y sommes tous allés — il n'a pas été question une seconde qu'elle fasse bande à part, il n'y avait pas de vedette qui tienne, elle faisait partie de l'équipe, c'est tout. Et ça a été comme ça dès le départ. Pourtant, la tournée était longue : après Los Angeles, nous devions jouer à Denver, à Washington et à Boston. Mais pas à New York : si nous y sommes allés, c'est uniquement grâce à Ingrid.

« Que dire d'elle ? Dans cette pièce, chacune de

ses entrées en scène était un événement — comme à l'écran, d'ailleurs — et comme son entrée dans la vie des gens, dans la mienne. Il est presque impossible de la décrire avec des mots. C'est une sorte de prodige qui sait mettre son âme dans chacun de ses rôles, aussi bien au théâtre qu'au cinéma. Au début, on se dit : non, ce n'est pas naturel, il doit y avoir un truc, quelque chose qu'elle a acquis au cours de sa carrière à force de vivre parmi les acteurs. Mais non. Elle possède la faculté innée d'éblouir. Où qu'elle soit — dans un bar, dans la rue — on la voit. Et moins l'endroit semble s'y prêter, plus on la remarque.

« On peut rencontrer des gens — vingt, cinquante au cours des ans — qu'on trouve sympathiques, qu'on aime bien ; mais ils restent des "connaissances", un peu comme ces gares que l'on voit d'un train sans jamais s'y arrêter. Et puis il en est d'autres, mais très rares ceux-là, qui gardent dans votre vie une influence permanente. C'est la chimie des sentiments. Vous rencontrez quelqu'un, et d'un seul coup il vous paraît aussi familier que la tapisserie de votre chambre, c'est un ami avec qui vous vous sentez parfaitement bien, avec qui vous avez du plaisir. Le plaisir, la joie — c'est peut-être ce qui peut le mieux définir Ingrid. Avec elle, tous les prétextes sont bons pour s'amuser. Pour rire — rire... Et comme un enfant, elle se réjouit de tout. "Maintenant que le travail est fini, si rien n'est ouvert pour souper, on va pique-niquer sur la planche à repasser." "Les représentations sont terminées dans cette ville, pourquoi est-ce qu'on ne viderait pas toutes les bouteilles qui nous restent ? ça nous éviterait de les transporter. Allez, on y va, on s'y met tout de suite." Avec elle, le plaisir ne se remet jamais au lendemain.

« Et une fois qu'elle est en train, il n'est plus question de l'arrêter. Surtout pas quand elle rit. Son rire, quelle merveille ! Il prend sa source au plus profond d'elle-même, là où se concentre son inépuisable énergie, et puis il glougloute, il bouillonne, il monte et éclate soudain en un véritable torrent, qui vous entraîne avec la force irrésistible d'un Niagara. Oh! oui, ça a été une tournée prodigieuse. Demandez plutôt à Griff... »

Griff : « La merveille, chez Ingrid, c'est que jamais elle ne se démonte. A Los Angeles, nous avions sur scène un vieux canapé. C'était au deuxième acte, quand elle est tout habillée pour Ascot. Elle s'apprête à partir aux courses avec Paul Harding, qui espère devenir son amant.

« Tout à coup, les ressorts cèdent, et la voilà qui disparaît, la tête au-dessous des genoux. Elle n'en pouvait plus de rire. Et bien sûr, le public n'en pouvait plus non plus. Mais le pire, c'est qu'ensuite elle s'est relevée — elle a fini par réussir —, elle s'est relevée, et elle s'est mise à se balader sur la scène. Moi, je l'observais des coulisses. Et je me disais : "Non, elle ne se rassiéra pas, non, ce n'est pas possible — même *elle* doit se rendre compte qu'elle ne peut pas se rasseoir sur ce canapé !" Mais elle était si bien rodée qu'elle n'a plus pensé que les ressorts étaient cassés. Et elle s'est rassise. Plouf ! Deuxième disparition ! Je crois que jamais aucun public ne s'est autant amusé ! A la sortie, si j'avais demandé aux spectateurs de payer une seconde fois leurs places, je suis sûr qu'ils auraient accepté !

« Elle a pris tout ça à la rigolade. A sa place, des tas d'actrices en auraient fait tout un drame, auraient exigé que quelqu'un soit jeté à la porte. Elle non : elle n'a vu dans tout cela qu'une énorme plaisanterie.

« En fin de compte, c'était ma faute : c'était à moi de vérifier si tous les meubles étaient en état. Et c'est ce qu'il y a de merveilleux quand on travaille avec Ingrid : si un incident se produit, elle n'en fait pas un drame ; elle accorde à tout le monde le droit de faire certaines erreurs.

« Ce n'était que le début de la tournée. Nous

606

jouions au théâtre Schubert, à Century City, depuis deux ou trois semaines. Un jour, un des acteurs nous a parlé d'un restaurant français qui se trouvait à une dizaine de minutes. Le samedi, entre la matinée et la soirée, nous avons décidé d'y aller. Mais en route, Ingrid a trébuché ; elle s'est tordu la cheville, et il a pratiquement fallu la porter pour rentrer.

« C'était samedi soir, et c'était difficile de trouver un médecin. Finalement, nous avons quand même réussi à en faire venir un, qui a déclaré qu'elle s'était cassé un os du pied, et qui a aussitôt entrepris de lui mettre la jambe dans le plâtre. Je lui ai demandé : "Comment est-ce qu'elle va pouvoir monter sur scène avec ce truc-là ?" A quoi il a répondu : "Je suis médecin, ce n'est pas mon problème. Je fais mon travail, c'est tout." Je me suis décidé à appeler le directeur du théâtre pour lui annoncer qu'Ingrid ne pourrait pas jouer ce soir-là. Quoi ? Mais ce n'est pas possible. Il faut absolument qu'elle joue. Toutes les places sont vendues et l'argent est déjà à la banque ; en caisse, nous n'avons pas de quoi rembourser !

« Ingrid a déclaré : "Dans ces conditions, il faut y aller." "Oui, mais comment ? On n'a même pas de chaise roulante..." Elle a insisté : "Je joue — on se débrouillera bien." On a réuni toute l'équipe et on s'est mis à discuter : si un tel fait ceci et un tel cela, on devrait pouvoir jouer telles et telles scènes. Entre-temps, le directeur est venu faire son annonce : "Malheureusement Miss Bergman s'est fracturé un os du pied, le spectacle ne pourra pas commencer avant une heure au moins. Tous ceux qui désirent être remboursés peuvent passer à la caisse."

« Les spectateurs sont allés au bar, mais personne n'est parti. Et nous avons commencé avec *une heure et demie* de retard. Il a fallu tout ce temps-là pour que le plâtre sèche. Heureusement, dans la pièce, il y avait un maître d'hôtel. Nous avons mis Ingrid sur un de ces fauteuils de bureau monté sur roulettes, et le maître d'hôtel la véhiculait. Elle était assise au milieu de la scène, et elle se tournait d'un côté ou de l'autre selon l'acteur à qui elle s'adressait. Mais de cette façon bien sûr, il n'y avait plus de mise en scène, de sorte que les uns et les autres ne faisaient que se bousculer. A chaque collision, Ingrid piquait un fou rire. Et le public, qui avait ainsi droit à une espèce de pièce dans la pièce, était absolument ravi.

« Pour le dernier acte, nous avons réussi à nous procurer un fauteuil roulant, où on l'a installée. A la fin de la pièce, elle est seule avec son mari ; elle lance : "Maintenant, il faut que je parte", et elle sort. Moi, je me disais : "Pas d'imprudence : donne ta réplique et attends sans broncher la chute du rideau." Mais ce n'est pas son genre. La voilà qui pivote sur sa chaise et fonce vers la sortie. Qu'elle rate. Elle aboutit dans le décor, qui a failli s'écrouler — les livres rangés dans la bibliothèque sont tombés des rayons, et la salle entière s'est mise à hurler. De rire. Ses camarades sont venus à la rescousse pour l'aider à sortir. C'était la fête. Tout le monde riait. Un vrai triomphe. Et la tournée a repris avec Ingrid sur sa chaise roulante. Elle a joué ainsi pendant cinq semaines.

« On a trouvé un spécialiste des os — celui qui s'occupait de l'équipe de base-ball de New York — qui lui a enlevé son plâtre et qui l'a remplacé par un bandage. Enfin, un médecin a déclaré : "Maintenant, je crois que vous pouvez marcher." Mais Ingrid avait si bien pris l'habitude d'être véhiculée, elle avait un tel plaisir à jouer dans un fauteuil roulant — pour elle, c'était une nouvelle expérience théâtrale — qu'elle a dit : "Non, je crois que je vais continuer comme ça." Et ce n'est que la deuxième semaine à Washington qu'elle s'est décidée à rejouer normalement.

« Ensuite, les gens étaient un peu déçus. Alors, pour les consoler, Ingrid venait saluer dans son fauteuil roulant. Et c'était le clou de la soirée ; car c'est cela que le public était venu voir : Ingrid Bergman dans un fauteuil roulant. Elle a vraiment le sens et le goût du jeu. Je ne vois aucune vedette qui aurait su tirer un tel parti de la situation. »

C'est durant cette longue tournée qu'Ingrid fit deux des lapsus les plus mémorables de sa carrière. Le premier dans cette réplique : « Vous êtes un menteur, un plaisantin, un farceur » et où elle réussit à dire : « Vous êtes un menteur, un plaisantin, un *facteur*. » Et le second au dernier acte, au moment où son mari, qu'elle est en train de quitter, lui demande humblement : « Et pour les repas, comment est-ce que je vais m'y prendre ? » Ce à quoi, au lieu de répondre sèchement : « Laisse la cuisinière faire à sa tête et tout ira bien », elle répondit, non moins sèchement : « Laisse la cuisinière faire *ta* tête et tout ira bien. »

* *

Nous jouions à Boston quand j'ai appris que Jean Renoir allait recevoir un prix spécial lors de la remise des Oscars à Hollywood. Jean vivait dans sa maison de Beverly Hills, mais il était malade. Il a déclaré qu'il n'accepterait pas cette récompense à moins que je n'aille la recevoir pour lui. C'est Arthur Cantor qui était responsable de la tournée ; il a trouvé si touchante la requête de Jean qu'il a accepté d'annuler plusieurs représentations pour que nous puissions aller à Hollywood. Lors de la cérémonie, j'ai fait un petit discours. Le tout était retransmis à la télévision et je savais que Jean regardait. J'ai dit qu'il faisait des films d'une profonde originalité, et que son lyrisme, son réalisme poétique et surtout son amour marquaient l'ensemble de son œuvre ; qu'il était l'ami de l'homme dans toute sa noblesse et en dépit de toute sa folie... Après quoi je lui ai présenté son Prix spécial : « En récompense de tout ce que vous avez apporté au cinéma et au public du monde entier, et au nom duquel je tiens à vous dire : Merci, Jean, nous vous aimons tous. »

La salle a applaudi et j'ai regagné ma place. Il ne m'était jamais venu à l'idée que je puisse moi-même recevoir un prix. Je savais que j'avais été désignée pour ma missionnaire suédoise du *Crime de l'Orient-Express*. J'avais été désignée cinq fois, et deux fois j'avais été récompensée : pour *Hantise* d'abord, puis pour *Anastasia*. Et c'était bien assez pour tout le monde. Alors, ma missionnaire suédoise, je l'avais presque oubliée. D'ailleurs, le rôle était si peu important ; en réalité, il s'agissait d'une seule scène — où j'expliquais mon travail, comment je m'occupais de bébés, etc. —, une scène où Sidney Lumet avait gardé la caméra braquée constamment sur moi.

Et puis Valentina Cortese était si bonne dans le film de Truffaut, *La Nuit américaine*, que j'étais convaincue que le prix lui reviendrait. Mais le moment est venu où l'on a annoncé : « Meilleur second rôle féminin : Ingrid Bergman pour *Le Crime de l'Orient-Express*. »

J'ai bondi sur la scène et j'ai dit ce que je pensais : « Ce n'est pas juste. Cette récompense doit revenir à Valentina Cortese... C'est elle qui aurait dû l'avoir. » Ce n'était sans doute pas la chose à dire car les jurés de l'industrie cinématographique qui décernent les prix sont censés être parfaitement impartiaux. Du coup, les projecteurs et les caméras se sont braqués sur Valentina. Elle s'est levée, elle m'a envoyé des baisers, et tout le monde a applaudi.

Valentina a passé avec moi le reste de la soirée ; nous avons été photographiées ensemble. J'étais vraiment triste qu'elle n'ait pas eu le prix, car *elle* le méritait. Par la suite, j'ai compris que — comme d'habitude — j'avais agi trop impulsivement. Trois autres actrices avaient été désignées, et toutes trois étaient excellentes. A juste titre, elles étaient furieuses que je n'aie parlé que de Valentina. Une fois de plus, j'aurais mieux fait de tenir ma langue !

A cette occasion comme à bien d'autres, Lars m'accompagnait. Mais nous n'étions plus mariés que de nom. Pourtant, rien n'avait véritablement changé. Mais je voulais sortir complètement de ce mariage. Il fallait que nous divorcions. Je n'éprouvais aucune amertume.

Nous avons divorcé. Mais la chose s'est faite dans le plus grand secret. Pendant longtemps, même mes amis ne l'ont pas su.

Je voulais divorcer parce que je voulais que la situation soit claire. Et je savais que Lars désirait avoir un enfant ; je ne voulais pas que cet enfant puisse me reprocher de retenir son père. Le premier fils de Lars avait été tué dans un accident ; quand nous nous étions mariés, j'étais trop âgée pour lui donner un enfant. Il avait proposé que nous adoptions un bébé, mais avec les quatre enfants que j'avais déjà, j'estimais que c'était assez. Maintenant, mon mariage était terminé, mais il me restait mon travail.

*
* *

Marti Stevens n'a pas fini de s'étonner : « Une pièce intime jouée au Centre Kennedy ! Tellement grand qu'au dernier rang, il faut des jumelles seulement pour voir la scène ! Eh bien, grâce à Ingrid, *L'Épouse fidèle* faisait salle comble ! Tous les records étaient battus — même *My Fair Lady* ! Nous avons continué sur Boston, Ingrid est allée chercher son troisième Oscar, et le succès ne se démentait pas. Et c'est là qu'Ingrid a pris une décision qui, à mon sens, était extrêmement généreuse. Partout où nous jouions, le théâtre était plein ; mais les critiques n'étaient jamais très fameuses — elles étaient convenables, oui, mais sans plus. Au début de la tournée, nous n'avions même pas prévu de jouer à New York. Et pourquoi Ingrid aurait-elle désiré y aller ? Elle connaissait déjà. Elle avait gagné suffisamment d'argent. Tout ce qu'elle risquait était de se faire éreinter. Mais elle a accepté de jouer un mois au Schubert. Pourquoi ? Parce que, dans la troupe, il y avait plusieurs comédiens qui n'avaient jamais joué à New York et pour qui ce serait une occasion unique ; car pour un acteur américain, jouer à New York, c'est comme jouer à Londres pour un Anglais ou à Paris pour un Français : la consécration. Elle a dit : "Comme ça, on va les voir à Broadway, et ça leur permettra peut-être de décrocher un rôle." Et nous y sommes allés. Nous avons passé au Schubert un mois très agréable. »

Pourtant, les critiques furent tièdes, voire condescendantes. Dans le *New York Times*, Clive Barnes écrivit : « Malgré son air royal et sa beauté radieuse, Miss Bergman fait plus que trente-six ans. Il a donc fallu vieillir tous les rôles, en conséquence de quoi la pièce perd beaucoup de son impact. »

Interrogée par *Variety* sur ce qu'elle pensait de ces critiques, Ingrid déclara : « Je suis comme les nomades. Les chiens aboient, la caravane passe. Et ça me touche assez peu. Certaines critiques font mal, mais je ne me laisse pas démolir, sinon, je ne ferais plus rien. C'est vrai, j'étais inquiète en venant à Broadway ; mais ce n'était pas à cause de ce que les critiques penseraient de moi. De *L'Épouse fidèle*, on peut très bien dire que le style date un peu. Mais ce n'est pas vrai du sujet. Le sujet est tout aussi actuel qu'il y a quarante-neuf ans, quand la pièce a été écrite. Quant à l'âge des personnages, Constance Middleton n'a pas nécessairement trente-cinq ou trente-six ans. Aujourd'hui, la vie sentimentale des femmes ne se termine pas avec la quarantaine. Constance peut tout aussi bien avoir cinquante, soixante ans... et qui sait ? peut-être même soixante-dix ans — mais cela, je ne le sais pas encore. »

En automne 1975, Ingrid se rendit à Rome pour tourner *A Matter of Time*, adapté du roman de Maurice Druon, *La Volupté d'être*. L'histoire, basée sur la réalité, est celle d'une vieille comtesse, une ancienne courtisane, dont la beauté autrefois célèbre a inspiré de nombreux artistes, et qui vit désormais de ses seuls souvenirs dans un hôtel minable de Rome.

La Metro-Goldwyn-Mayer avait acheté les droits du livre, mais n'en avait jamais rien fait. Maintenant, elle les avait cédés à Vincente Minnelli, qui allait en tirer un film avec, dans les principaux rôles, sa fille Liza, Ingrid Bergman et Charles Boyer.

Ingrid eut le plus grand plaisir à faire la connaissance de Liza, à retrouver Charles Boyer, mais aussi à travailler avec ses deux filles : Isabella, qui tenait le rôle épisodique d'une infirmière religieuse, et Ingrid, qui s'occupait des maquillages. Le tournage dura quatorze semaines, et le résultat fut désastreux. Résumant l'opinion de la plupart de ses confrères, Kathleen Carroll écrivit dans *Movies* : « Une fois réalisé, il eût été plus charitable de ne pas distribuer ce film joyeusement inepte et douloureusement démodé. »

Il eut peu de succès aux États-Unis et ne sortit jamais ni en France ni en Angleterre.

*
* *

Début mai 1976, j'étais à Rome pour toute une semaine ; Roberto avait son anniversaire le 8. La veille, il me dit d'une voix triste : « Si j'ai bien compris, tu pars demain ?

— Oui, c'est ça.

— Tu sais que c'est mon anniversaire ; tu sais que je vais avoir soixante-dix ans ?

— Oui, je sais — c'est trop bête que je doive partir. Peut-être qu'on pourrait organiser une petite fête ce soir, Ingrid, Isabella, toi et moi. Du moment que Robin est à Paris, il faudra bien qu'on se passe de lui... »

Il avait l'air un peu déçu, il avait l'impression que tout le monde l'oubliait. Mais le lendemain, quand il a vu les journaux, ça l'a remis : tous rappelaient que Roberto Rossellini avait soixante-dix ans. Il était ravi.

Le 8, à neuf heures du matin, je suis allée chercher la couronne de fleurs que j'avais commandée. J'avais eu toutes les peines du monde à faire comprendre à la fleuriste que je voulais une couronne à mettre sur la tête et non sur une tombe. J'ai retrouvé les filles, et nous sommes toutes allées chez lui. Il est venu ouvrir la porte en pyjama. « Comment, c'est encore toi ? Je te croyais partie... » Nous lui avons chanté *Happy Birthday*, nous l'avons couronné, et il s'est assis sur le canapé entouré de ses deux filles. Sa couronne, il l'a gardée ; même sèche, il ne l'a jamais jetée.

Et puis j'ai dit : « Eh bien, au revoir, c'est le moment que je m'en aille. »

Pas une seconde il ne s'est douté que je mentais. En fait, j'avais organisé une réception dans son restaurant favori ; j'avais réservé une salle privée, avec une table en fer à cheval que nous avions recouverte de faux billets de banque — des lires et des dollars — collés ensemble en guise de nappe.

Après mon départ, les filles ont suggéré : « Puisque c'est ton anniversaire, pourquoi est-ce qu'on n'irait pas dîner dans ton restaurant, celui que tu aimes tant ? »

Le soir, retrouvailles au restaurant. Ce n'est qu'alors que Roberto a compris. Tout le monde était là : sa sœur, ses nièces, son fils aîné, les petits-enfants, sa première femme, toute la famille. Et moi. Il m'a regardée. « Et c'est toi qui as organisé ça ! »

Et puis nous avions préparé pour lui un discours, qu'Ingrid et Isabella avaient écrit. C'était un peu méchant, car nous reprenions tous ses dictons favoris, les phrases exagérées et toutes faites dont il se gargarisait quand il était en colère ou se sentait frustré — le genre : « Je m'ôte le pain de la bouche pour nourrir les enfants. » Les filles avaient un peu peur qu'il ne se vexe ; mais je leur avais dit : « Ne vous inquiétez pas, je le connais mieux que vous, il adorera ça. »

Isabella a lu le discours. Roberto riait tellement qu'il en pleurait. Il lui a demandé de recommencer. Ensuite, il a fait encadrer le texte, et il l'a accroché dans son appartement.

Autre surprise : Robin. Il était venu de Paris, où il travaillait avec Lars, et il s'était habillé en garçon de restaurant. Il est arrivé avec le menu et l'a tendu à Roberto. Roberto l'a pris et s'est mis à le lire sans le moindre regard pour son fils. Pourquoi l'aurait-il regardé ? Ce n'était que le garçon. Robin n'a pas tenu le coup : au bout de soixante secondes, il s'est effondré — son père ne le reconnaissait pas ! Il s'est mis à crier : « Papa ! C'est moi ! Robin... » Toute la plaisanterie était à l'eau.

Roberto s'est levé pour l'embrasser. Tandis qu'il le tenait dans ses bras, par-dessus son épaule, il m'a regardée — un regard, oui, qui valait bien la peine que tout le monde s'était donnée.

Ce fut une soirée merveilleuse. Nous avions tant de souvenirs à évoquer, tant de beaux souvenirs. Les Italiens sont des êtres si chaleureux, si généreux...

En Suède, lorsqu'on est au volant d'une belle voiture, personne n'est content pour vous. Tandis qu'en Italie : je me souviens qu'un jour Roberto avait garé sa Ferrari rouge devant un petit restaurant de poisson. Nous sommes allés faire des courses, et quand nous sommes revenus, nous avons trouvé sur le siège avant un magnifique homard soigneusement emballé. Nous sommes entrés dans le restaurant pour dire qu'il y avait une erreur, que nous n'avions pas commandé de homard. Mais on nous a répondu que c'était un cadeau, que c'était pour l'honneur d'avoir eu cette belle voiture garée devant la porte !

A part ça, cette Ferrari a valu à Roberto un certain nombre d'ennuis parfois très imprévus. Avec elle, il a fait des courses dans toute l'Europe, et notamment en Italie cette course si dangereuse de deux mille kilomètres, les « Mille Miglia ». Je la suivais à la radio. J'étais si nerveuse que je tournais comme un lion en cage et que je ne pouvais m'empêcher de pleurer. Robertino était avec moi ; il avait alors quatre ou cinq ans. La course s'est terminée. Roberto ne l'a pas gagnée, mais il est rentré à la maison en héros — tous ses amis étaient là pour le féliciter, et nous buvions le champagne. A un moment donné, voyant son père assis, Robertino s'est approché et lui a envoyé une gifle. Roberto était si surpris qu'il ne trouvait rien à dire. Mais l'explication est venue d'elle-même ; le gosse a déclaré : « Tu es méchant, tu as fait pleurer maman ! »

Une autre fois que j'ai vu Roberto après ce fameux anniversaire, c'était neuf mois plus tard, au printemps 1977, tout à fait par hasard. J'étais allée à Choisel chercher certaines affaires. En dehors de deux domestiques, la maison était vide, et tout m'est revenu d'un seul coup : les souvenirs, les erreurs, les disputes, les joies — toutes ces années.

Je ne pouvais plus le supporter ; il fallait que je m'en aille. Je suis allée à Paris, et je me suis installée à l'hôtel Raphaël. Qui est-ce qui était là ? Roberto.

Il m'a emmenée dîner. Il a compris que ça n'allait pas fort ; il m'a acheté une bouillotte et de l'aspirine. Je ne lui ai rien dit de précis, mais il a senti que j'étais déprimée par le divorce, que je revoyais le passé avec un certain désespoir.

Le lendemain, il m'a emmenée déjeuner. Il m'a dit : « Ingrid, il ne faut pas regarder en arrière. Ce qui est passé est passé, on ne peut pas y revenir.

C'est devant soi qu'il faut regarder. » Il m'a embrassée sur la joue et il est parti prendre son avion. J'ignorais bien sûr que je ne devais plus le revoir.

Deux mois plus tard, il m'a téléphoné. C'était en mai. Je jouais alors la pièce de N.C. Hunter, *Waters of the Moon*, au théâtre d'été de Chichester. C'était Keith Michel qui m'avait demandé de le faire, et John Clements était notre metteur en scène.

Je jouais avec Wendy Hiller. Un jour, comme j'étais en train de me maquiller, elle arrive dans ma loge en disant : « Vraiment, je devrais te détester — je devrais te détester !

— Quelle horreur ! Mais pourquoi, Wendy, qu'est-ce que j'ai fait ?

— Chaque fois que je me balade dans la rue, il y a des gens qui m'arrêtent pour me dire : "Miss Hillier — on m'appelle toujours comme ça — j'ai vu la pièce hier soir, Ingrid Bergman est absolument fantastique, vous ne trouvez pas ?" Si tu crois que c'est agréable ! » Et elle s'est mise à rire.

Roberto avait été invité à présider le festival de Cannes. Il m'a dit : « Tu te rends compte, il va falloir que je voie *tous* ces films !

— Évidemment. En 1973, quand j'ai été présidente, j'ai dû le faire aussi. Et je peux te dire que c'est bien la seule chose agréable de tout le festival. »

Il m'a dit qu'il se sentait fatigué ; il se réjouissait de retrouver son appartement de Rome.

Chichester est une charmante petite ville du Hampshire. Ruth et moi, nous habitions un cottage situé à environ une demi-heure, et j'avais loué une petite voiture. Le spectacle débutait à sept heures, et je partais très tôt pour avoir du temps devant moi. Avant chaque représentation, il fallait que je me repose une heure et demie — sans téléphone, sans parler — pour paraître quarante-cinq ans, comme le voulait mon rôle.

Nous avions une femme de ménage qui venait à la maison une fois par semaine pour les nettoyages. Mais le cottage était si petit qu'il n'y avait pas de place pour trois. Aussi, le jour où elle venait, Ruth et moi nous déjeunions dehors.

C'était le 3 juin 1977. Quand je suis rentrée, la femme de ménage était partie, mais elle avait laissé un message de la part de Fiorella : « Appeler Rome d'urgence. Les enfants vont bien. » C'était gentil d'avoir pensé à donner cette précision parce que, dans ces cas-là, on se dit tout de suite : « Mon Dieu, il a dû arriver quelque chose à un des gosses ! »

J'ai donc téléphoné à Fiorella, et elle m'a annoncé la nouvelle. Roberto venait de mourir d'une crise cardiaque. Il avait appelé sa première femme, qui vivait dans un appartement situé tout près de chez lui ; elle s'était précipitée, mais trop tard : il était mort. J'étais là, avec Ruth, le regard fixé sur le téléphone. J'ai appelé mes enfants. J'ai appelé Pia, et Lars, et tout le monde — tous ceux que je croyais bon d'avertir. J'étais dans un état affreux. Roberto avait occupé, et occupait toujours, une partie importante de ma vie. Ses soixante-dix ans, il me semblait qu'il les avait fêtés la veille. Et puis Ruth m'a dit : « Ingrid, il est cinq heures, il faut partir.

— Quoi ? Tu veux que je joue ce soir ? Tu veux que je fasse rire les gens dans le rôle d'Helen Lancaster ?

— Oui. Il faut y aller. »

Nous sommes donc parties au théâtre. La radio avait annoncé la nouvelle, et tout le monde était au courant. Au début, personne n'a rien dit ; mais bientôt, toute l'équipe a défilé : « Nous sommes avec toi. On va t'aider à te sortir de là. Ne t'inquiète pas, chérie — tu verras, tu n'es pas seule. »

Et le souvenir de Signe Hasso m'est revenu. Le jour même où elle avait perdu son fils, elle avait joué. Elle n'avait jamais arrêté. J'avais toujours compris pourquoi, mais maintenant je comprenais mieux encore. Ce soir, je ne serais plus Ingrid Bergman : je serais Helen Lancaster, une femme gaie, riche, heureuse... Le temps du spectacle, il n'y aurait pas d'autres réalités.

Ça a marché. Ça s'est bien passé. Et quand je suis rentrée chez moi, j'ai retrouvé le téléphone : j'appelais, on m'appelait — ça a duré presque toute la nuit. Je me souviens qu'il était quatre heures quand Robin m'a téléphoné : « Je sais qu'il est tard. Mais jusqu'ici, j'ai passé mon temps à remonter le moral des autres. Maintenant, j'ai envie de pleurer, de pleurer avec toi. » Et il a éclaté en sanglots.

Tout de suite après les obsèques, les trois enfants sont venus me rejoindre.

Je pleurais sur Roberto. Je pleurais sur la bêtise de la vie qui voulait que maintenant on salue comme des chefs-d'œuvre des films qui, à l'époque où il les avait faits, avaient rencontré tant de mépris et d'incompréhension. Et puis je me suis souvenue de ce qu'il m'avait dit sur ma façon de pleurer. J'avais vu le film qu'il avait tourné en Inde. Une séquence de celui-ci racontait l'histoire d'un vieux mendiant et du petit singe qui l'accompagne et qu'une chaîne rattache à son poignet. Le singe fait des bonds, des tours, puis passe la sébile. Le vieux tombe malade, il va dans la jungle, il chancelle, il titube — il tombe. Il est clair qu'il va mourir. Au-dessus de sa tête, les vautours commencent à tourner. Le petit singe s'agite, il est fou d'inquiétude. Il essaie de réveiller son compagnon, de lui faire comprendre qu'il y a du danger. Les yeux fixés sur les vautours, il crie, il crie à fendre l'âme. Mais la chaîne le retient, il ne peut pas partir. Finalement, il se couche sur le vieillard comme pour le protéger ou mourir avec lui. C'était si bouleversant que je pleurais toutes les larmes de mon corps.

Quand j'ai raconté ça à Roberto, il a souri ; il m'a dit : « Tu sais pourquoi ? Parce que tu nous voyais, toi et moi. Toi, tu étais le singe — essayant toujours de me protéger des vautours. C'est pour cette raison-là que tu as pleuré. »

Il y avait la mort, et il y avait la vie. Le lendemain de la mort de Roberto, Lars m'a téléphoné de New York et m'a annoncé que Kristina Belfrage venait de lui donner un fils. C'était ce qui lui avait manqué pendant toutes ces années. J'étais très heureuse pour lui.

Commencées il y a si longtemps, mes relations avec Lars demeurent les plus importantes de ma vie.

La saison de Chichester s'est terminée à la mi-juin. La pièce reprendrait en automne, mais d'ici là, il faudrait que j'aille à Stockholm puis en Norvège, où Ingmar Bergman avait prévu de tourner *Sonate d'automne*.

Dans le courant de l'été, je suis allée à New York, et j'en ai profité pour aller revoir le médecin, car tous les six mois j'étais censée subir un contrôle. Il m'a dit que j'avais une glande enflée, et qu'il faudrait surveiller ça. Ce n'était pas grave, mais dès mon retour en Angleterre, il vaudrait mieux que j'aille me montrer à mon médecin traitant.

CHAPITRE XXIX

INGMAR BERGMAN avait eu avec la Suède la même mauvaise expérience qu'Ingrid. Le désir des Suédois de faire comprendre à leurs artistes mondialement connus qu'ils sont des gens comme les autres entrait certainement en jeu lorsque, en janvier 1976, Ingmar Bergman, leur cinéaste et metteur en scène le plus célèbre, fut arrêté par la police alors qu'il travaillait au Théâtre royal et conduit en prison sous prétexte de fraude fiscale.

Il fut détenu cinq heures au poste de police cependant qu'on fouillait la maison et ses papiers. La seule accusation jamais lancée contre lui fut rapidement retirée ; mais, comme Ingrid, il jugea le procédé trop déplaisant pour l'oublier. Il chercha en Europe et sur la côte ouest des États-Unis un nouvel endroit où vivre et finit par s'installer à Munich. En Suède, il ne garda que son île, dont il pouvait considérer qu'elle ne faisait pas véritablement partie du pays.

Désormais, il tournerait tous ses films hors de la Suède.

*
* *

J'ai rencontré Ingmar Bergman pour la première fois il y a une quinzaine d'années. Lars et lui se connaissaient depuis très longtemps ; ils avaient débuté tous les deux au théâtre de Malmö au sud de la Suède. Copenhague et le Danemark se trouvent juste à côté — on fait le trajet en ferry. Un jour, ils sont allés ensemble voir une pièce danoise. A la fin du spectacle, Ingmar a décrété qu'il voulait dormir en Suède.

Lars a protesté : « Mais c'est comme si on y était — on la voit d'ici ! »

Inutile. Ingmar ne voulait pas passer la nuit *à l'étranger*. Lars n'avait jamais vu quelqu'un d'aussi profondément *enraciné*.

Quand j'ai rencontré Ingmar à Paris, à l'ambassade de Suède, il présentait une mise en scène de *La Saga*, écrite par un autre Bergman : Hjalmar. Hors de son pays, Ingmar était mal à l'aise, et j'ai pensé : « Il est comme le bon vin, il ne voyage pas. » Je me souviens que nous sommes tous allés à l'ancien théâtre Sarah Bernhardt voir Bibi Andersson. Ensuite, Ingmar repartait pour la Suède. Lors de cette première rencontre, nous n'avons pas échangé un mot.

Quelques années plus tard, je l'ai revu à Stockholm avec Lars. Nous avons déjeuné ensemble, et cette fois le contact a été immédiat. Lars devait retourner à son bureau, et nous sommes restés une bonne heure à bavarder. Il voulait que nous fassions un film ensemble. J'étais ravie. Je n'aurais jamais osé en parler moi-même sachant qu'il travaillait toujours pratiquement avec la même équipe. Il pensait à un livre, *Le Patron Ingeborg*. C'était un livre de Hjalmar Bergman, et il trouvait amusante l'idée de réunir dans le même film trois Bergman n'ayant entre eux aucun lien de parenté.

Nous avons échangé quelques lettres sur le sujet, après quoi il a changé d'avis : il écrirait pour notre film une histoire originale. Ensuite, j'ai appris qu'il était nommé directeur du Théâtre royal, ce qui m'a paru mettre un point final à tous nos projets. Je lui ai écrit pour le féliciter, tout en déplorant que, faute de temps, nous ne puissions plus songer à faire un film ensemble. A cela, il m'a répondu : « C'est écrit sur mon front en lettres de feu. Le film avec Ingrid se fera. »

Et puis je n'ai plus eu de nouvelles.

Plusieurs années après, j'ai été invitée à présider le jury du festival de Cannes. Juste avant de partir, j'ai entrepris de mettre de l'ordre dans certains tiroirs, et, en triant des lettres — je suis du genre écureuil, je conserve tout —, je suis tombée sur celle d'Ingmar. Elle datait de dix ans.

Je savais qu'il était invité au festival pour présenter son film, *Cris et chuchotements*, hors compétition. Au bas de sa lettre, j'ai ajouté : « Si je vous rends ceci, ce n'est ni par colère ni par amertume, mais seulement pour vous montrer comme le temps passe ! »

A Cannes, je l'ai trouvé entouré d'une foule de photographes et de journalistes. Je me suis approchée, et j'ai dit : « Je glisse une lettre dans votre poche. »

Il s'est mis à rire. « Est-ce que je peux la lire maintenant ?

— Non, attendez d'être chez vous. » Et la foule l'a entraîné loin de moi.

Là-dessus, deux nouvelles années ont passé. Je me trouvais dans l'île avec Lars quand Ingmar a téléphoné.

« Ça y est, j'ai une histoire pour vous. Une histoire de mère et de fille.

— Je suis ravie. J'espère que vous ne m'en avez pas voulu de mettre cette lettre dans votre poche ?

— Pas du tout. Vous avez très bien fait de me rappeler nos projets. Depuis lors, je n'ai pas cessé d'y penser et d'y travailler. Et maintenant, j'ai cette idée. La seule chose, c'est que je ne sais pas si vous accepterez de jouer la mère de Liv Ullmann ?

— Pourquoi pas ?

— Mes amis m'ont dit que vous refuseriez parce que Liv est trop âgée pour être votre fille.

— Quelle idée ! J'ai une fille qui a exactement son âge...

— Et puis, le film se fera en suédois.

— Ça me convient tout à fait.

— D'après mes amis, vous voudriez qu'il soit en anglais de façon qu'on puisse le vendre sur le marché international. »

Je commençais à en avoir assez des amis de M. Bergman.

J'ai répondu : « Ils ont tort. Vos amis se trompent complètement. Depuis le temps que je me bats avec l'anglais, le français et l'italien, je serais ravie de retravailler dans ma langue. »

Quand j'ai reçu le scénario, j'ai eu un choc. Il était si épais que j'ai eu l'impression que le film durerait six heures. Le sujet de l'histoire m'a tout de suite plu — pas la moindre hésitation là-dessus — mais je trouvais seulement que c'était un peu *trop*. J'ai appelé Ingmar et je le lui ai dit. Il m'a expliqué : « J'ai écrit tout ce qui me venait à l'esprit. Mais bien sûr, nous allons couper. Pourquoi ne viendriez-vous pas dans mon île, cet été, qu'on discute de tout cela ? »

J'ai accepté. Pourtant, j'avais un peu peur de le déranger. Les Suédois tiennent tant à leur intimité. Pour eux, les vacances idéales, ce sont celles que l'on passe loin de tout et de tout le monde — pouvoir rentrer chez soi en disant : « C'était merveilleux : pendant tout ce temps, je n'ai pas vu une seule maison ni une seule personne. » Mes enfants n'ont d'ailleurs jamais compris cette manie de la solitude ; pour eux comme pour les Italiens en général, plus on est de fous, plus on rit.

Fårö, l'île d'Ingmar, est beaucoup plus grande que Danholmen, celle de Lars. C'est une île plate, avec des arbres, des moutons, une église et quelques magasins. On se rend d'une maison à l'autre en voiture. Le bâtiment le plus proche de l'endroit où vit Ingmar est la base navale. A l'aéroport, Ingmar m'attendait avec sa voiture.

* * *

« Je suis allé la chercher à l'aéroport. Elle est montée dans la voiture, et, à peine ai-je démarré qu'elle a commencé : "Dans le scénario, je n'aime pas ceci, je n'aime pas cela. Je ne comprends pas. Pourquoi cette femme parle-t-elle si durement ? — elle est d'une brutalité incroyable..."

« J'ai répondu : "C'est une longue histoire. C'est sa façon à elle se s'exprimer."

« Il y a eu un silence. Je dois dire que j'étais un peu choqué par la façon dont le dialogue s'engageait. Et puis Ingrid a déclaré : "Ingmar, il faut que vous sachiez une chose : je commence toujours par parler — je réfléchis ensuite."

« J'ai trouvé cette révélation tout à fait remarquable. Elle est devenue la clef de notre relation. J'ai compris que la spontanéité de réaction — qui entraîne parfois un certain manque de tact — était la clef même de son personnage. Quand Ingrid dit quelque chose, il faut l'écouter. Au premier abord, ce qu'elle dit peut paraître idiot, mais on se rend compte ensuite que ce n'est pas idiot du tout. Il faut l'écouter parce que, chez elle, cette réaction immédiate est extrêmement importante.

« J'ai vu tous les films qu'Ingrid a tournés aux États-Unis. Le seul que je n'aie pas vu, c'est le remake d'*Intermezzo* avec Leslie Howard. A l'époque, j'étais un jeune metteur en scène. Nous étions fascinés par le cinéma américain et sa technique. Nous aimions aussi beaucoup le style sombre du cinéma français, mais nous savions que nous avions beaucoup de choses à apprendre des Américains quant à la façon de faire un film. Bien sûr, parmi les premiers films qu'Ingrid a tournés aux États-Unis, il n'y avait pas que des chefs-d'œuvre. Mais, quoi qu'elle fasse, je me souviens très bien d'avoir toujours été fasciné par son visage. Son visage — la peau, les yeux, la bouche, surtout la bouche — possédait un rayonnement très particulier, un attrait érotique extraordinaire.

« J'ai toujours trouvé que la façon dont la Suède avait accueilli *Jeanne au bûcher* était très injuste. Je pense que la mise en scène n'aidait guère Ingrid ; son personnage, elle donnait l'impression de l'avoir créé elle-même. Je trouvais scandaleux que tous les critiques se liguent pour la démolir. Non seulement c'était tout à fait injuste, mais c'était une forme de vengeance. Ingrid avait eu de très grands succès, et comme il arrive parfois en Suède, ces succès indisposaient les gens. En Suède, il est de bon ton de cacher sa réussite, ce qu'Ingrid ne faisait pas. Il fallait donc lui donner une leçon, lui couper les ailes. C'était, je crois, une réaction typiquement suédoise. A part ça, bien sûr, l'oratorio n'était pas parfait. Parfois oui, mais parfois aussi, assis dans la salle, j'avais l'impression que le spectacle était proche du désastre. Cependant, à mon sens — je donne ici mon avis car je ne crois pas qu'il y ait de vérité *objective* — cinquante pour cent du jeu d'Ingrid étaient prodigieux, absolument fantastiques ; vingt pour cent passables ; et les derniers trente pour cent tout à fait catastrophiques. Et il était inadmissible qu'on se serve de ces trente pour cent pour l'assassiner. Je n'étais pas là quand elle a fait son fameux discours contre la critique suédoise ; et je l'ai regretté, car je trouve qu'elle a été extraordinaire. J'admire énormément qu'elle ait su transformer cette terrible expérience en une sorte de triomphe. C'est très curieux. Quand on ne vit pas en Suède, quels que soient les succès qu'on remporte ailleurs, si on écrit sur vous des méchancetés en Suède, ce sont ces méchancetés qui comptent, qui vous font mal — ce qu'on écrit sur vous dans le reste du monde ne vous intéresse pas. Je le sais moi-même par expérience. »

* * *

Dans la voiture, j'ai raconté à Ingmar que Roberto avait toujours détesté que je fasse des films avec d'autres metteurs en scène, sauf Jean Renoir. Je lui ai dit que, la dernière fois que je l'avais vu, j'avais pris mon courage à deux mains pour lui parler de mon projet de film avec lui. Alors que j'étais prête à me boucher les oreilles pour ne pas l'entendre hurler, j'avais eu l'immense surprise de voir ses yeux se remplir de larmes. Et il m'avait dit : « Oh ! oui, c'est bien, c'est très bien. Fais-le, et tourne en suédois. Je suis ravi que tu travailles avec Bergman. »

J'ai raconté ce souvenir, et je me suis tournée vers Ingmar pour voir sa réaction : à son tour, il avait les larmes aux yeux. Il y avait, entre les deux hommes, tant de points communs. S'ils s'étaient rencontrés, je suis sûre qu'ils se seraient parfaitement entendus.

Nous sommes arrivés chez Ingmar, et j'ai fait la connaissance de sa femme. Elle s'appelait Ingrid, elle aussi. Pour la première fois ce soir-là, j'ai donc dîné avec une autre Ingrid Bergman. Nous avons décidé que, le lendemain, nous nous retrouverions à dix heures et demie. Je me suis levée tôt, je me suis baignée dans la piscine, j'ai été me promener, j'ai admiré le paysage, et, à dix heures et demie précises, je suis entrée dans le bureau d'Ingmar, j'ai ouvert le scénario, et j'ai déclaré : « Comment une mère peut-elle rester sept ans loin de ses enfants ! »

Il a éclaté de rire, puis il a rétorqué : « Je suis bien content que vous ne commenciez pas par la première page. »

* * *

Sonate d'automne est l'histoire d'une pianiste célèbre qui rentre chez elle en Norvège pour voir ses deux filles. Liv est mariée à un pasteur de campagne. L'autre fille, atteinte d'une maladie dégénérative et incapable de parler, vit avec eux. Un peu après minuit, Liv et Ingrid se retrouvent au salon, et c'est entre elles un affrontement émotionnel d'une rare violence, peut-être la scène la plus dure du genre jamais portée à l'écran.

*
* **

Pour Ingmar, ce n'était qu'une affaire d'amour. De présence et d'absence d'amour, de besoin d'amour, de mensonges d'amour — une histoire où l'amour est présenté comme notre seule chance de survie. Et sans doute avait-il raison. Ou presque raison ! Pourtant, je lui ai dit : « Voyons, le scénario est horriblement déprimant. J'ai trois filles, je connais le problème ; c'est vrai qu'on se dispute de temps en temps — mais pas à ce point-là ! On ne pourrait pas glisser de temps en temps une petite plaisanterie ? »

Ingmar était catégorique. « Pas question. Ce n'est pas une histoire plaisante. Et ce n'est pas *ton* histoire. Le personnage s'appelle *Charlotte* ; c'est une pianiste mondialement connue.

— Mais sept ans sans voir ses filles, ça n'existe pas ! En plus, l'une des deux est paralysée, presque mourante — ce n'est pas vraisemblable ! »

Liv et moi — nous étions toutes les deux mères —, nous le plaisantions. Je disais : « Ingmar, vraiment, les gens que tu connais doivent être des monstres ! » Mais impossible de le faire changer quoi que ce soit.

* *

Liv Ullmann raconte : « J'avais déjà travaillé dans douze films avec Ingmar Bergman. Quand il m'a téléphoné pour me dire : "J'espère que, cette fois, j'aurai Ingrid Bergman", j'ai été absolument ravie. Il était sûr que notre association serait excellente à cause de toutes les ressemblances qu'il y a entre nous. Il a besoin aussi qu'il y ait des ressemblances entre lui et ses acteurs, car à travers ses acteurs, il projette beaucoup de lui-même. Je me réjouissais de faire la connaissance d'Ingrid en tant que femme et de travailler avec elle en tant que comédienne. Comme tout le monde, j'avais d'ailleurs l'impression que je la connaissais déjà. J'avais lu tout ce qui la concernait, et, à une certaine époque de ma vie, on m'avait comparée à elle à cause du scandale que m'avait valu le fait d'avoir avec Ingmar un enfant hors mariage. La Norvège, où je suis née, était alors un pays très conservateur, et à la télévision des prêtres avaient dénoncé ma conduite, de sorte que je n'ai trouvé personne qui accepte de baptiser ma fille avant qu'elle ait trois ans.

« Cette rencontre avec Ingrid devait être un grand événement. Après tout ce qu'elle avait vécu, je l'imaginais volontiers pleine de regrets. Et puis c'était une star ; j'étais toute prête à l'entendre parler d'Hollywood avec une certaine nostalgie. Au lieu de quoi, je me suis trouvée face à la femme la plus directe, la plus positive que j'ai jamais connue. C'est vrai.

« Bien sûr, au début il y a eu des tas de discussions entre Ingmar et elle. Ingmar a l'habitude de travailler avec une équipe régulière, des gens comme moi, qui le comprennent à demi-mot, sans poser de questions. Ingrid, elle, s'en est tout de suite prise au scénario. "On ne peut parler tant que ça. Les dialogues sont trop longs, il faut couper. Non, ce n'est pas possible que cette femme dise tout cela. En tout cas, moi je ne peux pas." A la fin de la séance, connaissant si bien Ingmar, toute l'équipe était sous la table. Quant à moi, je suis allée dans une autre pièce : il fallait que je pleure — j'étais sûre que ça ne marcherait jamais. Ingmar n'avait pas l'habitude de ce genre de réactions ; avec ses façons directes, Ingrid risquait elle aussi de se sentir mal à l'aise avec lui. J'étais malheureuse pour tous les deux. J'étais surtout malheureuse pour Ingmar, car je savais à quel point il est sensible à la critique, combien il est toujours prêt à remettre son travail en question. Si quelqu'un lui dit que ce qu'il a fait est idiot, c'est fini, il perd tout de suite confiance en lui. J'étais là en train de pleurer lorsque Ingmar est arrivé. Il avait l'air d'un chien battu. Il m'a dit : "Je ne sais que faire. Est-ce que le scénario est mauvais ?" J'ai essayé de le rassurer. "Non, il n'est pas mauvais. Et je suis sûre qu'Ingrid ne le trouve pas mauvais non plus. Elle n'a pas l'habitude de ton langage, et toi, tu n'as pas l'habitude du sien. Mais peut-être que ça va s'arranger ; vous finirez par vous comprendre." »

* * *

Au début, ça n'a pas été facile.

Le tournage a commencé en automne 1977, dans les studios d'Oslo. L'équipe de *Sonate d'automne* comptait en tout et pour tout quinze personnes, dont les deux tiers étaient des femmes. Ingmar m'a expliqué qu'il les trouvait beaucoup plus efficaces et moins hystériques que les hommes. Avec Ingmar, la concentration et l'intimité sont des facteurs essentiels ; ils sont indispensables à l'intensité qu'il recherche ; il sont à la base même de son génie particulier. Pendant tout le temps que dure le tournage d'un film, on ne le voit pas manger — il vit de yaourts, d'un peu de sommeil, et des mille soucis qui l'occupent.

Quoi que je joue — même si c'est le rôle d'une femme qui ne me ressemble pas du tout — il faut que je comprenne. Dans *La Rancune*, par exemple, mon rôle était celui d'une femme obsédée par la vengeance qu'elle poursuit, le désir de voir mourir l'homme qui l'a brisée. C'est une chose possible, un

sentiment que je peux *comprendre* et, par consé-
quent, que je peux *jouer*. Mais je ne peux pas jouer
ce que je ne sens pas. Et, dans *Sonate d'automne*, il
y avait tant de choses que je ne sentais pas et que
je ne sentais pas justes. Ingmar n'arrêtait pas de me
dire : « Tous les gens ne sont pas comme toi,
voyons. La mère que tu interprètes est une femme
différente ; mets-toi dans sa peau et joue-la. »

* *

Ingmar : « Je disais à Ingrid : "Cette mère, Charlotte, ça ne va pas être un rôle facile pour toi. Il
faut que tu découvres la façon dont elle réagit ; il
faut que tu trouves qui elle est. Je suis là pour
t'aider. A nous deux, on devrait pouvoir y arriver."
J'étais assez surpris de constater qu'elle protestait
surtout contre les traits qui étaient les plus proches
de son caractère. Ingrid peut être très brutale dans
ses opinions, et Charlotte possédait cette même
qualité. »

* *

Je n'arrêtais pas de discuter : « Sept ans ! Rester
sept ans loin de ses enfants ! C'est impossible ! »
Alors, pour me calmer, il a accepté de ramener
cette période à cinq ans — qui, je m'en suis
aperçue plus tard, sont redevenus sept ans dans la
version définitive — mais il insistait : « Il y a des
femmes comme ça. Elles ne veulent pas s'inquiéter
de leurs enfants ; elles ne veulent pas connaître
leurs problèmes. Elles ont leur vie, elles ont leur
carrière ; tout ce qui n'y entre pas, elles le repous-
sent, elles le refusent. C'est le sujet même du film.
C'est cela que je veux montrer. »
Peu lui importait que mes amis me répètent :
« Alors, il paraît que tu joues enfin ton propre
rôle ! »

Ingmar : « Il y a une scène dans *Sonate d'automne*
— la scène de l'affrontement nocturne — où la
mère est complètement défaite. Elle est en morceaux, elle n'a plus que la force de supplier sa fille,
elle lui dit : "Je n'en peux plus. Aide-moi. Touche-
moi. Ne peux-tu m'aider ? Ne peux-tu essayer de
me comprendre ?" Elle dit ça sans aucune expression, d'une voix absolument dépouillée. Nous
avions répété la scène à Stockholm avant de commencer le tournage à Oslo. Tout comme moi,
Ingrid avait l'impression de ne pas y être à l'aise.

« Le moment du tournage est venu. On a réglé les
éclairages, on a déterminé la position de la caméra,
et on a fait une pause café. Je me trouvais là avec
Sven Nykvist quand brusquement Ingrid est arrivée. Elle s'est plantée devant moi et, avec une
violence extraordinaire, elle m'a dit : "Ingmar,
maintenant tu vas m'expliquer cette scène ! Tu ne
peux pas me laisser comme ça. Tu dois me l'expliquer." Elle était furieuse. Vraiment furieuse.

« Je ne sais pas ce que je lui ai dit. Je ne lui ai
certainement rien dit d'important. Mais le fait de se
mettre en colère était pour elle le moyen de découvrir les expressions et les motivations de la scène.
De cela, je suis tout à fait convaincu. »

Je me souviens très bien de cet éclat. Je suis
arrivée, et tout de suite je me suis mise à crier :
« Je ne peux pas jouer cette scène. Tu ne m'as
donné aucune explication valable. » Liv était assise
à côté de lui. Elle s'est levée, et elle est sortie. Mais
presque aussitôt après, elle est revenue. Elle avait
un petit sourire. Elle voulait voir jusqu'où je pouvais aller avec lui.

Ingmar a bondi de son siège et il a marché droit

sur moi. Il était furieux, mais je savais qu'il comprenait ma position. Et il a trouvé les mots justes — il a dit : « Si tu étais dans un camp de concentration, tu dirais *n'importe quoi* pour qu'on t'aide. »

Du coup, je l'ai compris ; j'ai compris l'ampleur de ma défaite, la profondeur de mon désespoir. Oui, dans un camp de concentration, c'est comme ça qu'on devait se sentir. Maintenant, je pouvais jouer la scène.

Ingmar adore les acteurs. Il a passé toute sa vie au théâtre ; il les traite comme ses enfants. Il s'inquiète de leur bonheur ; il voudrait tellement qu'ils soient heureux. Un acteur sent très bien si le metteur en scène souffre pour lui, souffre avec lui. Et quand on joue une scène difficile, c'est une aide extraordinaire de savoir qu'il se bat avec nous. Un coup d'œil suffit ; vous lisez dans son regard : « Ce n'était pas bon ! Mais *ça* — oui, maintenant... » — et vous voyez qu'il a les larmes aux yeux.

Parfois, Ingmar dit quelques mots. Mais il n'est pas de ces metteurs en scène qui vous donnent la réplique d'un bout à l'autre au point où on se demande pourquoi ils ne jouent pas le rôle eux-mêmes. Il vous donne une image, de quoi vous faire comprendre ce qu'il veut. Il ne gaspille jamais votre énergie. S'il sent que vous êtes mal à l'aise, il arrête tout de suite pour voir ce qui ne va pas. Ou il demande : « A quoi est-ce que tu *penses* ? » On lui explique et il dit : « Non. Ce n'est pas ça du tout. » Et il vous lance une idée qui vous permet de saisir sa pensée. En plus, il ne crie jamais — du moins pendant ce film il ne l'a jamais fait.

Le don d'Ingmar, c'est d'aller tellement en profondeur dans les personnages qu'il crée. La caméra est toute proche, prête à saisir la moindre nuance, le moindre mouvement de l'œil, le moindre frémissement des lèvres, la plus légère crispation du menton. Dans une certaine mesure, c'était nouveau pour moi. Depuis longtemps, je faisais du théâtre, et au théâtre, on joue pour les gens du troisième balcon. Il faut de grands gestes, il faut hausser le ton. Les spectateurs ont payé leur place ; il faut jouer pour eux. S'ils ne vous voient pas très bien, la moindre des choses c'est qu'ils entendent votre voix. Cependant, je savais ce que signifie un gros plan. D'un gros plan, on peut tirer quelque chose qui n'existe pas. Dans *Casablanca*, il n'y avait souvent rien sur mon visage, absolument rien. Mais le public y voyait ce qu'il imaginait. Il me prêtait les pensées qu'il voulait. Chaque spectateur inventait mon rôle.

* *
*

Ingmar : « Lentement, je me suis mis à comprendre qu'Ingrid avait un énorme besoin de sécurité, de tendresse et de contact. Et avec moi, elle ne se sentait pas à l'aise, elle n'avait pas en moi une confiance absolue ; il fallait donc que je lui montre quels étaient mes sentiments envers elle. Ça a été fantastique ; maintenant, j'avais l'impression qu'il n'était plus nécessaire que je sois poli ou diplomate avec elle, que je cherche les mots justes. Je me suis montré tel que je suis, tel que j'étais. Si j'avais envie de me mettre en colère, je me mettais en colère. Parfois, j'étais brutal ; il m'est arrivé d'être très dur avec elle. Mais en même temps, je lui montrais à quel point je l'aimais.

« Si, au début, pendant les deux semaines qu'ont duré les répétitions, il y a eu entre nous des malentendus, maintenant, c'était fini. Il n'y avait plus de difficultés, plus de complications. Entre nous s'était établie une circulation sanguine commune ; nous partagions les mêmes élans émotionnels ; il n'y avait pas de problèmes.

« Et puis je crois que durant cette période elle a

découvert quelque chose qu'elle ne connaissait pas. Dans le film, il y avait beaucoup de femmes qui faisaient différents travaux. Pour la première fois durant le tournage d'un film, elle a, je crois, connu avec ces femmes une relation de sœur, en particulier avec Liv, et cela a certainement contribué à lui donner la sécurité affective dont elle avait besoin.

« Moi qui ne connais vraiment Ingrid que depuis trois ans, j'ai le sentiment de la connaître depuis une éternité. Nous nous parlons comme frère et sœur. Ce n'est pas une plaisanterie, ce n'est pas un mot ; parfois, j'ai vraiment l'impression qu'elle est ma sœur, soit une petite sœur, dont je dois prendre soin, soit une sœur aînée, qui possède beaucoup de bon sens et qui sait parler comme il le faut à son petit frère pour lui faire comprendre qu'il ne se conduit pas très bien.

« Dans sa vie privée, elle ne porte aucun masque, et c'est magnifique. En revanche, dans le travail, il lui arrive de mettre certains masques qui ne lui vont pas très bien, mais elle adore jouer. Elle y prend un tel plaisir qu'on s'en rend parfaitement compte. Elle-même, qui sait tout, sait très bien ce qu'elle est en train de faire ; et si un metteur en scène se laisse abuser, elle est la première furieuse.

« Le fait qu'elle ait toute sa vie joué dans des langues étrangères me paraît extraordinaire. J'ai toujours eu le sentiment qu'un acteur ne pouvait pas jouer à cent pour cent dans une autre langue que la sienne. Ingrid — quand elle est bonne — a une façon prodigieuse de dire ce qu'elle dit ; les mots sortent de sa bouche comme si elle les créait, comme si auparavant on ne les avait jamais prononcés. Cependant, même si l'on est parfait dans telle langue étrangère, même si on la parle sans le moindre accent, il y a toujours entre elle et vous comme un voile, une pellicule qui vous fait non pas hésiter, mais égrener une centaine de notes minuscules qui ne sont pas dans le ton — des interruptions dans le rythme du langage. Tout cela ne prouve d'ailleurs rien d'autre que le prodigieux charisme dont Ingrid jouit à l'écran pour avoir fait presque toute sa carrière dans des langues étrangères.

« Quelqu'un a dit à propos d'Ingrid : "Ingrid est mariée à la caméra, et la caméra est amoureuse d'elle." C'est vrai. La caméra aime les vraies actrices de cinéma : la caméra a faim de leurs visages, de leurs émotions, de la façon dont elles se meuvent. La caméra a ses élus. Ce qui est très injuste pour ceux qui n'en font pas partie. Cela ne s'explique pas. C'est inexplicable. Tel acteur qui, sur scène, est absolument extraordinaire, ennuie la caméra. La caméra bâille et elle se venge en donnant de lui une image ennuyeuse.

« Ingrid a une telle joie dans son travail. Chez elle, jouer est vraiment un besoin. C'est la véritable actrice. Elle possède un énorme bagage d'expérience, de savoir technique, d'imagination, d'émotions, de fantaisie et même d'humour noir.

« Je regrette beaucoup que nous n'ayons pas souvent travaillé ensemble avant, car il y a chez elle quelque chose de très stimulant qui me donne envie de lui écrire des rôles. Dans *Sonate d'automne*, l'un des plus beaux moments est, à mes yeux, celui où elle raconte la mort de son ami à l'hôpital, leur dernière nuit. Chaque fois que je vois la scène, je la trouve merveilleuse, je trouve absolument parfaite la façon dont Ingrid la vit, la rend. Pour moi, c'est l'une des scènes les plus belles de toute ma carrière. »

*\
*

Deux ans plus tard, c'est-à-dire en été 1979, je suis retournée voir Ingmar dans son île, et il m'a montré le documentaire qu'il avait tourné pendant la réalisation de *Sonate d'automne*. La plupart du temps, je ne me rendais pas compte qu'on nous filmait. Autour de nous, il y avait tout un va-et-vient de cameramen et d'éclairagistes dont on ne savait jamais au juste ce qu'ils étaient en train de faire. Et puis souvent, la caméra était cachée, on nous prenait de dos.

Ce documentaire, très long, m'a donné l'occasion de me voir comme jamais je n'avais pu le faire. Ça a été une expérience très révélatrice. J'ai dit à Ingmar : « Si seulement je l'avais vu avant qu'on se mette au travail — j'aurais peut-être été un peu moins difficile. »

Car je ne pouvais pas croire que j'étais à ce point difficile. Je parle tout le temps. Je discute sans arrêt. C'était très gênant. Peut-être qu'il est bon de se voir comme on est réellement. J'espère que, plus jeune, j'étais aussi plus agréable. Mais j'en doute.

Au début du documentaire, on voit Ingmar assis sur la table, les pieds sur une chaise, qui accueille tout le monde : « Salut, comment ça va, quel plaisir de retravailler avec toi. » Et puis nous commençons à lire le scénario, et tout de suite je me mets à discuter. « Ce truc-là, je n'avais rien lu de plus ennuyeux. C'est beaucoup trop long. Et ça, je n'y comprends strictement rien... »

Maintenant, la caméra est braquée sur le visage d'une femme qui s'occupe de la partie administrative du film. Elle me regarde d'un air assassin, avec des yeux qui semblent dire : Avec celle-là, le film ne sera jamais terminé ! Comment lui en vouloir ? Si je suis capable de me comporter comme je le fais les cinq premières minutes, il y a vraiment de quoi se poser des questions. (Elle m'a expliqué ensuite que son regard n'était pas du tout un regard d'hostilité. Simplement, elle n'en revenait pas que quelqu'un ait le culot de traiter Ingmar comme je le faisais.)

Ingmar est très conciliant. « D'accord, d'accord, Ingrid. Quand le moment sera venu de répéter cette scène-là, on verra si ça marche ou non. Maintenant, si tu veux bien, on continue. »

Ensuite, nous voilà par terre ; toutes les positions sont fixées, mais je continue à me plaindre : « Quoi ? Par terre ? Tu veux qu'on s'installe par terre ? Mais pourquoi ? Ça n'a pas de sens ? Les gens vont trouver ça grotesque ! » Enfin, le moment de la prise de vues arrive ; cette fois, je suis un peu mieux.

Même pour moi qui avais tourné dans le film, ce documentaire était un vrai suspense. On se demande tout le temps : Qu'est-ce que ça va donner ? Est-ce que ça va marcher ? Est-ce qu'il va en sortir quelque chose de valable ? C'était passionnant. C'est le meilleur documentaire jamais réalisé sur le tournage d'un film — même si le rôle que j'y tiens est plutôt... abrasif ! Un jour, Ingmar en fera don à l'Institut cinématographique national suédois.

*
* *

Liv Ullmann : « Une autre chose que j'ai trouvée extraordinaire à propos d'Ingrid, c'est que, malgré les longs monologues que comportait son rôle, il n'y a pas eu un jour où elle ne sache pas son texte. Elle avait la même vie nocturne que nous : cinéma, réceptions, cette espèce de vie de famille qui se crée autour d'Ingmar lorsqu'on tourne un film avec lui. Jamais elle ne s'enfermait dans sa chambre pour étudier, mais jamais non plus nous n'avons dû reprendre une seule scène parce qu'elle ne savait pas son texte. Et bien sûr, son suédois était parfait.

« Je l'aime et je l'admire beaucoup. J'ai l'impression que, si les femmes se battent, c'est pour pouvoir être comme elle : elle, sa libération, elle la vit, et elle la vit chaque jour. Et je crois que, si la lutte pour la libération de la femme m'a apporté quelque chose, c'est de pouvoir regarder une autre femme et d'être fière d'elle. J'aime Ingrid, et je suis fière que nous soyons du même sexe. Je ne dirais pas que je voudrais l'avoir eue pour mère, ou pour sœur ; j'aurais aimé avoir une amie comme elle lorsque j'étais très jeune, à un âge où son contact m'aurait influencée. Voilà ce que je ressens à propos d'Ingrid. »

*
* *

Je prenais grand plaisir à travailler avec Ingmar, avec Liv, avec toute l'équipe — ils étaient si originaux, si passionnés par ce qu'ils faisaient. Mais, deux semaines avant la date prévue pour la fin du tournage, j'ai commencé à sentir quelque chose sous mon autre bras, quelque chose qui se développait. Ça m'a rendue très nerveuse, très inquiète. Et bien sûr, mon anxiété a fini par se voir.

Un jour, Ingmar est venu s'asseoir près de moi, et il m'a demandé : « Qu'est-ce qu'il y a ? Qu'est-ce qui ne va pas ? »

Je lui ai raconté. Je lui ai dit : « Il va falloir que je retourne à l'hôpital. »

Ingmar s'est montré très compréhensif : « Je vais abréger le tournage. Tu n'auras pas besoin de faire les raccords ; on les fera avec une doublure. Et les scènes que nous sommes en train de tourner à l'extérieur, on les prendra à l'intérieur, tout de suite, que tu puisses retourner à Londres le plus tôt possible. »

On a terminé toutes les scènes où il avait encore besoin de moi, et je suis partie. Je suis rentrée à Londres, et je suis allée voir le médecin. Il m'a dit : « Il va falloir enlever ça. »

Et on a enlevé ça. C'était la même histoire. C'était cancéreux. L'opération était simple, facile. Je ne suis restée que trois jours à l'hôpital. On m'a recousue, et j'ai tout de suite pu réutiliser mon bras normalement. Mais, bien sûr, c'était très inquiétant.

Je comprenais maintenant que c'était quelque chose qui s'était déplacé d'un côté à l'autre.

Il a fallu recommencer les rayons. Le matin, je me rendais à l'hôpital, et aussitôt après j'allais répéter *Waters of the Moon*. Les représentations devaient commencer en janvier 1978. Avant Londres, nous devions jouer quinze jours à Brighton.

Je me souviens qu'un jour, le chauffeur de taxi qui m'a prise devant l'hôtel m'a reconnue et m'a dit : « Tiens ! Je croyais que les vedettes de cinéma ne se levaient jamais avant midi ? »

Je lui ai répondu : « Vous savez, il arrive que les répétitions commencent de bonne heure... » Comme il me conduisait à l'hôpital, il a dû se demander quel genre de répétitions pouvaient bien avoir lieu là-bas !

A Brighton, la première s'est déroulée de façon plutôt chaotique. Un tas de choses sont allées de travers. La pièce de Hunter se passe dans un hôtel de campagne. Cet hôtel est plein de pensionnaires qui vivent là de façon permanente et qui ne sont pas très satisfaits de leur existence. Mon rôle — le rôle d'Helen Lancaster — est celui d'une femme riche et gâtée, qui se trouve coincée là avec sa fille et son mari parce que leur Rolls a été prise dans une tempête de neige. La veille du Jour de l'An, j'organise une fête.

C'est une scène clef, où tout dépend de Wendy Hiller, qui joue du piano tandis que nous dansons. Le soir de la première, Wendy pose les mains sur le clavier : pas un son. Elle recommence trois fois sans plus de résultat. Derrière le décor, on s'agitait dans tous les sens. Dans la salle, le public commençait à murmurer, croyant que quelqu'un avait oublié son texte. J'ai compris qu'il était temps de faire quelque chose. Je me suis avancée et j'ai expliqué : « Je suis désolée, mais on dirait que le piano ne marche pas. Ne nous en veuillez pas s'il faut que nous baissions le rideau un moment. Le spectacle reprendra aussitôt que le piano sera prêt. » Ce qu'il y avait de plus idiot dans l'affaire, c'est que Wendy est une excellente pianiste — c'est elle-même qui avait enregistré la bande sur laquelle nous devions danser ! Mais avec le piano muet que nous avions en scène, elle ne pouvait rien faire.

Bien. Les choses s'arrangent, l'enregistreur fonctionne, et la pièce continue. Jusqu'au moment où, sur le coup de minuit, on ouvre la fenêtre où je me précipite en disant : « Écoutez les cloches — les cloches sonnent ! » Pas de cloches. Pas la moindre cloche. Les spectateurs tendent l'oreille — on ne sait jamais, peut-être le son vient-il de très loin ? Mais non, pas le plus léger tintement ! Bien sûr, il n'a pas fallu longtemps pour que la salle éclate de rire. Et bien sûr, nous avons tous suivi.

Comme je l'ai dit, j'ai appris il y a longtemps déjà que le public ne vient pas au théâtre pour vous juger. Il vient pour vous voir, et dans l'espoir qu'il passera une excellente soirée dont il pourra se souvenir toute sa vie. Il est de votre côté. Et ce soir-là, on m'a répété qu'en quittant le théâtre, les gens disaient : « Décidément, rien ne vaut un spectacle en direct. Avec la télévision, on n'a jamais de surprises. »

Après Brighton, nous sommes allés à Londres, au théâtre de Haymarket. C'est l'un des théâtres les plus beaux et les plus anciens que je connaisse. On y joue depuis 1720 et je rêvais d'y jouer depuis toujours. Le soir de la première, debout dans les coulisses, je me suis mise à taper des mains. La musique a commencé, le rideau allait s'ouvrir, et je me disais : « Haymarket, ça y est, je joue à Haymarket ! »

Nous avons eu un succès merveilleux et je me sentais parfaitement bien. Et puis, une semaine à peine avant la fin de la saison — comme s'il fallait payer chaque succès, et celui-là était peut-être mon plus grand, comparable en tout cas à celui que j'avais eu dans *Jeanne la Lorraine* ou *Thé et Sympa-*

thie —, alors que je passais une robe, j'ai senti quelque chose et j'ai su : ça avait recommencé. Je me suis assise, et j'ai dit à la petite Louie, mon habilleuse : « C'est drôle. J'en ai juste pour une semaine. Ensuite, il faudra que je retourne à l'hôpital. »

Louie s'est mise à pleurer, et il a fallu que je la console.

ÉPILOGUE

La fin d'un spectacle est quelque chose de dramatique, de nostalgique, de presque déchirant. Nous
étions tous amis ; nous avions vécu très proches
les uns des autres une période merveilleuse ; nous
avions remporté un grand succès dans ce beau
vieux théâtre.

Mais le jour arrive où c'est terminé. Il faut s'en
aller, il faut quitter sa loge. Rien que ça, c'est
terrible. Vous ramassez vos télégrammes, les cartes,
les porte-bonheur, les petits animaux que les gens
vous ont envoyés. Les acteurs sont superstitieux ;
ils prétendent qu'après la centième représentation,
il faut se débarrasser de tout cela, sinon la chance
tourne. Mais je n'aime pas que ma loge soit vide ;
alors, je garde tout.

Le samedi soir, après la dernière représentation,
il y a une petite fête. Dans les coulisses ou au bar
du théâtre. On passe d'une loge à l'autre ; tout
le monde s'embrasse ; tout le monde pleure. C'est
un tel désespoir quand il faut s'en aller. Il faut
s'arracher à des gens que l'on a appris à aimer, et
l'on se dit : « Va-t-on jamais se revoir ? Et pour
moi, cette fois-là était sans doute plus déchirante
encore parce que je pensais : « N'est-ce pas la
dernière ? »

La voiture qui aurait dû m'emmener n'arrivait

pas, et je disais à Griff : « Ne t'en fais pas, je reste ici, j'admire le théâtre. » Je me suis assise dans la salle déserte, au cinquième rang. Je regardais les lustres, les rideaux, les dorures, et j'avais le sentiment que peut-être c'était mon chant du cygne. Bien sûr, je dramatisais. Comme Griff l'avait dit un jour en parlant de moi : « Quand elle entre à l'hôpital, elle croit toujours qu'elle va mourir. Elle sera très déçue si elle en sort vivante ! »

Griff m'appelait. « Il est très tard. Pourquoi est-ce que tu ne rentres pas. Je vais te trouver un taxi. » Mais je ne voulais pas partir. Avec mon départ, un chapitre allait se terminer. Alors je restais, je reculais encore l'instant de m'en aller. J'ai vu les machinistes commencer à démonter le décor, et je me suis émerveillée de la façon dont ils travaillaient. Et puis le directeur est arrivé. Il a bavardé un moment avec moi. Il m'a dit : « Je ne pense pas que ça se reproduise jamais dans l'histoire du Haymarket : toutes les places vendues, à toutes les représentations — la pièce aurait pu tenir des années ! » Il m'a parlé de ce groupe de Japonais qui étaient venus au spectacle sans connaître un seul mot d'anglais. Ils n'avaient jamais vu Ingrid Bergman que doublée dans leur langue, et ils voulaient savoir à quoi ressemblait ma voix. Ils étaient restés pour l'entendre d'un bout à l'autre de la représentation !

Voilà, c'était fini maintenant. La scène était vide et le théâtre allait fermer. Demain, on monterait le nouveau décor. Lundi, un nouveau spectacle commencerait comme si nous n'avions jamais existé. Pourtant, je comprenais ma chance : après *Sonate d'automne*, après *Waters of the Moon*, même si je ne devais jamais plus jouer au théâtre ni au cinéma, ma carrière se serait terminée en beauté.

Je suis allée chez le médecin. On a découvert que j'avais une tumeur à l'autre sein, et le médecin a décrété : « A l'hôpital, tout de suite, il n'y a pas une minute à perdre. »

Je n'ai pas voulu. J'ai dit : « Non, depuis six mois que je donne huit représentations par semaine, j'ai droit à un peu de vacances. Je vais passer quinze jours en France. Je reviendrai ensuite. »

J'y suis allée. J'ai pris le soleil, je me suis baignée dans la piscine, et j'ai ri — avec Griff, avec Alan Burgess. Ordonnée comme je le suis, je tenais à remettre à Alan les coupures de presse, les albums, les journaux intimes et les lettres dont il pourrait avoir besoin pour continuer le livre. Enfin, je suis retournée à Londres pour l'opération et pour les rayons.

Entre autres choses, je regrettais beaucoup de ne pas pouvoir partir en tournée aux États-Unis avec *Waters of the Moon*. Comme explication, un ami m'a suggéré de dire simplement que j'étais trop fatiguée. Mais il me semblait injuste de ne fournir aucune autre excuse à Louis Michaels, mon producteur. Aussi, j'ai entrepris de lui écrire une lettre où je lui racontais toute l'histoire. Après quoi j'ai décidé qu'il valait mieux que je le voie ; comme ça, il me croirait. Je lui ai donc téléphoné et je lui ai demandé s'il pouvait venir à l'hôpital.

Je lui ai remis la lettre et je lui ai expliqué ce qu'elle contenait. Il m'a tout de suite dit : « Je savais très bien que si vous renonciez à la tournée, ce n'était pas parce que vous aviez trouvé mieux à faire ou que vous vous sentiez fatiguée. Je savais que vous étiez malade, mais personne ne voulait me dire de quoi il s'agissait. » Il a glissé la lettre dans sa poche et il a ajouté : « Je ne la lirai pas, je la garderai dans mon coffre. »

Là-dessus, il s'est mis en contact avec Roger Stevens, qui dirige le Centre Kennedy à Washington, et il lui a annoncé : « Elle est malade, mais je ne peux pas vous en dire plus. » C'est de cette façon-là, j'imagine, qu'on s'est mis à parler de mon cancer.

* *
*

Avec son souci de l'ordre et de la symétrie, croyant que sa carrière et sa vie pourraient se terminer bientôt, Ingrid voulait que sa sortie de scène fût — sinon épique — du moins honorable. Elle fut donc particulièrement ravie de l'accueil enthousiaste que la critique fit à *Sonate d'automne*. Pour une fois, tout le monde était d'accord : Ingrid et Liv étaient grandioses, et le film était prodigieux. Contrairement à leur habitude, les Suédois eux-mêmes étaient élogieux.

Aux États-Unis, Stanley Kaufman écrivit dans *The New Republic* : « La surprise, c'est Ingrid Bergman. Nous l'admirons tous depuis des décennies, mais qui d'entre nous avait su voir en elle cette superbe actrice ?... Entre les mains d'un maître, elle trouve une nouvelle grandeur. » De *Playboy* — « une éloquence parfaite » — au *Christian Science Monitor* — « une interprétation prodigieuse » — et passant par *Newsweek* — « une puissance d'expression qu'on ne se souvient pas d'avoir vue depuis que Hollywood s'est emparé d'elle » —, *Newsday* — « une perfection devant laquelle on ne peut que s'incliner » — et le *Time* — « superbe » —, tout le monde s'accordait à prédire que le drame de minuit, entre Liv et Ingrid, entrerait parmi les scènes classiques de l'histoire du cinéma.

A Londres, le *Times* — « un tour de force comme le cinéma en a rarement vu » —, l'*Observer* — « jamais elle n'a rien fait de comparable » — et le *Sunday Telegraph* — « une puissance à vous couper le souffle » — étaient du même avis.

Pour *Sonate d'automne*, Ingrid et Liv reçurent toutes deux le Prix de la critique cinématographique new-yorkaise ainsi que la plus haute récompense que décerne l'Italie dans le domaine du cinéma : le Donatello.

* *
*

Au printemps 1979, j'ai été invitée à Hollywood pour participer en tant que maîtresse des cérémonies à l'*Hommage à Alfred Hitchcock* organisé par la télévision. Cette même année, ma fille Ingrid et son mari, Alberto Acciatrito, avaient un fils, Tommaso ; Isabella épousait le metteur en scène Martin Scorsese ; heureusement mariée à Joe Daly, entourée de ses deux enfants, Justin et Nicholas, Pia continuait de travailler à la télévision ; tandis que Robin, lui, s'occupait d'immobilier à Monte-Carlo.

En novembre, nouvelle invitation à Hollywood. Cette fois, j'étais l'hôte d'honneur du Variety Club of America à l'occasion d'un spectacle télévisé destiné à réunir les fonds nécessaires à la construction d'un pavillon Ingrid Bergman pour les enfants démunis et handicapés. Le spectacle avait lieu dans les studios de la Warner Bros., sur ce même plateau où, il y a tant d'années, j'avais tourné *Casablanca*. Et les décors du Rick, le café américain, étaient toujours debout.

Il y a un grand orchestre et beaucoup d'invités, parmi lesquels Helen Hayes, Signe Hasso et Joseph Cotten. Je suis dans une loge avec Cary Grant qui est mince, brun, beau, en pleine forme. Je porte une robe blanche, une robe longue, et je suis heureuse qu'elle soit suffisamment ample pour qu'on ne voie pas mes genoux trembler.

Paul Henreid, mon mari de *Casablanca*, ouvre les portes du fameux décor et me dit : « Viens, Ingrid. Fêtons notre retour au Rick en buvant une coupe de champagne. » Le champagne nous est servi par le même garçon qui nous le versait il y a trente-sept ans. Paul lève son verre : « A Bogie. » Je bois et j'ajoute : « A Mike Curtiz et à tous les autres. »

Teddy Wilson est assis au piano à la place de Dooley Wilson — Dooley est mort il y a quelque temps. Il sourit et me demande de fredonner *As Time Goes By*. Je me mets à fredonner, et j'entends derrière moi une voix qui enchaîne. C'est Frank Sinatra. Lorsqu'il a fini, il m'embrasse. Nous n'avons jamais travaillé ensemble et nous nous connaissons à peine ; cependant, c'est lui qui a pris l'initiative de téléphoner à Mike Frankovich — qui organise le spectacle avec Paul Keyes — pour lui dire : « Je participerais volontiers à la soirée d'Ingrid ; j'ai toujours eu envie de lui chanter *As Time Goes By*. » Et quoique son propre spectacle commence le lendemain même à Atlantic City, Frank n'a pas craint de faire la traversée des États-Unis aller et retour pour être avec nous. Je suis très touchée par ce geste généreux.

J'ai toujours pensé que je continuerais de jouer encore et encore, car mon véritable monde est le monde en trompe-l'œil que créent les gens de théâtre et de cinéma auxquels j'appartiens. Je sais quelle angoisse représente un soir de première, mais cette angoisse aussi contribue à resserrer les liens qui nous unissent. Monter sur une scène pour partager notre bel univers, telle est ma vie. Et cette vie, il n'est jamais besoin d'y renoncer. Après tout, il y aura toujours quelque part un rôle pour une vieille sorcière. Quand le moment sera venu, je serai prête à être celle-là.

Chronologie des films, pièces et spectacles télévisés d'Ingrid Bergman

MUNKBROGREVEN *(Le Comte du Pont au moine)*
1934.

Svensk filmindustri.
Production : AB Fribergs Filmbyrå.
Mise en scène : Edvin Adolphson et Sigurd Wallén.
Scénario : Gösta Stevens — adapté de *Greven från Gamla Sta'n*, une pièce d'Arthur et Sigfried Fischer.
Distribution : Valdemar Dahlquist, Sigurd Wallén, Éric Abrahamson, Weyler Hildebrand, Edvin Adolphson, Tollie Zellman, Julia Caesar, Arthur Fischer, Emil Fjellström, Victor Andersson.

BRÄNNINGAR *(Lames de l'océan)*
1935

Svensk filmindustri.
Production : Film AB Skandinavien
Mise en scène : Ivar Johansson.
Scénario : Ivar Johansson, d'après une idée de Henning Ohlsson.
Distribution : Tore Svennberg, Sten Lindgren, Carl Ström, Bror Ohlsson, Knut Frankman, Carin Swenson, Weyler Hildebrand, Henning Ohlsson, Georg Skarstedt, Vera Lindby.

SWEDENHIELMS *(Les Swedenhielm)*
1935

Svensk filmindustri.
Production : AB Svensk filmindustri.
Mise en scène : Gustaf Molander.
Scénario : Stina Bergman, d'après la pièce de Hjalmar Bergman.
Distribution : Gösta Ekman, Björn Berglund, Karin Swanström, Håkan Westergren, Tutta Rolf, Sigurd Wallén, Nils Ericsson, Adele Söderblom, Mona Geijer-Falkner, Hjalmar Peters.

VALBORGSMÄSSOAFTON *(La Nuit de Walpurgis)*
1935

Svensk filmindustri.
Production : AB Svensk filmindustri.
Mise en scène : Gustav Edgren.
Scénario : Oscar Rydquist et Gustav Edgren, selon leur œuvre originale.
Distribution : Lars Hanson, Karin Carlsson, Victor Sjöström, Erik Berglund, Sture Lagerwall, Georg Rydeberg, Georg Blickingberg, Rickard Lund, Stig Järrel, Marie-Louise Sorbon.

PA SOLSIDAN *(Du côté du soleil)*
1936

Svensk filmindustri.
Production : Aktiebolaget Wivefilm.
Mise en scène : Gustaf Molander.
Scénario : Oscar Hemberg et Gösta Stevens, d'après la pièce de Helge Krog.
Distribution : Lars Hanson, Karin Swanström, Edvin Adolphson, Einar Axelson, Marianne Löfgren, Carl Browallius, Bullen Berglund, Eddie Figge, Olga Andersson, Viktor Andersson, Erik Gustafsson.

INTERMEZZO *(version suédoise)*
1936

Svensk filmindustri.
Production : AB Svensk filmindustri.
Mise en scène : Gustaf Molander.
Scénario : Gustaf Molander et Gösta Stevens, d'après une histoire originale de G. Molander.
Distribution : Gösta Ekman, Inga Tidblad, Hans Ekman, Britt Hagman, Erik Berglund, Hugo Björne, Emma Meissner, Anders Henrikson, Millan Bolander, George Fant.

DOLLAR
1938

Svensk filmindustri.
Production : AB Svensk filmindustri.
Mise en scène : Gustaf Molander.
Scénario : Stina Bergman et Gustaf Molander, d'après la comédie de Hjalmar Bergman.
Distribution : Georg Rydeberg, Kotti Chave, Tutta Rolf, Håkan Westergren, Birgit Tengroth, Elsa Burnett, Edvin Adolphson, Gösta Cederlund, Eric Rosen, Carl Ström.

EN KVINNAS ANSIKTE *(Un visage de femme)*
1938

Svensk filmindustri.
Production : AB Svensk filmindustri.
Mise en scène : Gustaf Molander.
Scénario : Gösta Stevens, adapté de *Il était une fois*, une pièce de Francis de Croisset.
Distribution : Anders Henrikson, Erik Berglund, Magnus Kesster, Gösta Cederlund, Georg Rydeberg, Tore Svennberg, Göran Bernhard, Gunnar Sjöberg, Hilda Borgström, John Ericsson.

DIE VIER GESELLEN (*Les Quatre Camarades*)
1938

UFA.
Production : UFA — Allemagne.
Mise en scène : Carl Frölich.
Scénario : Jochen Huth, d'après sa propre pièce.
Distribution : Sabine Peters, Ursula Herking, Carsta
  Lock, Hans Sohnker, Leo Slezak, Heinz Weizel,
  Willi Rose, Erich Ponto, Karl Haubenreiber, Wil-
  helm P. Kruger.

EN ENDA NATT (*Une seule nuit*)
1939

Svensk filmindustri.
Production : AB Svensk filmindustri.
Mise en scène : Gustaf Molander.
Scénario : Gösta Stevens, d'après une histoire de
  Harald Tandrup, « En Eneste Natt ».
Assistant metteur en scène : Hugo Bolander.
Distribution : Edvin Adolphson, Aino Taube, Olof
  Sandborg, Erik « Bullen » Berglund, Marianne
  Löfgren, Magnus Kesster, Sophus Dahl, Ragna
  Breda, John Eklöf, Tor Borong.

INTERMEZZO (v. f.* : *La Rançon du bonheur Intermezzo*)
1939

Selznick International-United Artists.
Production : David Selznick, en association avec
  Leslie Howard.
Mise en scène : Gregory Ratoff.
Scénario : George O'Neil, d'après le scénario origi-
  nal suédois, *Intermezzo*, de Gösta Stevens et Gus-
  taf Molander.
Distribution : Leslie Howard, Edna Best, John Hal-
  liday, Cecil Kellaway, Enid Bennett, Ann Todd.

* Version française.

JUNINATTEN *(Une nuit de juin)*
1940

Svensk filmindustri.
Production : AB Svensk filmindustri.
Mise en scène : Per Lindberg.
Scénario : Ragnar Hyltén-Cavallius, d'après une histoire de Tora Nordström-Bonnier.
Distribution : Marianne Löfgren, Lill-Tollie Zellman, Marianne Aminoff, Olof Widgren, Gunnar Sjöberg, Gabriel Alw, Olof Winnerstrand, Sigurd Wallen, Hasse Ekman.

LILIOM
1940

Une pièce de Ferenc Molnár, adaptée par Benjamin Glazer.
Production et mise en scène : Vinton Freedley.
Forty-Fourth Street Theatre, New Work.
Distribution : Burgess Meredith, Margaret Wycherly, John Emery, Ann Mason, Elia Kazan, Beatrice Pearson, Elaine Perry.

ADAM HAD FOUR SONS (v. f. : *La Famille Stoddard)*
1941

COLUMBIA
Production : Robert Sherwood.
Mise en scène : Gregory Ratoff.
Scénario : William Hurlbutt et Michael Blamkfort, adapté de *Legacy*, roman de Charles Bonner.
Distribution : Warner Baxter, Susan Hayward, Fay Wray, Richard Denning, Johnny Downs, Robert Shaw, Charles Lind, Helen Westley, June Lockhart.

Rage in Heaven (v. f. : *La Proie du mort)*
1941

Metro-Goldwyn-Mayer.
Production : Gottfried Reinhardt.
Mise en scène : W.S. Van Dyke II.
Scénario : Christopher Isherwood et Robert Thoeren, d'après le roman de James Hilton.
Distribution : Robert Montgomery, George Sanders, Lucile Watson, Oscar Homolka, Philip Merivale.

Dr. Jekyll and Mr. Hyde (v. f. : *Dr. Jekyll et M. Hyde)*
1941

Metro-Goldwyn-Mayer.
Production et mise en scène : Victor Fleming.
Scénario : John Lee Mahin, adapté du roman de Robert Louis Stevenson.
Distribution : Spencer Tracy, Lana Turner, Ian Hunter, Donald Crisp, Barton Mac Lane, C. Aubrey Smith, Sara Allgood.

Anna Christie
1941

Une pièce d'Eugene O'Neill.
Production : The Selznick Company.
Mise en scène : John Houseman et Alfred de Liagre Jr
Lobero Theatre, Santa Barbara.
Distribution : Damian O'Flynn, Jessie Bosley, J. Edward Bromberg.

CASABLANCA
1942

Warner Bros.
Production : Hal B. Wallis.
Mise en scène : Michael Curtis.
Scénario : Julius J. et Philip G. Epstein, et Howard
Koch, d'après *Everybody Comes to Rick's*, une
pièce de Murray Burnett et Joan Alison.
Distribution : Humphrey Bogart, Paul Henreid,
Claude Rains, Conrad Veidt, Sydney Green-
street, Peter Lorre, S.Z. Sakall, Madeleine Le Beau,
Dooley Wilson, Joy Page, John Qualen, Leonid
Kinsky, Helmut Dantine.

FOR WHOM THE BELL TOLLS (v.f. : *Pour qui sonne le
glas)*
1943

Paramount.
Production et mise en scène : Sam Wood.
Scénario : Dudley Nichols, d'après le roman d'Er-
nest Hemingway.
Producteur délégué : B.G. DeSylva.
Distribution : Gary Cooper, Akim Tamiroff, Katina
Paxinou, Joseph Calleia, Vladimir Sokoloff, Ar-
turo de Cordova, Mikhail Rasumny, Eduardo
Ciannelli, Fortunio Bonanova, Duncan Renaldo,
George Coulouris.

SWEDES IN AMERICA (*Suédois en Amérique)*
1943

Office of War Information.
Distribution : The Office of War Information's
Overseas Bureau.
Mise en scène : Irving Lerner.
Production : Charles Swenson, sa famille et ses
voisins du comté de Chisago, dans le Minnesota.

GASLIGHT (v.f. : *Hantise)*
1944

Metro-Goldwyn-Mayer.
Production : Arthur Hornblow Jr.
Mise en scène : George Cukor
Scénario : John Van Druten, Walter Reisch et John
  L. Balderston, d'après *Angel Street,* une pièce de
  Patrick Hamilton.
Distribution : Charles Boyer, Joseph Cotten, Dame
  May Whitty, Angela Lansbury, Ralph Dunn.

SARATOGA TRUNK (v. f. : *L'Intrigante de Saratoga)*
1945

Warner Bros.
Production : Hal B. Wallis.
Mise en scène : Sam Wood.
Scénario : Casey Robinson, basé sur le roman
  d'Edna Ferber.
Distribution : Gary Cooper, Flora Robson, Jerry
  Austin, Florence Bates, John Warburton, John
  Abbott, Curt Bois, Ethel Griffies, Minor Watson.

SPELLBOUND (v. f. : *La Maison du Dr Edwards)*
1945

Selznick-United Artists.
Production : David O. Selznick.
Mise en scène : Alfred Hitchcock.
Scénario : Ben Hecht, adapté par Angus MacPhail
  du roman de Francis Beeding, *The House of
  Doctor Edwards.*
Distribution : Gregory Peck, Michael Chekhov,
  Jean Acker, Donald Curtis, Rhonda Fleming, Leo
  G. Carroll, Norman Lloyd, John Emery, Paul
  Harvey, Steven Geray.

THE BELLS OF ST. MARY'S (v. f. : *Les Cloches de Sainte-Marie*)

RKO Radio.
Production et mise en scène : Leo McCarey.
Scénario : Dudley Nichols, d'après une histoire de Leo McCarey.
Distribution : Bing Crosby, Henry Travers, William Gargan, Ruth Donnelly, Joan Carroll, Martha Sleeper, Rhys Williams, Dickie Tyler, Una O'Connor.

NOTORIOUS (v.f. : *Les Enchaînés*)
1946

RKO Radio.
Production et mise en scène : Alfred Hitchcock.
Scénario : Ben Hecht.
Distribution : Cary Grant, Claude Rains, Louis Calhern.

JOAN OF LORRAINE *(Jeanne la Lorraine)*

Une pièce de Maxwell Anderson, présentée par The Playwright's Company,
Mise en scène : Margo Jones.
Alvin Theatre, New York.
Distribution : Sam Wanamaker, Kenneth Tobey, Gilmore Brush, Romney Brent, Roger De Koven, Kevin McCarthy, Joseph Wiseman.

ARCH OF TRIUMPH (v. f. : *Arc de triomphe)*
1948

Enterprise-United Artists.
Production : David Lewis.
Mise en scène : Lewis Milestone.
Scénario : Lewis Milestone et Harry Brown, adapté du roman de Erich Maria Remarque.
Distribution : Charles Boyer, Charles Laughton, Louis Calhern, Roman Bohner, Stephen Bekassy.

JOAN OF ARC (v. f. : *Jeanne d'Arc*)
1948

Sierra Pictures-RKO Radio
Production : Walter Wanger.
Mise en scène : Victor Fleming.
Scénario : Maxwell Anderson et Andrew Solt,
   adapté de *Joan of Lorraine*, pièce de Maxwell
   Anderson.
Distribution : José Ferrer, George Coulouris, Ri-
   chard Derr, Selena Royle, Jimmy Lydon, Francis
   L. Sullivan, Irene Rich, Gene Lockhart, Nicholas
   Joy, Richard Ney, Colin Keith-Johnston, Leif
   Erickson, John Emery, John Ireland, Ward Bond,
   J. Carrol Naish, Hurd Hatfield, Cecil Kellaway,
   Philip Bourneuf, Sheppard Strudwick, Taylor
   Holmes.

UNDER CAPRICORN (v. f. : *Les Amants du Capricorne)*
1949

Warner Bros.
Production : Transatlantic Pictures.
Mise en scène : Alfred Hitchcock.
Scénario : James Bridie, tiré de l'adaptation par
   Hume Cronyn de la pièce de John Colton et
   Margaret Linden et du roman de Helen Simp-
   son.
Distribution : Joseph Cotten, Michael Wilding, Mar-
   garet Leighton, Cecil Parker.

STROMBOLI
1950

RKO Radio.
Production et mise en scène : Roberto Rossellini.
Scénario : Roberto Rossellini, en collaboration
   avec Art Cohn, Renzo Cesana, Sergio Amidei et
   G.P. Callegari.
Distribution : Mario Vitale, Renzo Cesana, Mario
   Sponza.

658

EUROPA 51 (v. f. : *Europe 51)*
1951 (Sortie aux États-Unis : 1954)

I.F.E. Releasing Corp. Production Ponti-De Lauren-
tiis.
Production et mise en scène : Roberto Rossellini.
Scénario : Roberto Rossellini, Sandro de Leo,
Mario Pannunzio, Ivo Perilli et Brunello Rondi,
d'après une histoire originale de Roberto Rossel-
lini.
Distribution : Alexander Knox, Ettore Giannini,
Giuletta Masina.

JEANNE AU BÛCHER
1953

Oratorio d'Arthur Honegger. Texte de Paul Clau-
del.
Production et mise en scène : Roberto Rossellini.
Opera San Carlo, Naples.
Distribution : Tullio Carminati, Marcella Pobbe,
Florence Quartarar, Miriam Pirazzini, Giacinto
Prandelli.

SIAMO DONNE (v. f. : *Nous... les femmes)*
1953

Titanus.
« Le Poulet », troisième des cinq sketches.
Mise en scène : Roberto Rossellini.
Scénarios : Cesare Zavattini (en collaboration avec
Luigi Chiarini pour le sketch « Le Poulet »).
Distribution : Anna Magnani, Isa Miranda, Alida
Valli, Emma Danieli, Anna Amendola.

GIOVANNA D'ARCO AL ROGO (v. f. : *Jeanne au bûcher)*
1954

ENIC.
Mise en scène : Roberto Rossellini.
Scénario : Roberto Rossellini, d'après le texte et les
    dialogues de Paul Claudel et l'oratorio de Paul
    Claudel et Arthur Honegger.
Distribution : Tullio Carminati, Giacinto Prantelli,
    Augusto Romani, Plinio Clabassi, Saturno Meletti.
Voix : Pina Esca, Marcella Pillo, Giovanni Acolati,
    Miriam Pirazzini.

VIAGGIO IN ITALIA (v. f. : *Voyage en Italie)*
    L'Amour est le plus fort
    Les Divorcés de Naples
1954

Titanus.
Production : Roberto Rossellini, en association
    avec Sveva-Junior Films.
Mise en scène : Roberto Rossellini.
Scénario : Roberto Rossellini et Vitaliano Bran-
    cati.
Distribution : George Sanders, Paul Muller, Anna
    Proclemer.

ANGST (v.f. : *La Peur)*
1955

Minerva Films.
Production : Minerva Films.
Mise en scène : Roberto Rossellini.
Scénario : Roberto Rossellini, Sergio Amidei et
    Franz Graf Treuberg, d'après le roman de Stefan
    Zweig.
Distribution : Mathias Wiemann, Renate Mann-
    hardt, Kurt Kreuger, Elise Aulinger.

ANASTASIA
1956

20th Century-Fox.
Production : Buddy Adler.
Mise en scène : Anatole Litvak.
Scénario : Arthur Laurents, d'après une pièce de
   Marcel Maurette adaptée par Guy Bolton.
Distribution : Yul Brynner, Helen Hayes, Akim
   Tamiroff, Martita Hunt, Felix Aylmer, Sacha
   Pitoëff, Ivan Desny, Nathalie Schafer.

THÉ ET SYMPATHIE
1956

Une pièce de Robert Anderson (adaptation fran-
   çaise de Roger-Ferdinand) présentée par Elvire
   Popesco et Hubert de Malet.
Mise en scène : Jean Mercure.
Théâtre de Paris, Paris.
Distribution : Jean-Loup Philippe, Yves Vincent,
   Georges Berger.

ELENA ET LES HOMMES *(Paris Does Strange Things)*
1957

Warner Bros.
Production et mise en scène : Jean Renoir.
Scénario : Jean Renoir.
Distribution : Mel Ferrer, Jean Marais, Juliette Gréco.

INDISCREET (v. f. : *Indiscret*)
1958

Warner Bros.
Production et mise en scène : Stanley Donen.
Scénario : Norman Krasna, adapté de sa pièce,
   Kind Sir.
Distribution : Cary Grant, Cecil Parker, Phyllis
   Calvert.

THE INN OF THE SIXTH HAPPINESS (v. f. : *L'Auberge du Sixième Bonheur)*
1958

20th Century-Fox.
Production : Buddy Adler.
Mise en scène : Mark Robson.
Scénario : Isobel Lennart, adapté du roman de Alan Burgess, *The Small Woman.*
Distribution : Curd Jürgens, Robert Donat, Michael David.

THE TURN OF THE SCREW *(Le Tour d'écrou)*
1959

NBC-TV.
Producteur délégué : Hubbel Robinson Jr.
Mise en scène : John Frankenheimer.
Producteur et metteur en scène associé : Gordon Rigby.
Scénario : James Costigan, adapté pour la télévision d'après le roman de Henry James.
Distribution : Hayward Morse, Alexandra Wager, Isobel Elsom, Laurinda Barrett, Paul Stevens.

AIMEZ-VOUS BRAHMS.. *(Goodbye Again)*
1961

United Artists.
Production et mise en scène : Anatole Litvak.
Scénario : Samuel Taylor, adapté du roman de Françoise Sagan.
Distribution : Yves Montand, Anthony Perkins, Jessie Royce Landis.

24 Hours in a Woman's Life *(24 heures de la vie d'une femme)*
1961

CBS-TV.
Producteur délégué : Lars Schmidt.
Mise en scène : Silvio Narizzano.
Scénario : John Mortimer, adapté pour la télévision d'après une histoire de Stefan Zweig.
Distribution : Rip Torn, John Williams, Lili Darvas, Helena de Crespo, Jerry Orbach.

Hedda Gabler
1962

Une pièce de Henrik Ibsen traduite par Gibert Sigaux.
Production : Lars Schmidt.
Mise en scène : Raymond Rouleau.
Théâtre Montparnasse-Gaston Baty, Paris.
Distribution : Claude Dauphin, Jean Servais, Jacques Daquemine.

Hedda Gabler
1963

CBS-TV.
Production : David Susskind, Lars Schmidt et Norman Tutherford.
Mise en scène : Alex Segal.
Scénario : Phil Reisman Jr., adapté pour la télévision d'après la pièce de Henrik Ibsen traduite par Eva Le-Gallienne.
Distribution : Michael Redgrave, Ralph Richardson, Trevor Howard, Dilys Hamlett, Ursula Jeans, Beatrice Varley.

THE VISIT (v. f. : *La Rancune*)
1964

20th Century-Fox.
Production : Julian Derode.
Mise en scène : Bernhard Wicki.
Scénario : Ben Barzman, adapté de la pièce de
Friedriech Dürrenmatt, *La Visite de la vieille
dame*.
Distribution : Anthony Quinn, Irina Demick, Valen-
tina Cortese.

THE YELLOW ROLLS-ROYCE (v. f. : *La Rolls-Royce
jaune)*
1965

Metro-Goldwyn-Mayer.
Production : Anatole de Grunwald.
Mise en scène : Anthony Asquith.
Scénario : Terence Rattigan. (Dernier des trois
sketches qui composent le film.)
Distribution : Omar Sharif, Joyce Grenfell, Wally
Cox.

A MONTH IN THE COUNTRY
1965

Adaptation anglaise de la pièce de Tourgueniev, *Un
mois à la campagne.*
Production et mise en scène : Michael Redgrave.
Yvonne Arnaud Memorial Theatre, Guildford.
Distribution : Michael Redgrave, Fay Compton,
Daniel Massey, Max Andrian, Jennifer Hilary,
Geoffrey Chater, Peter Pratt.

STIMULANTIA
1967

Omnia Film.
Film suédois composé de huit sketches réalisés
chacun par un metteur en scène différent. Ingrid
Bergman joue dans le troisième sketch, intitulé :

SMYCKET *(Les Bijoux)*
Mise en scène : Gustaf Molander.
Scénario : Gustaf Molander, adapté du conte de
Guy de Maupassant, *La Parure.*
Distribution : Gunnar Björnstrand, Gunnel Brös-
tröm.

MORE STATELY MANSIONS
1967

Une pièce d'Eugene O'Neill, présentée par Elliot
Martin en association avec le Center Theatre
Group en accord avec Quinto Productions Inc.
Mise en scène : José Quintero.
Broadhurst Theatre, New York.
Distribution : Colleen Dewhurst, Arthur Hill, Fred
Stewart.

THE HUMAN VOICE *(La Voix humaine)*
1967

ABC-TV.
Production : David Susskind et Lars Schmidt.
Mise en scène : Ted Kotcheff.
Scénario : Clive Exton, adapté pour la télévision
d'après la pièce de Jean Cocteau, traduite en
anglais par Carl Wildman.

CACTUS FLOWER (v. f. : *Fleur de cactus)*
1969

Columbia.
Production : M.J. Frankovich.
Mise en scène : Gene Saks.
Scénario : I.A.L. Diamond, d'après la pièce d'Abe
    Burrows.
Distribution : Walter Matthau, Goldie Hawn, Jack
    Weston.

A WALK IN THE SPRING RAIN *(Promenade sous la pluie
    au printemps)* jamais sorti en France.
1970.

Columbia.
Production : Stirling Silliphant — Guy Green.
Mise en scène : Guy Green.
Scénario : Guy Green, adapté du roman de Rachel
    Maddux.
Distribution : Anthony Quinn, Fritz Weaver, Kathe-
    rine Crawford.

CAPTAIN BRASSBOUND'S CONVERSION *(La Conversion
    du capitaine Brassbound)*
1972

Une pièce de George Bernard Shaw.
Production : Roger Stevens et Arthur Cantor.
Mise en scène : Stephen Porter.
Opera House, Kennedy Center, Washington.
Distribution : Leo Leyden, Geoff Garland, Yusef
    Bulos, Eric Berry, Zito Kozan.

From the Mixed-up Files of Mrs. Basil E. Frank Weiler (*Des dossiers embrouillés de Mrs. Basil E. Frankweiler*) jamais sorti en France.
1973.

Cinema 5. A. Westfall Production.
Production : Charles G. Mortimer Jr.
Mise en scène : Fiedler Cook.
Scénario : Blanche Hanalis, d'après le roman de E.L. Konigsburg.
Distribution : Sally Prager, Johnny Doran, George Rose, Georgann Johnson, Richard Mulligan, Madeline Kahn.

Murder on the Orient Express (v. f. : *Le Crime de l'Orient-Express)*
1974

Paramount Pictures.
Production : John Brabourne et Richard Goodwin.
Mise en scène : Sidney Lumet.
Scénario de Paul Dehn adapté du roman d'Agatha Christie.
Distribution : Albert Finney, Lauren Bacall, Martin Balsam, Jacqueline Bisset, Jean-Pierre Cassel, Sean Connery, John Gielgud, Wendy Hiller, Anthony Perkins, Vanessa Redgrave, Rachel Roberts, Richard Widmark, Michael York, Colin Blakely, George Coulouris, Denis Quilley.

The Constant Wife (*L'Épouse fidèle*)
1975

Une pièce de Somerset Maugham.
Production : Arthur Cantor.
Mise en scène : John Gielgud.
Schubert Theatre, New York.
Distribution : Jack Gwillim, Brenda Forbes, Carolyn Lagerfelt, Marti Stevens.

A MATTER OF TIME (paru à la télévision sous le titre *Nina)*
1976

American International Pictures.
Production : Jack H. Skirball, et J. Edmund Grainger.
Mise en scène : Vincente Minnelli.
Scénario : John Gay, adapté du roman de Maurice Druon, *La Volupté d'être.*
Distribution : Liza Minnelli, Charles Boyer, Spiros Andros, Tina Aumont, Fernando Rey, Isabella Rossellini.

SONATE D'AUTOMNE
1978

New World Pictures.
Compagnie de production : Personafilm GMBH.
Production, mise en scène et scénario : Ingmar Bergman.
Distribution : Liv Ullmann, Lena Nyman, Halvar Björk, Georg Lokkeberg, Gunnar Björnstrand.

WATERS OF THE MONN
1979

Une pièce de N.C. Hunter.
Production : Duncan C. Weldon et Louis Michaels.
Mise en scène : Patrick Garland.
Haymarket Theatre, Londres.
Distribution : Wendy Hiller, Doris Hare, Frances Cuka, Derek Godfrey, Charles Lloyd Pack, Paul Hardwick, Brigitte Kahn, Carmen Silvera, Paul Geoffrey.

Remerciements

Pour l'aide généreuse qu'ils nous ont apportée et grâce à laquelle il nous a été possible de réunir le matériel nécessaire à la rédaction de ce livre, nous tenons à remercier : Pia, Roberto (Robin), Isabella, Isotta-Ingrid, Lars Schmidt, Irene Selznick, Kay Brown, Ruth Roberts, Liana Ferri, Ann Todd, David Lean, Britt Engstrom, Warren Thomas, Marti Stevens, Marcella et Fiorella Mariani, Franco Rossellini, Federico Fellini, Ercole Graziadei, Sergio Amidei, Robert Anderson, Helen Tubbs, George Cukor, Mike Frankovich, Lord Bernstein, Joe Steele, Griffith James, Liv Ullmann, Ingmar Bergman, Göran et Marianne von Essen, Cornell Capa, Danny M. Selznick, Mrs. Simon E. Buckner, J. Fred Coots, Irwin Shaw, Mrs. Frederick Guest, Shelley Wanger, Sally Burchell, Mrs. Erich Remarque, et Mary Hemingway. Par ailleurs, nous sommes infiniment reconnaissants à Jeanne F. Bernkopf, qui a apporté tous ses soins à l'édition de ce livre.

Composition réalisée par C.M.L. - MONTROUGE

IMPRIMÉ EN FRANCE PAR BRODARD ET TAUPIN
7, bd Romain-Rolland - Montrouge - Usine de La Flèche.
LIBRAIRIE GÉNÉRALE FRANÇAISE.
ISBN : 2 - 253 - 03020 - 1

30/5677/7